“十三五”高等教育应用型特色规划教材

证券投资基本操作实训

北京正远未来教育科技股份有限公司　编

华中科技大学出版社
中国·武汉

内容提要

本书旨在培养学生掌握证券交易常识、证券投资开户流程，证券系统软件的下载、安装、使用，证券投资基本分析，证券投资技术分析等知识与技能，提高实践操作能力。全书共分五大模块：证券投资基础、基本面分析、技术分析、综合实训、岗前培训。本书反映了证券投资岗位的最新要求，突出"学做一体，产教融合"的特点，以通俗易懂的示例，将证券投资、交易流程、分析方法等化繁为简，易于学习与实践。

本书主要供高等教育金融类及相关专业学生使用，可以作为独立开设课程的主干教材，也可以作为证券投资学、证券投资理论与实务等课程的实训配套教材，同时也供证券从业人员培训或自学使用。

图书在版编目(CIP)数据

证券投资基本操作实训/北京正远未来教育科技股份有限公司编.—武汉：华中科技大学出版社，2019.8(2021.3重印)

ISBN 978-7-5680-5423-2

Ⅰ.①证… Ⅱ.①北… Ⅲ.①证券投资-高等职业教育-教材 Ⅳ.①F830.91

中国版本图书馆CIP数据核字(2019)第179241号

证券投资基本操作实训 北京正远未来教育科技股份有限公司 编

Zhengquan Touzi Jiben Caozuo Shixun

策划编辑：王新华
责任编辑：孙基寿
封面设计：刘 卉
责任校对：刘 竣
责任监印：周治超
出版发行：华中科技大学出版社(中国·武汉) 电话：(027)81321913
武汉市东湖新技术开发区华工科技园 邮编：430223
录 排：华中科技大学惠友文印中心
印 刷：武汉科源印刷设计有限公司
开 本：787mm×1092mm 1/16
印 张：28
字 数：663千字
版 次：2021年3月第1版第2次印刷
定 价：62.00元

前言

随着中国证券市场的不断成熟和投资者队伍的日益壮大，证券投资已经成为当今社会的热点行业和高校里的热门专业，系统学习和掌握证券投资知识和技能已成为包括高校学生在内的每个人渴望的一件事。为了体现高等职业教育“校企合作、产教融合”的特点，满足证券投资金融类高技能应用型人才培养的需要，北京正远未来教育科技股份有限公司从2014年开始走进普通高校，与高校合作共建金融类的经济与金融、投资与理财、互联网金融等本、专科专业。在合作开展人才培养的实践中，我们深切体会到提高金融专业学生实际动手操作能力的重要性、紧迫性，以及编写一本包括股票、基金、期货、外汇等金融产品交易实践岗前培训教材的必要性。为此，公司成立了由高校教师和公司专业技术人员（兼职教师）组成的专业教材编写组，参考了国内外相关教材和著作，结合中国证券市场的运作实践及最新需求，根据证券投资实践教学的特点编写了本书。

本书内容分为五个部分，即五个模块。模块一为证券投资基础，主要介绍交易软件的选择、安装、使用，证券投资的开户、交易等基本技能；模块二为基本面分析，分为宏观经济分析、中观行业分析、微观公司分析；模块三是技术分析，包括K线分析、形态分析、移动平均线的应用、量价关系分析等；模块四为综合实践，包括股票综合实践、衍生品交易、证券投资基金、典型交易案例展示等；模块五为岗前培训，内容有基本礼仪和证券公司岗位需求两部分。

本书有若干实训任务，每一个任务都明确了知识目标、能力目标、相关知识、实训内容及操作、实训报告等，可操作性强，体现了实训教材的特征，非常有利于教师的授课、课堂管理以及学生的学习。在一些综合性较强的实训任务中，还附有相关案例分析，有利于提高学习兴趣。

本书强调实用性、简化性、实训性和创新性。

实用性　强调实训教材的定位，以证券行业实践工作岗位为主线构建结构与内容，突出实际应用性。本书不仅能应用于金融及相关专业的实践教学，还可以作为证券行业从业人员的岗前培

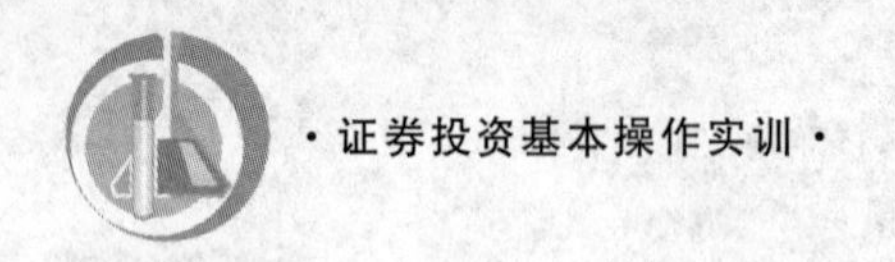

训教材。

简化性　理论体现“够用为度、实用为先”的原则，基本做到图文并茂，通过深入浅出的语言，着重体现实践教学内容组织的模块性和实践操作的简单有效性，提高培训指导效率。

实训性　力求体现金融类专业的特征，将现代金融市场的前沿信息和最新的金融工具相结合，强化学生的动手实践能力，提升学生的操作技能，培养既懂理论又能灵活运用所学专业知识进行实际操作的实用型人才。

创新性　包括内容和结构的双重创新。根据证券市场政策、行情变化较快的特点，及时地把新观点、新技术融入教材，力求学生接受和掌握实用的前沿知识和技能。此外，本书不再使用传统教材“篇、章、节、目”的结构，而以“模块、项目、任务”的形式进行编排，便于教学、自主训练和仿真模拟。

本书由李炳诗策划、设计和统稿，王长任等也做了大量工作。参加具体编写的有王长任（模块三的项目二、三、四、六，模块四的项目一、四），汪洋（模块一），张小旺（模块二，模块四的项目三），厉政（模块四的项目二），李海峰（模块三的项目一），张龙（模块三的项目五），王浩杰（模块五的项目一），王可乐（模块五的项目二）。北京正远未来教育科技股份有限公司的盛勇副总经理、华中科技大学出版社的编辑等对教材的编写出版给予了很好的帮助、指导与支持。

在编写过程中，我们参考并引用了相关的文献资料，在此向这些文献资料的作者深表谢意。限于编者水平有限，书中难免有不足和疏漏之处，恳请各位专家和读者批评指正，以便进一步修改和完善。

编　者

2019 年 5 月

目录

模块一　证券投资基础

模块二　基本面分析

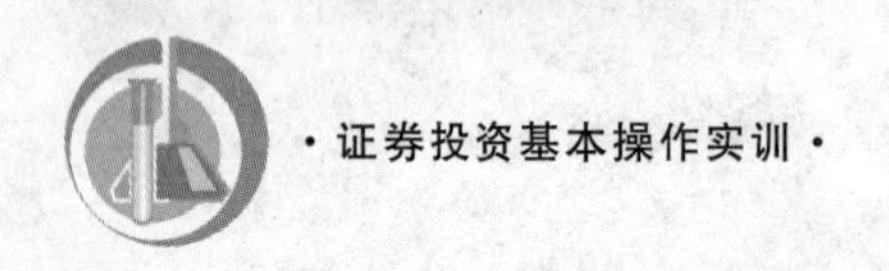

模块三 技术分析

模块四　综合实践

模块五　岗前培训

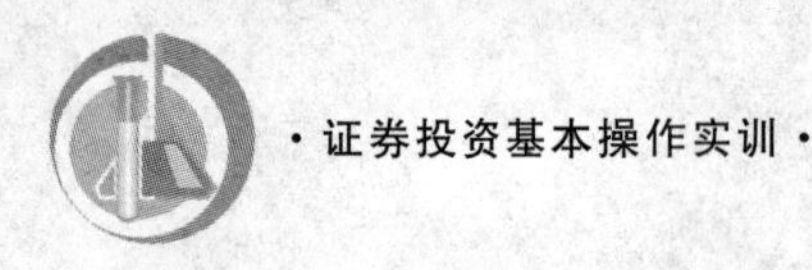

模块一
证券投资基础

项目一

软件安装与设置

软件安装与设置是证券投资最基本的技能，也是对专业学习、实践最基本的要求。本项目共设计了两个实训任务，分别是证券委托交易软件的安装及设置、看盘界面的技术指标设置和使用。

任务 1.1　软件选择及安装

一、知识目标

(1) 了解证券的交易方式。
(2) 理解证券的网上交易特点。
(3) 掌握交易软件的下载和安装方法。

二、能力目标

(1) 学会交易软件的下载和安装。
(2) 能应用券商网站提供的交易方式交易。

三、相关知识

(一) 证券交易方式

1. 现场交易

现场交易是指在交易时间内投资者亲临证券营业部，在营业部现场下单交易的方式。现场交易一般包括柜台委托、自助委托、热键交易等。

(1) 柜台委托　柜台委托是指投资者在证券营业部的业务柜台填写交易委托单，签字确认后由证券营业部业务人员审查合格后，通过营业部的交易系统下单交易的交易委托方式。柜台委托一般适用于对证券交易其他方式不熟悉的投资者(主要为老年投资者)。此种委托方式投资者不能了解证券交易品种的最新行情，掌握信息比通过自助委托等其他方式速度慢一点。

(2) 自助委托　自助委托是指投资者利用资金账户卡在证券营业部内设置的自助委托机上划卡输入密码后，自行下单交易的委托方式。该种方式一般在营业大厅内进行投资，交易的投资金额较少，适合散户投资者使用。该种交易方式投资者在委托下单的过程中能实时了解证券交易品种的价格，具有方便、迅速、直观的特点。

(3) 热键交易　热键交易是指投资者在证券营业部证券行情界面下通过输入资金账号或证券交易所股东账号和密码后自行委托交易的方式。该种方式一般为证券营业部的大中户投资者使用。

2. 电话委托

电话委托是指投资者通过拨打证券营业部的电话委托交易号码，按电话中的语音提示操作委托交易的方式。这种方式为交易时间内不能亲临营业部或通过网上交易等其他非现场交易方式进行委托的投资者提供了方便。目前电话委托交易已占证券营业部交易量的相当比例。

3. 网上交易

网上交易是指投资者利用互联网登录证券公司网站获取证券实时行情，并通过互联网进行下单交易的委托方式。

我国大部分证券公司均已获中国证监会批准开通了网上交易功能。网上交易已成为各证券公司开展竞争、争夺客户的重要手段。网上交易突破了地域限制，不受工作时间等因素影响，不管投资者是在办公室、家中还是在出差，都可自行委托下单交易。网上交易除了具有便捷的交易功能外，通过登录证券公司等相关网站，还可以使投资者及时、准确地获取各种证券的相关信息，便于决策。

4. 远程交易

远程交易也称为“远程可视委托”，主要是为证券营业部外的用户进行委托交易的后台处理，将远程系统中规定的委托查询数据格式转换成证券营业部所采用的交易柜台格式，并与交易柜台服务器通过电话线路进行数据交换。行情多采用有线电视接收系统，通过增加计算机中的硬件装置来实现行情查询分析。目前，随着互联网的普及，网上交易的发展速度逐渐超越了远程交易的发展速度。

5. “银证通”交易

“银证通”业务是指投资者直接利用在银行网点开立的活期储蓄存折，通过银行或券商的委托系统(如网上交易、电话委托、客户呼叫中心等)进行证券买卖的一种金融服务业务。它是在银行与券商联网的基础上，个人股东投资者直接使用银行账户作为证券保证金账户，通过券商的交易系统进行证券买卖及清算的一项业务。

“银证通”产品具有以下特点：

(1) “银证通”业务中投资者的交易结算资金存放在银行，由银行实行实名制管理，证

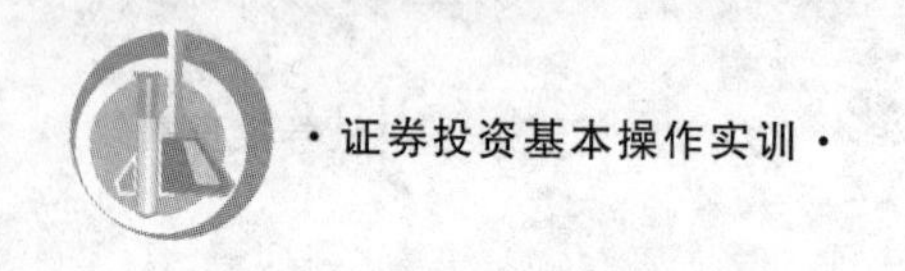

券交易通过券商的卫星系统报送到上交所、深交所。

(2) 在“银证通”业务中，银行、券商两者互相监督，各司其职，更好地维护投资者利益。由于投资者买卖股票的钱直接在银行存折上存放，投资者可以很方便地在晚间、节假日存钱、取钱或办理相关业务。

(3) “银证通”业务可以合理利用银行和券商双方的服务平台，发挥各自的优势，服务投资者。

(4) 通过“银证通”交易，客户不必亲往证券公司，只需拨打银行电话或证券营业部交易电话，也可以登录双方网站完成证券交易。另外，客户的活期储蓄账户既可用于证券交易的资金清算，也可用于正常的提取现金、转账等个人金融业务，从而实现“一户多用”。

6. 手机交易

手机交易也称“移动证券”业务，是一项基于无线数据通信的全新业务。目前主要有两种技术方向：一种基于手机短信息，另一种基于无线应用协议(WAP)。它的最大特点是，实现手机移动与证券交易的全面整合，构建一个跨行业横向发展的新平台。在这项业务中，证券服务的信息内容提供商利用移动通信的无线技术，通过移动电话接收证券行情、进行证券交易、查看证券资讯。让客户享受到与证券交易所、电话委托或网上委托完全等同的投资、交易权益。

(二) 网上交易的类型及特点

1. 证券网站与网上证券委托交易

伴随互联网的发展，国内证券公司基本上都开设了自己的网站，用于宣传本公司业务，并为客户提供软件下载和咨询服务。一般证券公司的网站提供财经新闻、上市公司信息、当日交易提示、专家在线解答以及本券商对证券市场走势的研究成果。此外，券商还提供行情的实时走势以及软件的免费下载服务。这样，客户既可以通过网站以 Web 方式查询行情，进行证券买卖委托，也可把免费的软件下载到本地计算机中，安装程序并通过网络查看行情以及委托交易。

网上证券委托系统是证券公司或一些专业网络公司专为网上交易客户提供的一套网上证券实时分析系统，其功能包括实时动态股市行情及技术分析、实时银证转账、快速委托下单等。

2. 网上证券分析(交易)系统

尽管投资者在开通网上交易时都会在证券部取得一套网上证券委托系统，但也应该根据自己对上网知识的了解程度，对网上交易系统事先有所了解和选择。网上证券分析(交易)系统应该功能齐全、操作简单、界面友好，具体来说应有以下几个特点。

(1) 集股市行情分析、银证转账与委托下单功能于一身。与传统交易分析系统一样，网上证券分析(交易)系统应能提供股市动态行情、技术分析、各种灵活动态排名、详尽的历史数据、即时准确的资讯等，还应该具备提供保证金账户和证券账户管理、资金和成交流水查询、银证资金双向即时划转等功能。

(2) 能够提供更为简单、方便的操作使用特性，如兼顾大多数现有投资者，采用大家非常熟悉的界面和热键功能，真正实现键盘、鼠标全部兼容。

(3) 支持证券名称拼音简缩输入法。在多种证券选择方法(如证券代码输入、证券列表选择等)的基础上,考虑到大多数投资者更为熟悉证券简称的情况,特别支持证券名称拼音简缩输入法。投资者即使忘记了证券代码,也可以方便地指定证券名称。

(4) 支持证券历史数据的离线访问。这种功能用于不能随时或经常上网的投资者以及不需要在线访问的时候(如休息日等)来浏览大盘和证券历史数据,分析走势和查阅各种证券背景资料等资讯。

(5) 能够为投资者保证所有交易信息的保密性与安全性。提供快速的证券委托、资金及证券查询、历史流水数据查询和银证转账服务。

(6) 尽可能减少投资者的操作程序。在设计上充分考虑系统的灵活性、可扩充性、易于维护性和其他一些自动化特性(如服务器端动态配置),尽量减少投资者的手工干预(如主站增加、选择)。例如,主站动态均衡调配,保证投资者能够自动连接到负载较小的主站上去;又如,主站扩容、增加服务器时,投资者不用任何操作,就能自动享受到更加快捷顺畅的服务。

目前许多券商及证券专业资讯网站采用的网上证券委托系统基本能够具备上述功能,不同的证券部提供不同的交易分析软件系统,投资者可根据自己熟悉的操作系统按实际情况作出选择。

3. 通过 Web 方式查询行情并进行交易

选择这种委托方式不需另外安装任何软件,投资者在证券部办理了网上交易相关手续后,通过访问证券公司的网站,在证券公司网站提供网上交易服务的地方直接下单委托即可。例如,访问一家证券公司网站,你只要在该证券公司下属的证券营业部开户并且开通网上交易,就可以在该网站中的"网上交易"一栏登录进行网上交易。无论你身在世界任何地方,只要有一台与互联网相连的计算机终端,通过访问证券公司网站的网上委托系统,就可以进行股票的买卖委托、查询操作,同时还能够查询大盘、个股行情,获得丰富的专业财经资讯及专家的在线咨询等理财服务。

首选登录证券公司网站,在 Internet Explorer 程序的"地址"栏中输入需要登录的券商网站的域名或中文(以东方财富网为例)(图 1-1-1)。

进入主页面后可从网站中点击股票行情查找所需要的证券市场的行情,或进行证券交易操作,如图 1-1-2 所示。

4. 通过软件下载到计算机(手机)进行交易

投资者在证券部开户网上交易时,证券部给开户客户免费提供一套用于进行证券委托交易的软件。客户只要将委托系统软件安装在自己的计算机中,即可接通开户的证券营业部进行网上的委托交易、行情分析。此网上交易方式将行情分析和委托交易结合为一体,即可以在接收行情、进行行情分析的同时,下单委托。该系统与投资者在证券部利用计算机下单相似,操作简便。大部分证券公司均提供这样的网上委托方式。

这种方式在应用中较为普遍,使用起来操作简单、界面直观,比较符合投资者传统买卖股票、分析行情的习惯,其行情分析系统功能强大,并可将数据下载到本地终端来进行离线浏览。功能较 Web 方式全面,是目前最基本的一种证券交易方式。因此,下面主要介绍采用这种方式进行证券投资的操作方法。

图 1-1-1　地址栏输入网址界面

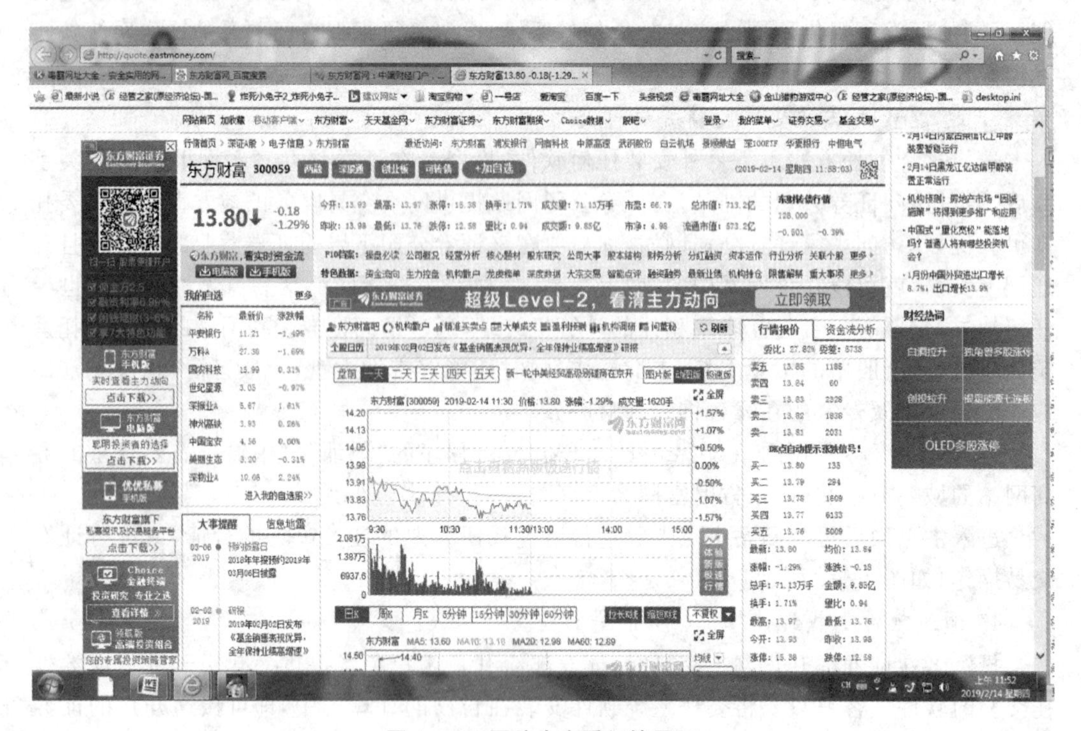

图 1-1-2　网站中查看行情界面

（三）交易软件的下载与安装

股票交易软件是股票投资者下达买卖交易指令的软件，通俗地讲，股票交易软件就是下单软件。股票投资者一般是根据股票行情软件、股票分析软件提供的行情数据分析信息进行决策后，通过股票交易软件下达买卖交易指令完成交易的。

股票交易软件分为个人版和机构版两大类。个人版股票交易软件有东方财富通、同花顺、大智慧等。股票交易操作的第一步是软件的下载与安装，其主要过程如下。

1. 登录网站

打开电脑或手机，进入搜索界面，输入券商网址，点击进入网站，如图 1-1-3 所示(以东方财富网为例)。

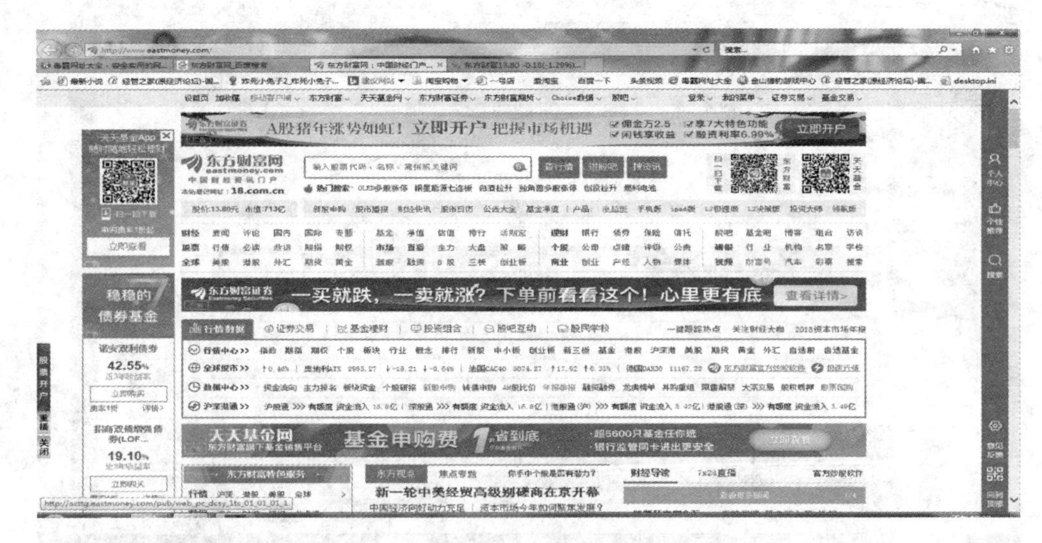

图 1-1-3 东方财富网

2. 下载保存

在东方财富网网页中找到软件后单击“下载”，如图 1-1-4 所示。

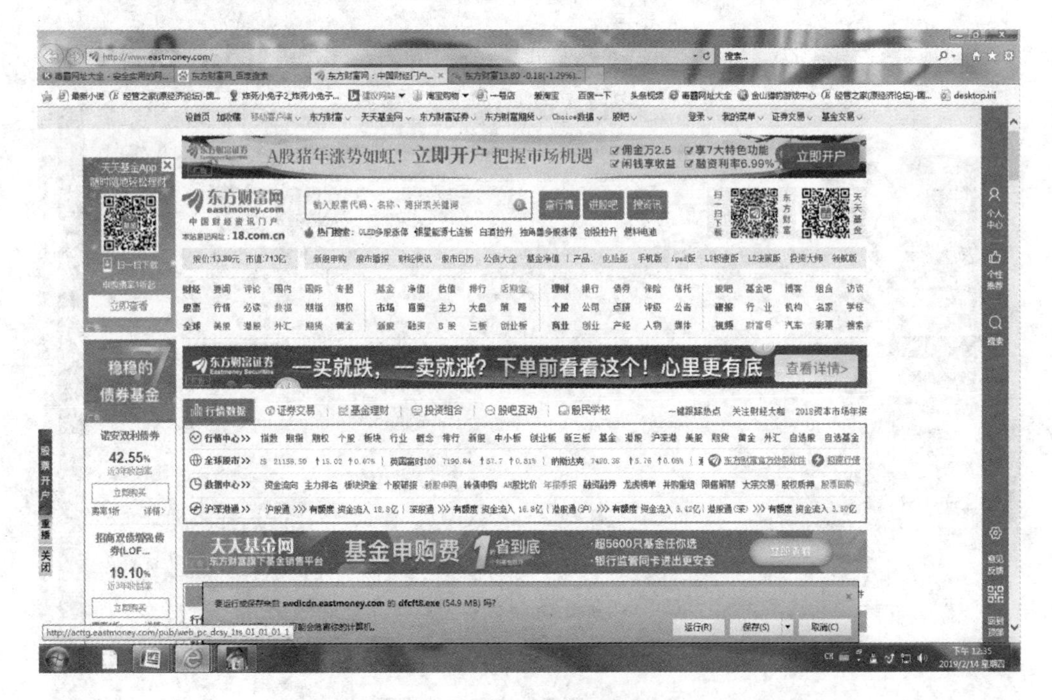

图 1-1-4 东方财富通下载页面

系统会提示用户保存文件。单击“保存”按钮，将文件保存到本地计算机中，当程序下载完成时，计算机会提示“下载已完成”，如图 1-1-5 所示。

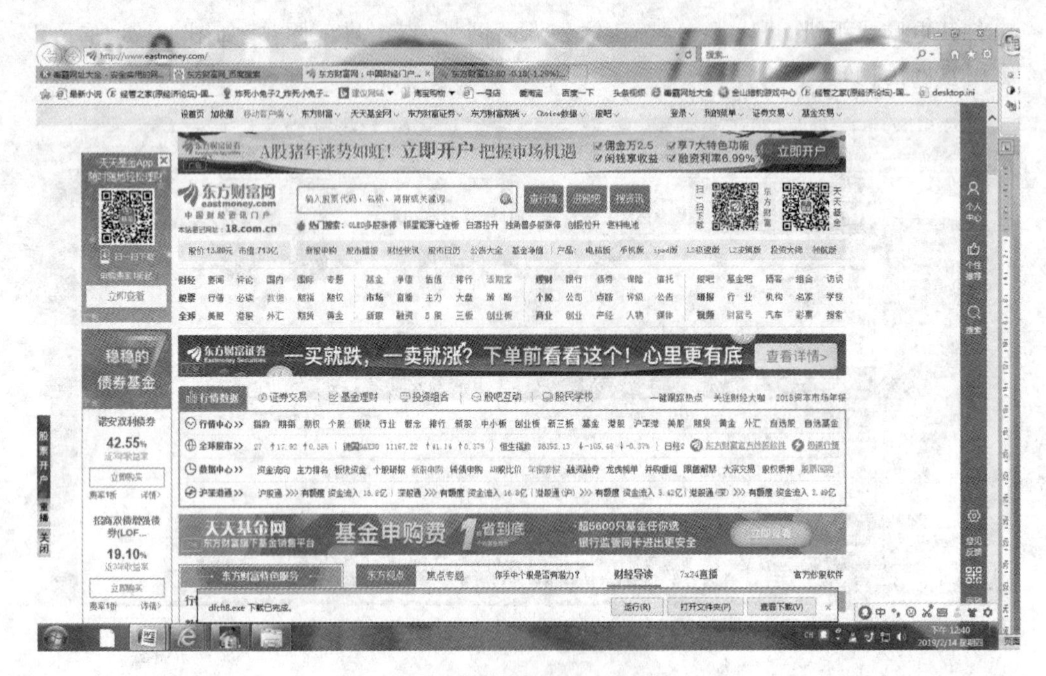

图 1-1-5　下载完成界面

找到下载的文件，如图 1-1-6 所示。

图 1-1-6　下载的安装软件界面

3. 软件安装

双击软件图标，出现安装界面，如图 1-1-7 所示。

图 1-1-7　软件安装界面

单击“立即安装”，按提示操作可完成安装。

安装完成后界面如图 1-1-8、图 1-1-9 所示。

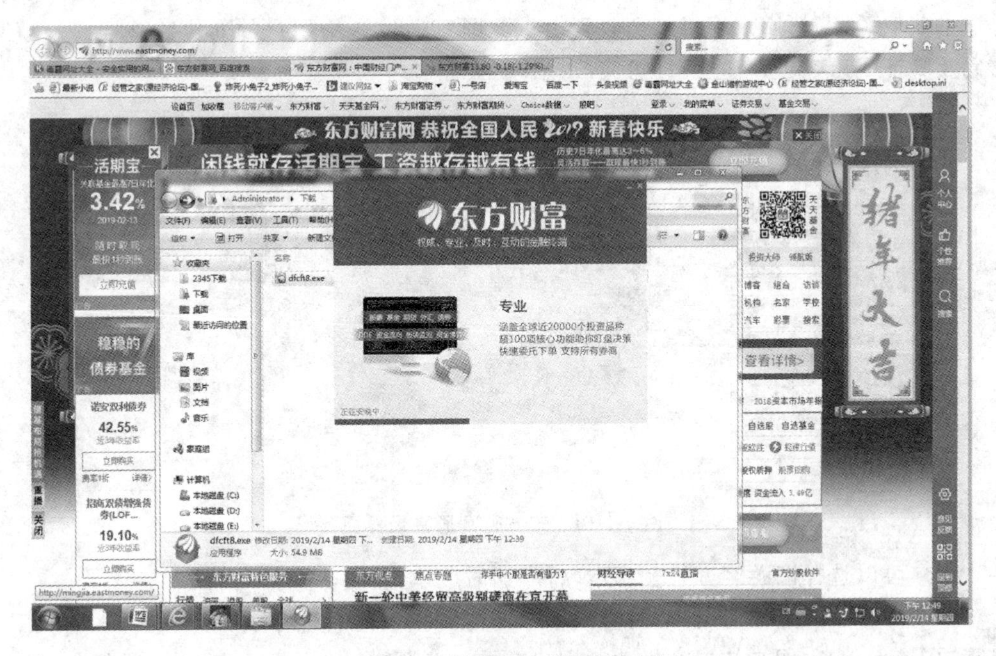

图 1-1-8　软件的安装过程界面

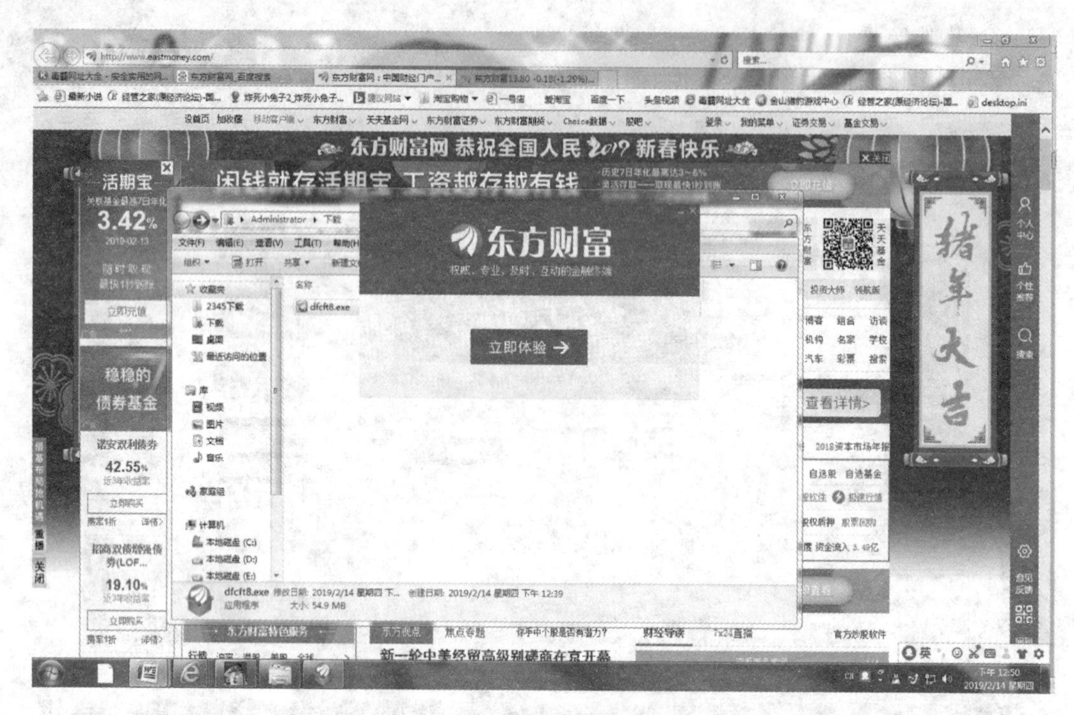

图 1-1-9 软件安装完成界面

4. 注册与登录

如果没有注册账号，则在打开软件出现登录窗口后，单击图 1-1-10 右侧“注册账号”按钮，系统将弹出如图 1-1-11 所示界面。在账户注册页面，设置登录密码，输入用户手机号单击获取验证码，用户手机将会收到由东方财富通发送给用户的 6 位数验证码。填写密码及验证码后，单击“注册”即可完成操作。

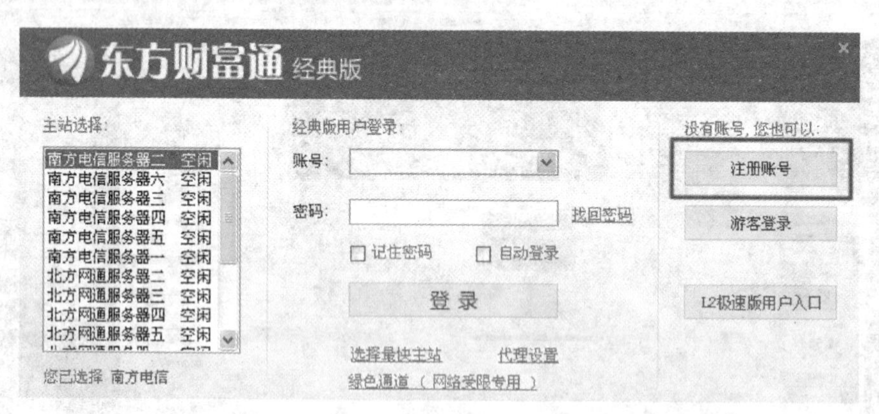

图 1-1-10 东方财富通登录界面

用户可以选择以游客方式登录本软件，这时应单击“游客登录”。

如果用户已经是注册用户，可直接输入账号和密码进行登录。如果用户购买了东方财富通 L2 极速版，可单击“L2 极速版用户登录入口”登录，如图 1-1-12 所示。

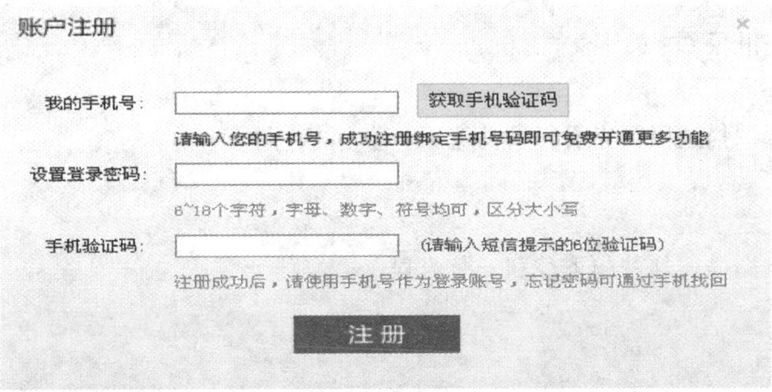

账户注册

我的手机号： 获取手机验证码

请输入您的手机号，成功注册绑定手机号码即可免费开通更多功能

设置登录密码：

6~18个字符，字母、数字、符号均可，区分大小写

手机验证码： （请输入短信提示的6位验证码）

注册成功后，请使用手机号作为登录账号，忘记密码可通过手机找回

注册

图 1-1-11　东方财富通注册界面

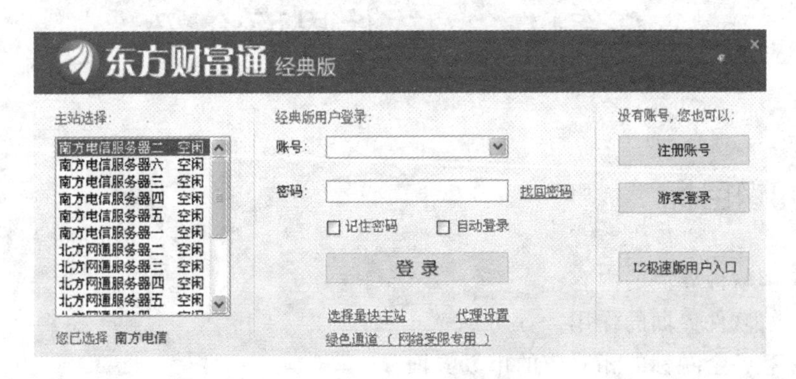

图 1-1-12　L2 极速版用户登录入口

四、实训内容及操作

1. 网页查看行情(以东方财富网为例)

打开浏览器，输入网址，单击“行情”，输入股票代码或股票简称，查看相应标的，并做好记录。

2. 软件(以东方财富通为例)下载及安装

打开浏览器，输入网址，单击电脑版，单击“保存”，单击“打开文件夹”，双击“x. exe”文件，单击“立即安装”即可安装完毕。

说明：一般不建议直接安装软件，应该打开文件夹，先对下载的软件查毒，然后再安装，这样操作可以确定安装的软件是相对安全的。另外，东方财富通软件的首次使用需要注册。

3. 软件注册

在账户注册页面，输入手机号单击获取验证码，手机将会收到由东方财富通发送给用户的 6 位验证码。填写密码及验证码后，单击“注册”即可完成操作(注意留存账号、密码)。

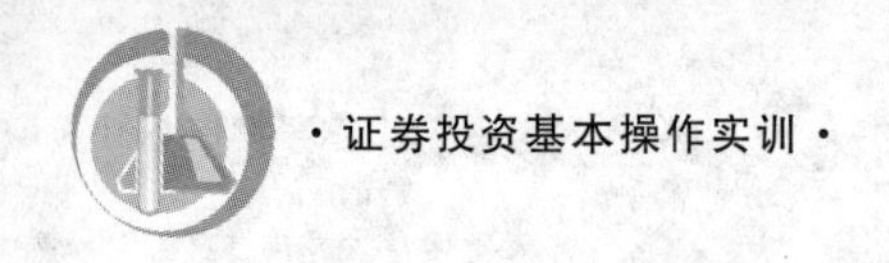

五、实训报告

(1) 用框图描述网页查看行情的流程。

(2) 用框图描述软件的下载和安装流程。

任务 1.2　软件界面介绍

一、知识目标

(1) 了解软件界面的内容。
(2) 了解软件界面的作用。
(3) 熟悉各金融标的相对应的市场界面。

二、能力目标

(1) 能够看明白软件界面。
(2) 能根据图标找到对应的市场界面及相关信息。
(3) 学会软件界面的基本应用。

三、相关知识

(一) 软件界面基本知识

1. 软件界面的含义

软件界面的定义并不十分统一。狭义上说,软件界面就是指软件中面向操作者而专门设计的用于操作使用及反馈信息的指令部分。而广义上讲,软件界面就是某样事物面向外界展示其特点及功用的组成部分。通常我们说的软件界面是狭义上的软件界面。

2. 软件界面的内容

软件界面主要包括软件启动封面、软件整体框架、软件面板、菜单界面、按钮界面、标签、图标、滚动条等。

3. 软件界面设计要求

(1) 易用性　按钮名称应该易懂,用词准确,要与同一界面上的其他按钮易于区分。理想的情况是用户不用查阅帮助就能知道该界面的功能并进行相关的操作。

(2) 规范性　界面规范化程度越高,易用性就越好。

(3) 合理性　屏幕对角线相交的位置是用户直视的地方,正上方四分之一处容易引起用户注意,放置窗体时要注意利用这两个位置。

(4) 美观与协调性　界面大小应该适合美学观点,感觉协调舒适,能在有效的范围内吸引用户的注意力。

(5) 独特性　如果一味地遵循业界的界面标准,则会丧失自己的个性,因此在框架符合业界规范的情况下,应设计具有自己独特风格的界面。

(二) 东方财富通金融终端功能

东方财富通金融终端功能包括自选股动态提醒、各市场全景首页、各市场个股分类、基金市场、港股市场、外汇市场等。

1. 自选股动态提醒

动态提醒是针对东方财富通注册用户推出的一款多平台、实时、个性化消息定制提醒功能。当前适用市场包括沪深A股、B股,沪深基金债券、沪深指数及三板市场。通过设置,当股价、最新研究报告、公告、交易数据等满足用户设置条件时,系统会跳出提醒窗口,及时告知用户个股最新情况,有助于用户把握个股操作时机,第一时间获取最新资讯。

功能路径:进入个股K线、分时界面后,单击右上角"重要提醒"功能按钮,如图1-1-13所示。

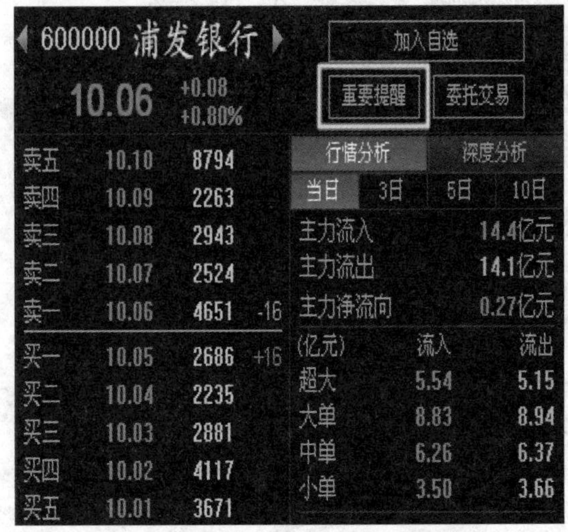

图1-1-13　自选股动态提醒界面

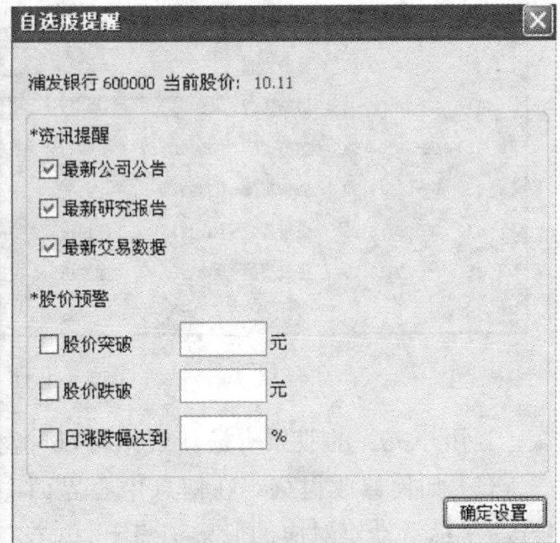

图1-1-14　提醒设置页面

动态提醒步骤详解:

(1) 如何设置提醒　第一步:单击"提醒"按钮之后,将会弹出提醒设置页面(图1-1-14)。勾选要订阅的资讯、要设置的股价条件,并输入要设置的股价和涨跌幅,单击

“确定设置”按钮，设置立即生效。

（2）如何查看提醒　设置完成后，当相关股价满足用户的设置条件时，界面上会跳出消息提醒窗和消息浮动框。届时信封图标会闪烁，如图 1-1-15 所示。单击“查看更多”或消息浮动框，可从中了解到更加详细的提醒信息。

图 1-1-15　消息提醒

单击“查看更多”或者“查看新消息”可以看到具体信息，如图 1-1-16 所示。

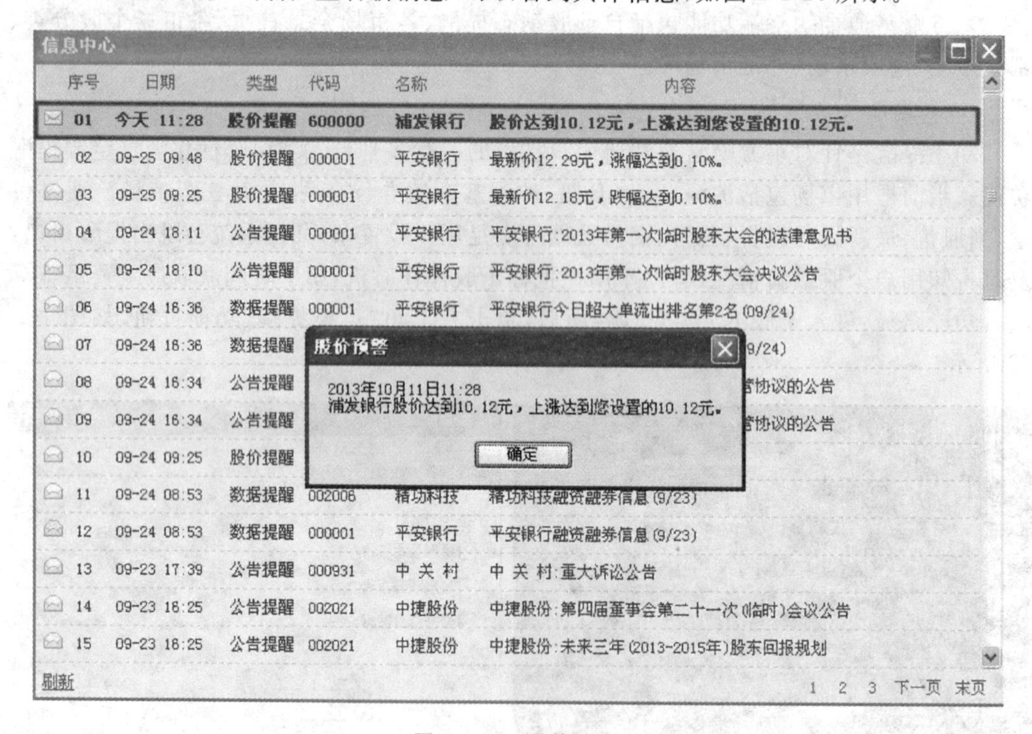

图 1-1-16　具体信息

当用户关注的股票有最新资讯时，单击相应提示可进入正文，如图 1-1-17 所示。

（3）如何修改提醒　在信息中心界面中，用户可以直接对关注股票的提醒条件进行修改，鼠标滑动至对应的股票消息上，单击右侧的“修改设置”即可进行修改。若用户停留在信息中心时间较长，可以单击左下角“刷新”按钮，如图 1-1-18 所示。

（4）如何关闭提醒　单击“提醒”按钮，打开消息提醒设置页面，将设置条件前的复选框清空，如图 1-1-19 所示，单击“确定设置按钮”将设置过提醒的股票从自选股中删除，提醒会自动取消。

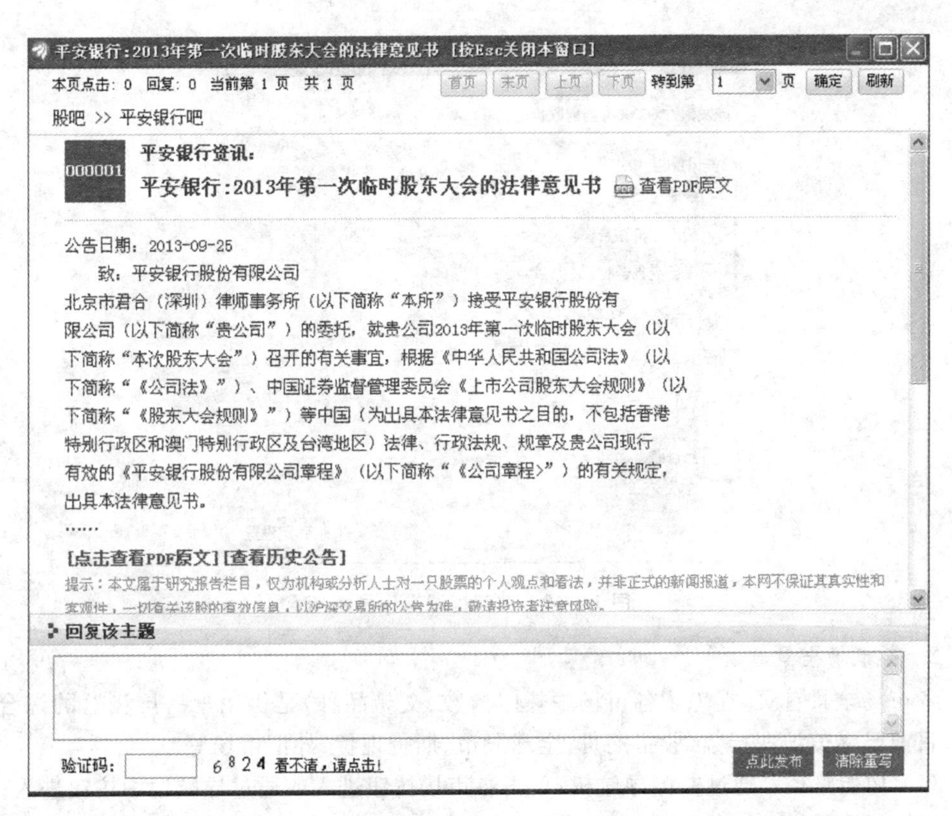

图 1-1-17　股吧消息详情

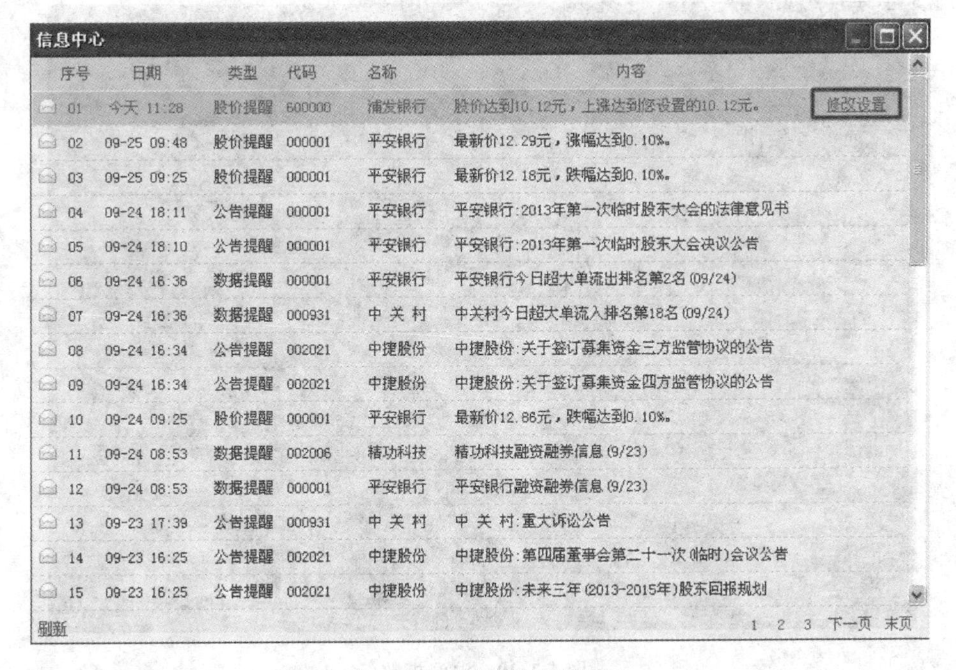
信息中心

序号	日期	类型	代码	名称	内容
01	今天 11:28	股价提醒	600000	浦发银行	股价达到10.12元，上涨达到您设置的10.12元。 修改设置
02	09-25 09:48	股价提醒	000001	平安银行	最新价12.29元，涨幅达到0.10%。
03	09-25 09:25	股价提醒	000001	平安银行	最新价12.18元，跌幅达到0.10%。
04	09-24 18:11	公告提醒	000001	平安银行	平安银行:2013年第一次临时股东大会的法律意见书
05	09-24 18:10	公告提醒	000001	平安银行	平安银行:2013年第一次临时股东大会决议公告
06	09-24 16:36	数据提醒	000001	平安银行	平安银行今日超大单流出排名第2名(09/24)
07	09-24 16:36	数据提醒	000931	中关村	中关村今日超大单流入排名第18名(09/24)
08	09-24 16:34	公告提醒	002021	中捷股份	中捷股份:关于签订募集资金三方监管协议的公告
09	09-24 16:34	公告提醒	002021	中捷股份	中捷股份:关于签订募集资金四方监管协议的公告
10	09-24 09:25	股价提醒	000001	平安银行	最新价12.86元，跌幅达到0.10%。
11	09-24 08:53	数据提醒	002006	精功科技	精功科技融资融券信息(9/23)
12	09-24 08:53	数据提醒	000001	平安银行	平安银行融资融券信息(9/23)
13	09-23 17:39	公告提醒	000931	中关村	中关村:重大诉讼公告
14	09-23 16:25	公告提醒	002021	中捷股份	中捷股份:第四届董事会第二十一次(临时)会议公告
15	09-23 16:25	公告提醒	002021	中捷股份	中捷股份:未来三年(2013-2015年)股东回报规划

刷新　1 2 3 下一页 末页

图 1-1-18　修改设置界面

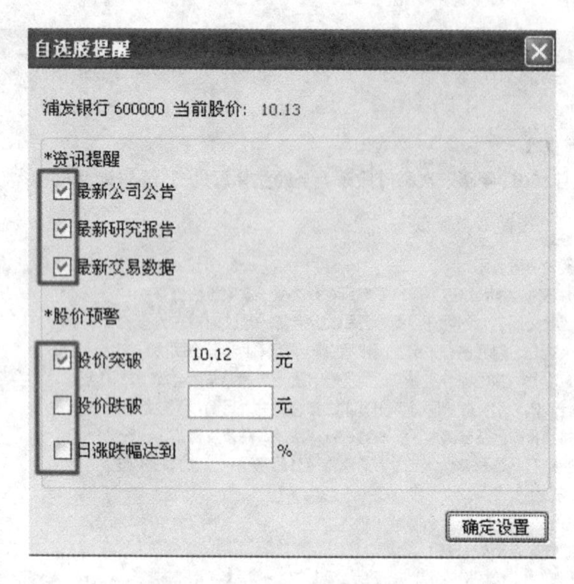

图 1-1-19　关闭提醒操作界面

2. 各市场全景首页

各市场全景首页，提炼了各市场中热门指数、交易品种，是供用户一屏浏览的综合页面。目前已涵盖沪深指数、股指期货、全球股市、期货现货、外汇市场等。

(1) 功能路径　通过左侧导航树，单击各市场按钮进入或通过导航栏中按钮进入。

(2) 各界面信息　各个不同界面显示的基本信息，如图 1-1-20 至图 1-1-24 所示。

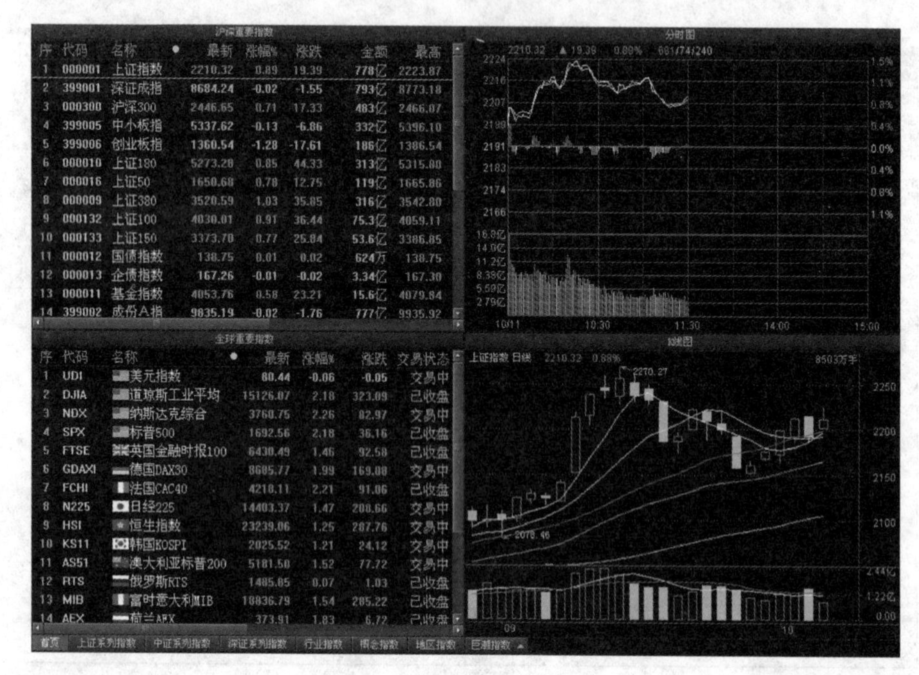

图 1-1-20　沪深指数

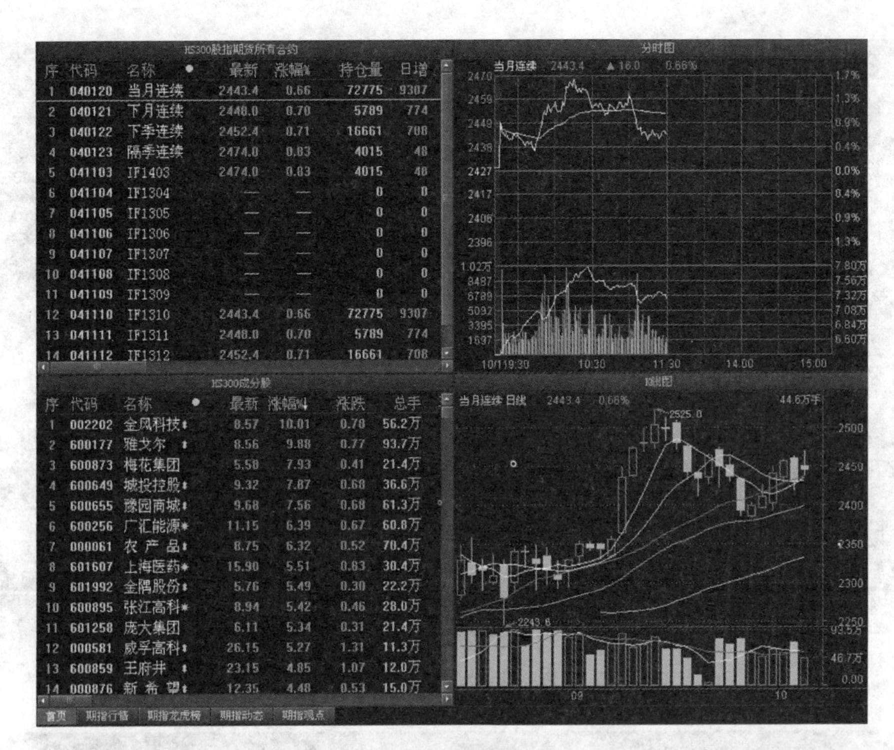

HS300股指期货所有合约

序	代码	名称	最新	涨幅%	持仓量	日增
1	040120	当月连续	2443.4	0.66	72775	9307
2	040121	下月连续	2448.0	0.70	5789	774
3	040122	下季连续	2452.4	0.71	16661	708
4	040123	隔季连续	2474.0	0.83	4015	48
5	041103	IF1403	2474.0	0.83	4015	48
6	041104	IF1304	—	—	0	0
7	041105	IF1305	—	—	0	0
8	041106	IF1306	—	—	0	0
9	041107	IF1307	—	—	0	0
10	041108	IF1308	—	—	0	0
11	041109	IF1309	—	—	0	0
12	041110	IF1310	2443.4	0.66	72775	9307
13	041111	IF1311	2448.0	0.70	5789	774
14	041112	IF1312	2452.4	0.71	16661	708

HS300成分股

序	代码	名称	最新	涨幅%	涨跌	总手
1	002202	金风科技	8.57	10.01	0.78	56.2万
2	600177	雅戈尔	8.56	9.88	0.77	93.7万
3	600873	梅花集团	5.58	7.93	0.41	21.4万
4	600649	城投控股	9.32	7.87	0.68	36.6万
5	600655	豫园商城	9.68	7.56	0.68	61.3万
6	600256	广汇能源	11.15	6.39	0.67	60.8万
7	000061	农产品	8.75	6.32	0.52	70.4万
8	601607	上海医药	15.90	5.51	0.83	30.4万
9	601992	金隅股份	5.76	5.49	0.30	22.2万
10	600895	张江高科	8.94	5.42	0.46	28.0万
11	601258	庞大集团	6.11	5.34	0.31	21.4万
12	000581	威孚高科	26.15	5.27	1.31	11.3万
13	600859	王府井	23.15	4.85	1.07	12.0万
14	000876	新希望	12.35	4.48	0.53	15.0万

图 1-1-21 股指期货

全球重要指数

序	代码	名称	最新	涨幅%	涨跌
1	UDI	美元指数	80.44	-0.06	-0.05
2	DJIA	道琼斯工业平均	15126.07	2.18	323.09
3	NDX	纳斯达克综合	3760.75	2.26	82.97
4	SPX	标普500	1692.56	2.18	36.16
5	FTSE	英国金融时报100	6430.49	1.46	92.58
6	GDAXI	德国DAX30	8685.77	1.99	169.08
7	FCHI	法国CAC40	4218.11	2.21	91.06
8	N225	日经225	14410.88	1.52	216.17
9	HSI	恒生指数	23239.06	1.25	287.76
10	KS11	韩国KOSPI	2025.26	1.19	23.86
11	AS51	澳大利亚标普200	5181.50	1.52	77.72
12	RTS	俄罗斯RTS	1405.85	0.07	1.03
13	MIB	富时意大利MIB	18836.79	1.54	285.22
14	AEX	荷兰AEX	373.91	1.83	6.72

知名美股

代码	名称	最新	涨幅%	涨跌	总量	现量
GRPN	GROUPON	11.10	8.19	0.84	2613万	4.89万
BBY	百思买	39.00	7.56	2.74	1148万	227
YNDX	YANDEX NV	38.53	6.55	2.37	363万	50
NFLX	奈飞公司	303.99	5.39	15.56	438万	1.50万
FB	FACEBOOK	49.05	4.07	2.28	9977万	42.0万
ATVI	动视暴雪	17.05	4.73	0.77	1327万	3.37万
BX	黑石集团	25.92	4.64	1.15	361万	160
TWX	时代华纳	67.32	4.19	2.71	676万	3.34万
BLK	贝莱德	277.25	3.92	10.45	57.8万	10
AIG	美国国际集团	49.58	3.88	1.85	1143万	88
BA	波音	118.90	3.87	4.43	564万	60
LMT	洛克希德马丁	126.68	3.81	4.65	132万	258
MET	大都会保险	48.11	3.73	1.73	539万	8.64万
NKE	耐克	73.44	3.60	2.55	554万	1.90万

知名港股

代码	名称	最新	涨幅%	涨跌	总量	现量
02618	TCL通讯	5.900	6.69	0.370	213万	0
00709	佐丹奴国际	7.800	5.26	0.390	225万	7.40万
02020	安踏体育	11.540	4.53	0.500	233万	1000
00493	国美电器	1.080	3.85	0.040	1.32亿	101万
01368	特步国际	3.800	3.83	0.140	31.9万	1.40万
01968	匹克体育	1.990	3.65	0.070	228万	2000
01112	合生元	66.700	3.41	2.200	46.0万	500
01157	中联重科	7.330	3.24	0.230	782万	400
00538	味千(中国)	8.050	3.21	0.250	50.1万	2.80万
02331	李宁	7.200	3.00	0.210	384万	1000
02333	长城汽车	46.250	2.89	1.300	168万	0
02883	中海油田	20.900	2.70	0.550	117万	0
00700	腾讯控股	419.400	2.34	9.600	57.4万	0
02888	渣打集团	182.900	2.29	4.100	14.8万	0

中国概念股(在美上市)

代码	名称	最新	涨幅%	涨跌	总量	现量
KUTV	酷6	2.93	36.92	0.79	241万	246
AMCF	星源燃料	1.83	34.56	0.47	55.2万	250
GRO	华奥物种	1.58	23.44	0.30	108万	150
SKBI	天星生药	4.96	15.08	0.65	15.1万	100
GPRC	冠威塑料	2.25	13.64	0.27	35.2万	245
RCON	研控科技	4.01	12.32	0.44	89.6万	358
HSOL	韩华新能源	5.33	9.22	0.45	279万	50
CSIQ	阿特斯太阳能	19.18	9.10	1.60	400万	866
VNET	世纪互联	18.04	8.87	1.47	101万	3.72万
CHNR	中国天然资源	4.88	8.44	0.38	9468	
LLEN	龙腾矿业	1.42	8.40	0.11	400万	677
SFUN	搜房网	51.90	8.31	3.98	152万	310
JKS	晶科能源	22.41	8.26	1.71	124万	60
YY	欢聚时代	47.01	7.01	3.08	156万	35

首页 全球指数 香港指数 A+H股 红筹股 国企股 蓝筹股 知名港股 全部港股 美股指数 中国概念股 知名美股 全部美股 更多

图 1-1-22 全球股市

能源&化工

名称	最新	涨幅%	涨跌	所属交易所	总量	持仓量
布伦特原油指	109.30	-0.19	-0.21	洲际ICE	4116	1128708
原油当月连续	102.89	-0.12	-0.12	纽约NYMEX	3843	0
HenryHub天然气	3.750	0.73	0.027	纽约NYMEX	1838	0
RBOB汽油当月连	2.6850	-0.49	-0.0131	纽约NYMEX	182	0
取暖油当月连续	3.0483	-0.71	-0.0217	纽约NYMEX	588	0
焦炭主力	1558	0.26	4	大商所	22.3万	277956
焦煤主力	1128	-0.18	-2	大商所	12.8万	370990
橡胶主力	20590	1.38	280	上期所	42.0万	151874
日橡胶连	262.7	2.26	5.8	东京TOCOM	6144	27466
聚乙烯主力	11255	0.72	80	大商所	51.6万	417368
聚氯乙烯主力	6550	0.15	10	大商所	5734	23650
PTA主力	7798	0.33	26	郑商所	19.2万	526336

金属&钢材

名称	最新	涨幅%	涨跌	所属交易所	总量	持仓量
黄金当月连续	1293.0	-0.30	-3.9	纽约COMEX	1.69万	0
沪金主力	258.30	-0.94	-2.45	上期所	19.6万	111158
黄金T+D	257.20	-0.94	-2.43	上金所	1.67万	176454
白银当月连续	21.725	-0.78	-0.171	纽约COMEX	4677	0
白银T+D	4364.00	-0.91	-40.00	上金所	89.4万	3409580
沪银主力	4396	-1.08	-48	上期所	139万	445892
LmeS_铜3	7146.50	0.10	7.00	伦敦LME	3710	262434
铜当月连续	—	—	—	纽约COMEX	—	0
沪铜主力	51560	0.29	150	上期所	16.1万	213436
LmeS_锌3	1900.00	-0.05	-1.00	伦敦LME	861	287978
沪锌主力	14900	0.68	100	上期所	4.88万	140186
LmeS_铝3	1876.00	-0.26	-4.80	伦敦LME	895	735331

农产品&食品原料

名称	最新	涨幅%	涨跌	所属交易所	总量	持仓量
大豆当月连续	1284.50	-0.27	-3.50	芝加哥CBOT	9980	260664
豆一主力	4665	-0.21	-10	大商所	1.86万	87164
玉米当月连续	435.25	-0.68	-3.00	芝加哥CBOT	6325	0
玉米主力	2344	0.26	6	大商所	5.32万	288598
小麦当月连续	682.75	-0.40	-2.75	芝加哥CBOT	1840	240374
燕麦当月连续	318.25	-0.62	-2.00	芝加哥CBOT	23	8793
棉花指数	83.82	0.38	0.32	洲际NYBOT	288	202368
一号棉花主力	19975	-0.13	-25	郑商所	4276	42362
豆粕当月连续	409.5	-0.02	-0.1	芝加哥CBOT	1904	140473
豆粕主力	3682	-1.58	-59	大商所	88.7万	1921942
豆油当月连续	40.94	-0.68	-0.28	芝加哥CBOT	5355	160087
豆油主力	7072	-0.08	-6	大商所	35.5万	631338

金融期货

名称	最新	涨幅%	涨跌	所属交易所	总量	持仓量
当月连续	2443.4	0.66	16.0	中金所	44.6万	72775
下月连续	2448.8	0.70	17.0	中金所	9863	5789
国债当季	94.286	-0.05	-0.044	中金所	1240	3743
小型道指当月连	15058	0.24	36	芝加哥CBOT	1.39万	0
2年美国债当月连	110.0781	0.00	-0.0000	芝加哥CBOT	0	928832
5年美国债当月连	120.9219	-0.01	-0.0156	芝加哥CBOT	0	1706104
10年美国债当月	125.8125	0.00	0.0000	芝加哥CBOT	0	0
30年美国债当月	132.2187	-0.68	-0.9063	芝加哥CBOT	0	628021
超国债当月连续	141.6562	0.20	0.2812	芝加哥CBOT	1999	0

首页 中金所 上期所 大商所 郑商所 上金所 CME-CBOT CME-NYMEX CME-COMEX ICE-NYBOT 伦敦金属LME 洲际ICE 东京TOCOM 新加坡SGX 更多

图 1-1-23 期货现货

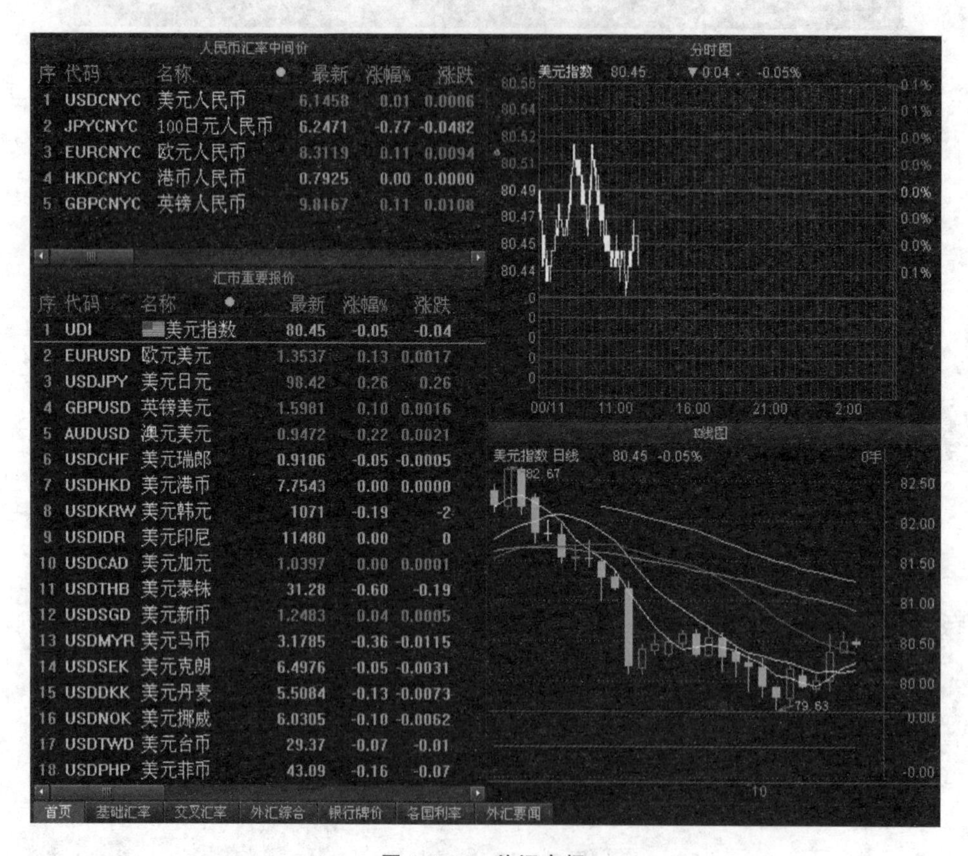

人民币汇率中间价

序	代码	名称	最新	涨幅%	涨跌
1	USDCNYC	美元人民币	6.1458	0.01	0.0006
2	JPYCNYC	100日元人民币	6.2471	-0.77	-0.0482
3	EURCNYC	欧元人民币	8.3119	0.11	0.0094
4	HKDCNYC	港币人民币	0.7925	0.00	0.0000
5	GBPCNYC	英镑人民币	9.8167	0.11	0.0108

汇市重要报价

序	代码	名称	最新	涨幅%	涨跌
1	UDI	美元指数	80.45	-0.05	-0.04
2	EURUSD	欧元美元	1.3537	0.13	0.0017
3	USDJPY	美元日元	98.42	0.26	0.26
4	GBPUSD	英镑美元	1.5981	0.10	0.0016
5	AUDUSD	澳元美元	0.9472	0.22	0.0021
6	USDCHF	美元瑞郎	0.9106	-0.05	-0.0005
7	USDHKD	美元港币	7.7543	0.00	0.0000
8	USDKRW	美元韩元	1071	-0.19	-2
9	USDIDR	美元印尼	11480	0.00	0
10	USDCAD	美元加元	1.0397	0.00	0.0001
11	USDTHB	美元泰铢	31.28	-0.60	-0.19
12	USDSGD	美元新币	1.2483	0.04	0.0005
13	USDMYR	美元马币	3.1785	-0.36	-0.0115
14	USDSEK	美元克朗	6.4976	-0.05	-0.0031
15	USDDKK	美元丹麦	5.5084	-0.13	-0.0073
16	USDNOK	美元挪威	6.0305	-0.10	-0.0062
17	USDTWD	美元台币	29.37	-0.07	-0.01
18	USDPHP	美元菲币	43.09	-0.16	-0.07

图 1-1-24 外汇市场

3. 各市场个股分类

东方财富通对基金、债券、港股、美股等各市场个股，针对其所属的不同品种、行业、概念进行分类，使用户能够快速找到对应品种。

功能路径：主菜单——行情，按阶梯图示，找到关注的对象——基金、香港市场、债券等，然后单击，获得基本行情信息，如图 1-1-25 所示。

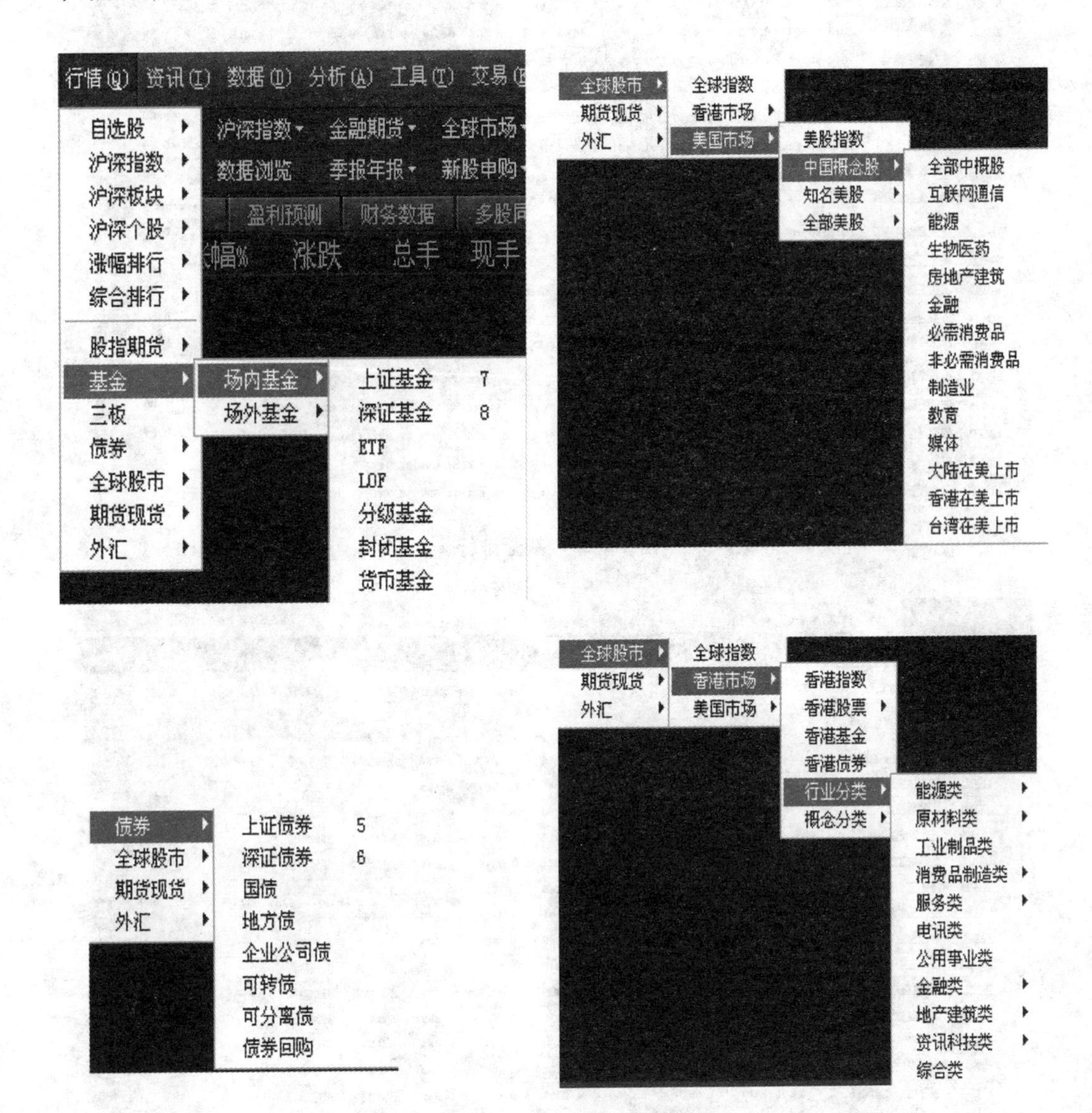

图 1-1-25 寻找个股路径示意图

例如，对于基金市场，可以了解新增基金排行（图 1-1-26）、基金净值（图 1-1-27）、基金估值（图 1-1-28）内容，数据更全面。

基金开户与交易如图 1-1-29 所示，基金超市如图 1-1-30 所示。

开放基金排行 | 封闭基金排行 | 货币基金排行 | 理财基金排行 | 查看最新

全部(1497) | 股票型(596) | 混合型(217) | 债券型(449) | 指数型(281) | 保本型(55) | QDII(90) | ETF(74) | LOF(82)

序号	基金代码	基金简称	日期	单位净值	累计净值	日增长率	近1周	近1月	近3月	近6月	近1年	近2年	近3年	今年来	成立来	优惠费率	操作
1	519110	浦银价值成长	2013-10-10	1.0180	1.0180	0.10%	6.26%	7.72	21.62%	25.99%	34.48%	31.87%	11.87%	34.66%	1.80%	1.50折	购买
2	580002	东吴双动力	2013-10-10	1.3693	1.9493	0.25%	5.12%	7.99	13.18%	14.00%	21.42%	20.91%	-5.94%	20.87%	100.91%	0.60折	购买
3	630001	华商领先企业	2013-10-10	1.4223	1.5273	0.62%	4.69%	7.52	21.93%	30.55%	53.50%	46.10%	16.28%	44.03%	52.56%	0.60折	购买
4	580001	东吴嘉禾优势精选	2013-10-10	0.7535	2.4735	0.21%	4.48%	4.48	8.20%	8.81%	9.19%	0.60%	-12.28%	6.01%	197.81%	0.60折	购买
5	580006	东吴新经济	2013-10-10	1.0400	1.0400	0.29%	4.31%	-0.48	5.05%	9.24%	16.72%	6.89%	-3.70%	7.77%	4.00%	0.60折	购买
6	180031	银华中小盘股票	2013-10-10	1.1880	1.2680	0.85%	4.30%	5.69	17.28%	12.71%	27.85%	--	--	18.82%	27.85%	0.60折	购买
7	213006	宝盈核心优势混合A	2013-10-10	1.1345	1.3345	-0.47%	4.22%	10.76	21.12%	37.03%	64.18%	54.71%	21.45%	62.42%	36.69%	0.60折	购买
8	630002	华商盛世成长	2013-10-10	2.2802	2.5452	0.84%	4.19%	8.03	17.64%	32.71%	36.95%	21.75%	5.33%	42.33%	179.85%	0.60折	购买
9	630016	华商价值共享混合	2013-10-10	1.2440	1.3440	0.32%	4.19%	7.03	26.46%	33.53%	--	--	--	--	35.66%	0.60折	购买
10	000241	宝盈核心优势混合C	2013-10-10	1.1346	1.1346	-0.47%	4.19%	--	--	--	--	--	--	--	12.82%	0费率	购买
11	740001	长安宏观策略	2013-10-10	1.3570	1.3570	-0.15%	4.14%	8.47	23.48%	42.54%	48.79%	--	--	46.23%	35.70%	0.60折	购买
12	580008	东吴新产业精选	2013-10-10	1.2620	1.2620	-0.39%	4.04%	3.19	18.28%	27.86%	35.85%	26.20%	--	37.92%	26.20%	0.60折	购买
13	481015	工银主题策略	2013-10-10	1.3570	1.3570	0.07%	3.98%	9.35	18.41%	39.04%	41.35%	--	--	39.90%	35.70%	0.60折	购买
14	519013	海富通风格优势	2013-10-10	0.9410	2.0470	-0.21%	3.98%	3.98	13.10%	17.63%	21.42%	12.29%	-8.61%	18.81%	125.12%	0.60折	购买
15	270041	广发消费品精选股票	2013-10-10	1.2350	1.2350	0.98%	3.87%	5.11	14.25%	18.30%	24.75%	--	--	21.20%	23.50%	0.60折	购买
16	519005	海富通股票	2013-10-10	0.6460	2.5950	-0.31%	3.86%	3.86	12.94%	17.45%	21.66%	8.39%	-13.98%	18.97%	177.63%	0.60折	购买
17	165512	信诚新机遇	2013-10-10	1.3000	1.3000	-0.38%	3.83%	5.09	19.38%	32.79%	39.34%	33.74%	--	37.13%	30.00%	1.50折	购买
18	630008	华商策略精选	2013-10-10	0.9550	0.9550	0.42%	3.80%	4.26	15.90%	21.97%	32.82%	19.08%	--	35.65%	-4.50%	0.60折	购买
19	519034	海富通中证内地低碳指数	2013-10-10	1.2190	1.2190	-0.41%	3.74%	3.22	13.29%	23.63%	32.64%	--	--	31.64%	21.90%	0.60折	购买
20	163409	兴全绿色投资	2013-10-10	1.3030	1.3030	0.93%	3.74%	9.59	24.33%	34.33%	46.73%	41.32%	--	42.56%	30.30%	0.60折	购买

图 1-1-26　基金排行

开放式基金净值 | 封闭式基金净值 | 货币型基金净值 | 理财型基金收益 | 分级基金净值　　数据日期：2013-10-10　查看最新

自选基金 | 全部 | 股票型 | 混合型 | 债券型 | 指数型 | ETF联接 | QDII | ETF | LOF

显示：全部基金　跑赢上证　跑赢深成　跑赢沪深300　　基金公司：按基金公司查净值　智能查询：输入代码、名称或简拼　查净值

序号	基金代码	基金简称	2013-10-10		2013-10-09		增长值	增长率	申购状态	赎回状态	备注	优惠费率	操作
			单位净值	累计净值	单位净值	累计净值							
1	150023	申万深指分级进取	0.1321	0.1321	0.1298	0.1298	0.0023	1.77%	场内交易	场内交易	---	---	购买
2	110011	易方达中小盘	1.7017	1.7417	1.6830	1.7230	0.0187	1.11%	开放申购	开放赎回	---	4折	购买
3	270041	广发消费品精选股票	1.2350	1.2350	1.2230	1.2230	0.012	0.98%	开放申购	开放赎回	---	4折	购买
4	163409	兴全绿色投资	1.3030	1.3030	1.2910	1.2910	0.012	0.93%	开放申购	开放赎回	---	4折	购买
5	162102	金鹰中小盘精选	0.8593	2.4553	0.8514	2.4474	0.0079	0.93%	开放申购	开放赎回	---	4折	购买
6	180031	银华中小盘股票	1.1880	1.2680	1.1780	1.2580	0.01	0.85%	开放申购	开放赎回	---	4折	购买
7	630002	华商盛世成长	2.2802	2.5452	2.2611	2.5261	0.0191	0.84%	限大额	开放赎回	---	4折	购买
8	100026	富国天合稳健优选	1.1003	2.5178	1.0913	2.5088	0.009	0.82%	开放申购	开放赎回	---	4折	购买
9	320012	诺安主题精选	1.0010	1.0010	0.9940	0.9940	0.007	0.7%	开放申购	开放赎回	---	4折	购买
10	217001	招商安泰股票	0.3937	3.3977	0.3910	3.3950	0.0027	0.69%	开放申购	开放赎回	---	4折	购买
11	000264	博时内需增长混合	1.04	0.9090	1.0330	0.9030	0.007	0.68%	开放申购	开放赎回	---	---	购买
12	320016	诺安多策略	0.94	0.94	0.9340	0.9340	0.006	0.64%	开放申购	开放赎回	---	4折	购买
13	630001	华商领先企业	1.4223	1.5273	1.4136	1.5186	0.0087	0.62%	开放申购	开放赎回	---	4折	购买
14	217021	招商优企灵活配置	1.0920	1.0920	1.0860	1.0860	0.006	0.55%	开放申购	开放赎回	---	4折	购买
15	519001	银华核心价值优选	1.3483	4.5785	1.3410	4.5549	0.0073	0.54%	开放申购	开放赎回	---	---	购买
16	519997	长信银利精选	0.6277	2.5477	0.6244	2.5444	0.0033	0.53%	开放申购	开放赎回	---	---	购买
17	112002	易方达策略成长二号	1.5890	3.1440	1.5810	3.1360	0.008	0.51%	开放申购	开放赎回	---	4折	购买
18	210004	金鹰稳健成长	0.8020	0.9820	0.7980	0.9780	0.004	0.5%	开放申购	开放赎回	---	4折	购买
19	050012	博时策略配置	0.8750	0.8990	0.8710	0.8950	0.004	0.46%	开放申购	开放赎回	---	4折	购买
20	110002	易方达策略成长	3.9570	5.0870	3.9390	5.0690	0.018	0.46%	开放申购	开放赎回	---	4折	购买

图 1-1-27　基金净值

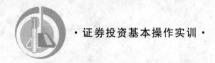

每日基金估值报表数据

小技巧：点击数据每列的名称可以进行排序。例如：点击“基金代码”可以按照基金代码大小排序。

点此刷新查看最新数据

序号	基金代码	基金名称	今天估算数据		今天公布数据		估算偏差	单位净值
			估算值	估算增长率	单位净值	增长率		
1	000001	华夏成长	1.1651	1.14%	---	---	---	1.1520
2	000003	中海可转债债券A	0.9993	0.33%	---	---	---	0.9960
3	000004	中海可转债债券C	0.9973	0.33%	---	---	---	0.9940
4	[illegible]	嘉实增强信用定期债券	1.0031	0.01%	---	---	---	1.0030
5	[illegible]	鹏华国企债债券	1.0011	0.01%	---	---	---	1.0010
6	[illegible]	嘉实中证500ETF联接	1.1526	1.01%	---	---	---	1.1343
7	[illegible]	华夏大盘精选	9.4042	0.88%	---	---	---	9.3250
8	[illegible]	华夏一年定期开放债券	1.0051	0.01%	---	---	---	---
9	[illegible]	华夏纯债债券A	1.0001	0.01%	---	---	---	1.0000
10	[illegible]	华夏纯债债券C	0.9981	0.01%	---	---	---	0.9980

图 1-1-28　基金估值

首页 | 股票型 | 混合型 | 债券型 | 指数型 | QDII | 货币基金 | 理财产品 | 分级A类 | 新基金　点此按基金公司查询

股票型基金　适合以追求资本利得和长期资本增值为投资目标的投资者。　›更多

基金代码	基金名称	单位净值|日期	日增长率	近1周	近1月	近3月	近6月	近1年	近2年	近3年	今年来	成立来	费率|收费方式	操作
580002	东吴双动力	1.3693|10-10	0.25%	5.12%	7.99%	13.18%	14%	21.42%	20.91%	-5.94%	20.87%	100.91%	6折|前端	买入 定投
580006	东吴新经济	1.0400|10-10	0.29%	4.31%	-0.48%	5.05%	9.24%	16.72%	6.89%	-3.7%	7.77%	4%	6折|前端	买入 定投
180031	银华中小盘股票	1.1880|10-10	0.85%	4.3%	5.69%	17.28%	12.71%	27.85%	--	--	18.82%	27.85%	6折|前端	买入 定投
630002	华商盛世成长	2.2802|10-10	0.84%	4.19%	8.03%	17.64%	32.71%	36.95%	21.75%	5.33%	42.33%	179.85%	6折|前端	买入 定投

图 1-1-29　基金开户与交易

首页 | 股票型 | 混合型 | 债券型 | 指数型 | QDII | 货币基金 | 理财产品 | 分级A类 | 新基金　点此按基金公司查询

股票型基金　适合以追求资本利得和长期资本增值为投资目标的投资者。　›更多

基金代码	基金名称	单位净值|日期	日增长率	近1周	近1月	近3月	近6月	近1年	近2年	近3年	今年来	成立来	费率|收费方式	操作
580002	东吴双动力	1.3693|10-10	0.25%	5.12%	7.99%	13.18%	14%	21.42%	20.91%	-5.94%	20.87%	100.91%	6折|前端	买入 定投
580006	东吴新经济	1.0400|10-10	0.29%	4.31%	-0.48%	5.05%	9.24%	16.72%	6.89%	-3.7%	7.77%	4%	6折|前端	买入 定投
180031	银华中小盘股票	1.1880|10-10	0.85%	4.3%	5.69%	17.28%	12.71%	27.85%	--	--	18.82%	27.85%	6折|前端	买入 定投
630002	华商盛世成长	2.2802|10-10	0.84%	4.19%	8.03%	17.64%	32.71%	36.95%	21.75%	5.33%	42.33%	179.85%	6折|前端	买入 定投
740001	长安宏观策略	1.3570|10-10	-0.15%	4.14%	8.47%	23.48%	42.54%	48.79%	--	--	46.23%	35.7%	6折|前端	买入 定投

点击查询全部股票基金

混合型基金　风险低于股票基金，但高于债券基金，比较适合较为保守的投资者。　›更多

基金代码	基金名称	单位净值|日期	日增长率	近1周	近1月	近3月	近6月	近1年	近2年	近3年	今年来	成立来	费率|收费方式	操作
630001	华商领先企业	1.4223|10-10	0.62%	4.69%	7.52%	21.93%	30.55%	53.5%	46.1%	16.28%	44.03%	52.56%	6折|前端	买入 定投
580001	东吴嘉禾优势精选	0.7535|10-10	0.21%	4.48%	4.48%	8.2%	8.81%	9.19%	0.6%	-12.28%	6.01%	197.81%	6折|前端	买入 定投
213008	宝盈核心优势混合A	1.1345|10-10	-0.47%	4.22%	10.76%	21.12%	37.03%	64.18%	54.71%	21.45%	62.42%	36.69%	6折|前端	买入 定投
630016	华商价值共享混合	1.2440|10-10	0.32%	4.19%	7.03%	26.46%	33.53%	--	--	--	--	35.66%	6折|前端	买入 定投
630008	华商策略精选	0.9550|10-10	0.42%	3.8%	4.26%	15.9%	21.97%	32.82%	19.08%	--	35.65%	-4.5%	6折|前端	买入 定投

图 1-1-30　基金超市

四、实训内容及操作

在东方财富通金融终端进行如下练习。

(1) 做自选股动态的设置、查看、修改、关闭等操作练习。

(2) 进入市场全景首页,分别查找出当日的上证综合指数、沪深300指数,以及人民币对美元、日元汇率,并记录。

(3) 进入市场个股界面,记录沪深A股涨跌前5名个股名称及代码;查看基金排行情况。

五、实训报告

(1) 描述进入各个市场的流程并截图说明。

(2) 提交实训记录及结果分析报告。

项目二

证券交易基础

证券交易是一种依法发行并经投资者认购的证券的买卖，是一种具有财产价值的特定权利的买卖，也是一种标准化合同的买卖。证券交易的方式包括现货交易、期货交易、期权交易、信用交易和回购。交易的基础是交易对象——金融标的的查找、开设证券账户和资金账户、委托买卖、竞价等。本项目共设计三个实训任务：金融标的的查找，开通交易账户和模拟交易。

任务 2.1　金融标的的查找

一、知识目标

(1) 了解金融产品的编码意义。
(2) 熟悉几类股票的代码特征。
(3) 掌握各个市场界面金融标的的查找方法。

二、能力目标

(1) 能够说出沪市、深市股票代码的特征。
(2) 学会通过代码找到目标金融标的的方法。
(3) 学会代码识别。

三、相关知识

金融标的是金融市场中的交易或买卖的对象，例如，股票、债券、基金、期货等，品种众多。为了便于交易，市场对它们给出了统一的分类代码，使用代码为交易带来了很多便利。

1. 股票、债券编码

沪市A股买卖的代码以600或601开头，如中国国航的股票代码是601111。沪市B股买卖的代码以900打头，如云赛B股代码是900901。深市A股买卖的代码以000开头，如顺鑫农业的股票代码是000860。深市B股买卖的代码以200开头，如深物业B股的代码是200011。沪市新股申购的代码以730开头，如中信证券申购的代码是730030。深市新股申购的代码与深市股票买卖代码一样，如中信证券在深市市值配售代码是003030。配股代码，沪市以700开头，深市以080开头，如运盛实业配股代码是700767。深市草原兴发配股代码是080780。中小板股票代码以002开头，如东华软件代码是002065。

股票代码除了区分各种股票外，也有其潜在的意义。有时候，一个公司的股票代码跟车牌号差不多，能够显示出这个公司的实力以及知名度，比如000088是盐田港，000888是峨眉山A。

在上海证券交易所(上交所)上市的证券，根据上交所"证券编码实施方案"，采用6位数编制方法，前3位数为区别证券品种，具体列出如下。

001××× 国债现货
110××× 120××× 企业债券
129××× 100××× 可转换债券
201××× 国债回购
310××× 国债期货
500××× 550××× 基金
600××× A股
700××× 配股
710××× 转配股
701××× 转配股再配股
711××× 转配股再转配股
720××× 红利
730××× 新股申购
735××× 新基金申购
737××× 新股配售
900××× B股

以前深交所的证券代码是4位数，现已升为6位。具体变化如下。

(1) 新证券代码编码规则 升位后的证券代码采用6位数字编码，编码规则如下。

顺序编码区：6位数代码中的第3位数到第6位数的取值范围为0001～9999。

证券种类标识区：6位数代码中的最左两位数，其中第1位数标识证券大类，第2位数标识该大类下的衍生证券。

00×××× A股证券
3××××× A股A2权证

7×××××　A股增发
8×××××　A股A1权证
9×××××　A股转配
10××××　国债现货
1×××××　债券
2×××××　可转换债券
3×××××　国债回购
17××××　原有投资基金
8×××××　证券投资基金
20××××　B股证券
7×××××　B股增发
8×××××　B股权证
30××××　创业板证券
7×××××　创业板增发
8×××××　创业板权证
39××××　综合指数/成分指数

(2) 新旧证券代码转换　此次A股证券代码升位方法为原代码前加“00”,但也有特殊情况。

2. 期货代码

(1) 商品期货的编码规则　“品种”+合约到期年份+合约到期月份。例如,CU1809表示2018年9月到期的铜期货合约。

(2) 股指期货的代码规则　如沪深300股指期货,IF+合约到期年份+合约到期月份,其中IF00表示沪深300股指期货主力线,IF01表示的是沪深300股指期货当月连续合约,IF02表示的是沪深300股指期货下月连续合约,IF03表示的是沪深300股指期货的下季连续合约,IF04表示的是沪深300股指期货的隔季连续合约。上证50、中证500指数期货规则同沪深300股指期货。

(3) 国债期货合约规则　如5年期国债期货TF,TF+合约到期年份+合约到期月份,如TF1512。其中TF00表示5年期国债期货主力线,TF01是5年期国债连一,TF02是5年期国债连二,TF03是5年期国债连三。10年期国债(T)规则同5年期国债期货。

3. 外汇交易代码

外汇市场中,为了提高外汇交易市场的运作效率,每种货币需要有标准代号和符号。这些外汇交易代码是国际标准化组织(International Organization for Standardization)所规定的,简称为ISO代号,由三个英文字母构成。表1-2-1为一些比较常用的外汇交易代码。

表1-2-1　主要外汇币种及代码

代　码	含　义	代　码	含　义
EURUSD	欧元兑美元	SPT_GLD	黄金

续表

代　码	含　义	代　码	含　义
GBPUSD	英镑兑美元	SPT_SVR	白银
AUDUSD	澳大利亚元兑美元	HG COMEX	高质铜期货
USDCHF	美元兑瑞士法郎	SPT_SPI	标准普尔 500 指数
USDJPY	美元兑日元	SPT_NDI	纳斯达克指数
USDCAD	美元兑加拿大元	SPT_DJI	道·琼斯工业平均指数
SPT_DXY	美元指数	FFI	伦顿富时 100 指数
GOTD/XAUUSD	黄金	FDX	德国法兰克福指数期货
EURGBP	欧元兑英镑	JNI	日经指数期货
EURJPY	欧元兑日元	HIS	香港恒生指数期货
EURCHF	欧元兑瑞士法郎	CL NYBOT	原油期货

四、实训内容及操作

(1) 分别从沪市、深市中找到市值位于前 10 位的股票，填写在以下空格中。

股票名称	股票代码	股票名称	股票代码

(2) 从市场中找出基金收益位于前列的基金，填写在以下空格中。

基金名称	
基金代码	

(3) 分别从中国四个期货交易所中找到 7 种下个月的期货合约，将合约的名称、合约代码填写在以下空格中。

期货名称	
合约代码	

五、实训报告

(1) 谈谈金融标的编码的意义。

(2) 提交实训中填写的电子文档。

任务 2.2 开通交易账户

一、知识目标

(1) 了解开户的要求。
(2) 熟悉开户的三种方式。
(3) 掌握开户的基本流程。

二、能力目标

(1) 能够说出开户的要求与流程。
(2) 学会给自己(客户)开户。
(3) 学会为他人(客户)办理开户。

三、相关知识

目前证券交易开户主要有三种形式:现场开户、网上开户和手机开户。基本要求是年满18岁的中国公民,并有有效身份证和银行卡。开户流程如下。

选择证券公司 → 开立证券账户 → 开立资金账户 → 通过第三方银行转账

(一) 现场开户流程

1. 办理证券账户卡

投资者可以通过所在地的证券营业部或证券登记机构办理上海、深圳证券账户卡,办理时需提供本人有效身份证原件及复印件,委托他人代办的,还需提供代办人身份证原件及复印件。

2. 证券营业部开户

(1) 所需证件　投资者提供个人身份证原件及复印件,深、沪证券账户卡原件及复印件。

(2) 填写开户申请表。一式两份,并与证券营业部签订"证券买卖委托合同"或"证券委托交易协议书",同时签订有关沪市的"指定交易协议书"。如要开通网上交易,还需填写"网上委托协议书",并签署"风险揭示书"。

(3) 证券营业部为投资者开设资金账户。

(4) 需开通证券营业部银证转账业务功能的投资者,注意查阅证券营业部有关此类业务功能的使用说明。

3. 银证通开户

(1) 银行网点办理开户手续:持本人有效身份证、银行同名储蓄存折(如无,可当场开立)及深沪股东代码卡到已开通"银证通"业务的银行网点办理开户手续。

(2) 填写表格:填写"证券委托交易协议书"和"银券委托协议书"。

(3) 设置密码:表格经过校验无误后,当场输入交易密码,并领取协议书客户联,即可查询和委托交易。

(二) 网上开户流程

(1) 计算机登录证券公司官网,打开网上开户(电脑开户)首页。输入手机号码及接收验证码后,就可登录到网上开户主页面。

(2) 选择开户挂靠营业部、上传相片,然后单击"下一步资料填写",进入资料填写页面。填写内容包括姓名、身份证号、住址、职业等。其中,还有一项是填写推荐人,这是可填可不填的。不过,填写推荐人后,可以通过该推荐人获得券商提供的资讯服务,遇到疑问时,也可以找该推荐人解决,这对用户以后的投资是有帮助的,所以最好填上推荐人。

(3) 视频见证。填写完第一和第二步的资料后,就会进入视频见证阶段,过程大约3分钟。向开户者确认身份、手机号码等。

(4) 按照上一步的教程进行数字证书密码的设置和证书的安装。

(5) 选择要开立的股东账户,包括沪A、深A账户。

(6) 设置密码:交易密码和资金密码。交易密码是以后登录证券账户用的密码,资金密码是指将资金从证券账户划回银行账户用的密码。资金从银行账户划入证券账户时,用的是银行账户密码(有些券商在资金划转时不需要密码,这点要注意,要留意所设密码的用途)。

(7) 进入三方存管页面,选择用作三方存管的银行。

(8) 进行风险测评(选择题)。

(9) 完成问卷回访。

(10) 提交开户申请,单击"安全退出"退出系统,等待工作人员通知开户结果。一般下一工作日即有开户结果。

(11) 收到券商的成功开户通知后,还需要确认三方存管。三方存管的确认,可以通过网银或者到银行网点办理。

(三) 手机开户流程

(1) 准备一张银行卡,以及一部智能手机、身份证,开户时本人必须到场。

(2) 从官网或应用商店下载应用程序或下载由开户人员提供给用户的应用程序,主要有几个大项目:手机号码认证、营业部和开户人员选择、基本信息填写、上传身份证、数字证书下载、视频验证、风险评估,绑定三方储存卡,提交数据供审查。

(3) 审核结束后,手机接收基金账户。基本上,资金账号只能在交易时间内收到,非交易时间开立账户要到下一个交易日才能收到。

(4) 开户之后还要在网上下载证券公司的软件,安装,然后输入用户账号和密码进入系统,才可以通过手机进行股票交易。

四、实训内容及操作

(1) 网上下载现场办理开户所需的各种表格,并认真准确填写。

(2) 两人一组对对方的表格进行审查,看是否符合要求。

(3) 选择一家证券公司,通过计算机或手机进行网上开户,试试能否成功。

五、实训报告

(1) 比较三种开户方式的优缺点。

(2) 开户人的年龄为什么要限制在 18 岁以上?

(3) 证券公司工作人员能否给自己开立一个交易账户?

任务2.3 模拟交易

一、知识目标

(1) 了解东方财富通模拟股票交易软件。

(2) 掌握东方财富通模拟股票交易软件的安装。

(3) 熟悉东方财富通模拟股票交易软件的使用。

二、能力目标

(1) 学会模拟软件的安装。

(2) 能够进行模拟股票交易软件的操作。

三、相关知识

股票市场每日汇总海量信息,行情瞬息万变,无论你是初出茅庐的新手,还是久经沙场的老将,身在其中,必须不断地磨炼自己的技巧,才能立于不败之地。模拟股票交易软件,为广大股民提供一个积累经验、检验操作方法的平台,使股民能以最小的代价,换取最多的经验。

(一) 证券投资模拟交易细则

1. 交易时间

每天上午 9:30—11:30,下午 13:00—15:00 进行模拟交易。模拟炒股接受 24 小时委托(清算时间除外),非交易时间和清算时间,用户的委托将参加下一次开市后的撮合。

清算时间,每日 15:20—15:45,清算时间内不允许下单委托。

其交易时间和交易所规定的交易时间是同步的,在国家法定节假日可接受委托,但不会撮合成交。

2. 交易制度

(1) 交易种类 支持上交所和深交所两大交易所上市的 A 股股票、封闭式基金、国债、企业债券。清算同证券营业部基本一致,即证券 T+1,权证 T+0,资金 T+0。

(2) 交易类型 支持分红、派息、送股等业务,只针对 A 股。比例根据交易所公布的公告来执行。不支持新股申购、市值配售、增发申购、配股等交易。不支持派送权证、行权等操作。

3. 交易费

证券投资模拟交易费的计算如表 1-2-2 所示。

表 1-2-2 证券投资模拟交易费率表

交易所	证券类型	买卖方向	印花税率	手续费率	过户费率
深圳 A 股	股票	卖出	0.001	0.001	0
		买入	0	0.001	0
	权证	卖出	0	0.001	0
		买入	0	0.001	0
	国债	卖出	0	0.001	0
		买入	0	0.001	0
	企业债券	卖出	0	0.001	0
		买入	0	0.001	0
	投资基金	卖出	0.001	0.001	0
		买入	0	0.001	0
上海 A 股	股票	卖出	0.001	0.001	0.001
		买入	0	0.001	0.001
	权证	卖出	0	0.001	0
		买入	0	0.001	0
	国债	卖出	0	0.001	0
		买入	0	0.001	0
	企业债券	卖出	0	0.001	0
		买入	0	0.001	0
	投资基金	卖出	0.001	0.001	0
		买入	0	0.001	0

注:表中费率应根据交易所交易规则的变化适时进行调整。

4. 成交规则

撮合系统每 10 秒进行一次交易撮合,处理买单、卖单、撤单。

(1) 成交价格　按照交易所公布的最新成交价撮合,而不是按照买卖盘的价格撮合。

买入时如果最新成交价等于委托价,按照委托价成交;如果最新价小于委托价,按照最新价撮合成交,涨停不能买入。

卖出时如果最新成交价等于委托价,按照委托价成交;如果最新价高于委托价,按照最新价撮合成交,跌停不能卖出。

(2) 成交数量　模拟炒股的撮合考虑了真实交易的成交数量,即使委托价格合适,如果没有成交量,也不会成交。如果真实交易的成交数量小于委托数量,则部分成交,仅撮合真实交易的成交数量,剩余的委托仍保留在撮合队列,等待新的成交明细(真实交易的成交数量可以从行情软件的成交明细中看到)。

对于没有成交的委托或者部分成交的委托,可以撤单。当天的委托如果没有成交,收市以后自动作废,不参加下一交易日的撮合。

(3) 涨跌停限制　股票涨停时,以涨停价提交的委托,放入撮合等待队列,并且记录当时的买一量,根据真实交易市场排队的情形进行成交。如果涨停板被打开,价格低于委托价,则按照现价成交。

例如,600804(鹏博士)上午开市后涨停,用户在 10:10 以涨停价委托买入 100 手,此时的成交量是 51000 手,涨停板上买一的单子是 5000 手,如果涨停板没有被打开,只有阶段成交量大于 5000 手时,用户的委托才等到可以成交。如果成交量到了 56010 手,则用户成交 10 手(56010－51000－5000＝10),剩下的部分要等待更多的成交量。

股票跌停时,以跌停价提交的委托,放入撮合等待队列,并且记录当时卖一量,如果阶段成交量大于卖一量,可成交数量是阶段成交量(提交委托时起该股票的真实成交量)和当时的卖一量的差,以这种方式模拟在真实交易市场排队的情形。模拟炒股无法考虑真实市场中卖一上的撤单。如果跌停板被打开,价格高于委托价,则按照现价成交。

(二) 证券投资模拟交易账户的建立

一些网站和专业软件公司可以提供证券投资模拟交易的平台,如东方财富网 http://moni.eastmoney.com、同花顺金融服务网 www.10jqka.com.cn、股城网 www.gucheng.com、叩富网 www.cofool.com。本实训项目采用东方财富网提供的模拟交易系统作为实训平台。

东方财富网提供了一个模拟炒股的平台,在进行模拟炒股之前,用户需要注册和创建炒股账户,然后才能获取虚拟资金并进行相关的模拟炒股操作。在东方财富网模拟炒股平台中,注册和创建账户有两种方式:一是登陆同花顺软件创建账户;二是通过网页申请创建账户。

1. 登陆东方财富网创建账户

在浏览器中输入网址 http://moni.eastmoney.com/后进入模拟交易平台,如图1-2-1所示的界面。单击图中的 A 股投资组合后进入图 1-2-2 所示的登录界面。

2. 输入账号密码

单击“登录”进入投资组合首页,如图 1-2-3 所示。如果用户没有模拟交易账号,则单击“登录”后,会弹出用户注册界面,如图 1-2-4 所示。然后单击“用户注册”选项,可以进行新用户注册(填入手机号,然后可按照提示进行注册)。

3. 建立投资组合

进入界面后,要建立投资组合,并命名。一个模拟组合对应于一个模拟资金账号,初始模拟资金为 100 万元,至此注册完成,如图 1-2-5 所示。用户可以在此进行股票模拟交易,在交易时段接入了实时的股票行情,同时也对模拟账户核算模拟操作的收益数据,提供各项数据分析功能。

东方财富网 Web 端和 APP 端的投资组合数据是同步更新的,用户可以在东方财富网 APP 端进行模拟交易。一个用户最多能创建 20 个组合,可以分组按不同的交易策略,

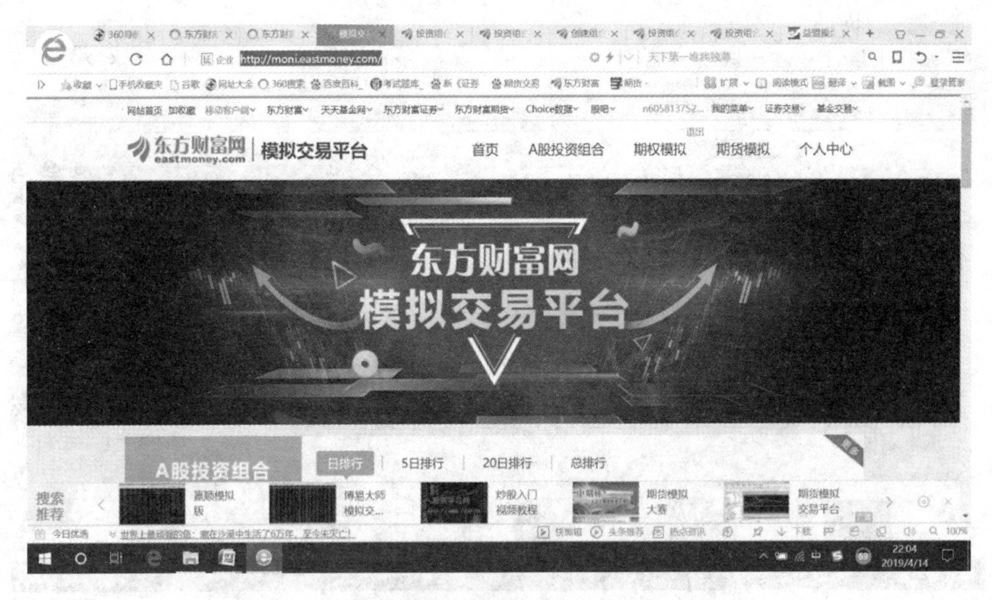

图 1-2-1 模拟交易平台

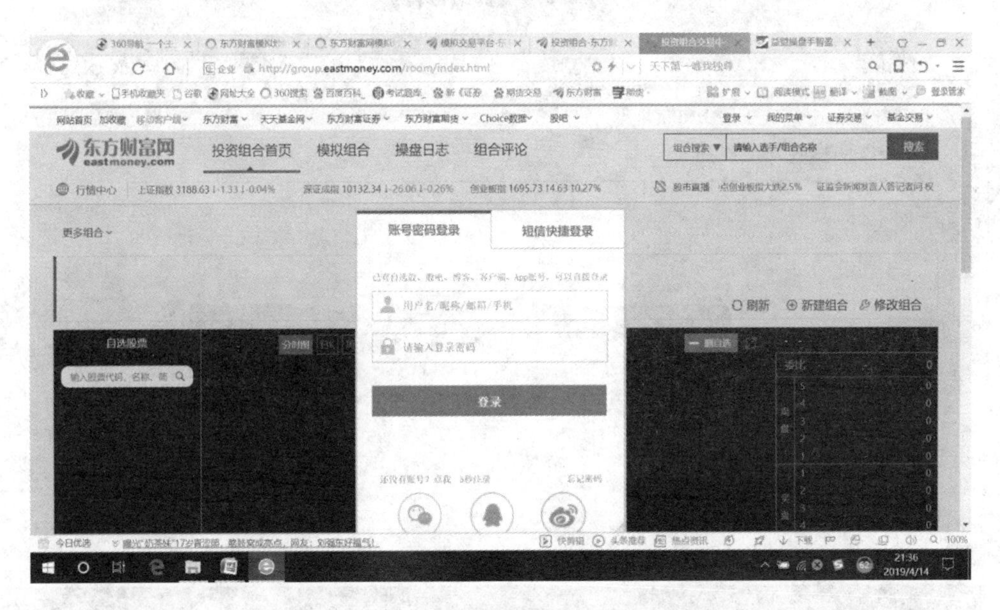

图 1-2-2 模拟登录界面

同时进行操作。

(三) 股票投资模拟交易

1. 进入交易界面

输入模拟交易账号、密码,登录后进入交易界面,如图 1-2-6 所示。

2. 股票交易

单击"买入"或"卖出",然后在下方的第一个方框中输入对应的股票代码或简称,第二

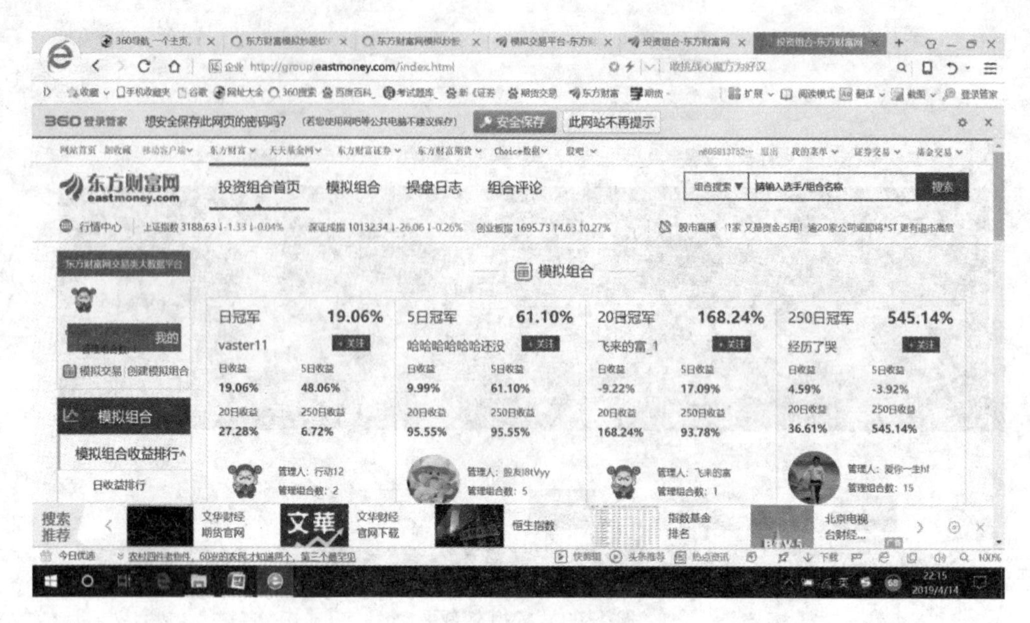

图 1-2-3　投资组合首页

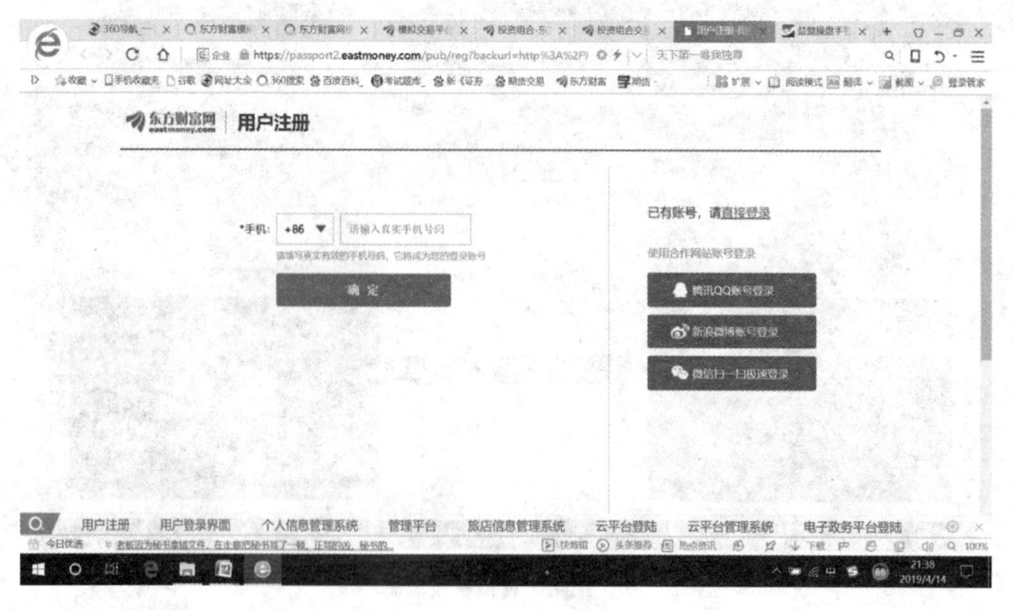

图 1-2-4　用户注册界面

个方框中输入买入或卖出的价格，第三个方框中输入买入或卖出数量，则完成下单。但是，只有在交易时段才能进行买入或卖出下单。

3. 委托买卖与撤销

在委托买入功能中，可选择需要买入的股票名称、代码及价格，如图 1-2-7 所示。

单击确认后委托正式生效，并在委托确认中显示委托基本信息，如图 1-2-8 所示。

委托撤单的方式有两种：一是挂单成功后，右侧列表自动跳转至“委托”，在挂单未完

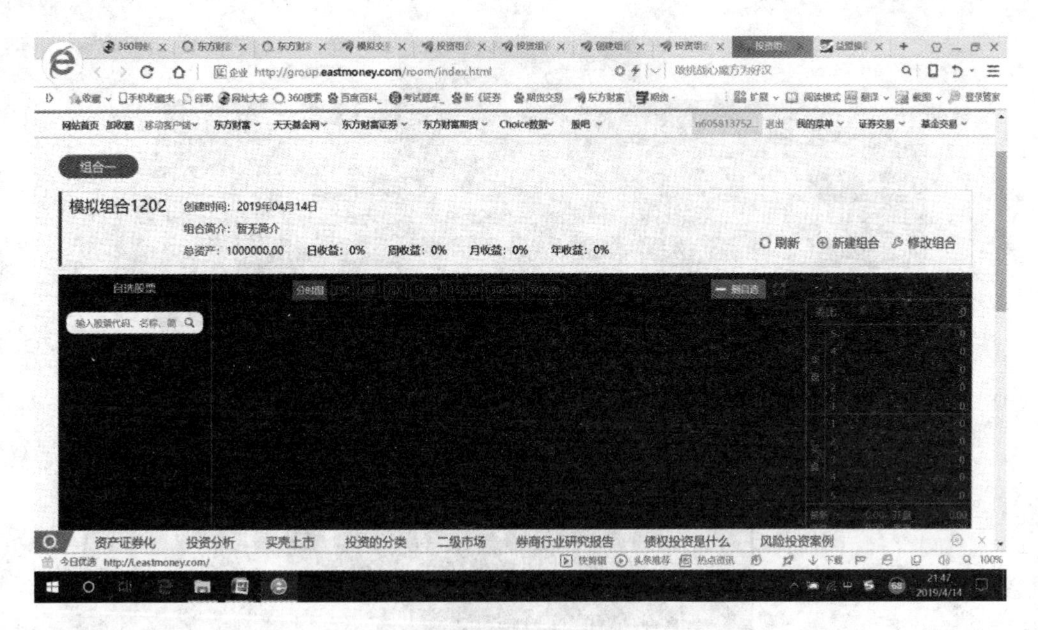

图 1-2-5　证券模拟界面

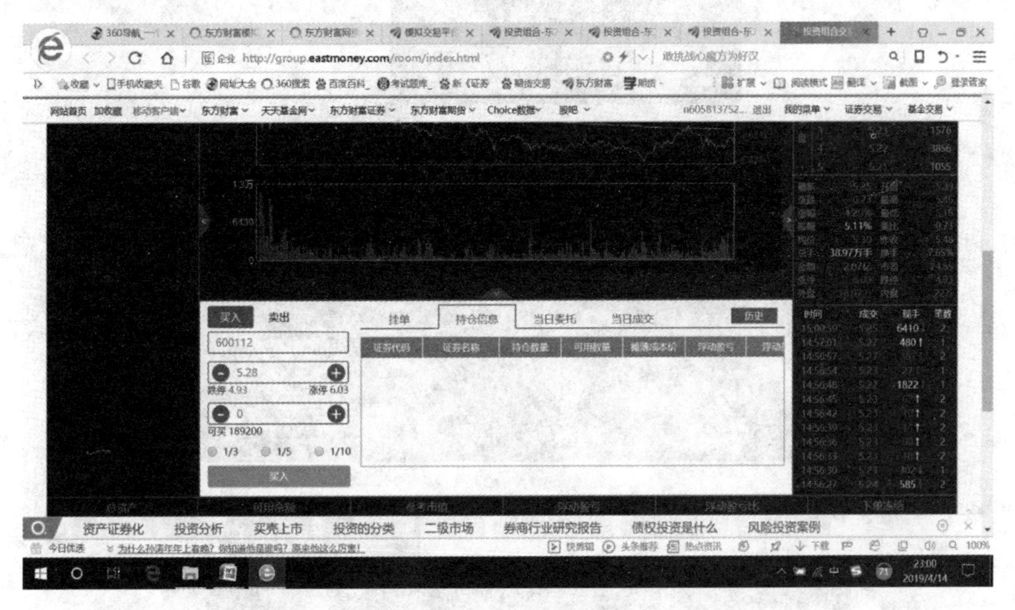

图 1-2-6　模拟交易界面

全成交时，双击委托的股票，可快速撤销挂单；二是“委托撤单”界面显示所有未成交委托的详细信息，选中某一委托后单击“撤单”按钮或双击委托行，可对单一委托撤单，同时提供批量删除的按钮，如图 1-2-9 所示。

4. 模拟交易结果查询

查询功能提供“当日委托”“当日成交”“历史成交”“资金流水”四个内容的查询，其中“历史成交”和“资金流水”栏目可设置查询日期(需在 30 日以内)，如图 1-2-10 所示。

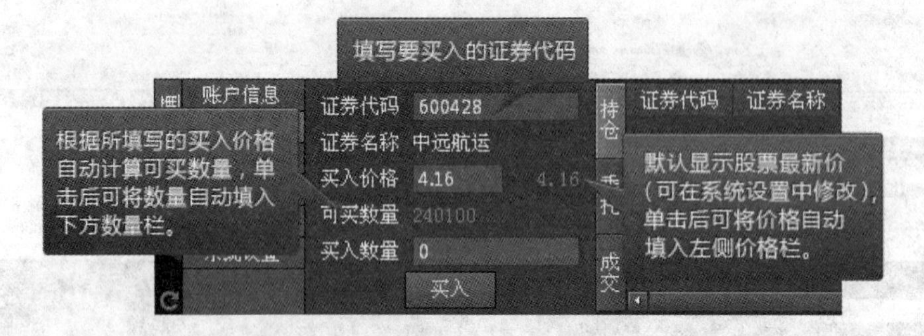

图 1-2-7　挂单委托

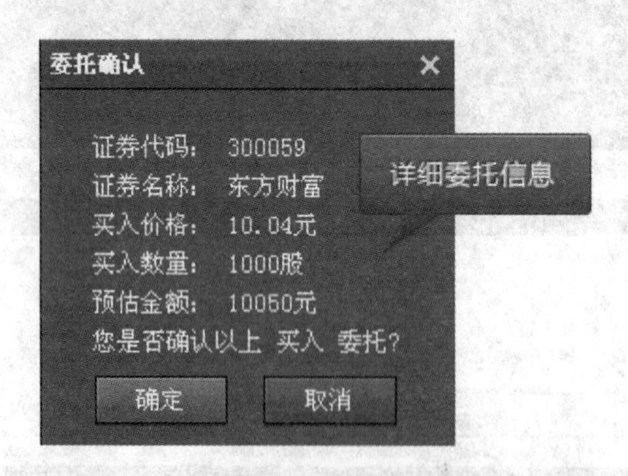

图 1-2-8　委托基本信息

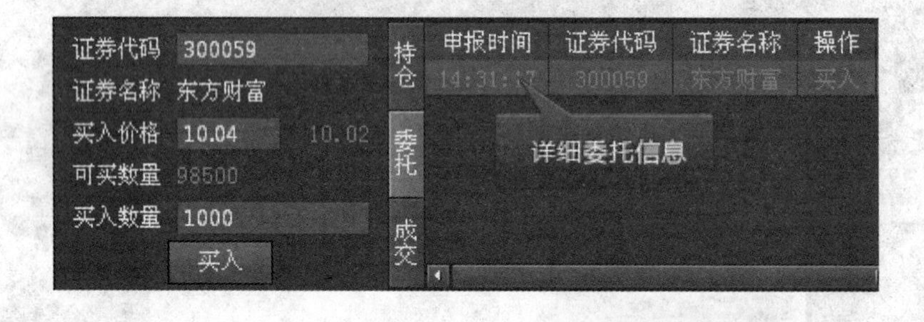

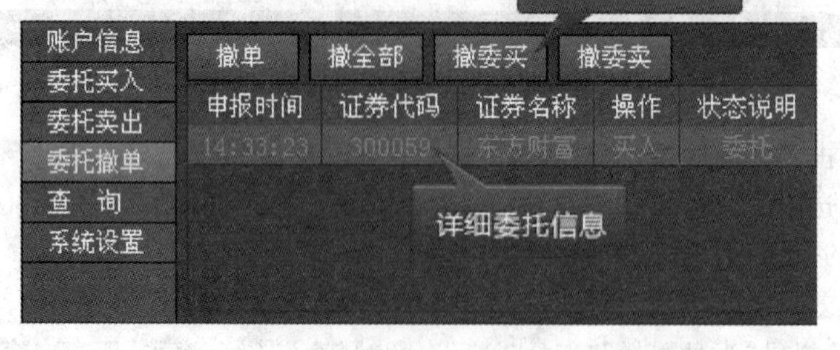

图 1-2-9　委托撤单

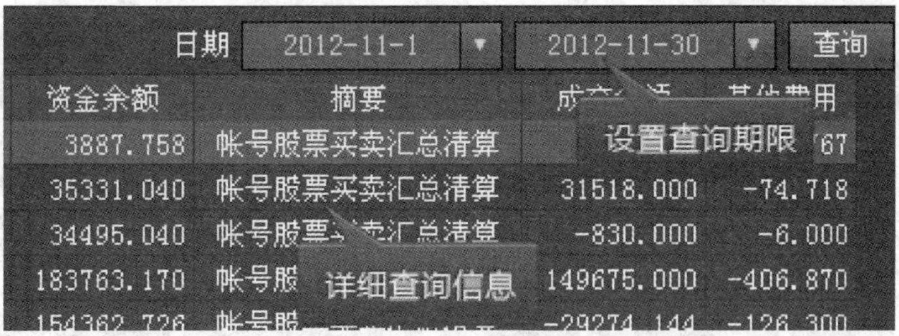

图 1-2-10　结果查询

知识链接

证券投资的技巧

证券投资中，风险和收益是互相伴随的。一般来说，投资风险与收益之间存在着正相关，投资者的目的只有一个，就是尽可能降低风险，尽可能增加收益。投资者最终目的的实现取决于投资者的投资技巧和投资策略。投资者的心理预期、知识水平、个人精力，可投入资金的来源、资金的大小，资金投入时间的长短等，都是影响投资者采取不同投资策略和投资方法的因素。所以，就投资策略和方法而言，是多种多样的。下面列举一些主要的投资技巧。

1. 小股轮涨

股市投资中所谓的小股是指资本额较小的股票(有时虽然其表面价值较大，但因在股市上的价位较低，其实际资本额较小的股票也是小股)。小股轮涨的现象，大多发生在多头市场或空头市场的尾声，但也有时出现在底部未定，处于反弹行情的中途。

在发生长期空头市场后的小股轮涨时，无论大、中、小型股票都已有一段不小的跌幅，有心的投资大户若介入大中型股票，做高后的卖出压力必然加重，这时他们往往选择小型股票予以轮流拉升，以图恢复市场买方人气，更可在“比价心理”之下使行情止跌。

反弹的小股轮涨，有时是有心的大户的“试盘”行为，有时是短线中户获利搅和，此种现象均为涨后都会跌下来，时间短，不能持久。

2. 板块联想涨跌

总体上看板块的涨跌是有一定联系的。联想涨跌法就是根据相关股票陪衬涨跌的特征而买卖股票的一种操作技巧。

采用这种方法买卖股票时，可将拟投资股票分为三种情况分别加以考虑。

第一种情况是新上市的股票。新上市的股票连续多个涨停板后，才有买卖成交是股市惯性之一，但其上市后涨停板的多寡，往往与当时大势的好坏有着极大关系。大势好时，新股上市涨停板较多。

第二种情况是同类股票。如果甲化纤股涨升,乙化纤股也将随之上涨,同样的电器股、建筑股、食品股等也是如此。虽然个别股票的涨跌幅度会有所不同,但随后跟进强势涨升的同类未涨股票也能获得利润。

第三种情况是同值股票。当股票价格纷纷由票面面值以下涨至票面面值以上时,就应注意到其他面值以下股并予以买进,因为这样很有可能获利。

3. 投资三分法

投资是经济主体(包括个人)以获得一定未来收益为目的而预先垫付一定量的货币或实物的支出行为。各种投资活动都是有风险的,只不过风险的大小程度不同而已。多数人的愿望是投资收益大,风险小,但这很难做得到。于是一些投资专家发明了分析投资法,以降低投资风险,确保投资收益。投资三分法就是最常见、最流行的一种方法,它的主要做法是将自己的资金分成三部分,分别投资于低、中、高三种风险的投资对象上,以求在降低风险的同时,获得较为满意的收益。其中,选择低风险的投资对象是为了给自己设立投资准备金,以便在投资亏本时补充资金,争取翻本。比较流行的投资三分法是,资金1/3存入银行,1/3购买有价证券(包括股票和债券等),1/3购置不动产。

在有价证券的投资上,也是采取三分法来进行投资的:以1/3的资金购买风险较低的债券和优先股;以1/3的资金购买有发展前景的成长性股票;以1/3的资金购买收益可能较高的股票。

4. 投资金字塔

这里要介绍的是最佳投资组合——投资金字塔,虽然并非万能和百分之百地正确,但到现在为止,从理论上和实践上都还是合理、可行的。

投资金字塔是指投资应该在最大限度内保障自己以及家庭的消费开支,之后才考虑冒风险。蓝筹股票、债券以及保守型基金,可以作为保本用途,用较多资金投入;二线股则用作增长用途,用较小资金投入。

5. 顺势投资法

所谓顺势投资法,则指在股票市场中,“小炒家”由于资金不足、消息闭塞,不能像“大炒家”那样操纵股票市场,只好跟着“大炒家”左右的股势或股价走,做个“顺风客”,跟着股价的趋势进行买进卖出。这种办法捞不到大利,也不会吃大亏。

投资者在采用此技法时,必须注意以下几点。首先,既然是“顺势走”,就得分析一下股市的大趋势。只有当股价已形成中期或长期上涨趋势时,投资者才有机会顺势购进股票。如果行情涨跌趋势不稳定,作为小额的投资者,此时最好多观望一下,切莫冒险跟进。其次,要常常注意和提早发现行情的变动趋势。古话说得好:“先下手为强,后下手遭殃。”趁“大炒家”还未动作时,抢先购进,否则顺势购进时,很可能抢到的是高价股票。顺势售出时,卖出的股票极可能被杀到最低价,左右夹攻,两头受损。

6. 投资趋势法

在一般情况下,许多股票的价格都呈现某种趋势性变动,上升趋势或下降趋势一旦出现,便可维持相当长的时间。投资者如果确认股票价格已形成某种趋势,就要继续持有股票,直至出现某种迹象表明趋势已经改变时为止。这里所说的趋势是指长期趋势,这种投资策略不允许投资者利用股票价格的短期波动来获利。

采取这种投资法的关键有两条:一是股价涨跌的趋势必须明确;二是必须能尽早看准趋势。其弱点是如果看不准趋势,就无法进行投资。再就是如果趋势是短期的,也不能采用。

7. 买卖平均法

在股票投资中,有一种分阶段购入股票的操作方法,即按一定时间间隔逐次购入某种股票。这分两种情况:一是看准某种股票价格的上升趋势,用全部资金按其上涨的不同阶段分次买入;另一种是估计某种股票可能出现下跌情况,则按该股票价格下跌的不同阶段分次投入资金。前者当股价上升超过最后一次买入股票的价格时,便可成批出售股票,获得较高的利润。而后者必须在价格回升超过购买价格时,才能获得利润。可见两者同是为了获得利益,同是分次投入,但是投入时的价格走向不一致,或者说相反,这又决定了两者获利的时间不一致。这两种投资对策分别被称为买平均高投资法和买平均低投资法。

从它们的投资过程不难看出,买平均高投资法在股价突然下跌时就会失去获利机会;而买平均低投资法如果不到或者不能返升到比原价格高时,也无法取得利润。前者获利快,但风险大;后者获利慢,但只要不是买入劣质股票,则风险较小。

8. 匀低成本法

(1) 平均成本法　高位套牢后,股价跌到相当程度,再照原持有股加码买进。采取此种买进方式,股价一旦回升一半,即可够本,如回升一半以上,则可获利。

(2) 倍数买进法　如果投资者有实力,在股价跌落之后,加倍或加数倍买进以匀低成本。

9. 追涨杀跌法

绝大多数投资人,无论是新手还是老手,都喜欢买从高点跌落至低点的股票。他们认为,买进低价的股票比较安全。

但实际情况并非如此,相反,往往是高者越高,低者越低。对以往各个时期、各种股票的趋势进行研究的结果也印证了这个结论,即“涨者越涨,跌者越跌”。通常业绩不佳的股票,其股价也难有良好的表现;而对于在多头行情中初创高价的股票,确实值得介入的热门股,可多关注,果断的投资人应避开那些表现极差,以后甚至可能创下新低点的股票。

通常，一种股票的价格必须经过调整打底之后，才会直冲新高点，然后争取突破。而打底徘徊的时间可能短至一两个月，也可能长达一两年。

当一种股票度过徘徊打底期，逐渐恢复上扬趋势，并且接近新高点时，就是考虑买进的适当时机。股价脱离底部时，就应该买入这种股票。因此，当一般投资人认为某股票的价值已太高而犹豫不决时，果断而明智的投资人就应该毅然将它买进；然后，在它上升了一大段，而一般投资人又对这种股票发生兴趣时，果断将它卖出。

在行情开始启动的时候，或者在涨势起步前期及中期开始买进，就可获利；同样，能够在一轮股票涨势已经结束、跌势开始形成的时候，或者在跌势的前期及中期抛出手中持股，就可确保利润，避免亏损，这就是追涨杀跌法。在千变万化的股票市场中，的确只有“追涨杀跌”才能赚钱。

10. 轮换拔档法

轮换拔档，是指投资人出卖自己的持股，等价位下降之后再补回来的一种方式。这倒不是因为投资人对股价的后市看坏，也不是真正有意获利了结，只希望趁价位高时，先行卖出，以便赚一段差价。通常，拔档时卖出到买回之间，不会相隔太久，最短一两天，最长的也不过一两个月。

11. 回补投资法

回补投资法是指在股票市场的投资中，当投资者手中持有的某种股票上涨时，即刻卖出股票，先赚一部分利润到手。等到股票价格下跌时，再用低价购进股票，补回原先出售的股票数额。一般情况下，投资者从卖出到购进股票的时间差不会太长，最短的时差只有一两天，最长的也不过一两个月。

回补投资法除了要求投资者密切注意股票行情的升降趋势外，还必须养成见好就收的习惯。当卖即卖，当收即收，干净利落。这样做，即或判断失误，损失也不会太大，但如果做对了，就可以降低成本，增加盈利。

12. 人气投资法

人气投资法是用来估计人气，预测股票行情趋势的一种方法。投资者用观察证券交易所大厅内的人数增减作为预测股价走势的手段。

如果证券交易所投资人数日益减少，表示人气逐渐萎缩，行情可能结束；如果交易所的人数零零散散，则反映股价疲软乏力；如果交易所的人数日益增加，则表明人气日渐扩张，行情可能会上升；如果交易所的人头拥挤熙攘，则反映股价已处于热潮阶段。

四、实训内容及操作

（1）比较模拟炒股与实际股票交易的异同。

(2) 选择一款软件(东方财富通或同花顺)创建一个模拟账户,并进入模拟交易界面。

(3) 使用模拟账户,进行五笔以上的股票模拟交易。

五、实训报告

(1) 描述模拟软件下载流程并截图说明。

(2) 对模拟交易过程进行描述,提交实训报告。

项目三

其他常用软件简介

随着股市的发展，很多投资者都需要借助于一些软件来分析股票走势行情，最常用的有东方财富通、同花顺、通达信和大智慧等。本项目设计两个实训任务，分别介绍通达信、同花顺软件的下载与使用。

任务 3.1　通达信软件

一、知识目标

（1）了解通达信软件的特点。
（2）掌握通达信软件的安装。
（3）熟悉通达信软件的使用。

二、能力目标

（1）会下载、安装通达信股票交易软件。
（2）学会进行通达信股票交易软件的基本操作。

三、相关知识

（一）软件介绍

通达信软件是多功能的证券信息平台，与其他行情软件相比，具有简洁的界面和行情更新速度较快等优点。通达信软件允许用户自由划分屏幕，并规定每一块对应于哪个内容，其中快捷键，也是通达信的特色之一。通达信还有一个有用的功能，就是“在线人气”，可以了解哪些是当前关注，哪些是持续关注，又有哪些是当前冷门，便于用户直接地了解各个股票的关注度。

通达信金融终端(不带交易)支持收费用户和免费用户两种方式登录，通达信金融终端的主要功能包括：操盘手B点稳定选股功能、跌破主力、主力强卖榜、十档level2高速行情、板块资金流向、主力风向标、主力轨迹图；关联行情分析，趋势面面观，研究报告内参；龙虎看盘，主力轨迹，主力风向标DDX、DDY、DDZ；闪电交易、沪深合一level2行情、个股DDE决策、个股SUP决策。

通达信网上交易产品(集成版系列)有招商证券全能版和闪电版、国信证券鑫网通达信版和金色阳光版、中信证券至信版、广发证券至强版、银河证券海王星、国泰君安锐智版、光大证券超强版、中信建投网上交易、华泰证券专业版、齐鲁证券VIP版、兴业证券优理宝、长江证券金长江、中投证券超强版、安信证券通达信版等。营业部产品有跨越2000、Linux版大趋势2006/2008版等。

(二) 软件下载与安装

1. 打开下载网页

输入通达信网址 https://www.tdx.com.cn/打开网页，如图3-1-1所示。

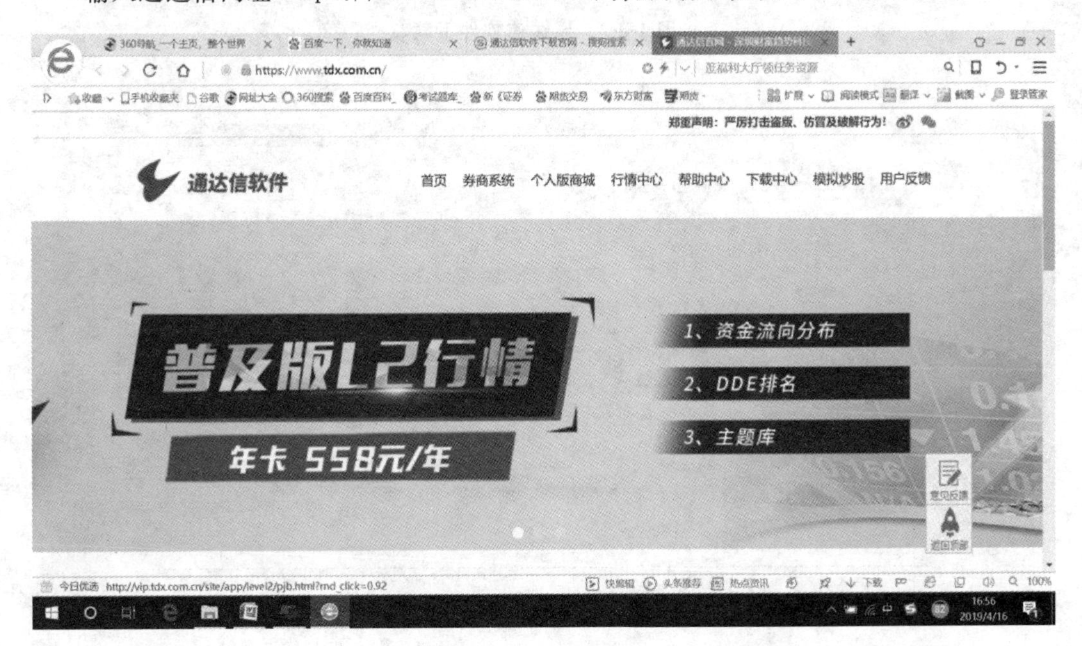

图1-3-1　通达信网页

2. 登录

单击图1-3-1所示页面中的“下载中心”，进入图1-3-2所示界面，在软件说明栏找到“免费”方式，并在下载链接栏下单击“下载”，出现如图1-3-3所示的界面。

3. 保存下载

单击图1-3-3所示的“下载”，结果如图1-3-4所示。

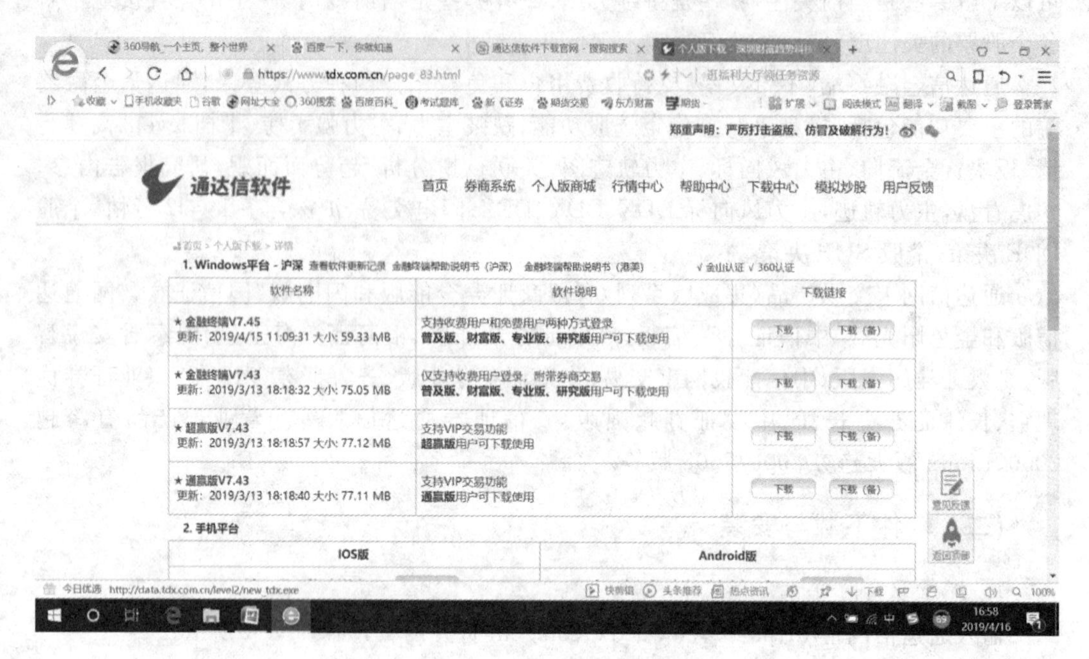

图 1-3-2　通达信软件下载

图 1-3-3　保存操作界面

4. 安装

打开软件所在的文件夹，如图 1-3-4 所示，双击 new_tdx.exe 软件图标进入安装模式。

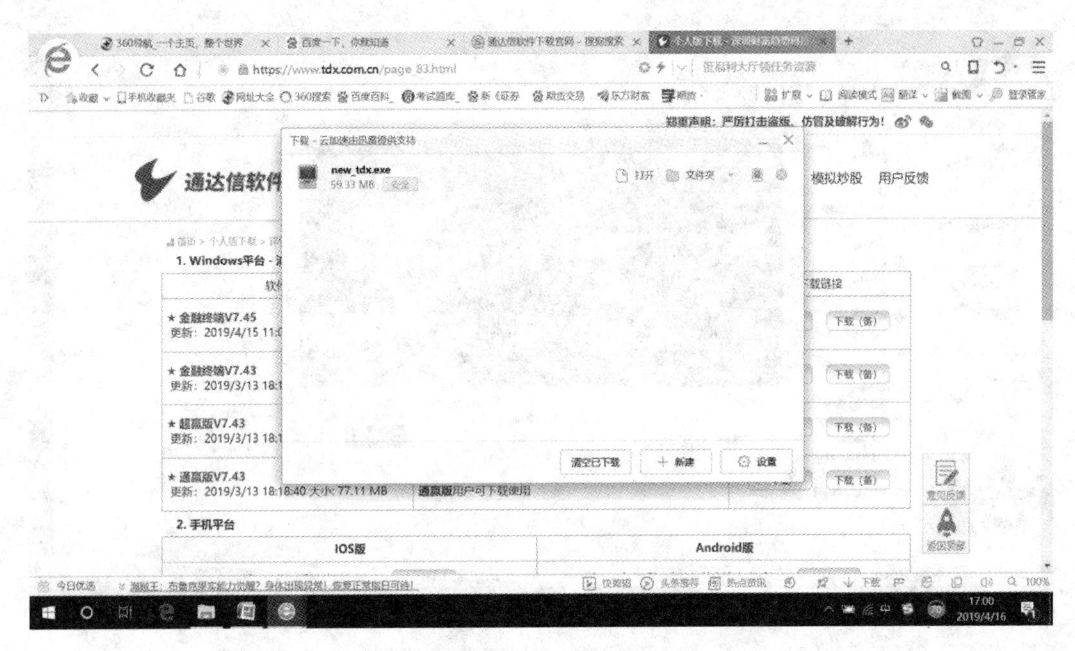

图 1-3-4　软件安装-1

进入安装模式后，如图 3-1-5 所示，单击“是”选项，出现如图 1-3-6 所示的界面。

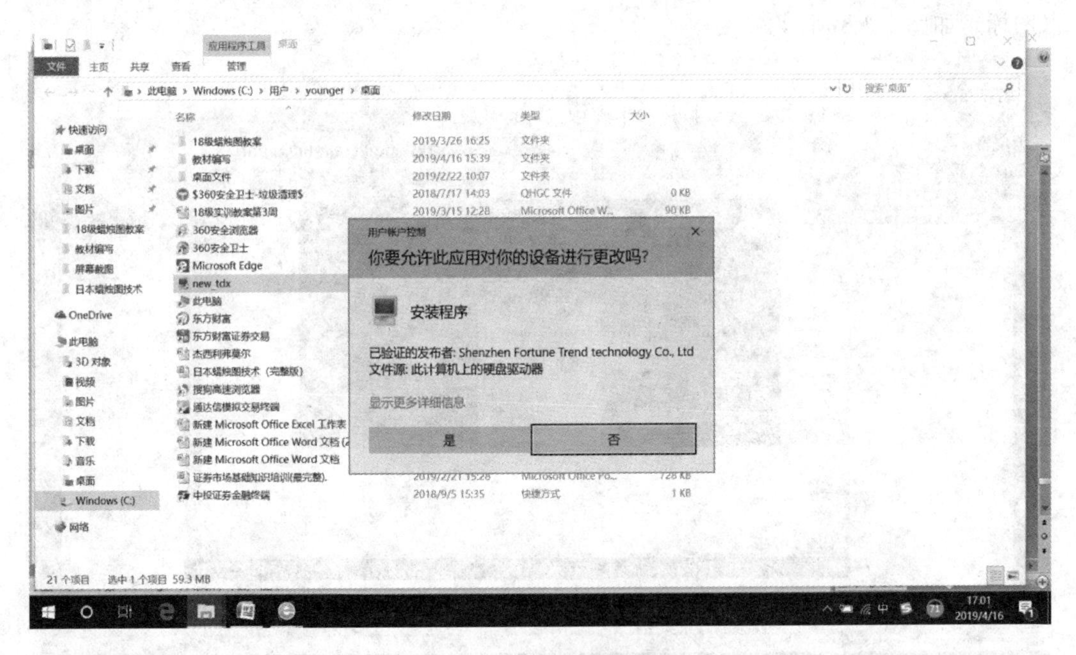

图 1-3-5　软件安装-2

在图 1-3-6 所示的界面中，勾选图中的“我同意声明”。然后，单击“下一步”。

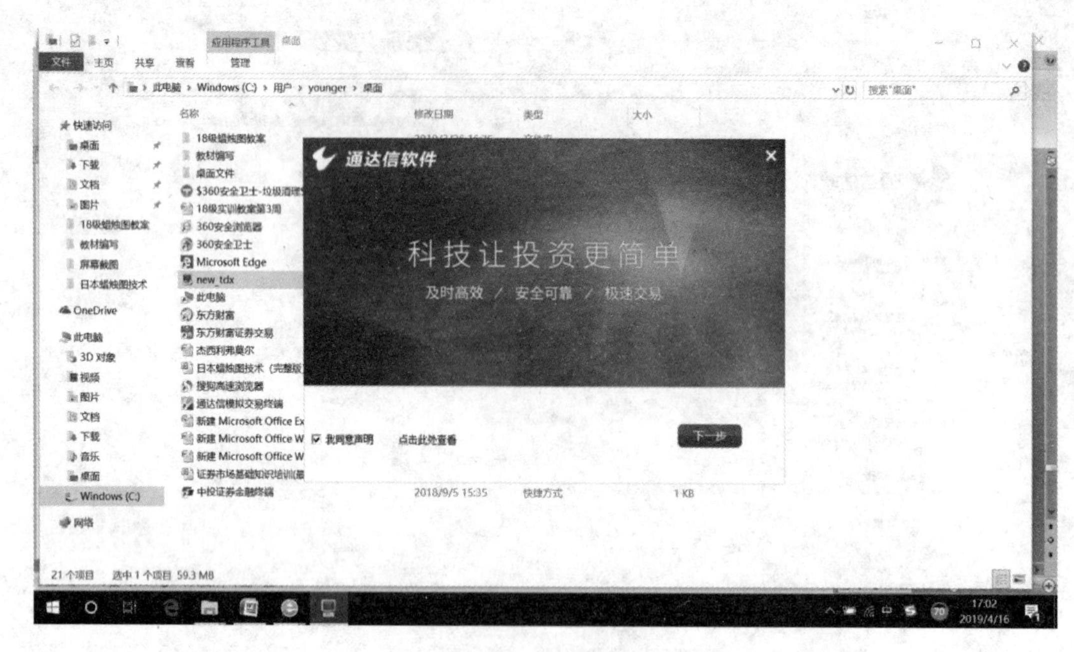

图 1-3-6　软件安装-3

在随后出现的提示中单击“确定”按钮，创建并将软件安装在 c:\new_tdx 文件夹内。同时显示安装完成，如图 1-3-7 所示，单击“完成”，电脑桌面上会有通达信软件的快捷键(图标)，如图 1-3-8 所示。

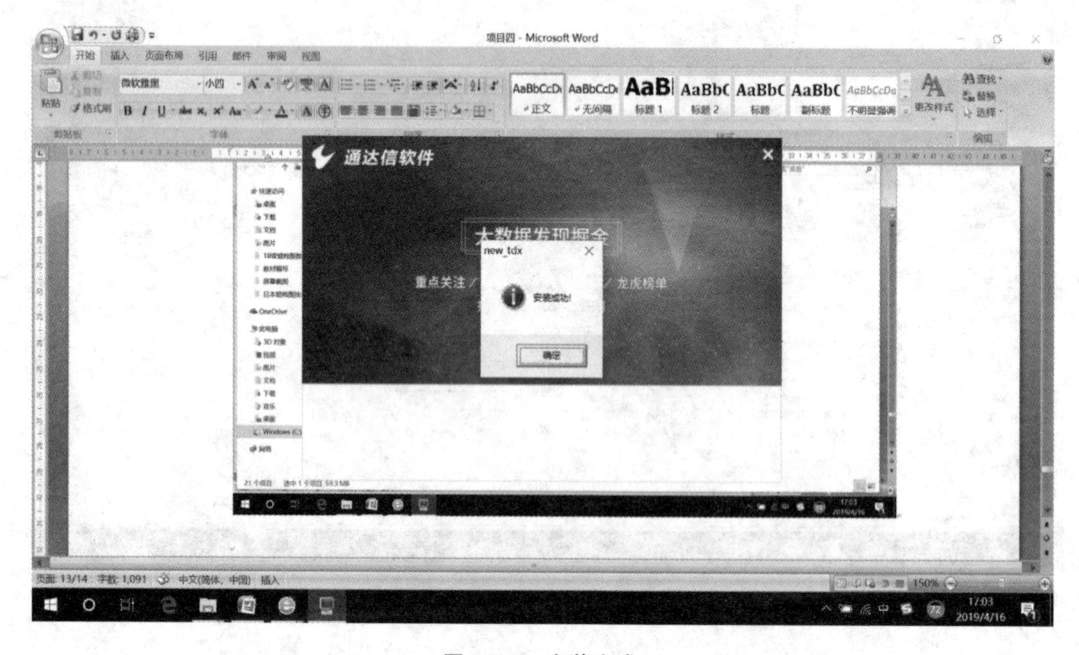

图 1-3-7　安装完成

在电脑桌面上找到通达信软件的快捷键并双击进入图 1-3-8 所示界面。单击“免费精选行情登录”，然后单击“登录”进入免费看盘行情。如图 1-3-9 所示。

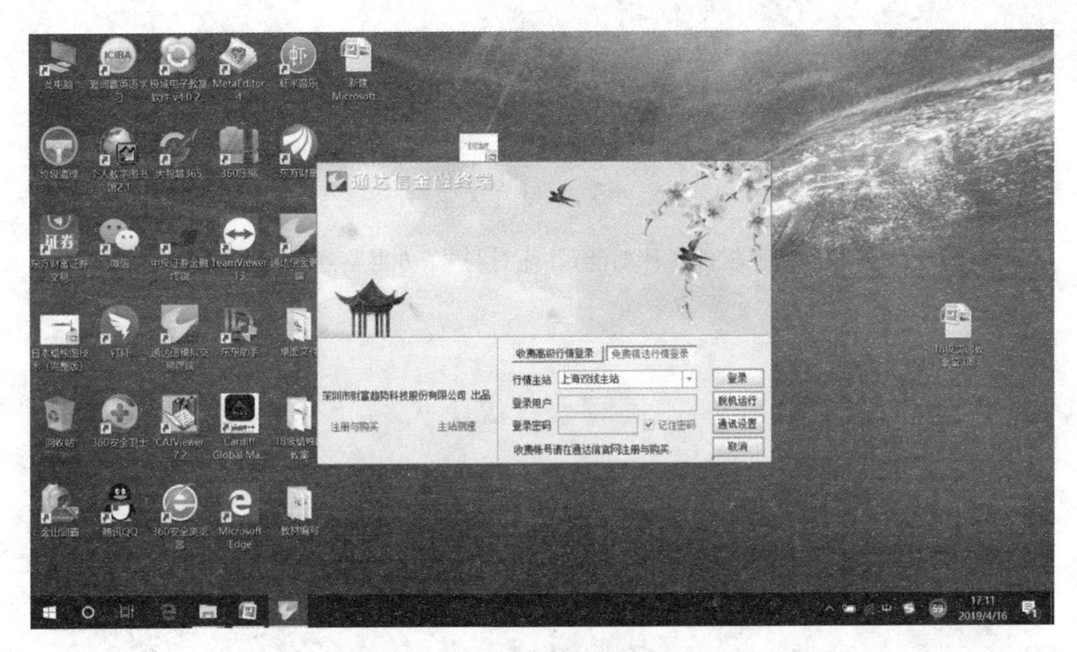

图 1-3-8　通达信快捷键(图标)

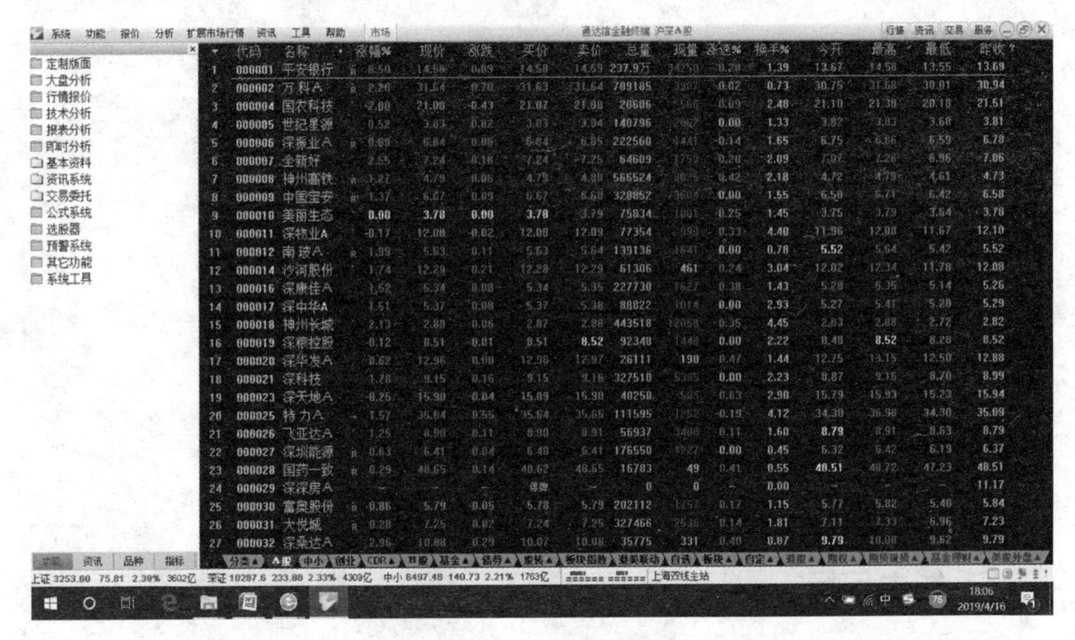

图 1-3-9　证券基本行情

四、实训内容及操作

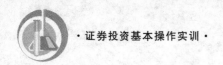

（1）通达信软件的下载与安装。
打开网站“www.tdx.com.cn”→下载交易软件→双击安装软件→按提示安装软件。

（2）功能体验。
双击“交易软件”，熟悉软件各种功能，并注意与“东方财富通”比较。

五、实训报告

（1）描述通达信软件下载流程。

（2）提交下载安装过程中主要界面的截图。

任务 3.2　同花顺软件

一、知识目标

（1）掌握同花顺软件的安装。
（2）熟悉同花顺软件的基本功能。

二、能力目标

（1）学会安装同花顺软件。
（2）能够说出同花顺软件的功能及特点。
（3）学会进行同花顺软件的基本操作。

三、相关知识

(一)软件介绍

同花顺是一款功能非常强大的免费网上股票交易分析软件,投资者炒股的必备工具,该软件是国内行情速度快、功能强大、资讯丰富、操作手感较好的免费股票交易分析软件。该软件运用于全国 95 家证券公司,覆盖 2400 多家营业部,占有率达到 89%,4000 多万证券投资人正在使用,市场知名度国内领先。

软件用户评级:五星。软件综合评分:95 分。

(1) 永久免费使用。

(2) 操作简单,使用快捷,3 分钟上手。

(3) 唯一免费提供智能选股、技术选股服务的免费软件。

(4) 拥有国内最好的股票互动交流社区,免费推荐和解析股票。

(二)软件下载与安装

1. 打开下载网页

输入同花顺网站地址 http://www.10jqka.com.cn/打开同花顺网页,如图 1-3-10 所示。

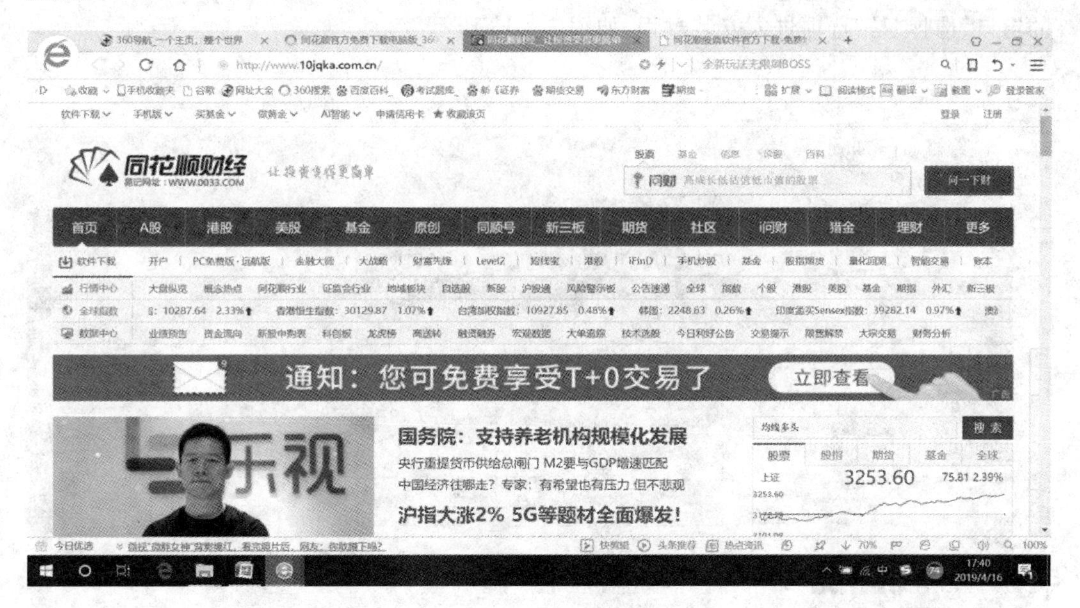

图 1-3-10 同花顺网页

2. 登录下载

单击如图 1-3-10 所示页面中的“软件下载”,下载同花顺看盘软件的安装程序,其安装方法及步骤与通达信类似。下载界面如图 1-3-11 所示。

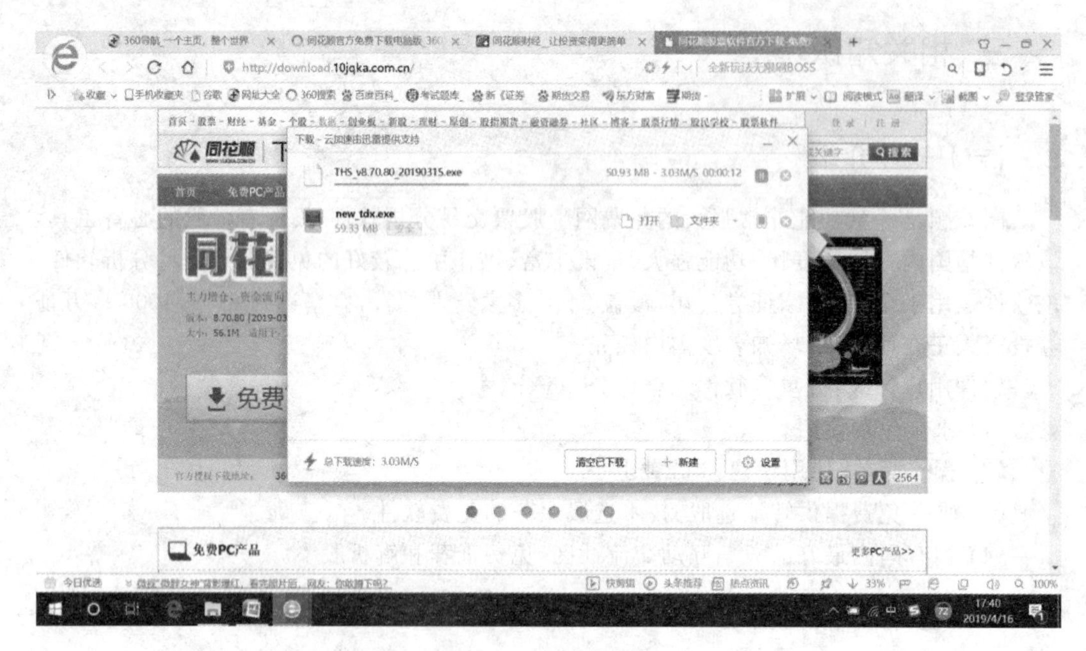

图 1-3-11　下载界面

3. 软件安装

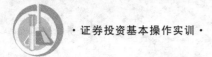

下载完成后，找到安装程序所在的文件夹，然后双击安装软件，弹出如图 1-3-12 所示的窗口，选择"是"选项进入安装过程，如图 1-3-13 所示。

图 1-3-12　软件安装-1

在图 1-3-13 中勾选“已阅读并接受”选项，并单击“下一步”进行安装。安装完成后的界面如图 1-3-14 所示。

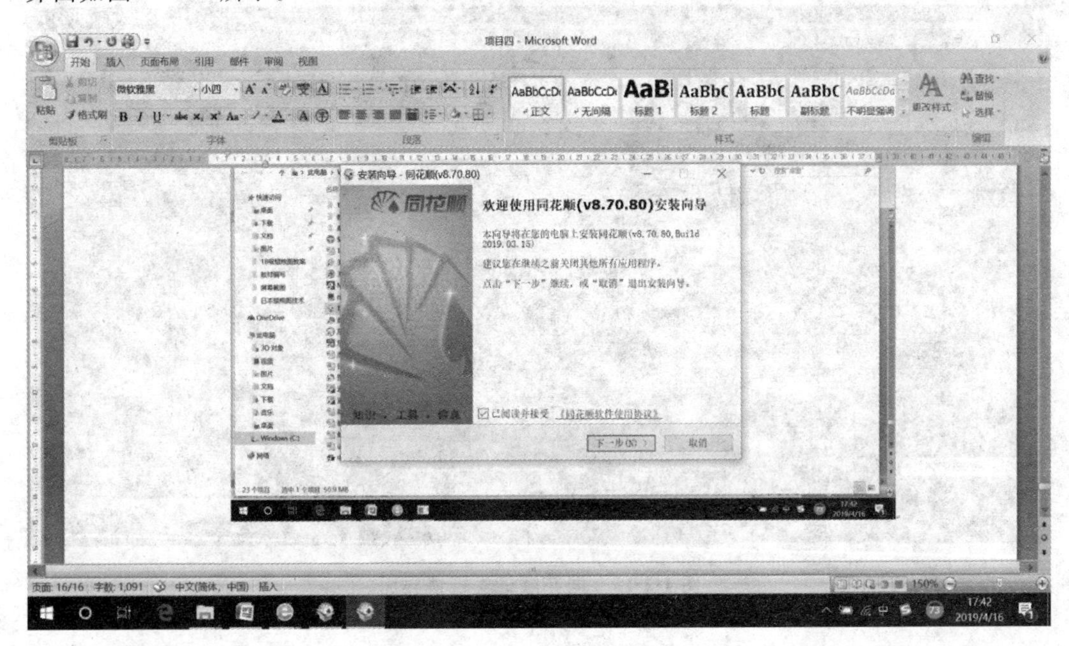

图 1-3-13　软件安装-2

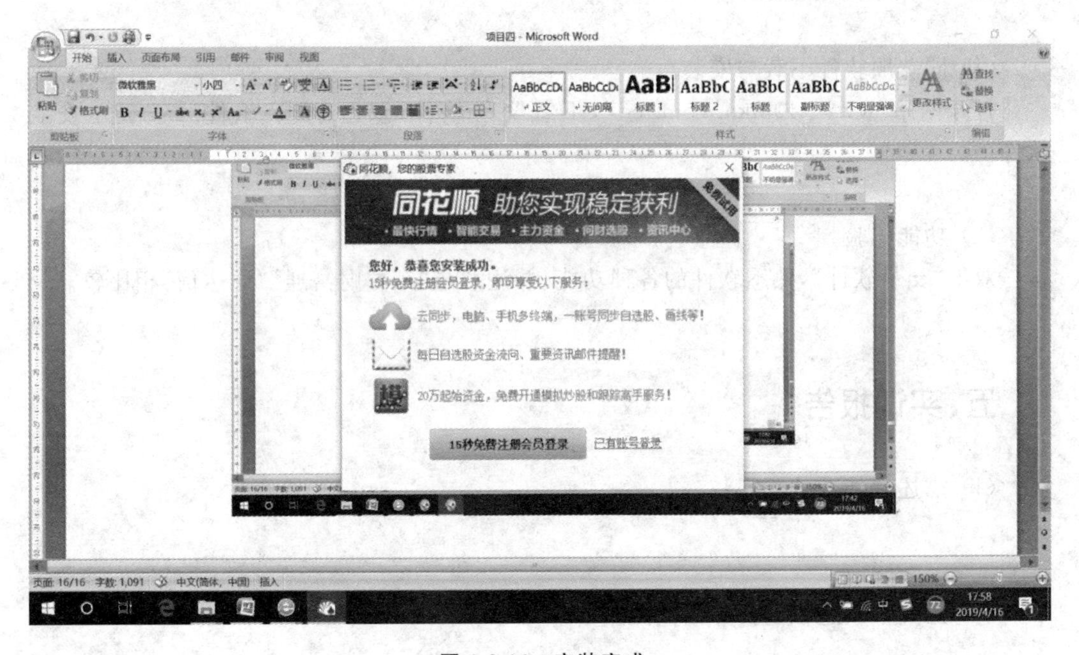

图 1-3-14　安装完成

在电脑桌面中找到同花顺软件的快捷方式，并双击进入图 1-3-15 所示的界面，便可以进行同花顺的各种功能体验。

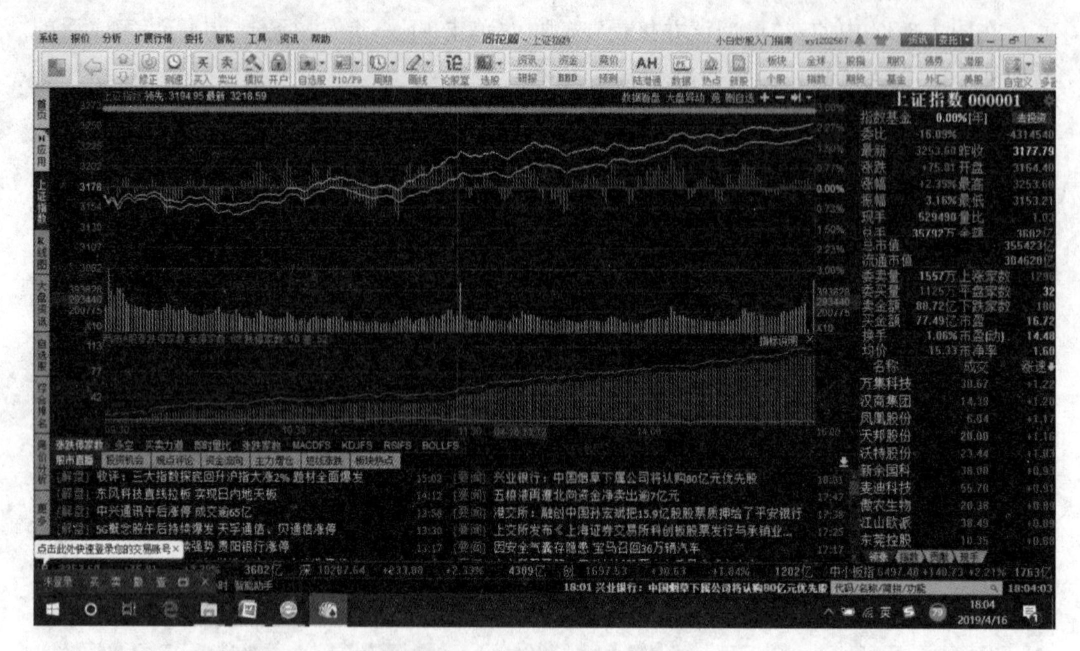

图 1-3-15 同花顺证券行情界面

四、实训内容及操作

(1) 同花顺软件下载与安装。

打开网站“www.10jqka.com.cn”，下载交易软件，双击“安装软件”，按提示安装软件。

(2) 功能体验。

双击“交易软件”，熟悉软件的各种功能，并注意与“东方财富通”“通达信”相比较。

五、实训报告

(1) 描述软件下载流程。

(2) 提交下载过程主要界面截图。

(3) 比较“东方财富通”“通达信”“同花顺”三款股票交易软件的优缺点。

模块二
基本面分析

项目一

宏观经济分析

证券投资与宏观经济息息相关。良好的宏观经济环境是微观经济主体持续、稳定增长的基本条件，也是证券市场发育完善的基础。

宏观经济分析主要探索各种宏观经济指标和经济政策对证券市场或价格的影响。本项目设计两个实训任务：宏观经济运行对证券市场的影响分析；财政货币政策对证券市场的影响分析。

任务 1.1　宏观经济运行对证券市场的影响分析

一、知识目标

(1) 认识证券基本分析的要素。

(2) 熟悉常见的宏观经济指标。

(3) 了解宏观经济运行对证券市场的影响途径。

(4) 掌握宏观经济运行状况与证券市场的关系。

二、能力目标

(1) 能够说出证券基本分析的要素。

(2) 能够准确表达宏观经济指标的内容。

(3) 能够构建经济周期、通货膨胀与股票价格的关系。

(4) 能够把握基本面分析在选取股票中的作用。

三、相关知识

（一）宏观经济指标

宏观经济指标是体现经济情况的一种方式，主要指标包括国内生产总值、通货膨胀与紧缩、投资指标、消费、金融、财政指标等。

宏观经济指标用于宏观经济调控的分析，也是影响证券市场最本质的因素。

1. 国内生产总值(GDP)

国内生产总值是指一个国家在某一段时期（通常为一年）内所生产的所有最终产品和服务的价值总和，它是衡量一个国家经济运行规模的最重要指标。通常用支出法来衡量国内生产总值。所谓支出法，就是通过计算在一定时期内整个社会购买最终产品的总支出来计量国内生产总值。在现实生活中，对最终产品的需求包括四个部分：居民消费支出、企业投资、政府支出和净出口。

一般地说，我国 GDP 合理取值范围应是“八九不离十”，即年增长率为 8%～10%。若 GDP 增长超过 10%，资源供给（包括能源、原材料、基础设施等）就跟不上，就会出现煤、电、油、气、运等资源的价格上涨和企业经营上的困难，从而制约经济发展，因而最好不要超过 10%。但 GDP 的增长也不能太低，太低会造成过高的失业率，难以完成每年解决 1000 万新增就业人口的任务。我国在 2030 年要基本实现工业化和城市化，而要完成这一任务，就必须每年解决 1000 万的新增就业人口的任务。当然，失业率过高也会影响社会稳定。

2. 通货膨胀

通货膨胀是指货币供给大于实际需求而导致的货币贬值。通常用居民消费物价指数(CPI)来反映通货膨胀水平。居民消费物价指数是反映一定时期内城乡居民所购买的生活消费品价格和服务项目价格变动趋势和程度的相对数，一般是用当年某一时期的价格水平跟过去一年同一时期的价格水平相比较获得的，该指数用来分析消费品的零售价格和服务价格变动对城乡居民实际生活费用支出的影响程度。通货膨胀不仅影响居民的生活，还会影响个人的投资。就中国现在来讲，国家消费品价格的指数取值范围是 3%～5%，超过 5%会出现通货膨胀，低于 3%会出现通货紧缩。

3. 国际收支

国际收支是指一个国家在一定时期从国外收进的全部货币资金和向国外支付的全部货币资金之间的对比关系。收支相等称为国际收支平衡，收入大于支出称为国际收支顺差，支出大于收入称为国际收支逆差。一个国家保持国际收支平衡是一个国家经济状况稳定的表现。

4. 工业品出厂价格指数

工业品出厂价格指数(PPI)又称投资品价格，主要用于衡量各种商品在不同生产阶段的价格变化情况，与 CPI 一样，是观察通货膨胀或紧缩的重要指标。一般认为，PPI 对 CPI 具有一定的传导作用。同时，它也能较好地反映企业的生存状况。一般来说，投资品价格上涨过快就会出现经济过热，而投资品价格下跌过快，则会出现经济过冷。我国目前PPI指数取值范围是4%～6%，超过6%就会出现经济过热，低于4%会出现经济过冷。

5. 制造业

制造业由生产、新订单、产成品库存、从业人员、供应商配送时间等五个主要扩散指数加权而成。PMI综合指数高于50%表示比上月增长，低于50%表示比上月下降，与50%的距离表示增长或下降的程度。

6. 投资指标

固定资产投资是拉动经济最有力的抓手，投资指标是指固定资产投资额，是以货币表示的建造和购置固定资产活动的工作量，是反映一定时期内固定资产投资规模、速度、比例关系和投资方向的综合性指标。按照管理渠道，全社会固定资产投资总额分为基础建设投资、更新改造投资、房地产开发投资和其他固定资产投资四个部分。

7. 社会消费品零售总额

社会消费品零售总额所计量的是各种经济类型的企业销售给居民用于生活消费的商品，销售给机关、团体、部队、学校、企业和事业单位的用作非生产经营性的消费品的总和。它是研究居民生活、社会消费品购买力和货币流通等问题的重要指标。

（二）宏观经济运行与证券市场的关系

研究表明，宏观经济走向决定了证券市场长期趋势，而证券市场是宏观经济的先行指标。

1. 宏观经济运行对证券市场的影响途径

（1）公司经济效益　效益好，证券价格上升。

（2）居民收入水平　收入水平提高，不仅促进消费，而且直接增加证券市场的需求，价格上升。

（3）资金成本　经济政策发生变化，如调整利率水平、征收利息税等，居民、单位的资金持有成本随之变化，促使资金流向改变，影响证券市场的需求，从而影响证券市场的走向。

（4）投资者预期　当宏观经济趋好时，投资者预期公司效益和自身的收入水平会上升，市场人气旺盛，从而推动证券价格上扬。

2. 经济周期与股价运行

宏观经济走势呈螺旋式上升、波浪式前进，具有周期轮回的特征。宏观经济的这种周期性波动，被称为经济周期。经济扩张到一定程度必然出现繁荣，经济收缩到一定程度必然发生萧条，因此经济周期是经济繁荣与萧条的交替。

经济周期对股市周期的决定性作用是内在、长久和根本性的，但是这并不代表两个周期完全同步。在实际运行中，股价是宏观经济变动的先行指标。通常股市周期领先于经济周期，股市是国民经济的“晴雨表”，如图2-1-1所示。

经济周期不同阶段对股市走势的影响可以从经济周期四个阶段的运行轨迹来分析。

（1）萧条阶段　表现为信用收缩，消费萎缩，投资减少，生产下降，效益滑坡，失业严

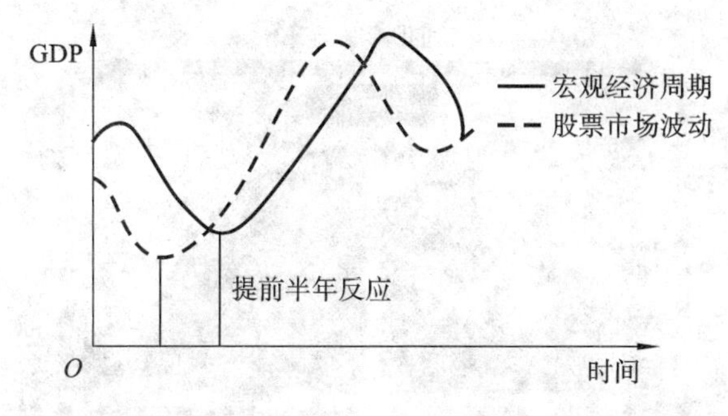

图 2-1-1 经济周期与股票市场波动示意图

重，收入相应减少，悲观情绪笼罩着整个经济领域。

股市中的利空消息满天乱飞，市场人气极度低迷，成交萎缩频创地量，股指不断探新低，一片熊市景象。

但在萧条末期，人们压抑的需求开始显露，企业开始积极筹划未来，政府为了刺激经济增长，出台放松银根及其他有利于经济增长的政策。由于对经济复苏的预期，一些有远见的投资者开始默默吸纳股票，股价缓缓回升。

(2) 复苏阶段 萧条与繁荣的过渡阶段，表现为各项经济指标显现，经济已开始回升，公司的经营转好，盈利水平提高，因经济的复苏使居民的收入增加。

股市表现为良好预期，流入股市的资金开始增多，对股票的需求增大，从而推动股价上扬。股市的获利效应使投资者对股市的信心增强，更多的居民投资股市，形成股价上扬的良性循环。

(3) 繁荣阶段 这一阶段，信用扩张，消费旺盛，生产回升，就业充分，国民收入增长，乐观情绪笼罩着整个经济领域。

在股市中，投资者信心十足，交易活跃，成交剧增，股价指数屡创新高。但当经济繁荣达到过热阶段时，政府为调控经济会提高利率实行紧缩银根的政策，公司业绩会因成本上升收益减少而下降，股价上升动力衰竭。此时股价所形成的峰位往往成为牛市与熊市的转折点。

(4) 衰退阶段 此阶段，国民生产总值开始下降，股价由繁荣末期的缓慢下跌变成急速下跌，由于股市的总体收益率降低甚至低于利率，加之对经济的预期看淡，人们纷纷离开股市，股市进入漫长的熊市。

美国著名投行美林证券在研究了美国 1973—2004 年的历史数据后，于 2004 年提出了“投资时钟”这一著名的大类资产配置理论，如图 2-1-2 所示。其核心是通过对经济增长和通胀两个指标的分析，将经济周期分为衰退、复苏、过热和滞涨四个阶段。

在衰退阶段，经济增长停滞，超额生产能力和下跌的大宗商品价格驱使通胀率降低，企业盈利微弱且实际收益率下降，中央银行削减短期利率以刺激经济回复到可持续增长路径，进而导致收益率曲线急剧下行，此时债券是最佳选择。

在复苏阶段，舒缓的政策起了作用，GDP 增长率加速并处于潜能之上，然而通胀率继续下降，因为空置的生产能力还未耗尽，周期性的生产能力扩充也变得强劲，企业盈利大幅上升、债券的收益率仍处于低位，但中央银行继续保持宽松政策，这个阶段是股权投资

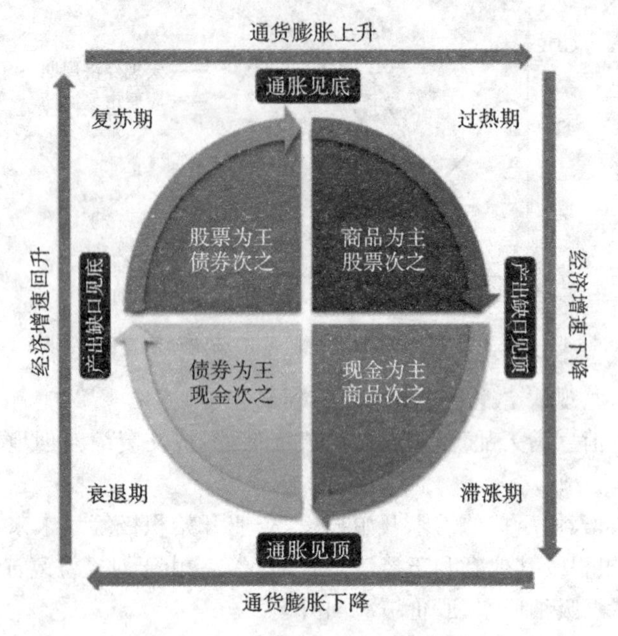

图 2-1-2　美林投资时钟示意图

者的"黄金时期",股票是最佳选择。

在过热阶段,企业生产能力增长减慢,开始面临产能约束、通胀抬头,中央银行加息以求将经济拉回到可持续的增长路径上来,此时的 GDP 增长率仍坚定地处于潜能之上,收益率曲线上行并变得平缓,债券表现变得非常糟糕,股票的投资回报率取决于强劲的利润增长与估值评级不断下降的权衡比较,此时大宗商品是最佳选择。

在滞胀阶段,GDP 的增长率降到潜能之下,但通胀却继续上升,通常这种情况部分原因归于石油危机。由于产量下滑,企业为了保持盈利而提高产品价格,导致工资、价格螺旋式上涨,只有失业率的大幅上升才能打破僵局。同时,只有等通胀过了顶峰,中央银行才能有所作为,这就限制了债券市场的回暖步伐。由于企业盈利恶化,股票表现非常糟糕,此时现金是最佳选择。

3. 通货膨胀、紧缩与股价运行

通货膨胀是由于流通中的货币过多引起的一般物价水平的持续普遍上涨。一般物价水平是指各类商品和劳务的价格的加权平均数,包括所有商品和劳务的价格在内。

通货膨胀对股价的影响比较复杂,温和、稳定的通货膨胀对股价的影响较小,严重的通货膨胀从多个方面影响证券价格。

(1) 通货膨胀因其原因不同,会对股价产生不同的影响。需求拉动型通货膨胀会使以生产投资品为主的上市公司如钢铁、石化、建材、机械等公司的账面盈利因产品价格上涨而增多,消费类如家电、轻工、商业等上市公司也将大受其惠,推动此类股票价格上涨。

成本推动型通货膨胀往往会使企业生产的产品因成本的增加而涨价,使消费者购买欲望下降,从而造成销售减少,公司成本增加,利润减少,股价出现下跌。

(2) 不同时期的通货膨胀对股价的影响不同。在通货膨胀初期,对上市公司来说,企业销售增加，同时因为以低价原材料生产的库存产品成本较低，公司利润会有较大幅度的增长。在通货膨胀初期商品价格全面上涨时，生产资料价格一般领涨于其他商品价格，与之相关的股票上涨也领先于其他类型的股票。

在通货膨胀后期，通货膨胀的持续会导致生产要素价格大幅上扬，企业成本急剧增加，上市公司盈利减少，这直接导致市面人气低落。同时因通货膨胀加剧了各种社会经济矛盾，政府为抑制严重的通货膨胀将采取紧缩性的货币政策，大幅度提高利率。由于股票投资收益率的相对下降，投资者纷纷抽资退出股市，对股票的需求减少，从而股价下跌，如图 2-1 3 所示。

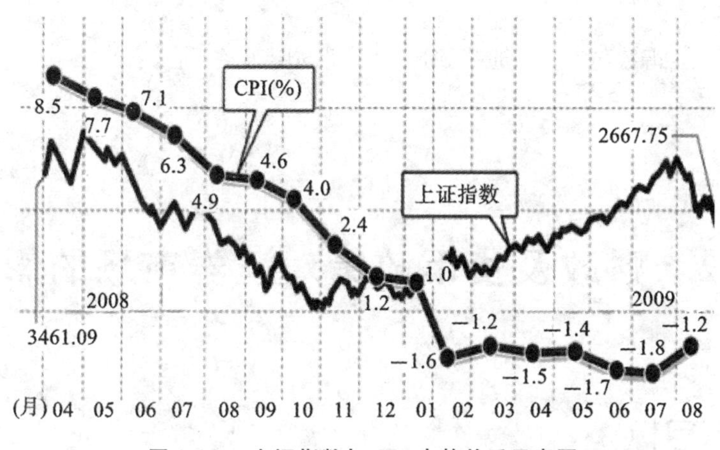

图 2-1-3　上证指数与 CPI 走势关系示意图

4. 通货紧缩与股价运行

通货紧缩是与通货膨胀相反的一种经济现象，它是指一般物价水平的持续下跌，并且这种商品和劳务价格的下跌是因货币供给不足或货币存量不能如期转化为有效需求而造成的。非货币因素引起的价格下跌不是通货紧缩。技术进步、劳动生产率提高导致的价格下跌会给消费者带来一定的好处，而通货紧缩造成的价格下跌只会给社会经济的发展带来危害。

通货紧缩反映到股市上，一方面上市公司因投资减少，销售下降，盈利水平大受影响，经营业绩出现滑坡；另一方面投资者因收入的减少及对经济前景悲观而减少投入股市的资金，表现在股票市场上投资者或因对股市后市信心不足而抛售股票，或采取观望态度。

四、实训内容及操作

(1) 上网查询历年来我国 GDP、通货膨胀率等数据以及上证指数走势图，然后绘制成图，比较它们的关系，并得出基本结论。

(2) 通过股票软件，找寻我国经济等方面出现的重大事件，看看这些重大事件对证券市场有什么影响,说说自己的发现。

五、实训报告

(1) 什么是基本面分析,包括哪些方面,有何优缺点?

(2) 提交上证指数与GDP、通货膨胀率之间的图表关系。

任务 1.2　财政及货币政策对证券市场的影响分析

一、知识目标

(1) 了解财政及货币政策的概念。
(2) 熟悉财政及货币政策的基本类型。
(3) 理解财政及货币政策对证券市场的影响方向。
(4) 掌握财政及货币政策的分析方法。

二、能力目标

(1) 能够说出财政及货币政策的基本内容。
(2) 学会财政及货币政策的指标分析。
(3) 能够构建财政及货币政策与股票价格的关系。
(4) 认知基本面分析在选取股票中的作用。

三、相关知识

(一) 国家财政政策及其作用

1. 财政政策的概念及内容

财政政策是指国家根据一定时期政治、经济、社会发展的任务而规定的财政工作的指导原则，通过财政支出与税收政策来调节总需求。

国家财政政策是国家整个经济政策的组成部分，同其他经济政策有着密切的联系。财政政策的制定和执行，要有金融(货币)政策、产业政策、收入分配政策等其他经济政策的协调配合。

其内容包括：社会总产品、国民收入分配政策、预算收支政策、税收政策、财政投资政策、财政补贴政策、国债政策、预算外资金收支政策等，它们之间是相辅相成的关系。

2. 财政政策的种类

(1) 扩张性财政政策又称积极的财政政策，是指通过财政分配活动来增加和刺激社会总需求的财政政策。扩张性财政政策可通过增加国债、支出大于收入，出现财政赤字来实现。

(2) 紧缩性财政政策是指通过财政分配活动来减少和抑制社会总需求的财政政策。

(3) 中性财政政策是指财政的分配活动对社会总需求的影响保持中性的财政政策。

3. 中国财政政策的基本手段

(1) 国家预算　主要通过预算收支规模及平衡状态的确定、收支结构的安排和调整来实现财政政策目标。

(2) 税收　主要通过税种、税率来确定和保证国家财政收入，调节社会经济的分配关系，以满足国家履行政治经济职能的财力需要，促进经济稳定协调发展和社会的公平分配。

(3) 财政投资　通过国家预算拨款和引导预算外资金的流向、流量，实现巩固和壮大社会主义经济基础，调节产业结构的目的。

(4) 财政补贴　它是国家根据经济发展规律的客观要求和一定时期的政策需要，通过财政转移的形式直接或间接地对农民、企业、职工和城镇居民实行财政补助，以达到经济稳定协调发展和社会安定的目的。

(5) 财政信用　它是国家按照有偿原则，筹集和使用财政资金的一种再分配手段，包括在国内发行公债和专项债券，在国外发行政府债券，向外国政府或国际金融组织借款，以及对预算内资金实行周转有偿使用等形式。

(6) 财政立法和执法　国家通过立法形式对财政政策予以法律认定，并对各种违反财政法规的行为(如违反税法的偷税抗税行为等)，诉诸司法机关按照法律条文的规定予以审理和制裁，以保证财政政策目标的实现。

(7) 财政监察　它是实现财政政策目标的重要行政手段。即国家通过财政部门对国有企业、事业单位、国家机关团体及其工作人员执行财政政策和财政纪律的情况进行检查和监督。

4. 财政政策对宏观经济的影响

国家调控财政收入与财政支出的方式就是财政政策。

国家实行不同的财政收支政策会对社会总需求和社会总供给产生不同的影响。一般来讲，通过减税，也就是减少财政收入的方式，会使财富保留在社会上，从而会增加社会总需求；通过加税，也就是增加财政收入，会减少社会总需求。通过增加财政支出，也就是加大政府购买，会促进社会总需求增长；通过减少财政支出，也就是降低政府购买，会使社会

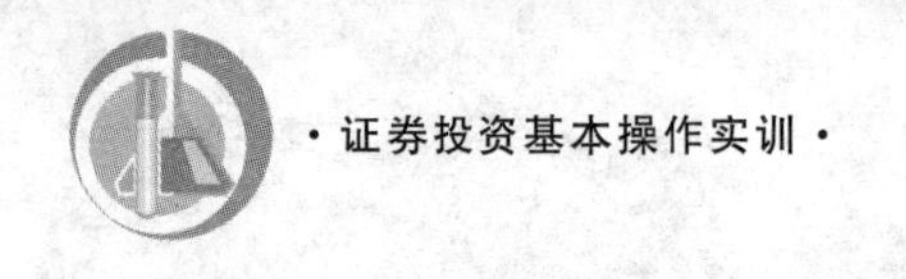

总需求收缩。

扩张性财政政策的主要做法是减税和政府借债。紧缩性财政政策的主要做法是扩大税收和减少政府投资。

实施财政政策的基本方式是财政政策工具，即实现财政政策意图的方式和方法。财政政策的工具主要有三种：一是税收；二是国家预算，即国家决定财政收入和支出的安排；三是国家债务。财政政策工具的使用须经最高立法机构确认。

中国2019年财政负债水平为38.5%，美国为340%，日本为160%。欧盟制定的财政负债水平安全线为不超过GDP的60%，目前我国财政政策在债务工具上还具有很大的余地。

（二）货币政策

1. 货币政策的概念

货币政策也就是金融政策，是中央银行为实现其特定的经济目标而采用的各种控制和调节货币供应量和信用量的方针、政策和措施的总称。货币政策的实质是国家对货币的供应根据不同时期的经济发展情况而采取的“紧”、“松”或“适度”等不同的政策趋向。

2. 货币政策的基本类型

根据货币对总产出的影响，可把货币政策分为两类：扩张性货币政策（积极货币政策）和紧缩性货币政策（稳健货币政策）。在经济萧条时，中央银行采取措施降低利率，由此引起货币供给增加，刺激投资和净出口，增加总需求，称为扩张性货币政策。反之，经济过热、通货膨胀率太高时，中央银行采取一系列措施减少货币供给，以提高利率、抑制投资和消费，使总产出减少或放慢增长速度，使物价水平控制在合理水平，称为紧缩性货币政策。

3. 货币政策对宏观经济影响

货币因素是影响总需求与总供给关系的重要宏观因素。一般来讲，货币供应量上升，会刺激社会总需求的增长；货币供总量下降，会减少社会总需求。

分析货币因素，当然首先就要涉及中央银行，因为中央银行是货币发行的银行。中央银行发行货币的主要渠道有再贷款和外汇占款两个渠道。我国的中央银行是中国人民银行。

再贷款和外汇占款发行的货币叫基础货币，一般统计口径显示，外汇占款占基础货币的份额在20%左右较为合理。例如，2006年我国央行公报显示，我国当年再贷款为3.2万亿，外汇占款为2.9万亿，显然外汇占款项目发行的货币太多。外汇占款实质上不是国内市场对货币的需求，这个项目下发行货币是被动行为，因而如果所占比例太大，就会引起投入市场的非需求性货币增加，这些增加的货币不是真正意义上的货币需求，所以会引起国内市场价格上涨，尤其是资产价格上涨，2007年市场表现就是如此。

中央银行发出的基础货币要经过商业银行的经营，商业银行是经营货币的银行，有别于经营股票与债券的投资银行。经过商业银行的经营，货币将由现金转变为现金、活期存款、定期存款三种形态。

M0：现金。

M1：现金＋活期存款。

M2：现金＋活期存款＋定期存款。

M2 即货币供应量，直接与总需求相关联，进而与总供给与总需求的关系相关联，央行可以通过对货币供应量的变动而影响供求关系。

中央银行调节货币供应量的方式就是货币政策，货币政策的方式就是货币政策工具，货币政策工具是中央银行为实现其货币政策而采取的调控手段。完全市场经济国家的货币政策工具有存款准备金率、再贷款利率、公开市场业务和窗口指导四种。

存款准备金率是商业银行上缴给中央银行的存款准备金与其所吸收的存款总额的比例。存款准备金率越高，银行的放贷能力越低，社会可流动资金越少，会减少社会总需求。当采取从紧的货币政策时，政府一般是提高存款准备金率，使投入市场的货币供应量减少；当采取扩张性货币政策时，存款准备金率降低，使投入市场的货币供应量增加。

再贷款利率(央行利率)是中央银行给商业银行贷款的利率。再贷款利率越低，商业银行从中央银行贷款的成本就越小，利率差就越大，商业银行利润空间就越大，因而会刺激商业银行从中央银行贷款的欲望，从而会提高社会货币供应总量，刺激社会总需求的增加。不过，在目前我国商业银行均为国有银行的情况下，再贷款利率的变化对货币供应量的调节作用不明显。

公开市场业务是指中央银行通过买卖有价证券而调控货币供应量。在紧缩性货币政策情况下，中央银行会发行央行商业票据，减少可流动资金。在扩张性货币政策情况下，中央银行会回购央行票据，增加可流动资金。

窗口指导是指中央银行以通气会方式向各商业银行提要求，促使商业银行统一贯彻执行的市场经济。因此我国政府实施货币政策的工具还有以下两种方法。一是控制商业银行利率：国家制定商业银行的存贷款利率，即国家制定加息、减息政策。二是控制信贷规模：央行下达各商业银行年度信贷总体水平，以限制贷款规模，减少货币供应总量。

(三)财政货币政策对股价的影响

1. 财政政策对股价的影响

总体上讲，扩张性财政政策会促使股价上涨，紧缩性财政政策抑制股价上涨。例如，减税有利于股票价格上涨；加大政府的财政支出与财政赤字，通过政府的投资行为，增加社会整体需求，扩大就业，刺激经济的增长，企业利润会随之增加，进而可推动股票价格上涨。

2. 货币政策对股价的影响

扩张性货币政策对股价的上涨有推动作用，而紧缩性货币政策对股价有抑制作用。例如，存款准备金率、再贷款利率、再贴现率下调可以改善上市公司融资环境。一方面有利于上市公司获得更多的贷款进行资产重组，摆脱经营困境，增加营业利润，为股价盘升奠定坚实的基础；另一方面，上市公司拥有多个融资渠道，就会减轻对股民的配股压力，使二级市场资金更为宽裕，也有利于股价震荡上行。

四、实训内容及操作

(1) 进入中国人民银行网站或其他财经网站,收集我国货币政策变化。

(2) 上网查询历年来我国货币供应量、利率等的数据以及上证指数走势图,比较它们的关系,并得出基本结论。

(3) 通过股票软件,找寻历史上我国针对证券市场做出的重大财政政策对证券市场的影响,通过这些事件,说说自己的发现与观点。

五、实验报告

(1) 阐述2018年货币政策重要变化。

(2) 对目前我国的证券市场进行宏观分析。

(3) 分析货币政策调整对我国证券市场的影响。

知识链接

2013年一季度中国宏观经济分析报告

1. 经济增长

2012年我国GDP增速连续下滑三个季度,一季度增长8.1%,二季度增长7.6%,三季度增长7.4%,各季度GDP增速下滑幅度逐渐减小,如图2-1-4所示。

从前三个季度来看,世界经济环境低迷对我国经济增长产生了较大的影响,使我国外需严重萎缩,同时国内需求不振、企业产能过剩等问题也影响着今年的经济增速。

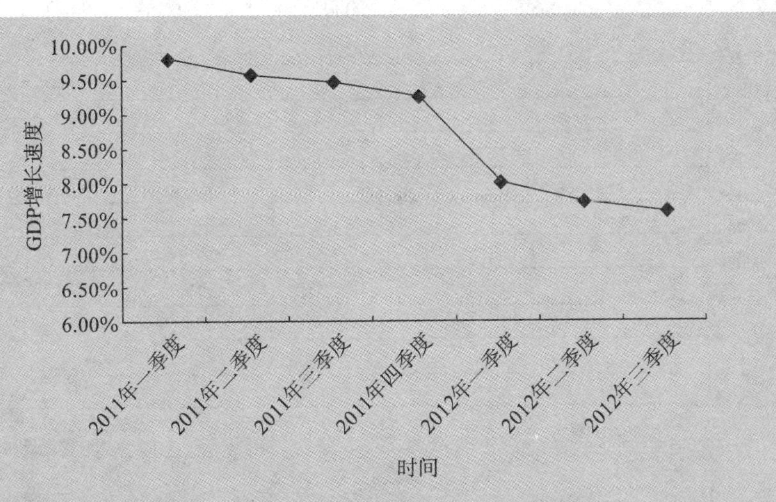

图 2-1-4 国内生产总值同比增长速度

但是,从第四季度前两个月的宏观经济数据来看,我国经济正逐渐趋向平稳并有回升的趋势。11月份的CPI、工业生产增速、宏观经济先行指数PMI、出口增速等数据与10月份相比均有不同程度的好转。且"十八大"的召开,以及中央经济工作会议的召开对中国经济的走向都有较明确的主导作用,会议中指出未来将实施稳健货币政策:要适当扩大社会融资总规模,保持贷款适度增加,降低实体经济发展融资成本,坚持房地产市场调控政策不动摇,增加并引导好民间投资,部分基础设施领域加大投资力度。会议同时提出积极稳妥推进城镇化,着力提高城镇化质量的新视点。这些将为扩大内需、加快投资增长产生有利的推动作用。

在"稳中求进"政策的指导下,预计年内以及明年经济增长将小幅回升,第三季度很有可能成为GDP增速的底端,第四季度GDP增速很可能回归8%,明年GDP增长可达8.5%左右。

2. 物价稳定

2012年11月份,全国居民消费价格总水平同比止跌上涨2.0%,环比上涨0.1%,全国工业生产者出厂价格同比降2.2%,同比增速连续两个月回升,走势与预期相符,如图2-1-5所示。从数据方面看,年内CPI指数的拐点已经形成,来年将进入上行周期。

作为CPI涨幅风向标的食品价格本月同比上涨3.0%(图2-1-6),影响居民消费价格总水平同比上涨约0.95个百分点,与10月份的1.8%相比有所上涨。其中,蔬菜价格上涨11.3%,影响居民消费价格总水平上涨约0.27%;肉禽及其制品价格下降1.8%,影响居民消费价格总水平下降约0.14%,其中猪肉价格下降11.5%,与10月份相比价格有所回升,影响居民消费价格总水平下降约0.41%。11月CPI同比增幅提高的原因主要是蔬菜和肉类等食品价格回升。

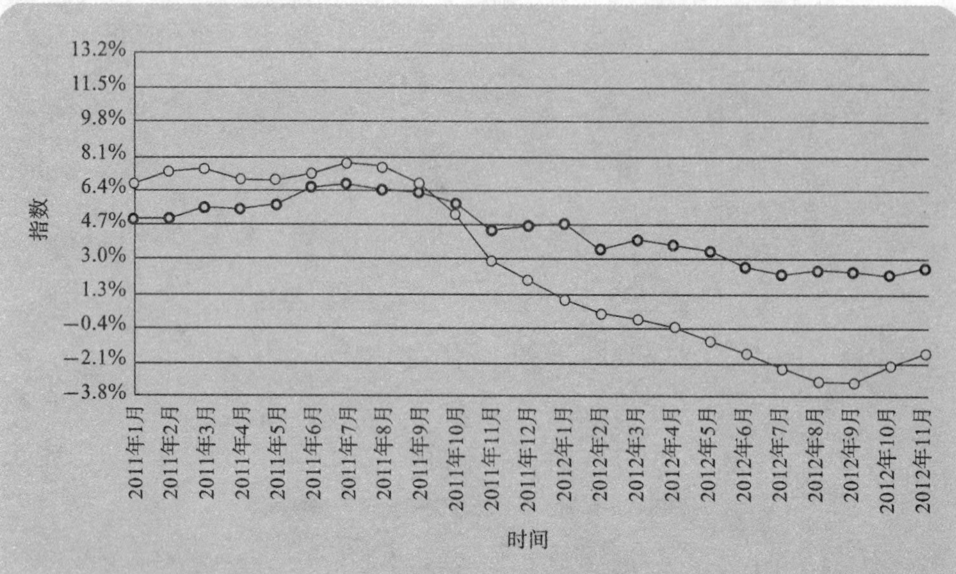

图 2-1-5　2011 年至 2012 年 CPI 与 PPI 指数

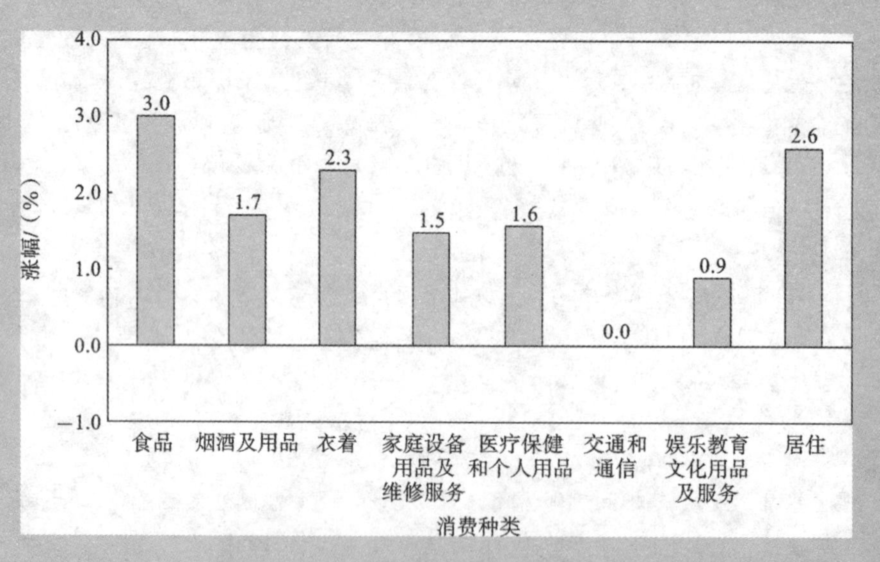

图 2-1-6　2012 年 11 月份居民消费价格分类同比涨幅

11 月份全国工业生产者出厂价格同比下降 2.2%，环比下降 0.1%，实现连续两个月回升，这意味着工业企业去库存周期临近尾声，总需求进一步改善。而工业生产者购进价格同比下降 2.8%，其中，黑色金属材料类、化工原料类、有色金属材料及电线类价格同比下降幅度较大，反映工业企业在中间投入产品环节的压力减小，但是这可能会导致重工业的终端产品价格下滑，不利于企业效益改善。

由于已经进入生产淡季，再加上假日的因素，预期蔬菜及肉制品价格仍会继续回升，而且随着劳动力等成本因素逐步抬高，工业出厂价格也将会上涨，诸多因素将推动未来CPI走高。

从国家政策方面看，中央经济工作会议决定继续实施积极的财政政策和稳健的货币政策，由于经济企稳回升明显，预计2013年通胀压力会加大。

综上所述，2013年第一季度CPI和PPI都将继续回升，CPI有望达到2.5%，而PPI很有可能回归正值。

3. 宏观经济运行景气指数

中国物流与采购联合会、国家统计局服务业调查中心1日公布的数据显示，2012年11月中国制造业采购经理人指数(PMI)为50.6%(图2-1-7)，环比上升0.4%，汇丰中国公布的PMI为50.5%，预示未来经济增长将继续保持小幅回升。

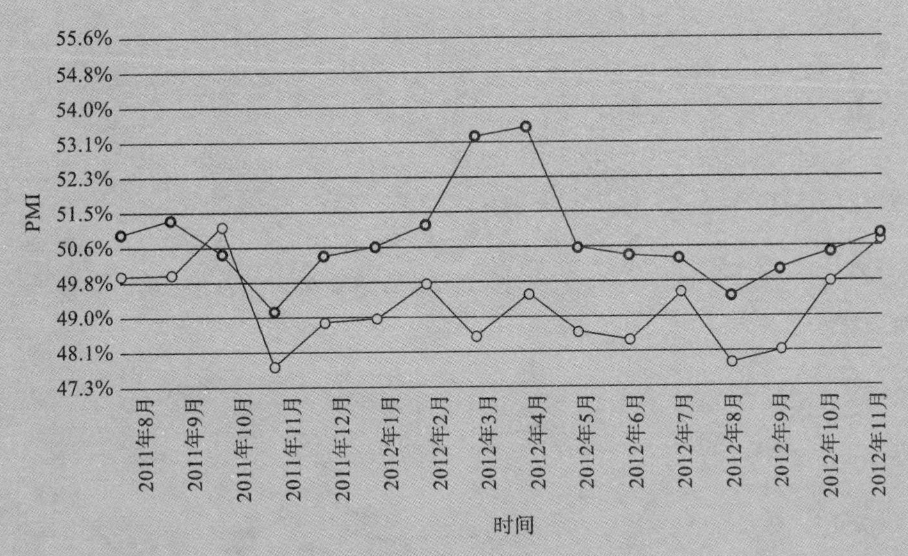

图 2-1-7 2011年至2012年PMI

—o—官方PMI —o—汇丰PMI

在PMI的6个指数(表2-1-1)中，生产指数位于临界点以上，表明制造业生产保持增速加快的状态；新订单指数环比增长0.8%，表明制造业客户的产品订货量有所增长，市场需求扩张，而且新出口订单指数和进口指数分别比上月回升0.9%和0.1%，反映制造业外贸需求也呈现增长趋势；原材料库存指数小幅提高，表明去库存活动已开始转向补充库存。但是由于受国际上石油、有色金属价格下降影响，主要原材料购进价格指数回落，且回落速度加大，说明经济回升的力量还不够强。

在非制造业方面，2012年11月份中国非制造业PMI为55.6%，环比上升0.1%，是连续第二个月回升，非制造业发展态势良好。

表 2-1-1 2012 年 10 月份 PMI 分类指数

指数	生产指数	新订单指数	从业人员指数	供应商配送指数	原材料库存指数	主要原材料购进价格指数	PMI
指数值	52.5%	51.2%	48.7%	49.9%	47.9%	50.1%	50.6%
权数	25%	30%	20%	15%	10%	—	—
环比涨幅	0.4%	0.8%	−0.5%	−0.2%	0.6%	−4.2%	0.4%

作为宏观经济的先行指数，PMI 从 10 月份开始重回荣枯线，本月同比继续增长，说明我国经济已经开始企稳回升，"扩消费、稳增长"的政策措施明显见成效。另外，根据此次中央经济会议，2013 年国家将坚持"保增长"的首要任务不变，在消费领域内出台刺激消费的相关政策。那么可以预计 2013 年第一季度的 PMI 将比较乐观。

4. 工业增长

2012 年上半年，工业市场维持着供过于求的状态，尤其是轻工业较严重的需求不振使得整体工业增速下滑，下半年，工业出厂价格持续走低，企业经营状况不景气，工业增速仍然维持在较低水平。从 9 月份开始，工业增速出现了较为温和的小幅回升。

11 月份，规模以上工业增加值同比实际增长 10.1%（图 2-1-8），环比增长 0.86%。整体来看，1—11 月份，规模以上工业增加值同比增长 10.0%，逐步显现增速加快的趋势。

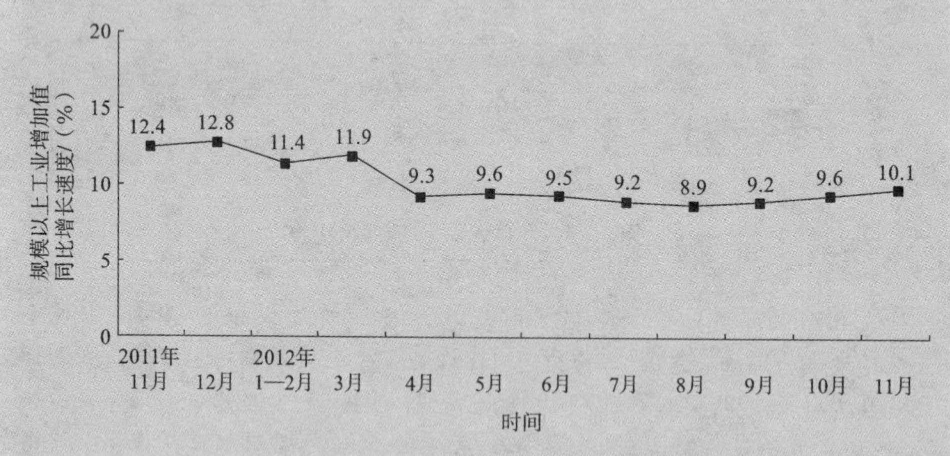

图 2-1-8 规模以上工业增加值同比增长速度

从行业看，41 个大类行业增加值全部保持同比增长。11 月份，重工业增加值同比增长 10.5%，与 10 月的 9.7% 相比增速加快，而轻工业增长 9.2%，与 10 月的 9.1% 相比增速只是略有提升。其主要产品中钢材、原油、有色金属、发电量产量维持良好涨势。

工业增加值四个月连续企稳回升，说明我国经济仍处于扩张状态，经济的景气程度正逐步攀升。随着工业出厂价格跌幅减小，国内需求的回升以及明年利好政策的出台，预计明年工业增加值将有所提升。

5. 经济增长驱动力分析

2012年11月份，社会消费品零售总额18477亿元，同比名义增长14.9%（图2-1-9）。其中，限额以上企业（单位）消费品零售额9395亿元，增长15.1%。1—11月份，社会消费品零售总额186833亿元，同比名义增长14.2%，为今年以来最高增速。全年我国消费走势呈现V形，前三季度消费对经济增长贡献率自2006年以来首次超过投资。

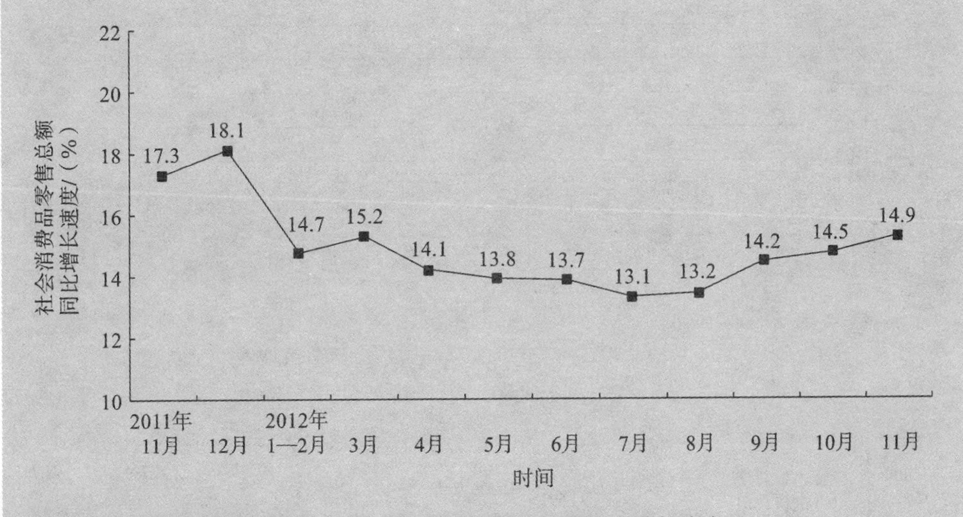

图2-1-9 社会消费品零售总额月同比增长速度

2012年下半年房地产投资额出现小幅回落，但整体上房地产投资依旧处于企稳态势。四季度一批基建项目的启动必然对整体投资产生明显拉动作用。另外，随着货币政策继续适度宽松，市场流动性进一步加强，拉低市场利率，从而降低融资成本，利于投资增长。

从政策方面看，“十八大”提出的系列政策措施为扩大消费提供了良好的发展空间，且中央经济工作会议公布明年的总基调是实施积极的财政政策，坚持房地产市场调控政策不动摇，增加并引导好民间投资，部分基础设施领域加大投资力度。预计明年刺激消费、扩大内需的措施会逐步出台，而城市化建设也将成为扩大内需、增加投资力度的重点。

2012年1—11月，我国进出口总值35002.8亿美元，同比增长5.8%。其中：出口18499.1亿美元，增长7.3%；进口16503.7亿美元，增长4.1%；贸易顺差1995.4亿美元。如图2-1-10和图2-1-11所示。

11月，我国进出口总值为3391.3亿美元，增长1.5%。其中，出口1793.8亿美元，增长2.9%，与10月相比增速明显减慢，显著低于预期；进口1597.5亿美元，与去年同期持平；由于出口增速跌幅加大，顺差由10月份的320亿美元降至11月份的196.3亿美元，这说明随着去库存对经济增长拖累程度的逐渐减弱，在国内制造成本高涨的压力和国际经济疲软的限制下，短期内需、外需并没有显著好转。

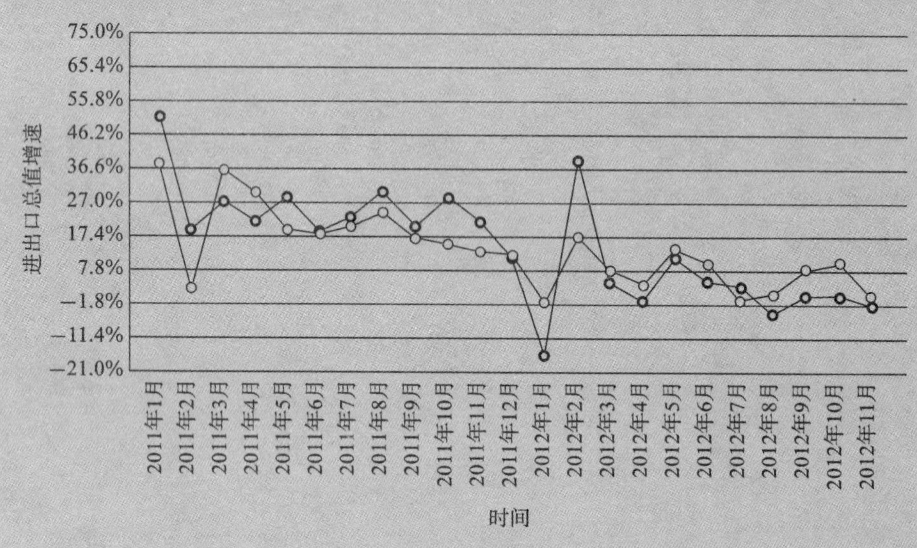

图 2-1-10　2011 年与 2012 年我国进出口总值增速

—o—进口　—o—出口

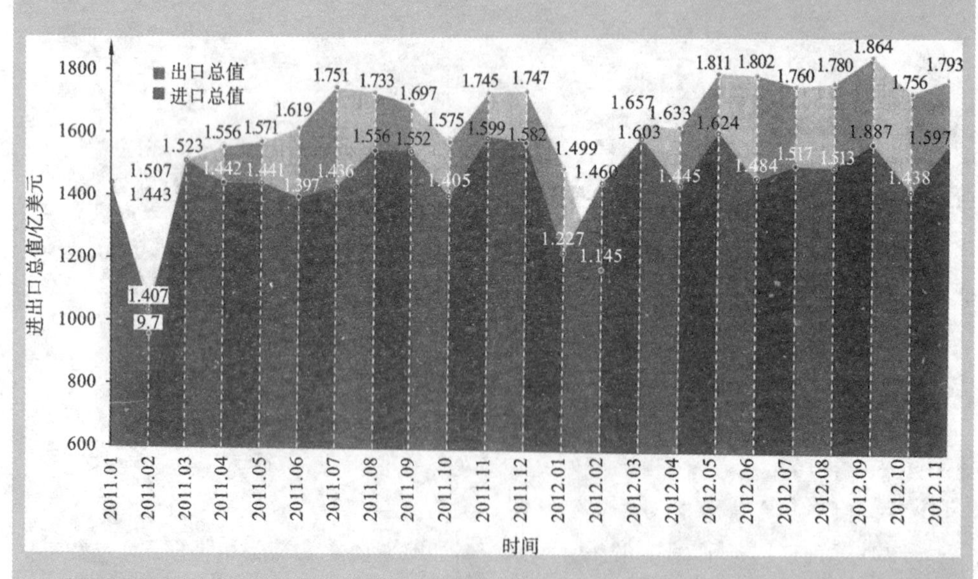

图 2-1-11　2011 年 1 月至 2012 年 11 月进出口总值

在全球经济低迷，而且复苏前景尚不明确的情况下，中国经济发展面临着复杂的内外环境，外需尽显疲弱，仍受到欧美经济状况和市场有效需求不足的牵制，尤其是美国的“财政悬崖”和欧债危机尚未解决。数据显示，在与主要贸易伙伴的双边贸易中,1—11月中欧、中日双边贸易总值均下降,而中美、东盟、俄罗斯、巴西双边贸易总值出现增长,但是出口增速均有所放缓。

由于中国出口对国内生产总值(GDP)的贡献率达到30%左右,而目前的出口形势对2013年中国经济发展增添了风险和不确定性,所以2013年中国经济将与全球经济共振。但是,2013年欧美有效需求将会企稳回升。一方面,随着欧洲一体化进程的展开,欧元区整体系统性风险基本将得到化解,2013年欧盟经济将低位回稳;另一方面,虽然美国经济的不确定性依然存在,年底“财政悬崖”导致的财政紧缩预期也在不断增强,给我国短期出口增长带来了进一步的压力,但在美联储的推动下,2013年美国经济将进一步复苏,这将有利于明年中国对外贸易的向好。

从国内情况看,2012年11月份的宏观经济数据表明,国内总需求有好转的趋势,而且中央经济工作会议已经明确了未来经济发展思路,会议决定继续实施积极的财政政策和稳健的货币政策,促进消费,扩大内需,而内需企稳回升对进口增速将起到拉动作用。

综合以上判断,2012年12月份进出口同比将有小幅回升,贸易顺差可能略有扩大,但全球经济复苏前景仍不明朗,实质性的外需回暖还需要时间,因而短期出口大朝增长的可能性比较小,出口形势将在明年上半年出现较大好转,而为了平衡贸易收支,预计政府仍将继续推动鼓励进口的政策,进口增速将超过出口。

6. 金融与投资

2012年1—11月社会融资规模为14.15万亿元,比上年同期增加2.60万亿元。11月份社会融资规模为1.14万亿元,同比增加1837亿元。其中,外币贷款折合人民币增加1048亿元,同比多增999亿元;委托贷款、信托贷款都在增加;而未贴现的银行承兑汇票、企业债券净融资、非金融企业境内股票融资同比有所减少。总体来看,本月货币信贷和社会融资增长较快,贷款结构也在继续改善,如图2-1-12所示。

2012年11月末,外币贷款余额同比增长16.1%。人民币贷款余额同比增长15.7%。当月人民币贷款增加5229亿元,同比少增400亿元,仍处于较低水平,略低于市场预期。其中:住户中长期贷款增幅较大;非金融企业及其他部门短期贷款增加,其中长期贷款减少31亿元,票据融资也减少369亿元。

本月新增人民币信贷创13个月来最低,虽然本月新增贷款表现乏力,但在信托贷款、债券融资等新兴融资渠道的支撑下,社会融资规模表现强劲,信贷渠道之外的融资正为实体经济输送越来越多的资金,社会融资规模对于货币政策调控的重要性也在逐步提升。

另外,外币贷款增加166亿美元,较上年同期大涨20倍,可能是人民币升值,国际大量热钱涌入国内市场导致外汇贷款明显增加所致。

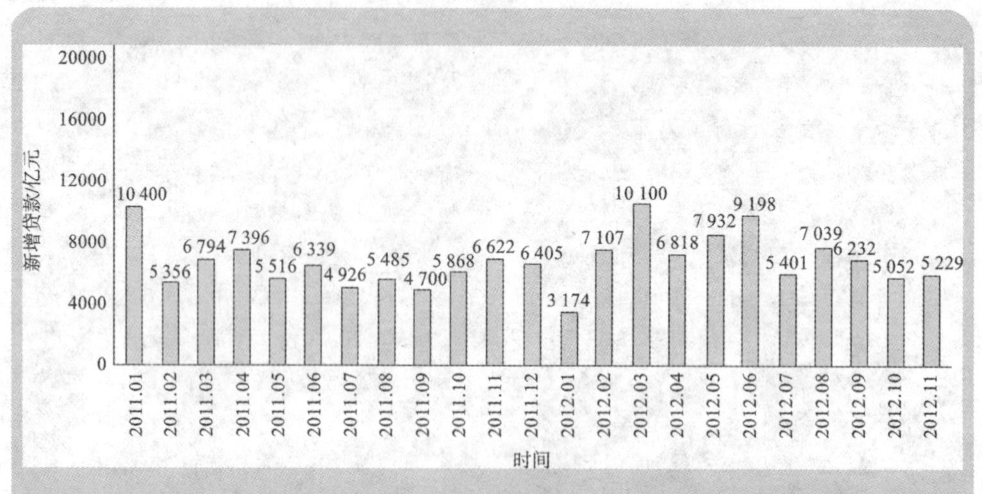

图 2-1-12　2011 年 1 月至 2012 年 11 月人民币新增贷款走势图

从货币供应量方面来看，11 月末，广义货币(M2)余额同比增长 13.9%，比上年同期高 1.2 个百分点，狭义货币(MI)余额同比增长 5.5%，流通中货币(MO)同比增长 10.7%。

考虑到本周公开市场将有 380 亿元央票到期，2013 年有 1.05 万亿元央票到期，同时预计有 3 千亿美元左右的顺差和 FDI，也就是说有近 3 万亿人民币基础货币新增量，2013 年货币政策可能仍然保持稳健但略偏宽松，市场资金将保持较好流动性。另外，从历史数据中观察到，年初将会出现规律性融资规模放大的现象，预期 2013 年一季度新增贷款总规模将在 8.5 万亿元左右，社会融资规模或将超过 2.0 万亿元。

7. 未来证券市场预测

从宏观经济数据来看，2012 年 11 月 CPI 数据、工业增加值、PMI 数据基本符合市场预期，因此对股市走势不会有太大影响，PPI 的回升对经济景气度提高具有有利影响，因此对股市起到一定程度的提振作用，而出口增速的跌幅较大超出市场预期，表明我国外贸形势不乐观而且前景尚不明朗，对股市会造成一定的负面影响。

从政策方面看，中央经济工作会议提出的 2013 年经济工作六大主要任务，对股市发出了极大的利好信号。会议中提出未来要扩大内需，培育一批拉动力强的消费增长点，那么随着政府对消费的扶持以及人们生活节奏的加快，将使得快捷消费食品行业、医疗卫生行业、娱乐业等大众消费行业迎来高速发展的战略机遇期；会议中还提出要夯实农业基础，关注农业政策调整，预计农业股受此利好预期的影响也将成为未来的热门板块。

另外，两个热点是城镇化和结构性减税，城镇化是中国现代化建设的历史任务，也是扩大内需的最大潜力所在，水泥、建筑建材、房地产、电器等相关行业将成为受益行业，而结构性减税有利于减轻企业负担，有利于提高企业利润空间。

总体来说，我国经济已经开始企稳回升，但是仍处于低位，政府不断发出利好信息有利于提升市场信心，未来一系列政策措施的出台会给股市带来上涨动力。

项目二

行业和板块分析

行业是国民经济中相同性质的生产和经营单位的组织结构体系。板块是将某些处于同一行业的股票划归一类得出的一类股票类别。行业和板块分析属于基本面分析中的中观分析。本项目共设计两个实训任务：一是行业分类及行业研究；二是板块分析。

任务 2.1　行业分类及行业研究

一、知识目标

(1) 了解上市公司的行业分类方法。
(2) 了解行业分类的意义。
(3) 掌握行业研究策略框架。

二、能力目标

(1) 能够说明行业分类的意义。
(2) 学会应用软件操作寻找行业类别。
(3) 认知关注行业的基本因素。
(4) 能够找到热点产业链的相关个股。
(5) 可以写出简单的行业研究报告。

三、相关知识

(一) 上市公司行业分类

行业的分类方法很多，如道・琼斯分类法、标准产业分类法等。证监会将上市公司的行业分为门类和大类两级。在进行实训时，可以通过东方财富通软件进行查找。首先，进入行情分析界面，在下部菜单栏中单击板块，在板块中，有行业板块、概念板块、地区板块，如图 2-2-1 所示；然后，将鼠标放在行业板块上，即可显示上市公司的行业分类，如图 2-2-2 所示；最后，选择一个行业类型，如“保险业”，即可显示行业所包括的所有上市公司。

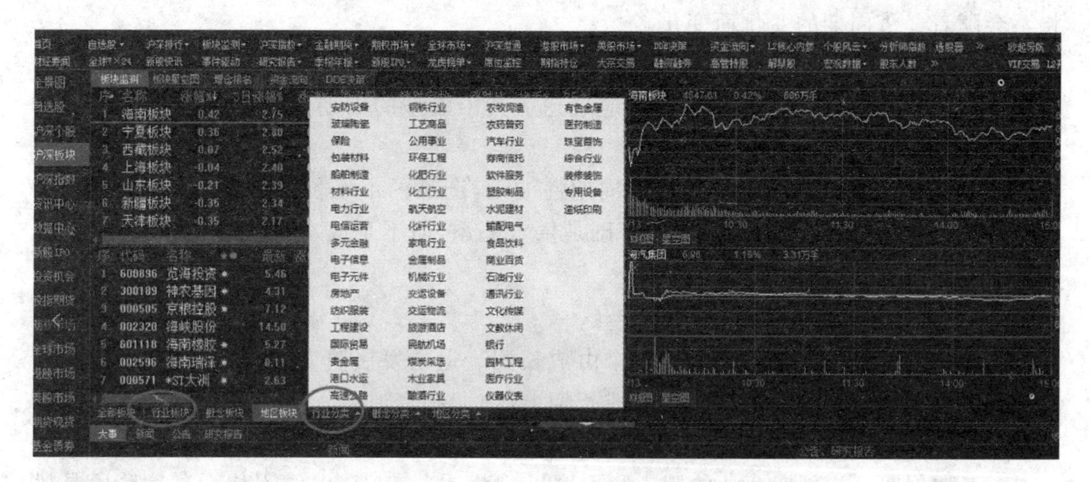

图 2-2-1　上市公司行业分类

序	代码	名称	最新	涨幅%	涨跌	总手	现手	买入价	卖出价	涨速%	换手%	金额	市盈率	所属行业
0	BK0474	保险	1465.35	0.21	3.09	102万	0	—	—	0.35	0.22	46.5亿	—	—
1	601628	中国人寿	25.87	1.73	0.44	9.50万	106	25.86	25.87	0.54	0.05	2.43亿	7.02①	保险
2	601318	中国平安	79.30	0.83	0.65	43.5万	318	79.29	79.30	0.47	0.40	34.2亿	7.96①	保险
3	601601	中国太保	32.91	0.46	0.15	9.46万	4	32.90	32.91	0.55	0.15	3.11亿	13.61①	保险
4	000627	天茂集团	6.32	0.16	0.01	3.83万	2	6.31	6.32	0.16	0.08	2424万	23.70①	保险
5	601336	新华保险	51.17	-0.02	-0.01	7.85万	8	51.15	51.18	0.33	0.38	4.01亿	11.85①	保险
6	600291	西水股份	10.55	-0.09	-0.01	10.2万	166	10.51	10.55	0.57	0.94	1.07亿	191.66①	保险
7	601319	中国人保	8.05	-1.11	-0.09	17.9万	8	8.04	8.05	0.25	1.77	1.44亿	15.12①	保险

图 2-2-2　保险行业相关个股

(二) 行业的一般特征分析

1. 行业竞争程度分析

根据行业中企业数量的多少、进入限制程度和产品差别，行业基本可分为四种市场类型：完全竞争、垄断竞争、寡头垄断、完全垄断。

2. 行业对经济周期的敏感度

行业变动时，通常呈现出明显的、可测的增长或衰退的格局，据此，可以将行业分为两种类型。

(1) 增长型行业　增长型行业运动状态与经济周期及其振幅无关，主要与技术进步、

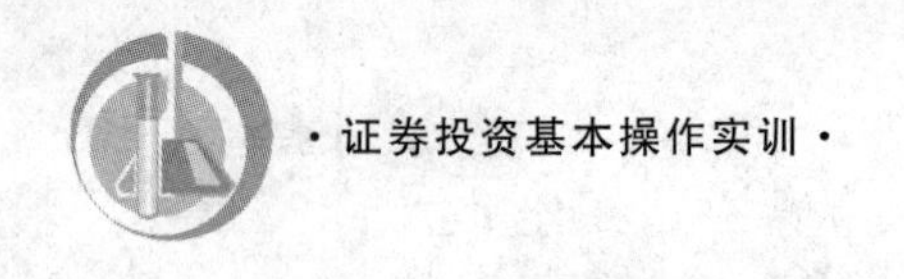

新产品推出及更优质的服务有关。

在过去的几十年内，互联网、生物科技和新基建等行业表现出了这种形态。投资者对高增长的行业十分感兴趣，主要是因为这些行业提供了一种财富“套期保值”的手段。然而，这种行业增长的形态却使得投资者难以把握精确的购买时机，因为这些行业的股票价格不会随着经济周期的变化而变化。

（2）周期性行业　周期性行业直接与经济周期有关，当经济处于上升期时，这些产业紧随扩展，当经济衰退时，这些产业相应衰退。其中典型的周期性行业包括大宗原材料（如钢铁、煤炭等），工程机械，船舶等。

周期性行业的特征是产品价格呈周期性波动，产品的市场价格是企业盈利的基础。在市场经济情况下，产品价格形成的基础是供求关系，而不是成本，成本只是产品最低价的稳定器，但不是决定的基础。

3. 行业的生命周期分析

每个行业从发展经历上看都有一个由成长到衰退的发展演变过程。一般来说，行业生命周期包括以下四个阶段：初创期、成长期、成熟期和衰退期。产业生命周期的不同发展阶段，各有其特色。

（1）初创期　初创期企业的销售收入增长缓慢，成本较高，业绩不佳。这一阶段是风险大、收益小的时期，主要风险是技术风险和市场风险。投资于初创期的上市公司，收益少甚至亏损，但人们的预期较高，股价也有可能会很高。初创期的风险较大，股票投资是投机性的。

（2）成长期　成长期企业，随着规模的不断扩大，成本降低，销售收入增加，业绩优良。这一阶段是高速增长时期，主要风险是管理和市场风险。投资于成长期企业，由于有业绩基础，股价上涨具有长期性。

（3）成熟期　处于成熟期的企业，产品价格、业绩、利润相对稳定，风险较小，收益较高，分红派息较多。投资于成熟期的上市公司，由于利润稳定，股价一般不会大幅度升降，但会稳步攀升。

（4）衰退期　进入衰退期，企业产品销量缩小，利润减少，风险主要是生存风险。投资于衰退期的上市公司，由于在市场上无优势，股价呈下跌趋势，但当有重组题材或借壳上市时，股价却会大幅度上涨。

（三）行业研究策略框架

1. 行业选择的意义

就股票所属的行业发展状况而言，首先要密切关注国家产业政策和行业政策。当政府对某类行业或产业采取积极扶持态度时，由于较大的资金投入和相对低的税收将会使产业或行业内的公司大幅受益，并且通常持续时间较长，积极投资该类股票应属绝佳选择；其次，由于有些行业的快速发展与经济周期阶段有着某种规律性的联系，所以针对不同阶段进行适时行业策略转换应更为有利，例如，在经济低潮时，银行、保险业以及稳定型消费品行业较少受到影响，所以选择此类行业是较为有利的策略；最后，根据不同行业的周期状况也要进行适时的策略调整，例如，汽车、家电业、部分农产品就属于明显的周期型消费品，当某产品进入更新换代旺季时，或经济高涨阶段时，该产品销量乃至公司利润将会大幅增长，而当这段时期过去后，利润就会大幅下降，甚至进入萧条状态，所以适时地进行投资策略的调整才会更为有利。

2. 行业选择要素

(1) 行业发展的背景　行业发展的背景主要是行业面对的宏观经济环境、政治环境、政策环境、国际环境等。可通过寻找宏观环境与行业发展之间的内在联系，为行业发展的现状提供解释，寻找行业发展的趋势。

(2) 行业供给状况　行业供给状况包含以下几个方面。

①行业内企业数量及其变化。

②行业生产能力及其变化。

③行业产品生产规模及其变化。

④产品供给结构(产品类别比例及其变化)。

⑤产品供给价格及其变化。

⑥上游产业分析。

⑦供给特征。

⑧影响供给的主要因素(例如，产品技术发展、行业标准的影响)。

⑨行业供给中的问题及其解决。

(3) 行业需求状况　行业的需求状况包含以下几个方面。

①需求来源与下游产业分析。

②需求规模。

③行业及子行业年产品销售量、销售额及其变化趋势。

④需求结构(不同细分市场的需求及市场对不同产品的需求)及其变化。

⑤需求特征。

⑥消费者分析。

⑦影响需求的因素。

⑧需求预测。

(4) 销售渠道分析　可以从以下几个方面对销售渠道进行分析。

①渠道的构成。

②不同渠道在产品销售中的作用与地位。

③不同渠道的效果(成本、费用、销售贡献率)与选择。

④渠道建设。

(5) 进出口分析　可以从以下几个方面对进出口进行分析。

①行业进出口规模(数量与金额)及其变化。

②行业进出口来源、去向及其变化。

③产品进出口价格及其变化。

④进出口对国内市场的影响。

⑤进出口发展趋势。

(6) 行业(市场)竞争格局分析。

①不同性质的企业市场占有率及其变化(国有、民营、外资)。

②不同企业的市场占有率及其变化。

③不同产品的市场占有率及其变化。

④产业集中度。

⑤影响竞争格局的因素。

⑥竞争格局的发展趋势。

⑦主要企业分析。主要介绍领先企业或有特点的潜力企业的基本情况、产品定位、市场定位、科研开发、销售状况、财务状况等。

(7) 行业及市场发展趋势　行业及市场发展趋势包含以下几个方面的内容。

①国际市场发展趋势。

②产品市场成长趋势。

③要素市场变化趋势。

④产业结构调整变化趋势。

⑤产品技术发展趋势。

(8) 产业投资机会与困难　产业投资机会与困难主要体现在以下几个方面。

①行业的发展周期。

②行业成长性。

③进入壁垒、退出机制。

④投资回收与风险。

⑤进入机会。

(9) 发展策略。

①行业发展的宏观对策。

②新进企业进入市场的策略。

③现有企业发展策略。

(四) 行业选择基本步骤

以5G通信行业为例进行分析。

1. 确定上市公司行业分类

可以按以下步骤操作。

(1) 在东方财富通软件中进入行情分析界面,了解行业分类及政策。

(2) 选择某一行业类型,列出属于这一行业的上市公司。

(3) 关注这个行业个股的具体主营业务及个股的相关关系。

(4) 找到行业中的龙头股。

2. 收集行业政策确定行业当下的投资热点逻辑

通信行业是人类现代经济活动不可缺少的基础性行业。信息通信业是我国现阶段最具成长性的关键基础产业,具有对经济转型升级的重要支撑作用,其重要性和景气度或将达到空前高度。

近年通信行业政策如下。

(1) 2013 年 《国务院关于印发“宽带中国”战略及实施方案的通知》:加强战略引导和系统部署,推动我国宽带基础设施快速健康发展,这标志着“宽带中国”计划从单一的部门行动正式上升为国家战略。

(2) 2015 年 《中国制造 2025》:加强互联网基础设施建设。加强工业互联网基础设施建设规划与布局,建设低时延、高可靠、广覆盖的工业互联网。加快制造业集聚区光纤网、移动通信网和无线局域网的部署和建设,实现信息网络宽带升级,提高企业宽带接入能力。《国务院办公厅关于加快高速宽带网络建设推进网络提速降费的指导意见》:加快推进全光纤网络城市和第四代移动通信(4G)网络建设,2015 年网络建设投资超过 4300 亿元,2016—2017 年累计投资不低于 7000 亿元。《国务院办公厅关于印发三网融合推广方案的通知》:加快下一代广播电视网建设,加快推动地面数字电视覆盖网和高清交互式电视网络设施建设,加快广播电视模数转换进程。

(3) 2016 年 《“十三五”(2016—2020 年)规划纲要》:加快构建高速、移动、安全的新一代信息基础设施,推进信息网络技术广泛应用,形成万物互联、人机交互、天地一体的网络空间。《信息通信行业发展规划(2016—2020 年)》:“十三五”末,光网和 4G 全面覆盖城乡,宽带接入能力大幅度提升,5G 启动商用服务。

(4) 2018 年 《工业互联网发展行动计划(2018—2020 年)》:到 2020 年底,初步建成工业互联网基础设施和产业体系。《扩大和升级信息消费三年行动计划(2018—2020 年)》:推动信息基础设施提速降费,深入落实“宽带中国”战略,组织实施新一代信息基础设施建设工程,推进光纤宽带和第四代移动通信(4G)网络深度覆盖,加快第五代移动通信(5G)标准研究、技术试验,推进 5G 规模组网建设及应用示范工程。

从以上通信行业政策中,可以了解到通信行业在各个阶段都与国家的发展战略相关,从 2013 年的“宽度中国”到 2016 年的 4G 网络高速全覆盖,到 2017 年的工业互联网建设、万物互联的战略需求,从 4G 网络到 5G 网络全覆盖转向,每个阶段通信行业的政策均带动通信行业个股走出好的走势。如图 2-2-3 所示。

从图 2-2-3 中可以看出,通信行业指数在 2013 年 1 月启动到 2015 年中旬走出了一波牛市行情。

目前,中国三大运营商均明确了 5G 外场试验(2018 年)、预商用(2019 年)、商用规划,预计 2020 年将正式实现 5G 商用。从全球运营商来看,美国、日本和韩国等也在积极部署 5G,按照目前全球运营商进度,我们预计,5G 对通信产业链的主要业绩贡献期将在 2019—2023 年。考虑到我国 5G 建网与商用节奏有望引领全球(至少与主要发达国家和地区保持同步),参考 3G/4G 周期的经验与教训,我们认为 5G 将为我国通信设备企业带来前所未有的历史性机遇。华为与中兴通讯在中国开展的 5G 试验中参与项目多,测试效果好、专利也有明显突破,将有利于中国通信设备厂商整体实力的提升。在华为、中兴通讯的带动下,国内供应商(如光器件、光模块、基站/终端天线与射频器件、光纤光缆等)也有望随之加速成长。5G 加速布局将影响通信行业各个产业链个股。

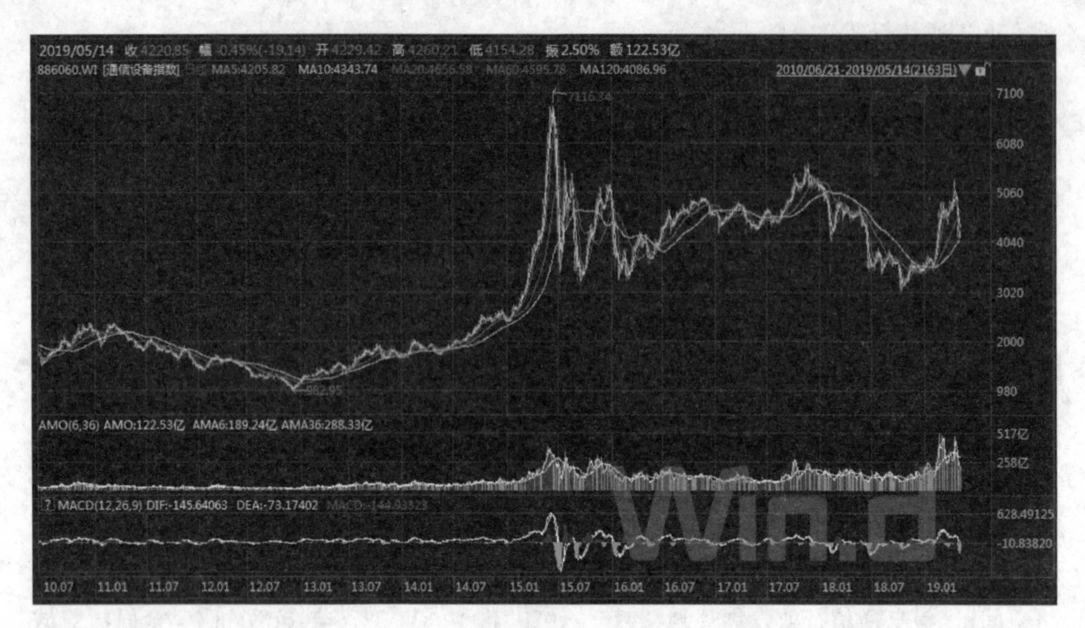

图 2-2-3　通信板块指数走势

四、实训内容及操作

(1) 进入东方财富网站,了解行业分类。

(2) 选择某一行业,了解这一行业的上市公司,分析上市公司的共同点。

(3) 分析该行业所处经济周期及选择竞争优势公司。

(4) 查找某一行业(医药、银行、房地产)相关政策及政策发布时间窗口。

(5) 查找政策发布的时间前后交易日上证指数的走势。

(6) 分析行业政策对上证指数的影响。

五、实训报告

(1) 自己选择一个看好的行业，并说明选择它的具体理由。

(2) 对选择的行业进行分析，写出简单的行业分析报告。

知识链接

2012年我国化妆品行业研究报告

(一) 化妆品行业基本情况分析

1. 我国化妆品市场规模庞大，增长迅速

过去十年间，我国经济持续高速增长，GDP从2001年的11.0万亿元增长到2011年的47.2万亿元，复合年均增长率达到15.7%。与此同时，2011年中国人口数量已经达到13.5亿。随着经济的飞速发展和人民生活水平的不断提高，依托庞大的人口基数，中国已经成了全球最大的化妆品市场之一。Euromonitor的统计数据显示，2011年我国化妆品销售额超过1000亿元，约占全球化妆品市场的6.8%，仅次于美国、日本和巴西，位居第四。过去十年间，我国化妆品市场增长迅速。Euromonitor统计数据显示，2001—2011年我国化妆品市场规模复合年均增长率高达15.8%，成为全球增长最快的市场之一，如图2-2-4所示。

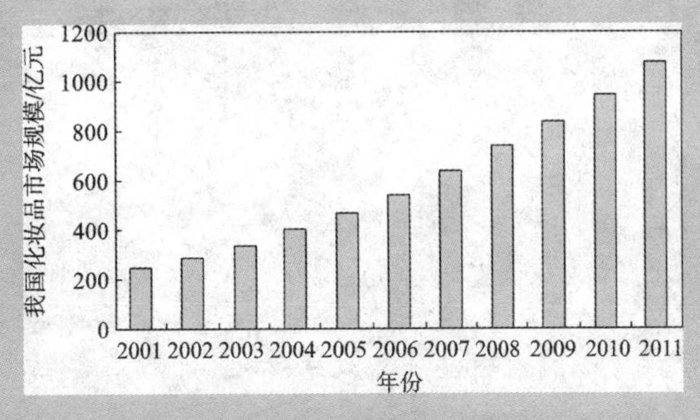

图 2-2-4 2001—2011年我国化妆品市场规模及增速

2. 居民收入的提高和城镇化推动化妆品行业增长

化妆品行业显著受益于中国居民可支配收入的提高和城镇化进程的推进。近年来，随着我国国民经济的快速发展，居民可支配收入水平不断提高，有效地增强了我国居民的消费能力，成为行业增长的原动力。中国国家统计局数据显示，中国城镇居民人均可支配收入从2000年的6860元增长到2011年的21810元，复合年均增长率为12.3%；同期农村居民纯收入从2001年的2366元增长到2011年的6977元，复合年均增长率为11.4%。另外，随着中产阶级的逐步形成，消费升级成为大势所趋，具有一定品牌知名度化妆品的需求将获得更快的增长。另外，随着我国城镇化进程的不断推进，城市人口数量迅速增加。国家统计局数据显示，我国城市总人口由2003年底的5.24亿增至2011年底的6.91亿，复合年均增长率为3.5%；2011年城市人口占中国总人口的比例为51.3%，城镇化程度正以每年约2%的速度上升。对美的追求和自身形象的关注以及消费观念的改变使得城镇人群在日常生活中对化妆品的使用明显增加，从而形成了化妆品行业发展的内生动力。

3. 我国化妆品人均消费水平与发达国家仍有一定差距，发展空间巨大

经过数十年的发展，我国化妆品行业整体已经初具规模，但从人均消费量来看，仍处于较低水平。目前我国人均化妆品消费水平仅仅略高于印度、越南等国家，远远低于欧美、日本和韩国等发达国家，2011年的化妆品人均年消费额仅相当于美国的1/10和日本的1/20，如图2-2-5所示。对比人均化妆品年消费额36美元的世界平均水平，我国人均年消费额具有194%的成长空间。未来随着我国经济的持续快速发展，市场需求潜力将不断释放，考虑到我国庞大的人口基数，化妆品行业具有巨大的增长空间。

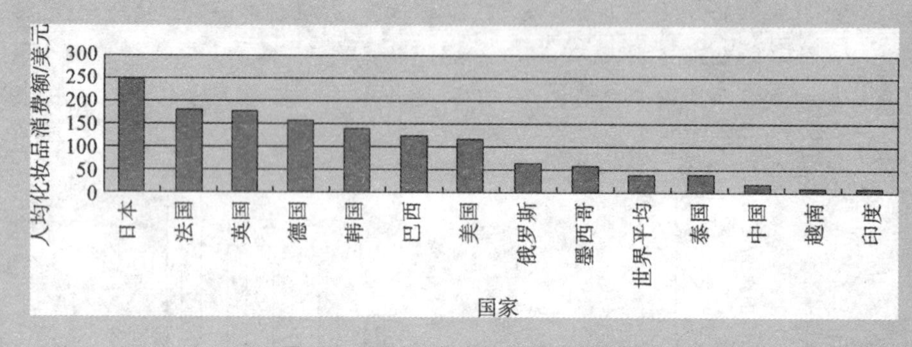

图2-2-5 2011年人均化妆品消费额

4. 我国化妆品市场未来发展空间广阔

Euromonitor的预测数据显示，未来五年我国化妆品销售额将呈现持续增长态势，至2016年将达到约2022亿元规模，2012—2016年复合年均增长率为13.3%，如图2-2-6所示。尽管增速呈现逐渐放缓的趋势，但由此带来的规模扩展空间依然巨大，预示着我国化妆品市场具有巨大的发展潜力。

5. 护肤品子行业市场规模最大，占化妆品行业整体比重不断提高

护肤品是我国化妆品市场中规模最大的子行业，2011年市场规模达732亿元，占行业整体比重近七成，如图2-2-7所示。除占比最大外，护肤品的增速亦非常可观。近年来护肤品市场增长迅速，过去五年复合年均增长率约15.4%，

是除基数较小的男士剃须护理用品外增长最快的子行业。2011 年的护肤品占化妆品行业整体比重已高达 68.1%，未来仍具有巨大的增长空间。

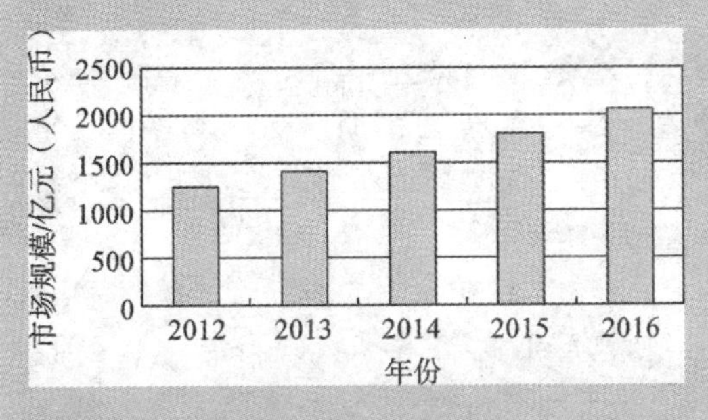

图 2-2-6　2012—2016 年我国化妆品市场规模

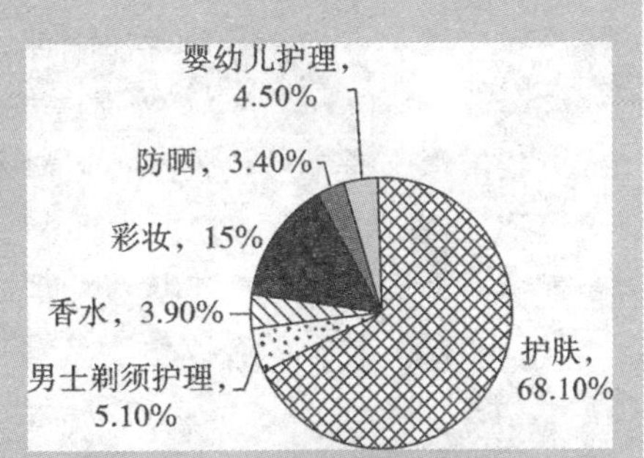

图 2-2-7　2011 年我国化妆品市场构成图

6. 产品细分日益清晰，功能更加个性化

一方面，化妆品市场近年来呈现出市场层次化日益清晰的趋势。产品细分越来越细，出现了部分全新的细分市场领域。男士剃须护理、婴幼儿护理用品、彩妆等细分市场具有很大的增长潜力。Euromonitor 的统计数据显示，中国男士剃须护理市场规模已由 2006 年的 8.0 亿元增长至 2011 年的 41.7 亿元，复合年均增长率为 39.3%；婴幼儿护理类产品市场规模已由 2006 年的 24.1 亿元增长至 2011 年的 48.5 亿元，复合年均增长率为 15.1%，具有一定的增长空间。另一方面，消费者需求日益个性化也成为化妆品市场发展的一大趋势。随着消费群体逐步年轻化，消费者对美的理解不断加深，从而对产品提出了更多个性化的要求，如对护肤品提出了抗氧化、抗衰老等新的功能性诉求。

7. "天然""活性""健康"成为新兴理念，本草护肤品备受关注

近年来，随着消费者对"天然""活性""健康"化妆品的关注和追求，本草养颜护肤新理念日益受到追捧。以生物制剂、生物活性提取物、天然植物添加剂作为化妆品原料已经成为护肤品研发的重要领域之一，国内外企业纷纷进入这一细分市场。

（二）化妆品行业竞争格局

1. 行业整体竞争格局

化妆品行业是中国对外开放最早的产业之一，改革开放后发展迅速，企业数量众多，市场竞争激烈。目前国内的化妆品生产企业约有 5000 家，其中中小型化妆品企业占总数的 90%，但市场份额不到 20%。化妆品行业总体市场较为分散，超过 1%份额的品牌已是市场上比较知名和常见的品牌。

目前国内化妆品市场主要被外资企业占据。外资企业的优势在中高端化妆品市场尤为明显，我国前 20 名中高端化妆品品牌基本来自美国、法国和日本。尽管外资品牌在传统化妆品领域占据优势，但由于化妆品行业整体容量大，消费者需求呈现多样性且不断变化的特点，所以本土品牌依然可以基于对本土文化

的深入理解和消费者心理的准确把握，通过清晰准确的品牌定位，在某些细分领域获得长足的发展，甚至取得领先地位。如“相宜本草”等本土品牌在国内护肤品市场中逐步占据一定的市场份额，并快速成长和发展。

2. 按产品档次划分市场竞争格局

我国化妆品市场按价格可以划分为高档化妆品（零售价在200元以上）、中档化妆品（零售价在100～200元）和大众化妆品（零售价在100元以下）三个细分市场。上述三个细分市场均处于多品牌竞争状态。

（1）高档化妆品市场竞争格局　高档化妆品市场主要由国际顶尖品牌占据，如娇兰（Guerlain）、克里斯汀·迪奥（CD）、香奈儿（Chanel）、娇韵诗（Clarins）、兰蔻（Lancome）、雅诗兰黛（Estee Lauder）等。该类品牌主要定位于金字塔顶层的少数消费者，利用其国际品牌优势在国内大城市的百货商场设立专柜，以树立高端品牌和高端消费的形象。

（2）中档化妆品市场竞争格局　外资品牌化妆品在我国中档化妆品市场也具有很强的市场竞争力，占据着较大市场份额，如图2-2-8所示。该类品牌主要包括玉兰油（Olay）、巴黎欧莱雅（L′oreal Paris）、资生堂（SHISEIDO）等，一般是通过百货商场专柜、大卖场、超市以及专营店等进行销售的，并通过建立有效的营销渠道和进行大规模媒体宣传等方式，充分发挥品牌的市场影响力。

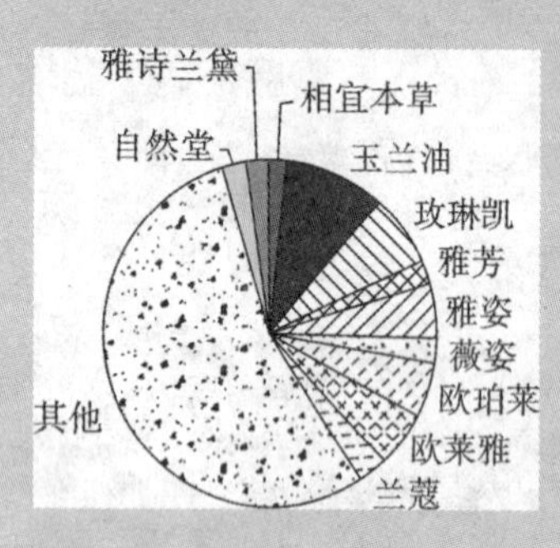

图2-2-8　2011年我国护肤品市场品牌构成

（3）大众化妆品市场竞争格局　大众化妆品被部分外资品牌和本土品牌分占。该类品牌主要针对中低收入的消费群体，一般通过大卖场、超市以及专营店等渠道进行销售。该领域品牌数量较多，外资品牌包括妮维雅（NIVEA）、旁氏（POND’S）、卡尼尔（Garnier）等，本土品牌包括相宜本草、自然堂、丁家宜、大宝等。

3. 主要进入壁垒

（1）品牌认知度　随着居民生活水平的提高和消费理念、消费方式的转变，品牌认知度和信赖度已经成为消费者选择化妆品的重要依据。化妆品品牌知名度是企业产品质量、品牌文化、工艺技术、管理服务、市场网络和口碑等多方面因素的综合体现，而建立品牌知名度需要大量的投入以及较长时间的发展和积淀。行业内现有知名企业通过多年的努力经营和积累已经建立了一定的品牌优势，取得了较高的市场认知度，新进企业在短时间内无法与已具有品牌优势的企业竞争。

（2）销售渠道成熟度　作为直接面向终端消费者的行业，化妆品行业对销售环节依赖程度很高，销售渠道的成熟度和稳定性对于化妆品企业非常重要。随着市场竞争的日趋激烈，化妆品进入百货商场、大卖场、超市及专营店等零售终端的门槛越来越高。尤其是大型超市和大卖场，由于其规模较大、覆盖面广、影响力较强，对新品牌及新产品通常要收取高额的进场费用以及堆头费、促销费、海报费等其他销售费用。新品牌如果没有一定的销量支撑，则无法承受其成本支出，导致不少新品牌进入市场后昙花一现。总体而言，化妆品新进企业要想建立完善的销售渠道，前期投入较大，不仅需要投入巨大的资金，还需要较长的建设周期，很难在短时间内获得渠道优势。

(3) 产品质量要求　随着政府和消费者对化妆品质量安全的愈加重视，化妆品行业的准入门槛也逐渐提高，产品质量已成为进入该行业的主要壁垒之一。从2005年9月1日起，化妆品正式纳入食品质量安全(QS)市场准入制，只有经质量检验合格并贴上QS标志后方可上市销售。2007年1月发布的新版《化妆品卫生规范》，对化妆品及其中所用的原材料的安全性做出了更严格的规定。以上准入标准的实施提高了行业的进入门槛，并逐步淘汰了实力弱、设备差、产品质量稳定性差的中小企业。

(4) 管理能力要求　化妆品企业的研发、采购、生产、营销和供应链等方面的管理经验和能力是企业在长期的运作过程中逐渐产生和积累的。尤其对于品牌型化妆品企业，其市场定位、新品推出和品牌推广策略等亦要求对市场动向和消费者需求特点具有敏锐的洞察力和判断力，上述管理能力对新进企业而言短期内很难获得，从而形成了一定的行业进入壁垒。

(三) 行业经营方式及行业特点

1. 行业经营方式

从生产方式上来看，化妆品企业根据自身商业模式和产品的特点，一般通过自制生产、委托加工或两者相互结合的模式进行产品生产。目前大多数品牌化妆品企业将生产环节进行外包，即生产环节部分或全部外包给专门从事化妆品生产的加工型企业，而自身则专注于产品研发、品牌运营和营销管理等附加值较高的环节。从销售方式来看，化妆品行业企业具有多种销售渠道选择。目前我国化妆品行业的销售渠道主要包括超市及大卖场、百货商场、药妆店、专营店、个人护理店及便利店、网络购物、直销等，如图2-2-9所示。

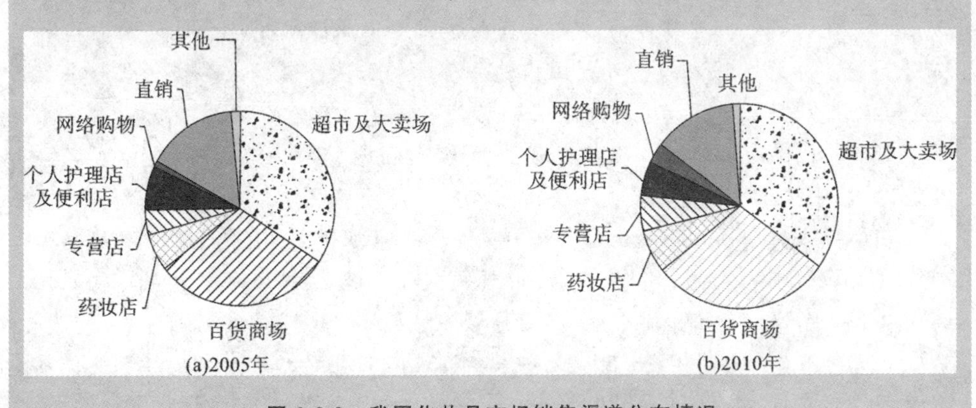

图2-2-9　我国化妆品市场销售渠道分布情况

（1）超市及大卖场渠道　随着沃尔玛、家乐福等国际大超市进入国内市场并不断渗透和拓展，近年来超市及大卖场已经成为城市居民购买日用品、食品和日化产品最常用的渠道。2010年该渠道化妆品销售额占比约为35.30%，已成为最主要的销售渠道之一，近年来占比不断提升。据预测，未来超市及大卖场门店数量还将持续上升，通过该渠道销售的化妆品数量和金额亦会持续增加。

（2）百货商场渠道　百货商场渠道是化妆品销售的另一主要渠道，2010年销售额占比约为28.10%。目前大型高端百货商场呈现数量增加的趋势，中小型百货商场数量逐步下滑；百货商场在一线城市的密度最大，在二、三线城市的数量也逐渐增多。面对激烈的竞争，国内百货商场形成了产品高端化、组织规模化、连锁化、区域下沉化和一站式购物的发展趋势。

（3）药妆店渠道　药妆店作为化妆品营销渠道在中国仍处于起步阶段，2010年销售额占比约为7.20%，主要涉及部分药妆产品。药妆店专营品牌较易获得较强的品牌识别性和顾客忠诚度，易于给消费者留下高效、专业的印象。但药妆店渠道狭窄，化妆品产品推广难度相对较大。

（4）专营店渠道　专营店渠道2010年化妆品销售占比约为6.20%。专营店专门从事化妆品销售，具有产品定位相对精品化、客户忠诚度较高等特点。目前专营店多集中于二、三线城市，数量较多，质量也在不断提高。目前专营店成为很多新兴或小众品牌进入市场的渠道。

（5）个人护理店及便利店渠道　个人护理店及便利店渠道2010年化妆品销售占比约为5.80%，近年来占比不断提升。近年来以屈臣氏、万宁为代表的个人护理店成为化妆品品牌进入市场的重要渠道之一，销售业绩普遍较为可观。

（6）网络购物渠道　2010年化妆品网络销售额占比约为3.10%。网络购物作为近年来新兴的购物渠道，增长速度较为迅猛。根据艾瑞咨询2《中国网络购物行业年度监测报告》统计数据，2011年中国网络购物市场交易规模为7666亿元，较2010年增长66.3%，规模增长迅速。化妆品为网络销售的重要产品之一，随着网络购物的蓬勃发展，化妆品网络销售渠道未来发展潜力巨大。

（7）直销渠道　直销即通过直销员在非固定营业场所直接向最终消费者推销并销售产品的销售方式。部分国内外品牌选择了依靠直销方式进行化妆品销售，如雅芳等。2010年该渠道化妆品销售额占比约为13.20%。

（8）其他渠道　化妆品还有电视购物、美容院等销售渠道。

2. 行业特点

（1）行业周期性　化妆品属于日常消费品，行业发展与国民经济发展和家庭可支配收入有一定的正相关关系，但居民用于化妆品方面的支出占其收入比例并不高，因此其行业周期性并不明显。

（2）行业季节性　化妆品行业整体季节性不明显，但单个品类由于气候和消费习惯的影响，使用和销售存在淡旺季节的区分。对于膏霜类护肤产品，春夏季为销售淡季，秋冬季为销售旺季；而对于防晒类产品，夏季为主要销售旺季，其他季节则销售情况一般。

（3）行业区域性　化妆品销售由于与居民收入及消费水平相关，经济相对发达的东部及沿海地区市场消费相对较高，内陆地区消费相对略低；一线、二线及三线城市销售量大，而县级城市及县级以下地区销售量则相对较低。在生产方面，我国化妆品生产企业主要集中在东南沿海地区，广东、浙江、江苏、上海等地为中国化妆品企业比较集中的省市。

（四）行业的利润率水平

化妆品行业的毛利率水平普遍较高，一般在60%～80%。品牌知名度对毛利率具有一定的拉动作用，高档品牌的毛利率略高于中低档品牌。化妆品企业的广告费用、促销费用及销售终端费用等市场推广费用占销售收入的比重较大，达到50%左右，导致行业净利润率在5%～20%，各品牌净利润率水平呈现一定的差异。

（五）行业的技术水平和技术特点

1. 行业技术水平

随着科学的不断发展，化妆品先后经历了单纯油脂、油和水乳化技术、添加各类功效性活性成分的化妆品以及生物技术化妆品等发展阶段。目前化妆品行业在生产制造工艺方面整体已经较为成熟，但产品配方与消费者适应性研究、活性添加物的功效性能应用、人体皮肤生理特性研究及使用以及安全性等方面仍是各家企业技术投入的重点。

2. 行业技术特点

（1）天然植物原料的功效研究、提取和应用　近年来以天然植物为原料的化妆品备受消费者青睐，对各类本草等天然植物有效成分的功效发掘和研究、提取和应用成为化妆品的一大研究方向。

（2）高新技术在化妆品中的应用　高新技术在化妆品中的应用体现在以下几个方面：①用高科技加工和提取的新原料在化妆品中不断得到开发和利用；②新的高科技包裹材料和技术在化妆品中得到应用；③用高科技方法改进乳化技术和产品剂型，开拓新的护肤产品市场；④新型皮肤促渗透技术和缓释技术的应用。

（3）化妆品包装技术的升级换代　随着包装技术和数字化的逐渐应用，复合材料、真空包装技术、充气包装技术、绿色环保包装材料在化妆品包装中逐步发展起来，兼具保护性、功能性、使用便利性和装饰性成为未来化妆品包装的发展方向。

（六）上下游行业对本行业的影响

1. 上游行业对化妆品行业的影响

化妆品行业的上游行业主要为原料及包装材料制造行业。其中：原料主要包括水、甘油、乳化剂、稳定剂、油脂、功能性添加剂和香精等;包装材料包括纸包装、塑料包装、软包装膜袋和玻璃包装等。原料占化妆品生产成本的比例为20%～40%,包装材料占化妆品生产成本的比例为40%～60%。近年来,随着能源价格的上涨等因素的影响,化妆品原料和包装材料的价格都出现了一定程度的上涨。化妆品企业的毛利率产生了一定影响,但由于化妆品行业毛利率整体比较可观,因此影响程度较小。

2. 下游行业对本行业的影响

化妆品属终端消费品,行业下游为经销商及销售终端市场。终端流通市场的发展以及居民可支配收入和消费水平的提升将有利于化妆品行业的发展。

(七)影响行业发展的主要因素

1. 有利因素

(1)国内市场容量和消费增长潜力巨大　我国经济持续稳定发展是我国化妆品行业快速增长的有力保证。化妆品消费与居民收入水平直接相关,国民经济的持续健康发展将带来居民收入水平的显著提升,加之国家鼓励消费、拉动内需的经济政策,以及城市化进程加快等因素,均为化妆品行业的快速发展提供了良好的环境和巨大的市场空间。与此同时,随着国民素质的提高和消费理念的转变,社会消费结构逐渐向发展型、享受型升级。消费者对商品和品牌附加价值的认知程度逐渐提高,消费心理和需求逐渐呈现出多样化和个性化的特点,从而为化妆品向细分领域发展和差异化定位提供了进一步的空间。

(2)监管不断规范化　从国家监控力度来看,我国政府对化妆品行业的监管力度随着行业的发展不断加强并走向规范化,对化妆品生产企业的准入门槛也不断提高。监管日趋严格所导致的成本增加使得部分生产条件差、无品牌优势的小型化妆品企业被逐渐淘汰,而具备品牌优势和质量管理优势的大中型化妆品企业则获得了提高市场份额和整合市场的机会。

(3)税收支持政策出台　消费税的调整为化妆品大众品牌的发展提供了契机。2006年国家税务总局颁布了新的消费税调节政策,取消了具有大众消费特征的中低档护肤品8%的消费税,对香水、口红、指甲油、胭脂、眉笔、唇笔、睫毛膏等美容、修饰类化妆品以及高档护肤类化妆品和成套化妆品的消费税税率则提高到按30%征收,该政策为本土大众化妆品品牌带来了良好的发展机遇。

(4)下游零售行业的迅速发展为化妆品行业的发展提供了渠道支撑　目前,我国零售行业呈现出高速发展的态势。沃尔玛、家乐福等国际大超市纷纷进入中国市场,为中国零售业带来了先进的经营模式、管理理念和实现跨越式发展的机遇。

此外,传统的百货商场等零售企业也在探索新的发展方向。零售业的多元发展路径有效地促进了快速消费品市场的发展,满足了新的消费需求,为包括化妆品行业在内的快速消费品行业的发展提供了渠道支撑。

2. 不利因素

(1) 行业竞争不规范　化妆品行业门槛相对较低,我国化妆品生产企业众多,且大多数企业规模较小、产品档次和质量较低、营销能力和产品开发能力有限,低水平重复建设严重。为了维持生存和发展,部分小企业抄袭、模仿名牌企业和市场流行的产品外观设计,并采取低价竞争的方式,这些不规范行为在加剧行业竞争的同时,也影响了行业整体发展水平的提高。

(2) 技术创新能力与核心竞争力不高　与欧美等发达国家化妆品企业相比,我国化妆品企业在产品与技术创新能力方面明显不足,研发投入相对较少,核心竞争力尚难提高,国际竞争力整体不强,在高档化妆品领域尚无法和外资品牌抗衡。

任务 2.2　板块分析

一、知识目标

(1) 熟悉东方财富通软件的股票板块分布。
(2) 掌握板块联动特征。

二、能力目标

(1) 能够通过股票板块联动,找出龙头股。
(2) 能够寻找出市场热点,找出热点板块。
(3) 能按要求进行实训操作。

三、相关知识

(一) 股票板块

股票板块是指某类具有同类性质或共同特征的股票集合,这些股票因为有某一共同性质或特征而被人为地归类在一起,而这些特征往往是被所谓股市庄家用来进行炒作的题材。股票可以按不同的角度划分成不同的板块,比如:按行业可分为地产板块、科技板块等;按地域可分为天津板块、浦东板块等;按价格可分为高价股板块、低价股板块等;按上市时间可分为新股板块、次新板块等。还有种种板块概念的组合划分,如图 2-2-10 所示。如猪肉概念、黄金概念等，几乎什么都可以冠以板块的名称，只要这一名称可能成为股市炒作的题材。同一只股票往往同时属于不同的板块。

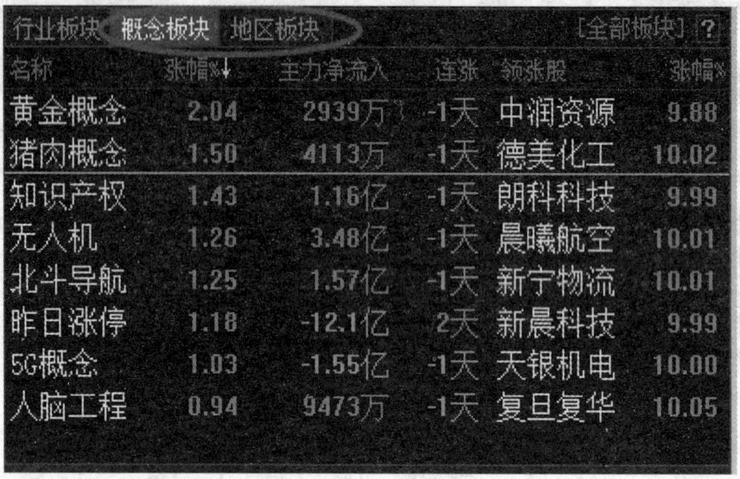

行业板块 概念板块 地区板块 [全部板块] ?

名称	涨幅%↓	主力净流入	连涨	领涨股	涨幅%
黄金概念	2.04	2939万	-1天	中润资源	9.88
猪肉概念	1.50	4113万	-1天	德美化工	10.02
知识产权	1.43	1.16亿	-1天	朗科科技	9.99
无人机	1.26	3.48亿	-1天	晨曦航空	10.01
北斗导航	1.25	1.57亿	-1天	新宁物流	10.01
昨日涨停	1.18	-12.1亿	2天	新晨科技	9.99
5G概念	1.03	-1.55亿	-1天	天银机电	10.00
人脑工程	0.94	9473万	-1天	复旦复华	10.05

图 2-2-10 股市热点板块

（二）板块联动

1. 板块联动的概念

板块联动是指同一类型的股票常常同涨同跌的现象。掌握板块联动操作技巧，有助于发现并及时把握市场热点，增强交易的获利力，同时有利于回避因板块整体下跌而带来的个股风险。板块联动形成我国股市的一大景观。股市中有一些股票会共同具备某种具有重大经济内涵的特殊性质，当这种共同性质被市场认同时，就会形成股市中的板块结构。当板块中的一两只股票领先大幅涨跌时，同类其他股票也会跟随涨跌。利用板块的这种联动效应，在某种股票成为大众追涨的对象时，及时购入联动性较好的同板块股票，是获取短线收入的一种重要方法。

2. 板块联动的成因

板块联动是股票市场的独特现象，有着复杂的市场背景和技术背景，主要有以下几个方面的成因。

(1) 当国家的产业政策发生变化时，与此相关的产业将会因政策性的得失而发生市场波动。比如国家对节能环保产业进行政策扶持，该行业板块的股票价格将因政策性利好上扬。但这种上扬对个股的影响是不同的。有些股票仅仅昙花一现，而有些股票却能有一波上攻行情。反之，当遇政策性利空时，与此相关的板块将下跌。

(2) 当某只股票基本面发生重大变化，领涨或领跌大盘时，该股所属的板块也将联动上涨或下跌，其中参与联动的有些股票鱼目混珠，只有极短暂的联动，便销声匿迹了。

(3) 板块联动心理造成板块联动，这就是板块的助涨助跌功能。板块联动的概念在股市中已深为投资者所熟悉和认同，当某只股票领涨大盘时，投资者相信该股相关板块也会联动上涨，于是纷纷杀入该板块，造成整个板块的整体上扬。当某只股票领跌大盘时，投资者相信该股相关的板块也会联动下跌，于是纷纷抛售，造成该板块的整体下跌。

(4) 大庄家利用板块联动效应，进行联手操盘，互为掩护，操纵市场。

3. 板块联动的操作要点

板块联动具有较强的规律性，其实战原理主要包括如下五个方面。

(1) 当同一板块走强时，板块中的个股将整体走强。当同一板块走弱时，板块中的个股将整体走弱。

(2) 当某一只股票领涨大盘时，该股的板块将整体走强；当某一只股票领跌大盘时，该股的板块将整体下跌。

(3) 并非同一板块中的所有股票都发生板块联动，应历史地确认板块联动股。通常，历史上板块联动性强的股票在以后的板块联动中才会有板块联动效应。

(4) 板块联动具有延续性，当某一板块联动启动后，这种联动效应将延续一段时间。

(5) 同一板块联动时往往出现个股轮跳的现象，当该板块启动后，轮跳的个股将带动整个板块，形成板块联动的“各领风骚”局面。这主要是由于大庄家对某个块板联手做庄，使得板块中个股的走势扑朔迷离。

知识链接

自 2019 年以来，受国外工业大麻合法化消息影响，工业大麻一跃成为今年 A 股最热概念板块之一。截至 4 月 19 日，工业大麻指数年内涨幅已达 175.53%，如图 2-2-11 所示。工业大麻指数远远跑赢大多数概念板块。

图 2-2-11 工业大麻板块 K 线走势

国内对工业大麻的监管标准，自 1985 年起即与国际公约《1961 年麻醉品单一公约》的规定保持一致。根据国际标准，大麻中致幻成瘾的毒性成分四氢大麻酚(THC)含量大于 0.5% 的大麻被称为毒品大麻，大于 0.3% 且小于 0.5% 的大麻被称为中间型大麻，只有 THC 含量低于 0.3% 的大麻才被视为工业大麻(又称汉麻)。这类大麻被认为不具备毒品利用价值，在国际上广泛用于纺织、造纸、食品保健、化妆品、生物医药、建材等行业。自 2017 年起，一场全球范围内的大麻二酚(CBD)解禁潮出现。2017 年，新西兰、德国、巴西、阿根廷不同程度地宣布医用大麻合法化，对 CBD 产品解禁。2018 年 1 月，世界反兴奋剂机构(WADA)将大麻 CBD 从“违禁物质清单”中删除的规定正式生效；6 月，世界卫生组织(WHO)正式认定，CBD 不具备成瘾性且具备医用价值；12 月，美国通过

《农业法案》,CBD在美国50个州合法化。随后,英国、以色列、韩国、泰国等多个国家纷纷开始对大麻做出不同程度的解禁。

2019年1月16日,顺灏股份(002565)公告称,旗下全资子公司云南绿新生物药业有限公司(下称"云南绿新")的经营范围内新增工业大麻的科学研究、种植、加工及其产品的销售。与此同时,顺灏股份称,云南绿新已收到加工大麻花叶项目申请的批复以及《云南省工业大麻种植许可证》;顺灏股份(002565)一个公告使其股价从2019年的5元短短1个多月涨至14元,创出历史新高;整个工业大麻概念股也陆续亮相,寿仙谷(603896)、龙津药业(002750)、紫鑫药业(002118)等工业大麻概念股均创出多倍收益。图2-2-12、图2-2-13、图2-2-14所示的是工业大麻相关概念股及股价走势情况。

序	代码	名称	最新	涨幅%↓	涨跌	总手
0	BK0856	工业大麻	1518.35	-0.94	-14.41	882万
1	000523	广州浪奇	6.18	9.96	0.56	26.7万
2	002750	龙津药业	15.70	2.82	0.43	21.8万
3	002565	顺灏股份	14.10	2.77	0.38	74.5万
4	000990	诚志股份	21.24	1.72	0.36	23.9万
5	300487	蓝晓科技	29.49	1.06	0.31	2.30万
6	603896	寿仙谷	37.85	0.85	0.32	1.50万
7	300194	福安药业	7.32	0.41	0.03	80.0万
8	002592	八菱科技	19.09	0.05	0.01	7.31万
9	603998	方盛制药	9.51	0.00	0.00	16.9万
10	603716	塞力斯	18.14	0.00	0.00	2.75万
11	002172	澳洋健康	—	—	—	—
12	002118	紫鑫药业	10.41	0.00	0.00	45.3万
13	600805	悦达投资	6.06	-0.33	-0.02	7.38万
14	002198	嘉应制药	8.05	-0.37	-0.03	20.7万
15	600572	康恩贝	7.58	-0.52	-0.04	34.5万

图2-2-12 工业大麻板块概念股

从工业大麻概念股,我们可以看出具有相同某一概念的个股往往具有联动效应,此涨彼涨一起带动该板块上涨,一个板块龙头出现之后会带动整个板块普涨状态,以及个股补涨;2019年初的猪肉概念、氢能源板块、白酒板块等大幅跑赢大盘指数的板块都是如此。反之,在某一个板块走弱的时候,这个板块当中的个股会出现先后下跌,整体会走弱。因此把握好板块轮动性,可以获得不错的收益。

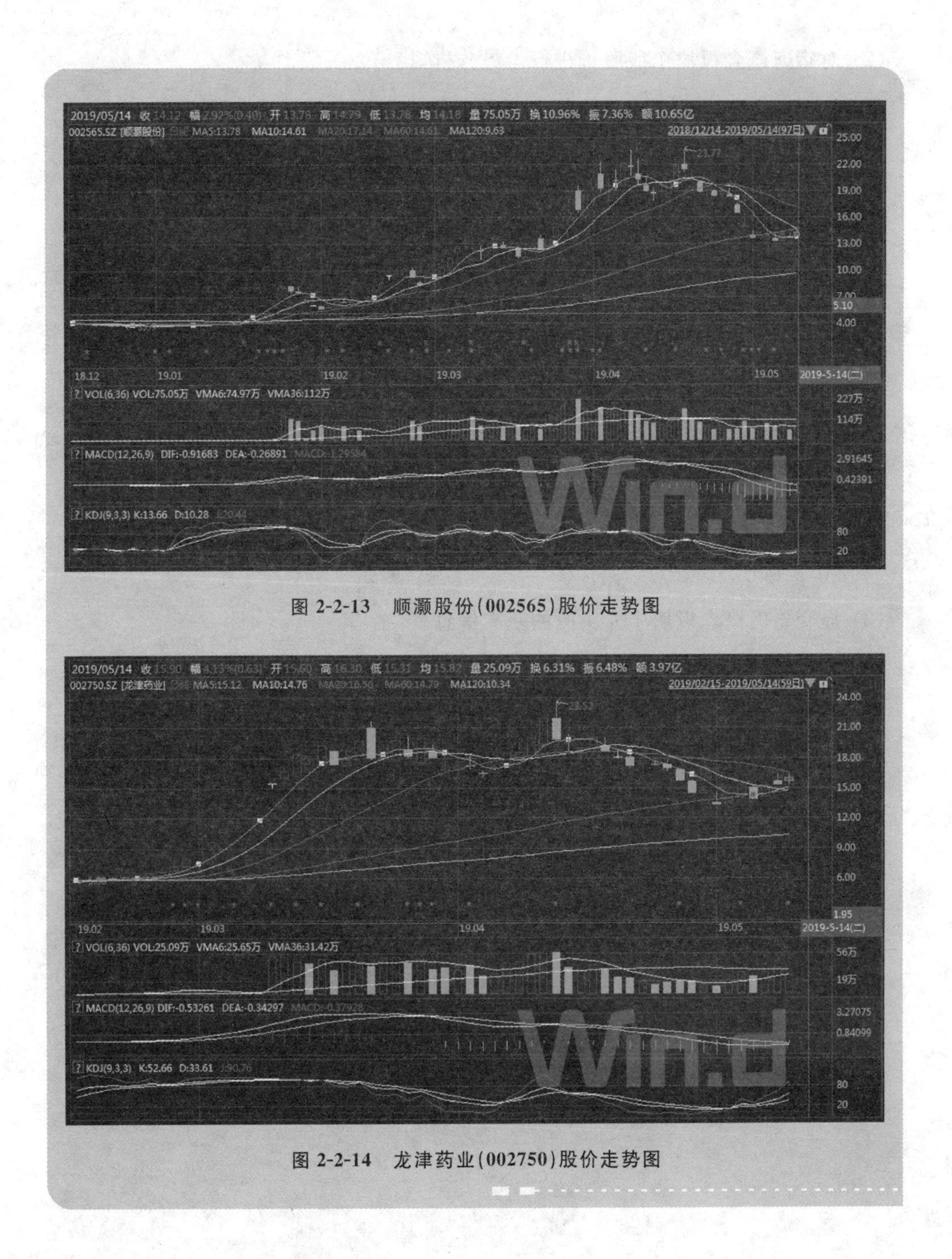

图 2-2-13　顺灏股份(002565)股价走势图

图 2-2-14　龙津药业(002750)股价走势图

四、实训内容及操作

(1) 打开东方财富通软件,找出猪肉概念板块,收集个股基本信息。

(2) 对猪肉概念板块个股股价进行走势分析,找出龙头股。

(3) 分析猪肉概念板块的轮动效应。

五、实训报告

(1) 谈谈什么是板块联动。分析板块联动的原因。

(2) 板块联动原理对股票投资操作有何意义?

(3) 提交猪肉概念板块中龙头股的基本信息。

项目三

公司分析

投资者决定投资某一个行业，而同一行业中的不同企业会有各自的特点，一个行业比较景气，并不意味着该行业中所有企业都有较好的发展前景。因此，必须通过分析和比较，筛选出最适于投资的企业，确定最终的投资对象，以期获得最大的投资收益。

公司分析属于微观分析，是对上市公司的现状和发展趋势进行分析和判断。而公司的现状和发展趋势在相当程度上决定了该公司现在的获利能力，也在一定程度上决定了该公司未来的增长潜力。公司分析的内容包括两个方面，即质因分析和量因分析。为此，本项目设计了两个实训任务:公司基本素质分析和财务状况分析。

任务3.1　公司基本素质分析

一、知识目标

(1) 熟悉公司基本素质的内容。
(2) 掌握公司信息的收集方法。

二、能力目标

(1) 能够准确说明公司基本素质分析的意义及内容。
(2) 能够快速收集所需的信息。
(3) 学会通过相关数值信息对公司价值进行研判。

三、相关知识

公司基本素质分析属于定性分析，一般包括上市公司行业地位分析(市场占有率、销售增长率、技术领先程度)，竞争优势和竞争战略，人才素质状况分析以及公司的产品开发、技术创新能力分析等。

1. 公司的行业地位分析

公司的行业地位分析就是了解公司在行业中的地位。我们要寻找和投资的企业一定要是行业龙头。因为只有行业龙头才具有最强的竞争优势和壁垒。

公司行业地位具有如下几种要素。

(1) 年销售额或年营业额。

(2) 销售额或营业额的年增长率。

(3) 销售额的稳定性。

(4) 公司销售趋势预测。

那么，对于公司的行业地位，从哪里能找到相关的信息呢？

最常看的是企业的招股说明书、年报、半年报、行业资讯、券商深度研报等。这些资料里面基本介绍了行业的发展情况，行业中龙头企业的竞争地位和竞争状况。

了解公司的行业地位，就是了解公司在产业中的竞争地位、市场占有率、未来发展趋势和行业增速等内容，就是对公司所属行业的竞争情况、市场情况、发展前景进行了解。

2. 公司竞争优势和劣势分析

公司竞争优势主要观察以下几个方面。

(1) 技术水平，包括硬件部分和软件部分。

(2) 经营管理能力。

(3) 市场开拓能力和市场占有率。

(4) 资本与规模效益。

(5) 项目储备情况及新产品开发能力。

有的企业自称自己研发优势非常突出，但考察其产品时，发现早已是过时的产品。有许多公司提供的竞争优势其实不是优势，而是虚的东西。我们需要通过其产品、盈利能力分析等进行证伪。

至于劣势，公司往往提得较少，我们只有深入分析行业，进行同行业对比，才能找到公司的差距在哪里。单看一家公司，往往很难看得明白。

3. 募投项目研究分析

每个公司上市，其实都是为了融资，那么融资要投向哪些项目，这些项目建成后有何影响，都需要我们进行评估。

募投项目研究不仅包括 IPO 融资研究，也包括公司历次实施的公开、非公开、定增等融资项目研究。研究的重点是分析公司融资多少、项目投向、对未来的影响、何时建成、建设进度等。

4. 公司主业分析

公司主营业务有哪些项目和产品，各占主营业务收入的比重，这些产品上市以来的增长情况，毛利率情况。

5. 公司的成长性分析

成长性分析的重点是营收和净利的增长分析。营收增长较慢，但净利增长较快的情况，一般有以下几种情况。

(1) 行业可能本身增长有限，但行业存在一定的门槛，少数企业在行业门槛的保护下，虽然营收增长有限，但竞争相对缓和，因而毛利率能不断提高，利润增长超越营收增长。

(2) 公司本身增速一般，但企业管理能力突出，费用控制能力较强，造成净利增速远超营收增速，但长远看这是不可持续的，费用的压缩有一定的限度。

像××股份和××股份，这两家企业都属于烟标印刷企业，该行业增长非常缓慢，但特点是行业具有门槛，这确保了行业中的少数企业即使在营收增速一般的情况下，毛利率依然能不断提高，造成净利增速超越营收增速，这些公司的日子过得非常舒服，竞争相对缓和，盈利能力非常突出。

当然，长期来看，只有营收增长前提下的净利增长，才是高质量的增长。因为无论是通过压缩成本费用带来的利润增长还是靠提价、提升毛利率带来的净利成长，长期来看都是不可持续的，只有营收增长才是唯一的高质量增长的途径。

四、实训内容及操作

1. 对所选行业内各公司进行比较分析

(1) 打开东方财富通软件，选择一个行业的6家企业，填写在下表中。

序号	简称	代码	主营业务收入	净利润	每股收益	净资产收益率

(2) 对数据进行分析，选择一个投资价值较高的公司。

2. 列出所选公司的基本概况(填写下表)

<table>
<tr><td>公司名称</td><td colspan="3"></td></tr>
<tr><td>证券名称</td><td></td><td>证券代码</td><td></td></tr>
<tr><td>行业类别</td><td></td><td>上市日期</td><td></td></tr>
<tr><td>法人代表</td><td></td><td>财务主管</td><td></td></tr>
</table>

续表

网址			
注册地			
主营业务			
每股发行价		上市首日收盘价	

3. 对该公司进行基本素质分析

(1) 公司的行业地位分析。

(2) 公司的经济区位分析。

(3) 公司产品分析。

(4) 公司成长性分析。

(5) 公司基本素质评价。

五、实训报告

(1) 简述公司基本素质分析的内容及其意义。

(2) 完成并提交上述实训的完整报告。

任务 3.2　公司财务状况分析

一、知识目标

(1) 熟悉公司财务状况的内容。
(2) 理解财务分析的对象、目的、原则。
(3) 掌握财务分析的主要指标的计算方法。
(4) 掌握主要指标的运用。

二、能力目标

(1) 能够准确说出三大财务报表的名称及主要内容。
(2) 学会各种指标的计算。
(3) 初步学会运用指标对公司进行相关分析。
(4) 能够构建财务指标与公司股价之间的逻辑关系。

三、相关知识

(一) 会计报表体系

上市公司必须按要求按期、按时向外披露财务信息,其会计报表体系如表 2-3-1 所示。

表 2-3-1　会计报表体系

编号	会计报表名称	编报期
会企 01 表	资产负债表	中期报告;年度报告
会企 02 表	利润表	中期报告;年度报告
会企 03 表	现金流量表	年度(至少)报告
01 附表 1	资产减值准备明细表	年度报告
01 附表 2	股东权益增减变动表	年度报告
01 附表 3	应交增值税明细表	中期报告、年度报告
02 附表 1	利润分配表	年度报告
02 附表 2	分部报表(业务分部)	年度报告
02 附表 3	分部报表(地区分部)	年度报告

1. 资产负债表

资产负债表是反映企业在某一特定日期财务状况的会计报表，它表明企业在某一特定日期所拥有或控制的经济资源、所承担的现有义务和所有者对净资产的要求权，是企业经营状况的"快照"。资产负债表的内容如表 2-3-2 所示。

表 2-3-2　资产负债表

项　目	期末数额	项　目	期末数额
货币资金		短期借款	
短期投资		应付账款	
应收账款		应付工资	
存货		应付股利	
……		……	
流动资产合计		流动负债合计	
长期投资		长期负债	
固定资产净额		负债合计	
无形资产		……	
……		股东权益合计	
资产总计		负债与股东权益合计	

2. 利润及利润分配表

利润表是反映企业一定期间生产经营成果的会计报表，利润分配表是反映企业一定期间对实现净利润的分配或亏损弥补的会计报表，是利润表的附表。利润表见表 2-3-3。

表 2-3-3　利润表　　(单位:元)

项　目	元
一、主营业务收入净额	
减:主营业务成本、税金及附加	
二、主营业务利润	
加:其他业务利润	
减:期间费用	
三、营业利润	
加:投资收益	
减:营业外支出	
四、利润总额	
减:所得税	
五、净利润	

3. 现金流量表

现金流量表说明一定时期内企业现金及其等价物变动情况及变动原因。依据现金流量表可以分析公司偿债能力与股利支付能力，分析公司未来获取现金及现金等价物的能力，判断公司经营的健康状况。现金流量表包括经营现金流、投资现金流和融资现金流三个部分。现金流量表的基本形成与内容，可以参考《基本会计》等相关教材。

(二) 上市公司财务分析

1. 公司经营效率分析

公司经营效率分析关注的基本指标如下。

存货周转率＝主营业务成本/平均存货

应收账款周转率＝赊销收入净额/平均应收账款

流动资产周转率＝主营业务收入净额/平均流动资产

总资产周转率＝主营业务收入净额/平均总资产

股东权益周转率＝主营业务收入净额/平均股东权益

对公司经营效率分析通常要进行纵向与横向比较，才能做出正确的判断。例如，一汽轿车公司2012—2016年有关指标如表2-3-4及图2-3-1所示。

表2-3-4 公司最近五年经营效率纵向比较

项目	2012年	2013年	2014年	2015年	2016年
存货周转率	6.68	5.22	2.88	2.35	2.98
存货周转天数	53.89	68.97	125.00	153.19	120.81
固定资产周转率	3.00	2.72	2.02	2.26	2.93
总资产周转率	0.76	0.72	0.51	0.55	0.74
股东权益周转率	1.04	0.88	0.67	0.76	1.06

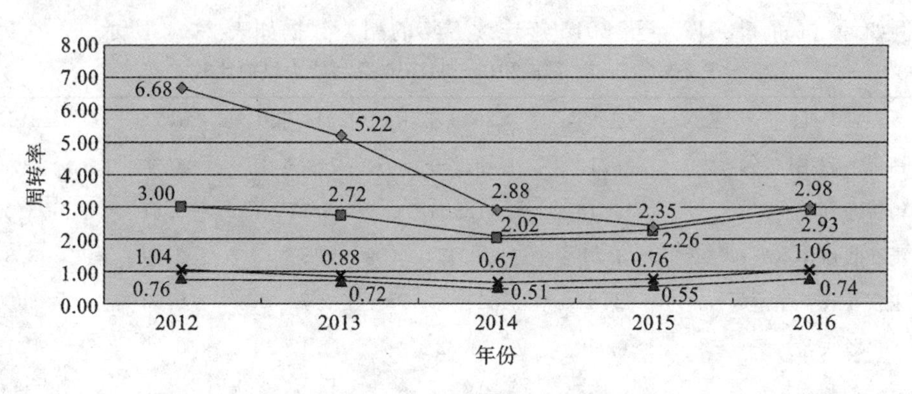

图2-3-1 不同年度经营效率比较

—◆—存货周转率 —■—固定资产周转率 —▲—总资产周转率 —✕—股东权益周转率

由表2-3-4及图2-3-1可知，公司的各项经营效率指标数值大部分都处在合理区间，但大部分指标在上市初期为最高，而随着市场竞争的日趋激烈，加上公司的经营策略没有及时改变，经营效率不断下降，2015年为谷底，2016年有了较大提高。

同行业中不同公司的经营效率如表2-3-5所示。

表 2-3-5　2016 年轿车行业经营效率横向比较

对象	存货周转率	存货周转天数	固定资产周转率	总资产周转率	股东权益周转率
一汽轿车	2.98	120.81	2.93	0.74	1.06
ST 夏利	10.93	32.94	2.25	0.56	1.50
江铃汽车	7.37	48.85	2.48	1.08	2.49
昌河股份	4.49	80.18	4.37	1.22	3.37
长安汽车	5.77	62.39	4.13	1.29	3.36
悦达投资	6.01	59.90	1.94	0.28	0.94
金杯汽车	2.90	124.14	1.55	0.15	0.45
行业平均	5.78	75.60	2.81	0.77	1.88

从表 2-3-5 中可以看出，除了固定资产周转率以外，一汽轿车各项经营效率指标大都低于行业平均值，说明公司经营效率在行业中处于较低的位置。

2. 公司盈利能力分析

上市公司的盈利能力分析关注的基本指标如下。

销售毛利率=(销售收入-销售成本)/销售收入

销售净利率=净利润/销售收入

净资产收益率=净利润/净资产

股东权益收益率(%)=净利润/总股本

主营业务利润率=主营业务利润/主营业务收入净额

每股收益=净利润/总股数

例如，一汽轿车 2012 年至 2016 年连续五年的相关数据如表 2-3-6 所示。

表 2-3-6　一汽轿车 2012—2016 年盈利能力纵向比较

项　目	2012 年	2013 年	2014 年	2015 年	2016 年
销售毛利率/(%)	20.19	23.05	21.86	20.30	23.36
销售净利率/(%)	11.46	12.73	8.53	0.71	5.20
资产收益率/(%)	8.73	9.15	4.39	0.39	3.87
股东权益收益率/(%)	11.87	11.22	5.72	0.53	5.50
每股收益/元	0.39	0.32	0.17	0.02	0.15
主营业务利润率/(%)	15.58	18.02	16.73	15.32	21.12

从表 2-3-6 中可以看出：一汽轿车盈利能力在 2015 年达到最低点，2016 年有了大幅提高；销售毛利率在 2016 年达到了最高点，说明公司的市场和成本战略取得了一定的成效；2016 年与 2013 销售净利率相差很大，公司在销售扩大的同时没有把费用降下来，且 2016 年出现了巨大投资损失，两者共同作用使净利润大幅下降。因此，公司在今后应进一步加强管理，并采用更加合理的投资战略。

2016 年同行业中不同公司的盈利能力如表 2-3-7 所示。

表 2-3-7　2016 年轿车行业盈利能力横向比较

对象	销售毛利率/(%)	销售净利率/(%)	资产收益率/(%)	股东权益收益率/(%)	每股收益/元	主营业务利润率/(%)
一汽轿车	23.36	5.20	3.87	5.5	0.15	21.12
ST 夏利	3.49	−19.40	−10.58	−33.27	−0.50	−0.53
江铃汽车	26.26	6.71	7.91	15.77	0.33	24.97
昌河股份	18.12	1.94	2.37	6.51	0.21	15.52
长安汽车	29.19	8.45	10.89	25.29	0.68	25.63
悦达投资	20.90	−12.05	−3.40	−12.13	−0.33	19.24
金杯汽车	18.18	1.63	0.10	0.77	0.01	17.63
行业平均	19.93	−1.17	1.59	1.21	0.08	17.66

从表 2-3-7 中可以看出，一汽轿车 2016 年的各项盈利能力指标都大大高于行业平均值，这主要归功于公司 2016 年高速增长的销售业绩。此外，行业中存在两家亏损企业，使行业平均值大幅下降。

知识链接

营业收入与利润增长

上市公司营业收入、净利润及其增减变化情况对股价有较大的影响。

若营业收入相对上年同期有大幅下降，需要分析营业收入大幅下降的原因是产品价格下跌还是产品销售订单减少；若是产品价格下跌，从直观上看公司的毛利率会降低，若是销售订单减少，需要进一步分析公司的存货周转率指标和应收账款周转率指标，这两个指标的降低说明公司的库存压力和赊销的压力大，一种原因是下游需求降低，存在同质产品的情况，说明公司的产品竞争力降低，这类股票短期内只可关注，不宜买入。

若营业收入大幅增长而公司净利润增长率降低，这类股票短期内往往是利空，此时要分析利润表中的费用项目的销售费用、管理费用、财务费用。若销售费用大幅增长（同时应收账款周转率降低），公司靠销售费用单方面增加营业收入，此时后市的风险较大，若是消费费用大幅增多（应收账款周转率增大），说明公司可能是靠促销抢占市场占有率。

例如，上市公司八一钢铁 2016 年至 2018 年的营业收入增长率和净利润增长率如表 2-3-8 及图 2-3-2 所示。

从表 2-3-8 及图 2-3-2 中可以看出，八一钢铁营业收入增长率及净利润增长率从 2016 年开始，大幅增长，说明八一钢铁盈利能力 2016 年开始有所改善，基本面开始转好。2016 年下半年开始营业收入同比实现了增长，从数据可以看出,2016 年 6 月份至 2017 年 12 月份营业收入及净利润双双实现增长,营业收入增长一直持续到 2018 年 9 月份,而净利润增长在 2017 年底同比增长率创出新高 470%后,利润增长率同比开始下降。

表 2-3-8　八一钢铁近三年营业收入增长率和净利润增长率

日期	营业收入增长率	净利润增长率
2016.03.31	−57.10%	46.03%
2016.06.30	−39.33%	61.31%
2016.09.30	−25.13%	68.09%
2016.12.31	−6.31%	87.67%
2017.03.31	175.40%	219.15%
2017.06.30	92.88%	225.14%
2017.09.30	82.47%	249.93%
2017.12.31	69.44%	470.26%
2018.03.31	20.09%	−47.55%
2018.06.30	15.95%	−47.17%
2018.09.30	22.32%	−34.13%

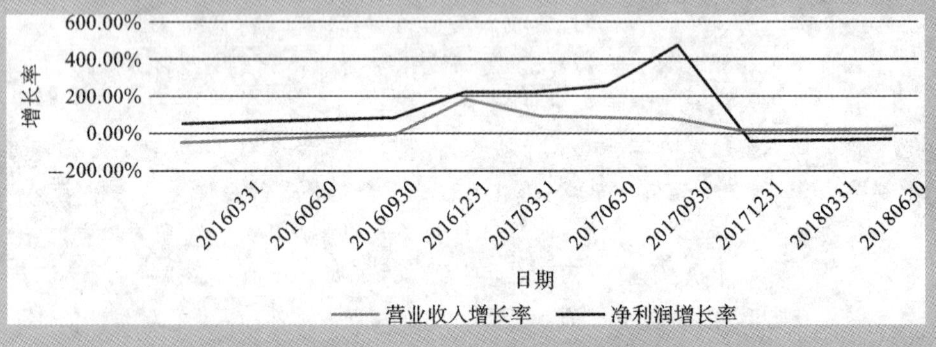

图 2-3-2　八一钢铁的营业收入增长率及净利润增长率折线图

——营业收入增长率　——净利润增长率

营业收入及利润的变化,一定会带来股票价格的变化,图 2-3-3 是八一钢铁在 2015 年至 2018 年 9 月的股价走势情况。

从图 2-3-3 可以看出,八一钢铁在 2016 年 1 月份股价见底回升,一直到 2018 年初走出了近 2 年的牛市行情,该股股价在 2017 年 12 月份达到阶段最高价 8.73 元后开始回落,其股价走势与净利润同比增长率吻合,由上图知其净利润率增长率在 2017 年底增长最快之后开始负增长,营业收入在 2018 年 1 月至 9 月仍然同比正增长,销售收入的持续增长带动股价走出了一波反弹行情。

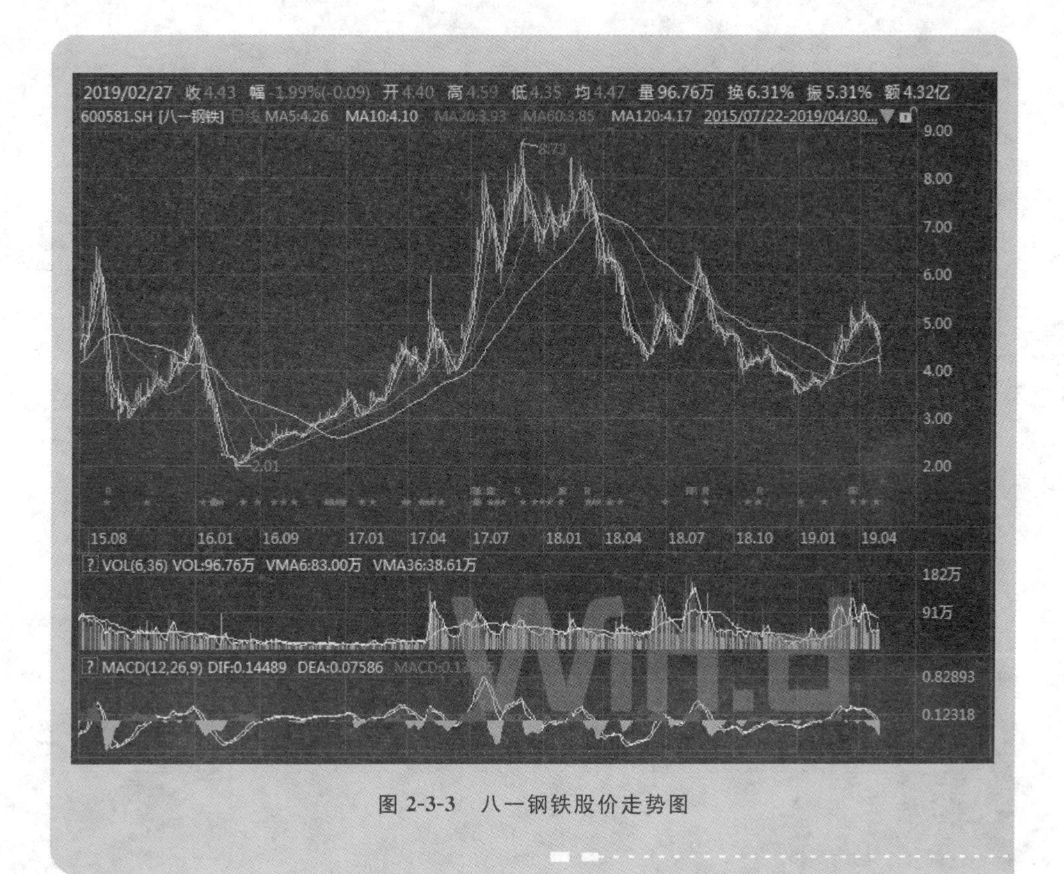

图 2-3-3 八一钢铁股价走势图

知识链接

盈利能力分析

每股收益反映了上市公司每股所创造的税后利润。一般情况下，该指标的值越高，表明该公司创造的利润越多，其获利能力越强；该指标的值越低，则表明该公司创造的利润越少，其获利能力越弱。投资者通过对上市公司每股收益历史走势的分析，可以衡量企业的盈利能力及其将来发展前景。在进行分析的过程中，投资者不能仅凭每股收益指标值的高低来制定买卖策略，而是要深入探寻造成每股收益指标值出现异常变动的深层次原因。例如，公司的每股收益指标值的异常增长并不是由其主营业务的增长所造成的，而是由公司的其他原因传导的，那么这样的每股收益就很难推动个股出现持续稳定的上涨走势，反之亦然。

每股收益指标是投资者对行业分析的通用指标，利用该指标可以衡量属于不同行业的企业之间的盈利能力。因为每股收益指标考虑的是企业的净利润和股本之间的关系，其主要表达的含义是企业为股东每 1 股的投资创造了多少收益，所以该指标与企业属于什么行业并没有直接关系。同时，每股收益指标也可

以反映企业在所属行业中的地位。投资者对行业进行纵向的历史比较，就可以发现那些高于行业平均水平并且有较高每股收益和收益稳定的公司，而这类公司往往就是该行业的领军者。在现实投资过程中，投资者和媒体都比较重视每股收益。中长线的投资者可以关注每股收益指标由低逐步向上攀升的个股。每股收益指标呈现向上的变化趋势，则说明企业的盈利能力逐步提高，从而推动公司股价的稳定上涨。短线投资者可以参考每股收益指标进行短线操作。在上市公司公布每年或每季财务报告期间，总会出现一轮以企业业绩为核心的炒作行为。短线投资者可以分析公司历史每股收益指标的变化规律和行业景气度等情况，来预测公司即将公布的每股收益情况，进而进行短线布局。

如果某公司的每股收益指标出现下滑，并且这种下滑是由企业的主营业务所引起的，同时公司在短期内无法解决这一问题，那么投资者应结合技术分析，选择合适的时机卖出股票。

每股收益指标在同一行业中比较，不同行业的个股进行比较没有参考意义。以下以上海机电(600835)为例，分析每股收益对股价投资价值和走势的影响。

表 2-3-9 及图 2-3-4 是上海机电的相关财务数据。

表 2-3-9　上海机电每股收益统计

日期	每股收益	每股收益增长率
2010.12.31	0.65	0
2011.12.31	0.7	7.14%
2012.12.31	0.69	−1.45%
2013.12.31	0.92	25.00%
2014.12.31	0.84	−9.52%
2015.12.31	1.79	53.07%
2016.12.31	1.42	−26.06%
2017.12.31	1.36	−4.41%
2018.12.31	1.24	−9.68%

从图 2-3-4 可以看出，上海机电的每股收益从 2010—2013 年略有上升，2013—2014 年每股收益小幅下降，之后在 2015 年每股收益达到最大值 1.79 元，从 2015 年至今每股收益增长开始下降。

每股收益的变化状况，一定会带来股价的变化。图 2-3-5 为上海机电股价 K 线图，可以看出其股价变化与每股收益走势基本接近，其股价在 2013 年达到阶段高点 23 元，之后在 2014 年股价略有回调，2015 年每股收益大增，股价也是达到 43.5 元的高点，之后股价也是伴随着每股收益增长的下降而下跌。说明每股收益对股价的影响较大，每股收益高时，股价走势好，每股收益下降时，股价下降的概率大。

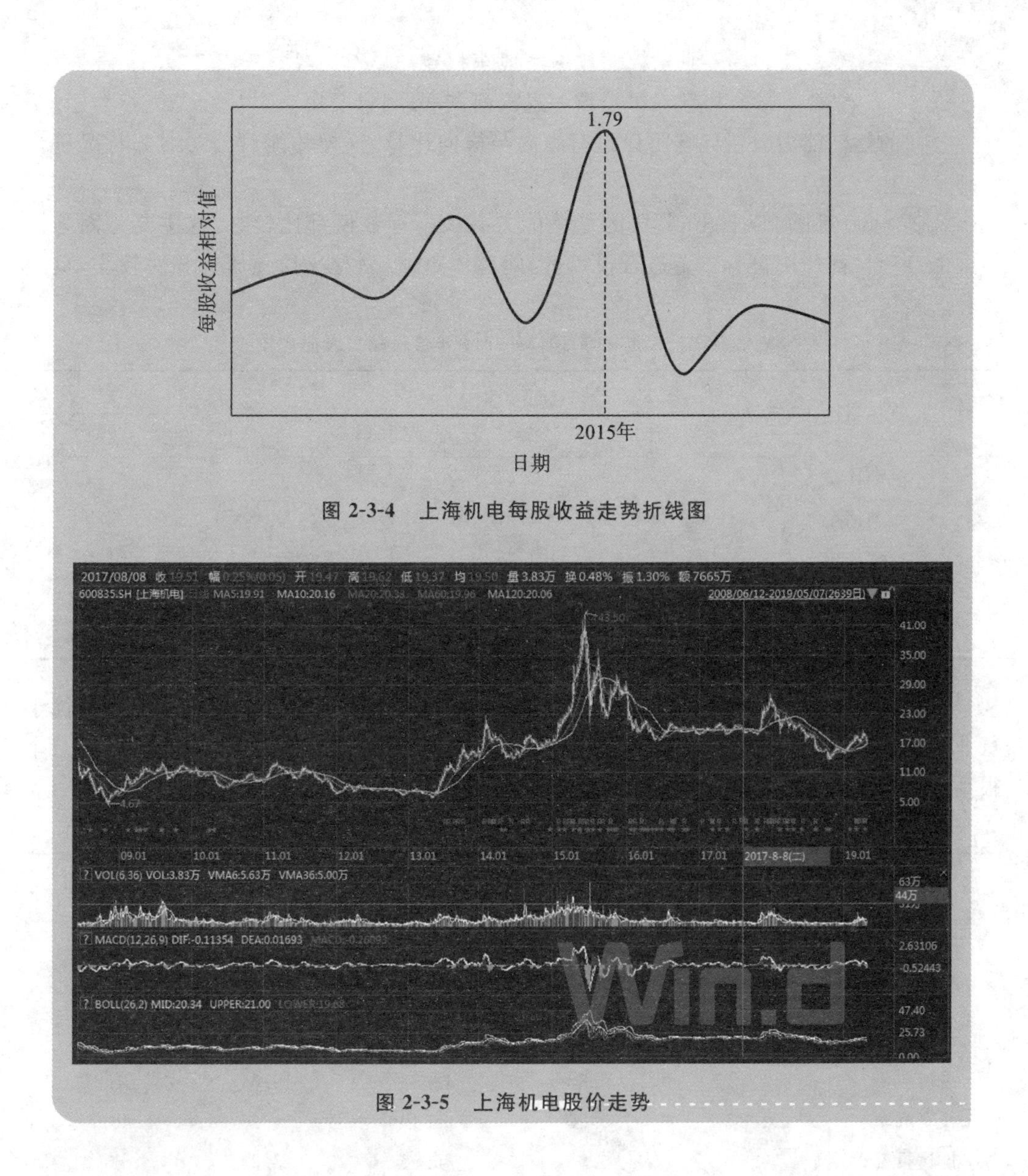

图 2-3-4 上海机电每股收益走势折线图

图 2-3-5 上海机电股价走势

3. 偿债能力分析

上市公司偿债分析关注的基本指标一般有如下两项。

(1) 短期偿债能力：

流动比率＝流动资产/流动负债

速动比率＝(流动资产－存货、预付账款)/流动负债

现金比率＝年经营现金流量/年末流动负债

(2) 长期偿债能力：

资产负债比率＝负债总额/总资产

产权比率＝负债总额/股东权益

股东权益比率=股东权益/总资产

利息支付倍数=息税前利润/利息费用

公司的偿债能力分析同样可以进行纵向与横向比较，这样才能对公司财务状况进行研判。

从表 2-3-10 中可以看出，公司的偿债能力各项指标数值都比较好，这主要是因为公司大部分项目都使用自有资金进行投资，因此总体负债比较少，偿债压力相对较小，负担较轻。

表 2-3-10 一汽轿车 2012—2016 年偿债能力纵向比较

项 目	年 度				
	2016	2015	2014	2013	2012
流动比率	2.20	2.81	2.51	4.29	3.41
速动比率	1.64	1.99	1.36	3.59	2.90
现金比率	1.24	1.47	1.25	2.52	1.52
应收账款周转率	17.81	10.06	8.32	10.76	13.82
利息支付倍数	184.49	56.87	10.76	48.71	12.07

从表 2-3-11 中可以看出，除利息支付倍数之外，一汽轿车各项偿债能力指标都优于行业平均值，而利息支付倍数虽然低于行业平均值，但也达到了 180 多倍，这已经是一个很高的倍数了，因此总体来看公司的偿债能力是比较强的。

表 2-3-11 2016 年轿车行业偿债能力横向比较

对象	流动比率	速动比率	现金比率	应收账款周转率	利息支付倍数
一汽轿车	2.20	1.64	124.39	17.81	184.49
ST 夏利	0.97	0.89	22.50	1.23	4428.58
江铃汽车	1.21	0.86	63.85	73.86	6.76
昌河股份	1.22	0.83	42.53	16.31	4.27
长安汽车	1.30	0.90	65.40	14.20	46.74
悦达投资	0.64	0.58	36.56	13.34	−0.01
金杯汽车	0.56	0.51	7.12	3.56	1.58
行业平均	1.16	0.89	51.76	20.04	667.49

知识链接

上市公司风险指标分析

资产负债率是企业会计年度的期末负债总额除以期末资产总额的百分比。该指标可反映在总资产中有多大比例是通过借债来筹集的，一般情况下，企业通过负债经营，会放大企业的盈利或亏损。

上市公司合理的资产负债率会因不同的产业和不同的发展时期而有所不同：处于发展期的企业，其资产负债率一般相对较高；处于成熟期的企业，其资产负债率相对较低，而且比较稳定。同时，上市公司资产负债率的大小与宏观经济环境有关，在经济景气时期，企业的资产负债率可以适当增加，而在经济萧条时期，企业就会降低负债的比例，来降低财务成本。资产负债率指标对于债权人来说越低越好，对于股东来说当资本收益率高于债务利率时是越高越好。

资产负债率的高低可以参考同行业平均水平，行业中处于龙头地位代表性的上市公司资产负债率水平也具有参考意义。资产负债率并非是越低越好。比如，一些质地较差的上市公司由于没有良好的竞争产品，投资者对该公司的前景不太看好，这些公司很难取得借款，该公司的经营者也会采取非常保守的态度，进而导致其资产负债率非常低。资产负债率大于100%出现资不抵债的情况，这样的公司也不是价值投资标的。

下面以家电行业中美的集团(000333)为例，利用该公司的资产负债率指标来分析该股的投资价值与投资风险。

1. 财务数据

根据美的集团2010—2018年的年度财务报告，我们可以分别获得该公司各年度的负债总额与资产总额数值，并可以通过计算得出该公司各年度资产负债率的指标值(表2-3-12)。

表2-3-12 美的集团2010—2018资产、负债状况

年份	负债总额/亿元	资产总额/亿元	资产负债率
2010	484.1	709.6	68.22%
2011	602	903.5	66.63%
2012	545.7	877.4	62.20%
2013	578.7	969.5	59.69%
2014	745.6	1203	61.98%
2015	728.1	1288	56.53%
2016	1016	1706	59.55%
2017	1652	2481	66.59%
2018	1712	2637	64.92%

从这些数据中可以看出，该公司的负债总额与资产总额从2010年起一直呈现出逐步增加的趋势，而其资产负债率也趋于上升态势，如图2-3-6所示。

2. 资产负债总额分析

根据表2-3-12及图2-3-6，美的集团2010—2018年的负债总额数值，一直呈现出向上攀升的趋势。在进入2014年以后，公司负债总额的增加走势与之前各年度相比出现了明显的加速趋势，直到2017年之后，才开始放缓；资产总额也是加速上升趋势，由折线图看二者变化大致相同，说明负债总额作为一个重要的因素影响了该公司资产总额的增减变动。这表明这一时期公司实行了较为积极的经营政策。

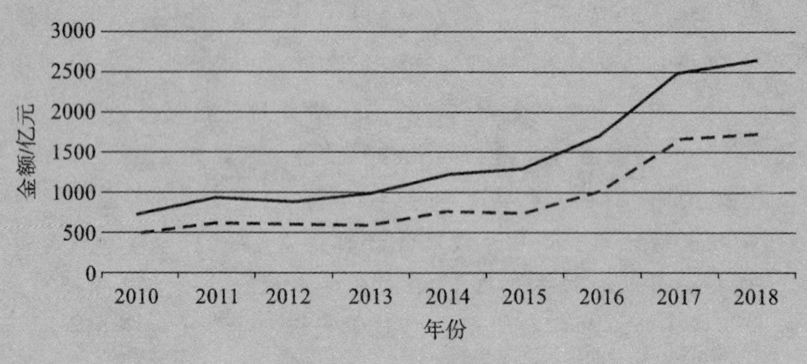

图 2-3-6　美的集团的资产与负债的关系

——负债总额　－－－－资产总额

3. 资产负债率分析

根据表 2-3-12,，可以比较美的集团 2010—2018 年的资产负债率数值。为了更加深入地说明资产负债率高低对股价的影响，我们选择了家电行业同样具有领先地位的格力电器及市场占有率较低的海信电器的资产负债率来进行对比分析。

表 2-3-13　美的集团、格力电器、海信电器资产负债率

年份	资产负债率		
	美的集团	格力电器	海信电器
2010	68.22%	78.64%	53.56%
2011	66.63%	78.43%	54.66%
2012	62.20%	74.36%	50.79%
2013	59.69%	73.47%	48.82%
2014	61.98%	71.11%	46.27%
2015	56.53%	69.96%	41.56%
2016	59.55%	69.88%	40.02%
2017	66.59%	68.91%	42.32%
2018	64.92%	63.10%	45.14%
平均值	62.92%	71.98%	47.02%

从图 2-3-7 中可以看出美的集团的资产负债率虽然一直下降，但保持在 60%附近，平均资产负债率为 62.92%；格力电器的平均资产负债率为 71.98%。

从美的集团和格力电器两个家电行业龙头公司来看，家电行业的资产负债率保持在60%～75%之间是一个良好的资产负债水平；另外，二者从2017年开始降低负债水平，也间接说明二者在经营财务政策上步调一致，在经济不景气的时候，通过降低负债，节约成本。相对而言，海信电器的资产负债水平较低，且在有逆向提高资产负债率的意向。

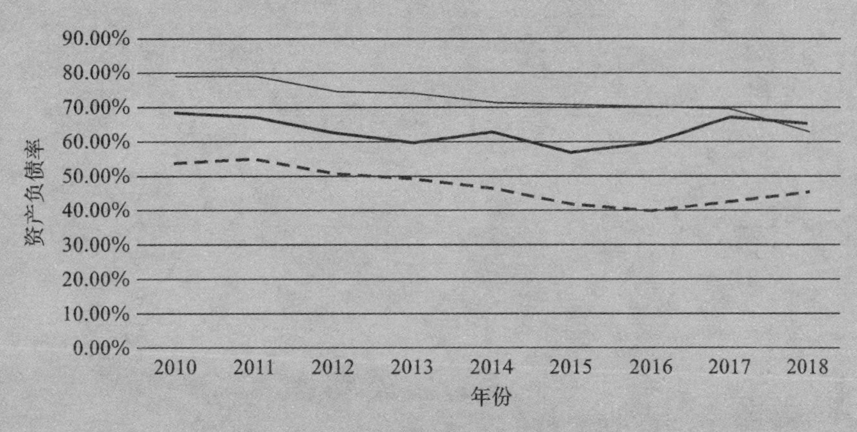

图 2-3-7　资产负债率折线图

——美的集团　——格力电器　- - - -海信电器

4. 股价走势分析

资产负债率对股价具有较明显的影响，图2-3-8、图2-3-9、图2-3-10分别为近几年格力电器、美的集团、海信电器的股价K线图。

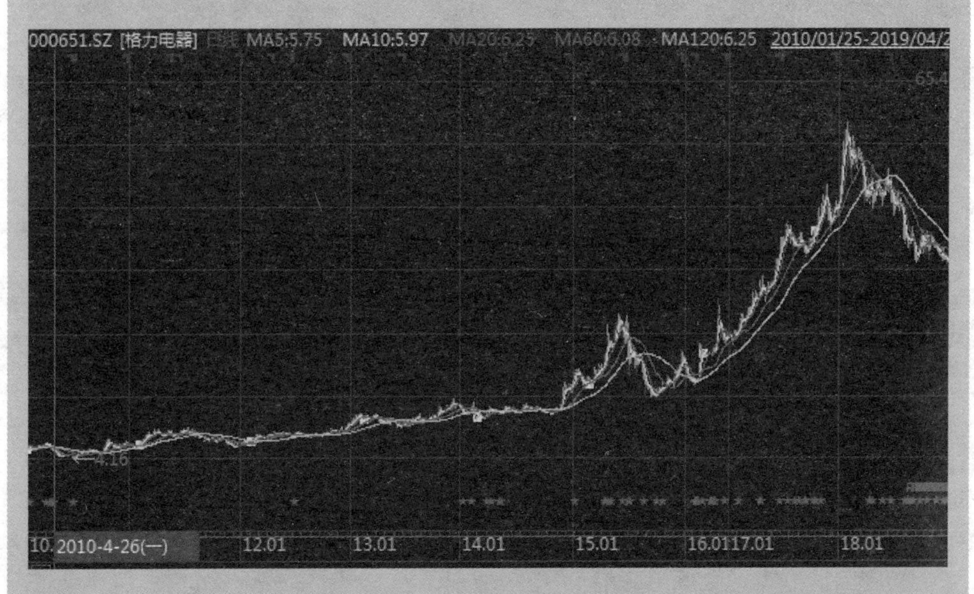

图 2-3-8　格力电器股价K线图

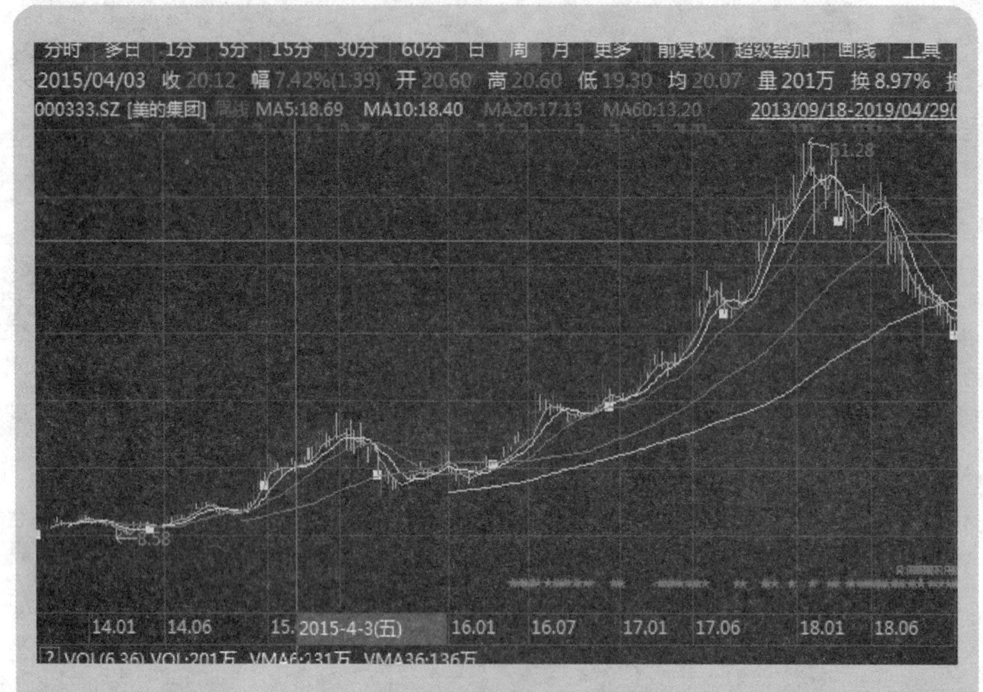

图 2-3-9 美的集团股价 K 线图

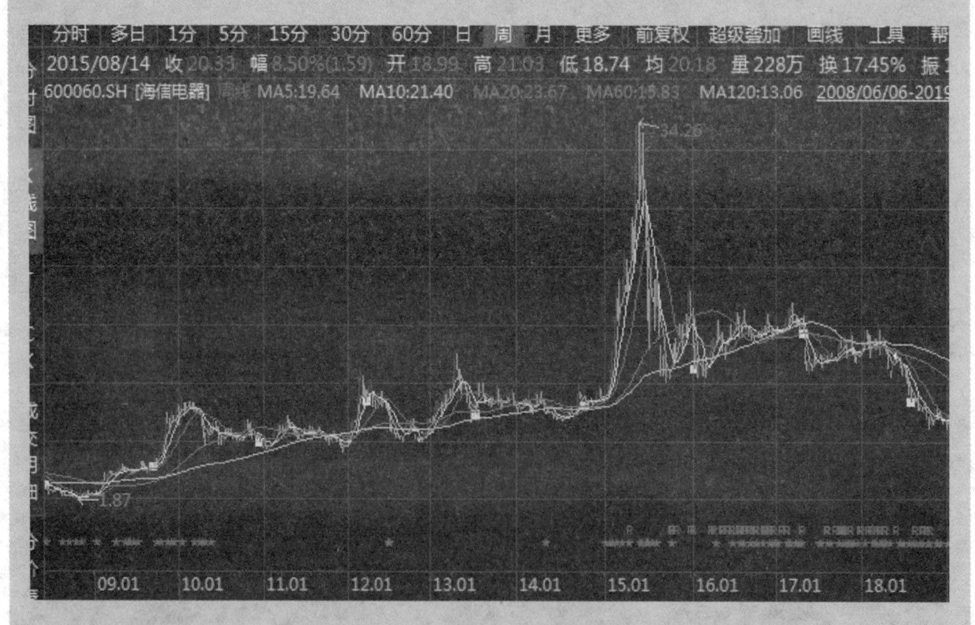

图 2-3-10 海信电器股价 K 线图

从 K 线图中可以看出，美的集团和格力电器的股价走势类似且走势接近资产负债的变化的折线，海信电器在 2010—2014 年股价处于区间震荡阶段，经历 2015 年牛市股价大幅上升，但是回落的速度也快，特别是在 2017 年之后逆向提高资产负债率，股价走势一波比一波低，可见，低负债率企业并一定具有好的投资价值。

综上所述，资产负债率过低或者过高均不是最优选择，在经济景气时，高负债有助于资产增值和盈利，财务良好的公司资产负债率一般会保持同水平增长；在经济下滑的时候通过降低负债率、降低公司财务费用，节流开支保持利润稳定；关注行业中市场占有率和盈利能力较高的公司的资产负债率变化情况，把握行业的经营环境的变化，对于投资者是必不可少的。

4. 投资收益分析

上市公司投资收益分析需要关注的基本指标如下。

每股净资产＝净资产/普通股股数

净资产倍率＝每股市价/每股净资产

每股净收益＝(净利润－优先股股息)/普通股股数

本利比＝每股股价/每股股息

市盈率＝每股股价/每股净收益

股息发放率＝(每股股利/每股净收益)×100％

投资收益率＝{投资收益/[(期初长、短期投资＋期末长、短期投资)/2]}×100％

上市公司投资收益分析同样可以进行纵向与横向比较，通过指标及指标变化对公司的投资价值进行判断，如表 2-3-14 所示。

表 2-3-14　一汽轿车 2012—2016 年投资收益纵向比较

项　目	年　度				
	2012	2013	2014	2015	2016
每股净资产/元	3.85	2.97	2.80	2.77	2.74
净资产倍率	1.86	1.60	2.31	1.86	2.16
普通股每股净收益/元	0.84	0.96	0.49	0.04	0.45
本利比	—	47.40	80.88	128.50	29.65
市盈率	13.38	14.81	38.06	342.67	39.01
股息发放率/(％)	—	31	47	267	132
投资收益率/(％)	2.55	6.67	4.23	—	－7.13

2016 年同行业中不同公司的偿债能力如表 2-3-15 所示。

表 2-3-15　2016 年轿车行业偿债能力横向比较

对象	每股净资产/元	净资产倍率	普通股每股收益/元	本利比	市盈率	股息发放率/(%)	投资收益率/(%)
一汽轿车	2.74	2.16	0.45	29.65	39.01	132.00	−7.13
ST 夏利	1.49	3.89	−3.63	0.00	—	0.00	−19.36
江铃汽车	2.11	3.51	0.62	0.00	22.29	0.00	19.95
昌河股份	3.18	3.20	0.77	30.85	48.48	157.14	23.44
长安汽车	2.69	3.01	1.61	67.50	11.89	17.62	−39.96
悦达投资	2.76	1.65	−0.59	0.00	—	0.00	−28.79
金杯汽车	1.31	3.91	0.03	0.00	511.00	0.00	13.35
行业平均值	2.32	3.05	−0.11	18.29	90.8	43.82	−5.50

从表 2-3-15 中数据可以看出，与行业平均相比，一汽轿车的市盈率低于行业平均值，而其他指标大多优于行业平均值，总体来讲公司还是有一定投资价值的。

知识链接

盈利质量分析

每股经营现金净流量是指上市公司当期现金净流量与其股本总额的比值。该指标既反映了来自公司主营业务的现金对每股资本的支持程度，也反映了上市公司支付股利的能力。如果该指标值为正数且较大时，表明上市公司派发现金红利的保障程度较高；如果为负数且较小时，表明上市公司派发现金红利的压力较大，并且其需要借款分红，此时公司面临着财务危机。

一般来说，上市公司现金流量的计算不涉及权责发生制，会计报表也就很难进行粉饰，如果硬要造假也容易被发现。比如，公司可以签订虚假的合同虚增利润，但无法签出现金流量。有些上市公司在以关联交易操作利润时，也会在现金流量方面暴露有利润而没有现金流入的现象。因此，投资者利用每股经营现金净流量去分析公司的获利情况及能力，比利用每股盈利更加客观，也可以说每股经营现金净流量就是公司获利能力的质量指标。

以浪莎股份(600137)为例说明每股经营性现金流量对股价的影响及投资价值的分析。

浪莎股份 2010—2018 年相关财务数据及变化如表 2-3-16、图 2-3-11 所示。

从图 2-3-11 可以看出，浪莎股份的每股经营性现金流量在 2010 年为负值，净利润为正，说明公司有盈利能力，可能应收账款较多，财务压力较大，2011—2014 年浪莎股份的每股经营现金流量开始转正，利润也是正值，说明公司的现金支付能力较强，2016 年公司每股经营现金流达到最大值，2016 年之后公司每股经营性现金流开始下降，到 2018 年转为负值，说明其财务压力变大，现金偿付能力不足。

表 2-3-16　浪莎股份经营现金净流量及利润

日期	经营性现金流净额/万元	每股经营性现金流量/元	净利润/万元
2010-12-31	−5485	−0.5642	4336
2011-12-31	2712	0.279	2973
2012-12-31	1603	0.1649	745
2013-12-31	2323	0.2389	649
2014-12-31	5843	0.601	20.7
2015-12-31	1823	0.1875	−2068
2016-12-31	7297	0.7506	987
2017-12-31	2517	0.2589	1719
2018-12-31	−2621	−0.2697	2319

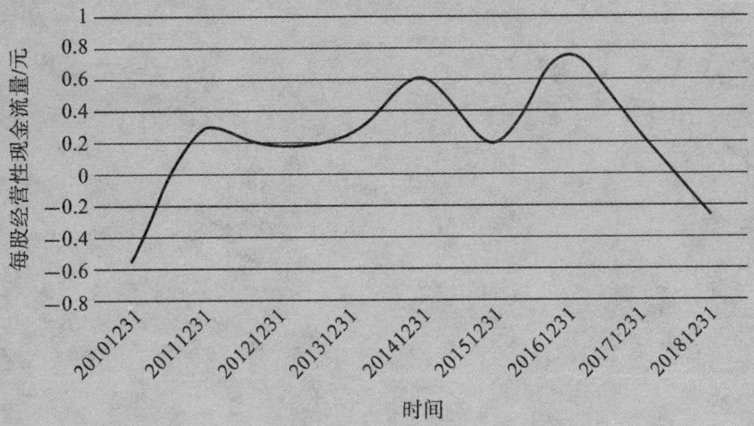

图 2-3-11　浪莎股份每股经营性现金流变化

同时经营性现金流量的变化必然会带来利润变化，如图 2-3-12 所示。

从图 2-3-12 中可以看出，浪莎股份 2010 年净利润最大，2011—2014 年净利润一直下降，2015 年净利润同比有所增长，2016—2018 年净利润更是连续增长。这种变化一定会反映到股市上，这一阶段浪莎股份股价的 K 线，如图 2-3-13 所示。

股价的走势显示，浪莎公司在 2016 年底股价达到最高，2011—2014 年公司净利润减少，每股经营性现金流增加，说明期间盈利能力减少但是财务支付能力增强，公司股价走势较好，2015 年每股经营性现金流为正；2017—2018 年公司的盈利能力增强，但是每股经营性现金流下降并转为负值，此时股价创出近 4 年新低。

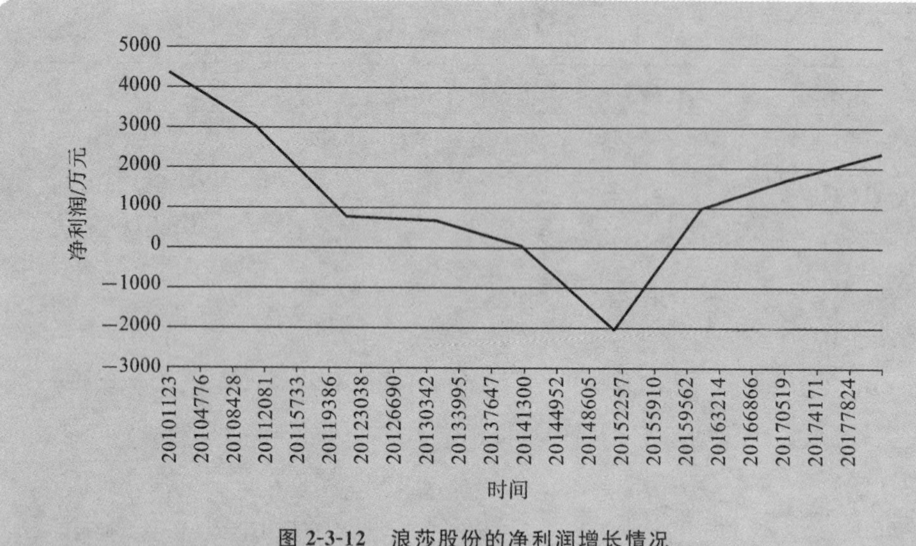

图 2-3-12　浪莎股份的净利润增长情况

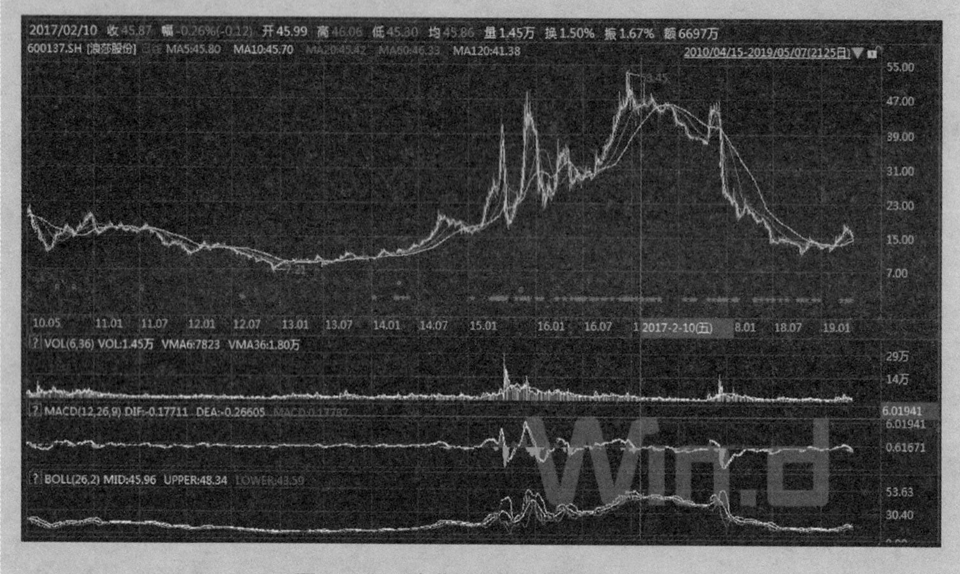

图 2-3-13　浪莎股份的股价走势情况

知识链接

××公司财务分析报告

一、分析摘要

1. ××有限公司(以下简称“公司”)是一家从事葡萄酒进口和批发销售的连锁经营公司,2018 年 4 月末的资产总额约为人民币×××万元(以下货币单位均为人民币),负债为×××万元,所有者权益为×××万元。

2. 在2017年1月至2018年4月期间公司无长期资产和负债，所持有的均为流动资产及流动负债，且负债比例相当低，所有者权益占总资产的比例一直维持在90%左右。

由于公司资产流动性相当高，因此具备较高的偿债能力，但也相应增加了机会成本和降低了获利的能力。

3. 应收账款、存货及资产的周转天数在2018年前4个月较上年同期总体增加，说明公司经营情况可能转差。

4. 2017年累计营业收入为×××万元，累计利润为×××万元；2018年前4个月的累计营业收入为×××万元，累计利润为×××万元，较去年同期下降了4%，说明公司盈利水平下降。

5. 报告分析期内每月营业收入与上月相比波动性较大，没有保持长期稳定增长的趋势，其中2018年营业收入变动比率的波动性较去年同期更大，这意味着公司的未来发展情况不明朗，未来抗风险的能力存在疑问。

6. 公司的毛利率在报告期固定为25%，显示公司可能缺乏具有弹性的定价策略。

7. 由于可能存在避税收益，需要深入了解以确定公司真实的利润水平。

二、财务概况

1. 资产负债表

(1) 公司在2017年1月至2018年4月的16个月中，持有的均为流动性资产及负债，无长期资产或长期负债，2017年12月底公司的总资产和总负债分别为×××万元和×××万元；资产主要包括货币资金、应收账款和存货三部分，负债主要包括应付账款和应交税金，并且负债比例相当低，因此净资产即所有者权益占资产总额的比例较高，各期均为90%左右。

(2) 从表2-3-17中可以看出，货币资金和存货占资产的比例相对较高，而应收账款比重较低。应收账款除了在××年××月有较明显的增长外，其他月份均保持平缓的曲线，这在一定程度上说明了公司业务的增长趋于停滞的状态。另外，××年××月之后，货币资金占比资产的比例超过并持续高于存货占比，这一走势也同样反映了业务开始停滞的情况。

2. 损益表

(1) 公司在报告分析期的16个月中，取得的收入均来自主营业务，主要的成本和费用包括主营业务成本、管理费用、营业税金及附加。

(2) 公司累计营业收入及净利润分别为×××万元及×××万元，全年平均利润率为14%。2012年前4个月累计营业收入及利润分别为×××万元及×××万元，较去年同期分别下降了1%和4%，2012年2月利润率更是跌至1%。总体分析说明，未来销售和盈利情况可能欠佳，需要进一步向公司了解情况及做×××年的全年预算以进行分析和决策。

表 2-3-17　2017 年 1 月至 2018 年 4 月资产走势

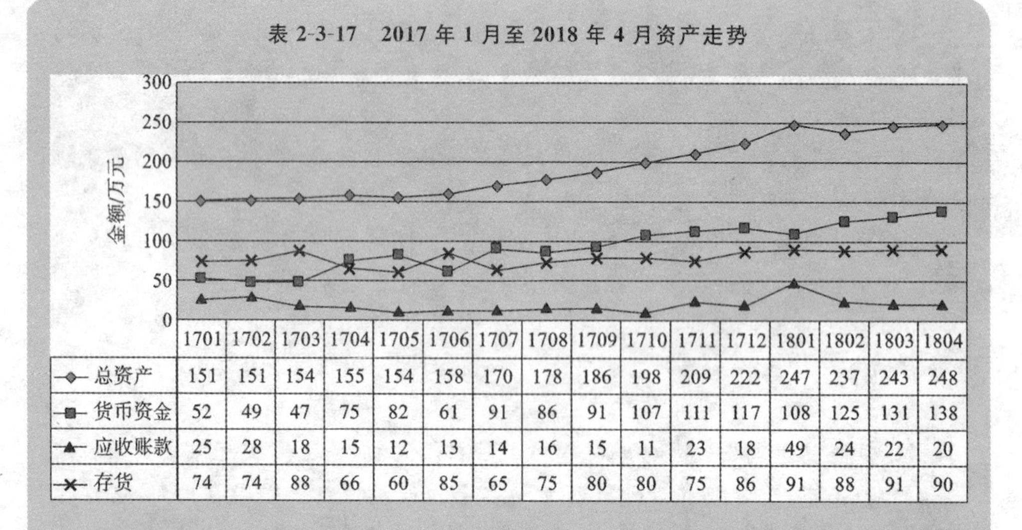

	1701	1702	1703	1704	1705	1706	1707	1708	1709	1710	1711	1712	1801	1802	1803	1804
总资产	151	151	154	155	154	158	170	178	186	198	209	222	247	237	243	248
货币资金	52	49	47	75	82	61	91	86	91	107	111	117	108	125	131	138
应收账款	25	28	18	15	12	13	14	16	15	11	23	18	49	24	22	20
存货	74	74	88	66	60	85	65	75	80	80	75	86	91	88	91	90

3. 现金流量表

(1) 公司在报告分析期的 16 个月中，当期发生的现金流量均来自于经营活动，未涉及投资活动(购买长期资产、长期投资等)或筹资活动(借款、增资等)。

(2) 公司在×××年期初的实收资本金为×××万元，在报告分析期间未发生变动。

(3) 2011 年经营活动产生的净现金流入量为×××万元，截至×××年×××月，现金净流入量为×××万元，低于去年同期水平。

三、主要财务指标分析

1. 盈利能力分析

在 2017 年，公司的利润率从 1 月最高点 18%持续下降至 4—7 月的最低点 12%，接着在当年后面的 5 个月略有回升；2018 年 1—4 月的利润率变动趋势与 2017 年同期一致，也从 18%降至 12%，但中间两个月较去年同期利润率更低。同时公司利润率未实现积极增长的趋势，未来的经营利润有表现欠佳的趋势。另外，由于财务报表中没有所得税数据，如果存在避税情况，以上的净营利还可能包含避税收益的部分，因此需要综合了解真实情况以评估公司实际的经营利润率水平。公司的毛利率在分析期间均为 25%，即主营业务成本占主营业务收入的比例一直维持在 75%不变，这说明公司可能采取完全成本加成定价法策略，缺乏经营弹性，这会影响盈利空间。

2. 营运能力分析

从表 2-3-18 可以看出，2017 年前 4 个月应收账款周转天数相对较长，后 8 个月周转天数较短，均维持在 10 天以内；2018 年前 4 个月应收账款周转天数的变动趋势基本与 2017 年相同，但同期相比，2018 年周转天数总体更长。这说明公司在 2018 年前 4 个月较上年同期需要更多的时间得到回笼资金，经营状况没有取得良好的发展趋势。存货周转天数的变动趋势与应收账款周转天数基本一致，除2018年1月之外，2018年2—4月的存货周转天数均高于去年同期，同时这3个月的销售收入和利润率均低于去年同期，这说明公司在经营欠佳的情况下，维持了较高的存货水平，因此需要进一步了解公司的存货经营管理情况。流动资产（总资产）周转天数的变动同样说明了以上问题。

表 2-3-18 2017 年 1 月至 2018 年 4 月营运指标分析

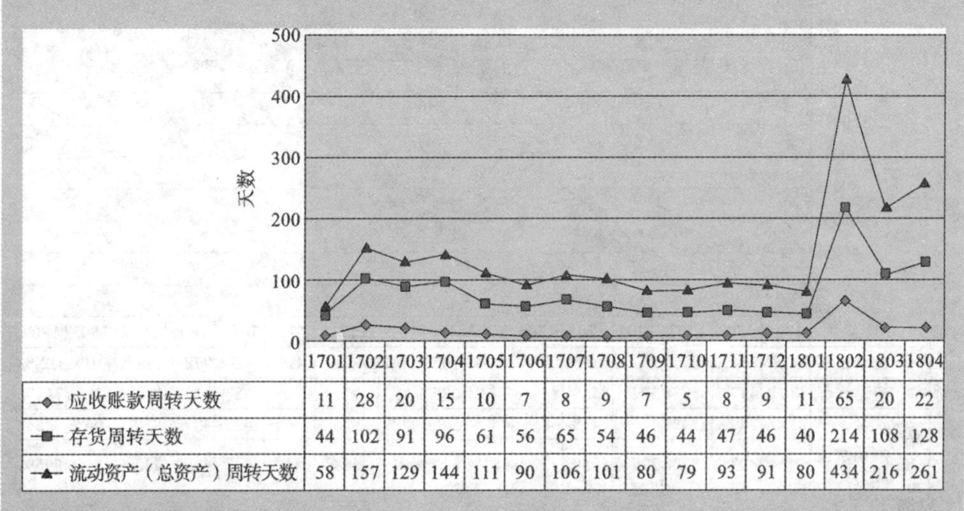

	1701	1702	1703	1704	1705	1706	1707	1708	1709	1710	1711	1712	1801	1802	1803	1804
—◆—应收账款周转天数	11	28	20	15	10	7	8	9	7	5	8	9	11	65	20	22
—■—存货周转天数	44	102	91	96	61	56	65	54	46	44	47	46	40	214	108	128
—▲—流动资产（总资产）周转天数	58	157	129	144	111	90	106	101	80	79	93	91	80	434	216	261

3. 短期偿债能力分析

根据财务报表分析，由于在报告分析期间持有的资产和负债都是流动性的资产和负债，公司短期偿债能力方面的财务指标均处于较高的水平，如表2-3-19所示，资产的流动性很高，偿还短期债务的能力也很高。但从经营角度而言，流动资产的获利能力较长期资产的获利能力低，因此过高的流动比率意味着机会成本的增加和获利能力的下降。

4. 长期偿债能力分析

由于在报告分析期间无长期资产和长期负债，公司的资产多为所有者的自有资金投入，所有者权益比率相当高，各期均在90%左右，而负债比率比较低，因此从表2-3-20中可以看出，公司目前的长期偿债没有问题。

5. 发展能力分析

公司总资产在2017年和2018年的1月较上月均有较高的增长，分别为17%和11%，在2月分别下降了0.1%和4%，这主要是受到2月销售收入下降的影响；2017年5月资产总额也较上月下降了1%，在分析期间的其他11个月中，资产增长率一直维持5%上下的较低水平。由于公司90%左右的资产为所有者权益资本，因此资本累积率的变动趋势基本与资产增长率一致。总体来看，每月营业收入与上月相比波动性较大，没有保持长期稳定增长的趋势，时增时跌，同时下降的幅度超过资产增长率。从表2-3-21中可以明显看出，2018年营

业收入变动比率的波动性较去年同期更大，这意味着公司未来发展情况不明朗，未来抗风险的能力也不高。除了与公司的经营发展能力有关外，以上变动还可能与内地当前的经济形势发展放缓有关，另外还可能受到近两年××市场迅速发展所造成的供应量增加的影响，需要进一步了解将来业务发展的情况。

表 2-3-19　2017 年 1 月至 2018 年 4 月短期负债指标分析

比率	1701	1702	1703	1704	1705	1706	1707	1708	1709	1710	1711	1712	1801	1802	1803	1804
流动比率	742%	894%	907%	907%	1408%	1793%	1209%	1188%	1498%	1526%	1453%	1405%	978%	1610%	1311%	1127%
速动比率	380%	457%	387%	522%	856%	829%	748%	685%	853%	911%	930%	858%	619%	1010%	822%	717%
现金比率	255%	289%	279%	436%	747%	687%	652%	575%	729%	825%	771%	742%	427%	850%	706%	625%
短期偿债能力比率	78%	308%	287%	277%	685%	922%	581%	610%	639%	698%	631%	702%	439%	733%	581%	595%

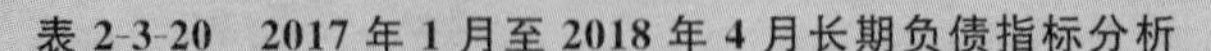

表 2-3-20　2017 年 1 月至 2018 年 4 月长期负债指标分析

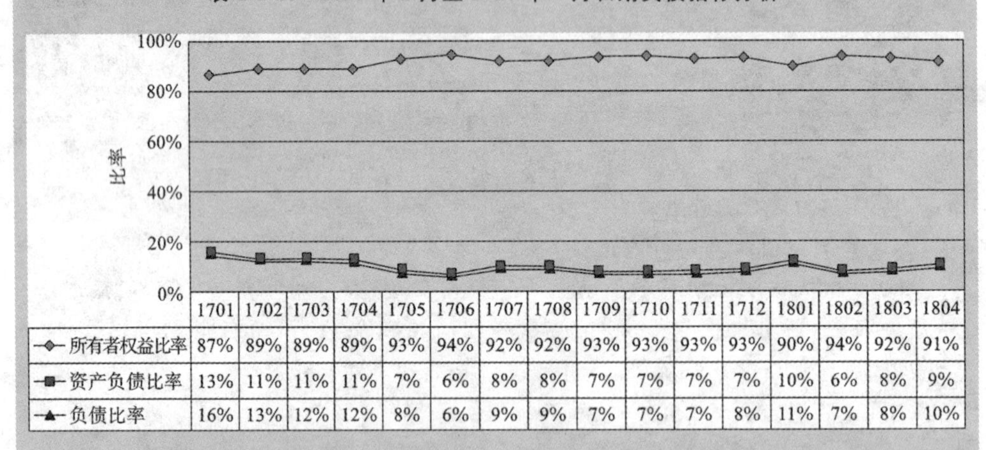

比率	1701	1702	1703	1704	1705	1706	1707	1708	1709	1710	1711	1712	1801	1802	1803	1804
所有者权益比率	87%	89%	89%	89%	93%	94%	92%	92%	93%	93%	93%	93%	90%	94%	92%	91%
资产负债比率	13%	11%	11%	11%	7%	6%	8%	8%	7%	7%	7%	7%	10%	6%	8%	9%
负债比率	16%	13%	12%	12%	8%	6%	9%	9%	7%	7%	7%	8%	11%	7%	8%	10%

四、总结及说明

1. 总结

（1）根据以上对财务报表数据的分析，公司在 2018 年前 4 个月的盈利水平较去年同期有所下降，经营转差。

（2）公司可能采用固定的成本定价模式，缺乏具备弹性的定价策略，这会影响盈利空间；与去年同期相比，公司在 2018 年前 4 个月需要用更多的营运时间

表 2-3-21　2017 年 1 月至 2018 年 4 月发展能力指标分析

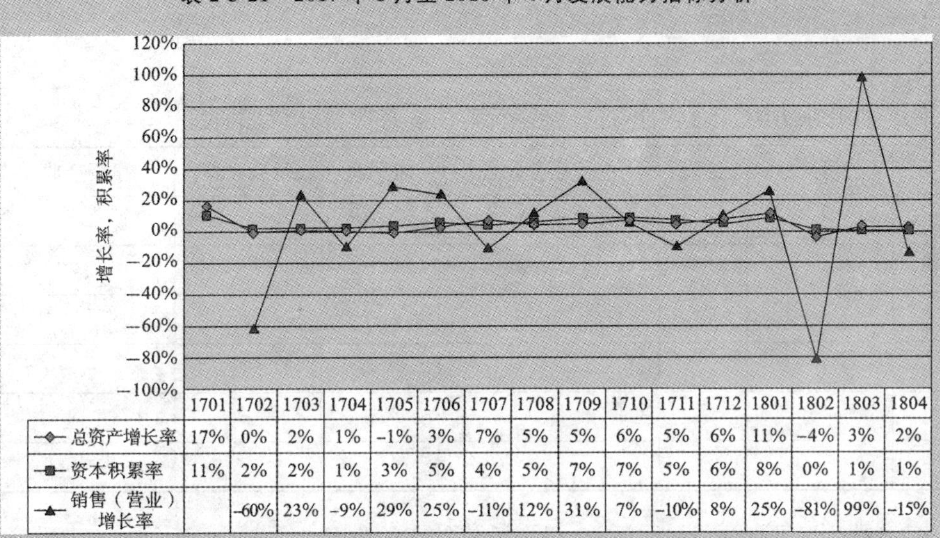

	1701	1702	1703	1704	1705	1706	1707	1708	1709	1710	1711	1712	1801	1802	1803	1804
总资产增长率	17%	0%	2%	1%	−1%	3%	7%	5%	5%	6%	5%	6%	11%	−4%	3%	2%
资本积累率	11%	2%	2%	1%	3%	5%	4%	5%	7%	7%	5%	6%	8%	0%	1%	1%
销售（营业）增长率		−60%	23%	−9%	29%	25%	−11%	12%	31%	7%	−10%	8%	25%	−81%	99%	−15%

获得回笼资金。

(3) 公司的资产流动性相当高，所有者权益比例也很高，负债比例相对较低，具备较好的偿债能力，但资产大部分为现金，因此获利能力相对不高。

(4) 公司的资产在分析期间维持不高的增长率，同时营业收入的增长率变动较大，不能保持持续增长的趋势，说明未来发展情况不明朗，抵抗风险的能力不高。

(5) 公司的表现除了受经营能力影响之外，还可能受到经济发展放缓和市场供应量增加的影响。

2. 说明

(1) 需要说明的是，分析期间的财务指标有一定的季节性变动趋同的走势，由于目前仅有 2018 年前 4 个月的财务报表，缺乏全年的数据，不能进行更深入的分析和趋势预测。

(2) 总体分析说明，未来销售和盈利情况可能欠佳，需要进一步向公司了解情况及做 2018 年的全年预算以进行分析和决策。

(3) 公司在 2018 年经营欠佳的情况下，维持了较高的存货水平，需要进一步了解存货经营管理情况。

(4) 除了与公司的经营发展能力有关外，财务指标的变动还可能与内地当前的经济形势发展放缓有关，另外还可能受到近两年××市场迅速发展所造成的供应量增加的影响，需要进一步了解将来业务发展情况。

(5) 本次分析所依据的数据为 2017 年 1 月至 2018 年 4 月公司的财务报表，无其他取得的数据。以上分析结论均源于所得财务报表，仅供参考。

四、实训内容及操作

1. 对所选行业内各公司进行比较分析

(1) 打开东方财富通软件，选择某一行业的 6 只股票，填写下表。

序号	公司简称	代码	主营业务收入	净利润	每股收益	净资产收益率

(2) 对数据进行分析，选择一个投资价值较高的公司。

2. 列出所选公司的基本概况(填写下表)

公司名称			
证券名称		证券代码	
行业类别		上市日期	
法人代表		财务主管	
网址			
注册地			
主营业务			
每股发行价		上市首日收盘价	

3. 对该公司进行财务分析

(1) 公司的营运能力和偿债能力。

(2) 公司的投资收益能力。

(3) 公司的现金流量分析。

(4) 公司的财务评价。

(5) 公司投资价值结构。

五、实训报告

(1) 简述公司财务分析的内容及其意义。

(2) 完成并提交上述实训的完整报告(财务状况的纵向、横向比较)。

(3) 根据公司基本分析情况提出投资建议。

模块三 技术分析

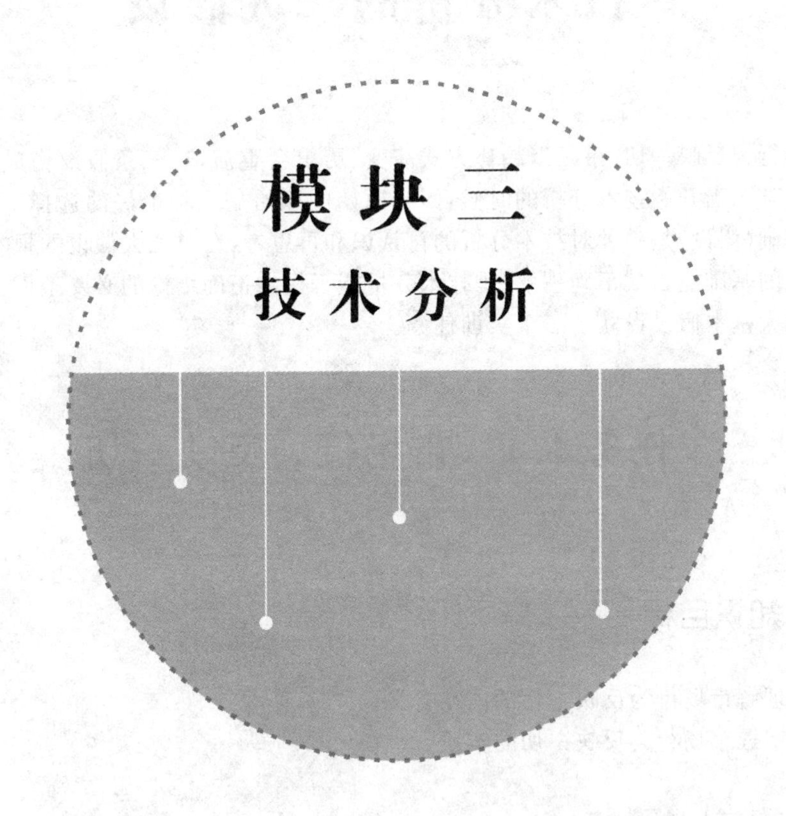

项目一

技术分析的三大假设

市场行为反映一切、市场以趋势方式演变、历史会重演，这三条假设构成了技术分析的理论基础。当开始技术分析的时候，回归原始的原始是一种最好的选择。回归这三个原始的基础（假设）是一种对技术分析的再认识和再思考，在对三大假设的根本性思考中，三个原始的基础能否被正确理解，是技术分析能否得出正确结论的必要条件。为此，本项目围绕三大基本假设设立了三个实训任务。

任务 1.1　市场行为反映一切

一、知识目标

（1）理解市场行为反映一切的内在含义。
（2）掌握市场行为反映一切的实质。

二、能力目标

（1）能够说出市场行为反映一切的基本含义。
（2）当一只具体股票出现利好或利空时，能够根据本条假设分析价格是否完全反映了市场信息。
（3）能够找到市场行为反映一切的实例。

三、相关知识

市场行为反映一切的假设是进行技术分析的基础。也就是说，任何一个影响证券市场的因素，最终都必然体现在股票、期货、指数等金融工具的价格变动上，外在的、内在的、基础的、政策的和心理的因素，以及其他影响价格的所有因素，都可以在市场行为中得到反映。投资者或技术分析人员只需要关心这些因素对市场行为的影响效果，而不必关心具体导致这些变化的原因究竟是什么。

这一假设的合理性在于，任何因素对证券市场价格的影响都必然体现在证券价格的变动上，所以它成为技术分析的基础。

市场行为反映一切是技术分析的核心，在金融市场中也正是这一假设，让广大的投资者相信技术分析的力量。在跟踪价格变化的时候其实已经包含了所谓的基本面分析，但一切信息并不仅仅是指基本面，还包括所谓的噪音——参与者的情绪和对基本面的认知，包括交易者对基本面认知的偏差和市场供求关系对股票市场价格的影响等。

这个前提的实质含义是价格变化必定反映供求关系。如果需求大于供给，价格必然上涨；反之如果供给过于需求，价格必然下跌。供求规律是所有经济预测方法的出发点和落脚点。换句话说，只要价格上涨，不论是什么具体的原因，都是需求超过供给。总之，技术分析者是通过价格的变化直接研究市场，间接地研究基本面。正是某种商品或金融产品的供求关系，即基本面决定了该商品或金融产品的看涨或者看跌。技术分析使用的图表本身并不能导致市场的升跌，只是简明地显示了市场上流行的乐观或悲观的心态。

图表分析师是通过研究价格图表及大量的辅助技术指标，让市场自己揭示它最可能的走势。今后讨论的所有技术工具只不过是市场分析的辅助手段。

另外，商品市场上有时会发生逼仓现象，而股票市场上也有做庄等行为，这时候价格变化呈现出另外一种情况，基本只与双方筹码有关，此时这种极端的市场基本形同赌博，靠双方资金实力说话。

例如，一只股票价格的上涨影响因素如下。

一是公司盈利：假设现在有 500 人，每人拿出 10000 元成立一个公司，那么每个股东就拥有这个公司五百分之一的股权，如果公司股票一万元为一股，那么每人就是一股。若公司在第一年里花掉 200 万元购买机器设备，支付工人工资、购买原材料共计 300 万元，生产的商品在市场全部卖掉，纯收入 600 万元，那么公司的总资产合计为 800 万元(这里为了简单，不考虑机器设备的折旧等具体细节)。而每个投资者最初投入的 1 万元，就变成了 1.6 万元。若第二年公司又用 600 万元现金消耗生产的商品卖出了 1200 万元，则公司的总价值就变成了 1400 万元，同时投资者拥有的一股价值增加到 2.8 万元。即投资者最初投资的 1 万元，第一年底变为 1.6 万元，第二年底增加到 2.8 万元，股东权利或公司股票在不断升值。

二是供求关系：当初投资的这个公司有名了，很多人想买它的股票成为股东，但是公司不打算发行新股，那么购买者就只能从手上持有股票的人手中购买股票。若恰好这个时候原股东需要现金，他就有可能出售该股票，但每股的价格应该是多少呢？买家可能认为现在每股的净资产是 2.8 万元，即每股的价格也是 2.8 万元，但持票人可能不卖，因为按照公司的增长情况，明年每股的净资产可能变到 4 万多元，再等一年也可能接近 6 万元，于是想出售股票者希望每股的价格应该是 5 万元。若买家认为只要等到第四年末，这个股票每股就可能值 6 万元，到时不仅回本还挣钱了，继续持有可继续挣钱，于是买卖双方就有可能按每股 5 万元进行交易。但是，如果在这时候传来一个消息，该公司的产品有延年益寿功能,产品市场供不应求,100 元购买的原材料生产的产品之前卖 200 元,现在卖 400 元还供不应求,持股票者当然要取消交易,股票价格有可能上涨。但就在卖家希望股票每股 8 万元左右才合理的时候,又有新消息传出,该公司的产品有虚假宣传的嫌疑,被工商局调查了,公司暂停营业。这时候股票按 2.6 万的每股净资产卖出,买家也可能不买,于是股票再降价到每股 2 万元,才有可能成交。这里的 5 万元,8 万元,2 万元等等,其实就是供求关系影响下的实际交易价格。

市场中的消息往往会出现时间差和不对称等因素,这些因素也都会在价格中反映出来。例如,市场中时常会看到某只股票并没有什么消息公布,但股价却大幅度上涨,上涨一段时间以后才爆出巨大利好消息,伴随利好消息出来后,股价并没有继续沿着利好的方向继续上涨,这就说明利好消息已经在之前的价格中提前反映出来了。具体到证券市场里,价格反映信息的过程其实也是证券的供求双方根据对标的物现状和未来前景的估量而买卖的过程。具体地说,机构投资者可能是通过对公司所在行业的现状和前景,公司历史和现在财务的表现,公司所在行业的竞争力的分析,进而推断公司未来的前景,对比当前的价格来判断股票是否高估或低估而进行买入或卖出,这就是所谓的价值投资;而趋势投资者则根据图表价格趋势的强劲和位置来进行买入和卖出,这是所谓的技术投资。一些人根据不同渠道的消息买入卖出,这是所谓的"韭菜";一些人根据大众不知道的信息而提前买入,这是所谓的内幕交易(不合法,但的确可能暴利)。最终,只要市场的参与者足够多,影响价格的信息都会通过市场参与者的行为反映到价格中。哪怕是内幕交易者也会在价格和成交量上留下不一样的轨迹。

四、实验内容及操作

(1) 上网查询找到一只股票,分析、研究其价格变化与经济政策、经营状况(财务报表)、市场行情等之间的关系。

(2) 分组讨论利好或者利空落地后价格并不会按着利好或者利空的方向演化的原因。

(3) 通过上网或相关资料寻找股票价格中市场行为反映一切的典型案例。

五、实训报告

(1) 简述你对本条假设的认识。

(2) 找出一只股票出现一条或多条利多信息在被市场得知时,价格可能已经有了一段上涨,具体去理解和分析这种利多信息是完全被价格的上涨消化了,还是未被消化(即能继续推动价格上涨),或者已经被透支消化(即价格涨过了头,会进行反向回落,也是通常意义上的利多变成了利空)。

任务 1.2　市场行为以趋势方式演变

一、知识目标

(1) 理解市场行为以趋势方式演变的含义。
(2) 掌握趋势的方向识别和分类。
(3) 理解压力、支撑的概念及其作用。
(4) 掌握趋势在技术分析中的应用。

二、能力目标

(1) 能够说出市场行为以趋势方式演变的基本含义。
(2) 能够识别和分析给定个股或者指数 K 线图的趋势方向。
(3) 能够使用绘图工具准确地画出某段走势的支撑线或压力线。
(4) 能够在具体的股票分析中看懂趋势及其变化,正确使用压力线、支撑线及其突破点。

三、相关知识

(一) 趋势概述

1. 趋势的含义

证券市场的价格随时间的推移,在图表上会留下自己的痕迹,这些痕迹会呈现一定的方向性,这种方向反映了价格的波动情况。

趋势就是价格波动的方向,或者说是证券市场运动的方向。若确定了当前市场是一段上升(或下降)趋势,则价格的总体波动就是向上(或向下)运动。当然,在上升的趋势里,会出现股价短暂下降的走势,但这不是主流,不影响股价上升的大方向,不断出现的新的高价会淹没偶尔出现的小幅度下降。在下降趋势中,情况正好相反,不断出现的新的低价会使中途的反弹失去意义。

在技术分析体系里,第二个基本的前提假设是价格以趋势方式演变。也就是一旦一个趋势形成,将会被延续,直到趋势发生转变,那么价格又会沿着一个新的趋势发展。从“价格以趋势方式演变”可以自然而然地推断,对于一个既成的趋势来说,下一步常常是沿着现存趋势方向继续演变,而掉头反向的可能性要小得多。还可以换个说法:当前趋势将一直持续到掉头反向为止。

趋势概念是技术分析的核心。技术分析研究价格图表的全部意义,就是要在一个趋势发展的早期,及时准确地把它揭示出来,从而达到顺着趋势交易的目的。技术分析在本质上就是顺应趋势,即以判定和追随既成趋势为目的。事实上不光是价格的变化沿趋势行进,世界上很多客观事物发展都是按趋势形成的,夏天不会直接进入冬天,白天不会一下子变成黑夜,都有渐变的过程,直到达到顶点而反转。当用技术分析判别趋势的方向时,趋势和价格的变化是客观的,它本身也不会造成市场的涨跌,而对趋势的判断则是主观的。如何辨别和抓住趋势那就是仁者见仁、智者见智了。明确并肯定价格运动的这一特征是研究技术分析的重要前提,否认这一前提,也就是认为价格运动是盲动的,即使没有外界因素的影响,价格也可以自由运动,而没有明确的方向,那么股票交易就与赌博无异了。因此只有承认价格运动的趋势特征这一前提,才能运用技术分析寻找并发现价格运动趋势,才能做到顺势而为。

这条假设具有很强的实战应用意义。

(1) 相信趋势、尊重趋势。既然趋势具有惯性运动的特征,那么趋势一旦形成将持续发展,这就要求我们相信并尊重趋势运动的规律,在一个既定的趋势没有发生改变之前,不要轻易地对趋势的改变做出预测和判断。

(2) 顺着趋势的方向交易。趋势是技术分析的核心,股票的交易应当围绕趋势来进行。单日的股票上涨或者下跌不足以说明趋势的运行方向,必须把价格的涨跌连续起来看待,才能发现趋势运行的方向和特征。顺着趋势的方向交易,就是既不抄底也不卖顶,只在趋势明朗之后采取行动。或许买卖的位置相对滞后一些,但买卖成功的可靠性却更强。毕竟稳定、持续地获利才是证券市场投资者所要达到的目的。

(3) 逆势是失败的根源。在证券市场上,预测实际上就是估计,是大概,而不是确定。在市场的趋势没有形成之前,就按照与市场相反的方向行动,这叫做逆势操作。在股票的下降方向中买入,上升方向中卖出是典型的逆势操作行为。当然下降趋势也会偶尔上涨,但通常持续时间都不会太长,也就是说盈利空间不大。这意味着如果没有把握抓住大的方向,潜在的风险就可能很大。因为,毕竟是下降方向的股票,其特征就是不断创新低。上升或下降趋势通常都不是直线进行的,曲折向上或向下才是正常的规律。虽然股票在上涨的过程中也会下跌或下降过程中也会上涨,但是逆势的幅度都不会太大。

2. 趋势的方向

一般来说,市场变动不是朝一个方向直来直去,中间肯定要出现曲折。从图形上看就是一条蜿蜒曲折的折线,折点处形成峰或谷,从这些峰和谷的相对高度上,我们可以看出趋势的方向。

趋势有上升、下降、水平三个方向。在实际的投资行为中,重点关注的是上升方向和下降方向。

(1) 上升趋势　价格的波动在K线图上会形成一些峰和谷。直观地看,如果价格波动图形中后面的峰和谷部高于前面的峰和谷,那么趋势就应该属于上升趋势,如3-1-1所示。

(2) 下降趋势　如果图形中后面的峰和谷都低于前面的峰和谷,则称为下降趋势,如图3-1-2所示。

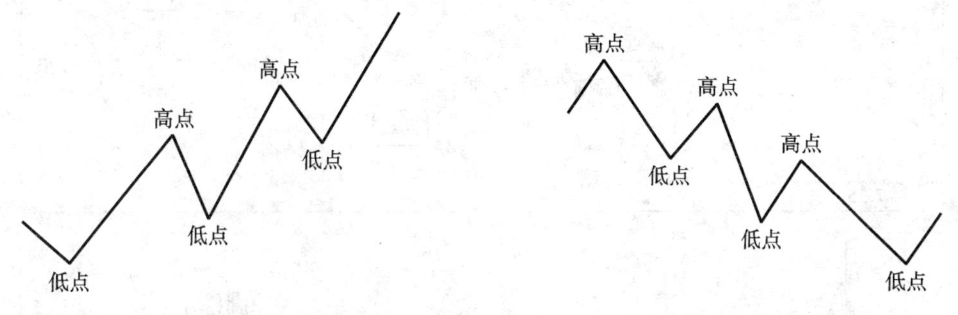

图3-1-1　上升趋势示意图　　**图3-1-2　下降趋势示意图**

(3) 无趋势　如果价格图形中后面的峰和谷与前面的峰和谷相比,没有明显的高低之分,几乎呈水平延伸,这时的趋势就是水平方向,我们称之为无趋势或者趋势不明朗,如图3-1-3所示。无趋势意味着这时的市场正处在供需平衡的状态,下一步价格朝哪个方向运动的偶然性很大,没有规律可循,而基于这样的走势形态去预测它的运动方向是极为困难的。

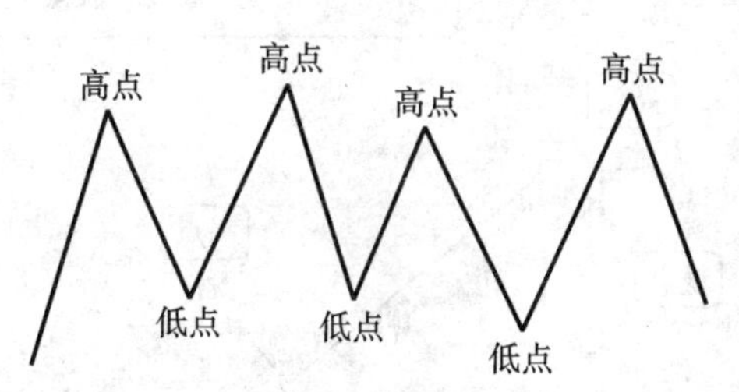

图3-1-3　无趋势示意图

例如,老板电器(002508)从2011年底到2016年5月份,长达4年半的股价走势一直处于上升趋势中,从老板电器的周K线图中可以清楚地看出其股价走势中的低点和高点都在不断地抬高,如图3-1-4所示。

大同煤业(601001)从2011年3月11日到2014年4月25日,长达3年多的时间,其股价一直处于下降趋势中,从其周K线图中可以清楚地看出其股价走势中的低点和高点都在不断地降低,如图3-1-5所示。

民生银行(600016)2014年1月21日到11月25日之间,其日K线走势呈水平波动状态,股价高点和低点呈现水平延伸,这时的趋势属于水平方向,如图3-1-6所示。

3. 趋势的类型

(1) 主要趋势　趋势的主要方向,是证券投资者极力要弄清楚的目标,证券投资者在

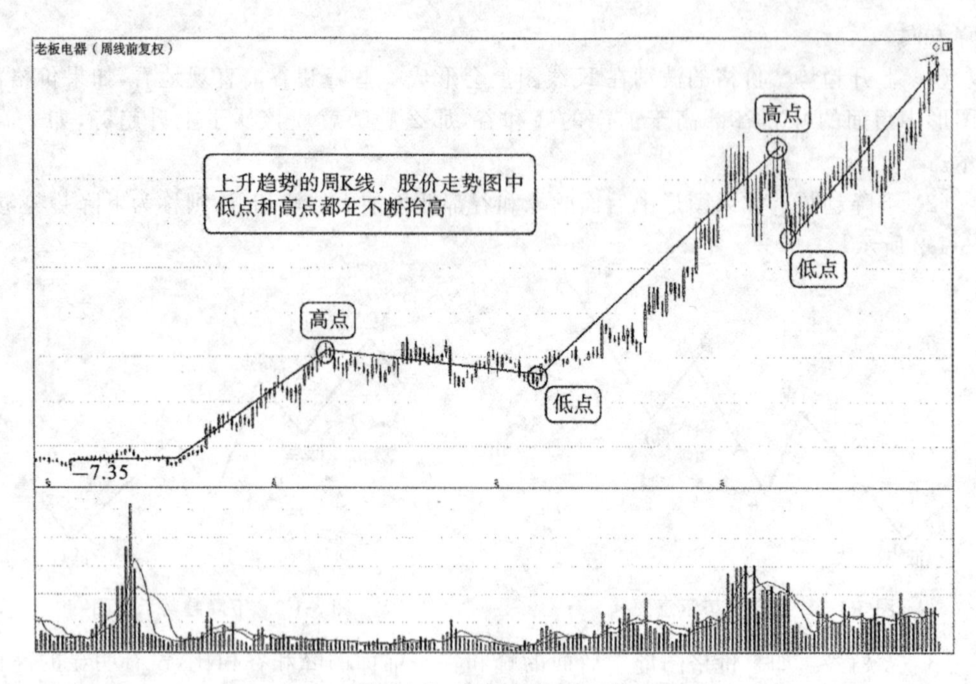

图 3-1-4　老板电器周 K 线

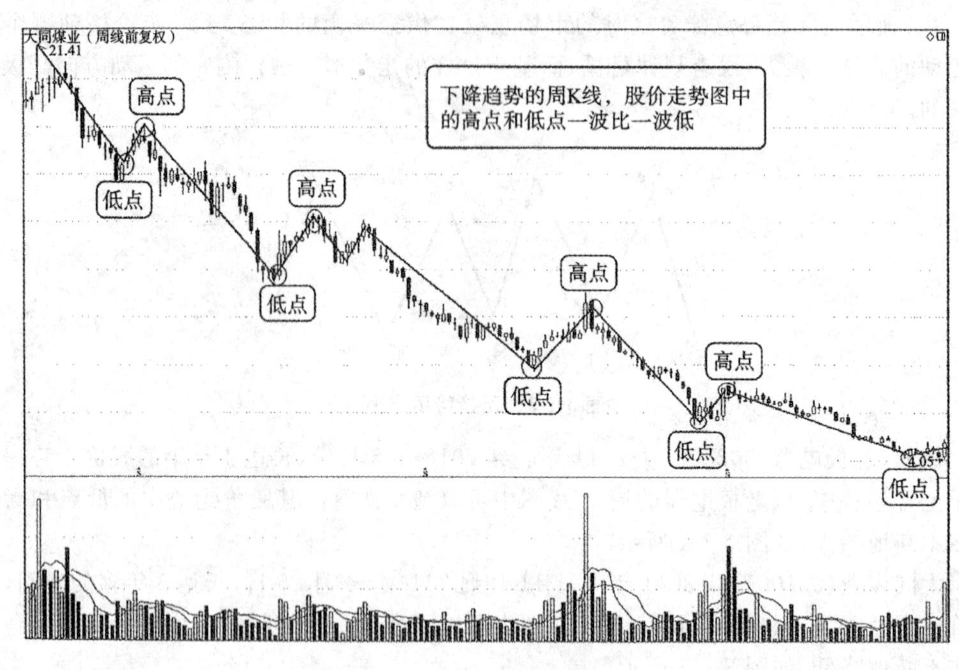

图 3-1-5　大同煤业周 K 线

了解了主要趋势后才能做到顺势而为。主要趋势是价格波动的大方向，持续的时间一般比较长，技术分析三个假设中的第二个假设——市场运行以趋势方式演变，就是用于说明这一点。

（2）次要趋势　次要趋势是在主要趋势中进行的调整。我们知道，趋势不会一成不

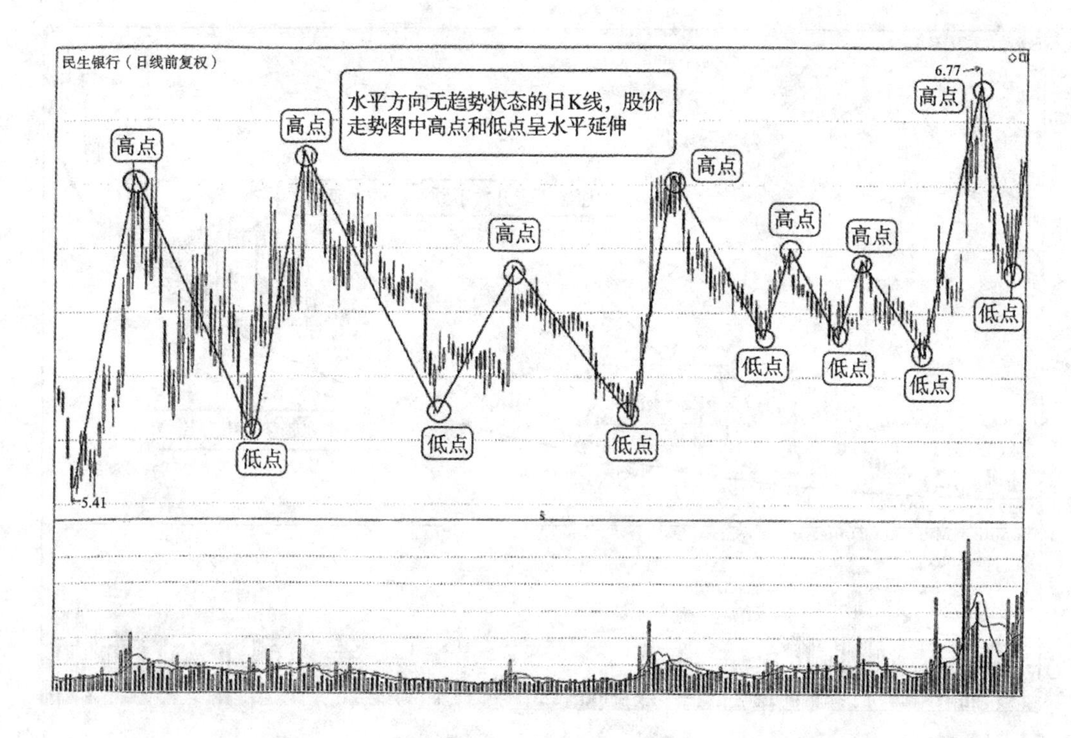

图 3-1-6 民生银行日 K 线

变地直来直去，总有局部调整和回撤的过程，次要趋势正是完成这一使命的。

(3) 短暂趋势　短暂趋势是在次要趋势中进行的调整。短暂趋势与次要趋势的关系就如同次要趋势与主要趋势之间的关系。

以上三种趋势的最大区别是时间的长短和波动幅度的差异。以上三种划分可以解释大多数行情。在具体的实战买卖决策中，短暂趋势和次要趋势应该服从于主要趋势，只要主要趋势方向未发生改变，不管短暂趋势或次要趋势如何干扰股价趋势，投资者都应该保持持股或空仓策略不变。

例如，陕鼓动力(601369)从 2014 年 10 月末到 6 月中旬期间，股价整体运行的主要趋势是上升趋势，中途伴随着几次下跌调整的次要趋势。在次要趋势的调整过程中，技术高超的交易者可以选择适当减仓，等回调到位后再加仓，一般投资者最好的策略是持股不动，如图 3-1-7 所示。

方正科技(600601)从 2015 年 6 月到 2016 年 6 月期间，股价的主要运行趋势是下降趋势，中间伴随着几波反弹上涨的次要趋势。在下降趋势中，一般投资者最好的投资策略是空仓，耐心等待趋势反转，短线投资者可以控制仓位参与次要趋势的反弹行情，如图 3-1-8 所示。

4. 趋势线

研究趋势、判断趋势的基本方法是根据价格走势 K 线图，正确画出趋势线。所谓趋势线法是用划线的方法，将 K 线图中连续形成的低点或高点相连，利用已经发生的事例，推测未来大致走向的一种图形分析方法。研究发现：在各种股价、期货、指数的 K 线图形

图 3-1-7 陕鼓动力日 K 线

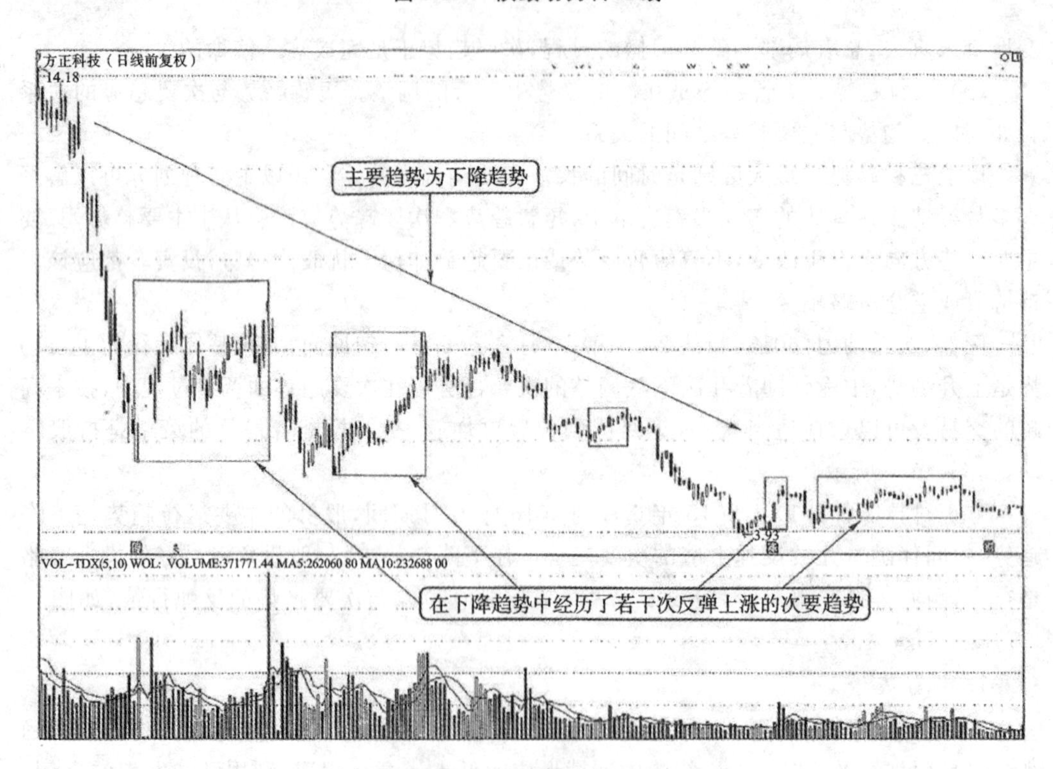

图 3-1-8 方正科技日 K 线

中，若处于上升趋势，价格波动必是向上发展，即使是出现回调也不影响其总体涨势。如果把上升趋势中间回调低点分别用直线相连，则这些低点大多在一根直线上，通常把连接各波动低点的直线称为上升趋势线。同理，若处于下降趋势，价格波动必定向下发展，即使出现反弹也不影响其总体的跌势，把各个反弹的高点相连，会惊奇地发现它们也在一根直线上，通常把这根线称为下降趋势线。

趋势的市场含义，可以用投资者心理活动进行分析。在股价上升时，市场一片看好，大家都在等回调时买进，心理价位逐步提高，在回落到前一低点之前，强烈的买气阻止了股价下跌而回升，使股价波动低点逐步提高，这种上涨的心理造成了上升趋势；当股价下跌时，人们一片看坏，投资者均等待反弹时出货，心理价位逐步下移，在回升到前一高点之前，已经有大量筹码等待卖出，使股价逐波回落形成下降趋势。

趋势线是研究趋势比较重要而且实用的方法，关键是正确画出趋势线。例如，在图3-1-9中点2和点4形成两个连续不断抬高的高点，这种行情趋势称为上涨趋势。连接依次抬升的1、3两个低点就得出一根上涨趋势线，同时，这根上涨趋势线也作为上涨行情的支撑线。注意在上涨趋势中，行情（价格走势）是在趋势线之上运行的，它的角度一般要大于30°向上倾斜。

在市场价格变化中，还有一种趋势叫下降趋势。在图3-1-10中，点2和点4形成两个连续不断降低的小底部，若连接依次下降的两个高点则可得到一根下跌趋势线。同样道理，在下降趋势中，行情是在下降趋势线下方运行的，同时，这根下降趋势线也是行情反弹的压力线。

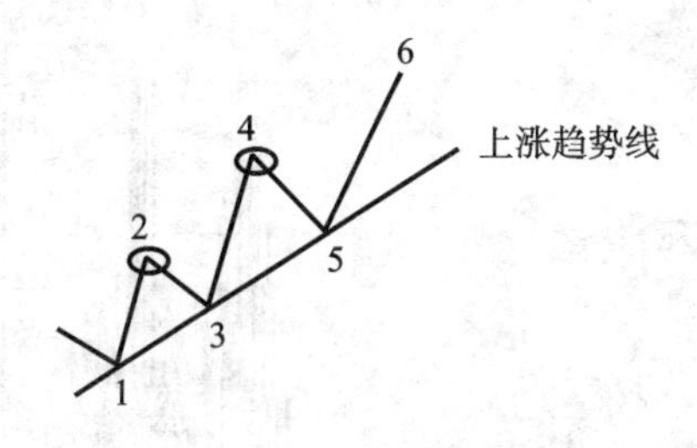

图 3-1-9　上涨趋势线示意图

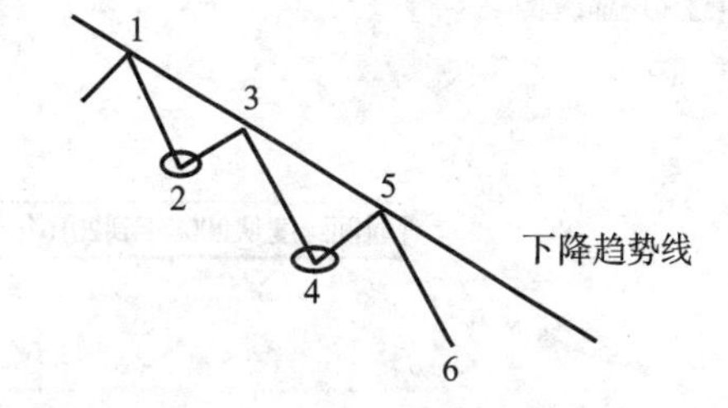

图 3-1-10　下降趋势线示意图

例如，上海建工（600170）在2014年10月27日到2015年6月25日之间，股价处于一波上升趋势，用股票分析软件的画图工具中的线段连接股价走势各低点，可得到一条上升趋势线，这条线也是股价的支撑线。在2015年8月14日到2016年3月30日之间，股价处于一波下降趋势，连接这期间股价高点可得到另一条下降趋势线，这条线也是股价的压力线，如图3-1-11所示。

同仁堂（600085）在2008年11月底到2016年6月中旬的月K线图，如图3-1-12所示。连接期间两个价格低点可得到一条清晰的上升趋势线，股价在长达7年半的时间内都运行在此上升趋势线上方，可见，这是一条长期趋势线，对判断股价运行情况有着重要的意义。

必须强调的是，通过依次上升或下跌的两点，可以画出趋势线，但当趋势线画出来之后，还要继续跟踪行情的发展，通过第三个点来验证趋势线的有效性。在行情发展过程

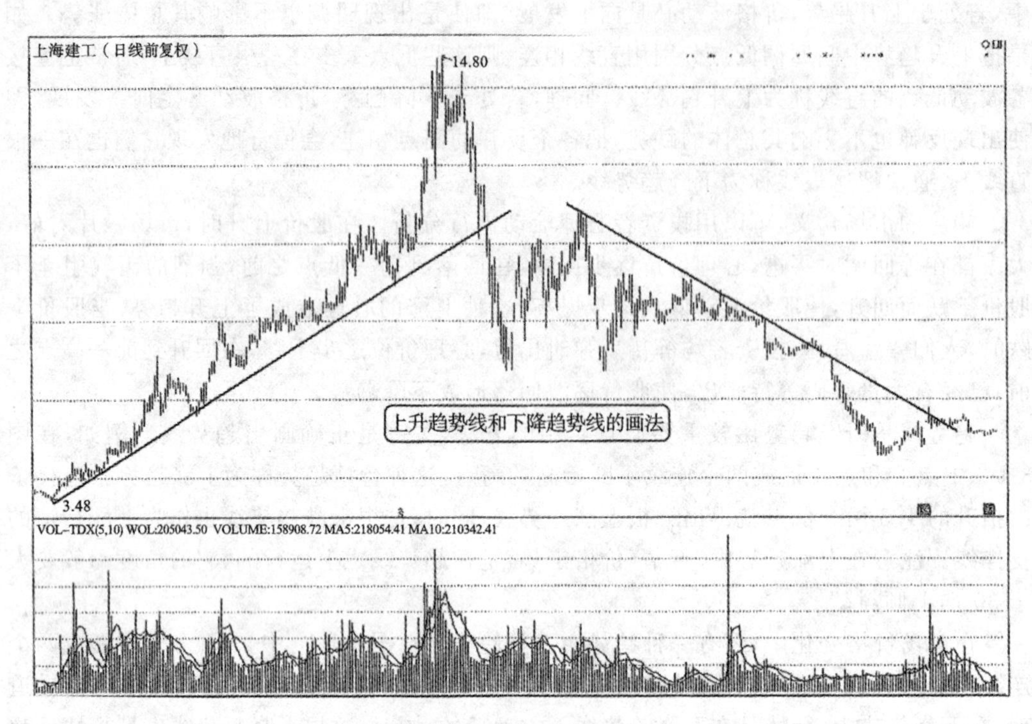

图 3-1-11　上海建工日 K 线

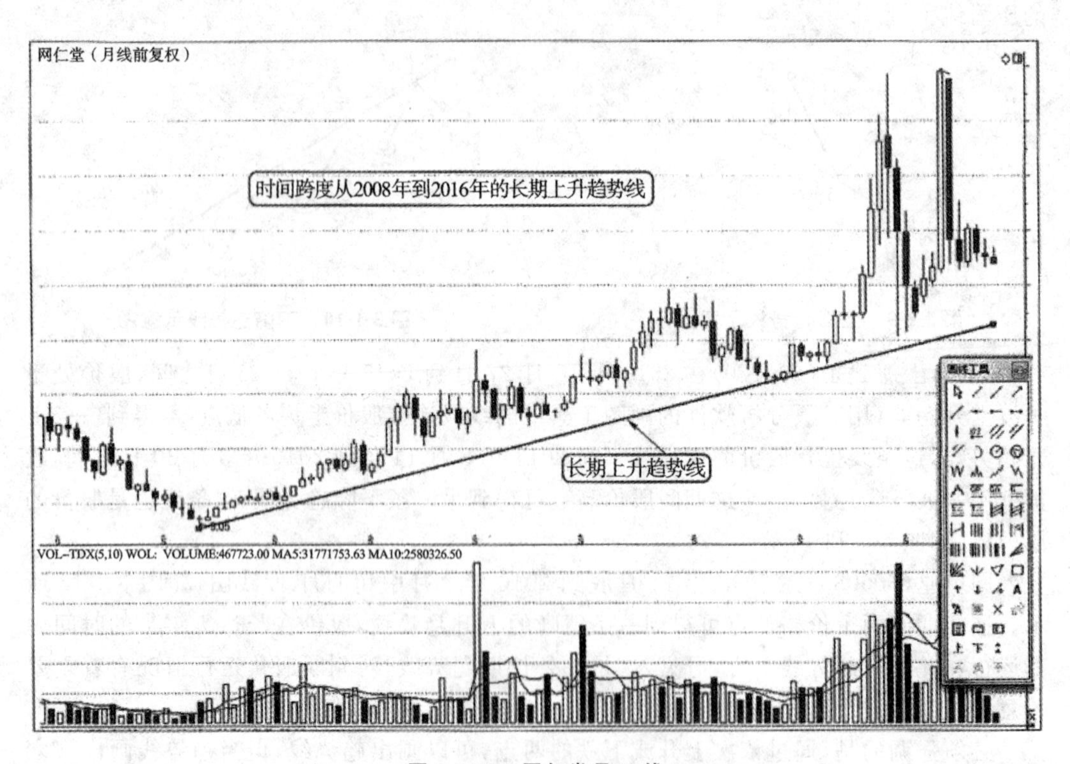

图 3-1-12　同仁堂月 K 线

中，趋势线连接验证的点位越多，有效性越强。如果后续的走势，验证了趋势线是有效的，下一步常常是顺势发展，当它形成一个上涨趋势，即便出现短暂的回调，也不会轻易改变上涨的发展方向，除非原有的上涨趋势特征被破坏了，也就是趋势线破位了。所以，一条真正起作用的趋势线（有效趋势线），需要经过多方面验证才能最终确认，不符合条件的一般应删除。

确定有效趋势线的要点如下。

首先，价格走势必须有趋势存在的客观事实。也就是说，在上升趋势中，必须确认出现了两个依次上升的低点；在下降趋势中，必须确认两个依次下降的高点，才能说明趋势确实存在。其次，画出直线后，还应得到第三个点的验证才能确认这条趋势线是有效的。一般来说，所画出的直线被触及的次数越多，则趋势线的有效性就越强，用它进行预测就越准确。另外，这条直线延续的时间越长，就越具有有效性。

通常，趋势线有两种作用。

(1) 对价格今后变动起约束作用，使价格总保持在这条趋势线的上方（上升趋势线）或下方（下降趋势线）。实际上，这就起到支撑和压力的作用。

(2) 趋势线被突破后，意味着股价下一步的走势将要反转。越重要、越有效的趋势线被突破，其趋势反转的信号就越强烈。被突破的趋势线原来所起的支撑和压力作用将互换角色。也就是说，原来是支撑线的，现在就会起到压力的作用，原来是压力线的，现在将起支撑作用，如图 3-1-13 和图 3-1-14 所示。

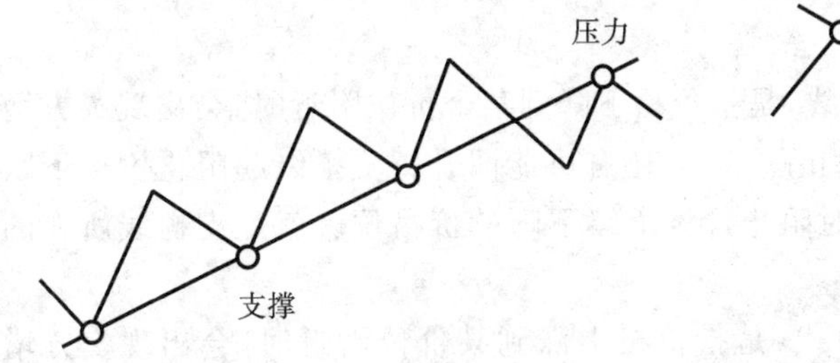

图 3-1-13　上升趋势线被突破后

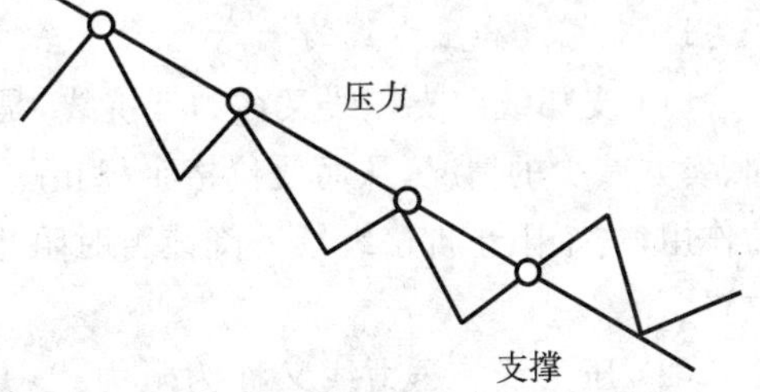

图 3-1-14　下降趋势线被突破后

例如，亚星客车(600213)在 2015 年 7 月 9 日到 12 月 31 日之间经历了一波反弹上涨行情，连接期间走势的低点画出一条上升趋势线，股价在 *A* 点处放量下破趋势线，表明上升趋势结束，上升趋势线变成了压力线，起阻碍价格继续上涨的作用。接下来股价反弹到 *B* 点处碰到压力线时即转头下跌，如图 3-1-15 所示。

（二）支撑压力线实战应用

认清趋势是进行投资的重要步骤。在认清了趋势之后，投资者就可以采取相应的行动。例如，如果投资者认识到大牛市已经来临，那么他就可以进入市场进行多头投资，这时将面临一个选择入市时机的问题。每个投资者都希望在大涨之前的低点买入，或者在涨势中途回落的低点买入。这些低点在哪里呢？这个问题肯定没有十全十美的答案，但是支撑线和压力线会给我们一定的帮助。

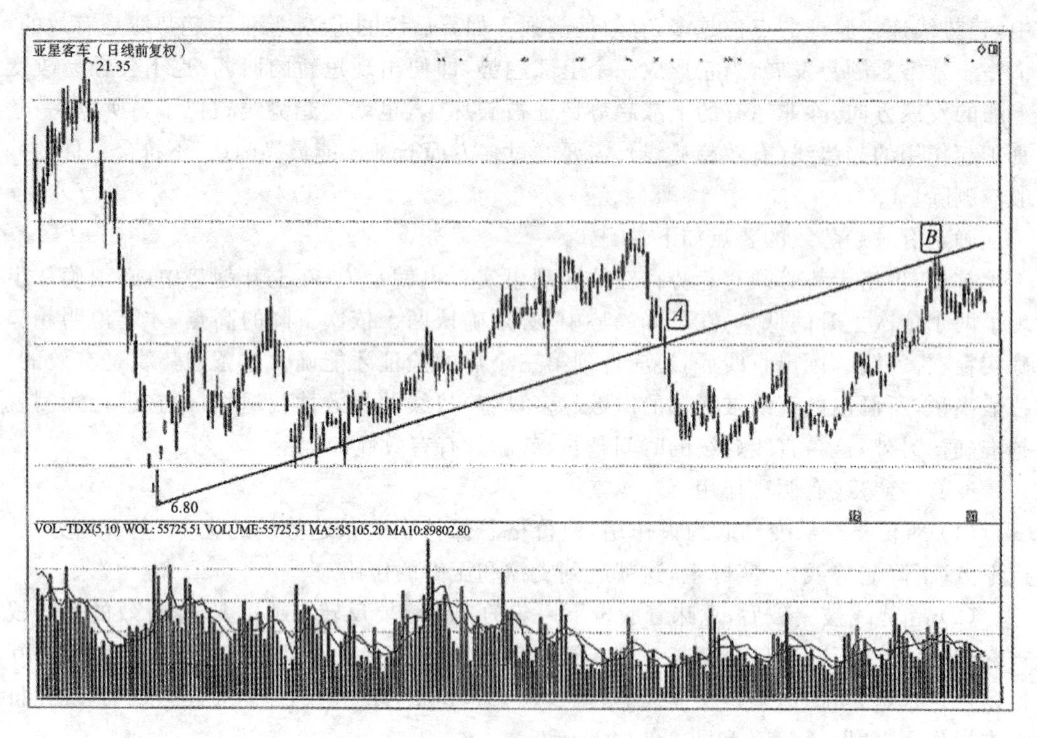

图 3-1-15　亚星客车日 K 线

1. 支撑线和压力线的概念

(1) 支撑线　支撑线又称为抵抗线，是指价格下降到某个价位附近时，会出现买方增加、卖方减少的情况，从而使价格企稳止跌，甚至还有可能回升。支撑线起阻止价格下跌的作用，这个阻止价格继续下降或暂时阻止价格继续下降的价格位置就是支撑线所在的位置。

(2) 压力线　压力线又称为阻力线，是指价格上涨到某价位附近时，会出现卖方增加、买方减少的情况，从而使价格停止上涨，甚至回落。压力线起阻止股价继续上升的作用，这个阻止或暂时阻止价格继续上升的价位就是压力线所在的位置。

在某个价位附近之所以形成对股价运动的支撑和压力，主要是由投资者的筹码分布、持仓成本及投资者的心理因素所决定的。当股价下跌到投资者(特别是机构投资者)的持仓成本价位附近时，或股价从较高的价位下跌一定程度时，或股价下跌到过去的最低价位区域时，都会导致买方大量增加买盘，使股价在该价位站稳，从而对股价形成支撑。当股价上升到某一历史成交密集区，或当股价从较低的价位上升一定程度，或上升到过去的最高价位区域时，会导致大量解套盘和获利盘抛出，从而对股价的进一步上升形成压力。

2. 支撑位置和压力位置的判断

对支撑和压力的判断是进行投资决策的依据，表面上看支撑线和压力线是指具体的价格位置，但在投资实践中，这样判断是很不符合实际的。很显然，投资者在实际操作中不可能确切地知道具体的支撑价位在什么位置，简单地指出一个价格点是不科学的，因为股价是不断波动的，在某个价格点出现停顿的概率很小。支撑线和压力线应该是一个价格区域。在投资活动中常用的判断支撑和压力位置的方法有以下几种。

(1) 指数或股价在前期走势的波动过程中所留下的局部高点和低点,即前面所提到的波峰和波谷。

(2) 指数或股价的密集成交区。所谓密集成交区是指价格波动过程中在某特定的位置附近持续的时间比较长,或者在这个特定的价位处交易比较活跃,成交量比较大。

(3) 指数或股价整数点。往往在整数的价位(比如上证指数 3000 点)更容易引起投资者的重视,成为重要的支撑或压力位。

例如,小天鹅 A(000418)在 2015 年 6 月 18 日股价创出历史新高,此价格高点成为一个重要的压力位,后续股价多次试图冲击此压力位都失败返回。2016 年 4 月 22 日,股价放量长阳突破此压力位后,该价格高点即成为一个重要的支撑价位,股价上涨途中回调至该价位附近即受到支撑而止跌,如图 3-1-16 所示。

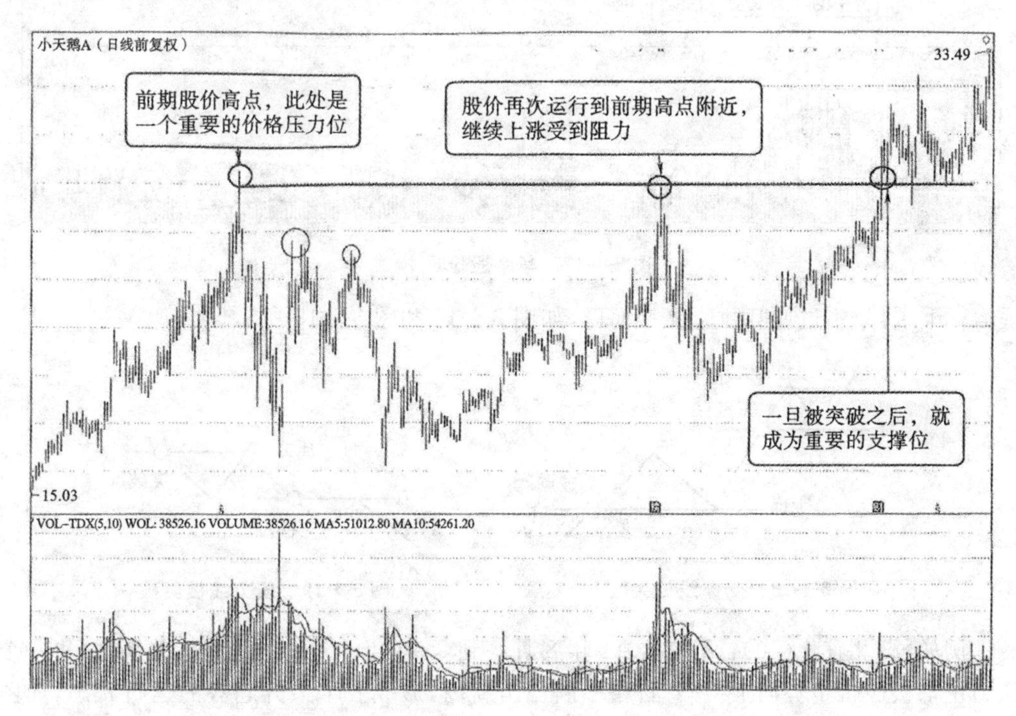

图 3-1-16 小天鹅 A 日 K 线

华帝股份(002035)在 2015 年 7 月 13 日附近交易活跃,成交密集,意味着此价格附近可能是个重要的压力位。2015 年 11 月 20 日、12 月 23 日和 1 月初股价多次上涨至此压力位附近即调头向下,表明此压力线得到进一步确认,如图 3-1-17 所示。

3. 支撑线和压力线的作用

如前所述,支撑线和压力线的作用是阻止或暂时阻止价格朝一个方向继续运动。价格的变动是有趋势的,要维持这种趋势,保持原来的变动方向,就必须冲破阻止其继续向前的障碍。如果要维持下跌行情,就必须突破支撑线的阻力和干扰,创出新的低点;要维持上升行情,就必须突破压力线的阻力和干扰,创出新的高点。由此可见,支撑线和压力线有被突破的可能,它们不可能长久地阻止价格保持原来的变动方向,使其在一个区间永

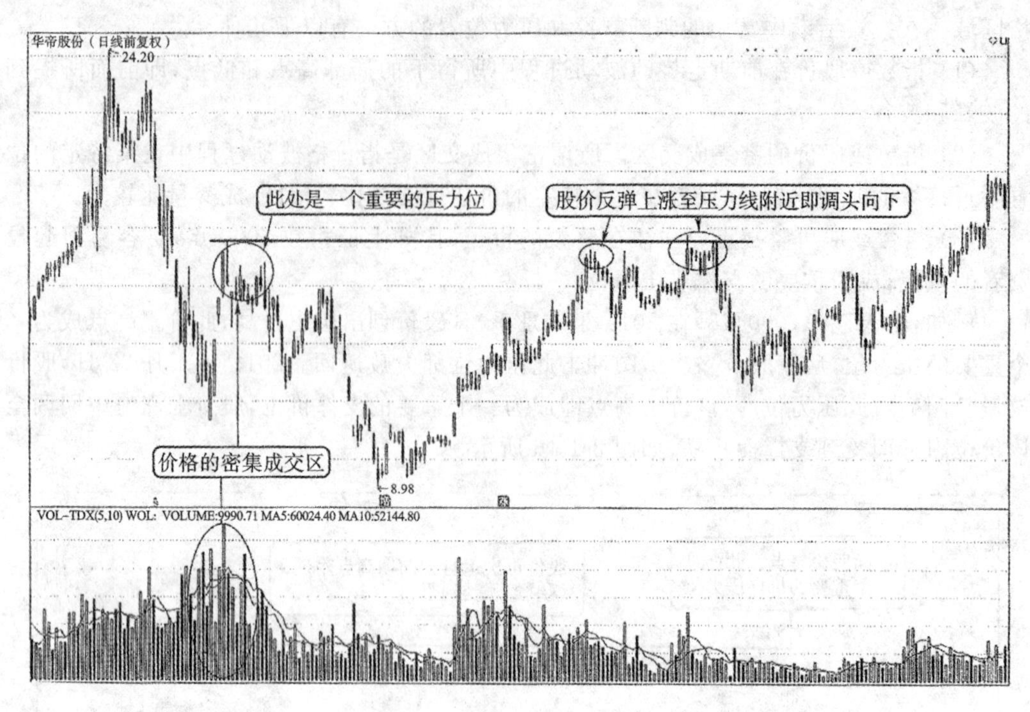

图 3-1-17　华帝股份日 K 线

远运行下去，只不过使其暂时停顿而已，如图 3-1-18 和图 3-1-19 所示。

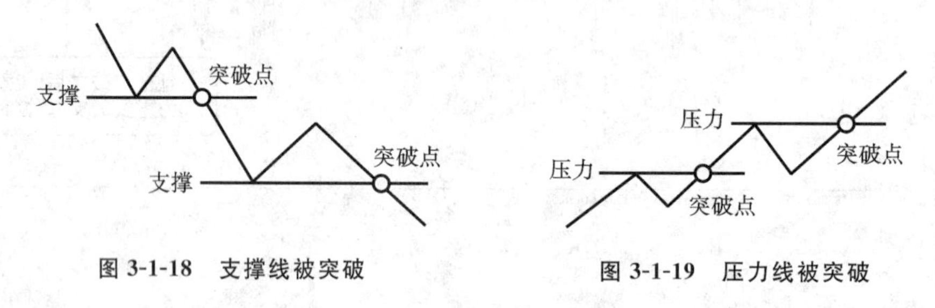

图 3-1-18　支撑线被突破　　　　图 3-1-19　压力线被突破

例如，湖北宜化(000422)在 2014 年 8 月底到 2015 年 6 月初的价格走势图中，每一个压力位都被股价走势向上突破，价格不断创出新高，形成一个上升趋势的运行状态，如图 3-1-20 所示。

五粮液(000858)在 2013 年 1 月到 2014 年 1 月之间的价格走势图中，每个支撑位都被股价走势向下突破，价格不断创出新低，意味着股价正运行在一轮下降趋势中，如图 3-1-21 所示。

同时，支撑线和压力线又有彻底阻止价格沿原方向变动的可能。当一个趋势终结或者说到头时，它就不可能创出新的低价或新的高价，这时的支撑线和压力线就显得异常重要。

在上升趋势中，如果下一次价格未创出新高(未突破压力线)，这个上升趋势就已经处在比较关键的位置上了，如果后续价格又向下突破了这个上升趋势的支撑线，则预示着一个强烈的趋势变化的警告信号就此产生。这通常意味着，这轮上升趋势已经结束，下一轮

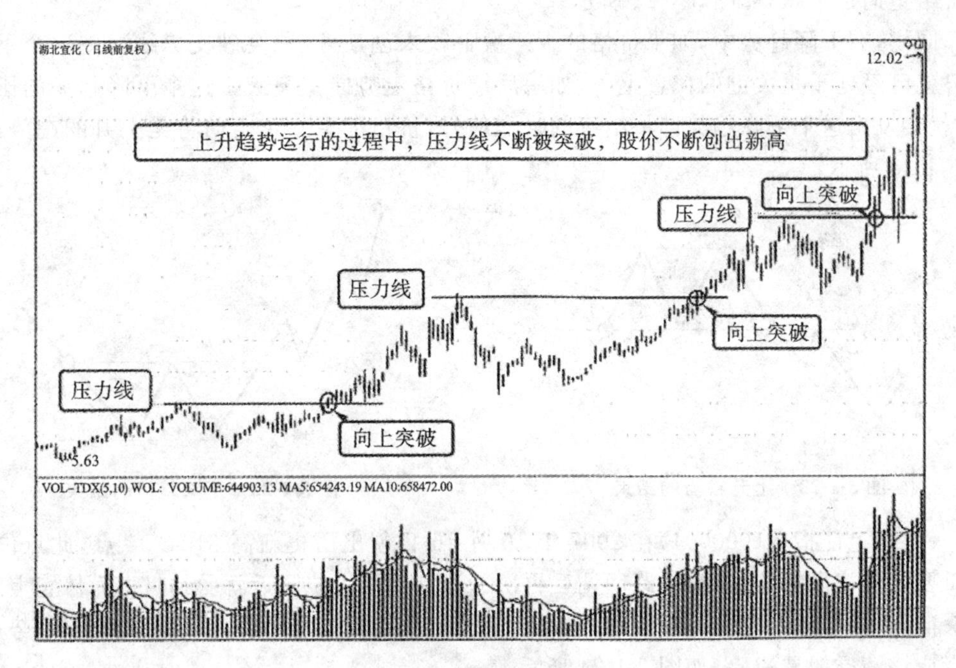

图 3-1-20　湖北宜化日 K 线

图 3-1-21　五粮液日 K 线

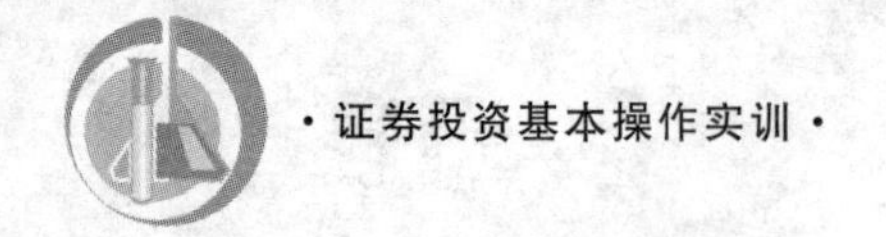

的价格走向是下跌，如图 3-1-22 所示。

同样，在下降趋势中，如果价格的下一次下跌未创新低（未突破支撑线），则这个下降趋势就已经处于很关键的位置上了；如果后续价格走势向上突破了这个下降趋势的压力线，就会发出这个下降趋势即将结束的强烈信号，价格的下一步走向将是上升的趋势，如图 3-1-23 所示。

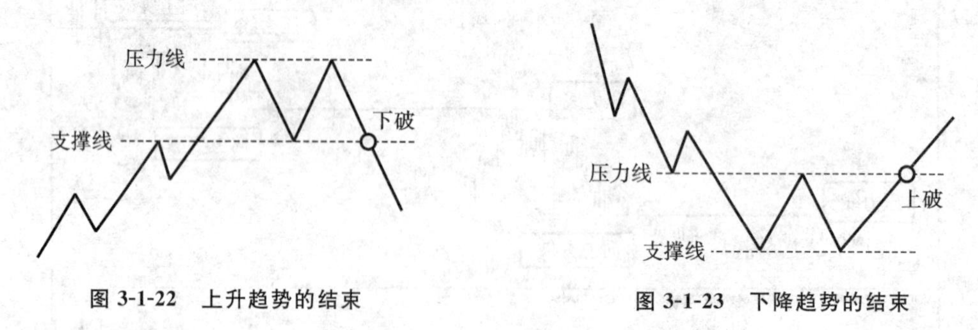

图 3-1-22　上升趋势的结束　　图 3-1-23　下降趋势的结束

例如，上证指数（000001）在 2007 年 10 月 16 日创出历史新高 6124.04 点，此点位成为重要的价格压力位，指数下跌回调后再次冲高到此压力位附近就受到阻力而停止上涨，调头向下，并下破此轮上升趋势的支撑线，表明上升趋势就此结束，行情转为下降趋势，投资者应该清空股票避险，如图 3-1-24 所示。

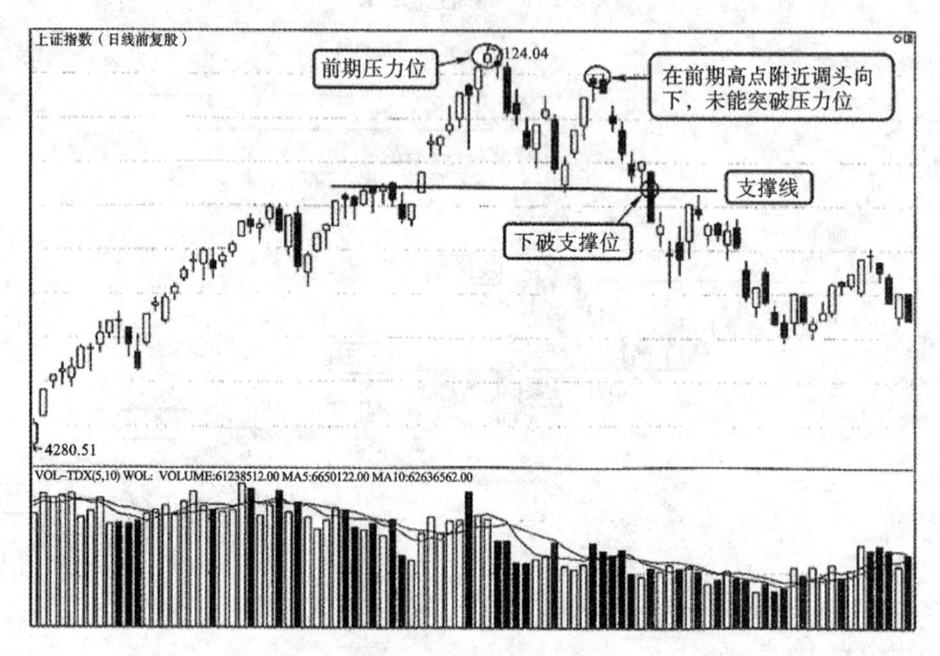

图 3-1-24　上证指数日 K 线-1

再如，上证指数（000001）经过长达一年多的下跌之后，在 2008 年 10 月 28 日创出新低 1664.93 点，该点位成为一个重要的价格支撑位，此后指数下跌回调都没有跌破这个价格低位，并于 2009 年 2 月 4 日向上突破此轮下降趋势的压力线，表明下降趋势已经结束，行情反转为上升趋势，如图 3-1-25 所示。

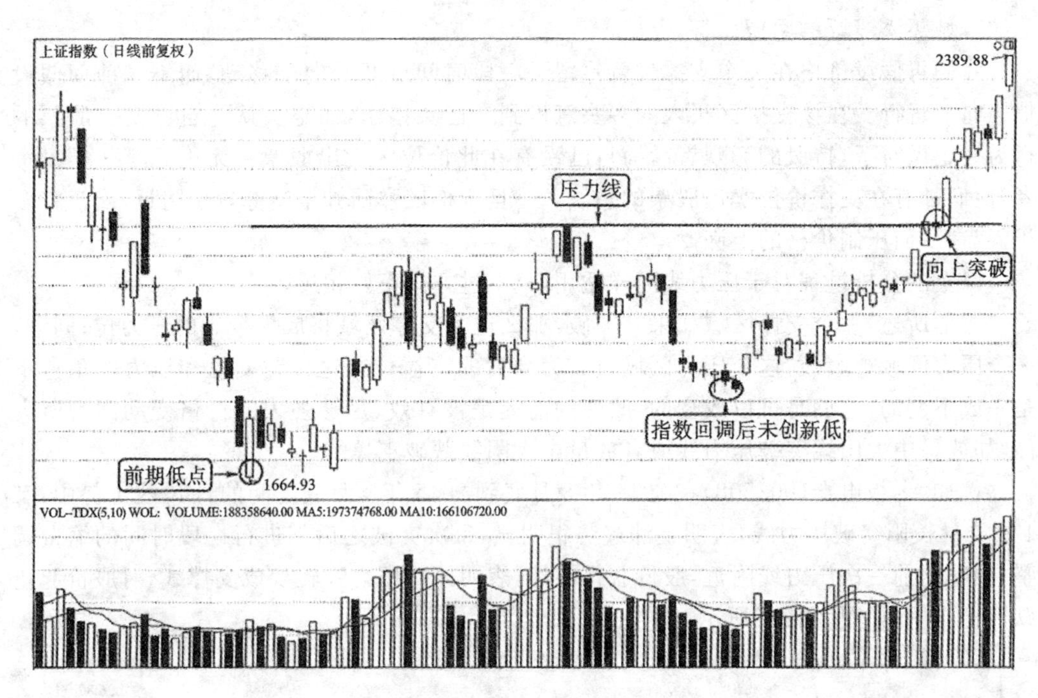

图 3-1-25　上证指数日 K 线-2

4. 支撑线和压力线的相互转化

当压力线被突破后，价格运行在压力线上方，后续价格下跌回调至此压力线附近时，压力线会转化为支撑线起支撑作用；当支撑线被跌破后，价格运行在支撑线下方，后续价格反弹上涨至此支撑线附近时，支撑线会转化为压力线起压制作用。这称为支撑线和压力线的相互转化，如图 3-1-26 所示。

支撑线和压力线之所以能起支撑和压力作用，两者之间之所以能相互转化，很大程度上是心理因素方面的原因，这也是支撑线和压力线的理论依据。当然，心理因素不是唯一的依据，还可以找到别的依据，如主力成本等，但心理因素是主要的理论依据。

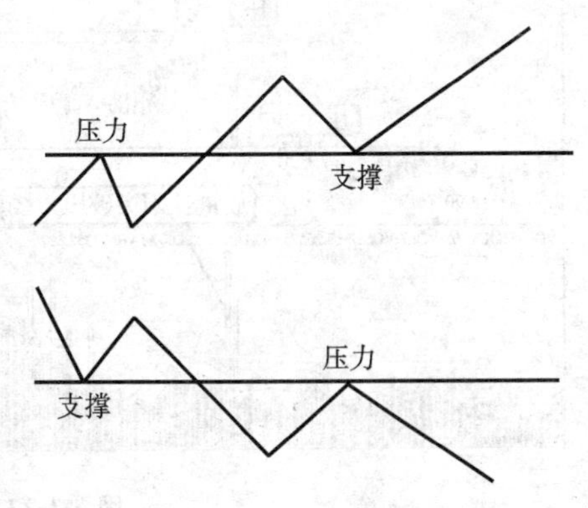

图 3-1-26　支撑和压力线的相互转化示意图

市场中无外乎有三种人：多头、空头和旁观者。旁观者又可分为持仓者和持币者两种。假设价格在一个支撑区域停留了一段时间后开始上行，在此支撑价位附近买入股票的多头认为自己买对了，并对自己买入数量不足而耿耿于怀，如果市场回落至该区域附近，他们倾向于再次买入股票。

在该区域卖出股票的空头也意识到自己卖错了，他们希望价格重新跌回此区域以便回补卖出的股票。而旁观者中持股者的想法和多头相似，认为自己买对了；持币者的想法同空头相似，他们希望价格重新跌回此区域而买入股票。四种人中无论哪一种，都有在此

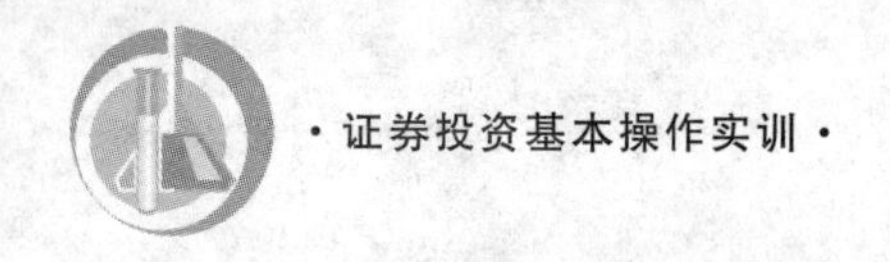

支撑区域买入股票的愿望。

我们再假设价格在一个支撑位置停留了一段时间后开始向下移动，而不像前面假设那样向上运行。在该支撑区买入的多头意识到自己买错了，而空头认为自己卖出股票的行为一定做对了，持股的旁观者后悔自己没有在此价位区卖出股票。无论是哪一类投资者，他们都有在支撑价位卖出股票的想法。一旦价格反弹回升至支撑价位附近，卖盘将多于买盘，从而压制价格的上涨。

以上的分析过程对于压力线同样适用，只不过方向正好相反。

综上所述，一个支撑区域如果被突破，那么这个支撑区域将成为今后的压力位；同理，一个压力区域被突破，这个压力区域将成为今后的支撑位。这说明支撑和压力的角色不是一成不变的，它们是可以改变的，改变的前提是被有效、足够强大的价格变动因素所突破，如放量中大阳线突破压力线或者放量中大阴线跌破支撑线。

例如，老板电器(002508)在2014年8月底到2015年4月底之间的日K线走势中，有4次放量长阳突破压力线，表明上涨趋势很明显，每次突破之后都进行一段时间的缩量调整，调整至前一次压力线附近，股价获得支撑，表明此时压力线转换成支撑线，对股价起止跌回稳作用，如图3-1-27所示。

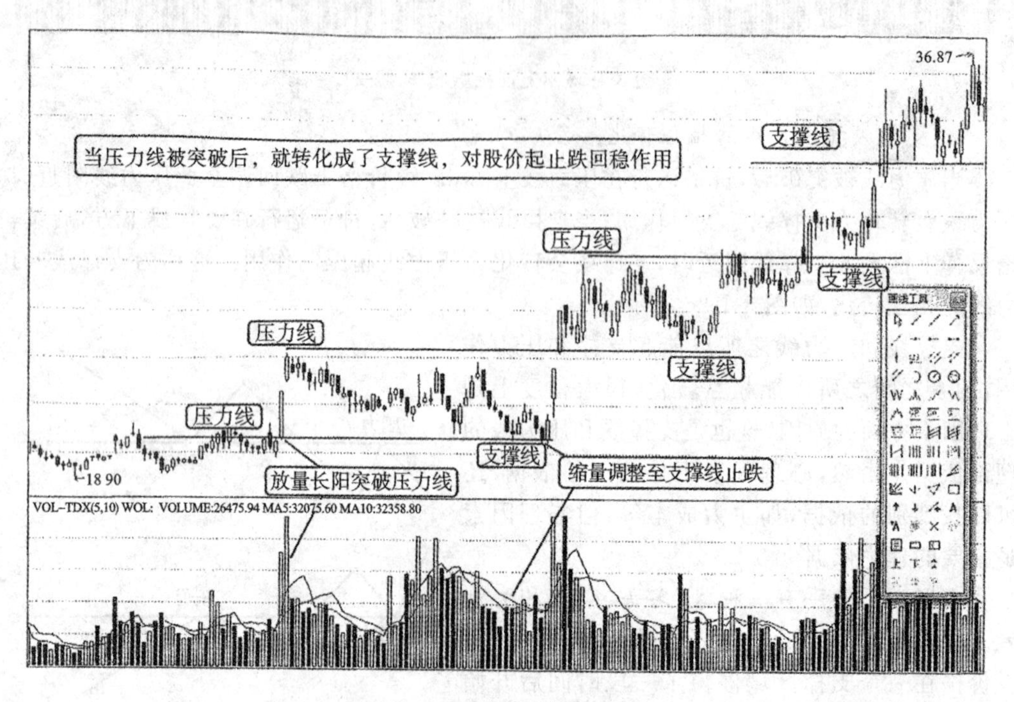

图 3-1-27 老板电器日K线

四、实验内容及操作——运用趋势(线)预测股票的未来走势

(1) 通过看盘软件，选取两个上升趋势K线走势图和两个下降趋势K线走势图。

(2) 分别画出 K 线支撑线和压力线,并找出支撑线和压力线的突破点。

(3) 运用趋势(线)法预测该股票未来可能的走势。

五、实验报告

(1) 简述对本条假设的认识。

(2) 在 Word 中画出三种趋势线示意图。

(3) 提交实训 K 线截图。

(4) 书面提交支撑线、压力线草图。

(5) 根据选择的 K 线,预测两只股票未来可能的走势,并分析原因。

(6) 找一只股票模拟盘操作跟踪趋势并撰写交易日记和心得。

任务 1.3 历史会重演

一、知识目标

(1) 理解走势图形的相似性的含义。
(2) 正确体会历史会重演的逻辑意义。
(3) 掌握历史会重演在证券投资分析中的作用。

二、能力目标

(1) 可以分辨出两只个股或者指数历史K线图的相似性表现。

(2) 能利用历史会重演的逻辑意义寻找个股或者指数K线未来可能的走势。

(3) 初步具备判断典型K线未来可能走势的能力。

(4) 深刻体会历史会重演的含义。

三、相关知识

技术分析和市场行为学与人类心理学有着千丝万缕的联系。比如价格形态,它们通过一些特定的价格图表形状表现出来,而这些图形表示了人们对某市场看好或看淡的心理。其实这些图形在过去的几百年里早已广为人知并被分门别类了。既然它们在过去很管用,就不妨认为它们在未来同样有效,因为它们是以人类心理为根据的,而人类心理从来就是"江山易改本性难移"。"历史会重演"说得具体点就是,打开未来之门的钥匙隐藏在历史里,或者说将来是过去的翻版。历史会重演,但以不同方式进行"重演"!现实中没有完全相同的两片树叶。投资者经常在相似的历史变化中寻求投资"真理",但最后往往伤痕累累,这也正说明了市场是变幻无穷的。阴阳两种K线,却能构造百年来华尔街的风风雨雨,只因K线相似却神不似,历史重演却不重复。

此条假设最为深奥并不是因为难懂,而是因为此条假设是对经验重要性的肯定,在金融市场中历史会重演但不会重复,遇到同样类似的情景可以演化出类似的趋势,但是决不会像用公式推导结果一样精确地重复,最大的难处也就在这里。

1. 市场是有规律的

规律表现在"历史可以重演",相似的行情总会出现。例如,图3-1-28的两根K线图反映的是不同时期、不同品种的期货价格变化趋势。

图3-1-28的两张走势图有如下几个相同点。

(1) 牛市中出现了一鼓作气,再而衰,三而竭的上升三连推形态。

(2) 一旦跌破上涨趋势线后,都有一波较大幅度的回调。

(3) 从更长久来看,回调都是为下一次上涨积蓄能量,回调不会改变牛市趋势。

2. 投资者要复盘

观摩历史行情走势,从中找到规律。最容易重演的是图形上具备相似技术形态,如双底、双顶、头肩顶、头肩底、三角形等。分析、比较图3-1-29所示的两根K线。发现有以下相似点。

(1) 行情在前期经历了一波下跌,突然一个大阳线拔地而起(图中圆圈位置)。

(2) 大阳线之后形成了一根三角形震荡整理区间。

(3) 三角形整理突破后行情会有一波反弹。

(4) 因为行情酝酿不充分,所以这种反弹持续的时间和高度一般都不久,需要见好就收。

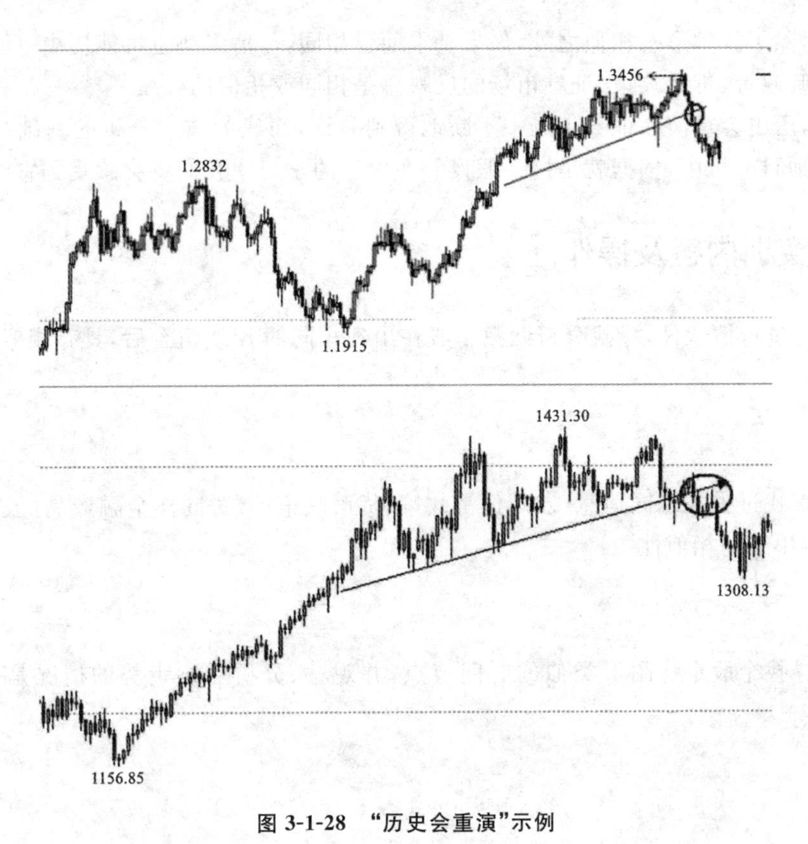

图 3-1-28 “历史会重演”示例

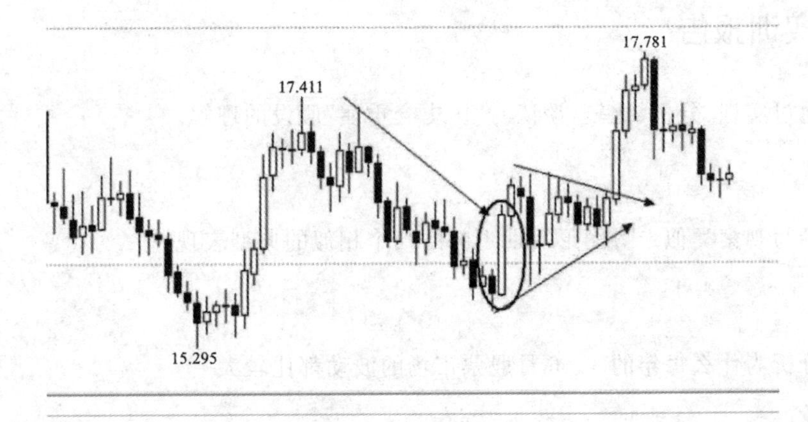

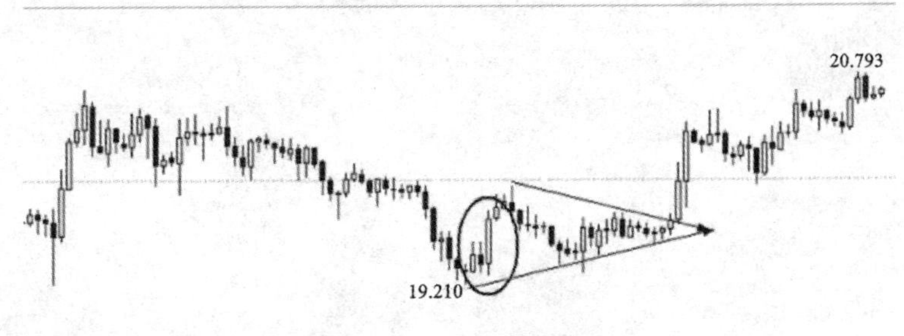

图 3-1-29 “三角形”示例

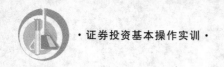

另外，除了技术形态相似之外，如果基本面也相同，行情走势也可能历史重演。例如，相似的财政政策、货币政策，证券市场的反映总是相同或相似的。

总之，历史会重演在证券市场中不断地得到验证，而成为技术分析的基础与核心，在以后的各项目分析中，依据就是这一假设。在以后的学习中我们将会感受到它的魅力。

四、实训内容及操作

（1）通过行情软件，寻找分析两只个股在出现相同的K线组合后，具有相似的后来走势。

（2）查找过去在相同信息（宏观经济政策、货币政策等）对同样金融产品（股票、债券、指数）价格影响的相似性。

（3）寻找个股走势图形类似的时间节点，并观察、分析后续走势的情况是否具有相似性。

五、实训报告

（1）通过实训、分析、比较，谈谈对“历史会重演”假设的理解。

（2）撰写观察类似走势图形后期走势的几个相似的典型表现。

（3）分析为什么每年的4—6月股票市场的波动都比较大？

项目二

单根 K 线画法与 K 线价格波动

本项目共设计了 3 个任务，分别是标准 K 线画法及解析、变异 K 线画法及解析、用单根 K 线判断顶/底部。

K 线图直观、立体感强且信息丰富，是股票等技术分析中最常用和最基本的工具。而在股票实战和操盘技巧中，K 线分析也是最重要的一环。从 K 线图形中，投资者可以捕捉到买卖双方多空力量对比的变化，还可以分析预测股价未来的价格走势，把握买进卖出的最佳时机。

任务 2.1　标准 K 线画法及解析

一、知识目标

(1) 了解 K 线的意义与基本要素。
(2) 掌握标准 K 线图绘制方法。
(3) 掌握标准 K 线背后代表的价格波动情况。
(4) 理解 K 线代表的买卖双方多空力量变化。

二、能力目标

(1) 能够绘制标准 K 线。
(2) 能够将标准 K 线与分时图走势进行互换。
(3) 能够准确表达 K 线中实体颜色及大小的含义。
(4) 能够准确表达 K 线中影线位置及长短的含义。

三、相关知识

（一）K线图及其分析

1. K线的画法

任何一根K线都有某一时间段的开盘价、收盘价、最高价、最低价构成。正确画出K线，首先找到该日或某一周期的最高价和最低价，垂直地连成一条直线；然后再找出当日或某一周期的开盘价和收盘价，把这两个价位连接成一条狭长的长方柱体。假如当日或某一周期的收盘价较开盘价高（即低开高收），便以红色来表示，这种柱体称为“阳线”。如果当日或某一周期的收盘价较开盘价低（即高开低收），则以绿色表示，这柱体就是“阴线”。如果当日或某一周期的收盘价和开盘价相同则以等价线（或不阴不阳线）表示。

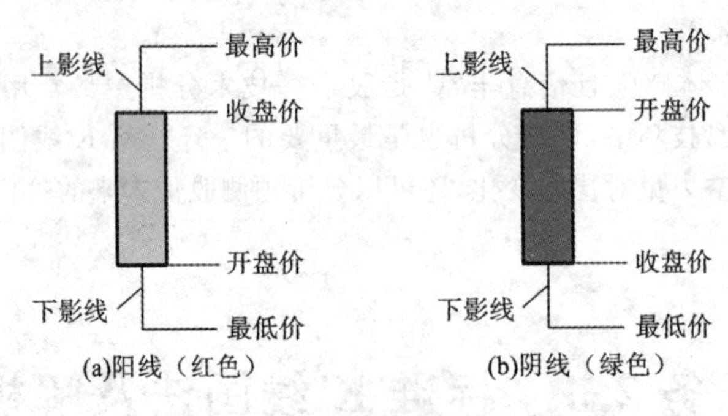

图3-2-1　K线的基本构成示意图

2. 标准K线的学习要点

标准K线是K线理论学习的基础，后期变异K线及K线组合、K线形态都是由标准K线延伸的。关于标准K线，一般上影线和阴线的实体表示股价的下压力量，下影线和阳线的实体则表示股价的上升力量，上影线和阴线实体比较长说明股价的下跌动能比较大，下影线和阳线实体较长则说明股价的扬升动力比较强。

（二）标准K线解析思路

1. 分时图与K线互换

每一根K线背后都会有其对应的波动明细图，每一份分时明细图也有其对应的K线图，两者之间得到一种就可以描绘出跟其对应的另外一种形式。而比较特殊的波动形式又会给出比较明确的判断指引，例如某一日分时图剧烈波动，大幅上涨又大幅下跌，最后K线上收出长长的上影线和下影线，所预示的是多空双方剧烈的争夺，后期极有可能变盘。

2. 感受行情节奏变化

寻找整段行情中标志性的K线，以此作为初步导航，等待新的替代性导航出现。观察该标志性K线出现后股价波动轨迹，是股价重心上移还是股价重心下移。然后根据反复观察确立特殊 K 线出现后所产生的分析判断意义。

四、实训内容及操作

(1) 在以下表格中分别配置三组合理的开盘价数据、收盘价数据、最高价数据、最低价数据。

序　号	开盘价	收盘价	最高价	最低价
1				
2				
3				

(2) 根据所给数据分别按比例画出标准阳线、标准阴线、等价线。

(3) 根据自己制作的图表,分别描述各种不同标准 K 线对应的价格波动情况,以及多、空双方的力量对比。

五、实训报告

(1) 谈谈对 K 线初步的认识。

(2) 讨论阳线是否代表价格在持续上涨,阴线是否表示价格下跌。

(3) 提交 K 线图。

任务 2.2　变异 K 线画法及解析

一、知识目标

(1) 了解变异 K 线的基本类型。

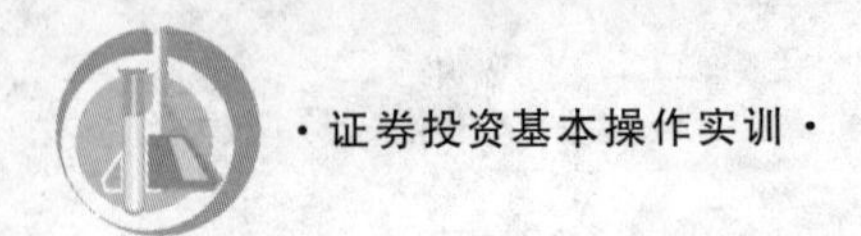

(2) 知道变异 K 线的绘制方法。

(3) 理解变异 K 线背后代表的价格波动情况。

二、能力目标

(1) 学会绘制各种变异 K 线的方法。

(2) 能够将变异 K 线与分时图走势熟练互换。

(3) 能够初步应用特殊的变异 K 线分析一些问题。

(4) 熟记几种变异 K 线的名称，并能够通过看盘软件找到它们。

三、相关知识

(一) 变异 K 线图及其分析

1. 变异 K 线的画法

任何一根变异 K 线同样会由开盘价、收盘价、最高价、最低价构成，只不过四种价格之间的关系可能有点特殊，有的差别很大，有的则差别很小，甚至相等，这些都是由市场决定的，同时在一幅 K 线图中往往也包含了各种标准的 K 线及变异的 K 线。如果设定或调整上述价格的参数，可以画出任何一种变异的 K 线，在理解了开盘价、收盘价、最高价、最低价的关系后，就可以在表格中制作出任何想要的各种 K 线图。图 3-2-2、图 3-2-3、图 3-2-4 分别为各种变异阳线、变异阴线及变异等价线示意图。

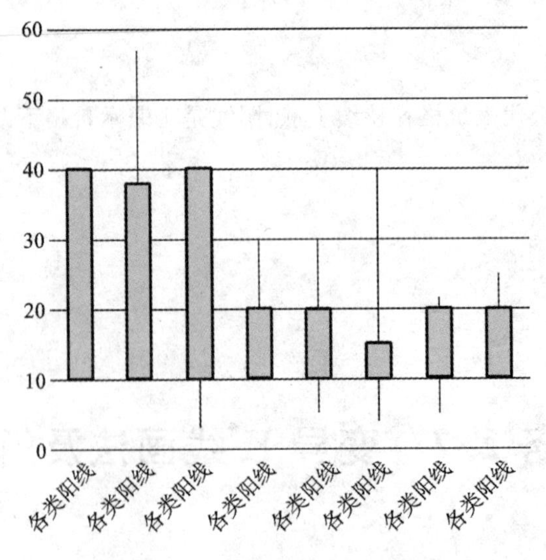

图 3-2-2　各种变异阳线示意图

2. 变异标准 K 线的学习要点

变异 K 线是 K 线理论学习的延伸，后期 K 线组合、K 线形态都是由标准 K 线和各种

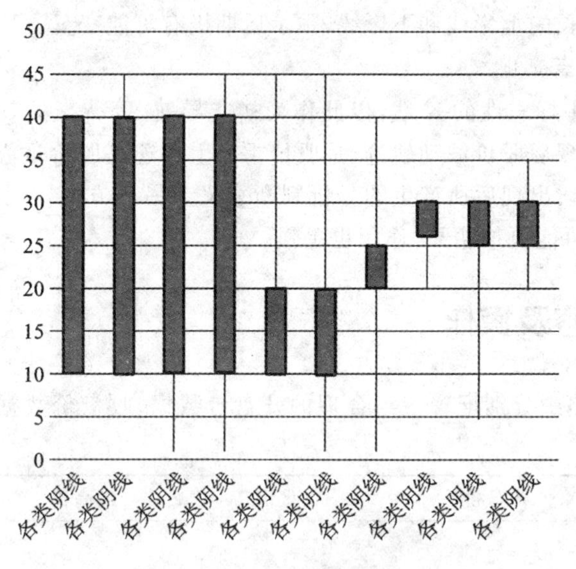

图 3-2-3　各种变异阴线示意图

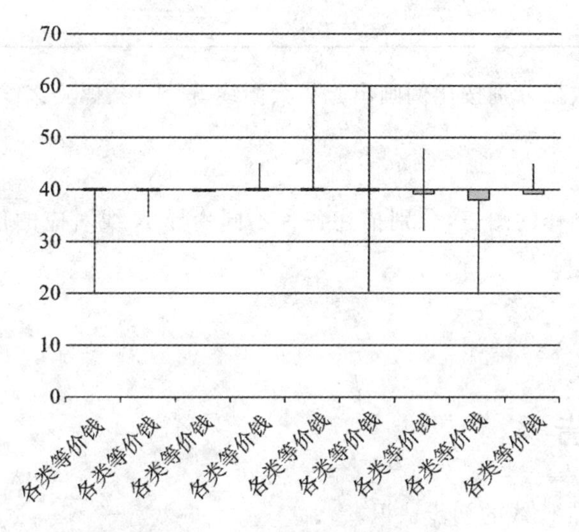

图 3-2-4　各种变异等价线示意图

变异 K 线组合形成的,同样变异 K 线的上影线和阴线的实体表示股价的下压力量,下影线和阳线的实体则表示股价的上升力量;上影线和阴线实体比较长说明股价的下跌动能比较大,下影线和阳线实体较长则说明股价的上涨动能比较强。并且特殊的变异 K 线(比如螺旋桨线、锤头线等)所呈现出的信号更加强烈,研究意义更大。

(二) 变异 K 线解析思路

1. 分时图与 K 线互换

每一根变异 K 线背后都会有其对应的波动明细图,每一份分时明细图也有其对应的 K 线图,两者之间得到一种就可以描绘出跟其对应的另外一种形式。而比较特殊的波动形式又会给出比较明确的判断指引,例如某一日分时图剧烈波动,大幅上涨又大幅下跌,

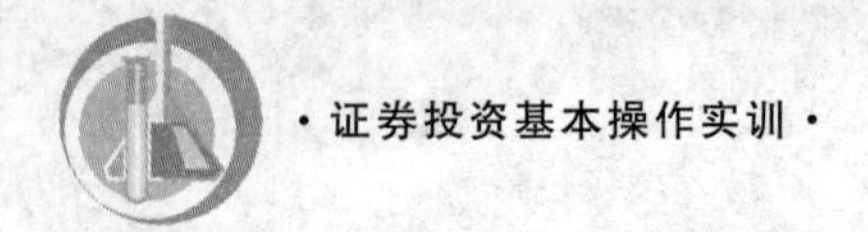

最后K线上收出长长的上影线和下影线，预示后期极有可能变盘。

2. 感受行情节奏变化

寻找整段行情中标志性的K线，以此作为初步导航，等待新的替代性导航出现。观察该标志性K线出现后股价波动轨迹，是股价重心上移还是股价重心下移。然后根据反复观察确立特殊K线出现后所产生的分析判断意义。另一方面，变异K线的变异性，往往提供的市场信息可能更加明显，作用也更强。

四、实训内容及操作

(1) 在以下表格中分别配置三组合理的开盘价数据、收盘价数据、最高价数据、最低价数据。

序　号	开盘价	收盘价	最高价	最低价
1				
2				
3				

(2) 根据所给数据分别按比例画出光头大阳线、锤头线、螺旋桨线。

(3) 根据自己制作的图表，分别描述各种不同变异K线对应的价格波动情况，以及多、空双方的力量对比。

五、实训报告

(1) 谈谈对变异K线的初步认识。

(2) 讨论光头大阳线、光脚大阴线、锤头线多、空双方动能对比。

(3) 提交变异K线图。

任务 2.3 用单根 K 线判断顶/底部

一、知识目标

(1) 了解各种单根 K 线及变异 K 线。

(2) 掌握具有特殊意义的单根 K 线。

(3) 掌握不同位置出现的特殊单根 K 线所代表的含义。

二、能力目标

(1) 能够在历史图形中找出各种有特殊意义的单根 K 线。

(2) 能够在即时图中根据某些特殊的单根 K 线对行情进行预判。

(3) 记住一些特殊 K 线的形状及其位置作用。

三、相关知识

(一) 单根 K 线分析

1. 大阳线

大阳线是指收盘价与开盘价相差较多的阳线,是股价、期货价格及指数走势中常见的 K 线,其基本形态如图 3-2-5 所示。

大阳线的特征主要有以下三点。

(1) 无论股价处于什么位置都有可能出现。

(2) 阳线实体越长,则力量越强;反之则力量越弱。

(3) 在注册制度下(国内),最大的日阳线实体可以达到当日开盘价的 40%,即以跌停板开盘,涨停板收盘。

大阳线由于低开高收的格局呈现,本身就有向好的意味,它表示买盘相当强劲,后市看涨。但在不同时期,作用不同,应区别对待。

(1) 在连续下跌的情况下出现大阳线,表示多头力量极为强大,应该买进。

(2) 长期盘整后出现大阳线,表示多头终于战胜空头,可果断跟进。

(3) 在股价经过连续上扬后出现大阳线,应谨慎对待,以持币观望为佳。因为此时往往反映出市场投机氛围浓厚,跟风盘导致上涨,获利盘纷纷套现,股价可能大跌。

2. 大阴线

大阴线也是收盘价与开盘价相差较多的 K 线,也是股价、期货价格及指数走势图中

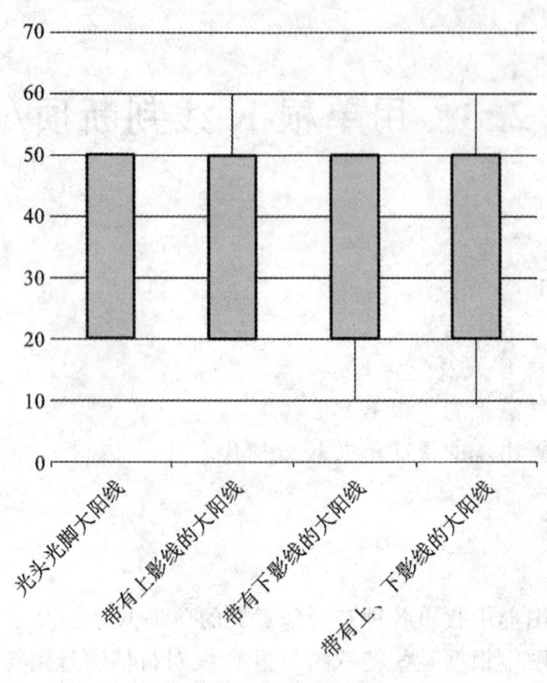

图 3-2-5 大阳线示意图

常见的 K 线,其基本形态如图 3-2-6 所示。

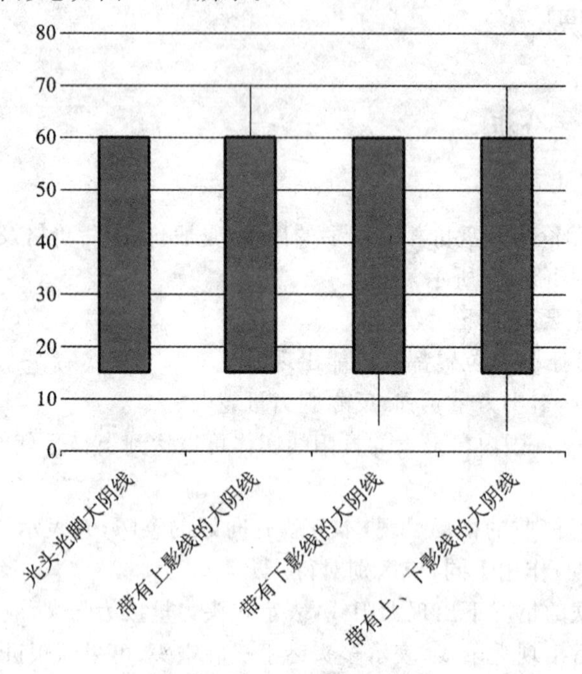

图 3-2-6 大阴线示意图

这种图形表明从一开始,卖方就占优势,股市处于低潮,握有股票者不限价疯狂抛售,造成恐慌心理,市场呈一边倒的局势,直至收盘,价格始终下跌并呈现较强烈的跌势。大阴线的力度大小,与其实体长短成正比,即阴线实体越长,则力度越大,反之则力度越小。

大阴线的出现，在大多数情况下对于多方来讲是一种不祥的征兆。但也不能一概而论，具体还需要看大阴线出现的位置，往往位置不同代表的含义也不同。

(1) 顶部大阴线　顶部大阴线通常发生在上升趋势的末期，是空头资金在高位击败多头资金，或多头主力出货的结果，如果这根大阴线出现后后期股价重心下移，则顶部反转信号可以确认。此时投资者能够做的只有尽快止损离场。

(2) 底部大阴线　在行情超跌时出现，也叫"最后的大跌"，它往往出现在跌势漫长、跌幅巨大的下降趋势的末尾加速期，实体长度至少为其之前的 3～5 倍。此时说明市场恐慌情绪浓厚，空头过度反应，该大阴线出现后，如果后期股票价格没有再创出新低且股价重心上移，则是明显的见底信号，可以积极做多。

(3) 反叛大阴线　反叛大阴线是指行情正式暴涨前空头的最后反扑，或上升趋势运行中突然出现的反叛型大阴线，通常这样的大阴线会被缓慢的多头进攻所吞没，继而市场信心大振获得新的上涨动力。

(二) 单根变异 K 线分析

1. 螺旋桨线

螺旋桨线指的是那些在 K 线组合上经常出现的，K 线实体较小、上下影线较长的 K 线，如图 3-2-7 所示，它们一般传递的是一种转势信号。

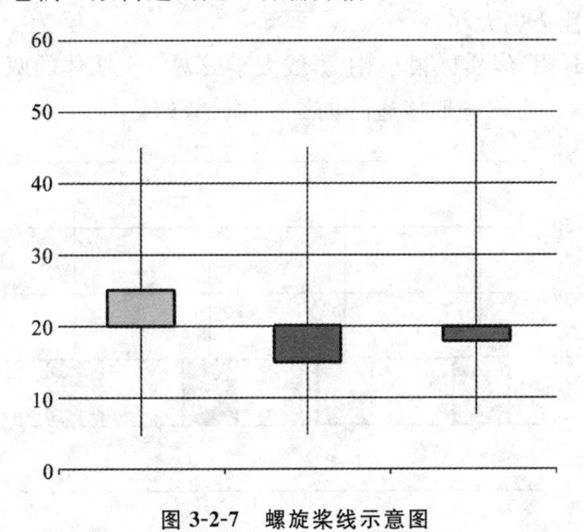

图 3-2-7　螺旋桨线示意图

简单地说，如果这种图形出现在上升行情中，并且是在一段较大涨幅之后，所起的作用是领跌；反之，如果出现在下跌行情中，尤其是一段较大幅度的下跌之后，所起的作用是领涨。

在实战中，无论大盘或者个股，一旦大幅上涨后出现这样的 K 线，且随后的 K 线在其上影线下方运行，那么短期头部就基本形成了，后市下跌的可能性非常大，应该果断止损。

2. 锤头线与倒锤头线

锤头线是指阳线(也可以是阴线)实体很小，一般无上影线(即使有也很短)但下影线很长的 K 线，如图 3-2-8 所示。它们一般传递的也是一种转势的信号。

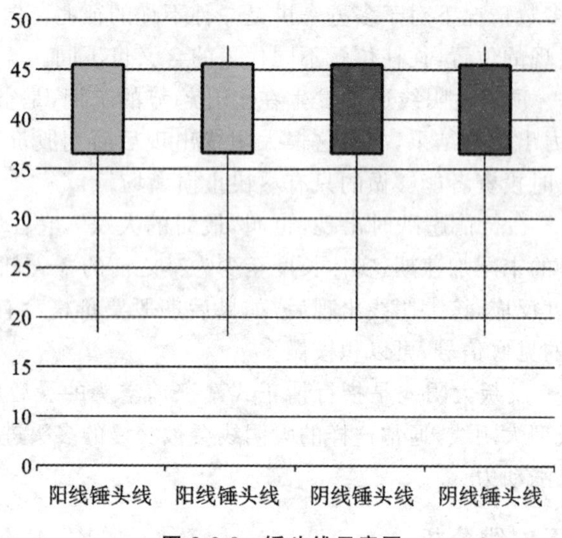

图 3-2-8 锤头线示意图

锤头实体与下影线比例越悬殊，越有参考价值。通常，在下跌过程中，尤其是在股价大幅下跌后出现锤头线，股价转跌为升的可能性较大。在上涨行情末端出现时，意味着股价的涨势已经到头，接下来很可能转为跌势。此时如果该锤头线是以阴线锤头线的形式出现，则下跌的可能性会更大些。

倒锤头线是指阳(阴)线实体很小，上影线大于或者等于实体的两倍，一般无下影线的K线，如图 3-2-9 所示。它们一般传递的也是一种转势的信号。

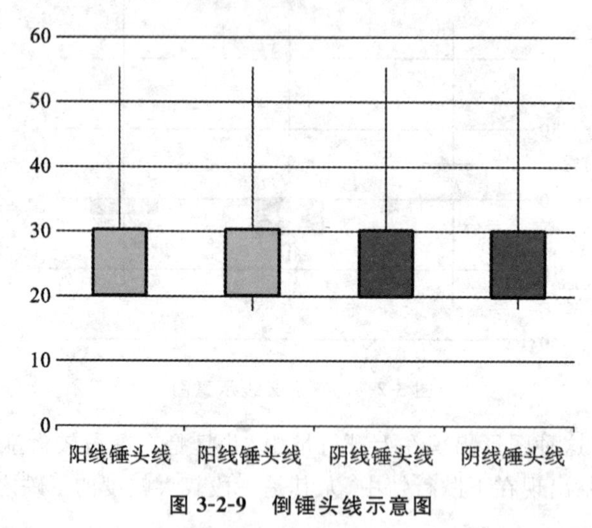

图 3-2-9 倒锤头线示意图

倒锤头线的锤头实体与上影线比例越悬殊，越有参考价值。若在下跌过程中出现，尤其在大幅下跌后出现倒锤头线，则股价转跌为升的可能性很大；若在上涨行情末端出现，则意味着股价的涨势已经到头，多方抵抗不住空方的打击，股价会见顶回落。

3. 单根变异 K 线的学习要点

上述几组单根 K 线是较为特殊的单根 K 线类型，一般情况下如果在恰当的位置出现了大阴线、大阳线、锤头线、倒锤头线或者螺旋桨线，后市行情往往会发生一定的转折，特别是在周K线、月K线出现这样的形态信号，其转折信号会更加强烈。需要学习者或投资者重点掌握并理解这些单根K线背后代表的含义。当然对于整个市场的分析判断仅仅靠单根K线的信号是非常不够的，需要配合其他技术指标。

（三）变异单K线解析思路

1. 分时图与K线互换

每一根K线背后都会有其对应的波动明细图，每一份分时明细图也有其对应的K线图，两者之间一一对应，若得到其中一种就可以描绘出跟其对应的另外一种形式。而比较特殊的波动形式又会给出比较明确的判断指引，例如某一日分时图剧烈波动，大幅上涨又大幅下跌，最后在K线上收出长长的上影线和下影线，预示后期极有可能是变盘或反转。

2. 感受行情节奏变化

在初步的技术分析中，一般首先要寻找整段行情中标志性的K线，以此作为初步分析的导航；其次分析标志性K线的位置，观察该标志性K线出现后股价波动的轨迹，分析股价重心上移还是股价重心下移；最后分析特殊K线出现后所产生的意义。

四、实训内容及操作

1. 寻找大阳线、大阴线和螺旋桨K线

（1）在股票分析软件中找到两根大阳线见底或见顶的个股，并标注日期、K线周期，观察其前后的价格趋势。

（2）在股票分析软件中找到两根大阴线见顶的个股和两根反叛阴线见底的个股，并标注日期、K线周期，观察其前后的价格趋势。

（3）在股票分析软件中找到两个螺旋桨K线见底或见顶的个股，并标注日期、K线周期，观察其前后的价格趋势。

2. 锤头线、倒锤头线的寻找

（1）在股票分析软件中找到两个锤头线见底或见顶的个股，并标注日期、K线周期，观察其前后的价格趋势。

（2）在股票分析软件中找到两根倒锤头线见底或见顶的个股，并标注日期、K线周期，观察其前后的价格趋势。

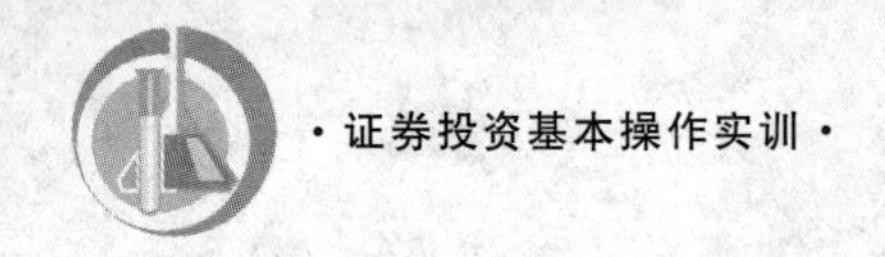

五、实训报告

（1）从股票分析软件中找到的有变异K线（大阴线、大阳线、锤头线等）个股的截图，并说明变异K线前后的趋势变化。

（2）尝试解析为什么特殊单根K线会给出一定的转势信号。

（3）举例说明日线出现见顶信号和月线出现见顶信号的差异。

项目三

关键K线组合及其应用

本项目共设计了4个任务:看涨K线组合及释义、看涨K线组合实际应用、看跌K线组合及释义、看跌K线组合的实际应用。

K线走势图直观、立体感强、信息丰富,是股票、期货、指数等技术分析中最常用和最基本的工具。在K线图波动过程中,部分特殊的K线组合在一起出现时,更能在一定程度上反映多、空双方力量的对比及其急烈程度,当这种组合出现时,市场价格往往会大概率地向着特定的方向波动,这在某种程度上可以为后期研判行情提供一个风向标。

任务3.1 看涨K线组合及释义

一、知识目标

(1) 了解K线组合的意义,熟悉几种常见的看涨K线组合的形态。

(2) 知道几种特殊看涨K线组合的可能市场信息。

(3) 明确看涨K线组合代表的买卖双方多空力量变化。

(4) 掌握看涨K线组合背后的价格波动情况。

二、能力目标

(1) 能够说出几种看涨K线组合的基本形状及特点。

(2) 可以自行设计数据,分别按要求画出指定的K线组合。

(3) 能够在股价、期货或指数的走势图中准确找到看涨K线组合。

(4) 能够根据看涨K线组合出现的位置,观察、判断出市场的未来可能变化趋势。

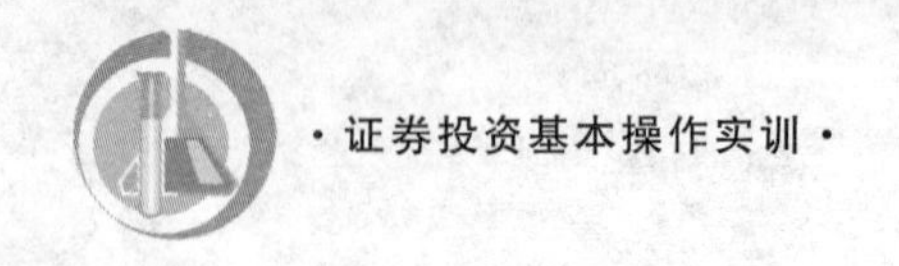

三、相关知识

(一) 各种看涨 K 线组合及其特征

1. 曙光初现

曙光初现又称刺穿线，是由走势完全相反的两根较长的 K 线组成，第一根为大幅下跌的阴线，第二根为大幅上涨的阳线，且第二根(第二天)阳线向下跳空低开，开盘价远低于第一根(前一天)的收盘价，但是后一天的收盘价远高于前一天的收盘价，并且阳线收盘价深入前一天阴线的实体部分中，几乎达到前一天阴线实体的一半左右，如图 3-3-1 所示。

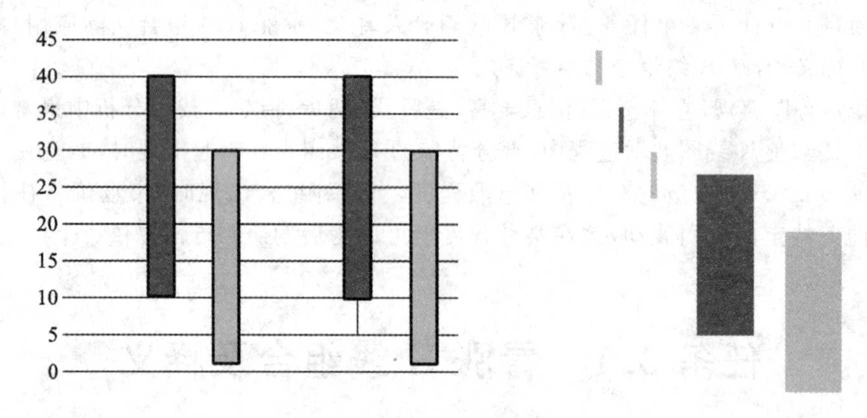

图 3-3-1 曙光初现示意图

市场含义：出现于下降趋势中，第一天的长(中)阴线实体保持了下降的含义，第二天的跳空低开进一步加强了下降的含义。然而，市场后来出现了反弹，并且收盘高于阴线的中部(阳线穿入阴线中)，从而形成一个潜在的底部，即刺穿线是下降趋势后的反转形态，且阳线穿入阴线的幅度越大，反转信号越强。

2. 旭日东升

“旭日东升”一般出现在连续下跌的行情中，一般先出现一根大阴线或中阴线，第二天出现一根高开高收的大阳线或中阳线，且收盘价高于第一根阴线的开盘价，如图 3-3-2 所示。

市场含义：阳线的收盘价高于阴线的开盘价，说明股价经过连续下挫，空头能量已释放殆尽，在空方无力再继续打压时，多方奋起反抗，并旗开得胜，股价高开高走，前景开始变得光明起来。所以旭日东升，意即给人希望，前景光明，后市看好。

3. 早晨之星

“早晨之星”又名“希望之星”。其特征是第一天的实体是与趋势方向一致的阴线，第二天的 K 线是小实体，且与第一天、第三天 K 线之间有缺口(向下跳空)，小实体的阴阳不重要，第三天的 K 线的阴阳与第一天的 K 线的阴阳相反，且第一天的 K 线的实体与第三天的 K 线的实体较长，如图 3-3-3 所示。

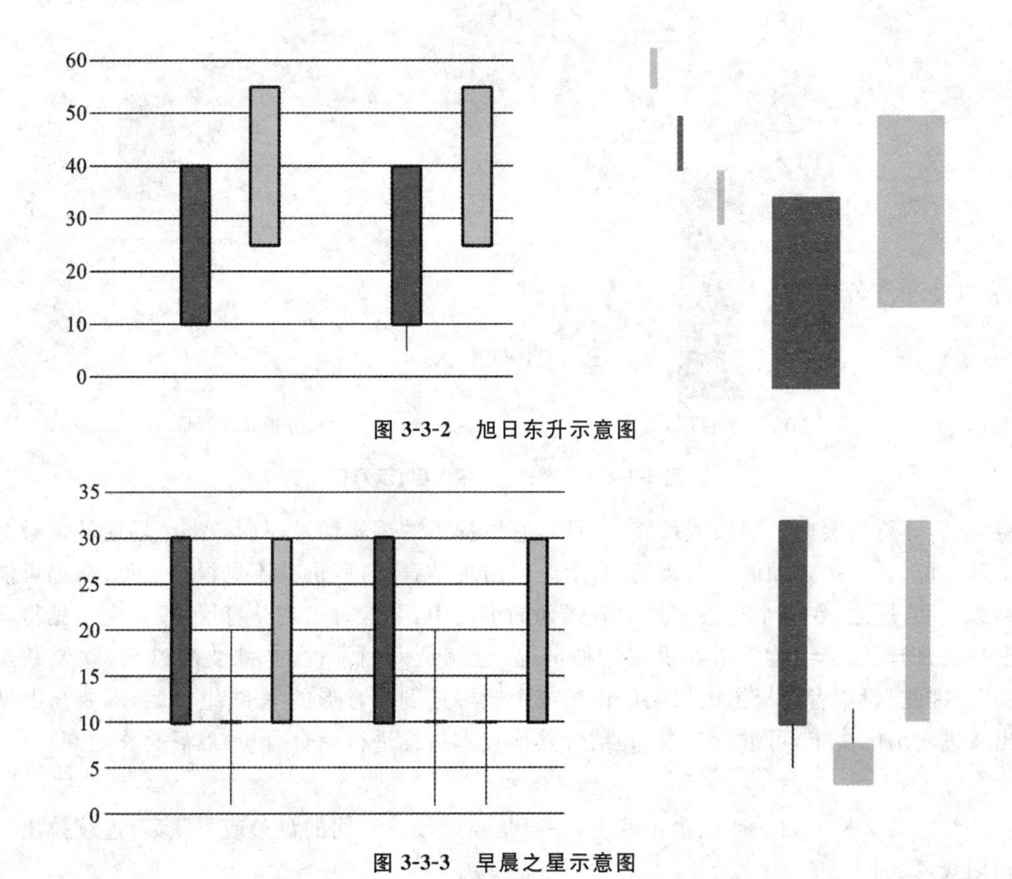

图 3-3-2　旭日东升示意图

图 3-3-3　早晨之星示意图

市场含义：小实体所处的价位就像早晨的太阳一样，给人以无限生机，所以称为早晨之星，希望之星，它是最为可靠的见底回升形态。

4. 孕育形

孕育形又称身怀六甲、母子线、孕线。

该组合是前面一根长阴线或长阳线，后面一根实体很短的 K 线，前一根的实体部分完全吞噬或包容后一根 K 线的实体，且阴阳不同，好像大 K 线怀中的胎儿。它分两种：牛市孕育形和熊市孕育形，如图 3-3-4 所示。

孕育形的形态特征如下。

(1) 在本形态长实体之前一定有相当明确的上升或下跌趋势。

(2) 长实体之后是小实体，小实体被完全包含在长实体的实体区域之内。

(3) 第一天的长实体的颜色反映市场以前的趋势。阴线反映下降趋势，阳线反映上升趋势。

(4) 第二根实体的阴阳与第一根的阴阳相反。

孕育形被视为一种“警告”或“提示”信号，或者说是一种准市场逆转信号。如果它出现在升势中，就是在警告人们：目前市场继续将股价推高的力量已经减弱，多头行情已接近尾声，继之而来的很可能就是下跌行情。如果它出现在下跌市场中，就是在提醒人们：目前市场下跌的势头已趋缓，股价可能见底回升，或者继续下跌的空间已很小，市场正积

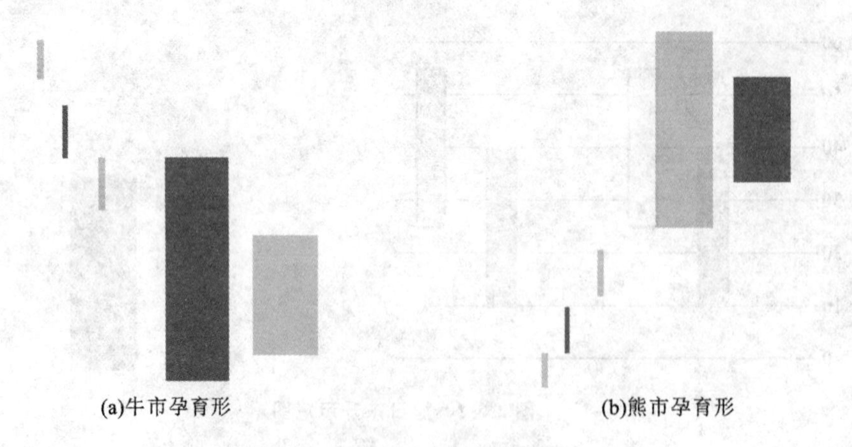

图 3-3-4　孕育形(身怀六甲)示意图

蓄力量，等待机会向上突破或反转。所以，它所提示的买卖信号，只是“准市场逆转信号”，也就是说，在一个强劲的多头市场中，上升时出现孕育形，股价并不见得马上见顶，仍可能继续上涨；反之，在一个空头力量十分强劲的市场中，下跌时出现孕育形，股价也不见得马上见底，仍可能会继续下滑。出现这种情况，也就是人们常说的“涨要涨过头，跌要跌过头”。因此，投资者在极强或极弱的市场或个股中见到孕育形的 K 线组合后，不要马上做出买进卖出的决定，可继续观察，并结合其他技术指标进行综合分析，然后再作定夺。

5. 红三兵

红三兵又称三白兵或三个白武士，一般是经过较长时间的盘整或下跌后，连续拉出三根阳线，如图 3-3-5 所示。

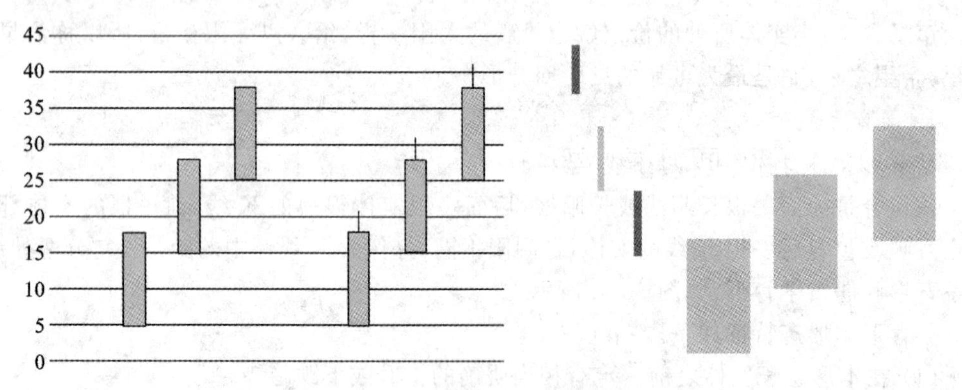

图 3-3-5　红三兵示意图

红三兵的基本特征如下。

(1) 连续三根阳线，且收盘价一天比一天高。

(2) 每天的开盘价在前一天的实体中点之上。

(3) 每天的收盘价在当天的最高点或接近最高点(无上影线或上影线很短)。

市场含义：如果出现在市场已经下降了很长时间之后，连续三天都是低开高收，且收盘价一天比一天高，形成一明显向好的趋势，那么它就是市场将要反转的强烈信号，出现在上涨初期则是继续看涨信号。

6. 多方尖兵

多方尖兵又称上升三步曲，如图 3-3-6 所示。

特征：

(1) 第一根长实体表示当前趋势的阳实体(一般带有上影线且较长，为阳线实体的 1/3左右)。

(2) 长阳实体后跟随一组小实体(大多为阴线)。

(3) 小实体沿着与当前趋势相反的方向排列(从高到低)，并保持在第一天长实体的最高和最低所限定的范围之内(包括上影线和下影线)。

(4) 最后一天是长阳实体，且其收盘高于第一根 K 线的收盘。

市场含义："多方尖兵"属于持续组合形态，表明股价将继续上涨。

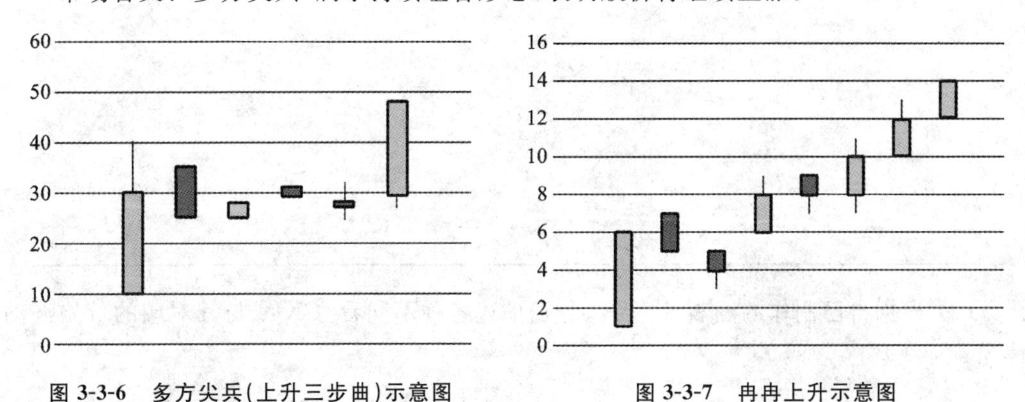

图 3-3-6 多方尖兵(上升三步曲)示意图　　图 3-3-7 冉冉上升示意图

7. 冉冉上升

冉冉上升组合由若干小 K 线组成，一般不少于八根，其中以小阳线居多，中间也可夹杂二到三根小阴线或者十字星，整个 K 线的排列呈现出向上倾斜状，如图 3-3-7 所示。

市场含义：这种不起眼的小幅上升走势就如冉冉上升的旭日，是后市看涨的信号，这种信号在初期虽然升幅不大，但它往往是股价大涨的前兆。所以，千万不要小看这种小幅度的上涨，如遇到这种图形，可以适当做多，日后股价如果出现拉升，再继续跟进。

(二) 看涨 K 线组合解析思路

1. 感受行情节奏变化

上述几种看涨 K 线组合的构成，往往是由两根 K 线或多根 K 线组成，它们反映出多空力量的剧烈变化或多头力量的延续。以上述 K 线组合作为参照物，观察该标志性 K 线组合出现后股价波动轨迹，是股价重心上移还是下移，然后分析看涨 K 线组合出现后产生的意义。

2. 区分不同周期的 K 线组合

K 线依据周期，可分为分钟 K 线、日 K 线、周 K 线、月 K 线、年线、季线等，而上述 K 线组合往往可能会出现在各种周期之内。如果分钟线出现具备上涨指导意义的 K 线组合，行情可能产生一个较小的涨幅。如果周线月线出现此类组合，则上涨幅度会更大。以冉冉上升 K 线组合为例，若某只个股月 K 线出现明确的冉冉上升 K 线组合，则说明资金持续性稳定买入，后市涨幅往往可以达到200%甚至更多，需要投资者特别留意。

四、实训内容及操作

1. 画出各看涨K线组合

(1) 在以下表格中分别配置合理的开盘价数据、收盘价数据、最高价数据、最低价数据，按比例分别画出曙光初现、旭日东升、早晨之星、身怀六甲K线组合。

序　号	开盘价	收盘价	最高价	最低价
1				
2				
3				
4				
5				
6				

(2) 根据自己制作的图表及K线，分别描述各种不同看涨K线与其对应的价格波动情况。

2. 画出各种看涨多根K线组合

(1) 在以下表格中分别配置合理有效的开盘价数据、收盘价数据、最高价数据、最低价数据，分别画出红三兵、多方尖兵、冉冉上升K线组合。

序　号	开盘价	收盘价	最高价	最低价
1				
2				
3				
4				
5				
6				

(2) 根据自己制作的图表及K线，分别描述各种不同看涨多根K线组合与其对应的价格波动情况。

3. 寻找、观察、分析特定 K 线组合

通过看盘软件，在股价走势图中分别找到曙光初现、旭日东升、红三兵、早晨之星、身怀六甲、多方尖兵、冉冉上升等 K 线组合，并记录。

五、实训报告

（1）提交所画的两组 K 线组合。

（2）提交网上查找的 K 线截图。

（3）通过观察含有特定 K 线组合的 K 线走势，分析特定组合出现对未来市场的影响。在实际投资中，应该如何操作？

（4）举例说明在股票价格波动中，日 K 线和月 K 线出现冉冉上升 K 线组合后，分别有什么不同的结果，并尝试解释其原因。

任务 3.2　看涨 K 线组合实际应用

一、知识目标

（1）熟悉几种看涨 K 线组合的基本形态及特点。
（2）掌握各看涨 K 线组合背后代表的价格波动情况。

二、能力目标

（1）能够描绘出几种常见看涨 K 线组合的形态。
（2）能够在实盘或看图软件中分辨出看涨 K 线组合。
（3）能够阐述各看涨 K 线组合资金博弈情况以及后市的可能变化。

三、相关知识

（一）看涨K线组合价格波动含义

1. 曙光初现K线组合

该组合表示的行情是上一交易日价格还处于大幅下跌状态，第二个交易日空头顺势进攻，价格大幅低开，但是开盘后，多头资金持续买入，最终当天以高点收盘，并且收盘价远高于上一交易日开盘价。它显示出多空力量的急剧变化，意味着黑暗的长夜即将过去，股价即将迎来黎明。

曙光初现组合形态通常出现在股价下跌的走势中，如果股价已经下跌了25%以上，那么一旦走势图中出现这样的组合形态，就预示着跌势可能会停止，股价可能见底回升。曙光初现组合形态中阳线的实体部分越长，说明此时买方的反击力度越强，后市股价上升的空间也就越大，曙光初现组合形态作为底部止跌回升信号的可靠性也就越强。另外，在运用曙光初现组合的时候，还应当注意两根K线之间的比例关系，比较标准的曙光初现组合形态的第二根K线的收盘价应当高于第一根K线实体部分的50%以上，如果超过了60%的位置，那就更为理想了。

曙光初现组合形态在盘面上出现时，要有比较大的成交量进行配合，才是比较可靠的底部反转信号。当盘面上出现了曙光初现组合形态时，成交量不但没有相应放大，反倒有所萎缩，就需要投资者警惕了。这样的态势通常表明，此时并不一定是股价见底的信号，股价很有可能还会进一步下跌。此时出现的曙光初现组合形态有可能只是主力为了某种目的而制造的陷阱。

例如，赣能股份(000899)在2010年9月29日到9月30日期间的K线组成了一个曙光初现的形态，该形态位于股市底部，并且这两天的成交量与前几天相比有了明显的放大。从这些信息可以得到，未来的股价将会上涨，从K线图中可以看到，出现曙光初现组合形态后股价是向上攀升的，如图3-3-8所示。

再如，2005年9月的0601大豆期货合约价格走势如图3-3-9所示，在曙光初现K线组合后，期货价格上升一段时间。

曙光初现通常出现于价格大幅下跌之后，是较强的见底信号，后市上涨的可能性很大。但是如果后市行情没有有效上攻反而向下滑落，第二根K线被吞没，则看涨依据就会消失，应该止损离场。

2. 旭日东升K线组合

该组合一般出现在连续下跌行情中，上一交易日市场大幅下跌，第二天突然大幅高开，资金持续买入，最终收盘价远高于上一交易日的开盘价，说明股价经过连续下跌，空方已经无力继续打压，多方奋起反抗，并以得胜终结，后市前景变得十分光明。

旭日东升是一种具有反击意义的K线组合。该形态会出现在下跌趋势的较低位置处，首先第一天收出一根大阴线，表示跌势继续，但是第二天的股价在某种利好因素的影响下反而高开高走，并且收盘价高于前一天阴线的开盘价，高出的部分越多，反击的意味

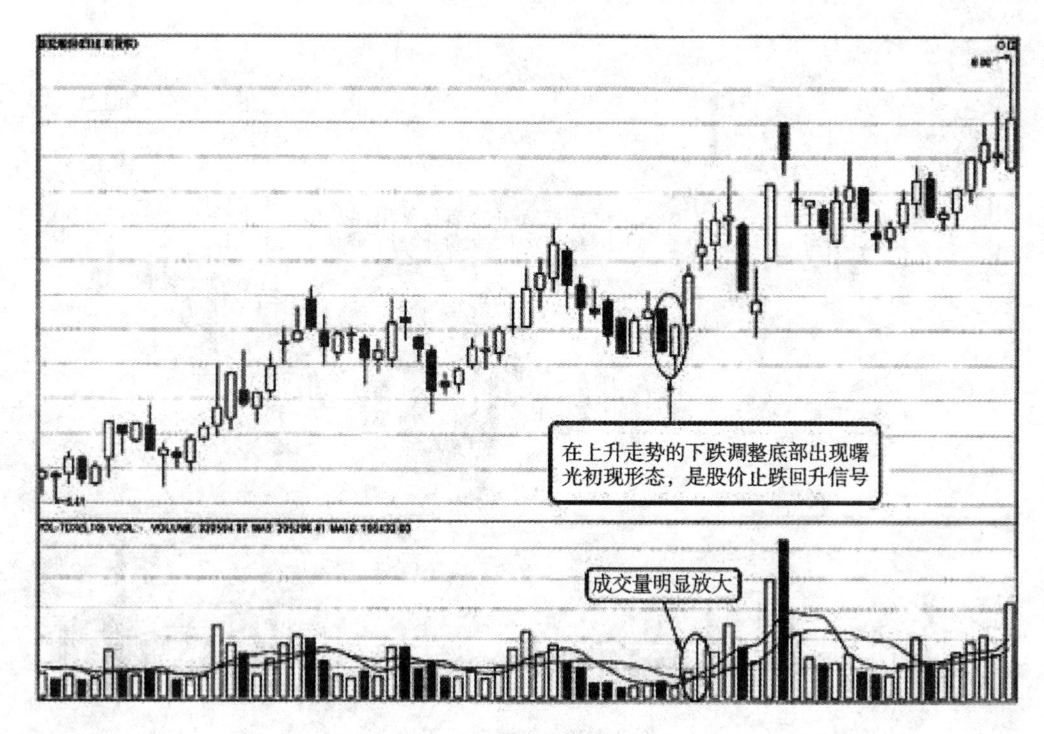

图 3-3-8 赣能股份日 K 线

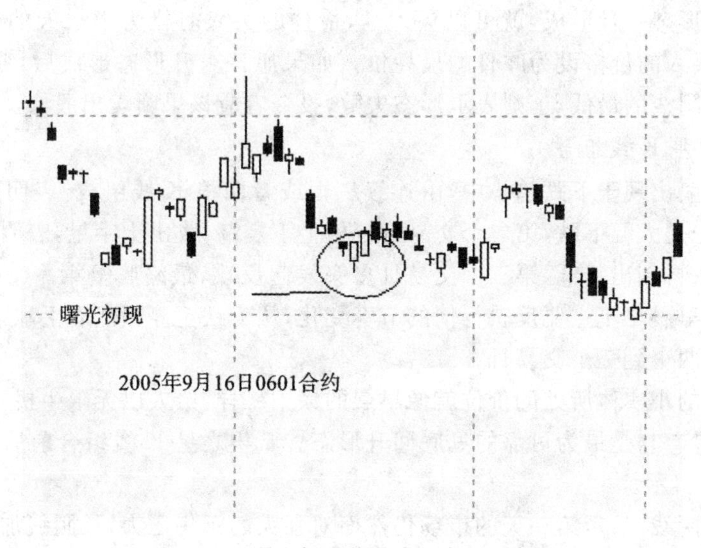

图 3-3-9 曙光初现前后价格变化示意图

就越强。在此后的战斗中，卖方纷纷逃离，股市将在买方的支持下，价格不断升高。旭日东升的看涨信号远强于曙光初现，需要特别关注。

例如，珠海港(000507)在 2015 年 9 月 15 日与 9 月 16 日的 K 线组成了一个旭日东升的形态，该形态位于下跌趋势的底部。15 日的 K 线延续了前一日的跌势，下跌了7.72%，16 日收了一根大阳线，上涨了 9.32%。该形态说明卖方的力量已经耗尽，买方开始反击，如图 3-3-10 所示。

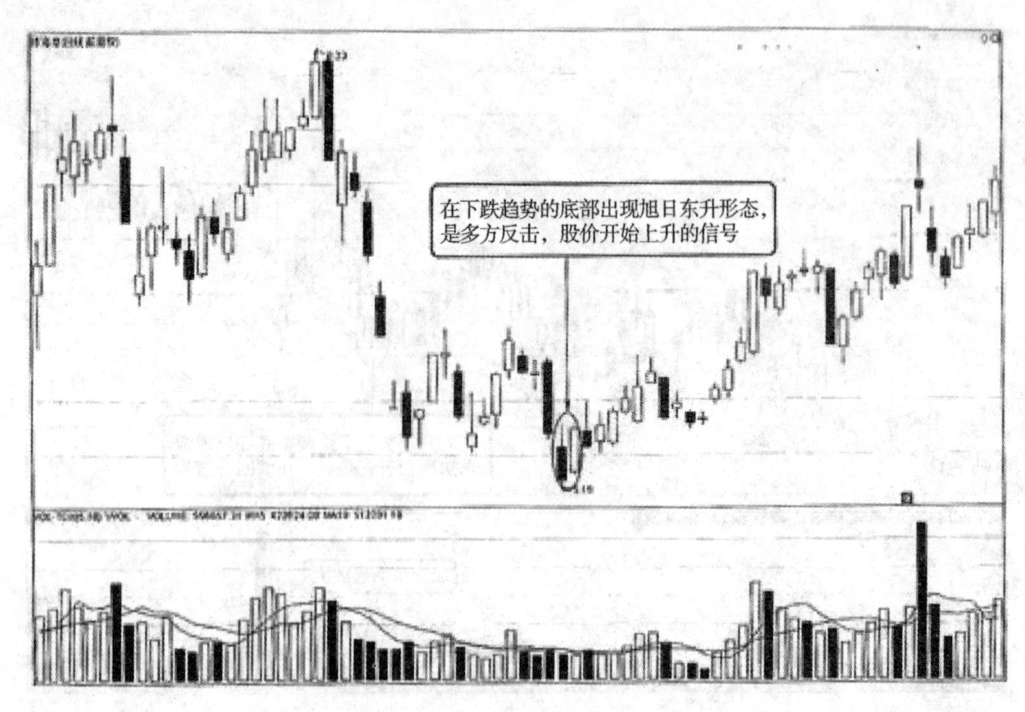

图 3-3-10　朱海港日 K 线

旭日东升形态一旦形成，就可以买入了，最佳的买入时机为第二天的开盘集合竞价时，可将竞价买入的价格设为昨日的最高价。如果旭日东升形态形成后，股价再次下跌，跌破了第一根阴线的最低点，则表示形态失败，投资者应该果断卖出股票。

3. 早晨之星 K 线组合

该组合一般出现于下跌趋势中，由连续三根或者四根 K 线组成，表明股价经过一段时间下跌后，先是大幅下跌，第二个交易日价格上下震荡，收出十字星，表明做空力量短期用尽，价格无力再创出新低，第三个交易日多头发起反攻，最终收复第一个交易日因下跌丢失的阵地。早晨之星主要反映行情的节奏变化，从下跌至停顿然后上涨，并且其停顿过程也可能会是两个到三个交易日。

早晨之星的小实体所处的价位就像早晨的太阳一样，给人以无限生机，所以称为早晨之星、希望之星。它是最为可靠的见底回升形态。希望之星 K 线组合前后的价格变化往往如图 3-3-11 所示。

第一天长阴线，显示第一天的市场仍然面对强大的抛售压力，长阴线加强了原有的下降趋势。第二天价格向下跳空低开，收盘价同开盘价基本持平。这个小实体显示了抛压减轻，下跌情况有所改善，即波幅收缩，显示原有走势有阻滞，市场形势正在酝酿变化，或者说显示下降趋势不确定性的开始。第三天价格跳空高开，且收盘更高，预示反转趋势发生。

在希望之星形态出现后，股价只是小幅上升，那么，就要根据以下两种情况进行选择：如果该段时间内的成交量明显放大，那么投资者就可以放心买入；如果这段时间内成交量不升反降，那就说明股价还需继续筑底，投资者可将该形态的设置为止损位，若股价在该

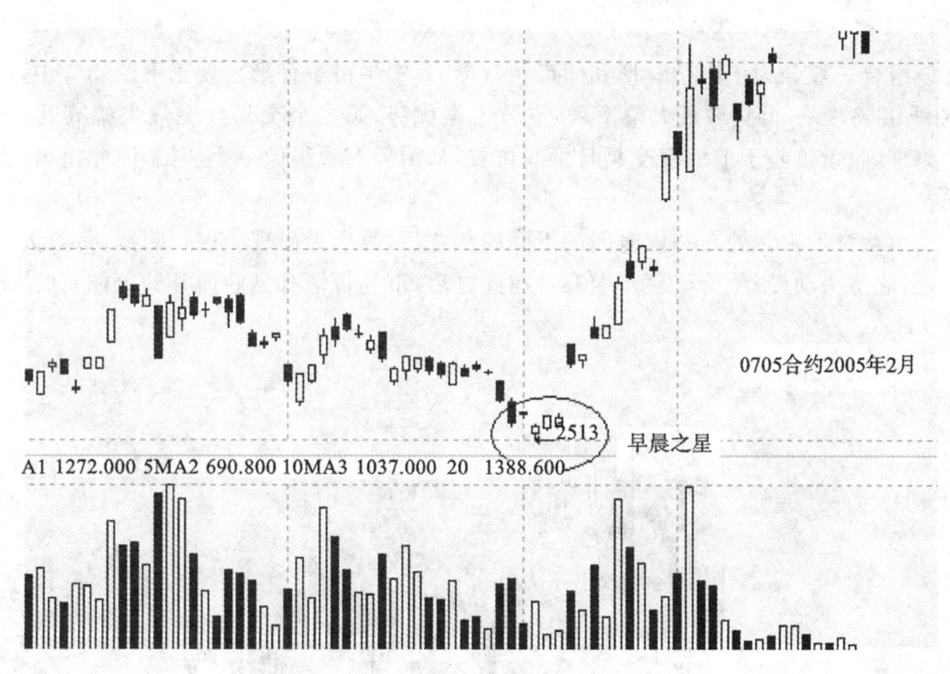

图 3-3-11 早晨之星前后价格变化示意图

位置被跌破，投资者应及时出局。

例如，悦达投资(600805)在 2011 年 1 月 24 日至 1 月 26 日成交量有了明显的放大，三日间形成希望之星 K 线组合，并且在该段时间内，成交量放大，后市股价将会上涨，如图 3-3-12 所示。

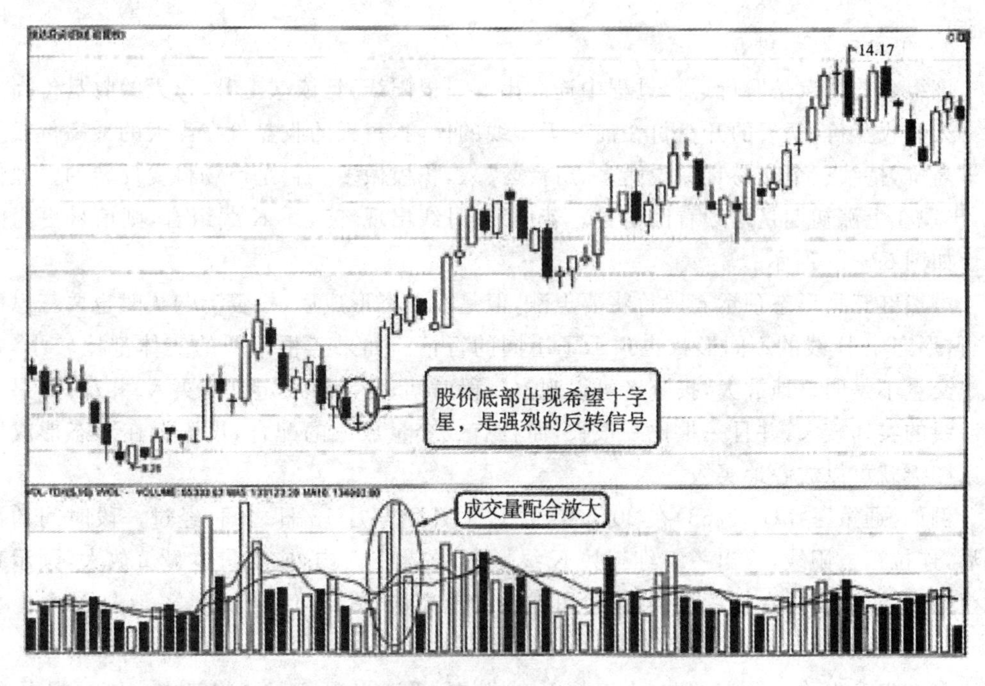

图 3-3-12 悦达投资日 K 线

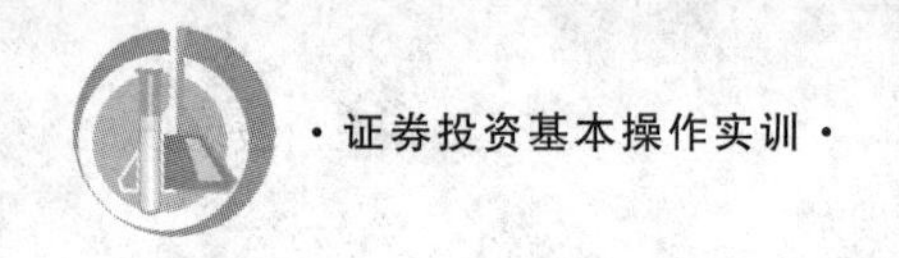

4. 身怀六甲K线组合

该组合一般分为牛市孕育形和熊市孕育形，其中牛市孕育形出现于下跌趋势中，由两根K线组成，第一个交易日大幅下跌，空方占据优势，第二个交易日突然大幅高开，然后持续整理，收盘价收于上一个交易日中间位置，从图形上看很像一个孕妇，因此得名，也叫孕线。

牛市孕育形常常处在一段时间的下降趋势之后，第一天出现一根长阴线，每二天价格高开，引起空头动摇，使价格逐步上升。在此之后，市场行情有见底回升的可能，如图3-3-13所示。

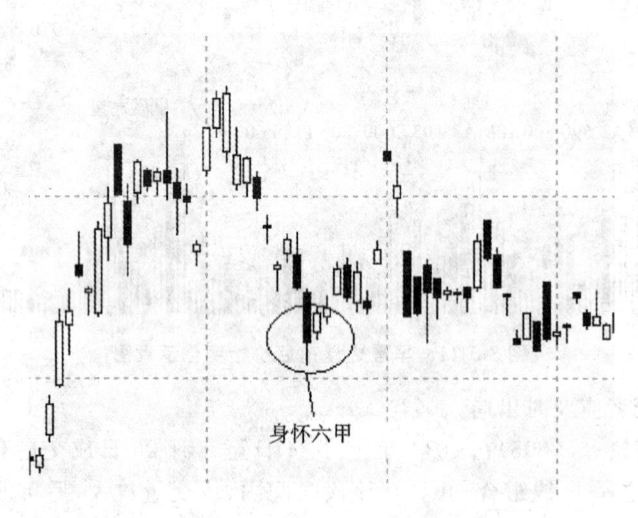

图3-3-13　身怀六甲前后价格变化示意图

5. 红三兵K线组合

该组合的特点是股价运行过程中连续出现三根阳线，且依次上升，每天的收盘价高于前一天的收盘价，每天的开盘价在前一天阳线的体内，每天的收盘价在当天的最高价或接近最高价，持续三个交易日。说明多方持续买入，积极做多。它是市场将要反转的强烈信号，出现在上涨初期是继续看涨信号。若周线、月线出现红三兵K线组合，则信号更为明确。如图3-3-14所示。

虽然红三兵形态预示着股价将要上涨，但是在形态形成后，投资者购买时也要三思而后行，形态中K线的不同形状也预示了不同的行情。如果三根阳线的实体都比较小，并且成交量不是明显地放大，投资者可以观察一段时间，然后再决定是否买入；相反，如果三根阳线的实体较大，并且一根比一根长，而且有成交量放大的配合，投资者在形态形成后的第二天就可以放心地买入。

例如，通策医疗(600763)在2015年2月11日到2月13日之间，经过一段时间的盘整后，连拉三根阳线，收出一组红三兵K线形态，在这三天内，成交量也显著放大，预示着调整结束，买方能量在持续增强，股价可能继续走高，如图3-3-15所示。

6. 多方尖兵K线组合

多方尖兵也称上升三部曲，由五根K线组成，一般出现于上涨趋势中。第一根K线

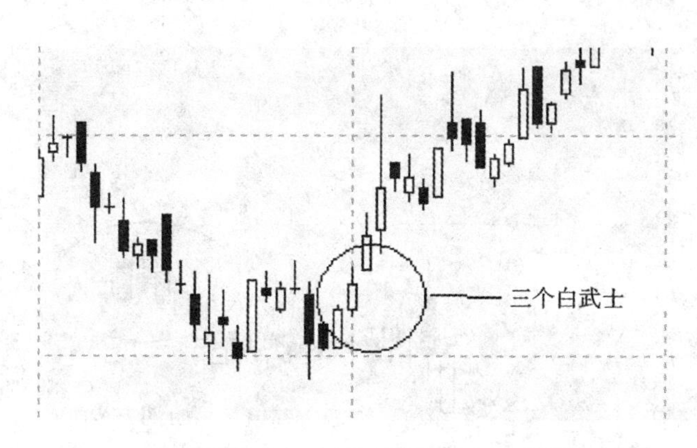

图 3-3-14 红三兵前后价格变化示意图

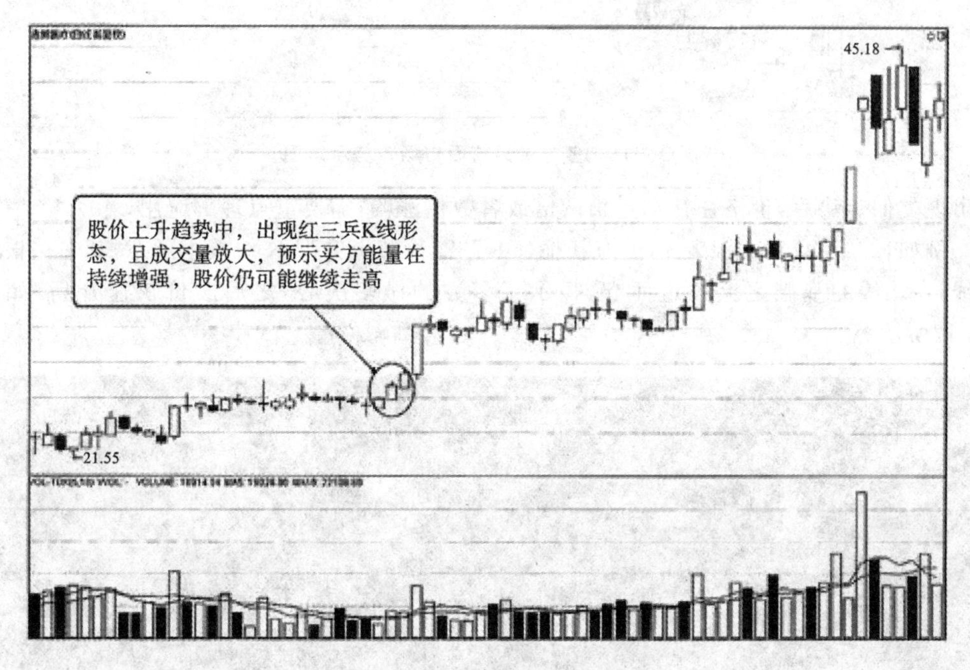

图 3-3-15 通策医疗日 K 线

为大幅上涨的阳线，多头发起进攻，但是最终收盘时价格盘整回落，此后三四个交易日，多方蓄势整理。最后一个交易日，多头再次发起进攻，势如破竹，最终占据完全优势。如图 3-3-16 所示。

多方尖兵形成于上升趋势中，第一根长阳线是上升趋势的继续，后随的小实体表明上升趋势暂时受到阻力，但阻力较小，最后一根长阳线进一步维持了原来上升的趋势，是继续上涨的信号。对于投资者而言，看到这种图形如果跟着做多，往往会抓住获利的机会。

7. 冉冉上升 K 线组合

该组合一般由不少于八根的小阴线、小阳线组成，运行方向稍微向上倾斜，其中以阳线居多，一般都是大行情之初出现的，这样的股票往往后期有很大的收入。它反映价格在特定的时期内，资金持续稳定买入，做多力量不断积聚，是行情大涨的前兆，特别是月 K

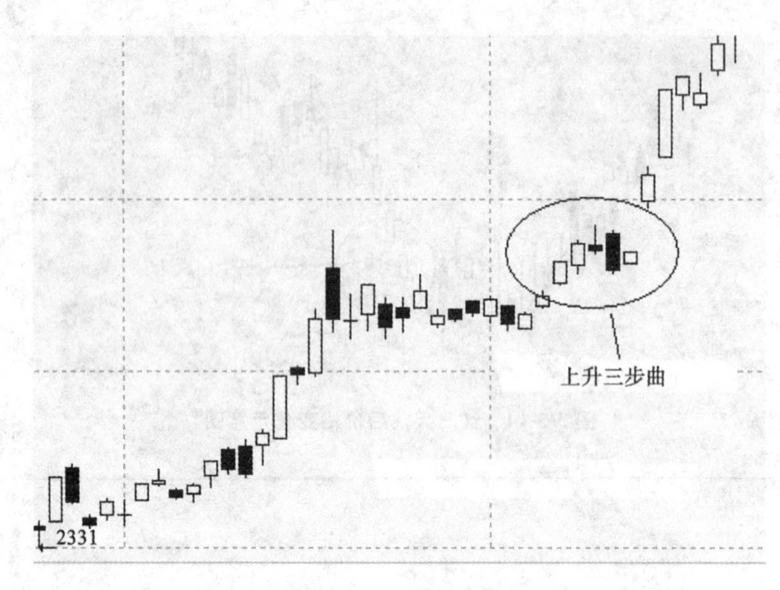

图 3-3-16 多方尖兵前后市场走势示意图

线出现类似走势后，价格往往会走出两倍或者数倍涨幅，需要重点理解应用。

例如，2007 年 12 月 10 日，上海新梅(600732)徐缓上升型 K 线技术形态，其中一根大阳线，在均线的基础之上拔地而起，显示了多方的做多决心，之后股价快速升高，如图3-3-17所示。

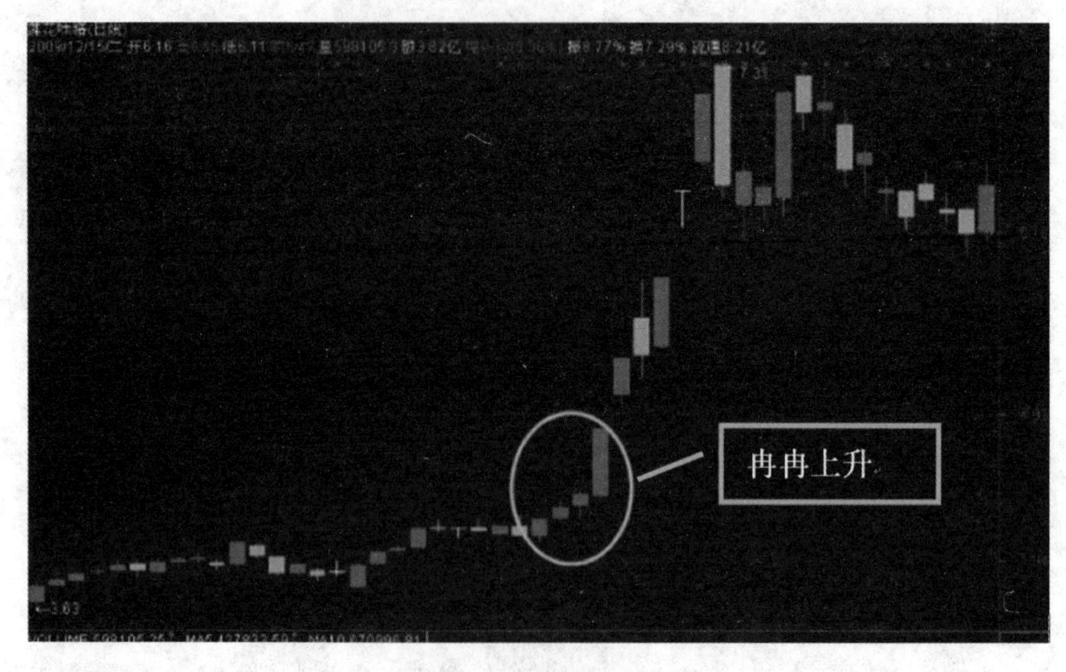

图 3-3-17 上海新梅日 K 线

（二）看涨K线组合的学习要点

看涨K线组合是单根K线的延伸，由两个或者多个连续变化的K线波动组合在一起，反映出一定的多空力量的急剧转变或延续。急剧变化的多空力量，例如曙光初现、旭日东升，反映市场价格由超卖状态突然转变，由空头转为多头，价格波动方向发生明显转折。同时也可能是多头力量的延续，例如多方尖兵和冉冉上升，这类多根K线组合的出现，说明市场进入明显的多头市场，多方力量不断买入，为后市的进一步上涨提供了动力。如果出现在更长周期，月线周线出现此类组合，则价格上涨后劲更足。

四、实训内容及操作

1. 在个股中找出看涨K线组合

通过看盘软件：

（1）在个股历史数据中找到两个曙光初现K线组合，并标注具体日期。

（2）在个股历史数据中找到两个旭日东升K线组合，并标注具体日期。

（3）在个股历史数据中找到两个早晨之星K线组合，并标注具体日期。

（4）在个股历史数据中找到两个身怀六甲K线组合，并标注具体日期。

2. 在个股中找出另一种类型的看涨K线组合

通过看盘软件：

（1）在个股历史数据中找到两个红三兵K线组合，并标注具体日期。

（2）在个股历史数据中找到两个多方尖兵K线组合，并标注具体日期。

（3）在个股历史数据中找到两个冉冉上升K线组合，其中一个为周线冉冉上升K线组合，另外一个为月线冉冉上升K线组合。并标注具体日期。

五、实训报告

(1) 将特定的K线组合标注,并提交各种K线截图。

(2) 观察、分析这些K线组合前、后的市场变化趋势。

(3) 比较、分析K线组合在不同周期出现,反映出的信号强度有什么差异。

(4) 描述冉冉上升K线组合的波动含义。

任务3.3 看跌K线组合及其释义

一、能力目标

(1) 了解几组看跌K线组合的基本形态。
(2) 掌握看跌K线组合图绘制方法。
(3) 了解特殊看跌K线背后代表的价格波动情况。

二、能力目标

(1) 能够说出看跌K线组合的形状特点。
(2) 能够在表格中配置有效数值,并能绘制几组看跌K线组合。
(3) 能够表明看跌K线组合经常出现的位置。
(4) 知道看跌K线组合后续市场行情的可能变化。

三、相关知识

(一) 各种看跌 K 线组合

1. 乌云盖顶

乌云盖顶由走势完全相反的两根较长的 K 线组成,前一天为大幅上涨的阳线,后一天为大幅下跌的阴线,阴线收盘位置往往低于前一根阳线一半,如图 3-3-18 所示。

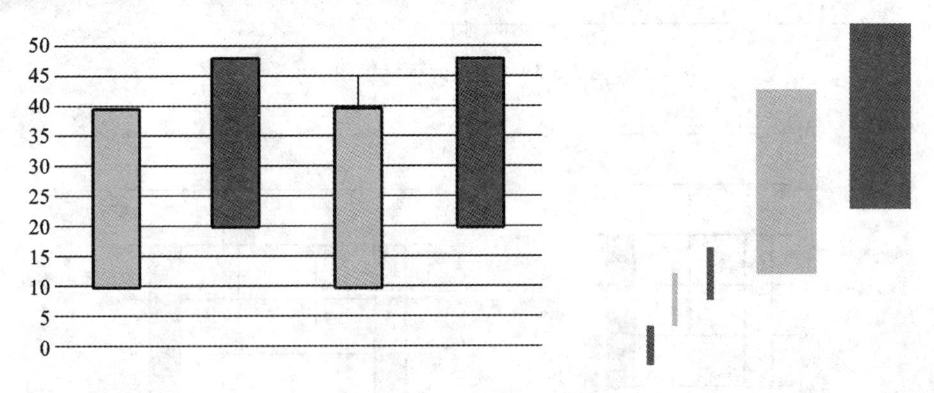

图 3-3-18　乌云盖顶示意图

乌云盖顶的特征如下。

(1) 在上涨行情中,第一天出现一根大阳线或中阳线。

(2) 第二天,股价跳空高开,但没有高走,反而高开低走,收了一根大阴线或中阴线(第二天开盘高于第一天的收盘,一般高于最高点)。

(3) 阴线的收盘价低于第一天阳线实体的中部(阴线的实体已经深入到第一根阳线实体的二分之一以下位置,越深入,信号越明显)。

乌云盖顶出现于上升趋势中,是反转形态,是比较明显的下跌信号。

2. 倾盆大雨

倾盆大雨由走势完全相反的两根较长的 K 线组成,一般是在股价已有了一段升幅之后,先出现一根大阳线或中阳线,接着的第二根 K 线为低开低收的大阴线或中阴线,其收盘价比前一根阳线的开盘价低,如图 3-3-19 所示。

低开,说明人们已不敢追高,而想低价出售股票的投资者却大有人在;低收,更是反映了市场看淡该股的大众心理。这种 K 线组合出现,如伴有大成交量,形势更糟糕。因此这是较强的见顶信号,后市下跌可能性非常大。

3. 黄昏之星

黄昏之星组合通常出现在股价大幅上涨后,先是一根大幅上涨的阳线,然后是一根或者两根高位盘旋的十字星,接着收出单边下行的大阴线,如图 3-3-20 所示。

黄昏之星的基本特征:第一天的 K 线实体是与趋势方向一致的阳线;第二天的 K 线是小实体,且与第一天、第三天 K 线之间有缺口(向上跳空),小实体的阴阳不重要;第三

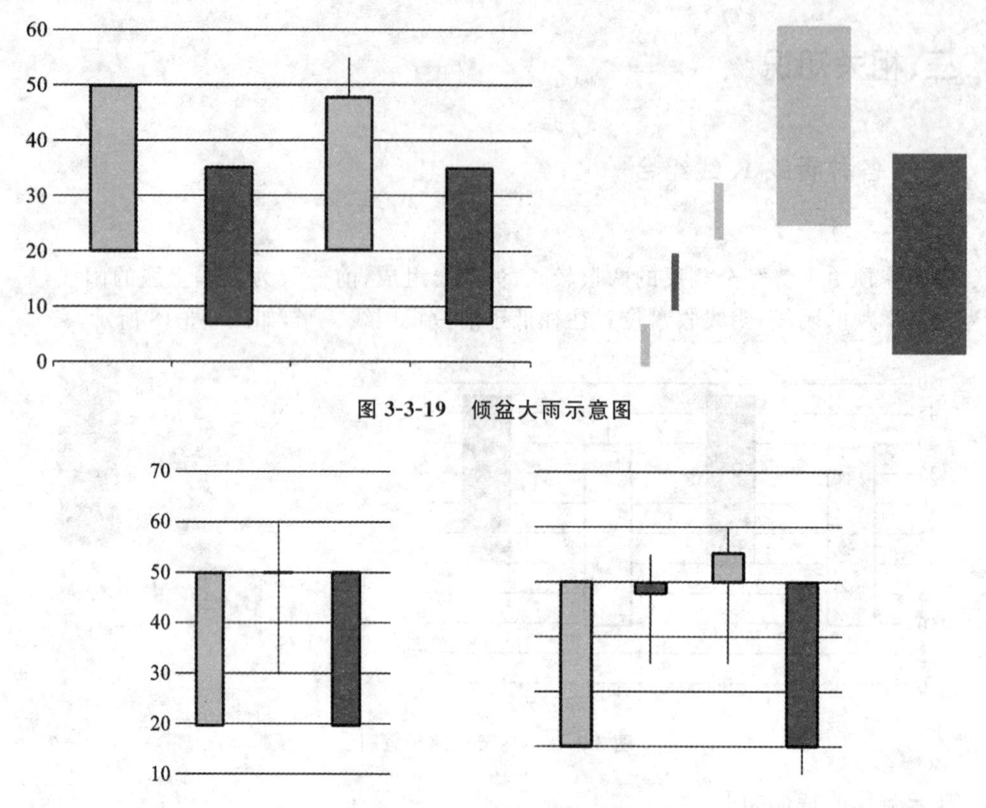

图 3-3-19 倾盆大雨示意图

图 3-1-20 黄昏之星示意图

天 K 线的阴阳与第一天的 K 线的阴阳相反，第一天 K 线的实体与第三天的 K 线的实体较长。

黄昏之星是上升趋势出现反转的信号，它的出现表明股价已经见顶或离顶部不远，股价将由升转跌，一轮跌势将要发生。

4. 顶部穿头破脚

一般在上涨过程中出现，第一天收较小实体 K 线，第二天大幅高开后一路低走且实体部分完全包裹前一日波动幅度，显示空方抛压严重，市场看空情绪浓烈，如图 3-3-21 所示。

两根 K 线差距越悬殊，多空双方力量发生逆转的强度就越大；第二根 K 线包含前面的 K 线越多，转势机会越大，在实际投资中，看到这样的形态要多加注意。

5. 三只乌鸦

三只乌鸦也叫暴跌三杰或黑三兵，意思是 3 根向下的阴线持续下跌。特征是每天的收盘价出现新低，每天的开盘价都在前一天的实体之内，每一天的收盘价等于或接近当天的最低价，如图 3-3-22 所示。

中国的传统观念认为，乌鸦是不吉之物，意喻不祥，所以三只乌鸦后市看跌的意味深重。三只乌鸦一般在行情上升时尤其是在股价有了较大升幅之后出现，暗示行情快要转为跌势（下跌趋势启动之初），空头取得优势并开始发力，务必注意这种 K 线成立的前提，

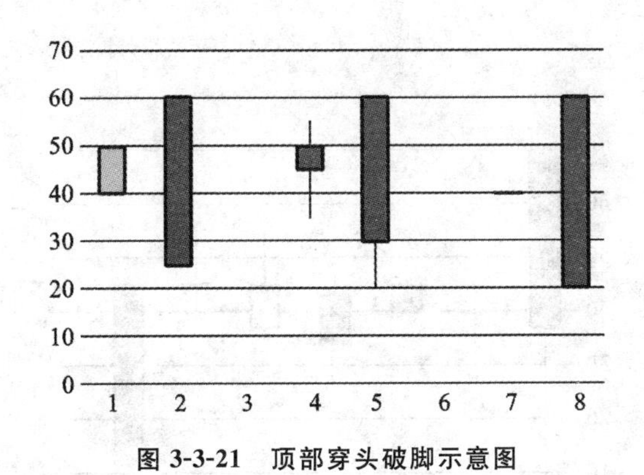

图 3-3-21 顶部穿头破脚示意图

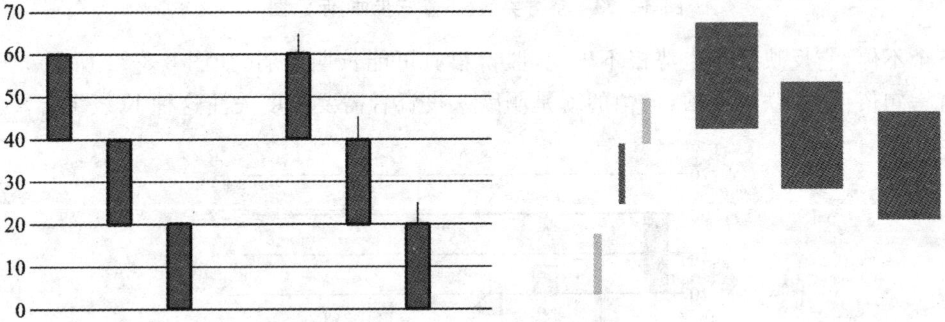

图 3-3-22 三只乌鸦示意图

是发生在下跌趋势成立的初期。

6. 空方尖兵

空方尖兵又称下降三步曲，一般由多根 K 线组成，排列成如图 3-3-23 所示的图形，其特征如下。

(1) 第一根长实体是阴线。

(2) 长阴实体后跟随一组小实体(大多为阳线)。

(3) 小实体沿着与当前趋势相反的方向排列(从低到高)，并保持在第一天长实体的最高处和最低处所限定的范围之内(包括上影线和下影线)。

(4) 最后一天是长阴实体，且其收盘价低于第一根 K 线的收盘价。

空方尖兵形成于下降趋势中，第一根长阴线是下降趋势的继续，后随的小实体表明下降趋势暂时受到阻力，但阻力较小，最后一根长阴线进一步维持了原来下降的趋势。意喻:股价在下跌过程中遇到了多方反抗，出现了一根较长的下影线。股价随即小幅反弹，但空方很快又发动了一次攻势，股价穿越了前面的下影线。

空方尖兵往往是多方无力护盘的表现，是股价即将大幅下跌的确认性信号(持续下降)。

7. 绵绵阴跌

股价经过一段时间横盘，出现向下倾斜的一组小 K 线(一般不少于 8 根)，其中以小阴线居多，中间也可夹着一些小阳线。这种看似每天跌幅不大的 K 线走势，犹如绵绵阴

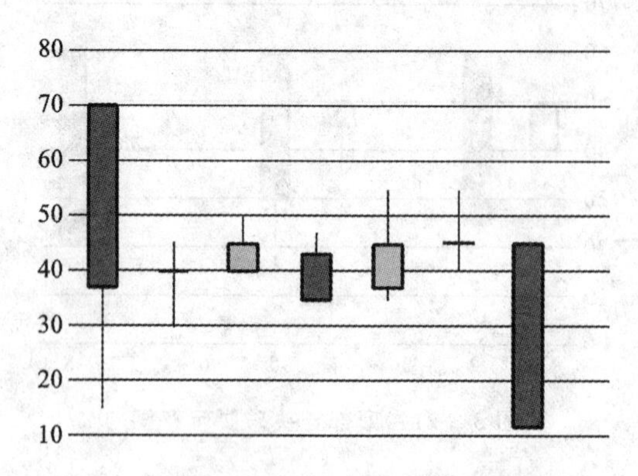

图 3-3-23 空方尖兵(下降三步曲)示意图

雨下个不停,它反映后市走势极不乐观,股价很有可能长期走弱,如图 3-3-24 所示。股市中有一句俗话:急跌不可怕,最怕的就是阴跌。投资者需要高度关注这种 K 线组合。

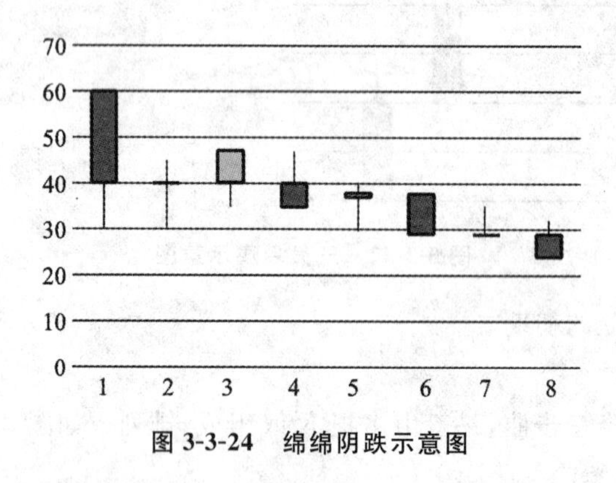

图 3-3-24 绵绵阴跌示意图

(二) 看跌 K 线组合解析思路

1. 感受行情节奏变化

上述几种看跌 K 线组合,都是由两根 K 线或者多根 K 线组成的,它们反映了多空力量的急剧变化或空头力量的延续。以上述 K 线组合作为参照物,观察该标志性 K 线组合出现后股价波动轨迹,是股价重心上移还是下移。然后根据反复观察确立看跌 K 线组合出现后产生的意义。

2. 区分不同周期的 K 线组合

K 线依据周期,可分为分钟 K 线、日 K 线、周 K 线、月 K 线、年 K 线等,而上述 K 线组合往往可能会出现在各种周期之内。如果分钟 K 线出现具备下跌指导意义的 K 线组合,行情可能产生一个较小的跌幅。如果周 K 线、月 K 线出现此类组合,则下跌幅度会更大。以绵绵阴跌 K 线组合为例,若某只个股月 K 线出现明确的绵绵阴跌 K 线组合,则说明资金持续性稳定卖出,后市涨幅往往旷日持久,需要投资者特别留意。

四、实训内容及操作

1. 画出看跌 K 线组合

(1) 在以下表格中分别配置合理有效的开盘价数据、收盘价数据、最高价数据、最低价数据,然后分别画出乌云盖顶、倾盆大雨、黄昏之星、顶部穿头破脚 K 线组合。

序　号	开盘价	收盘价	最高价	最低价
1				
2				
3				
4				
5				
6				

(2) 根据自己制作的图表及 K 线,分别描述各种不同看跌 K 线组合,并与其对应的价格波动情况进行对比。

2. 画出另一种类型的看跌 K 线组合

(1) 在表格中分别配置不同的开盘价数据、收盘价数据、最高价数据、最低价数据,分别画出三只乌鸦、空方尖兵、绵绵阴跌 K 线组合。

序　号	开盘价	收盘价	最高价	最低价
1				
2				
3				
4				
5				
6				

(2) 根据自己制作的图表及 K 线,分别描述各种不同看跌 K 线组合,并与其对应的价格波动情况进行对比。

五、实训报告

(1) 提交所画看跌K线组合。

(2) 选择一种看跌K线组合,分析多、空双方的力量对比及心理可能的变化。

(3) 举例说明在股票价格波动中,日K线和月K线出现绵绵阴跌K线组合后,分别有什么不同的结果,并尝试解释其原因。

任务3.4 看跌K线组合实际应用

一、知识目标

(1) 熟悉特殊看跌K线组合形态。
(2) 复习看跌K线组合的绘制方法。
(3) 掌握各种看跌K线组合背后代表的价格波动情况。

二、能力目标

(1) 能够说出几种看跌K线组合的结构特点。
(2) 学会判断看跌组合前后价格变化一般趋势。
(3) 能够在股价及期货价格走势图中识别各看跌K线组合。
(4) 能够阐述各种看跌K线组合资金博弈情况。

三、相关知识

(一) 看跌K线组合价格波动含义

1. 乌云盖顶K线组合

上一交易日价格还处于大幅上涨状态,第二个交易日多头顺势进攻,价格大幅高开,但是开盘后，空头资金持续卖出，最终当天以低点收盘，并且收盘价格远低于上一交易日开盘价上方，显示出多空力量的急剧变化，意味着黑暗来临，股价后市不容乐观。

乌云盖顶 K 线组合为股价见顶回落的信号。且两根 K 线的长度悬殊越大，所预示的转势力度就越强。同时第二根 K 线包容前一根 K 线越多，转势的机会就越大。

例如，2006 年 2 月 0605 天然橡胶合约价格走势呈现这一特征，如图 3-3-25 所示。

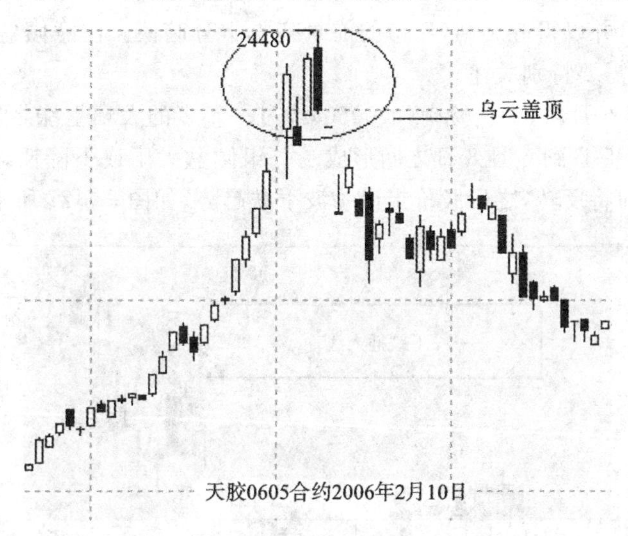

图 3-3-25 乌云盖顶期货价格变化示意图

再如，和佳股份(300273)的股价在经过长达半年多的上涨之后，2015 年 6 月 18 日在股价顶部出现了一组乌云盖顶的长线形态，预示着行情可能反转，股价可能见顶回落，之后股价跌幅巨大，如图 3-3-26 所示。

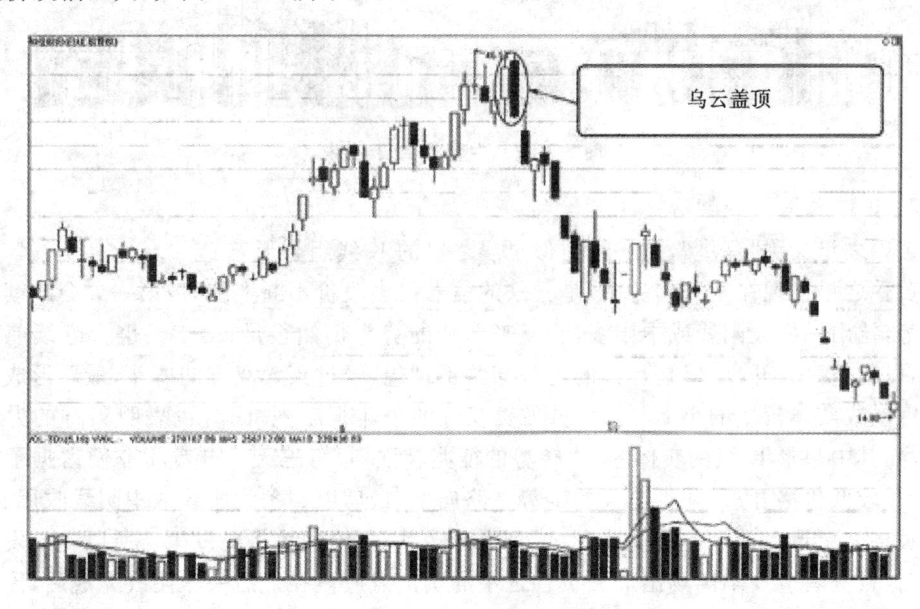

图 3-3-26 和佳股份日 K 线

2. 倾盆大雨K线组合

倾盆大雨K线又称为“下跌插入线”，预示着股价即将反转出现下跌的走势。一般出现在连续上涨行情中，上一交易日市场大幅上涨，第二个交易日突然大幅低开，资金持续卖出，最终收盘价格远低于上一交易日的开盘价，即第二个交易日的阴线深深地插入到上一交易日收出来的阳线实体之中。这说明股价经过连续上涨，多方已经无力继续推高股价，空方奋起打压，并以得胜终结，后市的前景变得十分暗淡。注意倾盆大雨的看跌信号远强于乌云盖顶，需要特别关注。

例如，2015年6月初，中金岭南(000060)经过一年多的大幅上涨之后，股价处于顶部区域，2015年6月5日到6月8日之间形成了一组倾盆大雨或下降插入线的K线形态，预示着后市行情即将反转，之后股价走出一波下跌趋势，如图3-3-27所示。

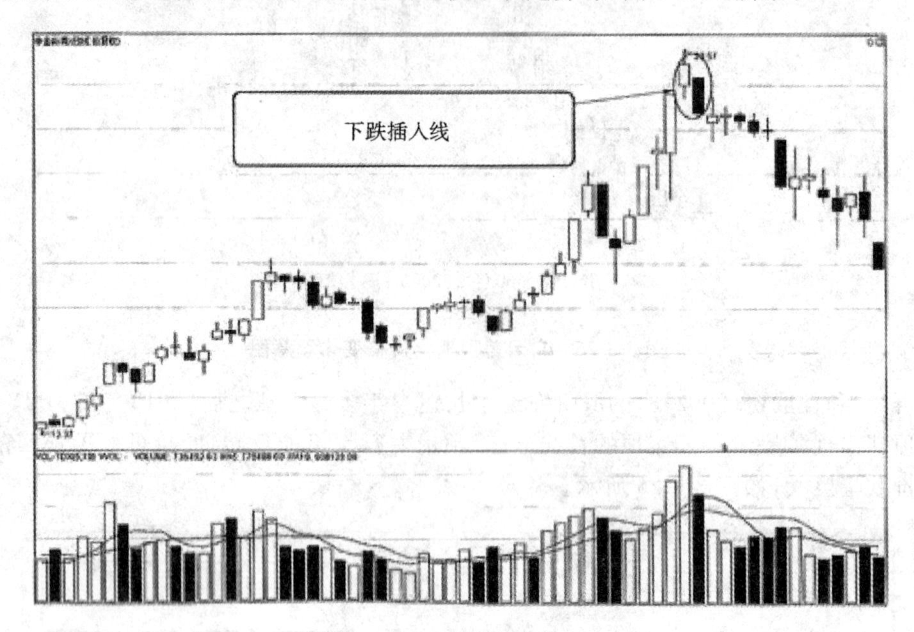

图3-3-27 中金岭南日K线

3. 黄昏之星K线组合

黄昏之星又称“暮星”，是一种类似早晨之星的K线组合形态。

黄昏之星出现在上涨趋势中，是看跌的信号。当股价不断上涨时：第一天会继续之前的涨势，拉出一根大阳线或中阳线，看起来上涨的势头仍然很足；第二天也会继续前面的涨势，以跳空高开开盘，但是当天的走势却并不理想，经过买卖双方的搏斗，最后形成了一根十字星或实体较短的小K线，表明买卖双方的争斗很激烈，同时也表明买方的力量即将耗尽，其中星形K线的实体越小，转势的征兆越强烈；第三天一开盘卖方便占据了主动位置，以较低价格开盘，并且当天的走势一路向下，最后以一条大阴线或中阴线收尾。

黄昏之星形态预示的是跌势，股价将由升转跌，一轮跌势将要发生。所以一旦发现该形态时，投资者应及早离场出局。黄昏之星的卖出点应该在最后一根阴线完成后，因为一旦最后一根阴线形成，就表示行情已经转变，投资者应该在形成最后一根阴线的第二天开盘后卖出股票。

例如，锦江投资(600650)在2011年4月15日前后出现黄昏之星的组合形态，预示着行情即将反转，之后股价一路下跌，如图3-3-28所示。

图 3-3-28　锦江投资日K线

4. 顶部穿头破脚K线组合

顶部穿头破脚又称“阴覆盖线”，其含义与乌云盖顶相似。一般出现于上涨趋势中，由两根K线组成，第一个交易日大幅上涨，多方占据优势，第二个交易日突然大幅高开，然后震荡下跌，收盘价位于上一个交易日开盘价下方位置，从图形上看上一个交易日K线被从头到脚完全吞没或覆盖，因此该形态叫作穿头破脚或阴覆盖线。出现该形态后，股价或期货价格短期见顶意味强烈，需要重点关注，如图3-3-29所示。

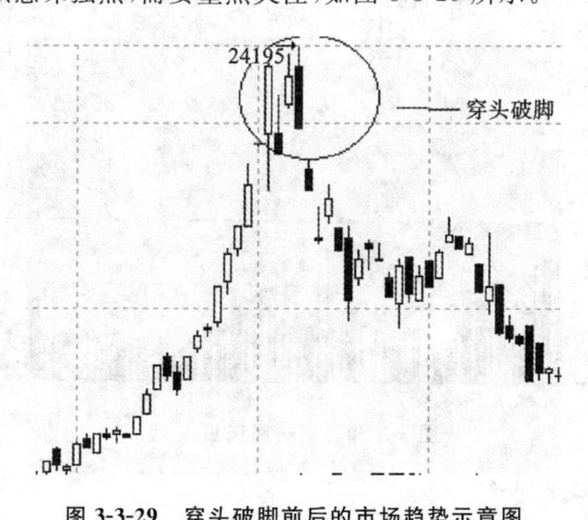

图 3-3-29　穿头破脚前后的市场趋势示意图

5. 三只乌鸦K线组合

三只乌鸦形态会出现在股价上涨的顶部或下降途中,也有可能出现在上升行情的回调中,无论出现在哪里,它所预示的都是下跌的信号。投资者在K线图中一旦遇到该形态应及早抛出股票。

三只乌鸦形态由三根阴线组成。股价在运行过程中,连续出现三根阴线,并且每日的开盘价都在上根K线的实体部分之内,其收盘价一根比一根低,每天收盘价基本都是当天最低,持续三个交易日。三只乌鸦形态意味着卖方力量在不断加强,是强烈的下跌信号。在该形态形成时,如果内盘(卖方)大于外盘(买方),并且成交量逐渐放大,说明抛盘在增加,所预示的跌势就非常强烈。另外,在该形态中,三根阴线的下影线越短,说明股价的支撑力越小,看跌的趋势越明显;如果该形态中K线的下跌幅度越大,也说明看跌信号越确切。

三只乌鸦形态形成后,无论成交量、下跌幅度等因素如何,其后市股价都是看跌的,所以当该形态形成后,第一天开盘时,投资者就应将手中的股票抛出,到了合适时机再买入。

若周线、月线出现三只乌鸦K线组合,则信号更为明确。

例如,第一医药(600833)在2011年4月21日至4月25日间连续收了三根小阴线,每根K线的实体都在上根K线之内,形成了三只乌鸦的形态,该形态预示着后市股价将下跌,之后开始了一波下跌行情,如图3-3-30所示。所以,投资者应该在4月26日开盘后尽快卖出手中的股票。

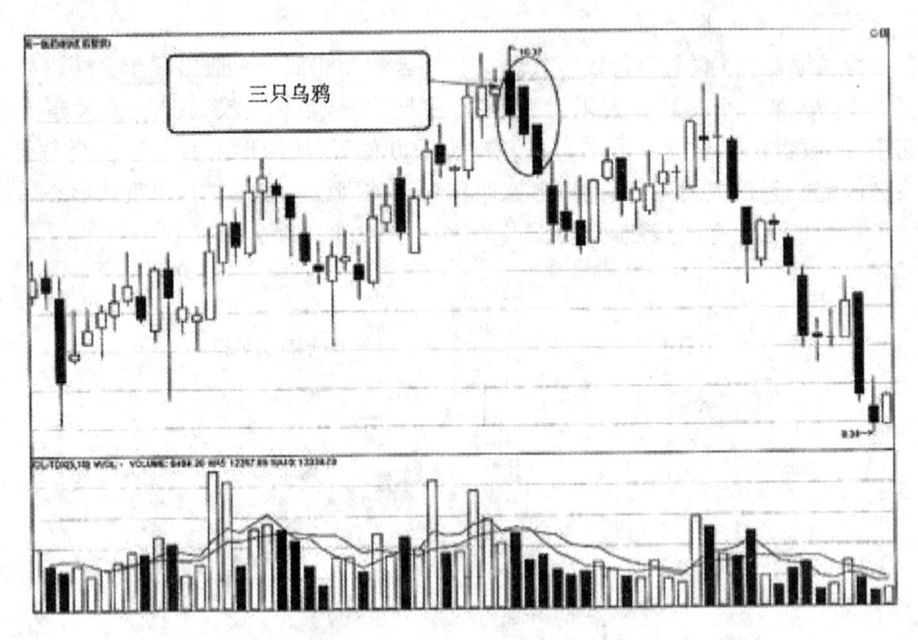

图3-3-30 第一医药日K线

6. 向下跳空缺口K线组合

向下跳空缺口的K线组合形态是一种看跌的信号,向下跳空形态经常会出现在股价长期上涨的高位区域或者是股价下跌的中途。

股价在运行过程中突然在某一天里以低于前一天的最低价格开盘，并且在开盘之后就开始一路下跌，虽然在当天的运行中股价可能出现过冲高的走势，但最终还是没能回补开盘时所留下来的缺口。

出现“向下跳空”时的前一天，股价收出来的K线可以是阳线，也可以是阴线，只要股价是在第二天的走势中低于前一天的最低价格开盘，并且最终截至收盘时留下一个向下的缺口，我们就把它称为“向下跳空”形态，如图3-3-31所示。

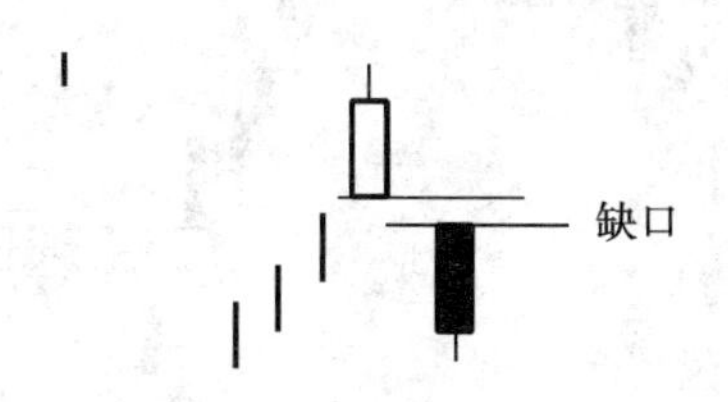

图3-3-31　向下跳空缺口示意图

向下跳空缺口出现在下降途中，跳空缺口形成后，会加速股价的下跌，从而给投资者带来心理压力。向下跳空缺口的形态不止一种，每种形态的含义也有所不同。向下突破缺口是指出现在跌势初期，在下降的过程中，某个交易日突然跳空低开，使K线图中留下一个缺口。向下持续缺口是指向下突破缺口出现后再次出现的缺口。向下竭尽缺口是指股价下降的最后一个缺口，该缺口的特征是，缺口出现后便会回升，三天之内该缺口就会被封闭。

出现向下跳空的缺口后，投资者需要确认的是当前缺口为普通缺口还是突破缺口或竭尽缺口。如果是突破缺口，则应该将手中的股票马上卖出；如果是普通缺口，则表示该缺口只是一个整理过程，可以继续观望；如果是竭尽缺口，则需持币等待，因为股价很快就会反转成上升趋势。那么该如何确认该缺口是否为突破缺口呢？这就需要借助成交量来进行判定。在出现向下跳空缺口后，如果当日的成交量为阴线，则代表股价将会继续下跌，此时，投资者就可以考虑卖出了，卖出时机为向下跳空后第二个交易日，在第二个交易日中，可选在高点卖出。

例如，金宇火腿(002515)在2015年6月15日到9月16日之间经历了一波幅度很大的下跌走势，K线图中出现了向下突破缺口、向下持续缺口和向下竭尽缺口三种形态。向下突破缺口出现时，投资者应该及时将手中的股票卖出避险；下跌途中出现向下持续缺口，投资者应该持币观望；在下跌末端出现竭尽缺口形态，则预示下跌行情即将结束，股价可能很快反转，如图3-3-32所示。

(二) 看跌K线组合的学习要点

看跌K线组合是单根K线的延伸，由两个或者多个连续变化的K线波动组合在一起，反映出一定的多空力量的急剧转变或者是延续，这些急剧变化的多空力量，例如乌云盖顶、倾盆大雨，反映市场价格由超买状态突然转变，由多头转为空头，价格波动方向发生明显转折，为后市的分析交易提供指导。同时也可能是空头力量的延续，例如空方尖兵和绵绵阴跌，这类多根K线组合的出现，说明市场进入明显的空头市场，空方力量不断卖出，为后市的进一步下跌提供动力。如果出现在更长周期，月线、周线出现此类组合，则价格下跌持续性更久。

图 3-3-32 金字火腿日 K 线

四、实训内容及操作

1. 在个股中找出看跌 K 线组合

通过看盘软件：

(1) 在个股历史数据中找到两个乌云盖顶 K 线组合，并标注具体日期。

(2) 在个股历史数据中找到两个倾盆大雨 K 线组合，并标注具体日期。

(3) 在个股历史数据中找到两个黄昏之星 K 线组合，并标注具体日期。

(4) 在个股历史数据中找到两个穿头破脚 K 线组合，并标注具体日期。

2. 在个股中找出另一种类型的看跌K线组合

通过看盘软件：

(1) 在个股历史数据中找到两个三只乌鸦K线组合，并标注具体日期。

(2) 在个股历史数据中找到两个空方尖兵K线组合，并标注具体日期。

(3) 在个股历史数据中找到两个绵绵阴跌K线组合，其中一个为周线绵绵阴跌K线组合，另外一个为日线绵绵阴跌K线组合。并标注具体日期。

五、实训报告

(1) 提交找到的各种K线截图(标注有看跌K线组合)。

(2) 简述不同看跌K线组合的市场特征。

(3) 看跌K线组合在不同周期里出现，反映出的信号强度有什么差异？

(4) 描述绵绵阴跌K线组合的波动含义，并在即时走势中找到一个这样的K线组合，标注具体日期、个股代码和周期。

项目四

K 线形态分析

本项目共设计了三个实训任务，分别是顶部反转形态、底部反转形态和 K 线整理形态及其在实战中的应用。

股市中的任何股票，只要其交易时间一长就会在走势上形成各种不同的形态，比如 W 形、V 形、头肩形等，这些形态就是 K 线形态。只要股价形成了这些形态，后期走势就几乎可以确定有一定的走向。一般来说，形态主要分为两种，一种是反转形态，另一种是持续形态或整理形态。反转形态表示市场经过一段时期的酝酿后，决定改变原有趋势，而采取相反的方向发展，即股价运行的方向会有所改变，或者由上升趋势转为下降趋势，或者由下降趋势转为上升趋势。而持续形态或整理形态是指股价在这段时间内，会维持一定时间或顺着原有趋势的方向发展，并试图向某一方向突破。形态理论或形态分析就是通过研究股价所走过的轨迹，分析和挖掘曲线的一些买卖双方力量的对比，指导投资行动。

任务 4.1　顶部反转形态实战应用

一、知识目标

(1) 了解 K 线形态的含义。

(2) 熟悉顶部反转形态的基本类型。

(3) 理解不同顶部反转形态的图形特征和形成机理。

二、能力目标

(1) 能够说明 K 线形态的概念。

(2) 明确形态在技术分析中的作用。

(3) 能够快速识别常见顶部反转形态。

(4) 学会分析顶部反转形态的价格走势变化和判断买卖点。

三、相关知识

形态分析是指根据一段时间内，股票、期货等价格走势所呈现出的图案或花样，判断未来市场走势的分析方法。

K 线形态分为两大类：反转形态和持续形态（整理形态）。顶部反转形态是指股价或期货价格由升势转为降势的形态，常见的顶部反转形态包括岛形顶、塔形顶、潜伏顶、M 顶、头肩顶、圆弧顶等。了解这些顶部形态所代表的意义后，投资者就可以及早对市场进行研判，从而降低被套的风险。

（一）顶部反转形态类型

顶部反转形态，也称看跌 K 线形态，在上涨的顶部出现，其未来反转看跌。主要类型如下。

1. 岛形顶

岛形顶形态远远看上去就像一个远离海岸的孤岛，该形态出现在涨势末期，是大势转弱的信号。该顶部形态出现后，投资者应及时卖出避险。

岛形顶形态通常在股价的顶部出现。它是指股价持续上升了一段时间后，突然有一天跳空高开，使股价的上升加速，随后股价不再前进，盘整较短时间后，以跳空低开的形式开盘，最后以低于开盘价的价格收盘，如图 3-4-1 所示。

岛形顶形态在形势一片大好的上涨途中出现，在出现向上跳空的缺口后，多数投资者会以为这是继续上涨的信号，纷纷买入，但是买入后，股价却停滞不前，随着向下跳空缺口的出现，这一轮的升势宣告结束，转而进入下跌趋势。

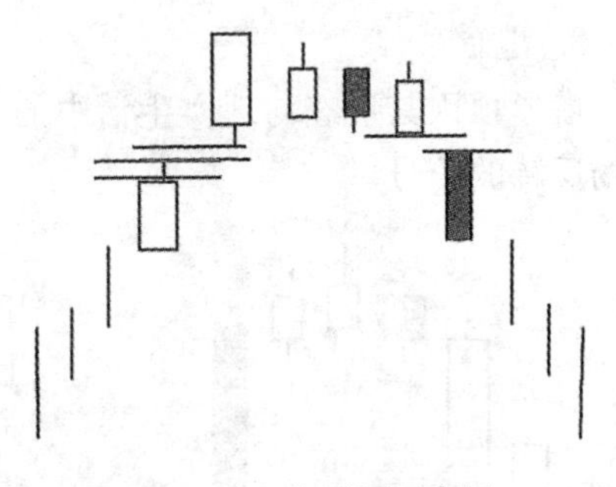

图 3-4-1 岛形顶示意图

该形态的要点提示：

(1) 岛形顶形态中第一个缺口为向上消耗性缺口，第二个缺口为向下突破性缺口，这两个缺口的形成时间可短至 1 天，也可以是数天之间完成，两个缺口间隔的时间越短，该形态的看跌信号也就越强。

(2) 岛形顶形态的两个缺口之间的总换手率越大，所预示的反转信号就越强。

(3) 岛形顶形成后，突破性缺口的水平线会变成重要的压力线，未来股价上涨到该位置时，就会遇到较大阻力，股价很难再有所上涨。

例如，天齐股份(002009)在 2015 年 5 月 19 日之前一段时间股价一直处于盘整中，5 月 19 日突然跳空高开，并且走势一路向上，当日以涨停收盘，之后股价在顶部盘整一段时间后，6 月 18 日跳空低开，并且以跌停收盘，至此岛形顶形态已经形成，后续该股走出幅度较大的下跌行情，如图 3-4-2 所示。

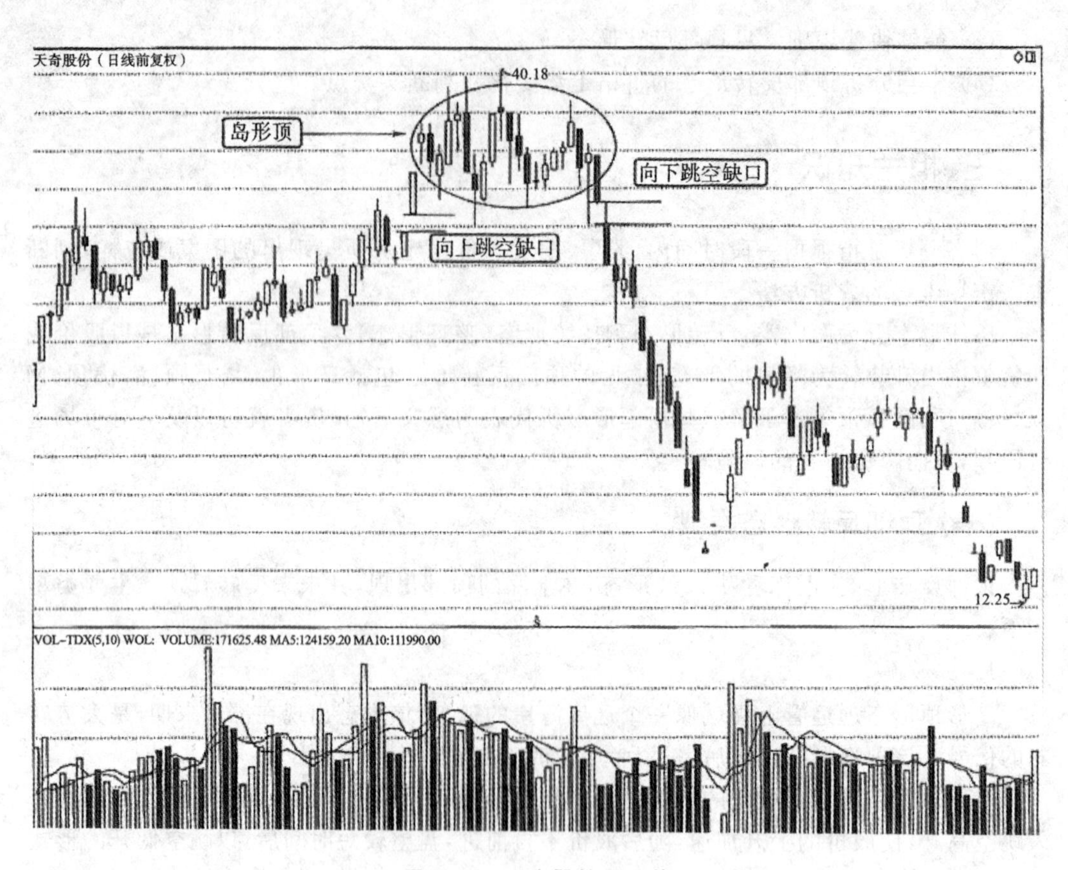

图 3-4-2 天齐股份日 K 线

2. 塔形顶

塔形顶因其形态与现实生活中的塔相似而得名，该形态出现在上升趋势中，也是一种市场反转的信号。

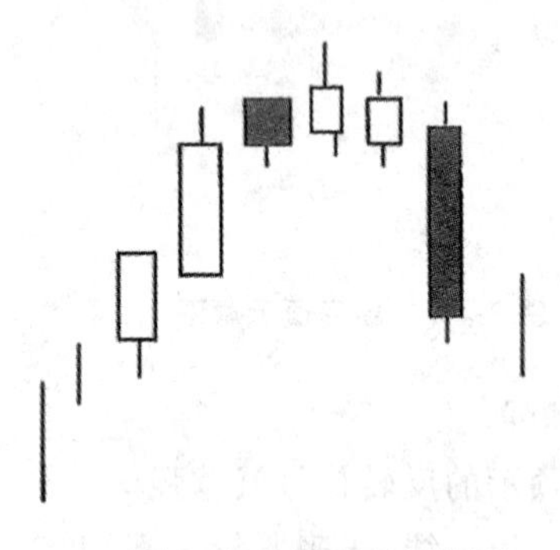

图 3-4-3 塔形顶示意图

塔形顶形态的形成过程为：在市场的上升趋势中，某一日出现一根大阳线或中阳线，表现出超强的上升趋势，但随后的一段时间里，涨势放缓，并慢慢回落，当最后一根收盘价低于第一根阳线开盘价时，该形态就形成了，如图 3-4-3 所示。

在塔形顶中，第一根阳线的出现使买方力量耗尽，此后，卖方慢慢占据主动，最后一根阴线的出现，说明卖方力量已经完全占据市场，此后的看跌信号非常强烈。因此，出现该形态后，投资者应及时将手中的股票卖出。

该形态的要点提示：

(1) 最后一根阴线的下跌幅度越大，说明卖方的力量越强，看跌信号也就越强。

(2) 第一根阳线与最后一根阴线之间的小阳线或小阴线的数量越多，说明买卖双方的争斗越激烈，当卖方占据主动地位时，买方由于争斗的时间较长，力量耗尽，后市的看跌信号也就越强。

(3) 如果最后一根阴线出现后，股价高开，后市股价还有可能出现上涨的转机，投资者可继续持股观望。

例如，现代制药(600420)在2014年10月底前，股价经过很长一段时间的上涨，处于阶段性顶部，10月27日股价大幅拉升，涨幅达到5.78%，后续4天股价一直处于盘整状态，至11月3日，股价低开低走，当日收出一根中阴线，并且收盘价明显低于27日的开盘价，此时塔形顶形态便形成了，预示市场反转信号，在后续走势中，股价不断下跌，如图3-4-4所示。

图 3-4-4　现代制药日 K 线

3. 潜伏顶

潜伏顶是指股价顶部变化幅度不大，并且成交量也极少，类似于平顶的一种形态，常出现于一些冷门股中。

潜伏顶形态在K线图中出现的频率较高，一般出现在一段上涨行情之后。其形成过程为：股价经过一段时间的上涨后，便开始在一个区间内波动，该区间的范围比较小，波动的幅度也比较小，并且该形态形成过程中必须伴随极小的成交量，如图3-4-5所示。

潜伏顶是一种顶部的盘整形态，这段盘整阶段为买卖双方争斗的过程，争斗结束后，如果买方占据优势，那么股价将有可能继续上升，但是如果卖方占据优势，那么股价将会反转下跌。出现潜伏顶形态的后市股价如何，与该形态的持续期及成交量都有关系。

该形态的要点提示：

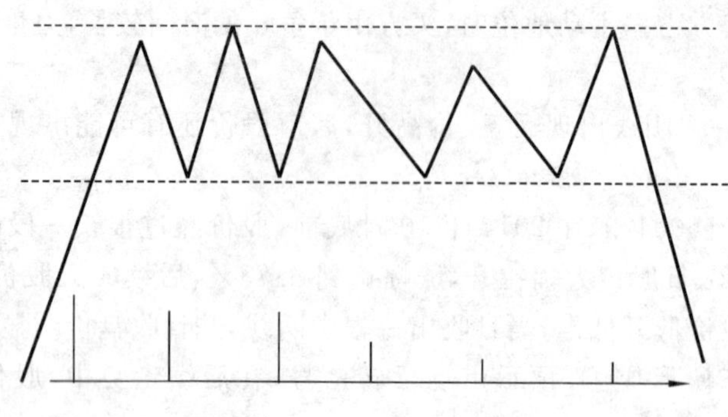

图 3-4-5　潜伏顶示意图

(1) 在潜伏顶形成过程中，如果成交量极小，在股价跌破整理平台后，且跌破时成交量放大，说明卖方力量强势，后市股价会下跌；在潜伏顶的形成过程中，如果成交量呈放大状态，则说明买方力量依然强大，后市股价还有可能上升。

(2) 潜伏顶形成的时间越久，后市下跌的幅度就越大。

例如，宝信软件(600845)在 2011 年 2 月 10 日前，股价处于上涨状态，当日收了一根上影线很长的小阳线，说明上涨遭遇压力，直到 4 月 27 日股价一直在 2.74%的幅度内波动，形成"潜伏顶"形态，在该段时间内，成交量不断萎缩，说明买方力量已日渐衰竭，至 4 月 28 日，股价低开低走，向下突破了该形态的低价位，后续该股走出一波持续下跌的行情，如图 3-4-6 所示。

图 3-4-6　宝信软件日 K 线

4. M 顶

M 顶也称为双顶，其形态像两座相连的山头，又因其形状酷似英文字母 M 而得名。在 M 顶中，两个顶峰之间的最低点被称为“颈线”，颈线以上的部分为 M 顶，以下的部分为普通区域。

M 顶形态形成于股价顶部。股价在上涨过程中，迅速下跌，进入阶段性大调整，不久后，再次进入上攻阶段，但是再一次遭受上攻失败的打击，当此次下跌的价格突破颈线后，M 顶便形成了。这两次上攻的顶点很接近，如图 3-4-7 所示。

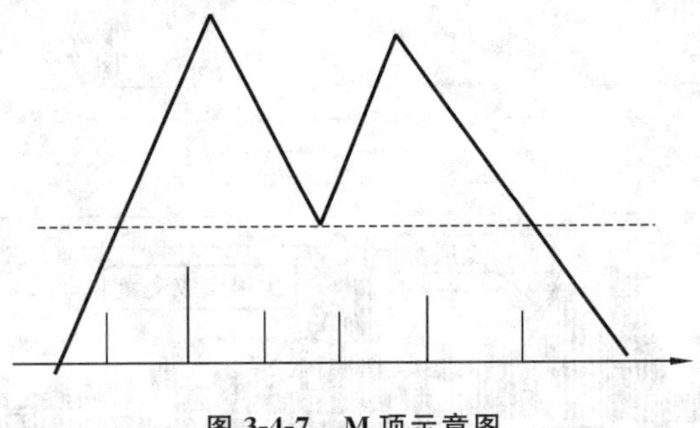

图 3-4-7　M 顶示意图

M 顶是主要的顶部反转形态，在其形成过程中，两个峰顶都具有明显的成交量，但形成第二个顶点的成交量略小于第一个顶点的成交量，说明市场的购买能力已有所减弱，紧接着一旦股价跌破颈线，说明上涨行情已经结束，虽然此时可能会有一些投资者入场抄底，拉动股价小幅回抽，但这种回抽难以突破颈线，此后股价将进入持续下跌的行情。此时投资者应该卖出股票，清仓观望。另外，M 顶中顶部与颈线之间的距离越长，未来股价下跌的幅度就越大。

在 M 顶的形成过程中，当第二个顶点的股价跌至颈线时，便预示着该形态已经成形，有时该形态可出现回抽现象，不会影响股价的整体下降趋势。因此，当股价向下突破颈线时，投资者应及时将股票卖出。

例如，汇鸿集团(600312)在 2015 年 11 月 4 日至 2016 年 1 月 4 日之间在经过一段时间的反弹上涨之后，在阶段性顶部形成典型的 M 顶 K 线形态，2016 年 1 月 5 日，股价低开跌破 M 顶颈线位置，预示着顶部反转成立，此后股价进入下跌行情，如图 3-4-8 所示。

5. 头肩顶

头肩顶是常见、典型的顶部反转形态，该形态中包括左肩、头部、右肩三个顶部，该形态中有一条颈线，是左肩和头部两次回落的连线。

头肩顶形态出现在上涨行情中，在股价经过一段时间的上涨后，遭遇压力，股价回落，至某一低点后，买方再次发力，当股价上涨至超过第一个高点的位置时，再次遭遇压力导致股价再次回落，再至同一低点附近时，买方又一次发动进攻，这次当价格涨至第一个高点附近时，便无法再上涨，转而下落，形成三个山峰，这三个山峰依次被称为左肩、头部、右肩，其中左肩、右肩的最高点基本相同，头部的顶点处于最高位置，如图 3-4-9 所示。

头肩顶在形成过程中，买方不断攻击，不断失败，到右肩时，买方力量基本用完，股价下跌后，很难再有力量进行反击，所以此次进攻失败后，未来股价将会下跌。

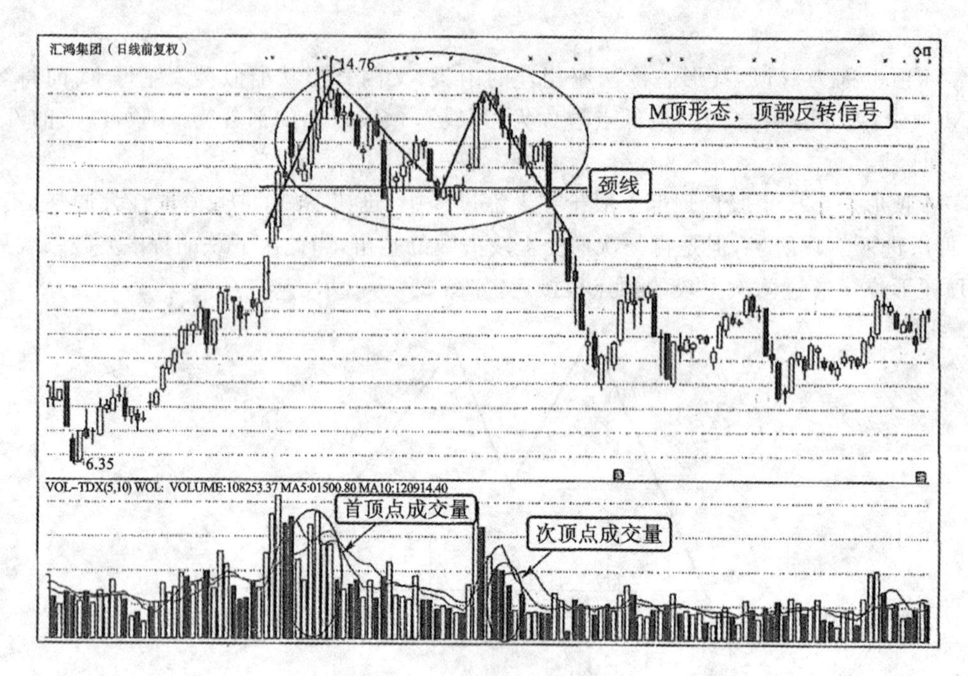

图 3-4-8　汇鸿集团日 K 线

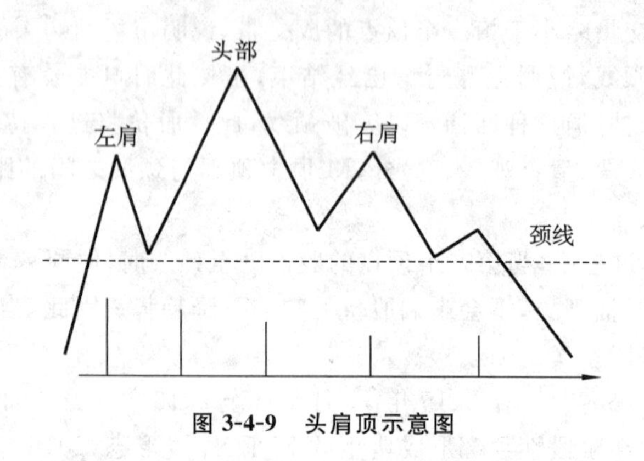

图 3-4-9　头肩顶示意图

该形态的要点提示：

(1) 头肩顶形态中，当左肩、头部、右肩三个部位的成交量形态为从高到低时，说明上升追涨的力量越来越小，股价下跌的可能性也就越强。

(2) 头肩顶形态的颈线方向如果是向下倾斜，说明买方力量不足，跌势信号更加强烈。

(3) 头肩顶形态所预示的跌势大小，与该形态形成的时间有关，其形成的时间越久，跌势越大。

头肩顶形成后，多数情况下股价都会下跌，此时投资者可通过成交量及颈线的方向来协助判断，如果形成头部时成交量萎缩，而在形成右肩时出现缩量上涨行情，投资者就可以认为头肩顶形态已经基本完成，此时投资者可以先卖出部分股票，轻仓观望；形成右肩后，股价一旦跌破颈线，投资者应将手中的股票全部卖出。

例如，长城汽车(601633)在 2015 年 2 月 3 日到 6 月 17 日之间，在顶部形成了一个头肩顶形态，6 月 18 日，股价低开低走下跌 7.14%，跌破颈线位置，之后股价一路下行，如图 3-4-10 所示。

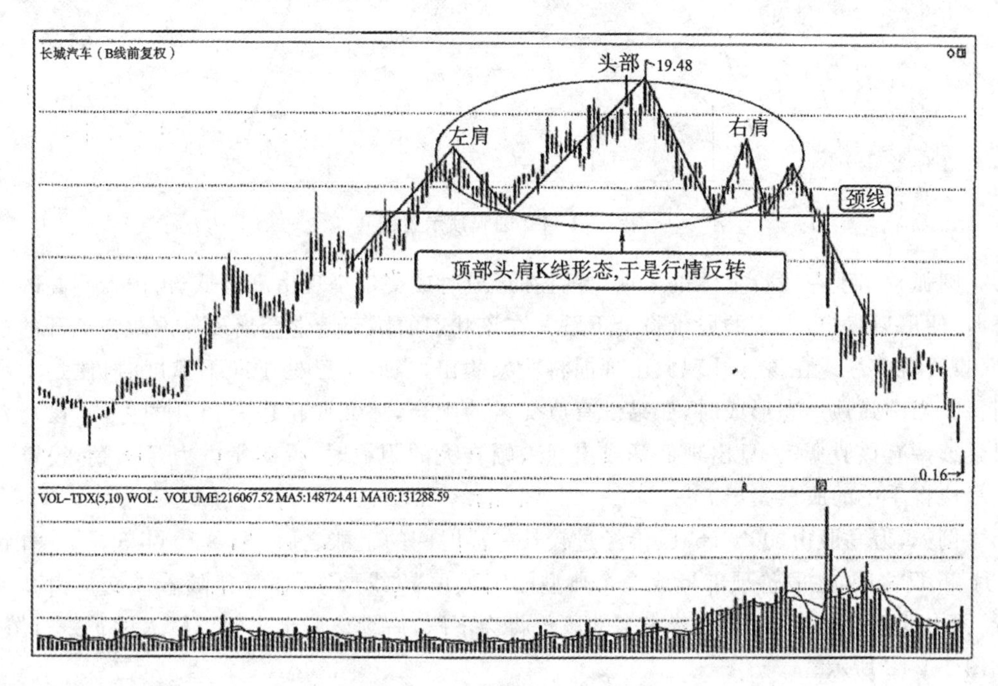

图 3-4-10　长城汽车日 K 线

6. 圆弧顶

圆弧顶是指整个形态呈下弯状态的圆形顶部，该顶部形态为看跌信号，但未来股价的下跌幅度不会很大。

圆弧顶形态出现在上涨行情末端。在股价经过一段时间的上涨后，上涨速度开始放缓，股价虽然在不断地升高，但每个高点的上升幅度却在减小，并且稍一上升就回落了；当出现高点一个比一个低时，便形成了一个圆弧形，如图 3-4-11 所示。

圆弧顶的出现表明股价的上涨接连受到阻碍，买卖双方的力量正在悄悄发生变化，买方在维持股价上升的同时力量在逐渐变弱，后市股价将会下跌。

该形态提示的要点：

(1) 在圆弧顶形成过程中，成交量方面也呈一个反圆弧状，以两端最大，顶部中间位置最小。

(2) 在圆弧顶末期，由于投资者已经发现了股价变化后的结果所引起的恐慌会使跌幅加剧，常出现跳空缺口或大阴线。

(3) 在股价减速上涨时，成交量出现萎缩，而股价加速下跌时，成交量反而放大，则该形态的看跌信号更加强烈。

(4) 圆弧顶形态维持的时间越久，该形态所预示的看跌信号就越强。相反，如果维持的时间较短，则看跌信号较弱。

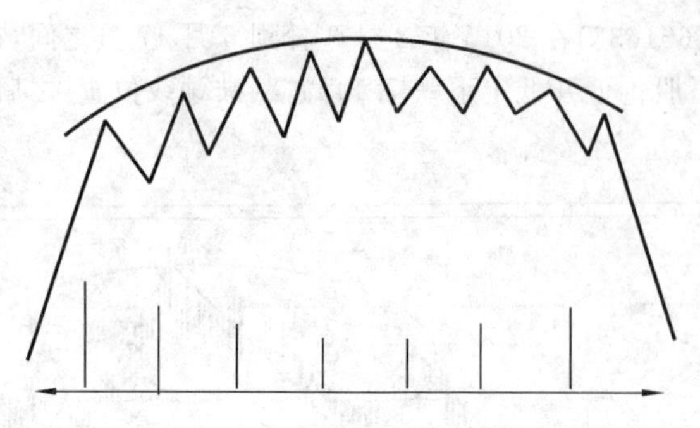

图 3-4-11 圆弧顶示意图

圆弧顶出现在股价上涨的末期，并且在形成时成交量呈现由高到低，再由低到高的状态时，便可以肯定，未来的股价将会下跌。在该状态的尾部通常会出现一次跳空低开的现象，投资者应尽量在该低开现象出现前将股票卖出，当股价已处于向下弧度时，便是卖出时机。当圆弧顶形态形成时，如果没有成交量的配合，那么股价还有回升的可能，投资者可继续持有该股票，一旦出现低开或出现跌幅较大的阴线时，说明卖方力量强劲，投资者应尽快将手中的股票卖出。

例如，万马股份(002276)股价经过较长一段时间的上涨之后，于 2015 年 5 月 25 日到 6 月 26 日之间，在股价顶部形成一个典型的圆弧顶 K 线形态，并且伴随着成交量由高到低，再由低到高的状态，预示着未来的股价将会下跌，后续该股走出幅度较大的下跌行情，如图 3-4-12 所示。

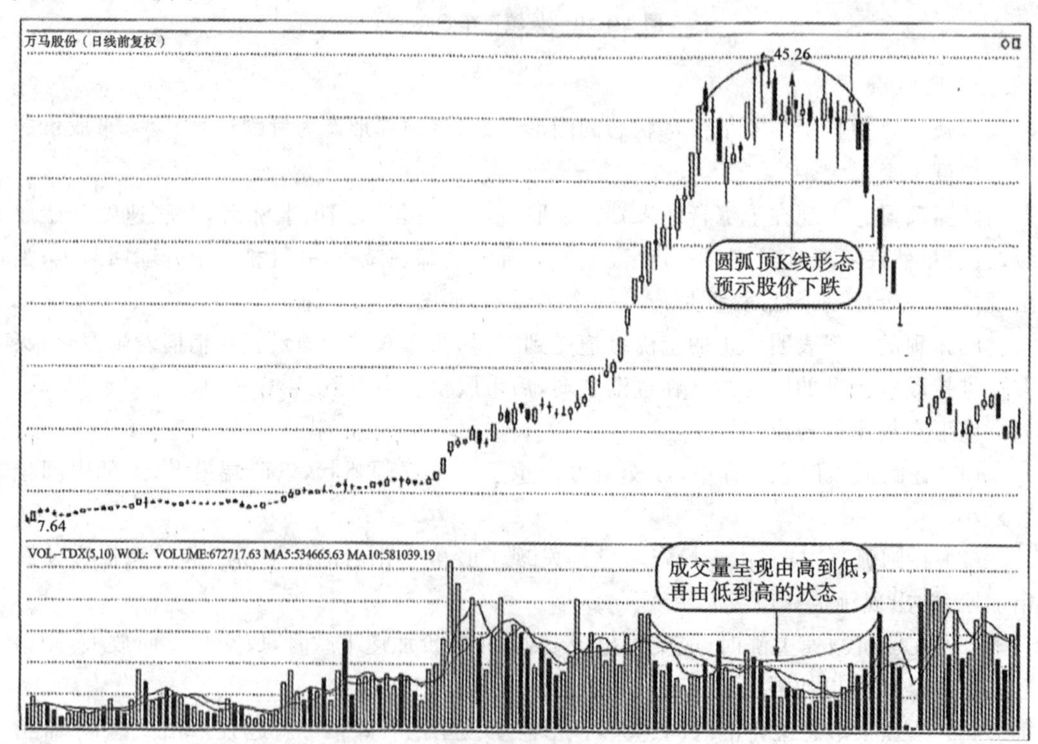

图 3-4-12 万马股份日 K 线

(二) 顶部反转形态(看跌 K 线形态)解析思路

1. 感受行情节奏变化

上述几种顶部反转形态(看跌 K 线形态),是股价波动形成的特殊形式,每一种组合都有多根 K 线构成,它们反映出多空力量的剧烈变化,或者是长期震荡整理之后的延续。以上述 K 线形态作为参照物,观察此类形态出现后股价波动轨迹,是重心上移还是下移,确定看跌 K 线形态出现后产生的意义。特别要强调的是:形态分析一定要分析伴随的成交量,要有成交量的配合研究才可能得出正确的结论。

2. 区分不同周期的 K 线形态

K 线依据周期,可以分为分钟 K 线、日 K 线、周 K 线、月 K 线、年 K 线、季 K 线等,而上述 K 线形态可能出现在各种周期之内。如果分钟线出现具备下跌指导意义的 K 线形态,行情可能产生一个较小的跌幅;如果周 K 线、月 K 线出现此类组合,则下跌的结论更可靠,幅度会更大,一般 K 线周期越长,结论越可靠。

四、实训内容及操作

(1) 通过看盘软件找出几种常见的顶部反转形态,如岛形顶、潜伏顶、M 顶、头肩顶等。

(2) 分析它们的价格走势变化,并在 K 线图上标出股价买卖点。

五、实训报告

(1) 在 Word 中画出 M 顶形态、圆弧顶形态和头肩顶反转形态。

(2) 提交带标注线的实训 K 线截图。

(3) 选择 2～3 个顶部反转形态,分析其形成过程中买卖双方动能的对比与变化。

(4) 为什么说 K 线时间周期越长,反转的结论越可靠?

(5) 为什么形态分析要有成交量配合,结论才更可靠?

任务 4.2　底部反转形态实战应用

一、知识目标

(1) 了解底部反转形态的含义及反转形态的主要类型。
(2) 理解底部反转形态体现的买卖力量对比。
(3) 掌握底部反转形态的形状。
(4) 了解底部反转形态背后代表的价格波动情况。

二、能力目标

(1) 能够说出几种底部反转形态的名称。
(2) 能够在 Word 中画出基本底部反转形态。
(3) 能够在 K 线走势图中准确识别底部反转形态。
(4) 学会利用底部反转形态对未来股价进行判断。
(5) 初步学会判断股票的买卖点。

三、相关知识

(一) 底部反转形态类型

底部反转形态是指股价由降势转为升势的形态,也称看涨 K 线形态。这是投资者最喜欢看到的形态,这种反转形态预示着股票价格开始上升,是投资者由亏转盈的契机。股票的不同波动情况形成了不同的底部形态,投资者在研究底部反转形态时应该重点考虑何处是最佳买入点。

常见的底部反转形态有岛形底、塔形底、W 底、圆弧底、头肩底、V 形底和三重底等。

1. 岛形底

岛形底形态是一个对买方有利的形态,该形态形成后,表明股价已见底,有可能开始回升。岛形底形态出现在股价底部,在股价的下降过程中,突然出现一个向下跳空的缺口,之后股价便不再下跌,而是进入整理状态。一段时间后,当股价上涨到缺口附近时,向上跳空高开,并且高走,当日收一条中阳线或大阳线,就形成了岛形底形态,如图 3-4-13

所示。

岛形底形态的出现表明买卖双方的力量正在发生转换,市场将会由卖方市场转换为买方市场。当第一个缺口出现时,由于股价已经过了一段时间的下跌,卖方已用尽了全部力量,所以出现该缺口后,股价不会再继续下跌了,而是经过整理后慢慢上升。第二个缺口的出现表明买方力量已经开始反击,股价将会继续上涨。

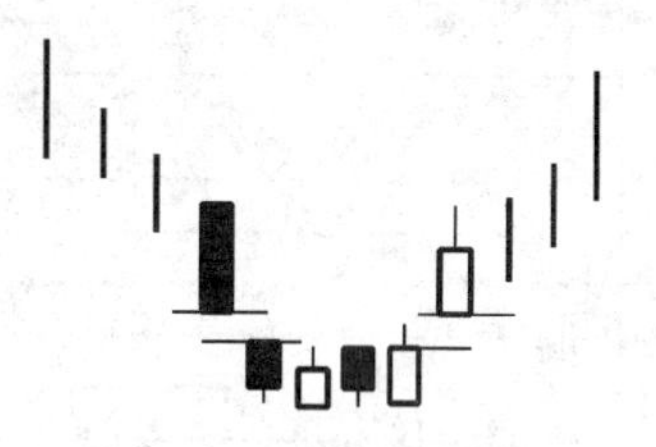

图 3-4-13 岛形底示意图

该形态的要点提示:

(1) 岛形底在形成的过程中,要伴随着成交量的增加,如果该形态所对应的成交量未增反降,则说明卖方仍有力量,该形态将会失败。

(2) 岛形底形态的两个缺口之间的总换手率越大,所预示的后市看涨信号越强烈。

(3) 岛形底形态中最后一根阳线的实体越大,股价未来的涨幅就会越大。

岛形底形态最后会以一个跳空高开的缺口结束,形成该缺口的阳线将会向上高走,该阳线的实体越长,说明买方力量越强,后市股价的涨幅也就越大,所以当这根 K 线出现后投资者就可以买入股票了。

当该形态形成时,如果有成交量放大的配合,那么当向上跳空的缺口出现时,便可买入;如果未得到成交量放大的配合,那么可观察一下缺口后的阳线实体大小,如果实体较大,可在下一个交易日时买入,如果实体较小,那么可继续观察,确定股价上涨后再买入。

例如,沪电股份(002463)股价在经过一段时间的下跌之后,于 2014 年 3 月 7 日到 19 日之间,9 根 K 线形成岛形底组合形态,预示着市场已见底。3 月 19 日,该股向上跳空高开高走,以放巨量涨停收盘,反转信号强烈,后续该股走出幅度较大的上涨行情,如图 3-4-14 所示。

2. 塔形底

塔形底和塔形顶的形态相似,只是该形态出现在下降趋势中,是股价由跌转升的信号。塔形底形态的形成过程为:在股价的下降趋势中,某日出现一根大阴线或中阴线,表现出超强的下降趋势,但随后的一段时间里,跌势放缓,并慢慢回升,经过一段时间的横盘整理后,出现一根大阳线或中阳线,至此塔形底形成,如图 3-4-15 所示。

在塔形底形态中,第一根阴线的出现使卖方力量耗尽,此后买方慢慢占据主动,最后一根阳线的出现,说明买方力量已经完全占据市场,此后的看涨信号非常强烈,出现该形态后,投资者应及时买入股票。

该形态的要点提示:

(1) 最后一根阳线的上涨幅度越大,说明买方的力量越强,看涨信号也就越强。

(2) 第一根阴线与最后一根阳线之间的小阳线或小阴线的数量越多,说明买卖双方的争斗越激烈,当买方占据主动后,卖方由于争斗的时间较长,力量消耗殆尽,后市股价看涨信号也就越强。

(3) 在最后一根阳线之后的一个交易日里,如果股价不能高开或者创出新高,说明买方力量减弱,这时投资者可以暂时观望。

塔形底形态形成后,多数情况下都预示着股价会上涨,投资者可以在最后一根阳线出

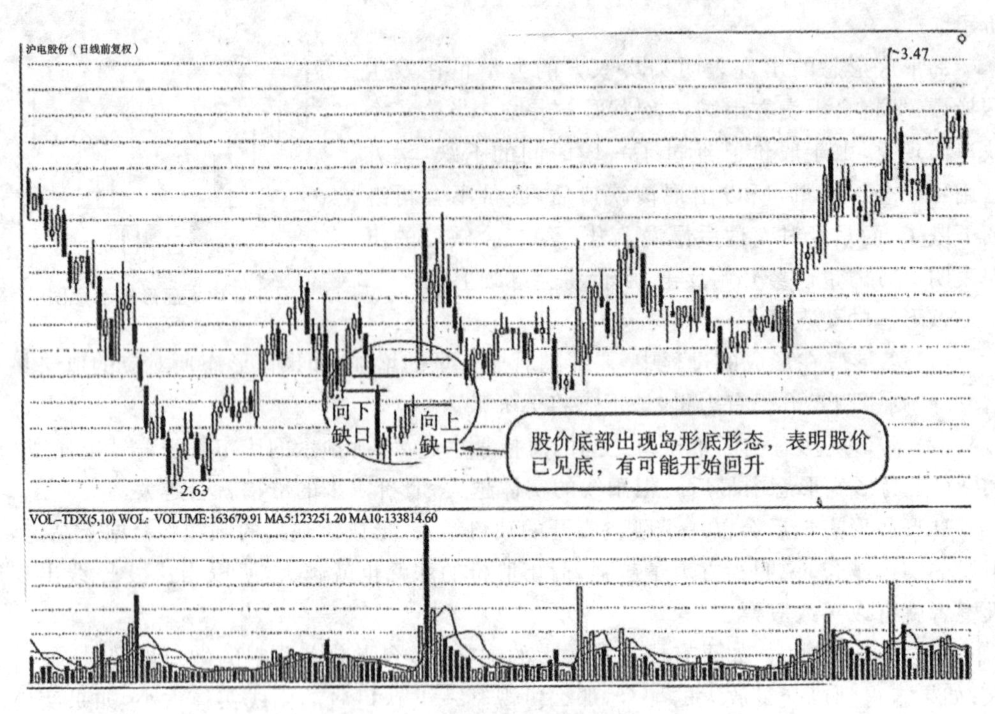

图 3-4-14　沪电股份日 K 线

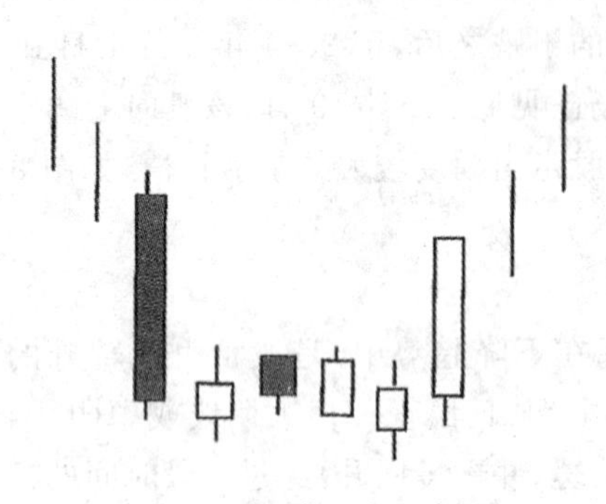

图 3-4-15　塔形底示意图

现后的第一个交易日买入股票。但是如果中间的调整时间超过了 10 个交易日，则表示买方可能没有足够的力量来推动股价上涨，这时再出现向上突破的阳线很可能是骗钱，投资者此时就要谨慎操作了，可以观察 2～3 个交易日后再决定是否买入。

另外，塔形底的止损位在最后一根阳线的最低点，如果股价跌破这个价位，说明反弹行情被破坏，形态失败。这时股价可能会继续调整甚至下跌，投资者需要果断卖出股票。

例如，沪电股份(002463)在经过较长一段时间的下跌之后，于 2016 年 2 月 25 日到 3 月 18 日之间，在股价底部区域形成一个典型的塔形底 K 线形态，并且最后一根阳线放出巨量涨停，突破塔形底第一根阴线最高点，预示着底部反转信号强烈，如图 3-4-16 所示。

3. W 底

W 底也称双重底，它是指股价经过两次探底所形成的底部形态，两次探底的价位基本相同，该形态为见底反转信号，是常见底部形态的一种。

W 底形态通常出现在股价的下跌末期。在下跌过程中，股价第一次跌至最低点后，遇到支撑开始回升，不久在股价回升到一定高度后，某些原因导致股价再次回落，至第一个低点附近的价位后，再次遇到支撑力量，股价再次回升，当股价超过第一次回升的高度时，就形成了 W 底，如图 3-4-17 所示。

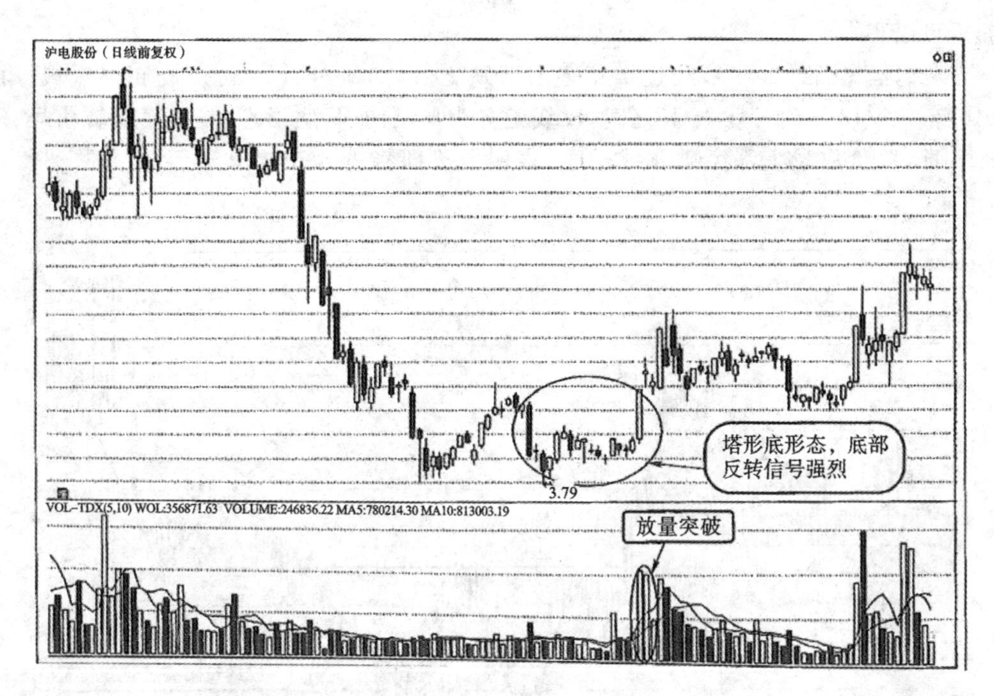

图 3-4-16　沪电股份日 K 线

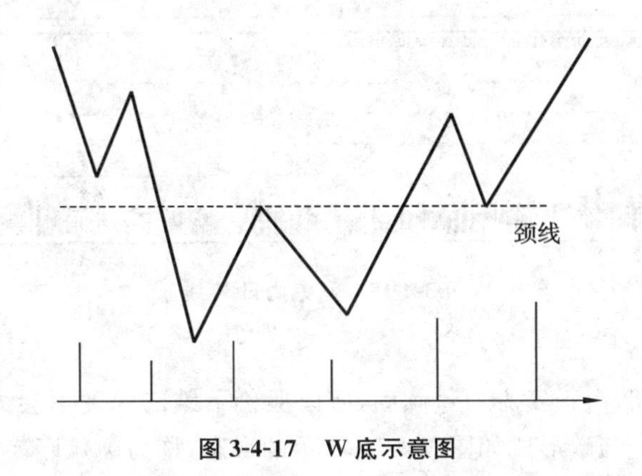

图 3-4-17　W 底示意图

W 底形态告诉投资者股价在第一次探底回升后，再度发力展开新的上涨行情，紧接着第二次探底回升，表明买方力量占据上风，在未来的走势中，股价将会大幅上涨。

该形态的要点提示：

(1) 在 W 底形成后，当股价向上突破颈线时，成交量必须有效增大。

(2) W 底形态中两个低点的总换手率越高，后市的看涨信号越可靠，未来股价上涨的空间也就越大。

在 W 底中，当股价突破颈线位置时，便说明 W 底已经形成了，如果该形态有了成交量的配合，那么在突破颈线后，便是买入的时机；但如果当 W 底形成时，未得到成交量的配合，或第二个底部的价格低于第一个底部的价格，则说明趋势仍然向下，此时在突破颈线后，投资者应该继续观察，在 3 个交易日内如果股价没有回调或回调至颈线位置止跌企稳，就可以买入了。

例如，酒鬼酒（000799）经过半年多的下跌之后，2016 年 1 月份形成底部区域。在 2016 年 1 月 12 日到 3 月 25 日之间，K 线走势为典型的 W 底形态，是见底反转信号。3 月 25 日，股价放量上涨突破颈线位置，表明股价即将进入一波上升行情，如图 3-4-18 所示。

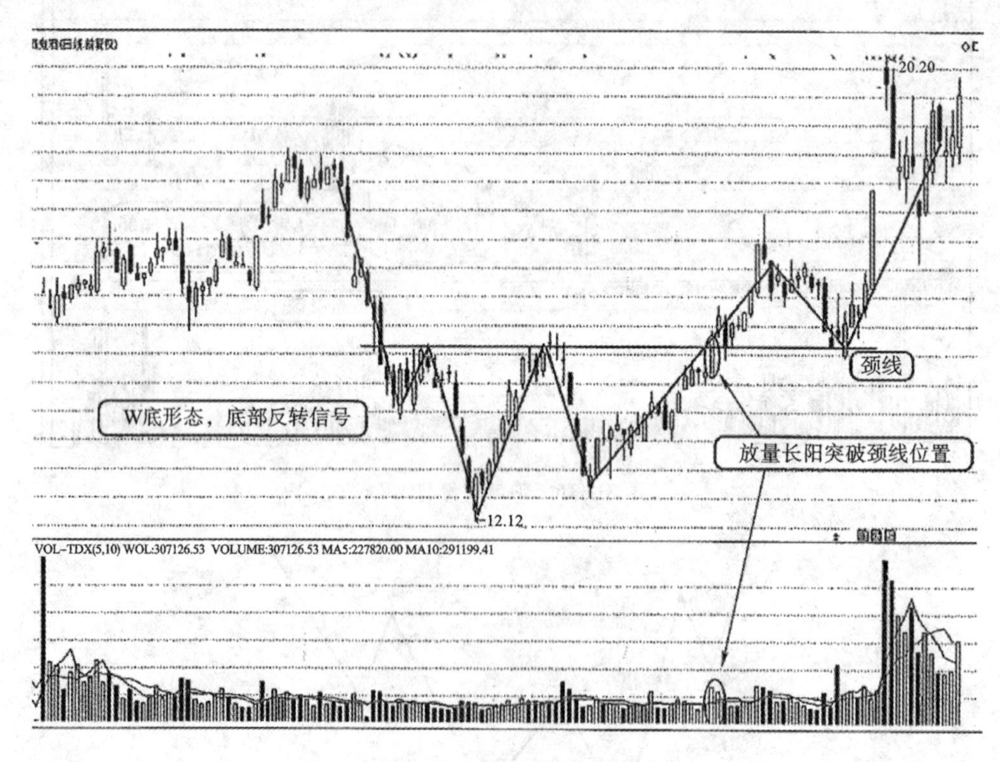

图 3-4-18　酒鬼酒日 K 线

4. 圆弧底

在股价下跌末期，由于卖方力量顽固，所以股价下跌的幅度不会太大，当股价下跌到一定程度时，又开始上升，形成如图 3-4-19 所示的形态，称为圆弧底。

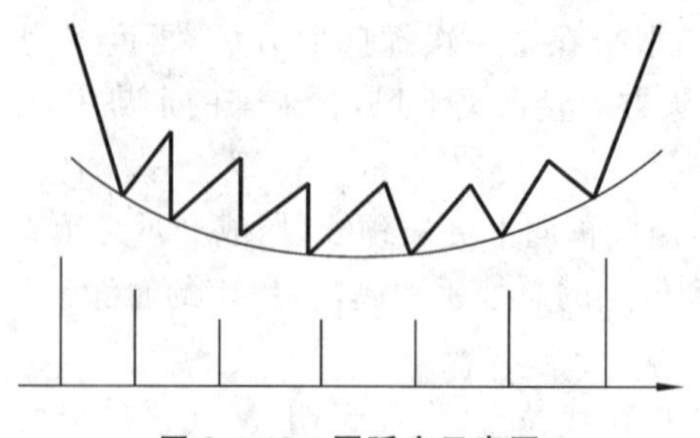

图 3-4-19　圆弧底示意图

圆弧底形成过程中，卖方力量经过连续的下跌后，已出现力疲现象，而买方则慢慢占据主动位置，所以该形态预示的是股价将上升。在该形态形成初期，成交量逐渐萎缩，萎缩到最低量后，股价就会开始回升，所以成交量是该形态成功的重要因素，总的来说成交量也呈现一个圆弧状，两端最大，顶部中间位置最小。

另外，圆弧底形态形成的时间越久，卖方力量支撑得就越久，后期买方反弹的力量也就越足，看涨信号就越强烈。

圆弧底形态没有颈线，因此在没有明显的买入点时，投资者可通过观察成交量来确定买入点。圆弧底形态中股价波动温和，当股价大幅上扬并且成交量迅速增加时，表示股价将要上涨，此时就是最佳买入点。

例如，建发股份(600153)的股价经过较长一段时间的下跌之后，在 2014 年 4 月 29 日到 7 月 21 日之间，股价开始筑底，K 线形成一个典型的圆弧底形态，并且成交量也是一个圆弧状。7 月 22 日，该股股价放量突破前期缺口位置，脱离圆弧底部区域，开始一轮上涨行情，如图 3-4-20 所示。

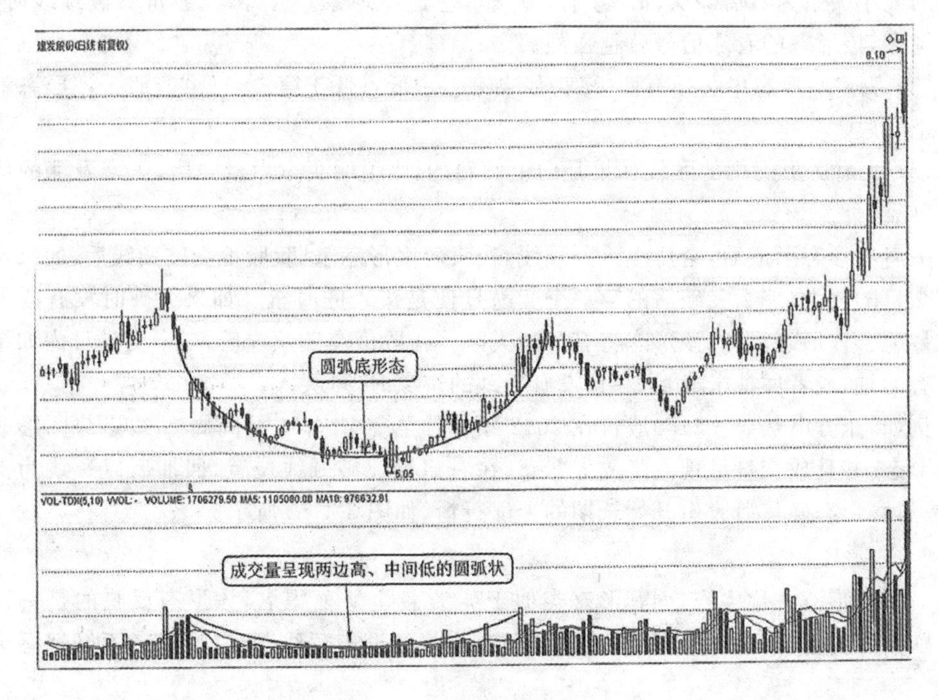

图 3-4-20　建发股份日 K 线

5. 头肩底

头肩底形态出现在股价底部。股价经过下跌后，先经过一次探底，遭遇抵抗后，价格开始回升，到达第一个顶点后，股价开始回落，再次探底，此次要比第一次探底深，再次遭遇阻力后，再次回升，当股价涨至第一个顶点附近的价位时，股价又一次回落，又经过了第三次探底，第三次回升，当股价涨至前两个顶点附近的价位时，就形成了头肩底形态，如图 3-4-21 所示。

头肩底是强烈的底部反转形态，在该形态中卖方力量不断消耗，而买方则趁此机会积蓄力量，且时机成熟，股价将会大幅上涨，即使有小幅回抽，也是暂时的。

该形态提示的要点：

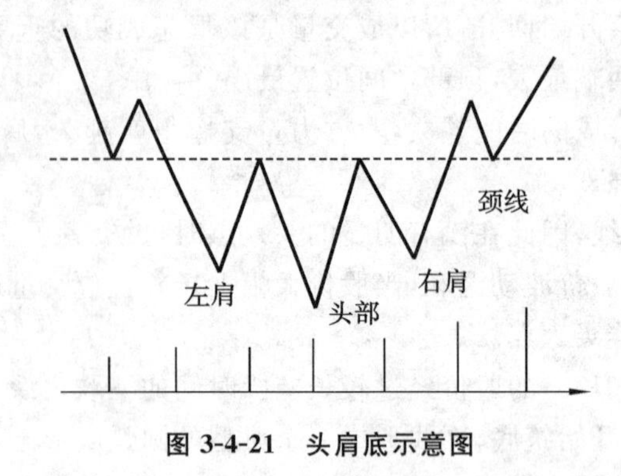

图 3-4-21　头肩底示意图

(1) 在头肩底形态中，右肩的成交量最大，其次是头部，最小的是左肩的成交量，即成交量的大小关系为右肩＞头部＞左肩，成交量呈递增现象。另外，当股价突破颈线时，成交量越大，该形态的看涨信号就越强烈。

(2) 头肩底形态中必须有两个肩，如果第三个低点低于第二个低点，那么该形态就没有完全形成。

(3) 头肩底形态中的颈线如果是向上倾斜的，则说明买方力量强盛，未来看涨的信号更加可靠。

头肩底形态形成后，会产生一条颈线，在头肩底形态末期，股价突破颈线后，如果伴随着成交量的放大，那么突破后的第一个交易日便是买入的时机。如果突破时没有放大的成交量配合该形态，那么该形态将有可能失败。在股价突破颈线后，三个交易日内如果股价没有回抽，或者回抽未成功，并且没有下跌的迹象时，可买入。

例如，东方电热(300217)股价在 2012 年 6 月至 2013 年 4 月间周 K 线走势图形成头肩底形态，并且成交量呈现逐步放大状态，在右肩处突破颈线位置，回抽后以颈线为支撑线，头肩底形态确认后股份开始长期的上涨行情，如图 3-4-22 所示。

6. V 形底

V 形底形态又称尖底，因其形态类似于英文字母 V 而得名，该形态反映的是一种股价大跌大涨的情况，该形态形成的时间比较短，并且没有颈线，所以投资者不好把握买入时机。

V 形底形态出现在股价的下跌途中。形成前股价的下跌速度比较缓慢，突然一天下跌幅度加大，之后下跌速度加快；下跌至某一低点时，股价又急转向上，开始上涨，其转势速度非常快，形成一个尖锐的底部，如图 3-4-23 所示。

当 V 形底处于下跌趋势时，卖方力量非常强大，一路下跌没有任何阻拦，持续一段时间后，卖方力量释放完毕，买方力量开始集聚，由于下跌速度过快，卖方已无力再进行抵抗，所以反转的过程非常快，接下来便会迎来买方市场，股价将会进入大幅上涨的趋势中。

该形态的要点提示：

(1) V 形底形态向上反转时，需要伴随着成交量的放大，这种形态才是成功的，否则该形态很有可能失败。

(2) V 形底形态前期的跌势越猛，后市的涨势也就越猛。

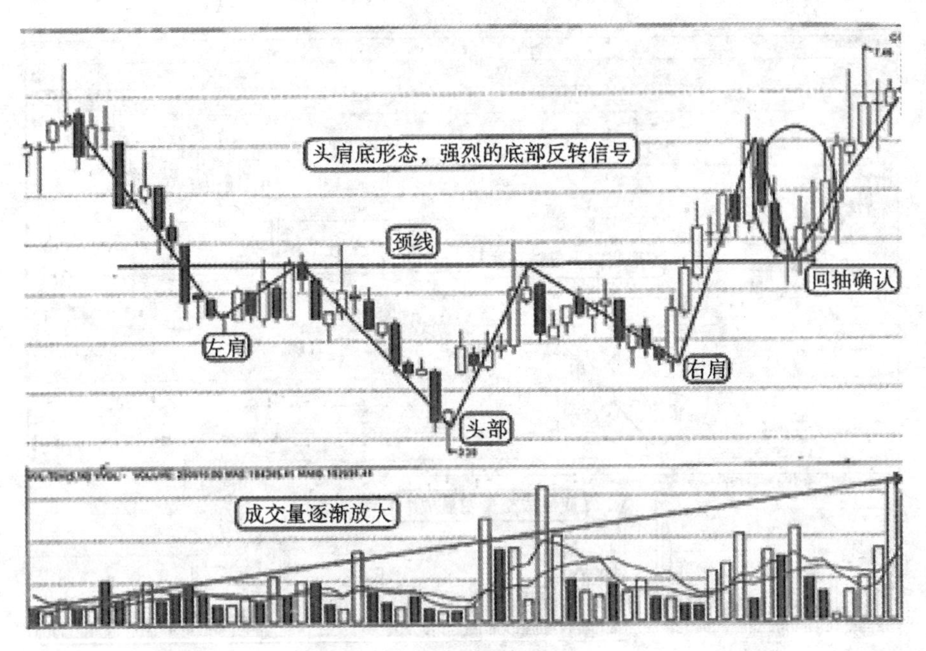

图 3-4-22　东方电热周 K 线

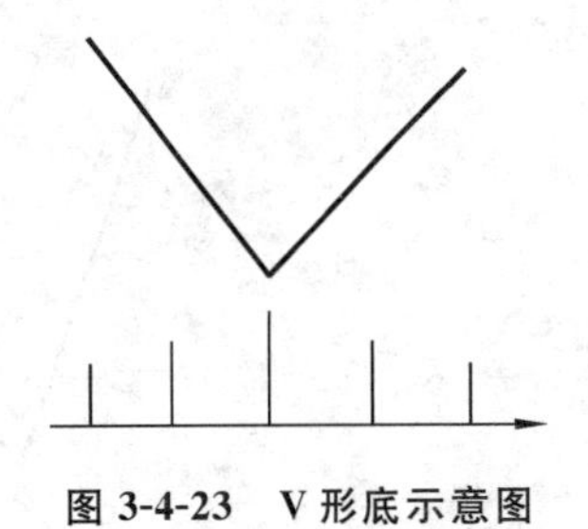

图 3-4-23　V 形底示意图

V 形底是比较特殊的形态，由于该形态的转势非常快，所以买入点的确定比较困难。由于该形态的反转信号比较强烈，因此投资者在第一次买入后，如果对后市股价继续看好可再次追买。V 形底在反转时，由于买卖双方的争斗，会出现一些十字星 K 线，当投资者发现这些 K 线形态时，就需要注意了，如果出现这些 K 线后，股价有上涨的趋势，便可以趁机买入，当股价继续上涨后至形态入口处的价位时，再观察一下成交量，如果这段时间伴随着成交量增长，那么可以判断该形态已经成功，此处就是追买点。

例如，永利股份(300230)2015 年 6 月 3 日到 7 月 8 日之间经历了一波迅猛的下跌走势，7 月 8 日放出巨量止跌，此后 4 天连拉涨停，并伴随着成交量的放大，形成一个典型的 V 形反转形态，该股后市走出了一波幅度很大的上涨行情，如图 3-4-24 所示。

7. 三重底

三重底是指股价在低位连续出现三个低谷，该形态形成后，会产生一条颈线，可以帮助投资者确定买入点。

三重底出现在股价底部。股价经过三次下跌，每次都在同一个价位点上获得支撑，该形态中包括三个低点、两个顶点，将两个顶点相连便形成了颈线，如图 3-4-25 所示。

三重底形态为股价见底反转形态，卖方力量的压力在股价底部一次又一次被破坏，在经过第三次的打压后，卖方力量已经竭尽，股价将会一路上涨。

该形态的要点提示：

(1) 三重底形态中总换手率越高，说明卖方力量被消耗得越厉害，该形态的看涨信号

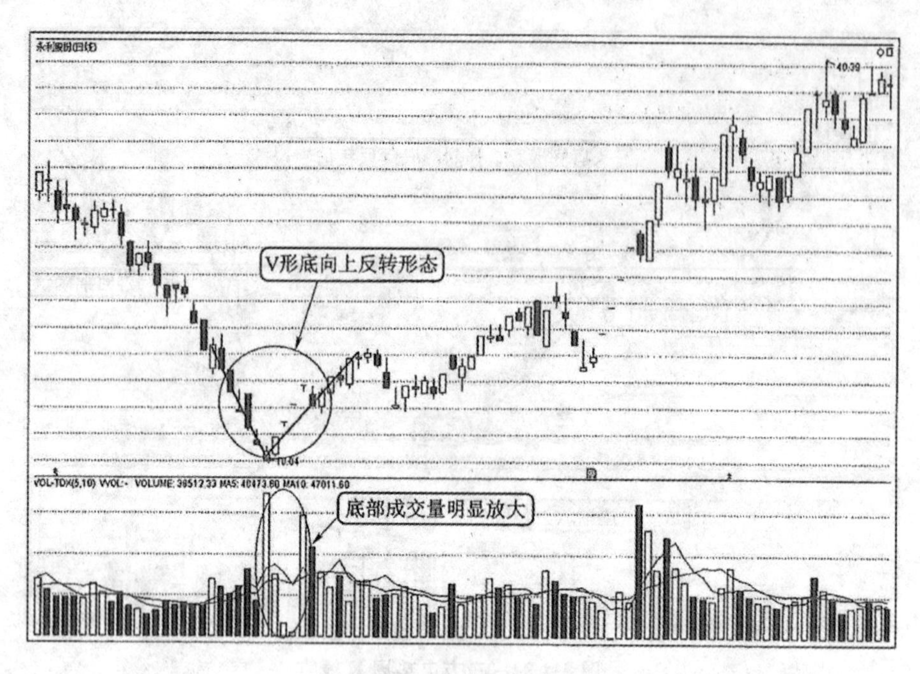

图 3-4-24　永利股份日 K 线

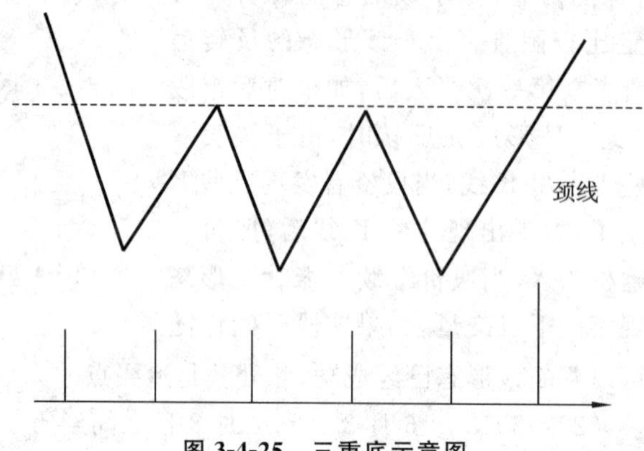

图 3-4-25　三重底示意图

就越强。

（2）三重底形态中第二个低点的成交量是最小的，第三个低点的成交量与前两个低点相比，有大幅增加的趋势，当股价突破颈线时成交量将明显放大。

（3）三重底形态中低点到颈线的距离越远，股市后期的上攻力度越强。

三重底形态形成后，如果有了成交量的配合，那么可在股价突破颈线后第一个交易日买入。如果成交量未配合，则在突破颈线后再观察 3 个交易日，如果该段时间过后，股价没有下跌的迹象则可以放心买入。

例如，世联地产(002285)股价在经过调整后，在 2013 年 6 月底至 7 月在低位形成一个三重底的形态，8 月 20 日股价放量突破颈线位置后，股价迎来了一波上涨行情，如图 3-4-26所示。

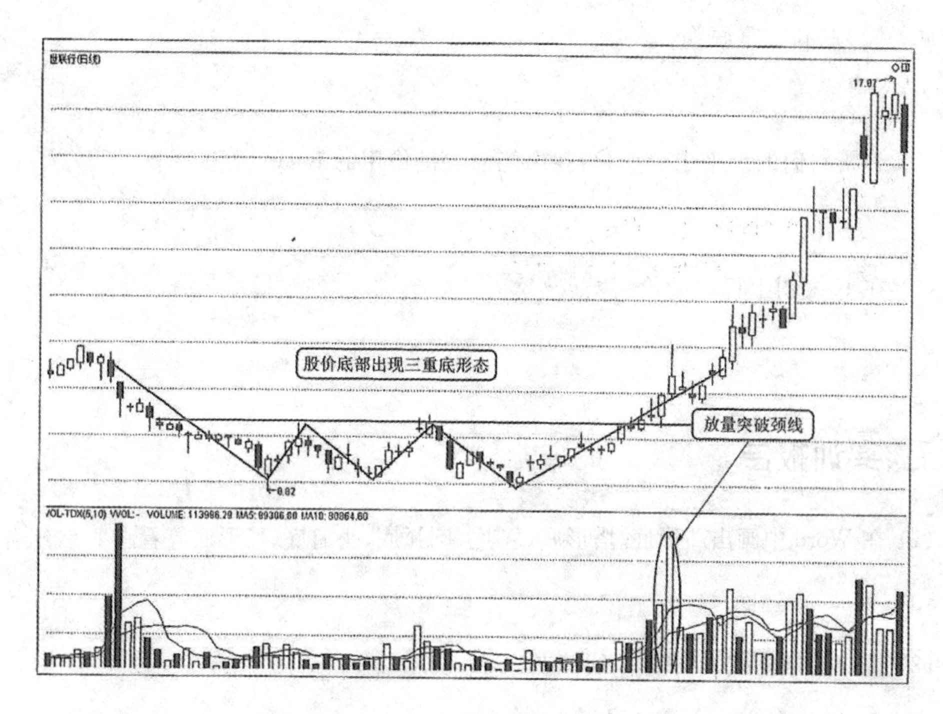

图 3-4-26　世联地产日 K 线

(二) 底部反转形态(看涨 K 线形态)解析思路

1. 感受行情节奏变化

上述几种底部反转形态(看涨 K 线形态),也是股价波动形成的特殊形式,它们反映了多空力量的剧烈变化。以上述 K 线形态作为参照物,观察此类形态出现后股价波动轨迹,是重心上移还是下移,确定看涨 K 线形态出现后产生的意义。特别要强调两点。

(1) 形态确定重要,形态位置也很重要,体会反转的含义。

(2) 形态分析一定要分析成交量,要有成交量的配合,才可能得出正确的结论。

2. 区分不同时期的 K 线形态

K 线依据周期,可分为分钟 K 线、日 K 线、周 K 线、月 K 线、年 K 线、季 K 线等,而上述 K 线形态可能出现在各种周期之内。如果分钟线出现具备上涨指导意义的 K 线形态,行情是比较难确定的;如果周 K 线、月 K 线出现上述组合,则上涨的结论更可靠,幅度也会更大,一般周期越长,结论越可靠。

另一方面,顶部反转形态和底部反转形态有些相似,其根本区别有两点:一是出现的位置;二是形成的方向。位置不同、方向不同,预示的意义或市场的反映会有很大区别,需要在学习及投资实践中正确把握。

四、实训内容及操作

(1) 通过看盘软件找出几种常见的底部反转形态,如岛形底、塔形底、W 底、圆弧底、头肩底、V形底和三重底等。

(2) 分析它们的价格走势变化，找出能起关键作用的K线。

(3) 在K线图上标出股价买卖点。

五、实训报告

(1) 在Word中画出岛形底、塔形底、W底、圆弧底、头肩底、V形底等看涨K线组合。

(2) 提交带标注线的实训K线截图。

(3) 选择2～3个底部反转形态，分析其形成过程中买卖双方动能的对比与变化。

(4) 谈谈M顶与W底的区别与联系。

(5) 谈谈K线组合与K线形态之间的关系。

任务4.3　K线整理形态实战应用

一、知识目标

(1) 了解K线整理形态的含义及主要类型。
(2) 理解整理形态体现的多空双方的博弈过程。
(3) 掌握整理形态的基本形状。

(4) 了解整理形态后价格波动的可能方向。

二、能力目标

(1) 能够说出几种整理形态的名称。

(2) 能够在 Word 中画出基本整理形态。

(3) 能够在 K 线图中准确识别整理形态。

(4) 学会利用整理形态对未来股价进行大致判断。

(5) 初步学会判断股票的买卖点。

三、相关知识

(一) 整理形态类型

整理形态反映的是买卖双方力量相差无几,趋势还未明朗,暂时维持现状的阶段。一般通过一段时间的整理后,双方力量开始发生变化,变强的一方就会占据主动,将局势扭转过来,并占有市场的主动权。

整理形态是股价发生反转或延续前的过渡,常见的整理形态有三角形、楔形、旗形、矩形等。与反转不同,经过整理后的股价方向有可能向上,也有可能向下,到底方向如何,投资者可根据整理形态的具体类型及其他因素进行判断。

1. 三角形

三角形整理形态是股价快速变动后不再前进,而在一定区域内上下窄幅变动形成的形态。根据其变动的幅度及角度,该形态又分为上升三角形、下降三角形、对称三角形三种,它们所预示的未来股价走势是有所不同的。

1) 上升三角形

上升三角形是一种在股价上升过程中,遇到压力,但经过整理后还会继续上升的形态,为看涨信号。

上升三角形形态出现在股价的上涨行情中。股价经过上升后,买方力量逐渐薄弱,卖方趁机开始打压股价,一般至第一个顶点出现回落,但回落后不久股价再次上升,至第一个顶点附近的价位时,再次遭遇压力,股价再次开始下跌,此次下跌未到达第一个低点的价位便开始回升,接下来股价又在同一位置遭遇压力,并且此次回落的低点仍高于前一个低点。在该形态中压力线为一条水平线,而支撑线则是向上倾斜的,如图 3-4-27 所示。

在上升三角形形态形成的过程中,成交量会不断萎缩,而当股价向上突破时,成交量就会放量,此时的成交量越大,看涨信号也就越强烈,相反如果此时的成交量不大,则说明上涨行情难以维持。另外,上升三角形往上突破的时间越早,后劲力量越充足,后市上涨的信号也就越可靠。

上升三角形形态中,虽然股价在上升途中遭遇压力不断回落,但每次回落的低点都高于前一个低点,将这些低点连接起来后,是一条向上倾斜的直线,表明买方力量仍然很足,

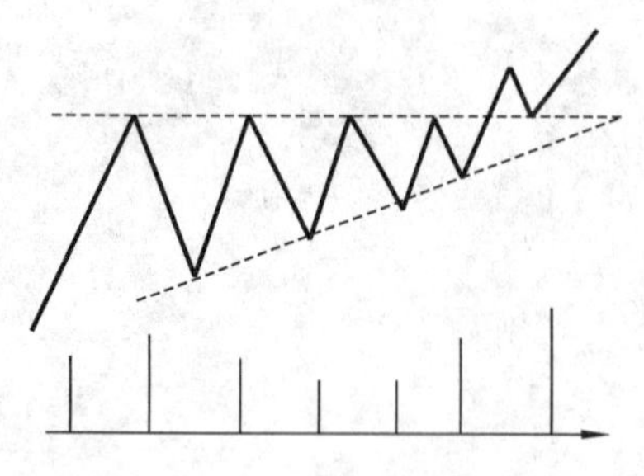

图 3-4-27　上升三角形示意图

卖方力量越来越弱，经过整理后，买方仍然占据主动，一旦股价向上突破，卖方将无力反击，股价会继续上升。

例如，特变电工(600089)在 2013 年 6 月初至 9 月初期间，股价多次在一个几乎相同的价位遇到阻力回调，但每次回调的低点都越来越高，并且在这期间，成交量随着股价的回调而下降，从而形成了一个上升三角形形态。9 月 3 日，股价放量涨停突破整理形态，开始一波上涨行情，如图 3-4-28 所示。

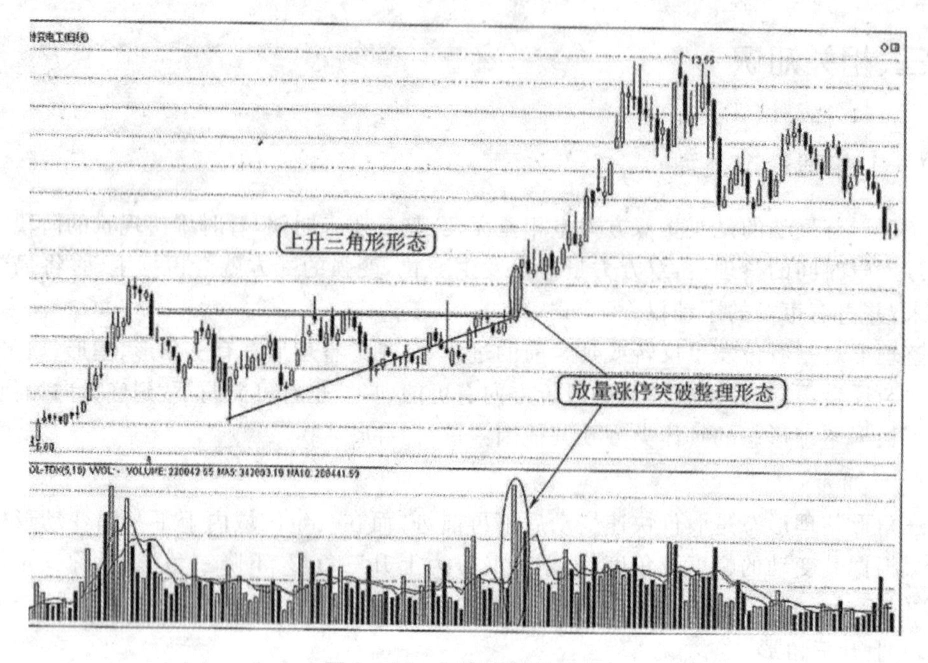

图 3-4-28　特变电工日 K 线

2）下降三角形

下降三角形形态与上升三角形形态很相似。但在形成的过程中，所形成的高点价位是越来越低的，而低点价位几乎不变。该形态预示股价将会下跌，为卖出信号。

下降三角形形态出现在股价的下跌行情后。在该形态形成期间股价反复震荡，每次震荡均在同一价位获得支撑，而每次震荡的高点所在价位却越来越低，在该形态中支撑线为一条水平线，而压力线则是向下倾斜的，如图 3-4-29 所示。

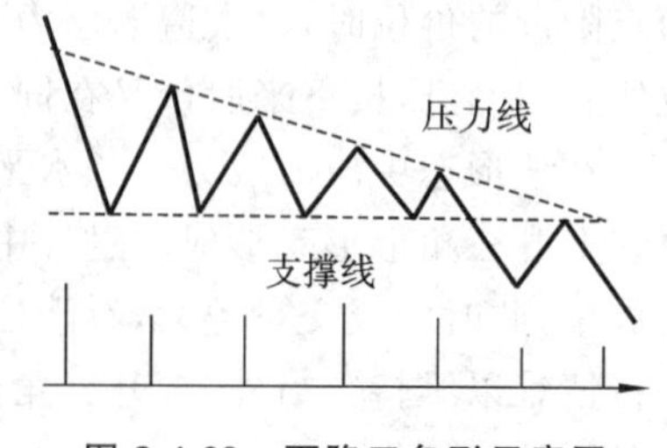

图 3-4-29　下降三角形示意图

在下降三角形的形成过程中，成交量是不断减少的，并且跌破支撑线时不必有放大的成交量相配合。在股价跌破支撑线后，股价可能会出现小幅回抽，但回抽的动能明显不足，在到达支撑线位置处就会再次被打压，而后股价一路下滑。

下降三角形形态中，压力线的向下倾斜说明买方力量不足，在连续的反弹中力量损失殆尽，而卖方则利用此次反弹的机会积蓄力量，当股价跌破支撑线后，说明买方已经落败，接下来股价将会持续下跌。

下降三角形是一个看跌的信号，股价向下跌破支撑线后的第一个交易日就是卖出时机，此时可以积极卖出。

另外，在股价跌破支撑线后，可能会有一个小幅的回抽，如果股价回抽到支撑线附近遇阻继续下跌，则说明市场弱势已经形成，此时投资者应尽快将手中剩余的股票全部卖出。

例如，天坛生物(600161)在 3 月 12 日至 9 月 19 日期间，股价多次在同一价位获得支撑，但是获得支撑后反弹的高点却越来越低，这表明买方力量不足，已经渐渐无力支撑股价，伴随着成交量的减少，形成了一个下降三角形形态，而后股价放量大阴突破整理形态，开始一波下跌行情，如图 3-4-30 所示。

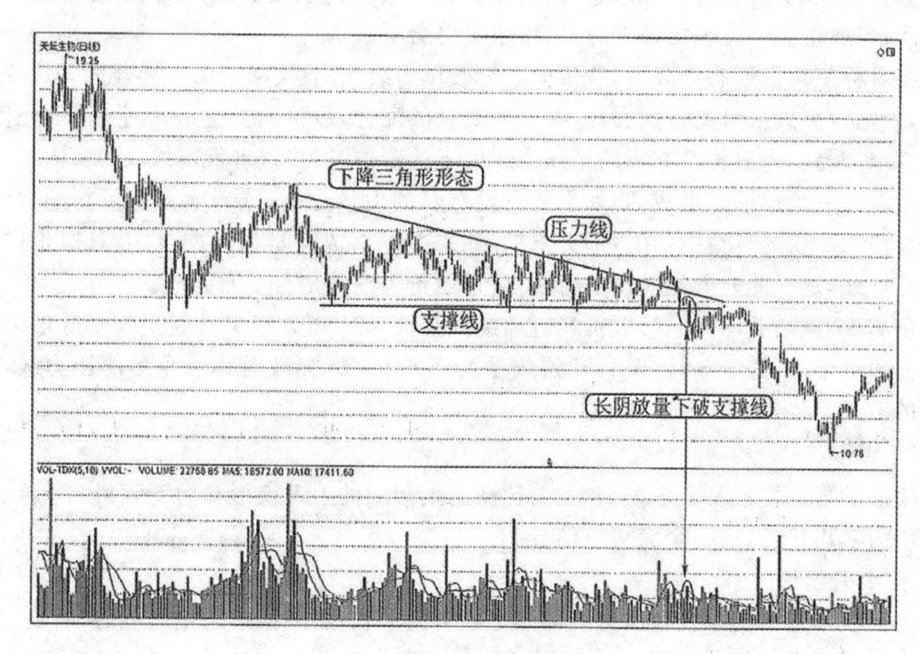

图 3-4-30　天坛生物日 K 线

3）对称三角形

对称三角形是指股价在整理的过程中，最低点越来越高，而最高点却越来越低，从而形成上边向下倾斜，下边向上倾斜，最终收敛的一个三角形。该形态预示未来的趋势有可能向上，也有可能向下。出现该形态后，投资者不能轻易地下结论，而是要看股价到底是突破上方的压力线还是跌破下方的支撑线。

对称三角形可分为向上突破的对称三角形和向下突破的对称三角形两种，分别出现在股价上涨与下降行情中。该形态是由于股价的波动而出现的，在其波动过程中，幅度不断缩小，低点逐渐提高，高点逐渐降低，将低点和高点连接起来后，就形成了一个压力线向下，而支撑线向上的三角形，如图 3-4-31 和图 3-4-32 所示。

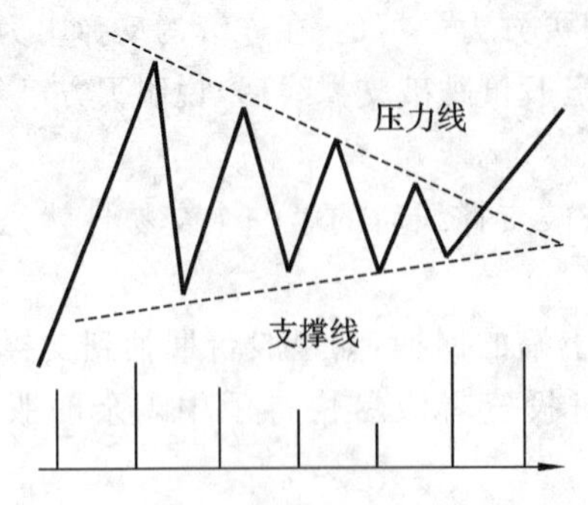

图 3-4-31　向上突破的对称三角形

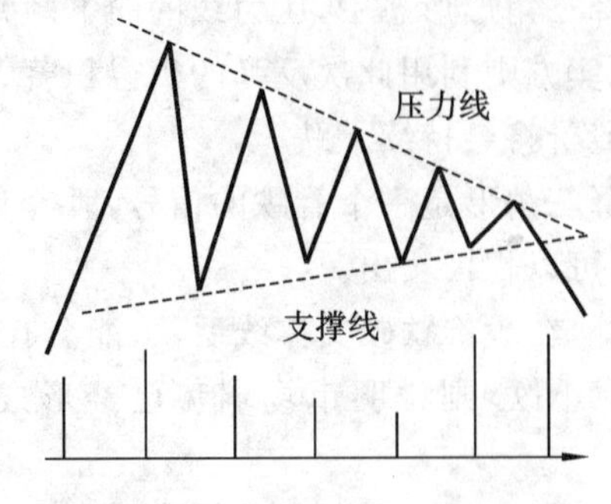

图 3-4-32　向下突破的对称三角形

对称三角形形态所表现的是一个压力与支撑相互制衡的局面。该形态中，成交量会不断萎缩，买卖双方的力量损耗都比较大，未来趋势如何无法判断。此时，只要一方有新的力量介入，股价就会突破该形态，出现倾斜。当股价向上突破压力线时，后市股价将继续上涨；当股价向下突破支撑线时，后市股价将会下跌。

当对称三角形形态形成后，股价向上突破压力线，并且突破时必须要伴随着成交量的增加，否则该突破很可能是假突破，有了成交量的配合，股价向上突破超过 5% 的幅度，或连续 3 个交易日内股价没有下跌至压力线以下的价位时，投资者就可以放心买入了。

当对称三角形形态形成后，如果买方没有新的力量加入，或者卖方有了新的力量，股价都会转入下跌的行情中，在该形态末期，如果并没有成交量放大配合，并且股价向下突破了支撑线，那么此时就是卖出的时机，后市股价下跌的信号非常强烈。

例如，金枫酒业(600616)股价经过前期的上涨，于 2007 年 1 月底至 3 月底形成一个对称三角形形态，并于 3 月 27 日开始放量上涨 6.04%，突破对称三角形的压力线，延续原来的上升趋势，如图 3-4-33 所示。

2. 楔形

楔形的形态类似一个木楔，它主要包括向上倾斜的上升楔形和向下倾斜的下降楔形，前一个为卖出信号，后一个为买进信号。

1）上升楔形

上升楔形是指支撑线和压力线都向上倾斜的形状，虽然该形态是向上的，但是它所预示的未来股价走势却是向下的。

上升楔形形态出现在下降趋势中。股价在经历了下跌之后开始反弹，反弹不久遭到压力，转而下跌，然后再次反弹，连续几次，每次反弹的低点和高点价格都逐渐提高，该形态的压力线和支撑线都是向上倾斜的。

上升楔形形态的压力线走势要比支撑线平缓许多，说明买方虽然能够支撑股价，但没有太多力量拉升股价，当股价跌破支撑线时，股价就会再次进入连续的下跌行情中。另外，上升楔形在形成过程中，成交量不断减少，呈现出价升量减的反弹特征。

上升楔形是一个卖出信号，该形态中股价的涨幅不会太大，却有随时下跌的风险，因此投资者在发现了该形态后，应及早卖出股票。另外，当股价在反弹过程中创新高时，如果技术指标 RSI(relative strength index，相对强弱指标)却在不断降低，说明该形态已经

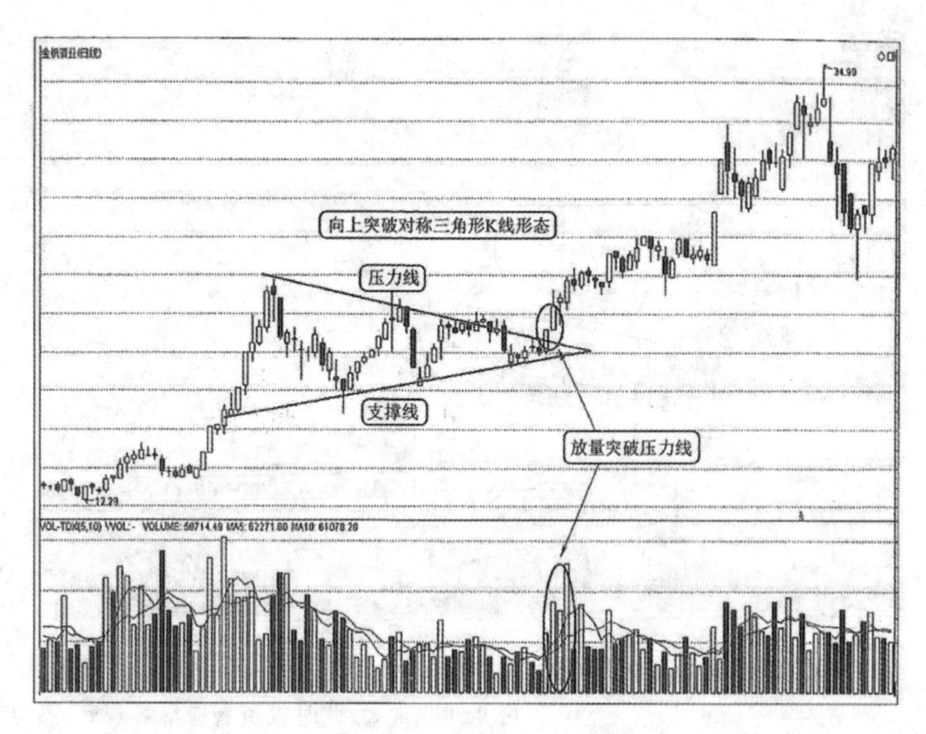

图 3-4-33 金枫酒业日 K 线

形成，此时投资者应及时将股票卖出。

例如，嘉化能源(600273)从 2015 年 6 月 29 日开始经过一段快速的下跌之后，在 9 月初至 12 月底之间，股价止跌缓慢爬升，这期间对应的成交量却逐步减小，形成上升楔形形态。2016 年 1 月 4 日，股价跌停下破楔形支撑线，延续之前的下跌趋势，如图 3-4-34 所示。

2）下降楔形形态

下降楔形是指它的压力线和支撑线都向下倾斜，但是在该形态形成后，后市的股价将会出现上升的情况。

下降楔形出现在上升趋势中。当股价经历了一轮上涨之后，开始回落，至最低点时又出现反弹，在价格未达到前一高点的价位时，又再次出现回落。在至少经历了两次回落与反弹之后，如果每次回落的低点与反弹的高点都低于前一低点和高点，且压力线倾斜的角度大于支撑线时，就形成了下降楔形形态，如图 3-4-35 所示。

下降楔形形态中压力线出现回落表明股价经过一段时间上升后，出现获利回吐的现象，支撑线向下倾斜说明市场承接力不强，但每个回落点的价格下跌幅度很缓慢，说明买方力量正在恢复，所以下降楔形只是上升过程中的一个调整形态，该形态出现后，买方将继续占优势，如果有了成交量放大的配合，股价还是会继续上升。另外，在下降楔形形态形成的过程中，成交量会逐渐萎缩，当股价突破上方压力线时，成交量将放大配合。

在下降楔形形态中，当股价放量向上突破压力线时，是买入的好时机。但是如果股价向下跌破了支撑线，并且成交量有放大的迹象，则说明该形态已经失败，未来股价下降的

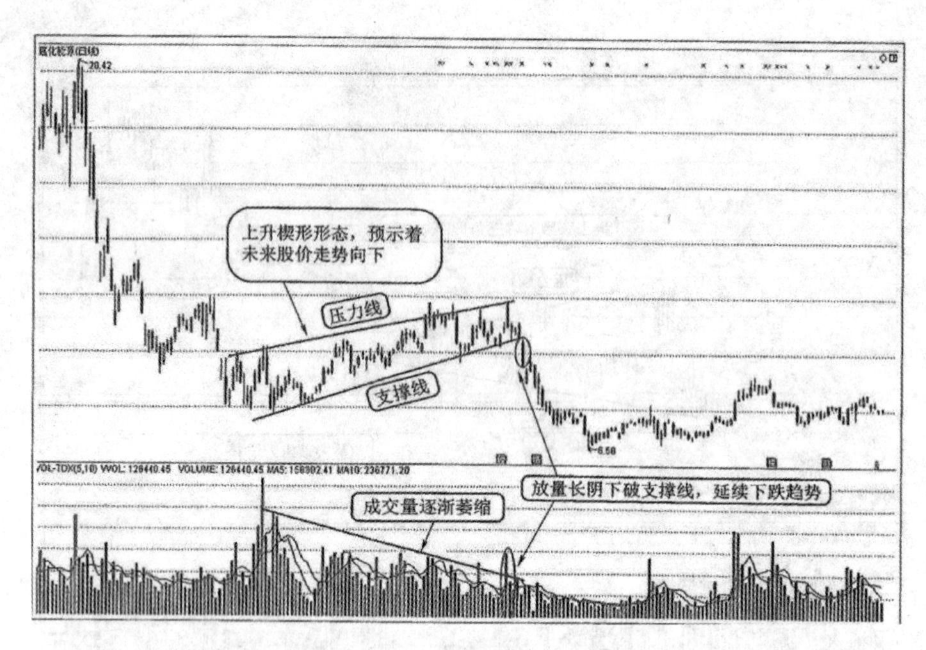

图 3-4-34　嘉化能源日 K 线

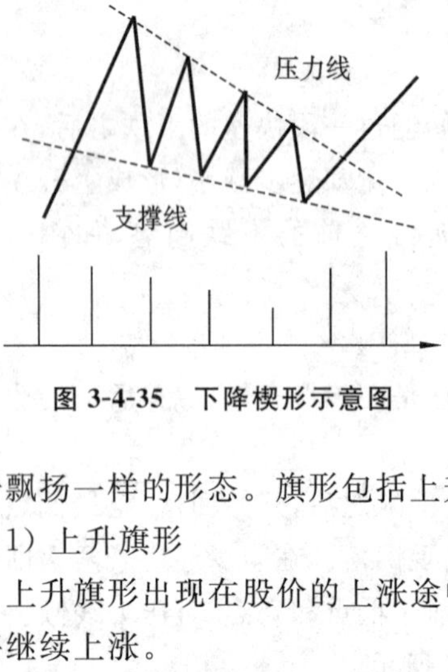

可能性非常大，此时投资者应继续观察，不要贸然入市。

图 3-4-35　下降楔形示意图

例如，伟星股份(002003)2014 年 5 月初之前经过一段快速下跌后，在 2014 年 5 月 8 日至 6 月 27 日期间，跌幅趋缓，形成一个下降楔形的形态，并伴随着成交量的逐渐萎缩，在下降楔形的末期，股价放量突破压力线，开始一轮上升走势，如图 3-4-36 所示。

3. 旗形

旗形是指在股价的走势过程中，形成的类似旗子飘扬一样的形态。旗形包括上升旗形和下降旗形两种形态。

1）上升旗形

上升旗形出现在股价的上涨途中，上升旗形是上升途中的整理形态，整理完毕后，股价将继续上涨。

上升旗形形态在形成时，股价经过一段时间上涨后，遇到卖方抵抗进入下跌状态，之后经过几次波动，每次波动的最高点与最低点都越来越低，连接最高点与最低点，就形成了两条呈向下倾斜并平行的直线，此时便形成了上升旗形形态，如图 3-4-37 所示。

从外表上看，上升旗形很像一个下降通道，但这只是主力的洗盘动作，经过这段时间内买卖双方的争斗，卖方力量会不断减弱，后期股价上涨时，就会遭遇很小的阻力，所以当买方开始拉升股价时，股价将会大幅上涨。这段时间内的累计换手率越高，后市看涨的信号就越强烈。另外，上升旗形在形成过程中成交量逐渐减少，当股价向上突破时，会伴随

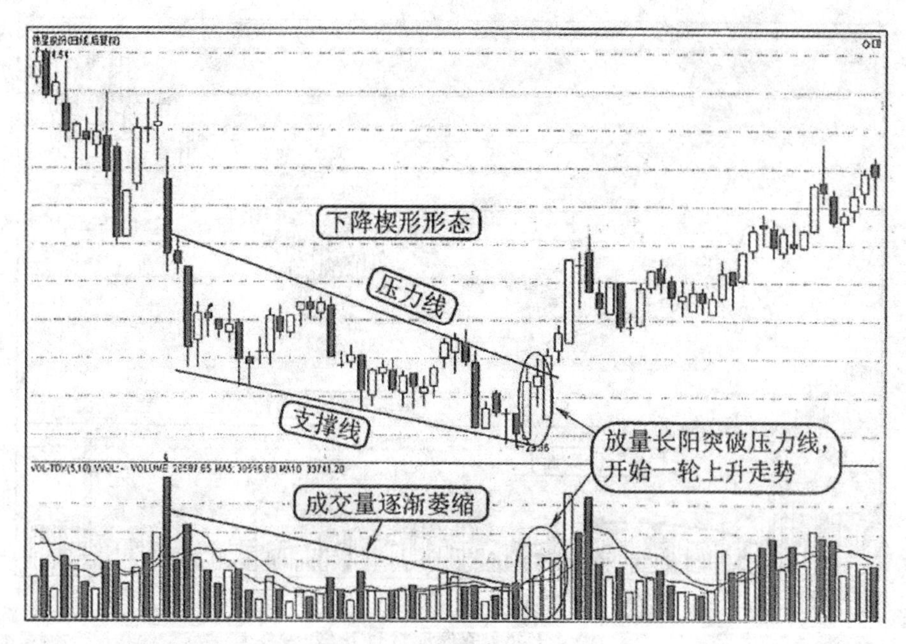

图 3-4-36　伟星股份日 K 线

着成交量大幅放大。

上升旗形是上涨趋势持续的信号，所以当看到该形态，持股的投资者不必急于卖出手中股票，可以持股观望。而对于还没有买入股票的投资者，可以在股价向上突破压力线时积极买入。当股价放量向上突破压力线时，在第二个交易日便可买入；但如果未得到成交量的配合，那么投资者可继续观察，如果 3 日后，股价未出现回抽，或者回抽跌幅未超过支撑线后又转而向上，则可以买入。

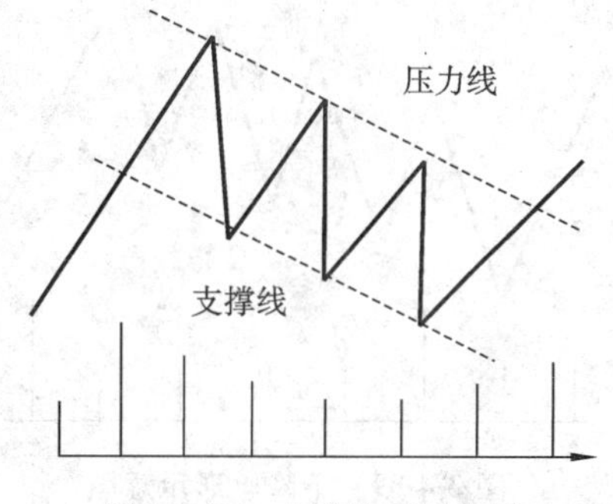

图 3-4-37　上升旗形示意图

例如，2015 年 1 月 15 日，牧原股份(002714)股价经过一段时间的反弹上涨后，开始下跌调整，并且伴随着成交量的萎缩，这期间 K 线走势形成上升旗形形态，2 月 11 日，股价放量突破旗形压力线，延续上升趋势，如图 3-4-38 所示。

2）下降旗形

下降旗形出现在下跌途中，形状类似一面倒挂的旗子，该形态形成后，后市股价看跌的可能性较大。

在下降旗形的形成过程中，股价经过一段时间下降后，遇到买方支撑进入上升阶段，接下来又经历了几次波动，每次波动的最高点与最低点不断向上移动，将最高点与最低点进行连接，就形成了两条呈向上倾斜的平行直线，此时便形成了下降旗形形态，如图 3-4-39所示。

下降旗形形态为卖出信号。只从 K 线图上看，在该形态的整理过程中，股价的高点

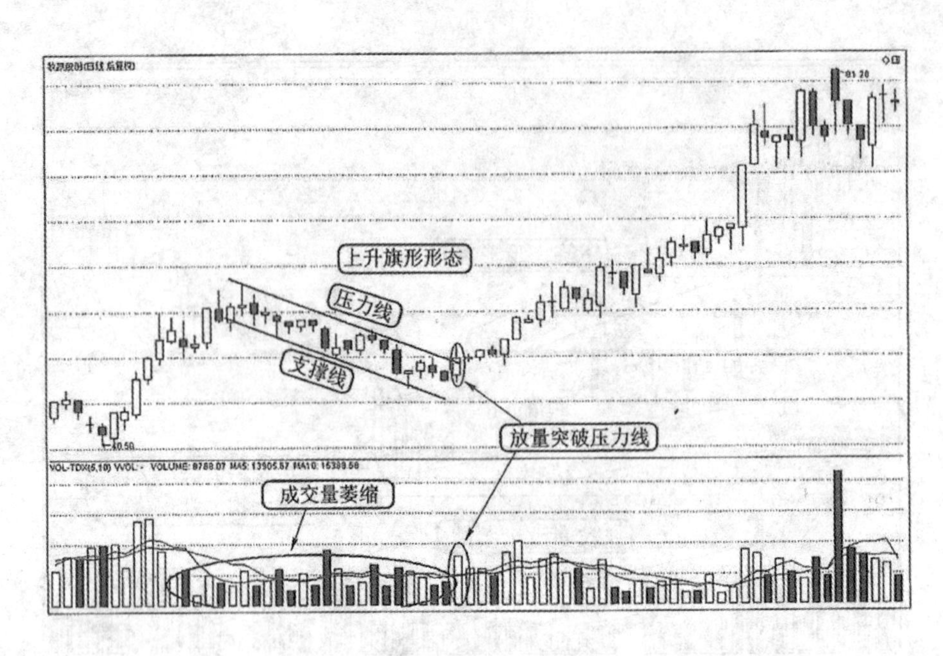

图 3-4-38　牧原股份日 K 线

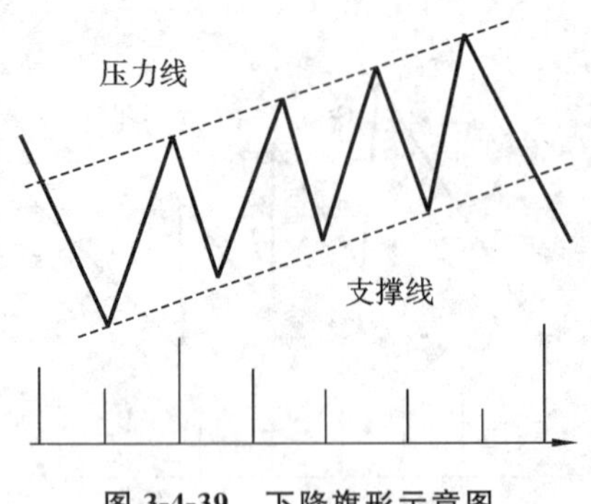

图 3-4-39　下降旗形示意图

不断升高，是股价回升的征兆，但是该形态中有一个必备的因素，就是成交量在该形态的形成过程中是不断萎缩的。

下降旗形是下降趋势持续的信号，持股的投资者在股价跌破支撑线时，就应该将手中的股票尽快抛出。另外，在股价跌破支撑线后可能会出现小幅的回抽，但回抽动能不足，往往在支撑线附近会遇到阻力，使股价继续下跌，这次回抽是投资者卖出股票的另外一个机会。

例如，上海石化(600688)股价在 2011 年的下跌走势中，多次出现下降旗形形态的反弹走势，但在股价每次跌破下降旗形的支撑线后继续原来的下跌趋势，如图 3-4-40 所示。

4. 矩形

矩形又称长方形或箱形，是整理形态中较为典型的一种。矩形与旗形很相似，在涨势或跌势中均可出现，其特点是股价在上下距离相近的水平位置上上下波动，并伴随着成交量的减少，最后寻求向上或向下突破。

在矩形形成过程中，股价每次反弹到一定水平便遇阻回落，但回落到一定低点很快获得支撑，再回升到上次同一高点时再次受阻，而挫落到上次低点时又得到支持，如此反复。若将这些短期高点和低点连接起来，则可形成两条直线，也就是矩形的上轨、下轨(类似平行线的运行通道)，即矩形形态。如图 3-4-41 所示。

矩形整理形态操作策略：

(1) 矩形整理形态在形成初期，多空双方互不让步。空方的价格涨到某一位置就抛

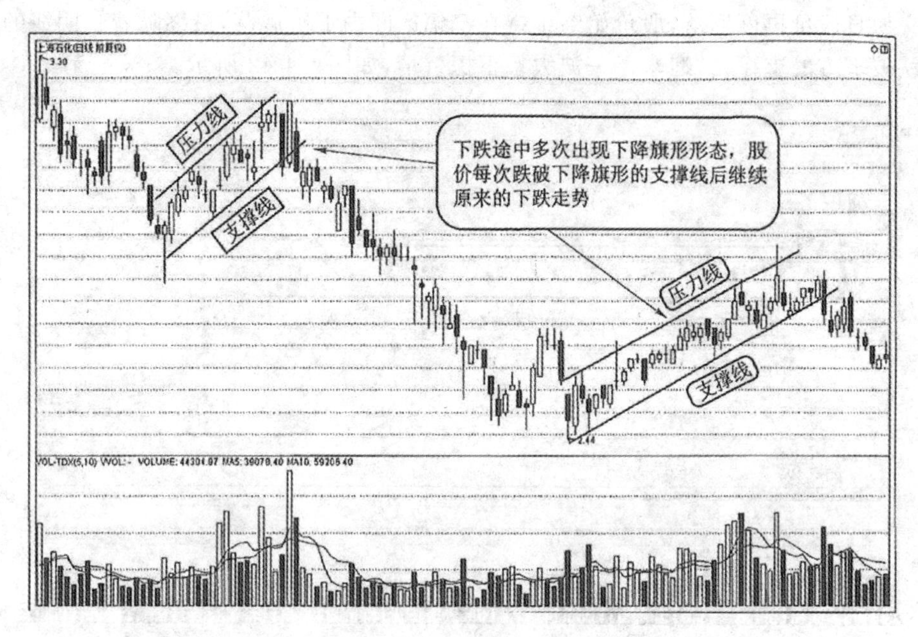

图 3-4-40　上海石化日 K 线

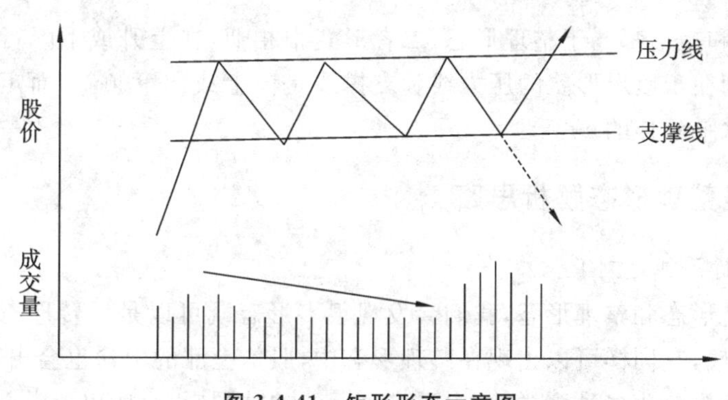

图 3-4-41　矩形形态示意图

售，多方在股价下跌到某一位置就介入，随着时间的延长，形成了一条上下平行的运行通道，且双方的战斗力会慢慢减弱，最终市场趋于平淡。

(2) 矩形整理形态在形成过程中，如果出现成交量的放大，形态很有可能会失败。

(3) 矩形整理形态的涨跌幅等于矩形的宽度，极少数的 K 线会突破矩形的底或顶，但是一般 3 个交易日内会再度跌回矩形运行区间内。

(4) 形成的矩形整理形态宽度越窄，则对后市的影响力越大，说明主力控盘的程度较好。

(5) 股价在突破矩形的上轨线时，需要成交量的配合放大；而在跌破下轨线时不需量能的配合放大。

(6) 投资者也可以在矩形区间内进行高抛低吸的短线操作。

例如，东安动力(600178)在 2017 年 7 月至 2017 年 11 月的日 K 线的矩形整理形态在下跌初期形成，多空双方反复争夺，虽然盘中股价一度突破上方的压力位，但是突破的第二个交易日股价再度回落，股价始终维持在窄幅区间内上下震荡，最终随着长阴线的拉出股价跌破下方的支撑位，迎来了一波大幅下探行情，如图 3-4-42 所示。

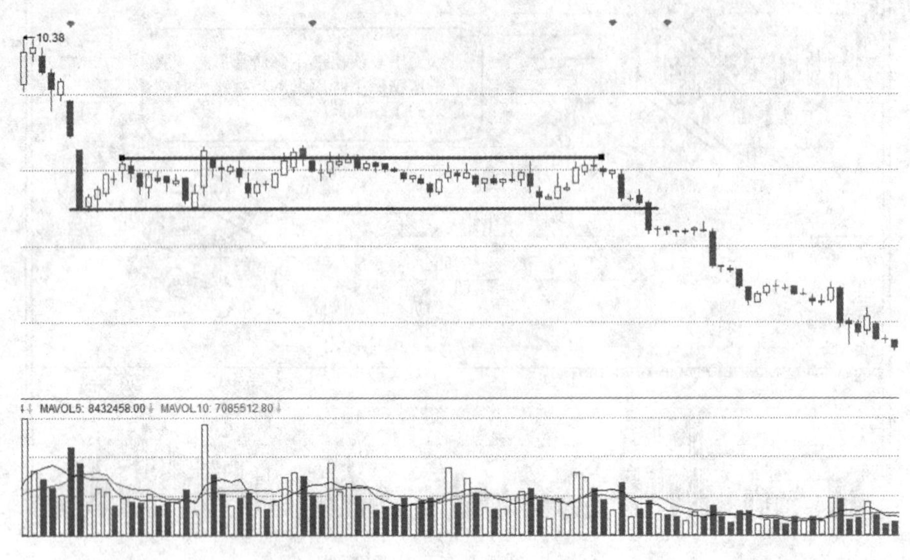

图 3-4-42　东安动力日 K 线

注意：旗形和矩形都属于整理形态，二者形式很相似，在上升或下降行情中均可能形成。二者的区别在于旗形形状的压力线和支撑线是向上或向下倾斜，而矩形形态的压力线和支撑线是水平延伸的。

（二）K 线整理形态解析思路

1. 形态分析不能绝对化

学习完反转形态和整理形态，我们会发现很多形态既可以是反转形态也可以是整理形态，比如头肩底，它同样可以出现在整理形态中，股价上涨的中途也会出现头肩底形态。而形态之后的价格变化多种多样，方向受多种因素的共同影响，所以要学会多种技术方法结合在一起使用。基本面分析、技术分析、市场特征、策略管理等都是重要的环节。

2. 不是因为出现了形态，市场才有行动

通过分析可以了解到，不是因为出现了顶部头肩顶等反转形态，市场才会开始大跌，而是因为市场处在连续上涨的高位需要获利了结，所以才会出现了这些特定的出货形态。由此可见，判断市场价格是处在高位还是中间位才是第一要素，价格形态只是印证方式而已。同理，因为市场尚未处于高位或低位，所以市场多数情况下会继续上行，于是市场才出现了类似于三角形、旗形、棱形、矩形等整理形态，并以此表现出 3/4 的时候是整理趋势、1/4 的时候是反转趋势的大致特征。因此，研究市场价格的高、中、低位才是最为重要的，它们往往以“值不值”的价值关系，决定着趋势的起起落落，再表现出各种价格或 K 线形态。

3. 沉迷于形态分析，将只见树木不见森林

在技术分析的假设里，历史会重演，但绝不会完全再现。股市中没有两张完全相同的

走势,也没有两个市场趋势以完全相同的状况发展。若沉迷于技术分析里的形态分析,往往会一叶遮目或只见树木不见森林。从这个理论上来讲,不能把形态分析做得太细致,这不是艺术也不是科学,而仅仅是经验总结,而且是带有主观性、会变异的经验总结,是基于历史会重复、人性不变的假设基础之上的总结出来的。留有不执迷的空间,留有灵活的判断余地,才能更好地解释人类投机行为的特征,同时为投资或投机留下进出的空间。

4. 可以提前预测形态,但不可按预测交易

股票的价格,本质上是由供求关系决定的,但是在技术分析的世界里,是什么原因导致供求关系的改变并不重要,也没有人能准确地找出所有的因素并加以判断,但是供求关系被改变后的股票走势却是毫无疑问、不可回避、不可扭曲地显示在屏幕上的,它反映了所有影响因素的对冲结果。技术分析者的任务就是抹去头脑中的"为什么",而只是寻求"怎么办"。显然,无数的行为经验告诉我们,简单、合理、互补就是最好的。所以,对形态的研究分析必须做到两点。

其一,眼中有形态,心中有趋势,趋势决定形态,形态验证趋势。

其二,当形态未被确认时,可以提前预测形态的来临并做好准备,但是不要提前肯定形态确凿无误并抢先下单。

四、实训内容及操作

(1) 通过看盘软件找出几种常见的整理形态,如三角形、楔形、旗形、矩形等。

(2) 分别画出它们的压力线及支撑线,即把形态显示出来。

(3) 分析它们的价格走势变化,并在K线图上标出股价买卖点。

五、实训报告

(1) 在Word中画出三角形、楔形、旗形、矩形等K线形态。

(2) 提交带标注线(压力线、支撑线、突破点)的实训K线截图。

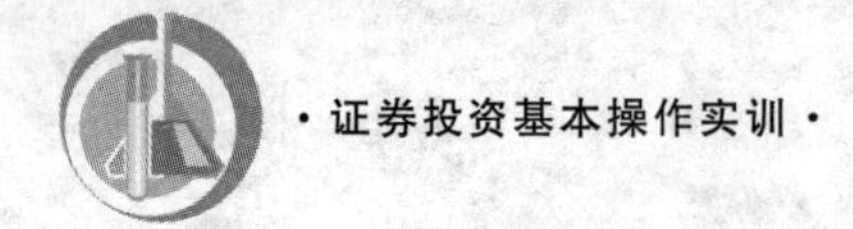

(3) 选择 2～3 个整理形态,分析其形成过程中买卖双方动能的对比与变化。

(4) 谈谈旗形与矩形的区别与联系。

(5) 谈谈 K 线形态分析的局限性。

项目五

移动平均线的应用

本项目共设计了4个任务，分别是认识移动平均线、葛兰威尔(Granville)八大买卖点、均线交叉及排列组合应用、均线的周期选择及应用，并简要介绍了相关的基础理论知识。

在目前所有的技术指标中，移动平均线是应用得最广泛的一种技术指标。移动平均线(moving average)简称MA，是用统计分析的方法，将一定时期内的证券价格(指数)加以平均，并把不同时间的平均值标注在图表中，再连接起来形成的一根平滑的曲线。移动平均线是用以观察、分析证券价格变动趋势的一种很有效的技术指标。

任务5.1 认识移动平均线

一、知识目标

(1) 了解移动平均线的概念及分类。
(2) 熟悉移动平均线的设定。
(3) 掌握移动平均线的作用。

二、能力目标

(1) 学会平均价格的计算方法。
(2) 学会设置、调整不同周期的均线。
(3) 能够在实训软件中识别不同周期的平均线。
(4) 初步学会应用移动平均线解决具体问题。
(5) 能按要求完成指定实训，提交结果。

三、相关知识

(一) 移动平均线的概念及分类

1. 移动平均线概念

在实际操作过程中，证券投资分析软件可以自动生成移动平均线，投资者只需设置参数即可。移动平均线是由著名的美国投资专家格兰威尔于20世纪中期提出来的，它可以帮助交易者确认现有趋势、判断将出现的趋势、发现过度延升即将反转的趋势。

以10日均线为例，它是最近10天市场价格的算术平均值(点)的连线，所谓“移动”，实质上就是指在计算平均值时，始终采用最近10天的市场价格(收盘价)数据而取得。因此，被平均的数组(最近10天的市场价格)随着新的交易日的更迭，逐日向后推移。当新的市价逐日地加入数组，倒数的第11个收市价则被剔去。然后，再把新的总和除以10，就得到了新的一个平均值(10天平均值)，当把众多的10日平均值标注在图表上时，就连接成了平滑曲线——10日移动平均线。注意在计算移动平均值时，绝大部分移动平均线系统采用的是收市价格(收盘价)。

2. 移动平均线的分类

1) 按计算方法分类

按计算方法不同，移动平均线可划分为算术移动平均线、加权移动平均线、指数平滑移动平均线等。

(1) 算术移动平均线　所谓算术平均值，即简单移动平均值，它计算简单、方便，因而最常用。简单移动平均值对其中每一天都一视同仁。例如，在10天平均值中，最近10天中每一天的分量都是一样的，每天的收市价格都占有10%的权重。在5天平均值中，每天的权重都是20%，没有远近之分。

例如，表3-5-1是宝钢股份(600019)从2016年6月2日到6月17日连续10个交易日的收盘价。

表3-5-1　宝钢股份(600019)连续10个交易日的收盘价

2日	3日	6日	7日	8日	13日	14日	15日	16日	17日
5.19	5.19	5.20	5.17	5.15	5.03	5.04	5.07	4.99	5.01

如果计算5日收盘的移动平行线，则需要计算每一天的移动平行线数值。

第5天(6月8日)移动平行线数值=(5.19+5.19+5.20+5.17+5.15)/5=5.18

第6天(6月13日)移动平行线数值=(5.03+5.15+5.17+5.20+5.19)/5=5.15

第7天(6月14日)移动平行线数值=(5.04+5.03+5.15+5.17+5.20)/5=5.12

第8天(6月15日)移动平行线数值=(5.07+5.04+5.03+5.15+5.17)/5=5.09

第9天(6月16日)移动平英线数值=(4.99+5.07+5.04+5.03+5.15)/5=5.06

第10天(6月17日)移动平行线数值=(5.01+4.99+5.07+5.04+5.03)/5=5.03

若将每个交易日的移动平均线数值标于图表中，再用平滑曲线相连接，便形成了5日收盘价的移动平均线，如图 3-5-1 所示。从计算结果中可以看到，该移动平均线是向下运行的，这也代表了短期趋势是向下的。

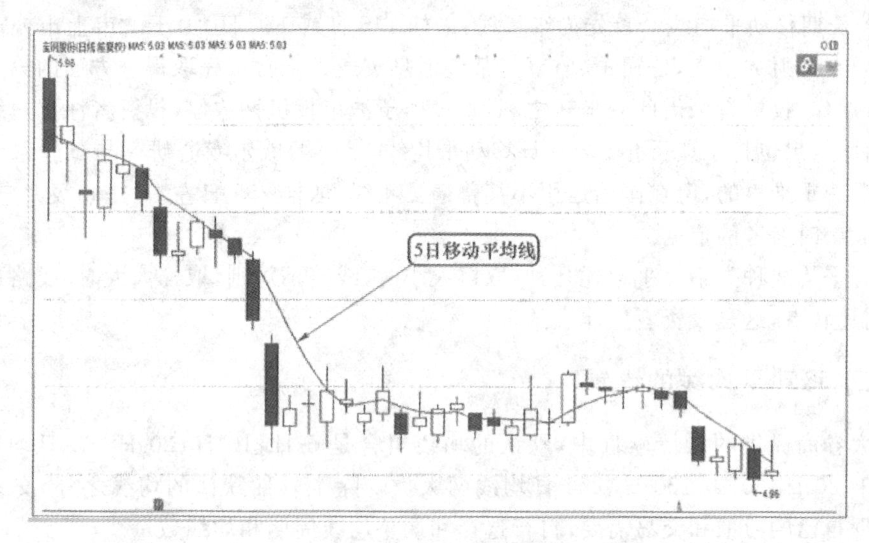

图 3-5-1　五日移动平均线

从移动平均线的计算过程可以看到，投资者需要对移动平均线的参数进行设置。不同周期的移动平均线，在图中的表现形式也不一样。而参数的大小，决定了移动平均线是属于短期移动平均线、中期移动平均线还是长期移动平均线。

(2) 加权移动平均线　加权的原因是基于移动平均线中，距离当前越近的收盘价对未来价格波动的影响最大，因此赋予它较大的权重。加权的方式有多种，在此就不做叙述了。

(3) 指数平滑移动平均线　这是一种更为复杂的平均方法，它给较后来的价格以较大的权重，它给予过去价格的权重较小，却囊括了更多的历史价格，它的计算公式很繁复，必须借助计算机来计算完成。

2) 按时间期限分类

按时间期限不同，移动平均线可划分为短期移动平均线、中期移动平均线、长期移动平均线等。

(1) 短期移动平均线　主要是 5 日均线和 10 日均线，代表一周及两周的平均价的连线，可作为短线交易的依据。

由于 5 日平均线起伏较大，在震荡行情中该线形状极不规则，无迹可循，因而诞生了 10 日平均线，此线取 10 日为样本，简单易算，为投资大众参考与使用最广泛的移动平均线。它能较为正确地反映短期内股价平均成本的变动情形与趋势，可作为短线进出的依据。

(2) 中期移动平均线　主要有月线、30 日线和季线。月线采样为 24 日、25 日或 26 日，该线能让使用者了解股价一个月的平均变动成本，对于中期投资而言，有效性较高，尤其在股市尚未十分明朗时，能预先显示股价未来变动方向；30 日移动平均线，取意仍是以月为基础，但由于以 30 日为样，所以计算较前者简便；季线，采样为 72 日、73 日或 75 日。

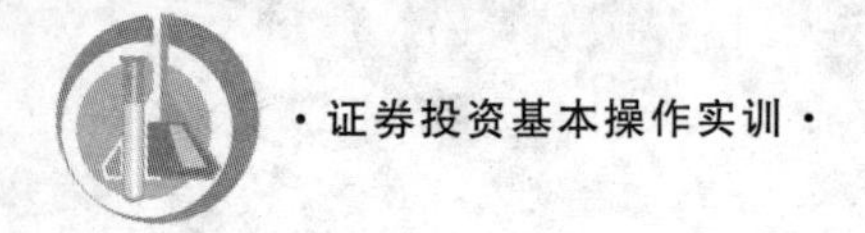

由于其波动幅度较短期线移动平均线平滑且有迹可循,较长期移动平均线敏感度高,因而优点明显。

(3) 长期移动平均线　首先为半年线,采样 146 日或 150 日,由于沪市上市公司一年分两次公布其财务报表,公司董、监事与某些消息灵通人士常可先取得这方面的第一手资料,进行炒作,投资者可借此获坐轿之利,不过由于沪市投机性浓厚,投资者注重短线差价利润,因而效果也打了点折扣。200 日移动平均线,是葛兰威尔专心研究与试验移动平均线系统后着重推出的,但在国内运用不甚普遍。年线,取样 255 日左右,是超级大户、炒手们操作股票时参考的依据。

所有平均线种类不外乎上述几种,取样太小时,线路不规则,取样太大时,线路过于平滑,无明显转点,这是投资者应注意的。

(二) 移动平均线的设置

各大券商提供的行情软件中,默认的均线组合是 5 日、10 日、20 日、60 日均线及 5 日、10 日、20 日、60 日、120 日、250 日均线两大类。除了软件默认的均线之外,交易者还可以根据自己的习惯和交易需要,自行选择和调整均线周期和均线数量。

选择和调整均线的方法如下。

打开交易界面,选择任意股票,如选择上证指数(000001)。切换至日线图,在空白处单击右键,弹出一栏菜单;然后选择主图指标,弹出子菜单:单击主图指标,弹出对话框,如图 3-5-2 所示。

图 3-5-2　移动平均线的设置一

选择"MA 均线",对话框右边出现软件默认的 4 条不同周期的均线数值。修改框内数值,然后单击对话框右下端的"确定"按钮,即完成 5 日、10 日、20 日、60 日均线组合的设定,见图 3-5-3。

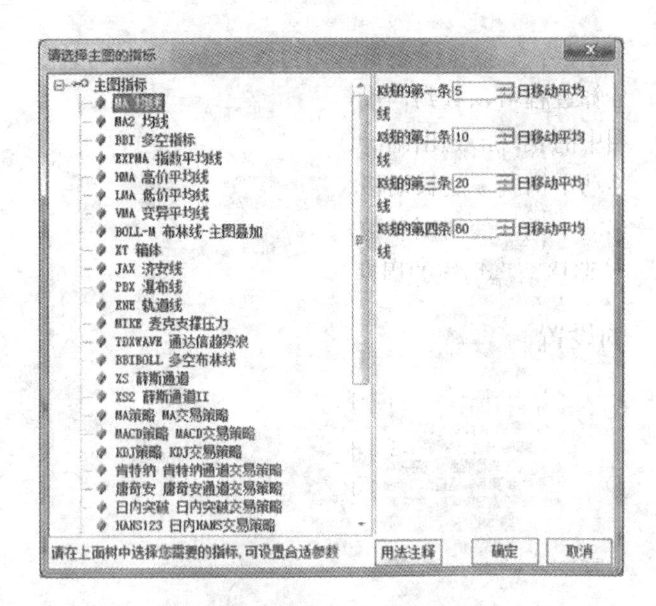

图 3-5-3 移动平均线的设置二

图 3-5-4 是选定完成后的 4 条均线的上证指数日 K 线走势图。

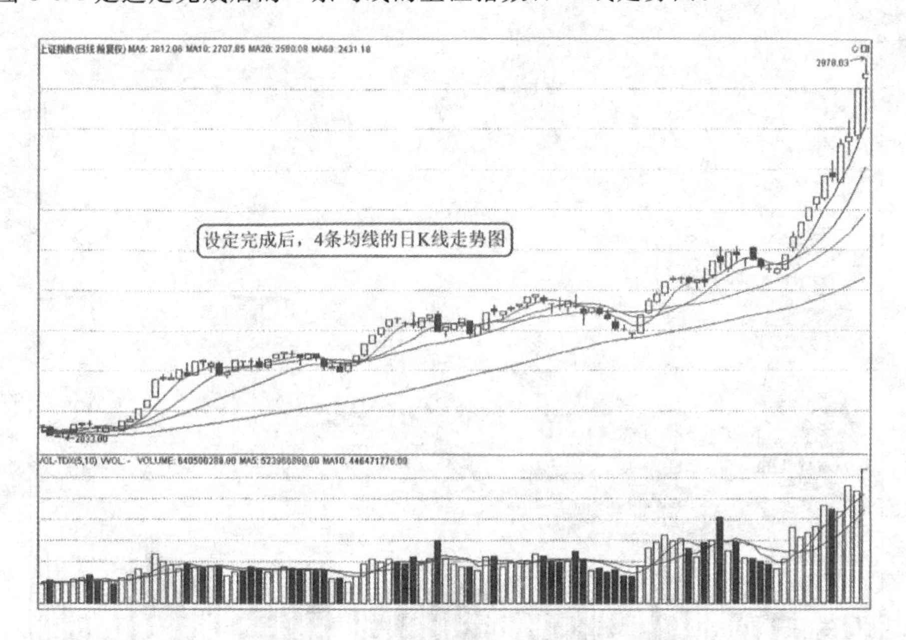

图 3-5-4 带 4 条均线的上证指数日 K 线

如果想换成 6 条均线组合,可以选择“MA2 均线”,弹出如图 3-5-5 所示的对话框,修改框内数值,然后单击对话框右下端“确定”按钮,即完成 5 日、10 日、20 日、60 日、120 日、250 日均线组合的设定。

投资者如果想去掉均线(形态分析时可用),可以把鼠标放在任一条均线上,或者将鼠标放在日 K 线上方显示均线周期、颜色及数量的位置,单击右键,弹出一栏菜单,然后选

图 3-5-5 移动平均线设置三

择删除当前指标,即可将均线删除,删除了所有均线之后的日 K 线走势图如图 3-5-6 所示。

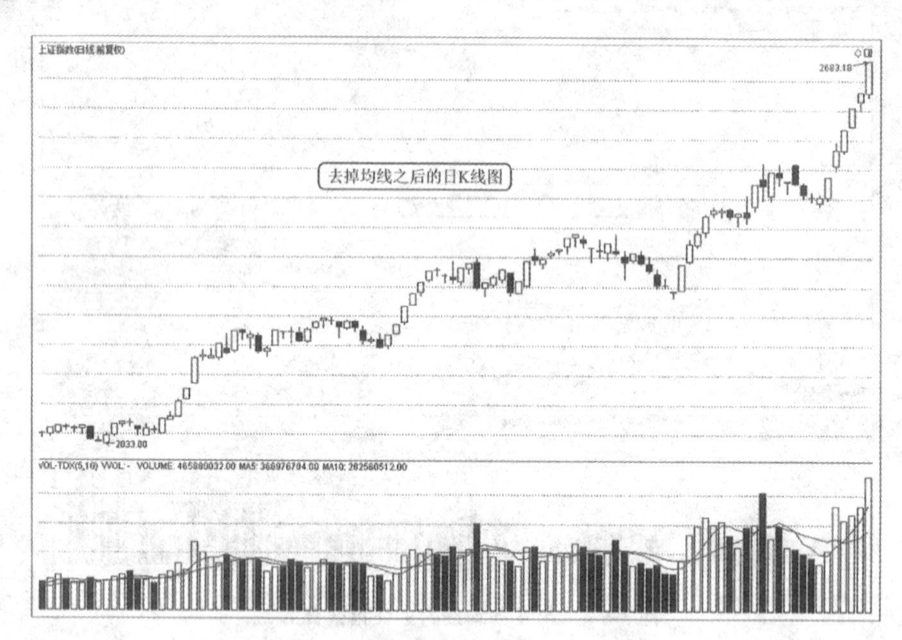

图 3-5-6 删除了均线后的日 K 线

(三) 移动平均线的作用

1. 平均成本

根据移动平均线的计算方法可以知道,不同周期的移动平均线就是该周期内股价的近似平均成本。之所以说近似平均成本，是因为计算移动平均线的样本是每一个交易周期的收盘价，而不是交易周期中的均价，同时也没有将成交量因素考虑进去。投资者使用均线分析和判断股价走势时，完全可以忽略这种细微差别，没有必要去追求绝对平均成本。移动平均线的周期越长，数值就越接近真实的平均成本。

均线以图表的方式，将市场的平均成本直观地展现出来，一目了然。投资者可以通过观察 K 线和均线的相对位置，判断不同周期市场内投资者的持仓盈亏情况。

例如，超图软件(300036)2016 年 5 月 20 日一根大阳线一举向上穿越 5 日、10 日、20 日和 60 日均线，形成蛟龙出海的均线形态。这表明 60 个交易日内买进的投资者，按照平均成本计算都已经开始盈利。这种情况也表明大家一致看好后市，行情有向好的可能，激进的交易者可以考虑进场买入，如图 3-5-7 所示。

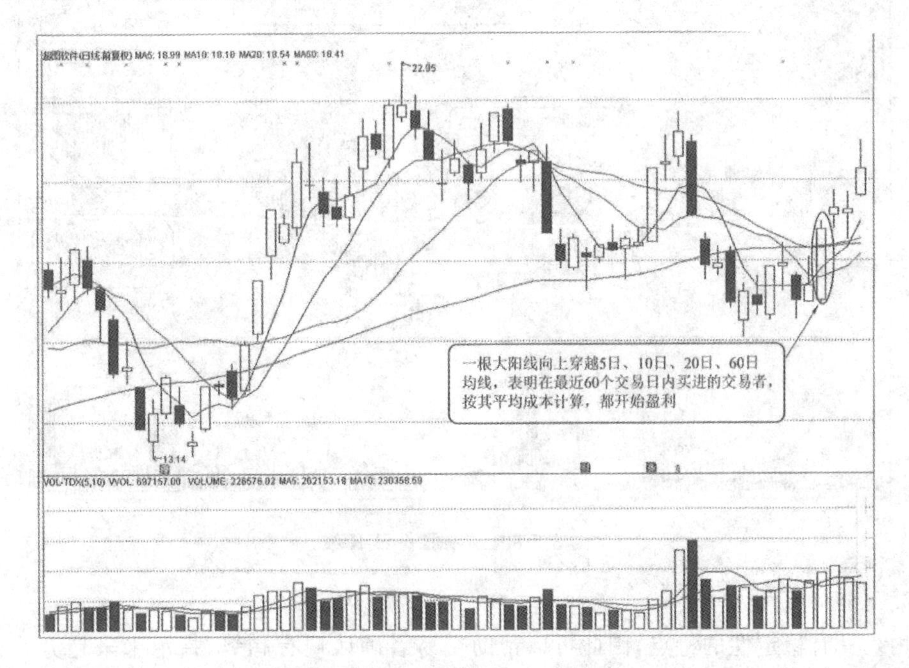

图 3-5-7 超图软件日 K 线

2. 支撑和压力作用

均线反映了市场的平均持仓成本：一方面，当股价回落至均线附近时，均线周期内的持股者几乎都没有利润了，获利盘减少，抛压减轻；另一方面，买方也会回补仓位，以防股价跌破成本。前期踏空的交易者，这时因为价格调整到心理价位，开始进场买入股票，导致供求关系发生变化，股价因此止跌企稳。这就是均线的支撑作用。

同样，当股价反弹至均线附近时，一方面，意味着市场某一周期内买股的投资者很快就可以解套。因为之前已经被套很久失去耐心，一旦股价回到成本价就会选择抛售股票。另一方面，低位进场持股的买方已有利润，开始获利回吐，市场卖盘多于买盘，导致股价再度下跌。这就是均线的压力作用。

和所有的支撑线和压力线一样，股价跌破均线的支撑后，就会变成压力，后市股价运行至该均线附近时，受到阻力回落；均线的压力被突破后，就会转化为支撑，后市股价再次跌至该均线附近时，将会受到支撑。当股价或指数处在上升趋势时，均线的支撑和压力作用尤其明显。在整理行情中，几乎观察不到均线的支撑和压力作用。

例如，维维股份(600300)从2008年5月到2009年3月的日K线图。从图中可以看到，股价先是处在一个下降趋势中，如海水退潮般逐浪回落。每次反弹，都在遇到60日均线压力后碰壁而归。经过多次反复后，股价终于在2008年11月19日有效突破60日均线，60日均线也由下降逐渐走平。股价回试60日均线成功后继续上涨。其后股价每一次调整，都在60日均线的支撑下止跌，并展开新一轮升势，如图3-5-8所示。

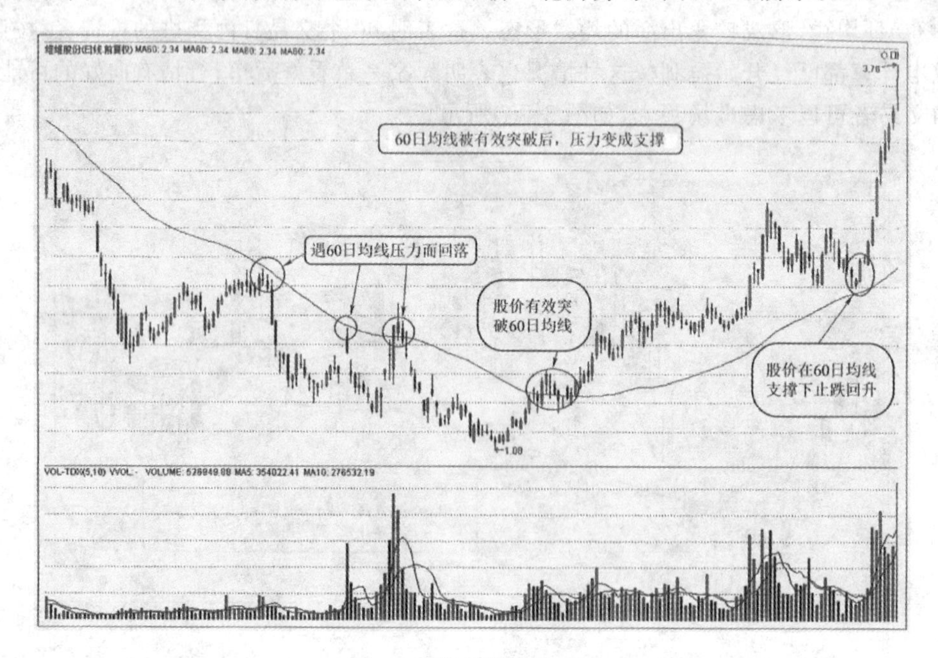

图3-5-8　维维股份日K线

3. 确认和预测趋势

均线具有稳定性的特点，因此可以帮助交易者确认现有趋势，指示未来趋势的方向。股价或指数上下波动相对较频繁，波动幅度较大，不易发现股价运行规律和中长期趋势。均线比较平滑，过滤了同期股价或指数的巨幅波动，便于识别和判断趋势。

一般而言，均线方向指示趋势运行的方向，均线运行角度代表趋势运行的力度。均线方向向下，表示趋势向差；均线方向向上，表示趋势向好。短期均线反映短期趋势的运行方向，中期均线反映中期趋势的运行方向，长期均线反映长期趋势的运行方向。

均线走势向下，说明持仓者和抛售者都不看好后市，为了能够尽快出手，持仓者不得不以更低的价格抛售股票。在均线周期内进入市场的交易者，可以很容易地以比市场此前更低的价格买入股票，导致市场平均持仓成本不断降低。市场内供大于求，所以股价或指数不断走低。

虽然均线反应滞后，但在确认和预测趋势上却比K线更加可靠。

例如，双林股份(300100)在2015年10月22日到2016年5月25日之间，股价有时上涨，有时下跌，波动幅度很大，但60日均线持续平滑上行，预示中长期趋势是向上的，如

图 3-5-9 所示。

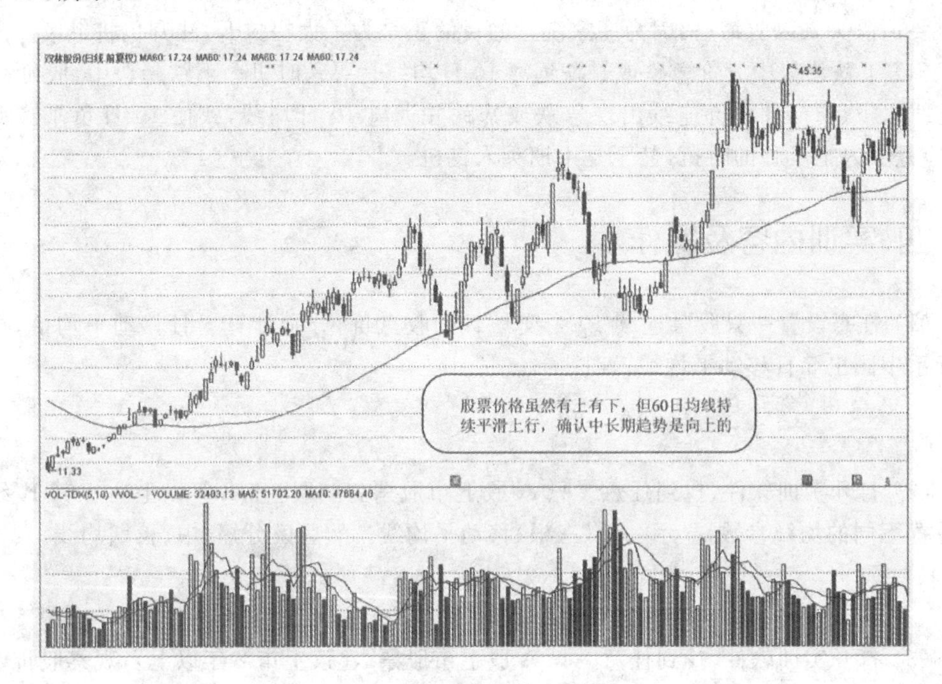

图 3-5-9　双林股份日 K 线

4. 移动平均线的应用

移动平均线是用以观察证券价格变动趋势的一种技术指标，应用十分广泛。在此以运用最多的 10 日均线为例，简述单根均线在股票买卖中的应用。

(1) 下降趋势中股价向上突破 10 日均线是重要买入时机　在上涨趋势中股价在 10 日均线之上运行，在下跌趋势中，股价在 10 均线之下运行，因此 10 日移动平均线是分析、判断趋势，并指导实际操作的一个非常重要的客观标准。

在下跌趋势中，股价不断创出新低，高点不断下移，均线在股价的上方以一定的速度向右下方下行，表明交易日买进股票的投资者都被套牢或者说交易日卖出股票的投资者都是正确的。而且，均线还是股价反弹的强阻力之一，只要下跌趋势尚未结束，股价就较难站上均线，即使偶尔站上，也很快会回到其下面继续下跌。最后，股价下跌速度明显减缓，甚至止跌上涨，均线也下降趋缓，有走平并抬头上行的迹象，而股价从下向上突破并站上均线时，说明下降趋势结束，上涨行情开始，是投资者非常重要的买入时机。

(2) 上升趋势中股价回测不破 10 日均线是买入时机　在上升趋势中，股价经过先期的快速上扬之后，由于短期获利盘太大，获利回吐必然使股价调整，但只要股价不跌破 10 日均线且 10 日均线仍继续上行，说明是短线强势调整，上升行情尚未结束，此时是逢低买入的良机，当股价在 10 日均线获得支撑继续上涨时，说明调整结束，新的上升浪展开，是追涨买入的时机。

(3) 上升趋势中股价跌破 10 日均线的买入时机　在上升趋势中，10 日均线虽然是强支撑线，但有的庄家在洗盘时却有意将股价砸破 10 日均线，将短线客洗盘出局，然后再很快拉回 10 日均线上方并继续大幅上涨。为回避风险或保存利润，在股价跌破 10 日均线时卖出后，如股价在短期内又回升至10日均线上方且10日均线仍继续上行应再次买入甚至要追涨买入以防踏空，因为庄家洗盘的目的正是为了大幅拉升，涨升仍将继续。

(4) 下跌趋势中股价急跌或暴跌远离10日均线是买入时机　下跌趋势中，股价在10日均线之下运行，如股价连续出现急跌或暴跌并远离10日均线，致使10日负乖离率过大，应是买入抢反弹的时机，甚至是中期买入良机。

四、实训内容及操作

(1) 任意设置一只股票连续10个交易日的收盘价，分别计算5日移动平均值，并在坐标系中画出5日移动平均线。

(2) 打开实训软件，找到任意3只A股上市股票(建议上市2年以上)，在其K线图上设置不同的均线参数，显示一组(三根)移动平均线。然后区分短、中、长期均线。

(3) 打开实训软件，找到任意一只A股上市股票(建议上市2年以上)，观察股价及均线的走势；然后删除各均线后再观察。

(4) 打开实训软件，找到任意一只A股上市股票(建议上市2年以上)，在其K线图上设置10日均线参数，显示出10日移动平均线，并判断股票可能的买入点及卖出点。

五、实训报告

(1) 谈谈对均线以及分类的认识。

(2) 提交实训截图。

(3) 分析短期均线与中期均线、长期均线的特点。

任务 5.2　葛兰威尔八大买卖法则

一、知识目标

(1) 明确葛兰威尔(Granville)原理。
(2) 熟悉移动平均线的选择方法。
(3) 掌握葛兰威尔八大买卖点。

二、能力目标

(1) 能看明白均线走势。
(2) 学会识别均线与股票价格的关系。
(3) 能够在实训软件中识别不同周期均线,找出有效买卖点。
(4) 初步学会应用葛兰威尔八大买卖法则。
(5) 能按要求完成指定实训,提交结果。

三、相关知识

时至今日,无论是技术分析派,还是基本分析派,都把移动平均线当作判断趋势方向的重要参考工具。

葛兰威尔创造的八大买卖法则,可谓是其中的精华,历来的平均线使用者无不视其为技术分析中的至宝,而移动平均线也因为它,淋漓尽致地发挥了道·琼斯理论的精髓所在。八大买卖法则中的四条用来研判买进时机,四条用来研判卖出时机。总的来说,移动平均线在股价之下,而且又呈上升趋势时是买进时机,反之,平均线在股价线之上,又呈下降趋势时则是卖出时机。

为了帮助理解,将移动平均线的所有参数均设置为 20 日,即以 20 日移动平均线为例,讲解葛兰威尔买卖八大买卖法则的应用。如图 3-5-10 所示。

(一) 买入法则

1. 向上突破均线时买入(法则一)

平均线经过一路下滑后,逐渐转为平滑,并有抬头向上的迹象。另外,股价线也转而上升,并自下方突破了移动平均线,这是第一个买进信号。

有效突破移动平均线的要求与有效突破趋势线的要求相同,通常在一段中长期上升行情中,会有多个波段买点,如图 3-5-11 所示。

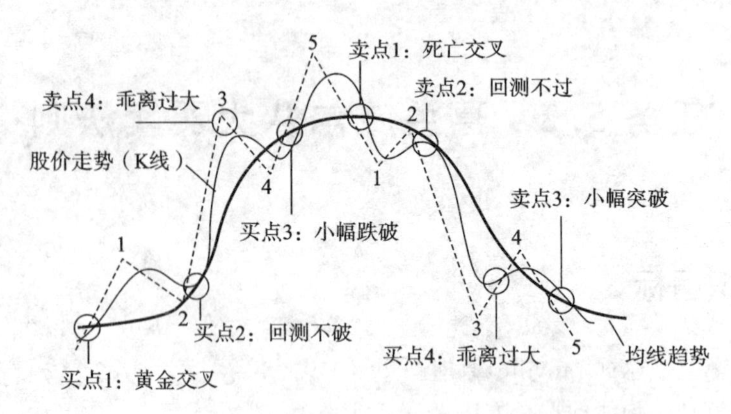

图 3-5-10 葛兰威尔八大买卖法则示意图

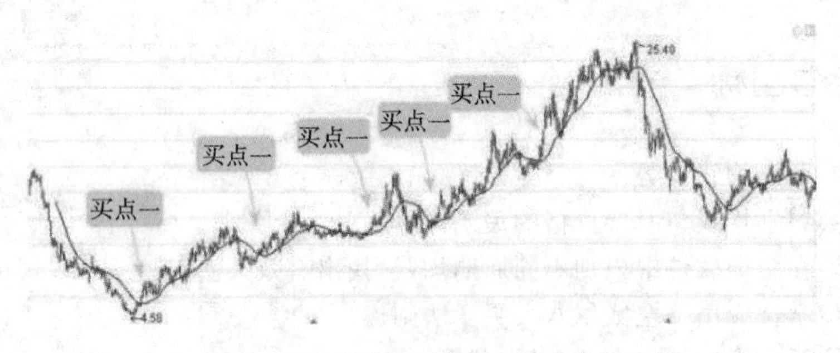

图 3-5-11 中长期上升行情中的多个波段买点

2. 回调均线遇支撑时买入(法则二)

股价虽然在下跌,但尚未跌破移动平均线,且移动平均线依然呈上升趋势,股价在转跌为升,这是第二个买进信号。

与法则一不同的是,法则二是股价从移动平均线下升至线上,有一个突破的过程,说明之前的回调力度较大,跌破了该移动平均线。而法则二是股价本来在移动平均线上运行,回调至移动平均线受到支撑作用时买入,股价未有效跌破移动平均线,如图 3-5-12 所示。

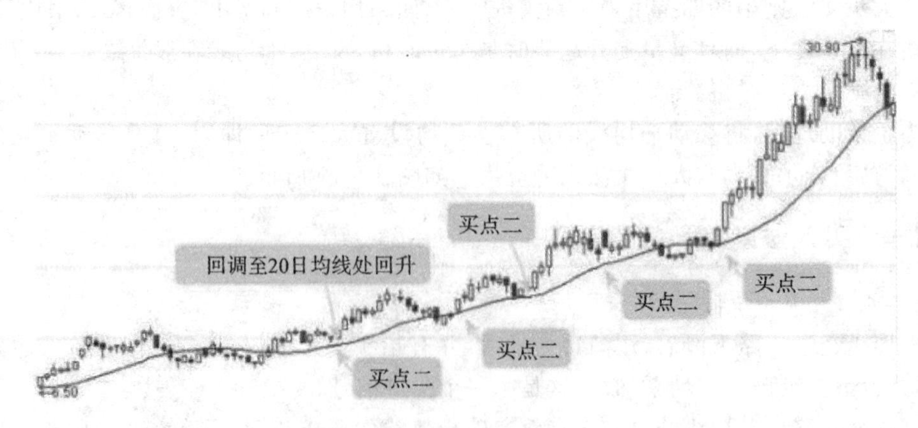

图 3-5-12 葛兰威尔买点二

3. 回调跌破均线后再次回到平均线之上时买入(法则三)

股价线开始仍在移动平均线之上,但呈急剧下跌趋势,在跌破移动平均线后,但移动平均线继续呈上升趋势,股价也很快再次回到移动平均线之上时为第三个买进信号,如图3-5-13所示。

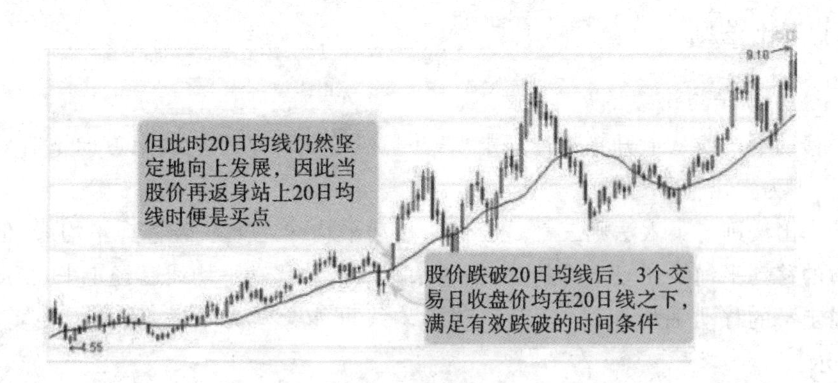

图 3-5-13 葛兰威尔买点三

注意此法则与法则一的区别,虽然法则一也是股价从均线下方向上突破均线,但在这之前该移动平均线有向下发展的过程,然后才被突破;而本法则的移动平均线是始终向上的,即股价调整没有法则一的调整幅度深,因此再次站上该均线即可买入。在一波大行情的中期,庄家常用跌破重要移动平均线的方法来洗出意志不坚定的散户。

4. 暴跌远离均线买入(法则四)

股价位于移动平均线以下运行,突然暴跌,距离移动平均线太远,极有可能向移动平均线靠近,此时为买进时机。这是葛兰威尔法则中唯一一个在下跌趋势中的买点。股价在短时间内连续暴跌后,通常会有一个修复性反弹,此即为下跌趋势中抢反弹的买点,如图3-5-14所示。

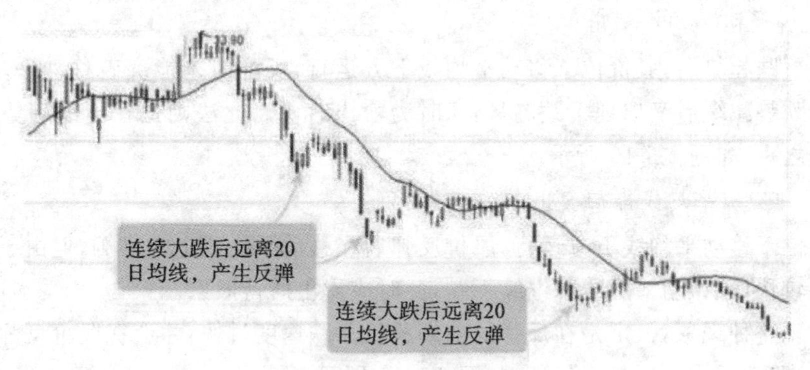

图 3-5-14 葛兰威尔买点四

单看这个法则,有一个较大的缺陷,就是到底股价离移动平均线多远才算远离?有时候稍有下跌便会反弹,有时候连续暴跌数日才会出现反弹。由于不同时期的市场环境不同,所以不可能有一个明确的远离标准,因此在使用该买入法则时必须结合其他技术指标进行判断,如当股价远离移动平均线,同时K线出现止跌信号或其他技术指标如乖离率等出现买点时才能买入。

暴跌远离均线通常是指远离中、短期均线,而非长期均线。由于这是在下跌趋势博反弹,因此投资者利用该买点买入时一定要轻仓操作,并随时做好出货的准备。

(二)卖出法则

1. 有效跌破平均线卖出

如果移动平均线从上升趋势逐渐走平,并且股价从移动平均线上方向下有效跌破移动平均线,则为卖出信号。

这条卖出法则与买入法则三都是股价从移动平均线之上跌破移动平均线,但买入法则三所指的移动平均线还呈上升趋势,而本法则所指的移动平均线已经走平,当股价跌破这种已经走平的移动平均线时,说明移动平均线可能会转为下跌,因此需要卖出,如图3-5-15所示。

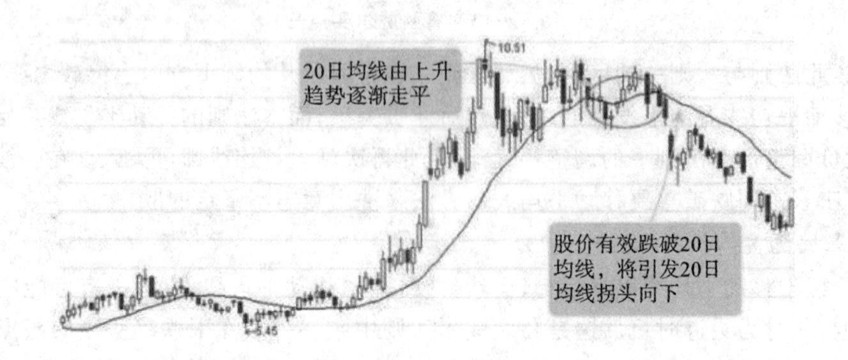

图 3-5-15 葛兰威尔卖点一

2. 反弹受阻平均线卖出

形成下跌趋势后,股价位于移动平均线下方运行,反弹时未能突破移动平均线,且移动平均线跌势减缓后又出现下跌趋势,此时为卖出时机。此法则是在下跌趋势中抢反弹后的卖点之一,如图 3-5-16 所示。

3. 反弹突破平均线徘徊卖出

股价位于移动平均线下方运行,股价反弹后在移动平均线上方徘徊,但由于之前股价下跌速度较快,该移动平均线却继续下跌,此时应卖出所持股票。

要出现这种现象,一定是在反弹的前期股价下跌速度过快,才会在股价反弹突破移动平均线后,移动平均线还朝下运行,如图 3-5-17 所示。

卖点二和卖点三都是下跌趋势形成后反弹的卖点。当下跌势头凶猛时,很多个股反弹不到中短期移动平均线便又开始新一波下跌,或者中短期均线快速向下移动,即使反弹到均线也没什么利润,稍不留神也容易被套。

"新手死在山顶,老手死在山腰"这句话就是指许多老股民逃得了顶,却在下跌途中抢

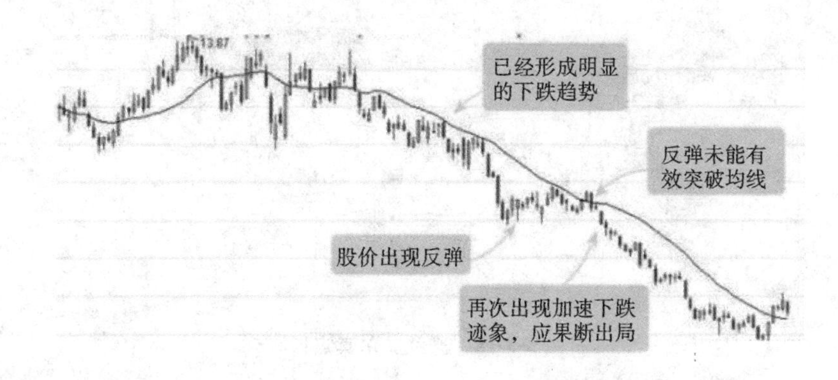

图 3-5-16 葛兰威尔卖点二

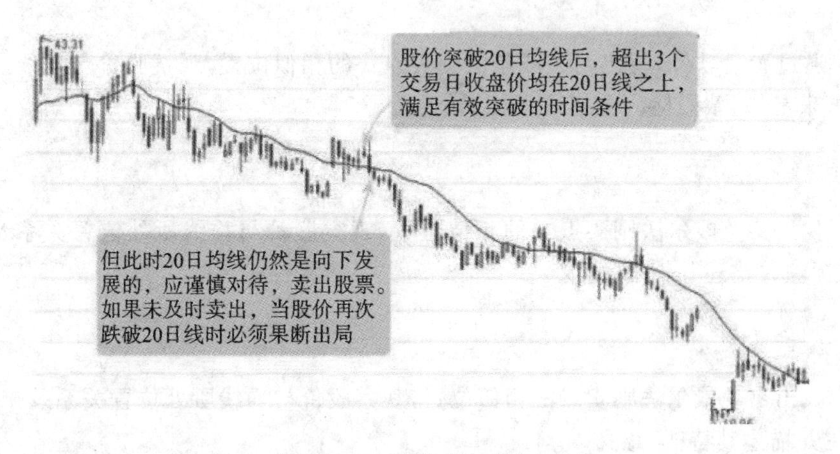

图 3-5-17 葛兰威尔卖点三

反弹被套。因此，下跌趋势中切勿轻易抢反弹，只有保住本金，才能在行情反转后赚钱，正所谓："留得青山在，不怕没柴烧。"

4. 远离平均线卖出

股价在移动平均线之上运行，连续数日大涨，离移动平均线越来越远，说明近期内的买入者获利丰厚，随时都可能产生获利回吐的卖压，应暂时卖出股票。

这是葛兰威尔卖出法则中唯一在上升趋势中的卖点，如图 3-5-18 所示。

与买入法则四类似，这个卖出法则也有相似的缺点，即股价离移动平均线多远才算远离？因此在用该法则卖出股票时要结合其他技术指标同时使用，当股价偏离移动平均线距离过大，同时其他技术指标也出现卖点时，其卖点有效性才高。

经过长期应用后，便可以发现，平均线转跌为平，并有向上趋势，股价从平均线下方突破平均线，并始终大致保持在移动平均线之上方，这一段是牛市；而反之，平均线转升为平，并随后下跌，股价线从平均线的上方突破平均线的下方，这一段是熊市。

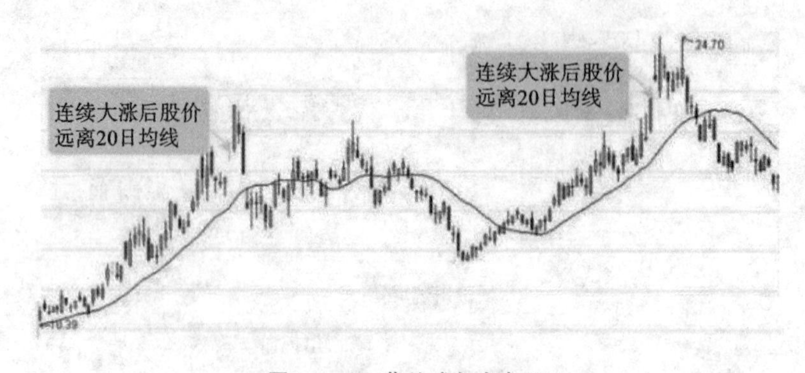

图 3-5-18　葛兰威尔卖点四

四、实训内容及操作

(1) 通过看盘软件,找出葛兰威尔法则买点一的相似位置,观察股价与均线所处位置关系及未来走势,截图标注并描述其特征、意义。

(2) 找出葛兰威尔法则买点二的相似位置,观察股价与均线所处位置关系及未来走势,截图标注并描述其特征、意义。

(3) 找出葛兰威尔法则卖点三相似位置,观察股价与均线所处位置关系及未来走势,截图标注并描述其特征、意义。

(4) 找出葛兰威尔法则卖点四相似位置,观察股价与均线所处位置关系及未来走势,截图标注并描述其特征、意义。

五、实训报告

(1) 谈谈对葛兰威尔八大买卖点的认识。

(2) 什么是远离均线?什么是突破均线?

(3) 提交实训截图,并在报告中描述图形特征以及市场意义。

任务5.3　均线交叉及排列组合应用

一、能力目标

(1) 了解移动平均线交叉的概念及分类。
(2) 理解移动平均线的排列组合的含义。
(3) 了解多头排列及空头排列的特点。

二、能力目标

(1) 能说明黄金交叉与死亡交叉的含义。
(2) 学会识别均线的黄金交叉与死亡交叉。
(3) 能够说明均线的多头排列与空头排列的特征。
(4) 能够初步识别均线几种特殊的排列组合。
(5) 学会利用“交叉”及“排列”判断未来市场可能的趋势。
(6) 能按要求完成指定实训,提交结果。

三、相关知识

(一) 均线交叉及其分类

葛兰威尔均线买卖法则是对适合某只股票的单根均线的使用方法的诠释。但是投资者使用的均线通常不止一根,而是两根甚至多根。这些均线在某个时期会产生交叉(相交或穿过)。由于不同的均线对股票价格变化的敏感程度不同,因此不同的交叉方式反映股价走势的意义是不同的。

两个均线在运行中发生交叉的前提是两个均线的周期不同以及市场价格发生变化。要想让这些均线的交叉能表达正确的意义,就要求这两条或两条以上的均线分别适合这只股票的不同周期的运行规律,通常取一条短期均线和一条中长期均线。

均线交叉最典型、具有特定市场含义的方式有两种:黄金交叉,简称金叉;死亡交叉,简称死叉。

(二) 黄金交叉

1. 黄金交叉的定义

黄金交叉是指均线向上移动时,周期较短的均线由下而上穿越周期较长的均线,如5日均线上穿10日均线,10日均线上穿30日均线,形成的交叉均为黄金交叉,如图3-5-19所示。

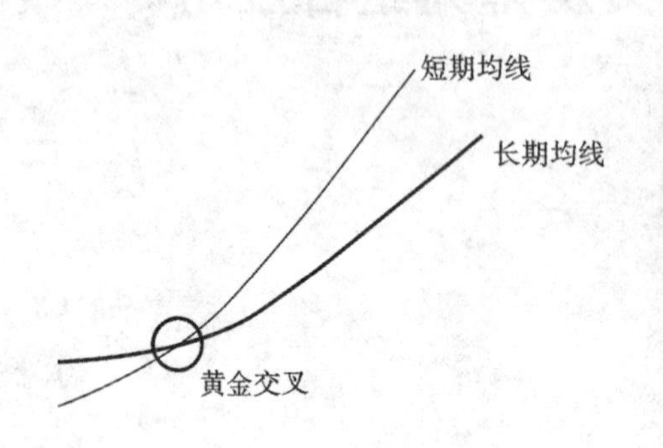

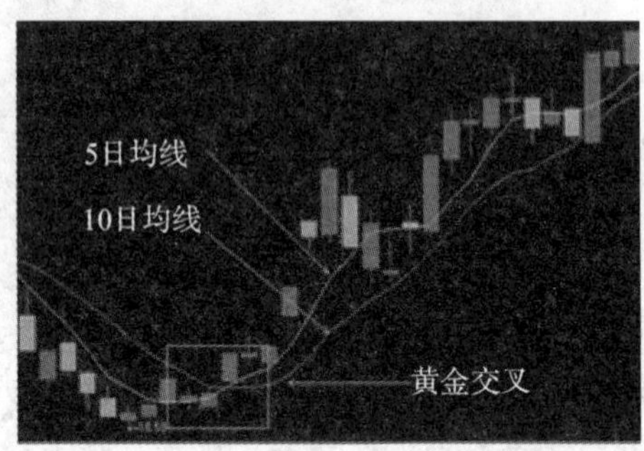

图3-5-19 黄金交叉示意图

2. 黄金交叉的技术特征

黄金交叉的技术特征如下:

(1) 周期较短的均线向上穿越周期较长的均线。

(2) 形成交叉时所有的均线均在上行。

(3) 可以出现在任何趋势中。

它若出现在涨势初期,是一种见底信号,表明后市看涨,通常是较好的买入信号。一般来说,两线交叉的角度越大,上升信号越强烈。

倡导黄金交叉是买入信号,是因为行情已经从下跌趋势转为上升趋势,并且已持续上涨了一段时间。黄金交叉表示趋势已经确认反转,并且已经通过了时间的验证,确实在进入上升趋势中,后续继续上涨的概率增加,如图3-5-20所示。

实战中,一定要注意区分短期均线向上的普通交叉和黄金交叉。二者是相同的穿越,但在普通交叉中,较长周期的均线方向大多是向下的,如果把普通交叉作为买入信号,风险很大。黄金交叉必须同时满足两个条件:一是短期均线由下而上穿越长期均线;二是短期均线和长期均线都在向上移动。

如图3-5-21所示,中昌数据(600242)在股价探底回升时,先是5日和10日均线形成一个普通交叉。接着股价继续上升,带动5日、10日和20日均线形成普通交叉。最后股价突破60日均线,各均线逐渐聚合并上升,这时才出现20日均线上穿60日均线形成的黄金交叉。如果观察普通交叉与黄金交叉的股价走势,可以发现它们有很大的不同。

3. 投资者操作要领

(1) 股价在大幅下跌后或上涨初期出现该信号,可积极做多。

(2) 中长线投资者可在周K线或月K线出现该信号时买进。

例如,上涨趋势中,黄金交叉预示着股价或指数将会上涨,尤其是在中长期均线多头

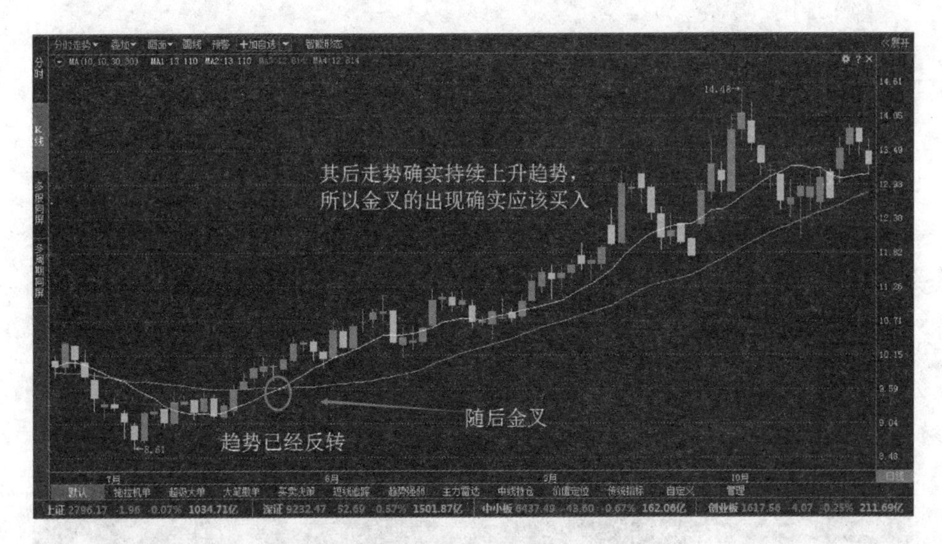

图 3-5-20　黄金交叉后的 K 线走势

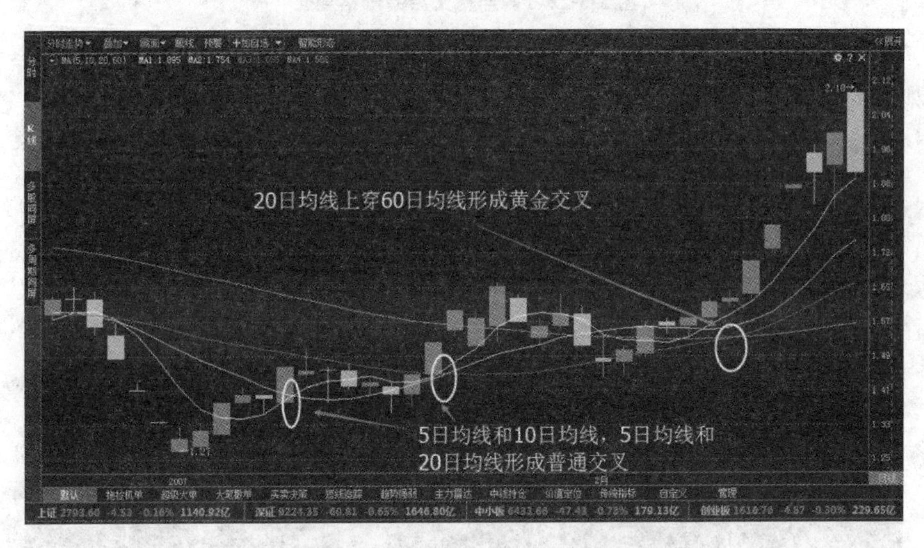

图 3-5-21　黄金交叉和普通交叉的区别

排列时，中短期均线所形成的黄金交叉，更是一个很好的进场点。

图 3-5-22 是上证指数的日 K 线图，均线形成上山爬坡的多头排列形态，60 日均线持续稳定上行，指数在各周期均线的支撑和助推下一路上涨。此期间较短周期的均线在短暂调整结束后，先后三次形成黄金交叉，而每一次黄金交叉后，指数都继续上行。

在下跌趋势中，短期均线黄金交叉大多意味着股价或指数出现反弹，交易者进场买入时需谨慎。尤其是在中长期均线空头排列时，中短期均线形成的黄金交叉，此时不宜进场买入。

例如，深振业 A(000006)经过连续下跌，长期均线成空头排列。之后股价止跌向上，一连形成三个短期均线的黄金交叉，分别是 5 日均线金叉 10 日均线，5 日均线金叉 20 日均线，10 日均线金叉 20 日均线。但是股价金叉后不久，马上就开始下跌。然后股价再度

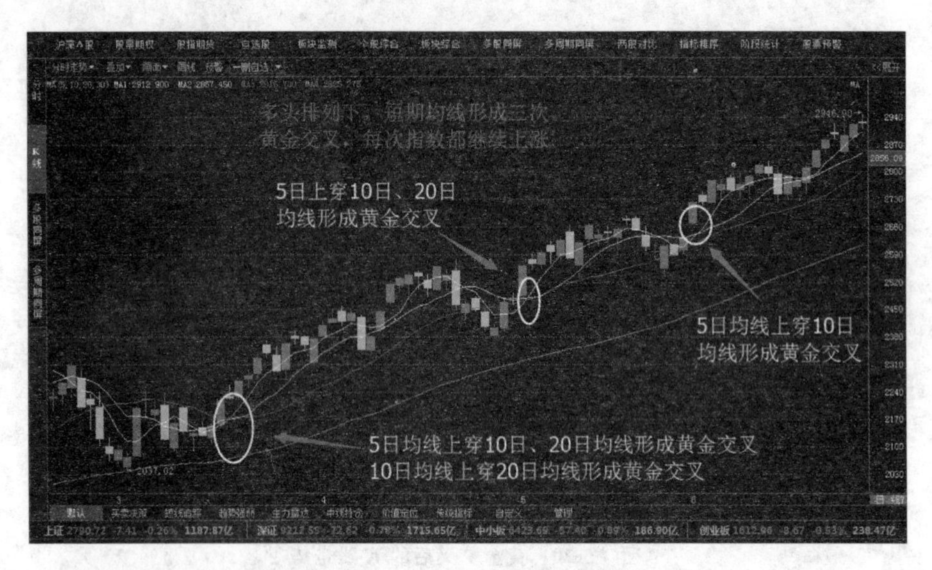

图 3-5-22　黄金交叉后的价格变化

上升，5 日均线金叉 20 日均线。但受制于 60 日均线，股价依然仅上涨了一日，又转涨为跌。如图 3-5-23 所示。

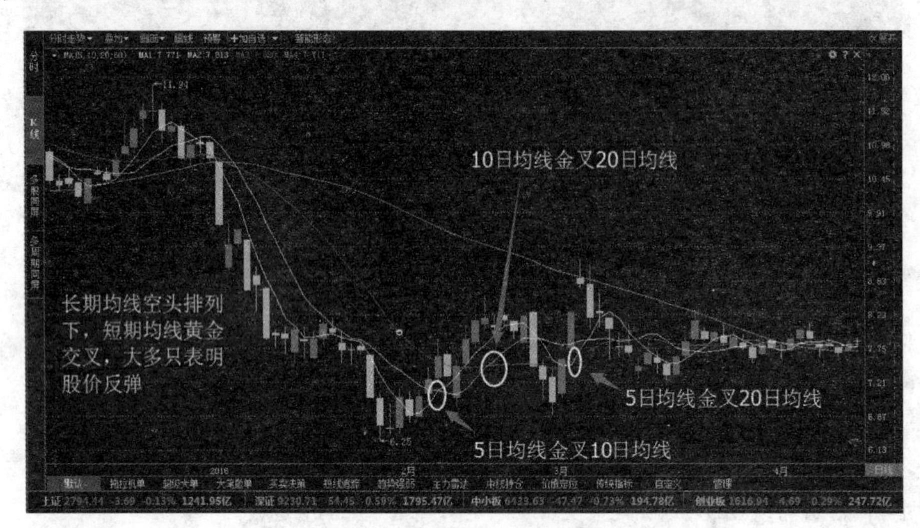

图 3-5-23　深振业 A 日 K 线

注意：震荡整理时，各周期均线聚合，短期均线黄金交叉过于频繁，大部分是虚假信号。在股价或指数横盘震荡整理时，除了均线聚合、均线被动修复之外，其余所有均线技术形态的信号作用都极其微弱。

例如，中闽能源（600163）股价在 2014 年 5 月至 7 月出现震荡整理，上下波动非常频繁，短期均线也多次形成黄金交叉。其中有一部分黄金交叉不具备实战操盘意义，另一部分可操作的黄金交叉，涨幅也很有限。如图 3-5-24 所示。

特别强调：

很多时候，黄金交叉不是一个可以单独使用的买入信号，主要有以下三个方面的

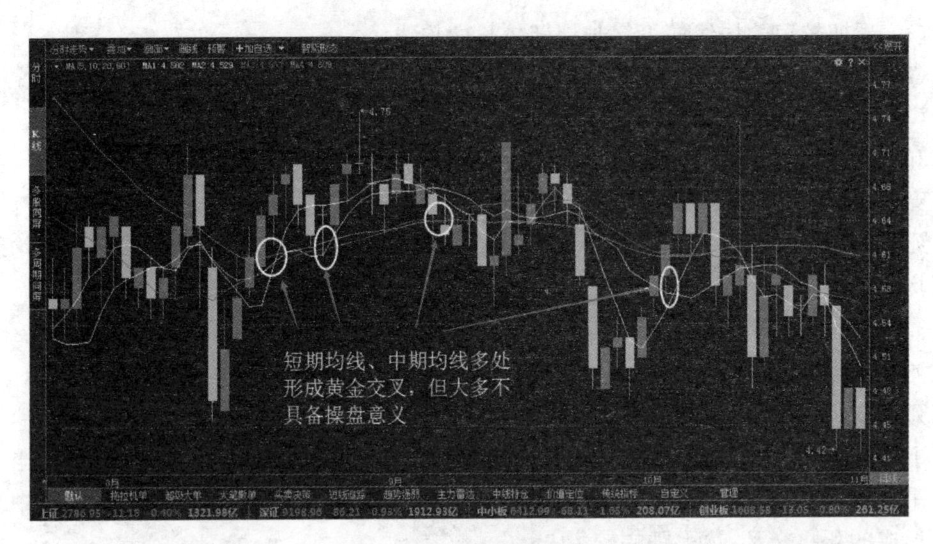

图 3-5-24　中闽能源日 K 线

原因。

(1) 短期均线黄金交叉发出的买入信号比较及时，但稳定性和可靠性较差。如处在下降趋势或震荡整理行情中，则黄金交叉的虚假信号太多，信号的有效性很弱。

(2) 长期均线的黄金交叉信号太滞后。

(3) 将短期均线黄金交叉和多头排列结合起来运用，是一种较好选择，它可以有效地解决短期均线黄金交叉虚假信号多，长期均线黄金交叉信号滞后的问题。

(三) 死亡交叉

1. 死亡交叉的定义

死亡交叉是指均线向下移动时，周期较短的均线由上而下穿破周期较长的均线。例如 5 日均线下穿 10 日均线，10 日均线下穿 30 日均线形成的交叉均为死亡交叉。如图 3-5-25所示。

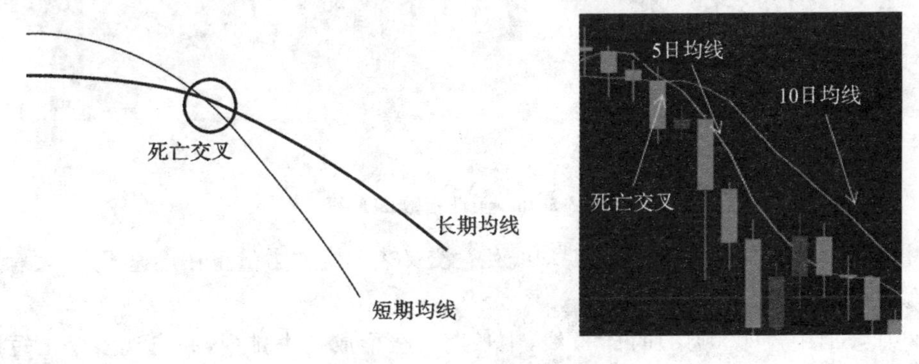

图 3-5-25　死亡交叉示意图

2. 死亡交叉的特征

死亡交叉的特征如下：

(1) 周期较短的均线向下穿越周期较长的均线。

(2) 形成交叉的所有均线下行。

(3) 可以出现在任何趋势中。

和黄金交叉一样,实战中交易者也要注意区分普通交叉和死亡交叉。短期均线由上而下穿越长期均线不一定是死亡交叉,如图 3-5-26 所示。

死亡交叉必须满足两个条件:一是短期均线由上而下穿越长期均线;二是短期均线和长期均线同时都在下行。

3. 操作要点

死亡交叉代表经过证券市场的反转和一段时间的确认后开始下跌趋势的一种信号,所以死亡交叉通常被认为是一种卖出信号。

下降趋势中,中短期均线死亡交叉预示着股价或指数将会继续下跌,交易者应当及时卖出手中的股票,离场观望通常是很好的选择。尤其是在中长期均线空头排列时,中短期均线形成的死亡交叉,预示跌幅较大。

图 3-5-26 是上证指数(999999)2008 年初以后的走势。图中 60 日均线一直下行,表明指数运行在下降趋势中。在顶部,指数向上突破 60 日均线后不久即掉头下行,依次跌破 5 日、10 日、20 日和 60 日均线。指数跌破 60 日均线之处,是 60 日均线葛兰威尔第八大法则的卖出点。

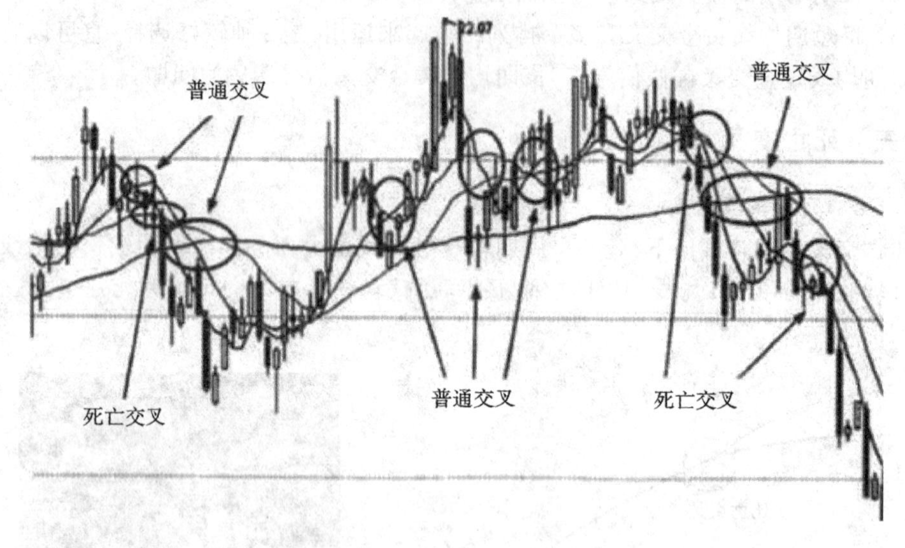

图 3-5-26 上证指数日 K 线

中长期均线空头排列时,中短期均线死亡交叉表明空方力量正在迅速积聚,大有黑云压城城欲摧的气势。

例如,ST 中冠(000018)的日 K 线,中长期均线形成空头排列,并出现多个中短期均线死亡交叉,其卖出信号可靠性强,后市的跌幅很大,如图 3-5-27 所示。

中长期均线由上行转为下行,后市下跌的时间和幅度不容小视。

如果交易者不能及时脱身,则很有可能被套在高高的山顶上。

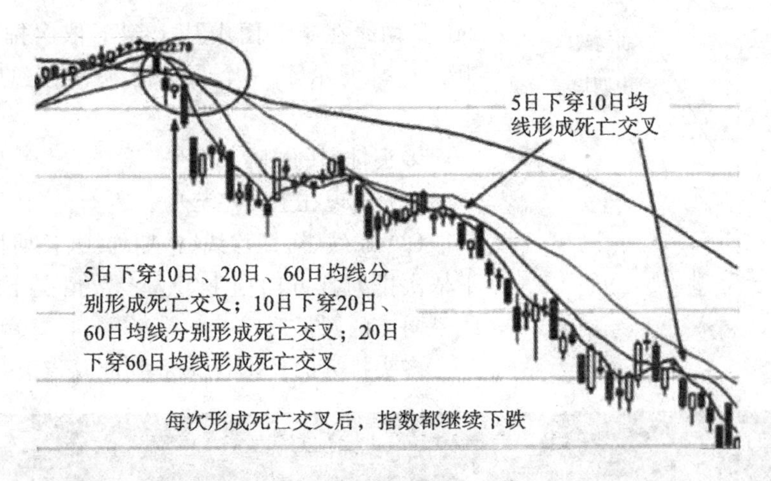

图 3-5-27　ST 中冠日 K 线

例如，佳都新太(600728)在顶部区域，短期均线由上升转为下降，与中期均线聚合期间，长期均线正缓慢地由走平转为逐渐下降。均线聚合之后，短期均线、中期均线相互之间分别形成死亡交叉，预示股价将步入漫漫熊途，如图 3-5-28 所示。

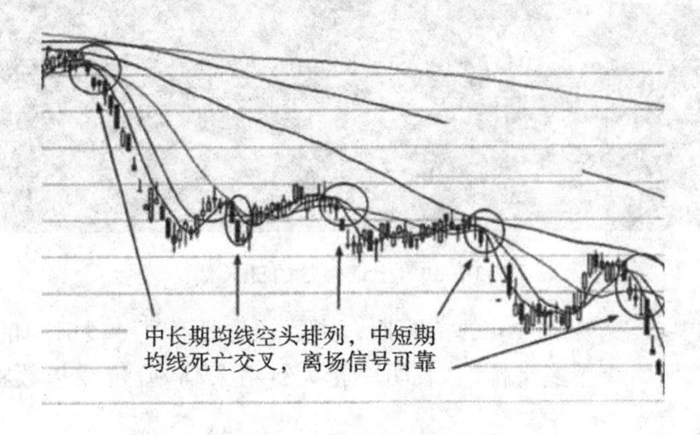

图 3-5-28　佳都新太日 K 线

(四) 移动平均线的排列组合

移动平均线的排列组合是指不同时间段的均线在图表中的位置关系，一般有两种典型的方式：多头排列和空头排列。它们反映的市场信息不同，投资操作策略也有很大的差别。

1. 均线多头排列

均线多头排列由 3 根移动平均线组成，其排列顺序是短期、中期、长期均线自上而下顺序排列，并且这几根移动平均线一起上移，如图 3-5-29 所示。

它出现在涨势中，是一种做多信号，表明后市继续看涨。多头排列表明市场内各均线周期内的持仓交易者全部盈利，股价或指数正奔跑在牛市的康庄大道上。一般在操作时，在多头排列初期和中期可积极介入，后期谨慎看多。

图 3-5-30 是上证指数的日 K 线走势图，日 K 线，5 日、10 日、20 日、60 日、120 日和

240 日均线在走势图中从上到下依次排列，方向向上。该图展示了一个形态接近完美的多头排列走势。

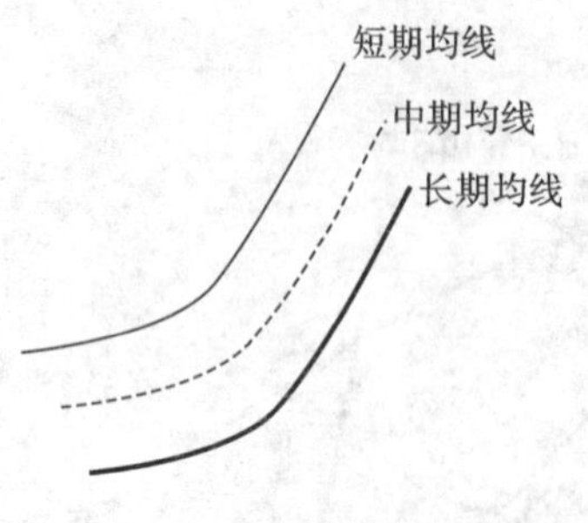

图 3-5-29　均线多头排列示意图

多头排列的技术特征：

(1) 出现在上升趋势中。

(2) K 线、短期均线、中期均线、长期均线从上到下依次排列且方向向上。大多数情况下，各周期均线呈向上的圆弧形。

多头排列的技术含义是股价或指数处在一个比较大的上涨趋势中，是交易者重要的持股期。指数或个股经过一段时间的下跌后，最终由跌转涨，继而各周期均线呈多头排列，表明一轮大行情来临，股价或指数将会持续上涨一大段时间。

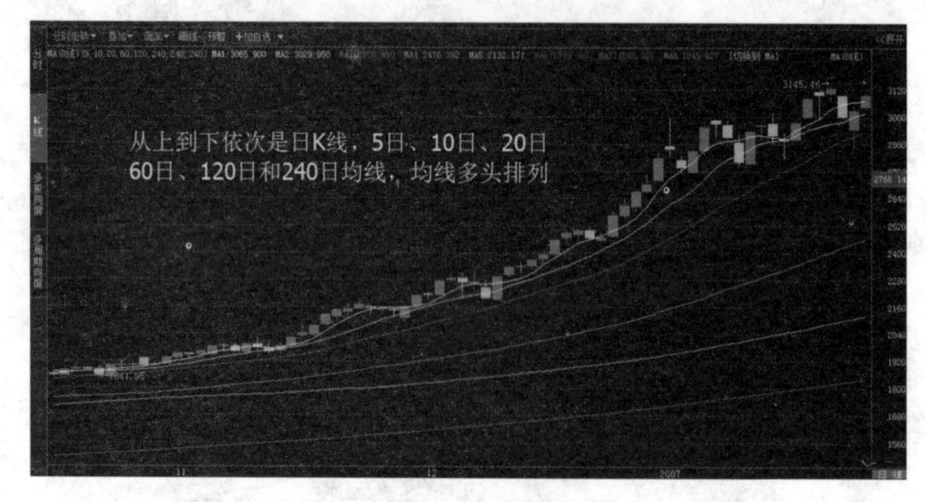

图 3-5-30　上证指数的日 K 线

从转头的先后顺序以及换手的总周转率来看，股价或指数就像多方派出的侦察人员和先头部队，短期均线是小股部队，中期均线是大部队，长期均线就是用于决战的主力部队。多头排列则意味着尖刀部队、小股部队、大部队和主力部队全部都在向前推进，战场上从宏观到微观，无一处不对多方有利。孰强孰弱，孰胜孰负，可以说是一目了然。

因此，见到股价或指数呈多头排列时，交易者要把握住机会。没有仓位的，要根据大盘和个股的具体情况及时介入。已经持仓的，一定要坚定持股信心，骑牛前行，切莫半途跃下牛背。

例如，* ST 船舶(600150)股价在 2006 年 4 月初形成多头排列，其后一路上涨，涨幅惊人，如图 3-5-31 所示。

需要特别提醒的是：形成多头排列后，预示着股价或指数将大幅上涨，这是交易者最重要的持股阶段。股价或指数首次形成多头排列时，绝大多数都不是一个很好的买入点。原因主要是均线存在滞后的特点，形成多头排列时，股价或指数往往已经上涨了很大一段空间。交易者不一定等到均线多头排列时才进场买入，但一定要在各均线形成多头排列

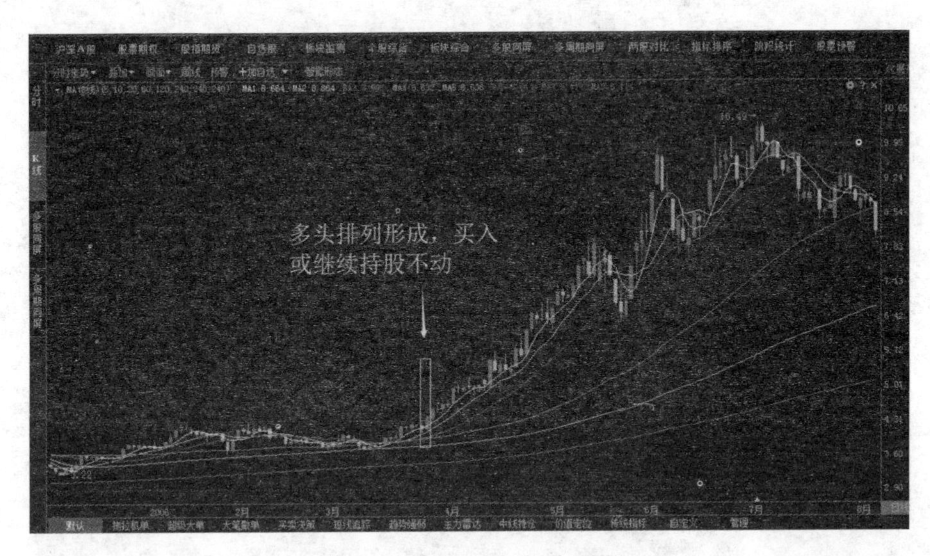

图 3-5-31 *ST 船舶日 K 线

后坚定捂股一段时间，直至出现明显的离场信号。尤其是短期、中期、长期均线同时呈多头排列时，往往表明持续时间比较长的一轮大牛市到来了，交易者应当全力以赴，持股做多。

例如，启迪古汉(000590)在 2008 年上半年股价上涨的主升段，均线形成多头排列。交易者不必等到均线形成多头排列时才进场买入，在底部股价整理后期，各条均线聚合，然后一根大阳线向上突破均线聚合形态时，即可进场买入，如图 3-5-32 所示。

大阳线突破均线聚合形态，同时也突破了 60 日均线，60 日均线上行，是 60 日均线葛兰威尔第一大法则的买入点。图上也标注了均线首次多头排列时的买入点，与均线聚合形态、葛兰威尔买入点相比，该买点出现的时间较晚，买入价位更高，很显然不是一个最佳的买入时机。

2. 均线空头排列

若多个移动平均线同时呈弧形下降，且呈现长期移动平均线在上，中期移动平均线在中间，短期移动平均线在下，称为均线的空头排列，如图 3-5-33 所示。

空头排列的技术特征：

(1) 出现在下降趋势中。

(2) K 线、短期均线、中期均线、长期均线从下到上依次排列，且方向向下。多数情况下，各周期均线呈向下的圆弧形。

一只股票或大盘的空头排列，说明市场短期内买进的投资者的平均成本超低于长期持有该股的平均成本，意味着长期持有者已经处于亏损状态，这种亏损效应将会影响没有进入的投资者(买得越晚越便宜)，从而形成看空的氛围。

例如，ST 康达尔(000048)的周线图，在标记处股价和均线形成空头排列后，股价随即大幅下跌，并带来一个较长下跌区间，如图 3-5-34 所示。

需要特别提醒：空头排列是重要的空仓期，并不表示交易者一直等到空头排列完全形成时才离场。趋势交易的离场标准是，只要任何趋势分析方法给出明确的卖出信号，就应

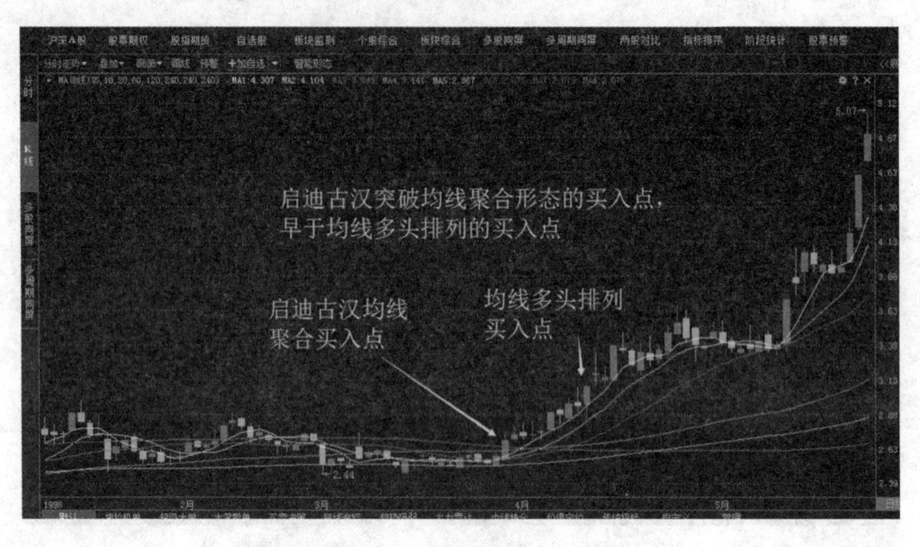

图 3-5-32　启迪古汉日 K 线

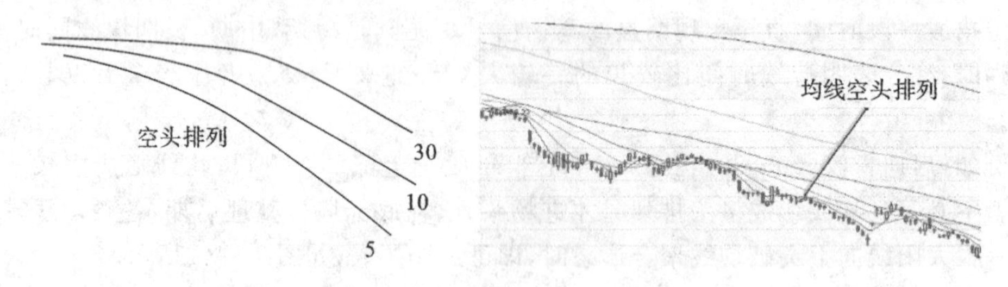

图 3-5-33　均线空头排列示意图

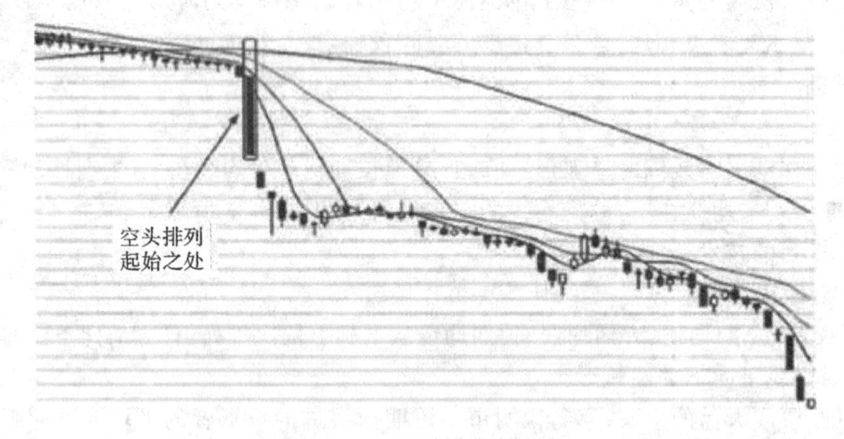

图 3-5-34　ST 康达尔周 K 线

该果断离场。

对于趋势交易者来说，果断的性格和壮士断臂的勇气有时远比趋势技术本身重要。交易者做错和跌倒并不可怕，这也是交易中不可避免的事情，可怕的是跌倒之后再也没有能力和机会爬起来。在趋势交易中，及时卖出比正确买入重要得多。对卖出迟疑不决，也远比不敢买入对交易的危害大得多。

例如，恒逸石化(000703)股价在顶部跌破60均线时，60日均线已经走平，因此是60日均线葛兰威尔第六大法则卖出点。其后股价虽然再度上攻并收复60日均线，但60日均线继续走平，反弹也只在60日均线上短暂停留两日，随即继续下跌走势，随后股价继续下跌，向下跳空收出一根大阴线。这根大阴线技术意义重大，首先，大阴线本身就是强烈的看跌信号；其次收出大阴线后，技术图形出现了向下突破缺口；第三，均线形态方面，中短期均线出现死亡交叉，并形成向下发散的空头排列形态，如图3-5-35所示。

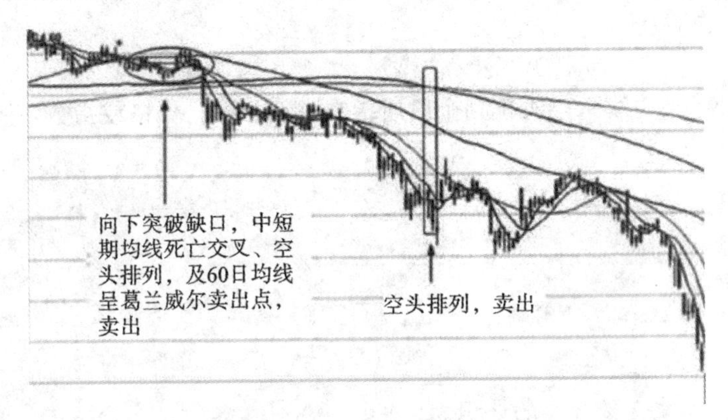

图 3-5-35 恒逸石化日K线

由此可见，一根不算起眼的大阴线，当它集如此多的卖出信号于一身时，其看空的意义将超乎寻常，任何胆敢轻视这根大阴线的交易者，都将付出惨痛的代价。

均线排列组合特别提示：

(1) 上面所列举的多头排列进场、空头排列离场的例子，可以用于个股，并且效果更好，因为个股的活跃程度和涨跌幅度普遍强于大盘。

(2) 如果决定做大趋势交易者，多头排列的进场标准不必变动，或结合其他趋势分析方法略加改进即可，离场标准则不必等到形成空头排列时。

(3) 要“进场谨慎，离场果断”。空头排列虽然是重要的空仓持币期，但并不是说交易者一定要等到股价或指数呈空头排列时才空仓。离场和进场时执行标准的严格程度是不同的，进场是完全执行标准，也就是说，必须各项条件都符合交易系统设定的标准才可以大胆进场。离场则可以不完全执行标准，即只要有离场信号出现，交易者就应离场或者逐步离场。实战交易中，不是形成空头排列时才开始清仓，在此之前只要出现了顶部K线信号、突破下降趋势线、顶部转势技术图形、跌破支撑、跌破上升趋势线、遇到压力、均线死叉等见顶或看跌信号，就可以逐步离场。

四、实训内容及操作

(1) 打开实训软件，找到任意两只A股上市股票，在其K线图上修改均线参数，以5日、10日、20日均线为例，观察均线的交叉、排列情况。

(2) 通过看盘软件，在股票的 K 线图上找到黄金交叉、死亡交叉、普通交叉，标明时间、股票价格，并观察以后的股价走势。

(3) 找到 K 线、均线呈多头排列个股或指数，标明时间、价格或指数，并观察以后的走势。

(4) 找到 K 线、均线呈空头排列个股或指数，标明时间、价格或指数，并观察以后的走势。

五、实训报告

(1) 谈谈对均线交叉分类的认识。

(2) 在实训软件中找出金叉、死叉各 5 种示例并解释其技术意义，提交截图。

(3) 在实训软件中找出多头排列以及空头排列各 5 种示例并解释其技术意义，提交截图。

(4) 通过实训验证均线出现“金叉”、“死叉”以及“多头排列”、“空头排列”后的市场变化趋势。简要说明理论或历史经验的指导意义。

(5) 为什么均线多头排列是做多信号？

任务5.4 均线周期选择及使用

一、知识目标

(1) 了解均线周期选择的意义。
(2) 熟悉均线的几种分类方法。
(3) 掌握常用的几大周期均线。

二、能力目标

(1) 能够准确说出六大周期均线的名称及周期。
(2) 能够在均线图中识别出短、中、长期均线,发现"金叉""死叉"。
(3) 能按要求完成指定实训,提交结果。
(4) 能够初步构建适合自己风格的均线分析、交易系统。
(5) 能够根据设定的均线系统进行模拟交易。

三、相关知识

(一) 移动平均线周期选择

均线系统的周期有很多种,如3日、100日等,到底应以多少日为好呢? 这个问题一直困扰着多数投资者。投资者因为大都倾向短期投机,所以证券公司的均线设置,通常都是短期或短中期均线,比如5日、10日、20日或者5日、10日、30日,极少使用可以代表短、中、长三种趋势的均线。事实上,均线的选择应该代表短、中、长三种趋势,而不是过分重视某一种趋势而忽略别的趋势。

一般应参考以下几种趋势。

短期趋势通常是指一个月以下的股价波动趋势,因为5日线所代表的是1周的波动。10日线代表的是半月线。所以投资者经常以它们代表短期趋势,短期均线通常波动起伏较大,过于敏感。

中期趋势是指1个月以上、半年以下的股价波动趋势。常用20日线、40日线、60日线。这是因为20日线代表的是1个月股价波动趋势。40日线代表的是两个月的股价波动趋势。60日线所代表的是3个月的波动趋势,又正好是一个季度,因此又称季线。中期均线走势既不过于敏感,又有沉稳的一面,最常被投资者使用。

长期趋势是指半年以上的股价波动的趋势。比较常用的是120日线与240日线。

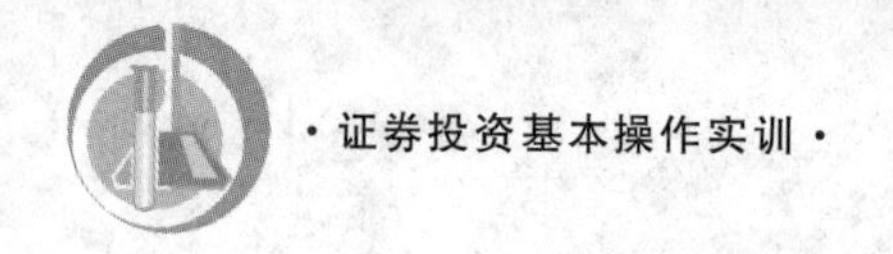

120 日线代表半年的波动方向，又称半年线。240 日均线代表的是一年的波动方向，又称年线。总的来讲长期均线走势过于稳重，稍显滞后。

为了同时显示这三种趋势与短期、中期、长期投资者的平均成本，应同时选择这几种趋势，而不能因为个人习惯或爱好厚此薄彼。

很多投资者设置一些不常见的均线周期，比如 7 日、9 日、13 日、27 日等，目的是避免上当。这是没有必要的，事实上只要是短期波动，随时都有主力故意划线的可能。这是因为短期均线最容易操纵，而中长期趋势则较难操纵。

（二）六大周期均线

1. 攻击线——5 日均线

攻击线的主要作用是推动价格在短期内形成攻击态势，不断引导价格上涨或下跌。如果攻击线上涨角度陡峭有力(没有弯曲疲软的状态)，则说明价格短线爆发力强；反之，则弱。同样，在价格进入下跌阶段时，攻击线也是重要的杀跌武器，如果向下角度陡峭，则杀跌力度极强。

在临盘实战中，当价格突破攻击线，攻击线呈陡峭向上的攻击状态时，则意味着短线行情已经启动，此时应短线积极做多。同理，当价格击穿攻击线，攻击线呈向下拐头状态时，则意味着调整或下跌行情已经展开，此时应短线做空。

2. 操盘线——10 日均线

此线的走势有向上、走平、下跌三种，是波段行情的重要指标。如果操盘线上涨角度陡峭有力，则说明价格中期上涨力度强；反之，则弱。同样，在价格进入下跌波段时，操盘线同样可促使价格反复盘跌。

在临盘实战中，当价格突破操盘线，操盘线呈持续向上的攻击状态时，则意味着波段性中线行情已经启动，此时应短线积极做多。同理，当价格击穿操盘线，操盘线呈向下拐头状态时，则意味着上涨行情已经结束，大波段性调整或下跌行情已经展开，此时应中线做空。

3. 辅助线——20 日均线

此线大体有三层含义：一是 20 日辅助线的存在使均线系统总体看起来更匀称，不至于从 10 日线毫无预兆地跳跃至 30 日线感到唐突；二是协助操盘线；三是稳定价格趋势，修正生命线反应迟缓的问题，如果等到生命线(30 日均线)拐头向下，市场行情可能已经下跌了不少，辅助线则有助于投资者做出预判。

在一轮波段性上涨行情中，如果辅助线上涨角度较大并陡峭有力，则说明价格中线波段上涨力度极强；反之，则弱。同样，价格在下跌阶段时，辅助线更是价格反弹时的强大阻力，并可修正价格下跌轨道，反复促使价格震荡盘跌。

在临盘实战中，当价格突破辅助线，辅助线呈持续向上的攻击状态时，则意味着波段性中线行情已经启动，此时应短线积极做多。同理，当价格击穿辅助线，辅助线呈向下拐头状态时，则意味着阶段性中线上涨行情已经结束，而阶段性调整或下跌行情已经展开，此时应中线做空。

4. 生命线——30 日线

如果说趋势线(120 日均线)是行情牛熊分界线,那么生命线绝对就是波段强弱分界线,指明行情中期运行趋势。

在一个中期波段性上涨趋势中,生命线有极强的支撑和阻力作用。如果生命线上涨角度陡峭有力,则说明价格中期上涨趋势强烈,主力洗盘或调整至此位置可坚决狙击。反之,则趋势较弱,支撑力也将疲软。同样,在价格进入下跌趋势时,生命线同样可压制价格的反弹行为,促使价格持续走弱。

在临盘实战中,当价格突破生命线,生命线拐头向上挺拔时,则意味着中线大波段行情已经启动,此时应中线积极做多。一般而言,生命线在波段行情的阶段性调整过程中,不会轻易被击穿。当价格击穿生命线,生命线呈拐头向下状态时,则意味着更大级别的调整或下跌行情已经展开,此时应中线积极做空。

5. 决策线——60 日均线

决策线意味着价格趋势走势的强弱,比趋势线(120 日均线)更加灵敏。所有主力、庄家对决策线都极为重视。

当价格突破决策线,决策线呈拐头向上的攻击状态时,则意味着中线大趋势多头行情已经形成,此时应中线积极做多。决策线一旦形成,一般情况下不会轻易改变。当价格向下击穿决策线,决策线呈向下拐头状态时,则意味着一拨下跌行情已经展开,此时应中线果断做空。

6. 趋势线——120 日均线

趋势线通常也称为半年线,和决策线一样,趋势线的主要作用是指明价格中长期的反转趋势。当价格经过长时间大幅下挫和底部整理后,放量突破趋势线,趋势线拐头上翘时,则意味着中长线看涨行情已启动,可逢低买入。反之,当趋势线拐头向下时,往往预示中长线下跌行情开始。

不过,价格突破趋势线时,一般情况下不会在较短时间内出现反方向运行,即使是主力作出诱多或诱空动作,至少也会在趋势线之上或之下运行 10 个交易日左右或数个交易周方可反转。

四、实训内容及操作

(1) 打开实训软件,找到任意一只 A 股上市股票(建议上市 2 年以上),在其 K 线图上修改均线参数,以 5、10、20 日,30、60 日,120、250 日三组日均线为例。

(2) 观察三组均线金叉、死叉对应的买卖信号点出现次数并记录。

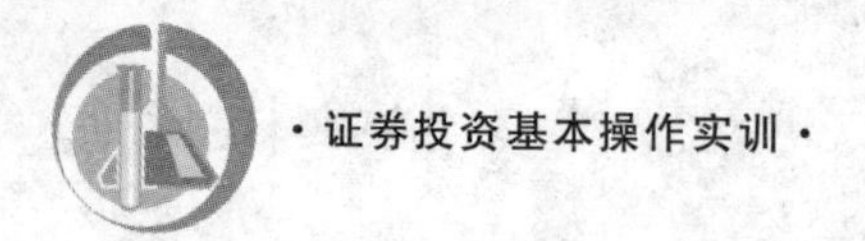

(3) 比较在信号点出现之后,后市与其对应上涨或者下跌幅度超过10%的概率情况并记录。

(4) 总结当前三组均线哪组为最优均线组(最优指的是符合当前行情的最佳选择)。

(5) 验证最优均线组在其他投资品种的应用情况,并加以记录优化。

(6) 初步建立符合自身投资决策的均线系统(可以多次进行前面步骤修改均线数据并优化),并进行不少于5次模拟操作、记录结果。

五、实训报告

(1) 谈谈对均线周期选择的认识。

(2) 以电子或书面形式提交分析结果。

(3) 提交模拟交易过程及结果的分析报告。

知识链接

较常用的几种均线组合参考

1. 短期均线组合

短期均线组合常有(5、10、20日)和(5、10、30日)两种组合形式。

这两种均线组合的技术意义和使用规则是相同的,目前市场上用得最广泛。其主要作用是观察股价(股指)短期运行的趋势,例如1~3个月股价的走势会发生什么变化。

一般来说，在典型的上升通道中，5日均线应为多方护盘中枢，不然则上升力度有限，10日均线则是多头的重要支撑线，10日线被有效击破，市场就有可能转弱。

在空头市场中，人气低迷，弱势反弹阻力位应是10日线，20日线或30日线是衡量市场短期、中期趋势强弱的重要标志，20日线或30日线向上倾斜时可短期看多做多；20日线或30日线均线向下倾斜时，则要短期看空做空。

2. 中期均线组合有

中期均线组合有(10、30、60日)和(20、40、60日)两种组合形式。

中期均线组合主要用于观察大盘或个股中期运行的趋势，例如3～6个月大盘或个股走势会发生什么变化。一般来说，中期均线组合后呈多头排列状态，说明大盘或个股中期趋势向好。这时投资者中期应看多做多；反之，当中期均线组合呈空头排列状态时，说明大盘或个股中期趋势向淡，这时投资者中期应看空做空。

从实战意义上来说，用中期均线组合分析研究大盘或个股的趋势比短期均线组合来得准确可靠。例如，在大盘见底回升时，如你对反弹还是反转无法把握，中期均线组合就会给你很大帮助。当30日线上穿60日均线时，会出现一次级别较像样的中级行情，当中期均线聚合向上发散往往预示大行情的来临。

3. 长期均线组合

长期均线组合有(60、120、200日)和(60、120、250日)两种组合形式。

长期均线组合主要用于观察大盘或个股的中长期趋势，例如半年以上的股价走势会发生什么变化。

一般来说，当长期均线组合中的均线形成黄金交叉，并为多头排列时，说明市场对大盘或个股中长期趋势看好，此时投资者应保持长多短空的思维，遇到盘中震荡或回调，就要敢于逢低吸纳；反之当长期均线组合中均线出现死亡交叉，成为空头排列时，说明市场对大盘或个股中长期趋势看淡，此时投资者应保持长空短多的思维，遇到盘中震荡或反弹，就要坚持逢高减磅。

各个短、中、长期均线里面又相应分为短、中、长期均线。

短、中、长期三组均线，如果单独使用，虽各有优势，但难免偏颇，交易者最好同时选择由短期、中期和长期均线组成的均线组合，这样才可以全面观察和分析三种趋势的变化。

当然，均线数量并不是越多越好。均线太多，会让行情界面凌乱不堪，难以看清细节。另外，均线和均线之间的矛盾信号也会大大增加，令交易者无所适从。交易者可以根据自己交易周期的长短，选择4～6条均线组成均线组合。券商提供的行情软件，系统默认的均线组合也恰好是4条和6条两种。

前面的讲解只是说明一个原则，也就是均线周期的设置和选择，一定要兼顾短期、中期和长期三种趋势。至于每一种趋势具体选择哪种均线，可以根据个人的喜好和习惯来设置。但不同周期之间的均线，其参数的设置还是要注意搭配合理。一般要求参数之间具有等比例放大的关系，或者存在其他有内在联系的数学规律，以便不同均线搭配得当。很多交易者喜欢用斐波那契数列作为均线组合的周期，比如短期趋势用5日（或3日、8日）均线和13日均线，中期趋势用21日（或34日）和55日均线，长期趋势用144日和233日均线，这也是非常好的均线组合。无论哪一种均线组合，只要可以兼顾到三种趋势，分析、交易时就不会迷失方向。

项目六

量价关系分析

本项目共设计了 5 个任务，即看涨量价关系、看跌量价关系、看涨量价关系的应用、看跌量价关系的应用和特殊量价关系的应用。

成交量是股市行情的温度计、晴雨表，它控制和影响股价的上升和下降，它的技术研究是研判股价变化趋势的根基。成交量能最直接、最简单地反映出市场的供需情况，表明市场中参与者的多寡程度，是推动股价涨跌的动力，对于预测股票的后期走势有着极为重要的作用。

任务 6.1　看涨量价关系

一、知识目标

(1) 明确什么是量价关系。
(2) 掌握看涨量价关系的基本类型。
(3) 了解看涨量价关系代表的价格和量能波动情况。
(4) 掌握量能变化对股价波动影响的根本因素。

二、能力目标

(1) 能够准确、快速地识别四种看涨量价关系图形。
(2) 能够准确地对 K 线进行标注和截图。
(3) 能够绘制各看涨量价关系图形。

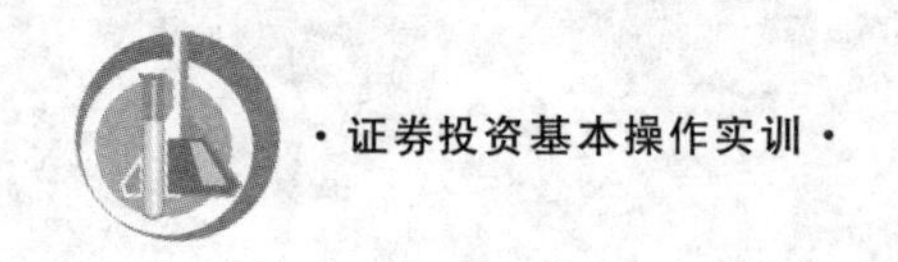

三、相关知识

(一) 看涨量价关系的常见类型

量,指的是一只股票在单位时间内的成交量,有日成交量、月成交量、年成交量等。价,指的是一只股票的价格,以收盘价为准,还有开盘价、最高价、最低价。所谓量价关系就是指成交量和价格的同步或背离的关系。成交量与价格之间的关系,市场上有三种观点:一种认为价格是第一位的,成交量是次要的;另一种认为成交量领先于价格运动;还有的认为成交量验证价格形态。但无论如何,一只股票价格的涨跌与其成交量大小之间存在一定的内在关系。投资者可通过分析此关系,判断形势,买卖股票。看涨量价关系意味着这种量价关系的存在,未来股价可能上涨。

1. 量增价升

量增价升是指股票的价格持续上涨,同时成交量持续放大,如图 3-6-1 所示。

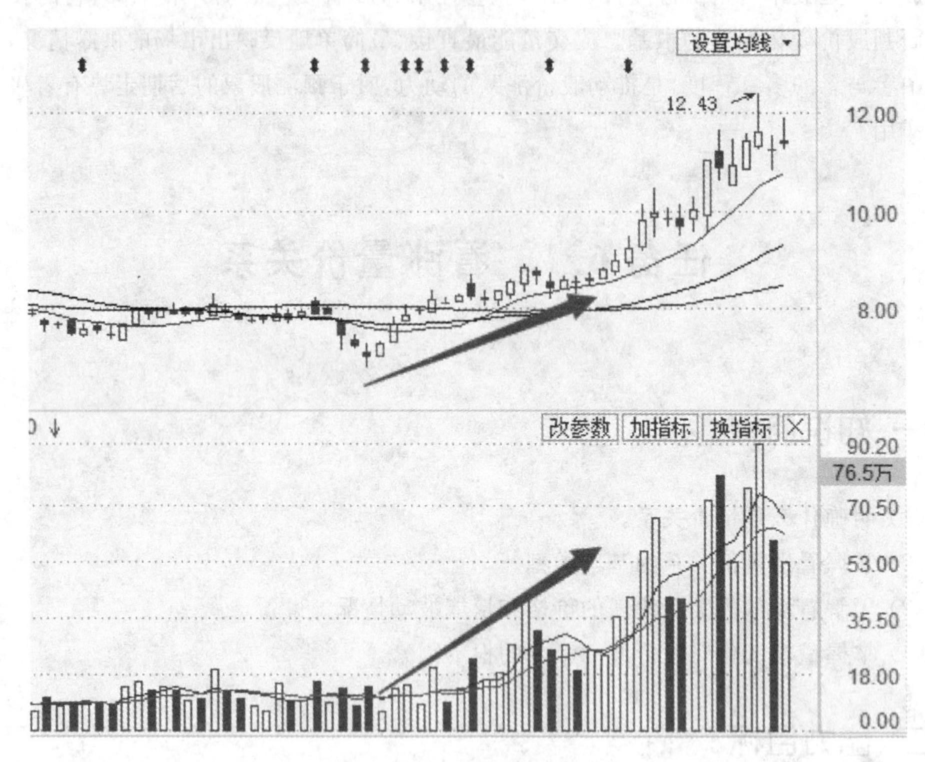

图 3-6-1 量增价升示意图

“量增价升”是最常见的多头主动进攻模式,市场买入人气不断累积,看涨意愿坚决,是短线、中线最佳的买入信号。但如果在股价高位出现,同时偏离均线,则容易为反转信号,不可盲目追高。在下跌趋势中出现时多为阶段性反弹,应时刻警惕,如果成交量不能持续放大,同时股价重心下移,反弹行情就有可能宣告结束。

2. 量增价平

量增价平是指股票价格处于某水平位置上下震荡，此时行情并不明确，但是成交量持续增加，如图 3-6-2 所示。它说明此刻市场筹码交换积极，做多力量不断汇集。如果后期股价突破前期水平线压制，是看涨信号，可入场做多。

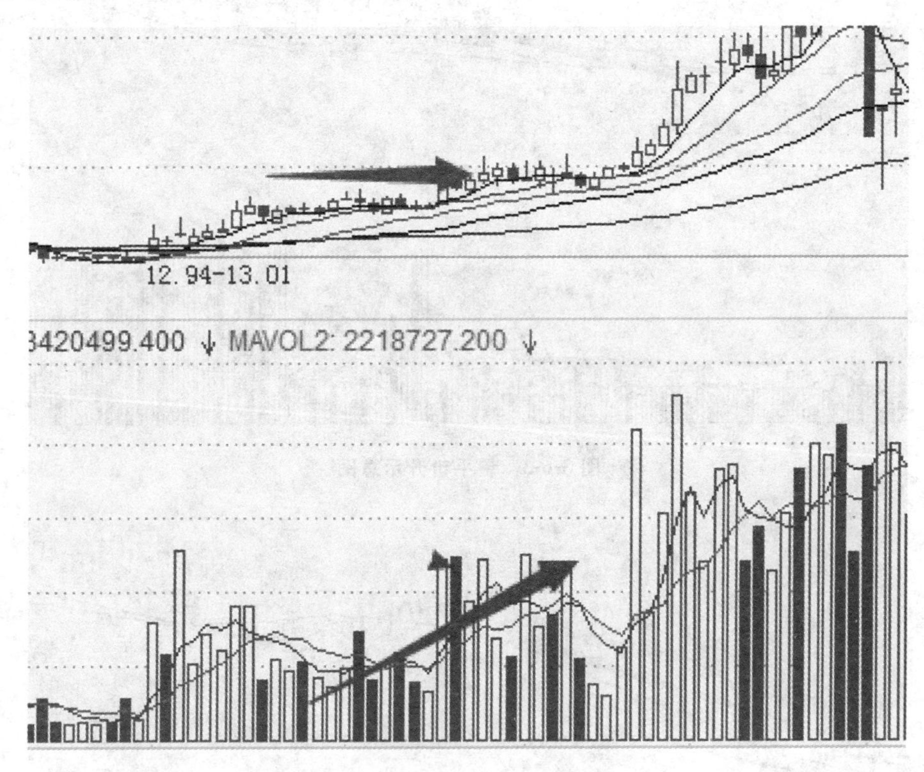

图 3-6-2 量增价平示意图

3. 量平价升

量平价升是指股票价格持续上涨，此刻多头趋势明确，与之对应的成交量基本持平，如图 3-6-3 所示。这种状态显示出抛售意愿并不特别坚决，筹码持仓意愿相对坚挺，后市看涨。其中如果在上涨初期、中期时出现则成功率更大，在上升末期和下降初期应谨慎对待，因为此刻反映量能不足，股价随时可能下滑。

4. 量减价升

量减价升是指成交量减少，股价仍在继续上升，如图 3-6-4 所示。它说明市场看涨意愿强烈，多空分歧减小，这种市场状态比较适宜继续持股。

(二) 看涨量价关系解析

1. 感受行情节奏变化

一般而言，向上突破颈线位、强压力位需要放量攻击，即上涨要有成交量的配合。量虽是价的先行，但并不意味着成交量决定一切，在价、量、时、空四大要素中，价格是最基本的出发点，离开了价格其他因素就成了无源之水、无本之木。成交量可以配合价格进行研

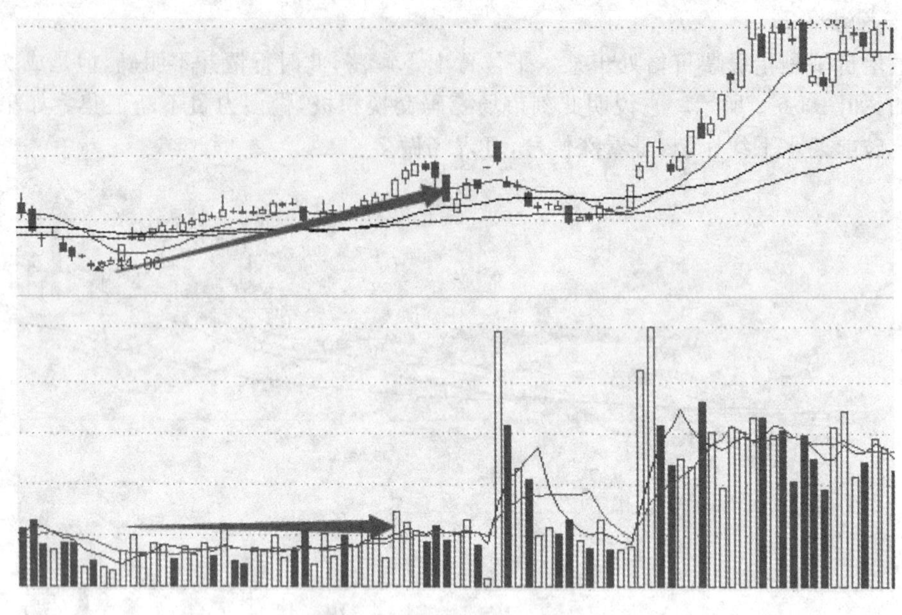

图 3-6-3　量平价升示意图

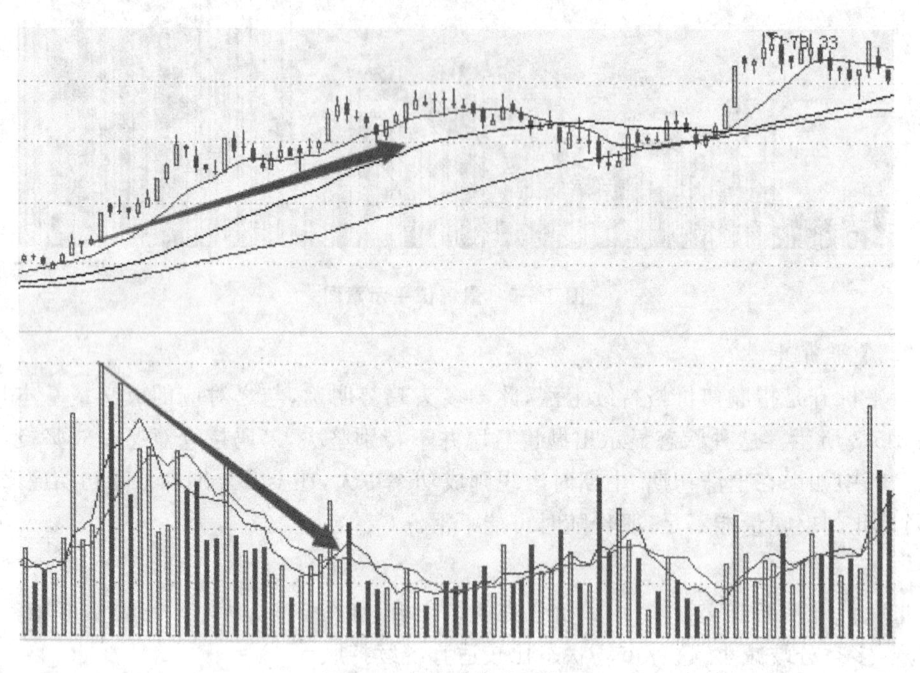

图 3-6-4　量减价升示意图

判，但决不会决定价格的变化。

2. 区分不同的看涨量价关系

参与买卖股票的人，对股价偏高或偏低的评价越不一致时，成交量就越大；反之，评价越一致，成交量就越小。前者意味着多空双方意见分歧较大，短兵相接，股价仍具有较大幅度的涨跌；后者为多空双方看法略同，操作较不积极，股价涨跌幅度将很有限。同时股票市场是一种群体的行为，而不是单个的行为，既然是群体行为，那它就有群体的差异性。有的人会从自己的角度出发，有的人会从资金角度出发，有的人会从消息面角度出发，但是终归一点，任何角度任何因素，最终都要反映到操作行为上面。

四、实训内容及操作

（1）通过看盘软件，找到能反映四种量价关系的市场行情图。

（2）画出量升价升和量增价平两种看涨量价关系。

（3）画出量平价升和量减价升两种看涨量价关系。

五、实训报告

（1）提交体现看涨量价关系的实训截图。

（2）提交四种看涨量价关系图。

（3）描述上述各种看涨量价关系背后的资金博弈情况。

任务 6.2　看跌量价关系

一、知识目标

（1）明确什么是看跌量价关系。
（2）掌握看跌量价关系的基本类型。
（3）了解看跌量价关系代表的价格和量能波动情况。

(4) 掌握量能变化对股价波动影响的根本因素。

二、能力目标

(1) 能够准确、快速地识别四种看跌量价关系图形。
(2) 能够准确地对K线进行标注和截图。
(3) 能够绘制各种看跌量价关系图形。

三、相关知识

(一) 各种看跌量价关系

看跌量价关系是指这种量价关系的未来,股票价格下跌,为空头市场。

1. 量减价平

量减价平是指股票价格处于某水平位置上下震荡,此时行情并不明确,但是成交量持续减少,如图3-6-5所示。股价经过长期大幅上涨之后,进行横向整理不再上升,成交量显著减少,此为警戒出货的信号。此阶段如果突发巨量拉出大阳线或大阴线,无论有无利好利空消息,均应果断派发。

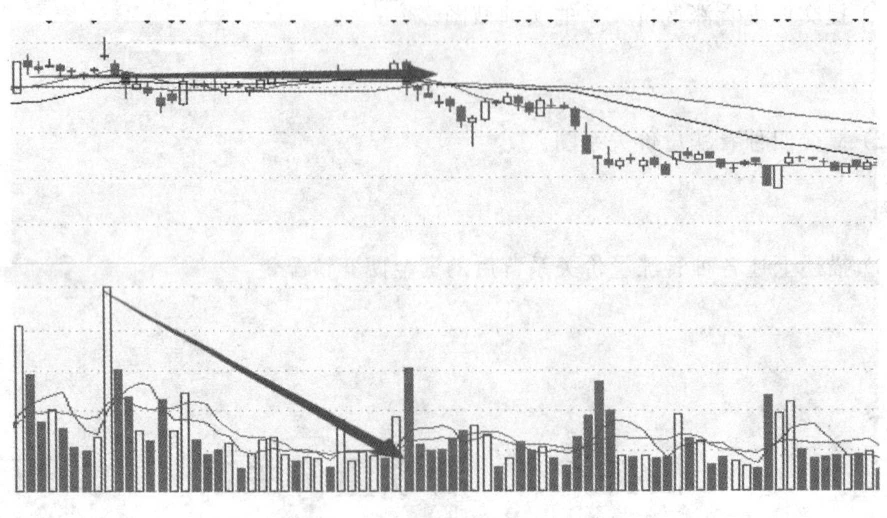

图3-6-5 量减价平示意图

2. 量减价跌

量减价跌表现为成交量继续减少,股价趋势开始转为下降,如图3-6-6所示。一般为卖出信号,因为此为无量阴跌,底部遥遥无期,市场交投低迷,没有做多资金入场。所谓"多头不死,跌势不止",一直跌到多头彻底丧失信心斩仓认赔,爆出大的成交量,跌势才会停止,所以在操作上,只要趋势逆转,应及时止损出局。

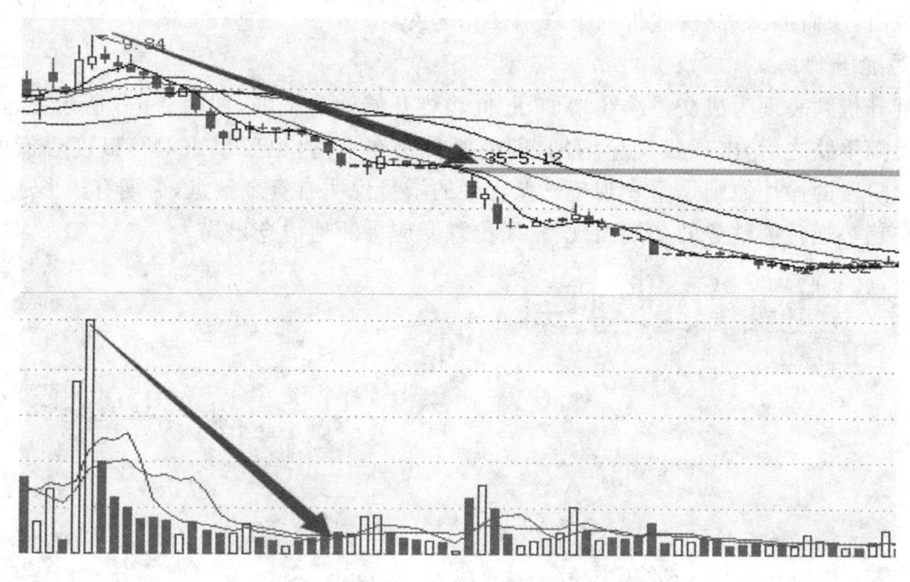

图 3-6-6　量减价跌示意图

3. 量平价跌

量平价跌表现为股票的价格持续性下跌，而成交量却没有能同步地有效地放大，如图3-6-7所示。

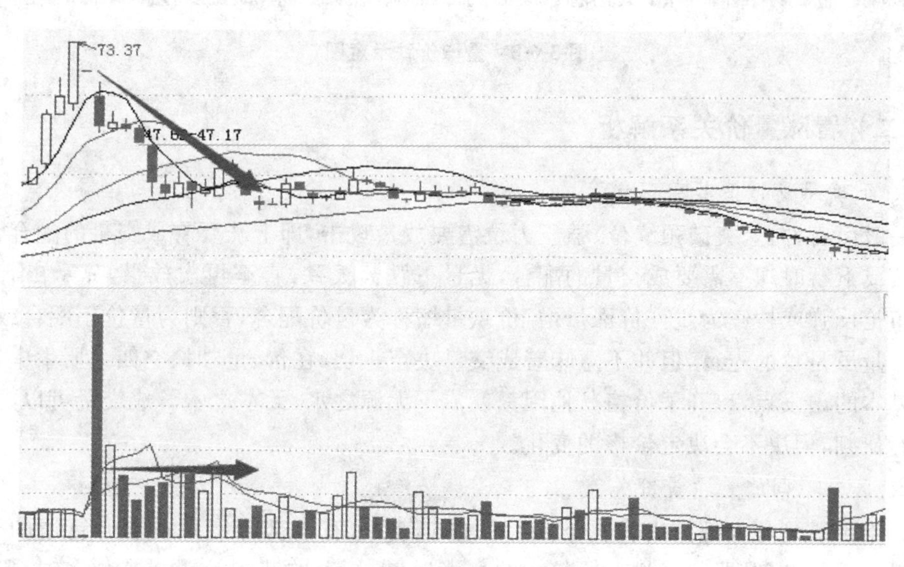

图 3-6-7　量平价跌示意图

这说明市场投资者并没有形成一种“一致看空”的空头效应。在这种情形下，多是控盘主力庄家开始逐渐退出市场的前兆。由于成交量的平稳运行状态，容易使场外的散户投资者产生一种侥幸的心理，并以为这种现象仅仅只是控盘主力庄家洗盘的结果，因此，他们多不会轻易地抛出自己手中所持的筹码。而控盘主力庄家则正是利用他们的这种心理，从容不迫地缓步清仓，直到自己所持的仓位不再十分沉重时，才会将自己的余量部分

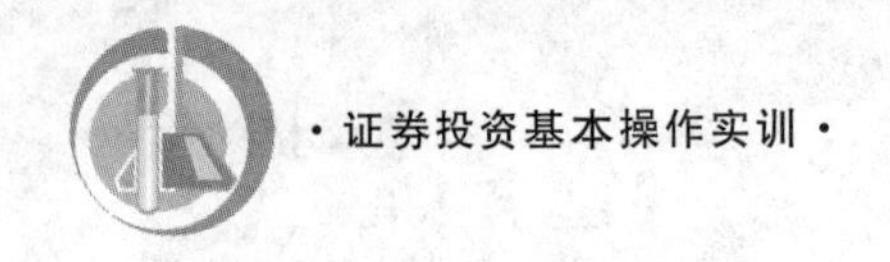

一起抛出,从而加深、加快股价的下跌幅度和速度。

4. 量升价跌

量升价跌表现为成交量继续增加,股价趋势开始转为下降,如图 3-6-8 所示。若股价经过大幅下跌之后,出现成交量增加,即使股价仍在下落,也要慎重对待极度恐慌的“杀跌”,此阶段的操作原则是空仓观望。低价区的增量说明有资金接盘,后期有望形成底部。有时在趋势逆转为跌势的初期出现“量增价跌”,应果断地清仓出局。

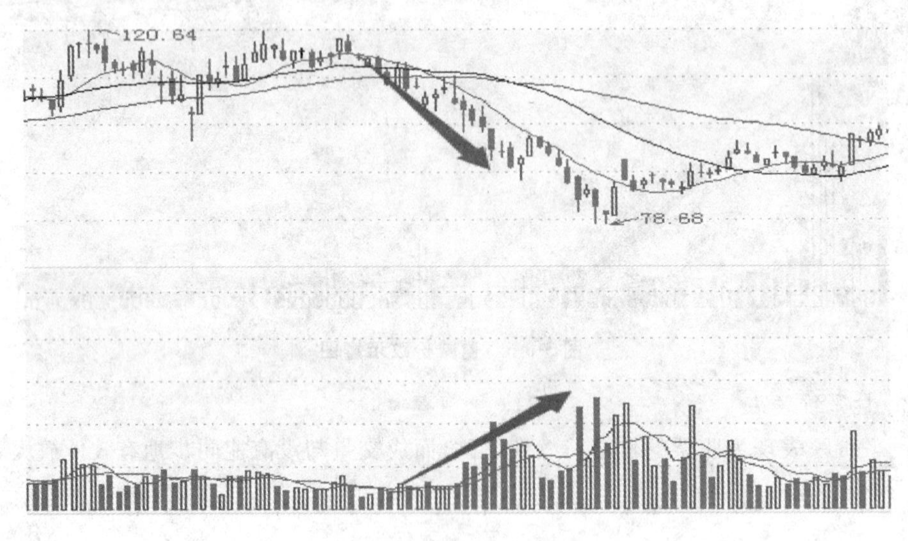

图 3-6-8 量增价跌示意图

(二) 看涨量价关系解析

1. 正确感受行情节奏变化

一般而言,向上突破颈线位、强压力位需要放量攻击,即上涨要有成交量的配合,但向下破位或下行时却不需要成交量的配合,无量下跌天天跌,直至再次放量,显示出有新资金入市抢反弹或抄底为止。价涨量增,价跌量缩称为量价配合,否则为量价不配合或量价背离。量虽是价的先行,但并不意味着成交量决定一切,在价、量、时、空四大要素中,价格是最基本的出发点,离开了价格其他因素就成了无源之水、无本之木。成交量可以配合价格进行研判,但决不会决定价格的变化。

2. 区分不同的看跌量价关系

量增价跌现象大部分出现在下跌行情的初期,也有小部分出现在上升行情的初期。在下跌行情的初期,股价经过一段较大的上涨后,市场上的获利筹码越来越多,投资者纷纷抛出股票,致使股价开始下跌。也有一些投资者对股价走高仍抱有预期,在股价开始下跌时还在买入,多空双方对股价看法的分歧是造成股价高位量增价跌的主要原因。这种高位量增价跌的现象持续时间一般不会很长,一旦股价向下跌破重要的支撑位、股价的下降趋势开始形成,量增价跌的现象将逐渐消失,这种高位量增价跌现象是卖出的信号。当股价经过较长时间的下跌和底部较长时间的盘整后,主力为了获取更多的低位筹码,采取边打压股价边吸货的手段,造成股价走势出现量增价跌现象,但这种现象会随着买盘的逐渐增多、成交量的同步上扬而消失，这种量增价跌现象是底部买入的信号。

量缩价跌现象既可能出现在下跌行情的中期，也可能出现在上升行情的中期。在上升行情中，当股价上升到一定高度时，成交量开始减少，股价也随之小幅下跌，呈现出一种量缩价跌现象，这种量缩价跌是对前期上升行情的一个主动调整过程，“价跌”是股价主动整理的需求，是为了清洗浮筹和修正技术指标，“量缩”则表明投资者有惜售心理，在股价整理完成后会重新上升。在下跌行情中，当股价开始从高位下跌时，由于市场预期向坏，一些获利盘纷纷出逃，而大多数投资者选择持币观望，市场承接乏力，因而造成股价下跌、成交萎缩的量缩价跌现象。这种量缩价跌现象的出现预示着股价仍将继续下跌。上升行情中的量缩价跌表明市场充满惜售心理，是市场的主动回调整理，因而投资者可以持股待涨或逢低介入。不过，上升行情中价跌的幅度不能过大，否则可能是主力不计成本出货的征兆。下跌行情中的量缩价跌表明投资者在出货后不再做“空头回补”，股价还将维持下跌，投资者应以持币观望为主。

四、实训内容及操作

(1) 通过看盘软件找出具有看跌的量价关系 K 线图。

(2) 画出量平价跌和量增价跌两种看跌量价关系图。

(3) 画出量减价平和量减价跌两种看跌量价关系图。

五、实训报告

(1) 提交反映看跌量价关系的实训截图。

(2) 提交四种看跌量价关系图。

(3) 描述上述各看跌量价关系背后的资金博弈情况。

任务6.3 看涨量价关系应用

一、知识目标

(1) 理解看涨量价的辩证关系。

(2) 熟悉看涨量价关系的基本类型。

(3) 掌握量能变化与股价的关系。

二、能力目标

(1) 能够准确表述几种典型的看涨量价关系。

(2) 能够熟练应用典型的看涨量价关系分析问题。

(3) 能够准确找到、判断、分析看涨量价关系。

三、相关知识

在所有指标中,成交量是最为重要的一个,没有成交量,空谈成交价格没有实质性的意义。成交量是股票市场的基石,它代表着市场的资金规模和流动性。成交量反映了操作行为。量增量跌是“相对关系”,量价关系也不是绝对的关系,股票的走势是不能确定的,只能预测。

(一) 具备看涨指导意义的量价关系

1. 量增价升

成交量反映买卖双方对当前价格的认同度,也体现供给和需求关系,当供不应求时,用户纷纷买进,则成交量放大。如果在某一价位空方少,则多方在此价格无法买到,自然会出高价买进,价格将会上升;反之,如果空方在此价位无法卖出,将会挂出低价卖出,那么价格势必下跌,股价的涨跌就此产生。量增价升是指股票的价格持续上涨,同时成交量持续放大,如图3-6-9所示。

在技术图表分析法中,通常研究的是量与价的关系,也就是K线图中上下两部分图示的关系。因此成交量是判断股票走势的重要依据,对分析主力行为提供了重要的依据。股谚有“量价齐升高高涨,量增价跌速离场”一说,量增价升主要是指个股(或大盘)在成交量增加的同时个股股价也同步上涨的一种量价配合现象。量增价涨一般出现在上升行情中,而且大部分出现在上升行情初期,也有小部分是出现在上升行情的中途。经过一轮较长时间的下跌和底部盘整后,市场中逐渐出现诸多利好因素,这些利好因素增强了市场预期向好的心理，换手逐渐活跃。随着成交量的放大和股价的同步上升，买入短期就可获得收益。

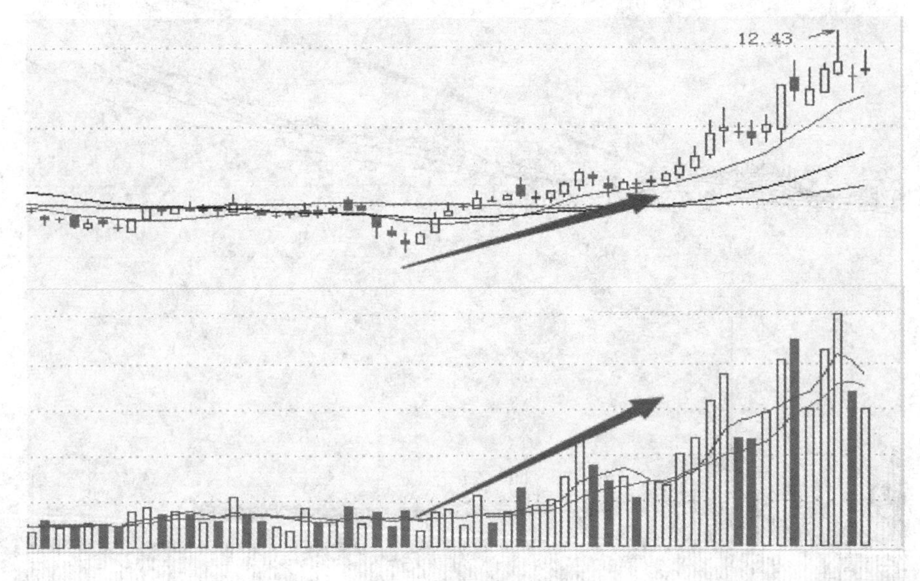

图 3-6-9 量增价升示意图

2. 量平价升

量平价升是指在股价上涨的过程中，成交量基本保持在一定水平的一种量价配合现象，如图 3-6-10 所示。这是典型的多头行情的标志，成交量处于均衡状态，原来的趋势仍将得以持续。特别是出现持续性的较低成交量水平且价格稳步上扬时，上涨概率大于下跌概率。同时此类图形出现往往表明市场各方资金对其上涨的趋势很认可，持仓意愿坚决，筹码比较集中。这类走势往往体现在强庄股或者是优质的热点股上。

(二) 量价关系应用

1. 区分不同的看涨量价关系

成交量的大小，直接表明市场上多、空双方对市场某一时刻股价的认同程度。成交量大，表明多空分歧大；反之，则多空分歧小。同时看涨量价关系有较多的表现形式，其中包含量增价升、量减价升、量增价平等。但在实际交易中信号更为明确且简单的无非就是量增价升和量平价升。量增价升反映短周期内资金持续看好，买卖活跃后市继续上涨可能性非常大。量平价升则更多倾向于中长期，说明一段时期内股价平稳上涨，但是成交量却相对稳定或者稳定偏低，说明此时多空没有明显分歧，一致看多，可以持股待涨。

2. 配合均线使用

成交量分析虽然有效，但是因为其受资金干扰比较大，资金的对倒可以导致成交量暴增，连续多个交易日的对倒能做出完美的量价关系图形。因此在观察量价关系时应多注重与其他技术分析方法相结合。其中与均线的结合效果更佳，所有看涨的量价关系如果在均线上行的过程中出现则可信度较高，在均线下行过程中出现则需要谨慎对待。投资

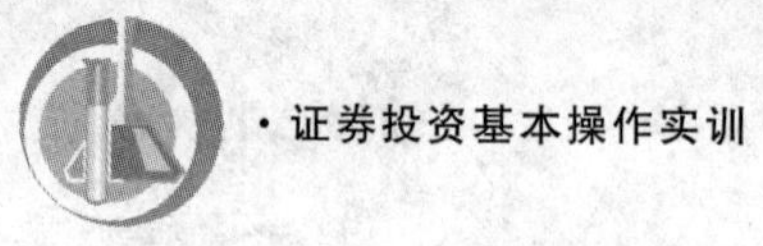

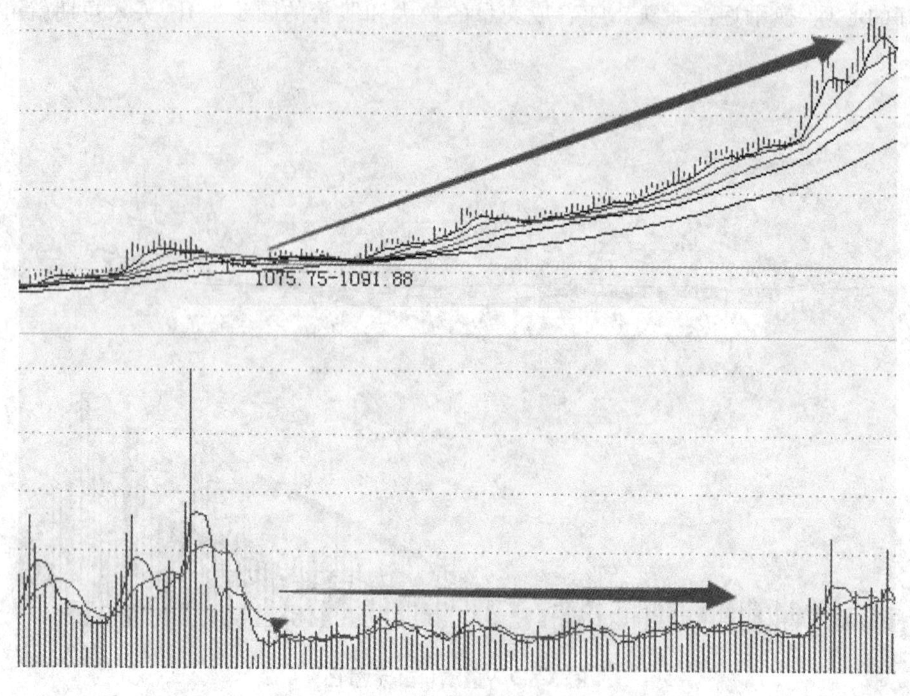

图 3-6-10　量平价升示意图

者一般采用日均线的 60 日线的上行或者下行来判定趋势是上升还是下降。当然,投资者也可以因人而异。同时量价关系出现的位置不同,效果也大不相同,上涨初期和中期阶段形成的看涨量价关系比上涨末期有效,而在上涨的末期和下跌的末期时,又可以关注特殊的成交量形式和股价重心的变化来判断顶部和底部,比如天量和地量等。

四、实训内容及操作

(1) 分别找出两个日线、周线上成立的量增价升关系的个股,并标注其日期、周期和股票代码。

(2) 分别找出两个日线、周线上成立的量平价升关系的个股,并标注其日期、周期和股票代码。

五、实训报告

(1) 成交量大,表明多空双方对市场某一时刻股价认同的分歧大,为什么?

(2) 用实例(自己找的K线图)解析看涨量价关系中量增价升、量减价升、量增价平的可能原因。

任务6.4 看跌量价关系应用

一、知识目标

(1) 理解看跌量价的辩证关系。
(2) 熟悉看跌量价关系的基本类型。
(3) 明确量能变化对股价波动影响的原因。

二、能力目标

(1) 能够准确表述看跌量价关系。
(2) 学会分析几种看跌量价关系的原因。
(3) 能够准确找到、判断看跌量价关系。

三、相关知识

(一) 具备看跌指导意义的量价关系

1. 量减价跌

量减价跌是指在个股成交量减少的同时个股股价也同步下跌的一种关系。它意味着多、空双方没有分歧,一致看跌,即接盘者甚少。比较典型的有以下两种情形。

情形一:股价处于阶段性底部。此类情况表明,多、空双方集体看跌,抛者多,但没有多少接盘者。出现此类情况,说明空方能量还没有得到释放,股价继续下跌的可能性很大,需要继续观察,等到价格明显在量的支撑下企稳为止,如图3-6-11所示。

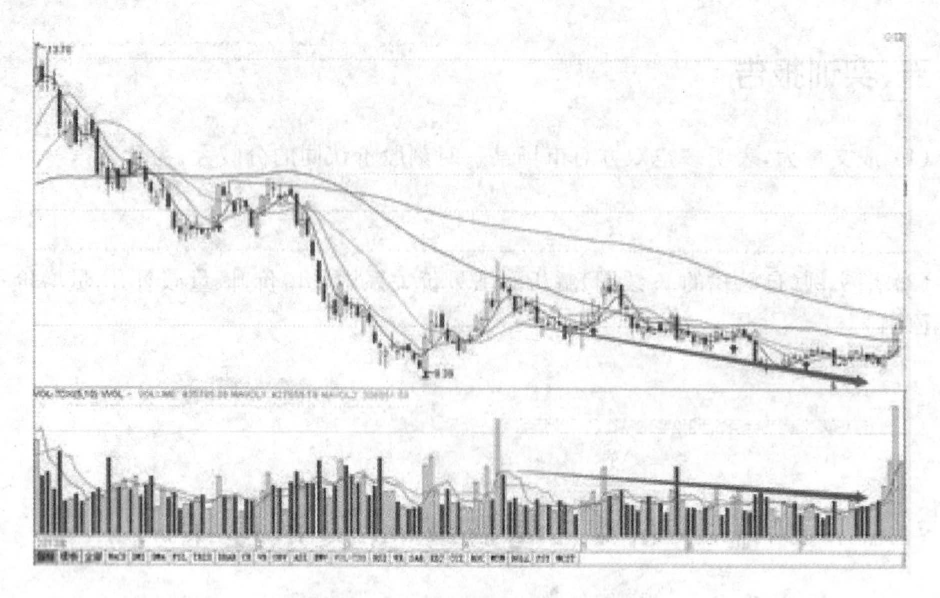

图 3-6-11　低位量减价跌示意图

情形二:股价处于阶段性顶部。出现此类情况,说明个股已被主力高度控盘,不是主力不想卖,而是主力找不到人接盘。于是主力任由少量散户左右行情,或者见一个买家就往下面卖一点筹码,因此就出现了量缩价跌的现象。如图 3-6-12 所示为量减价跌形态。

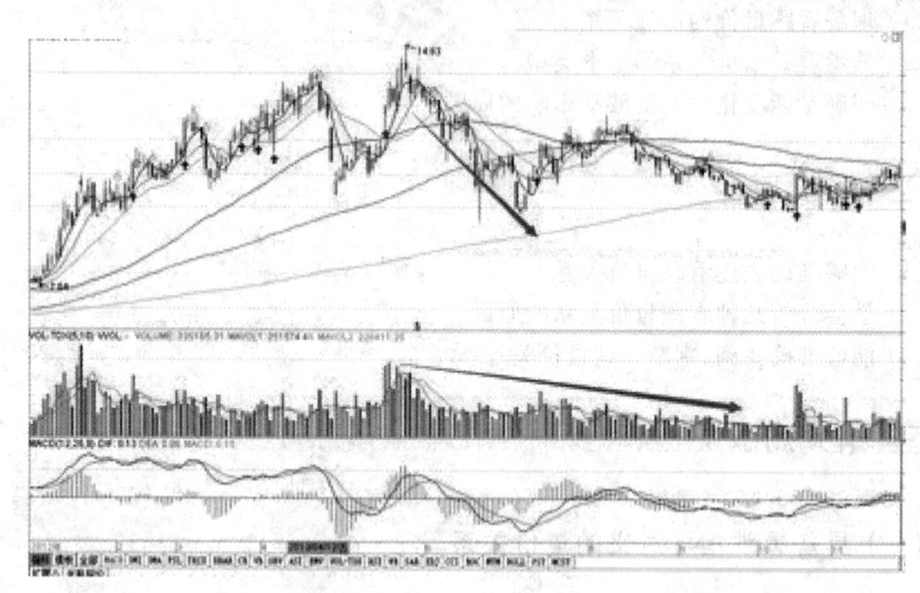

图 3-6-12　高位量减价跌示意图

另外,对于大多数个股来说,当其步入下跌途中时,其量能将持续地处于一种相对萎缩的状态,"跌势无量"是下跌趋势的典型量价配合关系。之所以如此,是因为当个股或股市步入跌势后,由于财富效应的消失,场外的投资者入场意愿大大地降低,从而使得市场进入了"存量资金博弈"的格局之中,场内投资者都希望在更低的价位进行抄底,只需少量的亏损盘割肉离场，就可以打低股价，由此也造成了缩量下跌的总体格局。只要跌势中的量能一直保持缩小状态，缩量下跌格局未被打破，则跌势就不能轻易言底。

而且，由于上升趋势造成的个股估值状态普遍偏高，而价格又是以价值为中枢进行波动的。因而，这也是价值回归的过程，如图 3-6-13 所示。

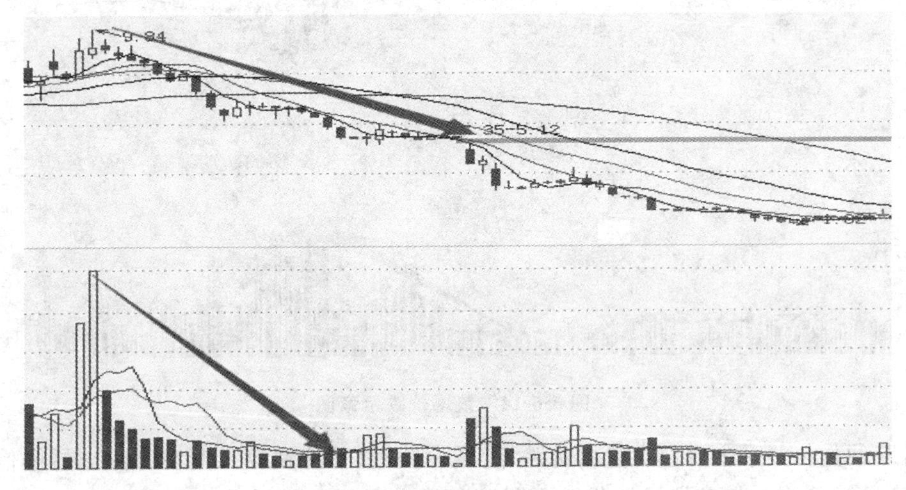

图 3-6-13 量减价跌示意图

2. 量增价跌

量增价跌是指个股在股价下跌的情况下成交量反而增加的一种量价配合现象，它意味着多、空双方意见发生较大的分歧，显示出空头占据了上风。

量增价跌也是一种短线价量背离的现象，一般是由于多种因素所造成的，其中当然也有可能是控盘主力故意制造的骗局。在研判量增价跌现象时，必须先研究这种现象所处的形态和具体方位才可决定。总体而言量增价跌现象，表明市场上的投资者已经看空后市行情，纷纷加入抛售的行列中，短线应回避将要出现的更大风险。

当量增价跌处于相对高位时，一般行情都已发展到了尾声，控盘的主力在人气高涨的掩护下，拉高出货，从而引发了一系列的抛售风潮。面对突发性事态，投资者应当机立断，迅速卖出自己手中所持有的筹码，减少风险。

当量增价跌处于某一整理形态位时，往往是行情突然出现某种重大的利空消息或其他不利因素的影响，中小投资者与控盘主力上演了一场多杀多的悲剧，纷纷夺路而逃。从而导致股价在巨大的抛压之下，放量走低。

当量增价跌处于某一相对低位时，或在已大幅下跌一段时间后，则有可能是控盘主力进行最后的震仓吸筹所致，诱使不明真相的投资者纷纷在较低的价位抛售自己手中所持有的筹码，从而达到吸筹建仓的目的，如图 3-6-14 所示。

（二）量价关系应用

1. 区分不同的看跌量价关系

成交量的大小，直接反映市场上多、空双方对市场某一时刻股价的认同程度，成交量大，反映多空分歧大，反之，多空分歧小，这一观点同样适合在股市下跌的行情中。如前所

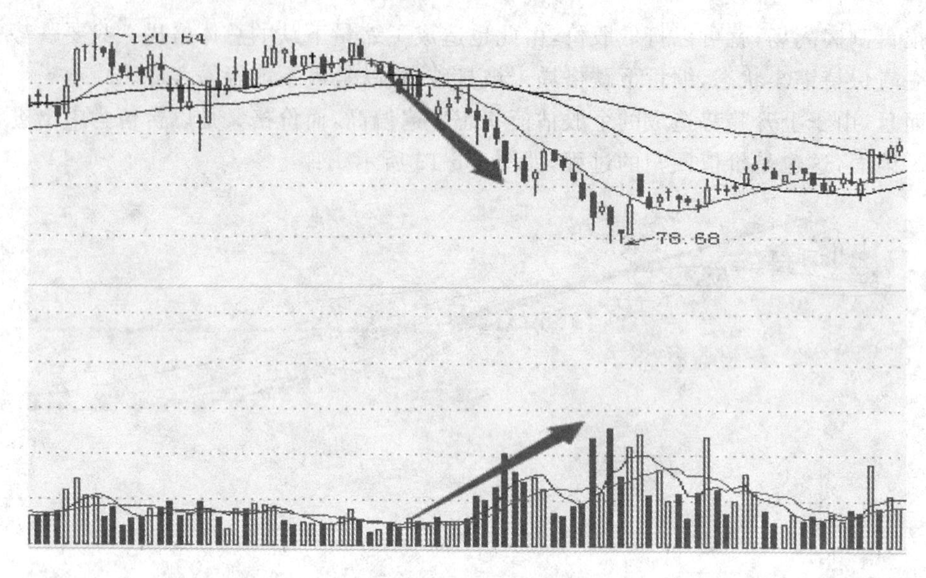

图 3-6-14　量增价跌示意图

述，看跌的量价关系主要包含量增价跌、量减价跌、量平价跌等。但在实际交易中信号较为明确且简单的无非就是量增价跌和量减价跌。量增价跌反映短周期之内资金持续看空，买卖活跃，短期后市继续下跌可能性非常大。量减价缩则更多倾向于中长期，说明一段时期内股价平稳下跌，但是成交量低迷，做多意愿不强。此时往往处于阴跌不止的行情阶段，应该及早离场。

2. 配合均线使用

成交量分析虽然有效，但是它受资金干扰比较大，资金的对倒可以导致成交量暴增，连续多个交易日的对倒能做出完美的量价关系图形。因此进行量价关系分析时，应多注重与其他技术分析方法相结合。其中与均线的结合效果更佳，所有看跌的量价关系如果在均线下行的过程中出现则可信度较高，在均线上行过程中出现则需要谨慎对待。一般采用日均线的 60 日线的上行或者下行来判断趋势是上升还是下降。

四、实训内容及操作

（1）分别找出两个日线、周线上成立的量升价跌关系的个股，并标注其日期、周期和股票代码。

（2）分别找出两个日线、周线上成立的量减价跌关系的个股，并标注其日期、周期和股票代码。

五、实训报告

(1) 用实例解析量与股价下跌的几种关系。

(2) 为什么买卖活跃、成交量大,价格还会下跌?

任务 6.5　特殊量价关系应用

一、知识目标

(1) 了解各特殊量价关系的标注法。
(2) 理解特殊量价关系背后的资金博弈含义。
(3) 掌握量能变化影响股价的规律。

二、能力目标

(1) 能够在实际 K 线图中发现特殊的量价关系。
(2) 能够对特殊量价关系进行标注。
(3) 会分析特殊量价关系形成的原因。
(4) 能够初步应用重要的特殊量价关系对市场进行研判。

三、相关知识

(一) 主要特殊量价关系

1. 天量

天量法则主要是以关注突然爆"天量"的股票为切入点。股市有句名言"天量见天价",投资者往往认为当一只个股放出天量时,股价基本见顶,有反转的危险。因此,投资者往往在某只股票放出天量时果断出局,但是结局未必和传统经验相一致,这就说明单凭这种直观的经验来预测股价未来的上涨与下跌是不够准确的,实践已证明了这一点。经过统计与分析,我们发现一种特殊的"爆天量",牛股的天量往往在主升浪行情的初期和中期，其后股价创新高的概率反而非常大，如图 3-6-15 所示。

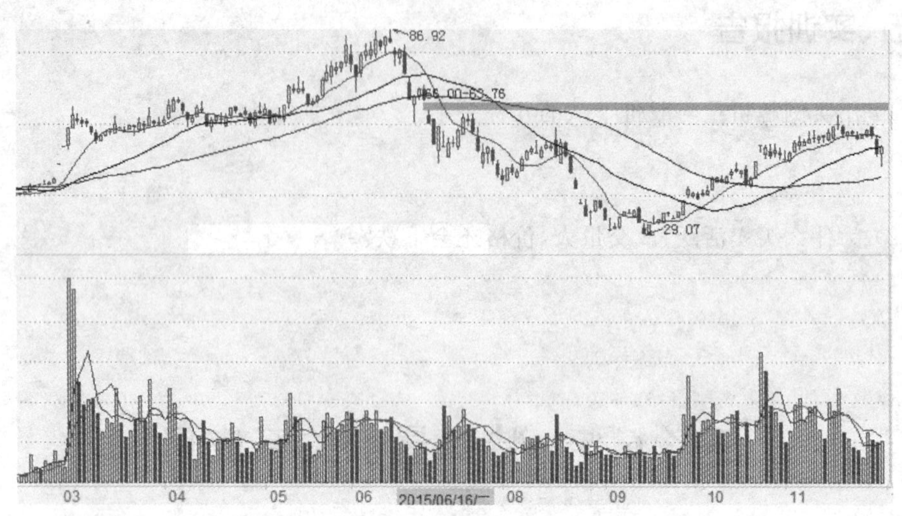

图 3-6-15　天量示意图

2. 地量

地量是相对于大盘处于高位的天量而言，通过统计历史上股指处于高位、低位的成交量数据，可以发现，地量的标准有迹可循。衡量中级下跌行情是否见底的标准是，底部成交量要缩至顶部最高成交量的 20%以内。如果成交量大于这个比例，说明股指仍有下跌空间；反之，则可望见底。如著名的“5·19”行情，缩量最为明显，此后筑成的底部，创造了历时 17 个月的大牛市。其他几次底部缩量程度与牛市持续周期也都可以验证同样的规律。地量在行情清淡的时候出现得最多。在行情清淡的时候，人气涣散，交投不活跃，股价波动幅度较窄，场内套利机会不多，几乎没有任何赚钱效应。持股的不想卖股，持币的不愿买股，于是地量的出现就很容易理解了。这一时期往往是长线买家进场的时机。

地量在股价即将见底的时候出现得也很多。一只股票经过一番炒作之后，总有价格向价值回归的道路。在其慢慢下跌途中，虽然偶有地量出现，但很快就会被更多抛压淹没，可见地量持续性较差。而在股价即将见底的时候，该卖的都已经卖了，没有卖的也不想再卖了，于是地量不断出现，而且持续性较强。如果结合该公司基本面的分析后，在这一时期内介入，只要能忍受得住时间的考验，一般均会有所收获。地量的表现如图 3-6-16 所示。

（二）特殊量价关系解析思路

1. 特殊量价关系的内在含义

投资者常常有种错觉，认为地量可以止跌。实际上地量是否能止跌并不取决于地量本身，而取决地量之后的放量。当增量资金及时介入，就会出现地量地价的情况；当增量资金介入缓慢时，地量将无法止住下跌的趋势，直到股价下跌到某一深度后，大批增量资金被吸引进来时，方能止跌。

天量的产生主要表现出股票价格在某一位置产生巨大的分歧，在分歧产生过程中伴

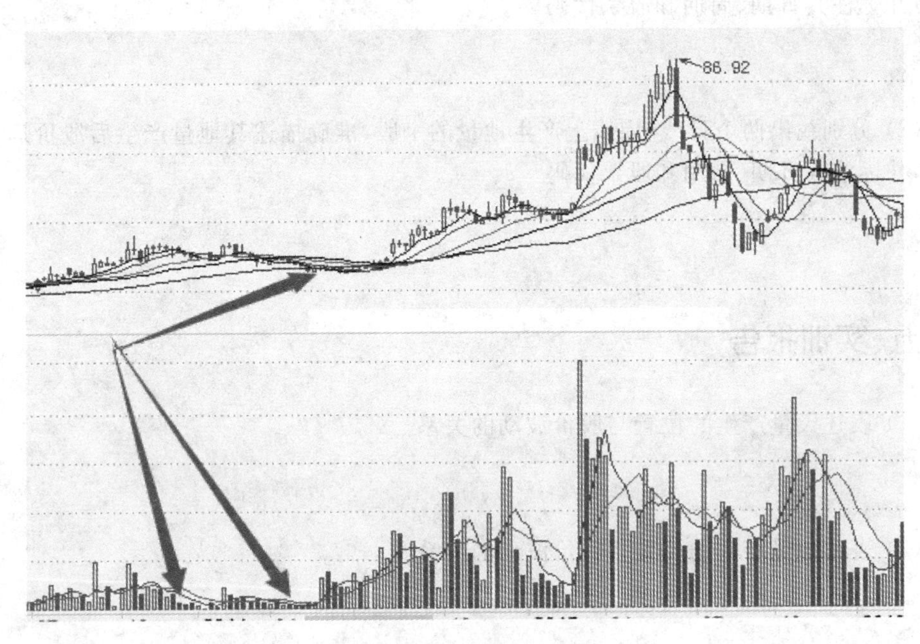

图 3-6-16　地量示意图

随而来的是大量的筹码交换，这种行为往往出现于股票市场的顶部区域，但也并不能以偏概全，很多时候的天量未必都出现在顶部区域，在上涨中途和下跌过程中都有出现的可能。或者因为上市公司某个意外事件的公布也会导致天量成交，但是不管出现在什么位置，天量都有一定的参考意义。

2. 特殊量价关系的具体应用

地量的应用主要是关注地量产生后，股票价格重心波动的方向。如果产生地量后股价不再稳定持续下跌，而是小幅下跌或者横盘，特别是在股价大幅下跌后出现上述情况，则股价见底可能性较大，可以尝试买入，后期如果向上突破可以加仓买入。此时如果在K线形态上形成圆弧底形态，则买入理由更为充分。这点需要投资者特别注意。地量反映的是卖出意愿随着股价的大幅下跌而降低，股票的估值得以修复，为后市上涨提供动力。而不是地量本身导致股价上涨。

天量的意义在于，天量产生后股价重心变动的方向，如果天量之后股价重心下移，那前期所形成的天量十有八九是主力出货，见顶信号，应该离场为宜。如果天量出现后股价重心并没有明显下移而是缓慢向上攀升，那么前期天量很可能是主力资金建仓抢筹的体现，一旦股价重新回到天量产生的位置可以积极做多。总之，研究天量最核心的是研究天量产生后股价重心变动的方向，具体的操作应该顺着股价重心运行的方向进行。

四、实训内容及操作

(1) 分别找出两个日线、周线上产生天量的个股，准确描述其天量产生后股价运行的方向，并标注其日期、周期和股票代码。

（2）分别找出两个日线、周线上产生地量的个股，准确描述其地量产生后股价运行的方向，并标注其日期、周期和股票代码。

五、实训报告

（1）表述天量产生的位置与股价波动的关系。

（2）表述地量产生的位置与股价波动的关系。

模块四
综合实践

项目一

股票综合实践

本项目共设计了5个任务，分别是主流行业龙头识别、主流行业龙头追踪、交易系统制定、制定资金管理方案与交易策略、统计交易结果制作交易日记。

在股票交易中，龙头股往往上涨领先，回调抗跌，在板块中起到稳定军心的作用。龙头股通常有大资金介入背景，有实质性题材或业绩提升为依托。要跟进龙头股，首先必须能发现龙头股。从企业来看，龙头股代表龙头行业。龙头股领跌，通常是这个行业里出现了问题。如果几乎所有行业的龙头股都不行了，说明整个经济有问题了，至少说明整体市场被严重高估了，那时买股票挣钱的概率非常小，通常是熊市来临。同时在股票交易中交易者要能够制定相应的交易策略与资金管理方案，并且时常反思在交易市场的得失才容易获得稳定收益。

任务1.1　主流行业龙头识别

一、知识目标

(1) 了解主要的行业分类。
(2) 掌握主要行业板块龙头股和次级龙头股确定原则。
(3) 明确龙头股在市场中的作用。

二、能力目标

(1) 能够说出10个以上的行业名称及主要内容。
(2) 能够说出龙头股的基本特征。
(3) 能够正确区分龙头股和非龙头股。
(4) 能够根据行业及其变化确定新龙头股。

三、相关知识

(一) 行业分类

1. 行业分类的概念

行业分类,是指从事国民经济中同性质的生产或其他经济社会的经营单位或者个体的组织结构体系的详细划分,如林业、汽车业、银行业等。行业分类可以解释行业本身所处的发展阶段及其在国民经济中的地位。

2. 行业分类的作用与发展规律

行业分类的作用在于解释行业本身所处的发展阶段及其在国民经济中的地位,分析影响行业发展的各种因素以及判断对行业的影响力度,预测并引导行业的未来发展趋势,判断行业投资价值,揭示行业风向,为各组织机构提供投资决策或投资依据。

行业的发展必然遵循由低级的自然资源掠夺性开采利用和低级的人工劳务输出,逐步向规模经济、科技密集型、金融密集型、人才密集型、知识经济型过渡,从输出自然资源,逐步转向输出工业产品、知识产权、高科技人才等。

(二) 主要行业

1. 国民经济行业分类

A 农、林、牧、渔业;B 采矿业;C 制造业;D 电力、热力、燃气及水生产和供应业;E 建筑业;F 批发和零售业;G 交通运输、仓储和邮政业;H 住宿和餐饮业;I 信息传输、软件和信息技术服务业;J 金融业;K 房地产业;L 租赁和商务服务业;M 科学研究和技术服务业;N 水利、环境和公共设施管理业;O 居民服务、修理和其他服务业;P 教育;Q 卫生和社会工作;R 文化、体育和娱乐业;S 公共管理、社会保障和社会组织;T 国际组织。

2. 行业新分类

(1) 农林牧渔　粮食,豆类,蔬菜及其制品,水果及其制品,坚果,杂果,干果,咖啡,可可豆及其制品,棉类,麻类,含油子仁,果仁,籽,食用菌,烟草,花木,竹木,藤苇,干草,木炭,植物提取物,动物提取物,动植物油,动植物种苗,家禽,牲畜,养殖动物,蚕茧,蚕丝,羽毛,羽绒,羊绒,生皮,毛皮,动物毛鬃,肠衣,禽蛋,饲料,饲料添加剂,肥料,农药,园艺用具,农用品,农用机械,林业设备及用具,畜牧养殖业设备及用具,渔业设备及用具,粮油加工机械,饲料加工机械,屠宰及肉类初加工设备,农副产品加工,木材加工,家具制造机械。

(2) 医药卫生　保健用品,减肥增重产品,个人保养,药材,中药饮片,康复产品,制药设备,医疗器械制造设备,计生用品。

(3) 建筑建材　房地产,市政道路建设,市政公用设施建设,自来水输水工程,集中供暖、供热、供气工程,文教、卫生、体育、音乐等公益设施建设,纪念性建筑设施建设,各类建筑工程,木材板材,石材石料,水泥及制品,石灰,石膏,混凝土及其制品,建筑玻璃,陶瓷、搪瓷及其制品,塑料建材,金属建材,防水、防潮材料,耐火、防火材料,隔热、吸声材料,绝缘材料,特种建材,施工材料,砖、瓦及砌块,墙体材料,天花板,地板,门窗,壁纸,锁具,建筑装饰五金,管件管材,厨房设施,卫浴设施,涂料,作业保护,活动房,堆垛搬运机械,建筑及相关设备,木工机械设备,搪瓷生产加工机械,工程承包,建筑装潢设计。

(4) 冶金矿产　金属矿产,有色金属,有色金属制品,有色金属合金,有色金属合金制品,稀土及稀土制品,黑色金属及其制品,铁合金及其制品,钢铁及制品,铸锻件,金属丝网,粉末冶金,磁性材料,废金属,非金属矿产,非金属矿物制品,石墨及碳素产品,矿业设备,冶金设备,金属线,管、板制造设备,冶炼加工。

(5) 石油化工　石油及制品,煤矿,天然气,煤气矿业设备,其他石油专用机械设备;无机化工原料,有机化工原料,树脂,其他聚合物,化学纤维,食品添加剂,饲料添加剂,化学试剂,催化剂及化学助剂,日用化学品,香料,香精,染料,颜料,涂料,火工产品,油墨,塑料及其制品,橡胶及其制品,玻璃及其制品,实验室用品,仪器,仪表,塑料生产加工机械,橡胶生产加工机械,玻璃生产加工机械,化工设备,化工废料,化工产品设计加工。

(6) 水利水电　水利、火力发电设备,水利、防洪工程及其用品,河道疏浚工程,大坝、水库、闸门、泄洪工程,农田水利工程,江河、湖泊治理工程,电力工程,电力、太阳能及再生能源,其他水利水电设备,其他水利水电设施。

(7) 交通运输　轿车,越野汽车,吉普车,卡车,载客汽车,旅行面包车,公共汽车,微型客车,其他载客汽车,专用汽车,工程汽车,工具汽车,消防车,警车,救护车,通信和广播用车,皮卡,洒水车,道路清扫车,垃圾车,其他专用汽车,电车,汽车配件,摩托车及配件,专用车辆,二手汽摩,汽摩附属及相关产品,停车场,加油站设备,汽车保养,交通安全,汽摩产品制造设备,船只,飞机,其他交通工具;自行车,三轮车及配件,铁路,地铁用设备器材,船舶及配件,电梯,缆车及配件,飞行器及配件,集装箱,二手交通产品及用具,轮胎,废气处理设施,交通安全设施,运输、仓储;机场、航空工程,港口工程,铁路工程,公路、桥梁、涵洞。

(8) 信息产业　计算机,消耗品,插卡类,主机配件,计算机外设,机箱,UPS 与电源,网络设备,配件,电子记事簿,笔记本电脑,服务器,工作站,网络工程,计算机相关用品,计算机产品制造设备,软件开发。

通信产品,通信产品配件部件,锂电池,镍氢电池,磁卡,IP 卡,IC 卡,来电显示器,拨号器,充电器,天线,控制和调整设备,电话机,可视电话,移动电话,集团电话,交换机,传真机,寻呼机,对讲机,网络通信产品,声讯系统,GPS 系统,通信电缆相关产品,雷达及无线导航,广电、电信设备,通信产品制造设备,系统工程,网络工程,其他。

电子商务:网站建设、网站优化、网站策划、淘宝店、图片处理。

(9) 机械机电　机械及工业制品:仪器,仪表,行业专用机械及设备,磨具,磨料,通用零部件,焊接、切割设备与材料。

工具:五金工具,气动工具,电动工具,减速机,变速机,泵及真空设备,液压机械及部件,风机,排风设备,压缩、分离设备,其他工控设备及配件装置,换热、制冷空调设备,发电机,发电机组,内燃机,节能装置,电线电缆,机械设计加工,家电制造设备,量器量具,其他。

(10) 轻工食品　饮料,酒类,茶叶及其制品,咖啡,可可豆及其制品,水产品及其制品,禽畜肉及其制品,罐头食品,速冻食品,方便食品,休闲食品,豆制品,蛋制品,蜜制品,乳制品，糖类，淀粉，食用油，调味品，糕饼面包，面条，粉丝，香烟，食品添加剂，食品饮料加工设备，食品饮料原料。

（11）服装纺织　服饰，服装辅料，帽子，领带，围巾，头巾，手套，袜子，鞋及鞋材，针织服装，梭织服装，品牌服装，男装，女装，婴儿服装，儿童服装，内衣，睡衣，浴衣，T恤，衬衣，毛衣，西服，夹克，外衣，外套，大衣，风衣，裤子，休闲服装，运动服装，民族服装，婚纱，礼服，工作服，制服，特制服装，牛仔服装，丝绸服装，皮革，毛皮服装，羊毛，羊绒衫，羽绒服装，防寒服。

服装加工设备，整熨洗涤设备，鞋加工及修理设备，服饰鞋帽设计加工，皮革加工机械，纺织设备和器材，纺织废料，皮革废料，纺织品设计加工，皮革及制品设计加工。

皮革，纱线，线，纺织辅料，棉织物，麻织物，丝织物，毛织物，化纤织物，混纺织物，坯布，色织、扎染、印花布，针织布，工业用布，无纺布，面料。

抽纱及其他工艺纺织，地毯，毛巾，浴巾，床上用品，家用纺织，皮革制品。

（12）专业服务　不干胶制品，广告材料，印刷出版物，音像制品及电子读物，广播，电视节目，印刷设备，二手印刷设备，媒体和传播，专业咨询，工程监理，工程设计，信息技术，信息管理软件开发设计，维修，保险，租赁，会议，培训，物业管理。

（13）安全防护　锁具，保险柜，门铃，可视门铃，防盗设施，报警装置，监视、监控设备，避雷产品，防弹器材，防爆器材，防身用具，军需用品，救生器材，消防器材，作业保护器材，交通安全，运动护具，保安设备，警用设备，紧急服务，其他。

（14）环保绿化　废金属处理设施，纺织废料处理设施，皮革废料及处理设施，化工废料及处理设施，废气处理设施，水、污水处理设施，废料回收再利用，降噪音设备，公共环卫设施，公共环卫机械，园林绿化用品及机械，园林绿化工程，垃圾处理、荒山绿化、天然林保护、防沙等工程和设施。

（15）旅游休闲　旅游用品，宾馆酒店用品，宠物及用品，纪念品，扑克，棋类，乐器，钓鱼，健身，游艺设施，旅行服务，其他。

（16）办公文教　图书资料，光学及照相器材，耗材，文具，计算器，办公纸张，簿，本，册，信封，档案夹，软盘，硒鼓，墨盒，墨粉，色带，教学模型、用具，教学设施，实验室用品，电话机，可视电话，集团电话，传真机，复印机，打印机，打字机，投影机，碎纸机，考勤机，绘图机，晒图机，视讯会议系统，文艺设备，舞台灯光音响设备，摄影器材，录像设备，艺术部门专用材料及用品。

（17）电子电工　磁性材料，半导体材料，绝缘材料，电工陶瓷材料，电子元器件、组件，电池，照明与灯具，插头，插座，充电器，电动机，电动工具，光电子、激光仪器，仪器，仪表，光仪及配件，电线电缆，配电装置，开关柜，照明箱，输电设备及材料，显示设备，电热设备，工业自动化装置，地震设备，天线、雷达及无线导航，广电、电信设备，电子电工产品制造设备，电子电工产品设计加工。

（18）玩具礼品　木制玩具，塑料玩具，填充、绒毛玩具，电子玩具，电动玩具，玩具珠，球，娃娃，玩具车，玩具枪，模型玩具，益智玩具，童车及其配件，玩具配件，工美礼品玩具设计加工，其他抽纱及其他工艺纺织，木制工艺品，植物编织工艺品，石料工艺品，宝石玉石工艺品，陶瓷工艺品，金属工艺品，玻璃工艺品，水晶工艺品，塑料工艺品，树脂工艺品，泥塑工艺品，纸制工艺品，天然工艺品，针钩及编织工艺品，雕刻工艺品，仿古工艺品，仿生工艺品，宗教工艺品，民间工艺品，雕塑，字画，古董和收藏品，珠宝首饰，金银器，时尚饰品，打火机，烟具，钟表，相框，画框，蜡烛及烛台，熏香及熏香炉，装饰盒，钥匙扣，链，盆景，玩具，工艺礼品，纪念品，广告礼品，节日用品，殡葬用品，工美礼品、玩具设计加工。

(19) 家居用品　家用电器，家用电脑，家用空调，家用电视机，净水器，饮水机，榨汁机，搅拌机，咖啡机，豆浆机，电热壶，电热杯，电炒锅，电饭煲，微波炉，洗碗机，消毒柜，抽油烟机，冰箱，冷柜，湿度调节器，空气净化器，取暖电器，热水器，电吹风，吸尘器，电扇，排气扇，电熨斗，洗衣机，干衣设备，干手机，给皂液机，氧气机，电驱虫器，视听器材，遥控器。

家用纸品，家用塑料制品，家用玻璃制品，家用陶瓷、搪瓷制品，家用金属制品，时尚饰品，珠宝首饰，金银器，打火机，烟具，钟表，相框，画框，熏香及熏香炉，个人保养、日用化学品，餐具，炊具厨具，保温容器，厨房设施，卫浴设施，清洁用具，园艺用具，家具，童车及配件，箱，包，袋，伞，雨具，太阳伞，刀，剪，刷，缝纫编织，婴儿用品，定时器，宠物及用品，门铃，可视门铃，照明与灯具。

(20) 物资　救灾物资，防汛物资，抗旱物资，农用专用物资，储备物资(包括粮食)，燃料，锅炉，供热设备，殡仪火化设备，其他物资；劳保用品，兽医用品，其他物资专材。

(21) 包装　纸浆，文化用纸，包装用纸，家用纸品，壁纸，废纸，其他用途用纸，标签，标牌，胶带，索具，托盘，包装材料，纸制包装用品，木制包装用品，麻制包装用品，塑料包装用品，玻璃包装用品，金属包装用品，造纸设备，纸品加工机械，包装相关设备，包装设计加工。

(22) 体育　体育器材，体育场馆专用材料，体育场馆建设工程，康复器械，比赛服装，体育设施，其他体育用品。

(23) 办公　办公木制品，其他材料办公家具，病床等医院用家具，剧场，影院桌椅，实验室家具，课桌，椅，保险柜，档案柜，密集架，其他办公家具。

(三) 行业龙头与次级龙头

1. 龙头股概念

龙头股指的是某一时期在股票市场的炒作中对同行业板块的其他股票具有影响和号召力的股票，它的涨跌往往对其他同行业板块股票的涨跌起引导和示范作用。

在我国A股的行业龙头，定义为市场份额占比高，能一定程度上反映所属行业的兴衰，并对同行业其他企业具有影响力和号召力的股票。一般来说，现有大类行业的龙头上市公司市值大，市值增长空间小，股价走势稳健，因其现金管理能力强，抵御风险的能力更高，所以在市场下行区间，具备较好的抵抗性。同时该类公司往往具备较强的品牌美誉度，具有其他同类个股难以企及的营收、研发、销售优势，这种优势往往导致龙头类企业不管是营收规模还是净利润都远远大于追随者。

2. 企业发展史与龙头经济

每个企业都有自己的发展历程，也就是企业管理团队与管理理念逐步摸索与完善的过程，因而都有自己的企业发展史。企业发展具有阶段性，专家学者们认为有生命周期，结合当代企业的发展特点，一般将企业生命周期划分为创立、扩张、成熟、整合和蜕变阶段。

近两年，互联网、钢铁、水泥、化工、零售、电子、食品饮料等诸多行业，市场集中度均在迅猛提高。据华泰证券统计，去年以来有近10个行业的集中度拐点向上。敏锐的资本已抢滩布局龙头公司。今年以来，贵州茅台、中国平安、中国神华、美的集团、伊利股份、恒瑞医药、京东方等一批行业龙头公司股价涨幅可观，不少公司股价甚至已经翻番。龙头企业获得了产业与资本双重滋养，中国经济正加速步入龙头经济时代。龙头企业盈利明显提升，与行业洗牌密不可分，最典型的要数房地产业。房地产市场土地资源迅速集中到少数优势企业手中。地产巨头们几乎包揽了全国一二线城市的土拍市场，中小房地产公司已很难拿到土地。据中国指数研究院数据，某年位居前十的房企拿地总金额高达8634亿元，占前50强房企的51%。优胜劣汰规律在发生作用，我国经济经过几十年的发展，部分行业出现巨头是必然的，在市场中占有重要地位，如图4-1-1所示。

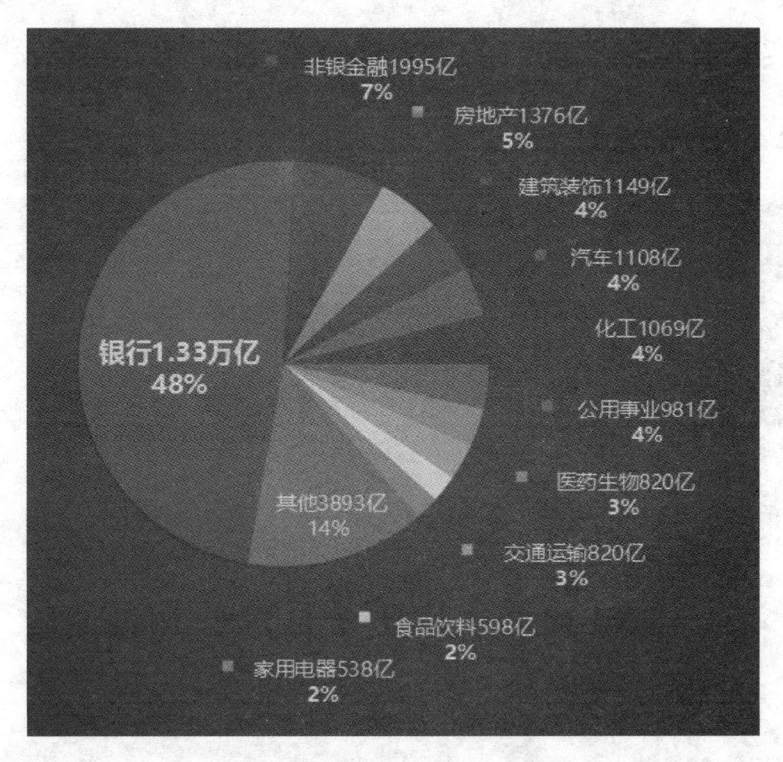

图4-1-1　某年A股主要板块盈利占比示意图

3. 行业及技术变化与龙头股更迭

行业的变化、技术的更迭常常会导致行业龙头的陨落。迈克尔·波特在《竞争战略》中对行业变革驱动因素做了深入分析，并进行了归类，它们主要包括：行业的全球化趋势、行业增长率的变化趋势、顾客群及顾客对产品使用方式的变化、产品与服务的革新、技术变革、营销变革、技术诀窍的扩散、行业中大公司的进入或退出、成本和效率的变化、顾客偏好的变化、监管机构的影响力及政府政策的变化、行业不确定性和风险的降低、社会关注点、价值观和生活方式的变化等。投资者需要密切关注行业变化及龙头股更迭，进行相应的投资策略调整，以适应市场行业的变革。

四、实训内容及操作

(1) 通过社会关注及网上资料，确定3～5个你认为在国民经济中具有重要作用的行业。

(2) 通过营收、毛利率、净资产收益率、销售费用、研发费用等财务数据建立图表的方式对比某一行业的多家公司，筛选行业的龙头和次级龙头

五、实训报告

(1) 说明你所选的行业在国民经济中重要的原因。

(2) 阐述你所确定的行业龙头的理由。

(3) 指出在主要行业变革过程中，哪类行业更容易发生改变、哪类行业不易被改变，并尝试解释其原因。

任务1.2　主流行业龙头追踪

一、知识目标

(1) 了解主流行业龙头和次级龙头个股的区分方法。
(2) 知道行业龙头追踪的意义。
(3) 掌握行业龙头追踪的方法。

二、能力目标

(1) 学会龙头股追踪方法。

(2) 能够讲明行业变革等因素对龙头行业及龙头股的影响。

(3) 可以确定行业龙头所具备的领先优势。

(4) 能够准确找出行业龙头股。

三、相关知识

龙头股指的是某一时期在股票市场的炒作中对同行业板块的其他股票具有影响和号召力的股票,它的涨跌往往对其他同行业板块股票的涨跌起引导和示范作用。成为龙头股的依据是,任何与某只股票有关的信息都会立即反映在股价上。但是,龙头股并不是一成不变的,它的地位往往只能维持一段时间。

(一) 通过市场行情寻找龙头股

1. 龙头条件

(1) 龙头股必须从涨停板开始,涨停板是多空双方最准确的攻击信号,没有涨停的个股不可能做龙头。

(2) 龙头股必须在某个基本面上具有垄断地位。

(3) 龙头股流通市值要适中,大市值股票和小盘股都不可能充当龙头。

(4) 龙头股必须同时满足日 KDJ、周 KDJ、月 KDJ 同时低位金叉。

(5) 龙头股通常在大盘下跌末期,市场恐慌时,逆市涨停,提前见底,或者先于大盘启动,并且经受大盘一轮下跌考验。

2. 操作准则

捕捉龙头股,首先必须发现龙头股。股市行情启动后,不论是一轮大牛市行情,还是一轮中级反弹行情,总会有几只个股起着呼风唤雨的作用,引领大盘指数逐级走高。要发现市场龙头股,就必须密切留意行情,特别是股市经过长时间下跌后,有几只个股会率先反弹,比一般股表现坚挺,在此时虽然谁都不敢肯定哪只个股将会突围而出,引导大盘,但可以肯定的是龙头股就在其中。因此要圈定这几只个股,然后再按各个股的基本面来确定。由于中国股市投机性强,每波行情均会炒作某一题材或概念,因此结合基本面就可知道,能作为龙头的个股一般其流通盘中等偏大最合适,而且该公司一定在某一方面有独特一面,在所处行业或区域占有一定的地位。如"格力电器"之所以能占据龙头地位,因为它在家电行业具有领先地位,"深发展"是第一家上市商业银行,"东方明珠""电广传媒"具有有线网络的优先地位,而"综艺股份"和"上海梅林"具有实实在在的网站。"虹桥机场"和"清华同方",虽具有成为龙头的潜质,却没有非常专业的地位,很难成为实际的龙头,而"中关村"是提供中关村科技园区发展的公司,具有真正的龙头风采。因此,确认某股能否成为龙头,一定要判断该股在其所属的行业或区域里是否具有一定的影响力。

3. 捕捉龙头股的准备工作

(1) 首先要选择在未来行情中可能形成热点的板块。需要注意的是板块热点的持续性不能太短,板块所拥有的题材要具备想象空间,板块的领头羊个股要具备能够激发市场人气、带动大盘的能力。

(2) 所选的板块容量不能过大。如果出现板块过大的现象，就必须将其细分。例如深圳本地股的板块容量过大，在一轮中级行情中是不可能全面上涨的，因此可以根据行业特点将其细分为几个板块，这样才可以有的放矢地介入。

(3) 精选个股。选股时要注意：宜精不宜多，一般每个板块只能选 3～6 只，多了不利于分析、关注以及快速反应的出击。

(4) 板块设置。将选出的板块和股票设置到分析软件的自定义板块中，便于今后的跟踪分析。

(5) 跟踪观察。投资者选择的板块和个股未必全部能成为热点，也未必能立刻展开逼空行情，投资者需要长期跟踪观察，才能准确把握。

(二) 行业变革对行业龙头地位的影响

1. 技术变革对行业龙头地位的影响

在胶片时代，柯达和富士是胶片的代名词，不少电影的片尾都会有柯达的图标。不得不承认，柯达在影像发展领域功不可没，是该行业 100 多年来的创新者和领导者。然而就在几年前，它们经历了破产和重组的噩耗。柯达在业界具有领头羊的地位，面对着尼康、佳能、索尼、富士等众多相机厂商的竞争，21 世纪科技以井喷式爆发，越来越多厂商都对数码相机的研发下了很大的本钱，面对如此多厂商的竞争和胶片相机的停产，柯达面对的困难十分大，一直吃老本的柯达，没有及时将数码相机这一板块填上去，导致柯达公司股价大幅下跌，裁员、申请破产保护等负面消息不胜枚举。

2. 全球化趋势对行业龙头的影响

经济全球化意味着关税和非关税壁垒的减少，贸易和投资不断自由化。在经济全球化的条件下，想在一国范围内保持自给自足已经不可能了，我国的国民经济处于世界经济的普遍联系之中。我国的原材料、技术、劳动力和市场的供求状况都有国际因素的影响。我国对国民经济干预权的削弱正在成为普遍现象。同时，我国在加入世界贸易组织之后，这种冲击对一些产业来讲更是一个严峻的考验。据有关方面分析，加入世界贸易组织后外国产品和企业更多地进入我国市场，冲击我国汽车、制药、农业、电信、航空、计算机、金融等七个领域，同时将取消大部分非关税壁垒，形成严峻剧烈的竞争局面。其中汽车工业是受冲击最大的产业之一，主要表现为如下几点。第一，面临缺乏规模经济的冲击。汽车工业具有典型的规模经济特征，只有规模上去了，价格才能降下来。而我国 1998 年全国汽车产量是 163 万辆，轿车是 50.71 万辆，只相当于外国一家汽车制造厂的产量，甚至只相当于外国汽车制造厂一条流水线的产量。第二，面临全球汽车生产能力过剩的冲击。目前全球汽车年生产能力过剩 2000 万辆，通用、福特、大众、丰田等几大生产巨头纷纷加大开拓海外市场的力度，这无疑会对我国汽车工业产生严重的冲击和威胁。第三，面临关税逐步下降的冲击。这意味着关税降低后进口汽车的竞争优势更加明显。此外，汽车工业自主开发能力弱、劳动生产率低下、缺乏竞争优势等都使其在加入世界贸易组织后面临巨大的压力。虽然中国的轿车工业可以作为幼稚产业进行保护，但保护的时间也只有五年左右，充其量十年。那些规模小、成本高、技术水平落后的企业将难以生存。汽车工业进入大规模资产重组将是大势所趋。

四、实训内容及操作

(1) 制定图表,从上一年度第一、二、三、四季度对比工程建筑行业龙头、次级龙头和其他同类企业的优劣并记录其变化。

(2) 制定一个通过市场行情选择某一行业龙头股的方案。

(3) 通过上网,收集上一年度各行业的龙头股。

五、实训报告

(1) 提交选择的建筑行业龙头、次级龙头的名称,并说明选择的标准和原因。

(2) 提交通过市场行情选择行业龙头股的完整方案。

(3) 提供上一年度各行业的龙头股清单,并注明主要指标。

任务 1.3　交易系统制定

一、知识目标

(1) 了解交易系统的含义。
(2) 掌握交易系统的构成要素。
(3) 理解止亏止盈的意义。
(4) 掌握基础的交易策略模型。

二、能力目标

(1) 能够讲清交易系统的意义。
(2) 能够回答为什么要制定交易系统。
(3) 学会止亏止盈基本策略。
(4) 可以根据自身情况制定符合自己的交易系统。

三、相关知识

(一) 交易系统的概念与构成要素

1. 交易系统的概念

交易系统是指在交易市场中能实现稳定盈利的一套规则。它包括科学的资金管理,有效的技术分析,良好的风险控制等,其最终目的是实现交易的稳定盈利。

交易系统可分为主观交易系统、客观交易系统和两者相结合的交易系统。一个交易系统就是一个投资者或交易员的心血结晶,它体现了投资者或交易员的交易哲学。交易系统不具有普适性,即一个交易系统只有在它的创造者手中才能发挥出最大效果。所以对投资者或交易员来讲,只有打造出自己的交易系统才能走上稳定盈利的道路。

2. 交易系统的构成要素

一个完整的交易系统一定是由下列几个因素所构成的,其中包含如何确立买卖点,如何确立止损止盈点,整体风险管控等。

其中,买卖点很重要,人们常说:什么时候买比买什么重要。不管选什么股票,要盈利必须做到“买低卖高”。买卖点的确定方法对于技术操作来说分很多种类,包括 K 线为代表的基础类,均线和 MACD 为代表的技术指标类,缠论、波浪理论为代表的理论类。制定交易系统其实就是选择投资者自己最擅长的技术指标精准选择买卖点。这里需要强调的是,这些传统理论的买卖点要结合经验,使之变成自己的东西。

(二) 制定和执行交易系统

制定交易系统是一项综合性的工作,既有难度,也有原则、方法。主要包括以下几个方面。

1. 短线确立买卖点

(1) 短线交易只看短期趋势,短期多空力量变化,不应过多考虑长期趋势,以免互相干扰:“短不惜长,长不哀短。”

(2) 成交活跃的标的是短线交易的理想品种,选择成交与波动活跃的品种更容易获得短线差价。注意,在成交量持续放大,一般加速上涨或下跌,特殊 K 线组合,特殊的 K 线形态,整数关口位置,都容易呈现出较大波动,买卖点设置一般就在此处寻找,如图 4-1-2、图 4-1-3、图 4-1-4 所示。

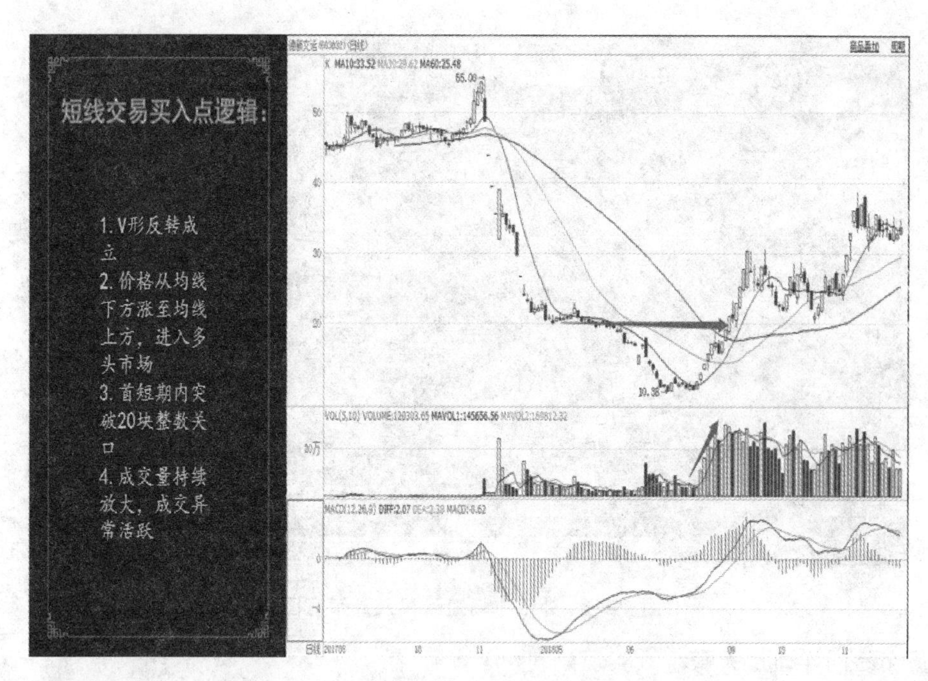

图 4-1-2　短线交易买入点逻辑示意图

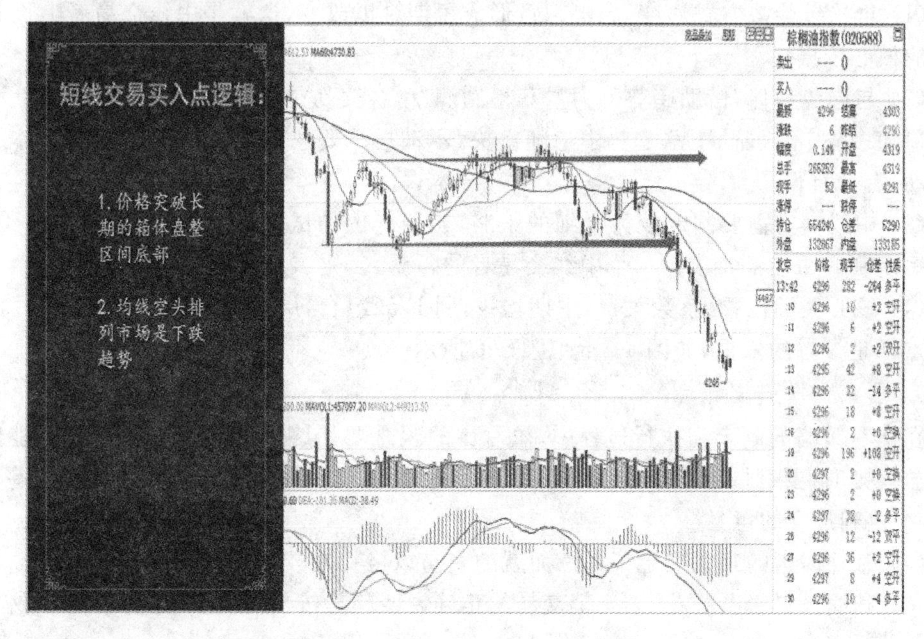

图 4-1-3　期货市场短线卖空示意图

2. 中长线确立买卖点

中长线交易一般是指在股票、期货、外汇市场中通过发现趋势运行的拐点，进行买卖决策，持仓周期往往在一个月以上，多则数月。通过大赚小亏实现盈利。股票市场的价值投资者，与企业共同成长；期货市场的宏观趋势交易者，跟随趋势演变在多个中远期合约

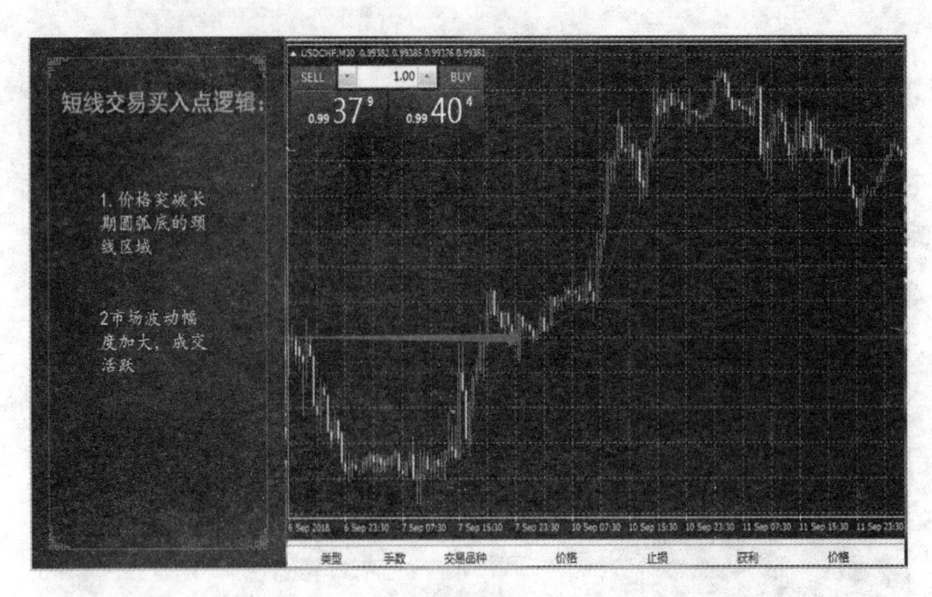

图 4-1-4 外汇市场短线买入点示意图

的顺势交易同样通过大赚小亏实现盈利。

基本原则：

(1) 价格以趋势方式演变，趋势一旦形成短期难以改变，这就是中线交易者追逐趋势拐点的核心依据。

(2) 与趋势为伴，借助趋势的力量获得利润，中线交易是绝对的顺势交易者。上涨趋势中追随多头，不动摇；下跌趋势中追随空头，不动摇。要忽略那些不足以影响整体趋势的波动，有舍有得。

(3) 中线交易需要制定较为详细的策略，初期仓位的试探，趋势确认后的加码买入，以及短期利润回吐都将成为一个中线交易者的障碍。

(4) 核心关键位置(整数关口，中期均线，周K线组合，周K线形态，黑天鹅事件产生的低点都是参考的依据，如图4-1-5、图4-1-6所示。

3. 确立止损止盈点

在交易策略的制定和执行过程中，盈亏比的观念要始终贯彻其中。在没有触碰自己的止盈规则时，要有敢于赚大钱的心态。要么小亏止损，要么大赚止盈。

1) 盈利加仓的意义

(1) 意外因素的存在决定了一蹴而就的交易风格存在较大的风险。

(2) 利润来自锦上添花，第一笔交易的正确说明趋势按预期发展，趋势一旦形成难以转变。

(3) 把损失降到最低，趋势的判断是否准确是需要验证的，如果第一笔交易失败，就可能是错误的。如果第一笔交易正确，趋势才有可能如投资者期待的那样。

(4) 进退自如，第一笔交易已经获利，趋势初期形成，一手好牌就该适当增加下注，错了就当此交易未做。

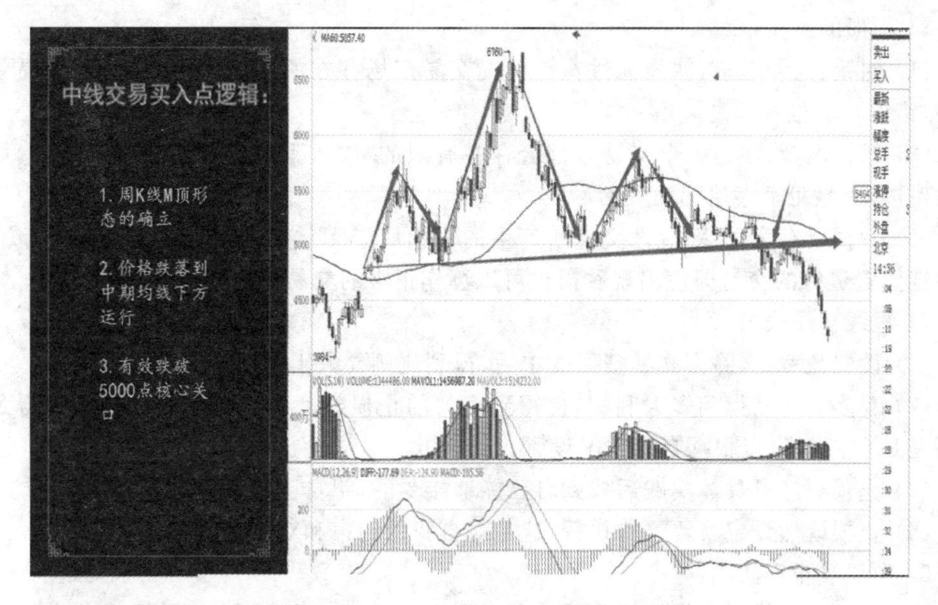

图 4-1-5　期货中长线卖出点示意图

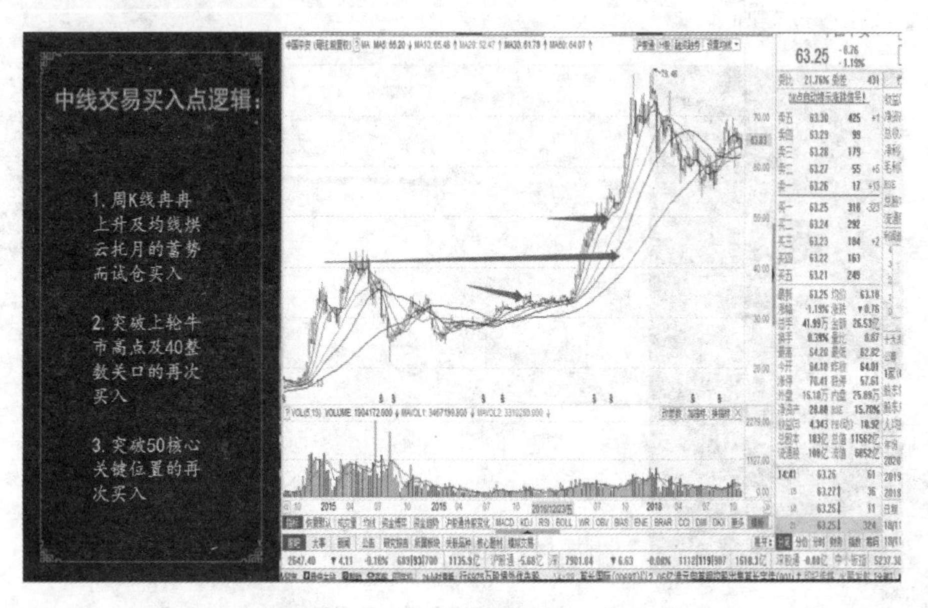

图 4-1-6　股票中长期买入点示意图

2）盈利加仓的应用法则

(1) 不为亏损加码。

(2) 每次盈利的加仓都是新的买入点，而每一个买入点都要遵循买入依据。

(3) 盈利加仓本质上是对趋势稳定性的信奉，只有该价格能表达趋势更加稳定的时候才进行加仓。

(4) 短线交易追求的是“短、平、快”，理论上是不加仓的。

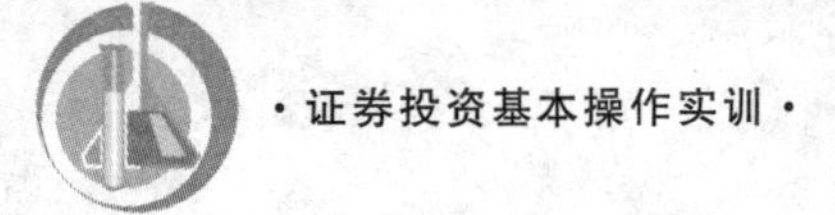

3）止损的意义：

（1）纠错：人非圣贤，孰能无过？更何况交易市场存在的不确定因素更多，交易频率越高，错误频率也就越高。

（2）保护本金：任何一个交易者都会存在有限的本金，不能期望本金无限增长，如果不加保护，一旦犯下大错则损失殆尽。

（3）亏损要有意义：随机性交易所产生的亏损属于无意义的亏损，需要尽量避免，而按关键位置进行的交易即使出现亏损也可以算作正常的交易成本。

4）短线止损法则

（1）设置盈亏比，除去交易费用成本后，盈利比例要大于亏损比例。

（2）看多大周期得到多大利润，也得到多大的止损额度。比如日线比较容易得到的盈利是8%左右，可以根据自己情况设置止损。

（3）止损要经过具体实践后找到自己能够接受的，跟自己买卖标准匹配度高的方案。

（4）止损既然设定就要严格执行，这是对自我的约束和对市场的尊重。

5）中长线止损法则

（1）中长线交易者止损设置应该围绕趋势拐点设置，不用刻意设置盈亏比来规定止损额度，如图4-1-7所示。

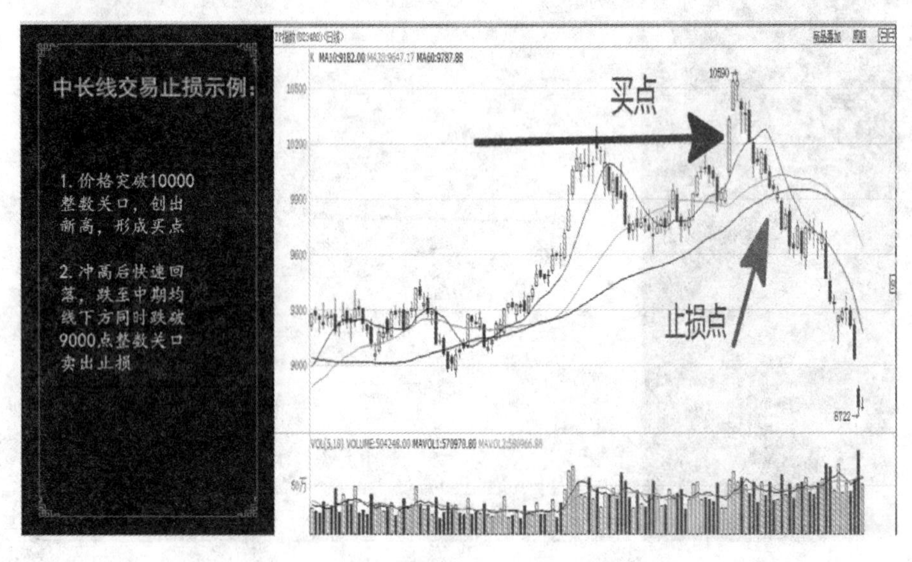

图4-1-7　中长线止损点示例图

（2）止损要经过具体实践后找到自己能够接受的，跟自己买卖标准匹配的方案。

（3）中长线的止损点往往设置在趋势转折点处，严格执行显得更加重要。

6）短线止盈策略

（1）短线追求“短、平、快”，不建议用大幅回吐的代价获得大利润。

（2）可采用分批次止盈方法，例如达到预期出一半，此刻行情依然良好暂时持有，危险信号再次出现时，卖出另外一部分，如图4-1-8所示。

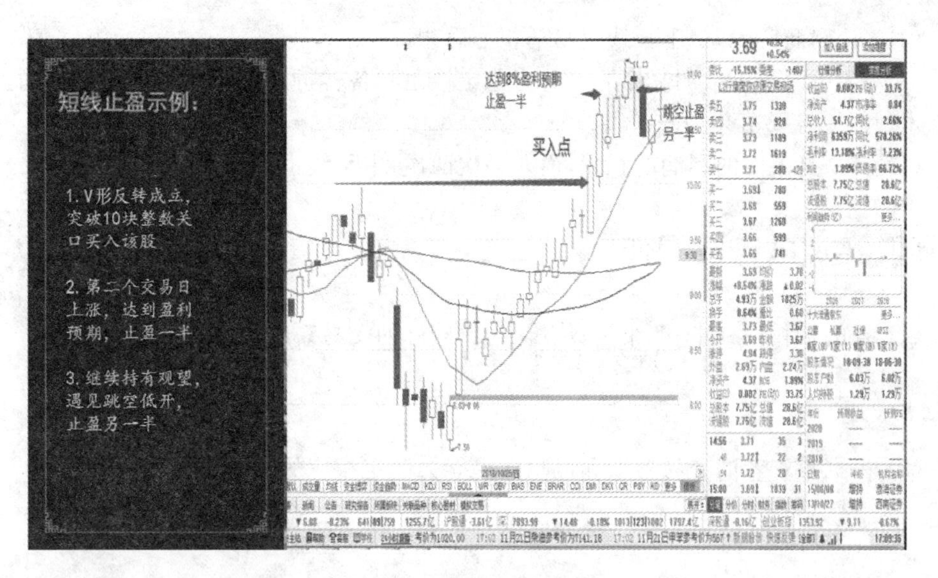

图 4-1-8　短线止盈示例图

7）中长线止盈策略：

(1) 中长线盈利的核心是大赚小亏，以 10 次交易为例，很可能 7 次轻度亏损，2 次保本，1 次大的利润。因此耐心持有盈利持仓，“让利润奔跑”是中长线交易的主基调。

(2) 中长线止盈应该以趋势的拐点作为主要依据。

(3) 中长线可采取分批次止盈的方法，在有拐点征兆位置出掉一部分，在拐点真正出现位置出掉另一部分，如图 4-1-9 所示。

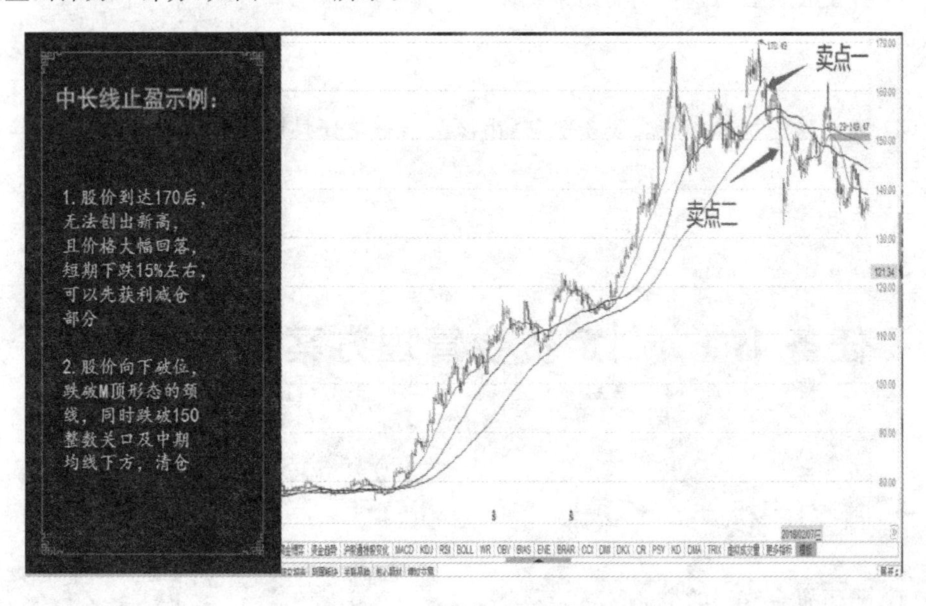

图 4-1-9　中长线止盈示例图

8）止损止盈应用法则：

(1) 止损止盈围绕买卖规则设置且需要与个人交易风格承受能力相匹配。

（2）“让利润奔跑”是中长线交易的核心思想。

（3）“天下没有不散的宴席”，趋势有稳定性也具备转折的可能，当投资者设定的卖出标准出现时一定要落袋为安。

（4）交易是多次的利润的积累，而非一次两次，中长线也不例外。

四、实训内容及操作

（1）查阅资料找到1～2个投资者认为比较好的交易系统案例。

（2）根据投资者的交易习惯和风险承受能力制定相应的交易系统。

五、实训报告

（1）分析所找案例交易系统，指出其特征与不足。

（2）提交投资者所选择的交易系统。

（3）通过模拟反复实践交易系统，指出该交易系统在具体执行过程中的利与弊。

任务1.4　制定资金管理方案与交易策略

一、能力目标

（1）了解资金管理的概念。

（2）明确资金管理的意义。

（3）掌握资金管理的基本要素。

（4）掌握主要的交易策略。

二、能力目标

(1) 能够准确表达资金管理的内容。

(2) 可以制定出与自身交易系统匹配的资金管理方案。

(3) 能够有策略有目的地进行投资活动。

(4) 学会有效的资金管理方法。

三、相关知识

(一) 资金管理

1. 资金管理的概念

资金管理是交易系统重要的组成部分，资金管理是对投入本金的使用计划，主要包含风险控制、仓位控制、投资组合等因素，主要解决"买多少卖多少"的问题。仓位控制指的是开仓，加仓，减仓，清仓策略；风险控制是指止损，止盈策略。而资金管理在A股市场中是被很多交易者忽略的问题，很多人一出手就是满仓或重仓，这样是没有计划的操作，很容易使风险失去控制。

2. 止损初级要素

(1) 设置总体止损金额和单次止损金额，例如，5万资金，10000元亏损总额，单次亏损设置1000元，不超过本金的2%。

(2) 如果交易账户获利，单次止损金额可以适度增加，但依然不超过本金的2%。

(3) 如果交易账户连续亏损，单次交易的仓位可以逐步降低，止损的额度保持不变。

(4) 连续多次止损后，除了降低仓位，还可以停止交易，发现更稳定的机会后再入场。

3. 仓位控制要素

(1) 不负债投资，不使用杠杆。负债投资和杠杆投资从一开始就注定最终的结果是失败的。无法理性判断，无法承担其后果，更容易失败，如果侥幸盈利最终也会失败，因为如果盈利就无法自拔，欲壑难填，最终走向失败。

(2) 盈利大小和仓位没有必然联系。理论上讲，仓位大，一旦判断正确能获得较大利润，但在实践过程中，重仓交易判断正确的时候更容易患得患失，而在正确的决策上过早出局，或者被短期的波动清理出局。

(3) 依据市场及行情制定仓位策略。主要的基调就是轻仓，因为市场的属性不同，规则不同，仓位也不尽相同，但是如果行情支持配合，给出多次加仓点，仓位可通过多次加仓达到较高比例，但是独立的标的仓位还是以不超过30%为好。

4. 投资组合的概念

投资组合是由投资人或金融机构所持有的股票、债券、金融衍生产品等组成的集合。目的是分散风险，将资金进行相对分散化投资，来达到规避系统性风险或者趋势判断失误风险的目的。

注意以下几点：

(1) 风险永远无法完全规避，投资组合一定程度上可以分散或者对冲风险，但是无法完全规避风险，交易的核心问题还是对风险进行控制。

(2) 投资组合因人而定，投资组合没有固定的组合方式，交易者风格不同，诉求不同，所设置的投资组合也是不相同的。

(3) 交易者需要建立自己的投资组合，投资组合能帮交易者分散风险，分散压力，避免投资因孤注一掷而产生巨大亏损，能让交易者在有一定保护下进行交易，如图 4-1-10 所示。

图 4-1-10　股票投资组合示例

(二) 交易策略

1. 交易策略的概念

交易策略是指交易工作中的计策、谋略。交易策略是把交易上升至战略与思想的高度，上升至全局的高度。要不在乎一两次交易的得失，追求整体交易过程中的稳定性，追求最终交易结果的持续性。

2. 交易策略三大要素

(1) 以小博大。用较小的代价把握未来可能出现的大趋势。

(2) 低风险较高仓位。在趋势确立时能建立足够仓位，并在行情延续时能获得较高收益。

(3) 保持稳定性。没有特大行情出现时降低仓位，保持收益的稳定性。

(三) 交易策略案例

1. 把握大行情

大行情波动主要包括多头力量积聚后的爆发、市场过度反应后的转折、空头力量的延续等。

案例一:多头力量积聚后的爆发

这类行情出现前往往有长达一两年的蓄势整理期,此期间技术形态上均线烘云托月,K 线冉冉上升,正在酝酿一波惊天动地的行情,如图 4-1-11 所示。

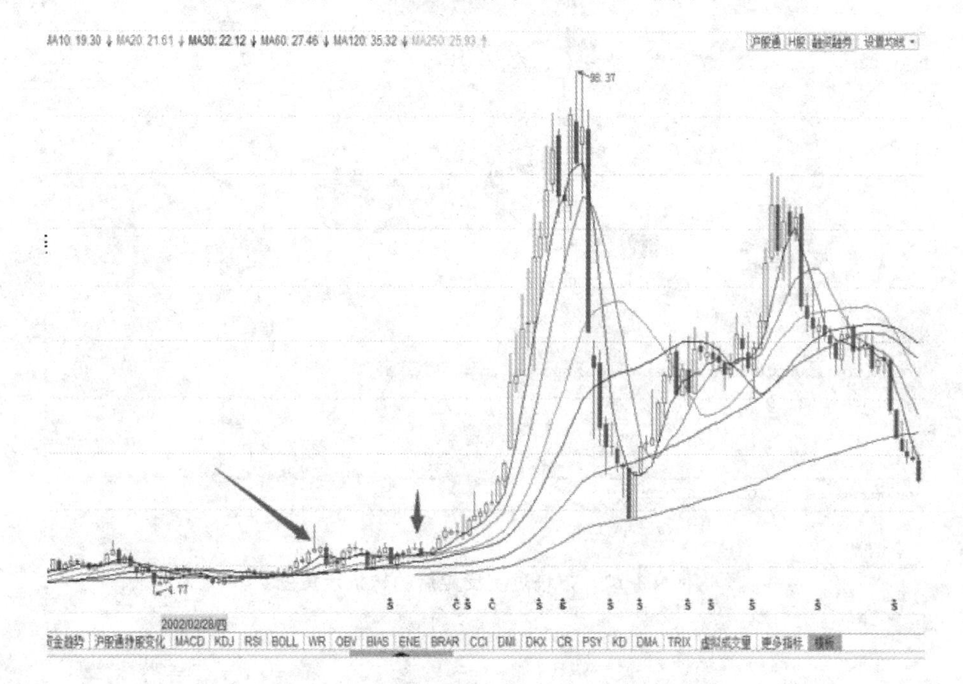

图 4-1-11 多头力量爆发示意图

案例二:市场过度反应后的转折

前期长期蓄势后大涨,市场进入疯狂状态,直线上升,波动幅度加大,此时严重超卖,一旦大周期级别滞胀,一场暴跌难以避免,此时月线巨阳线,射击之星,穿头破脚都是明确指引,如图 4-1-12 所示。

案例三:空头力量的延续

前期暴跌后市场价格破位,阴跌不止,市场进入更为稳定的空头市场,此时均线空头排列,倒 V 形反转,K 线绵绵阴跌,跌无止境,如图 4-1-13 所示。

2. 低风险高仓位做多交易策略

案例:如图 4-1-14 所示,在首次形成多头排列时,给出买入信号进行第一次买入,上涨突破 500 整数关口,均线呈多头排列形成第二次买点。

3. 低风险高仓位做空交易策略

案例:如图 4-1-15,在首次跌落均线,跌破 11000 整数关口进行第一次卖空交易,当价格持续下跌,形成空头排列,回踩中期均线不破向下时进行第二次卖空交易,向下跌破 10000 点整数关口,再次进行卖空交易。

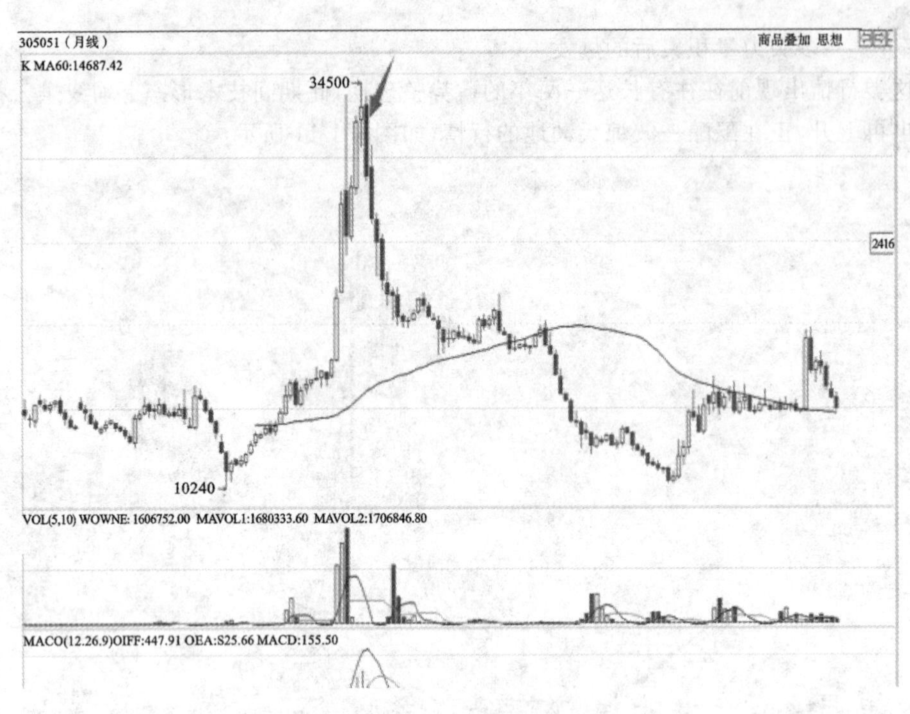

图 4-1-12 市场过度反应后的转折示意图

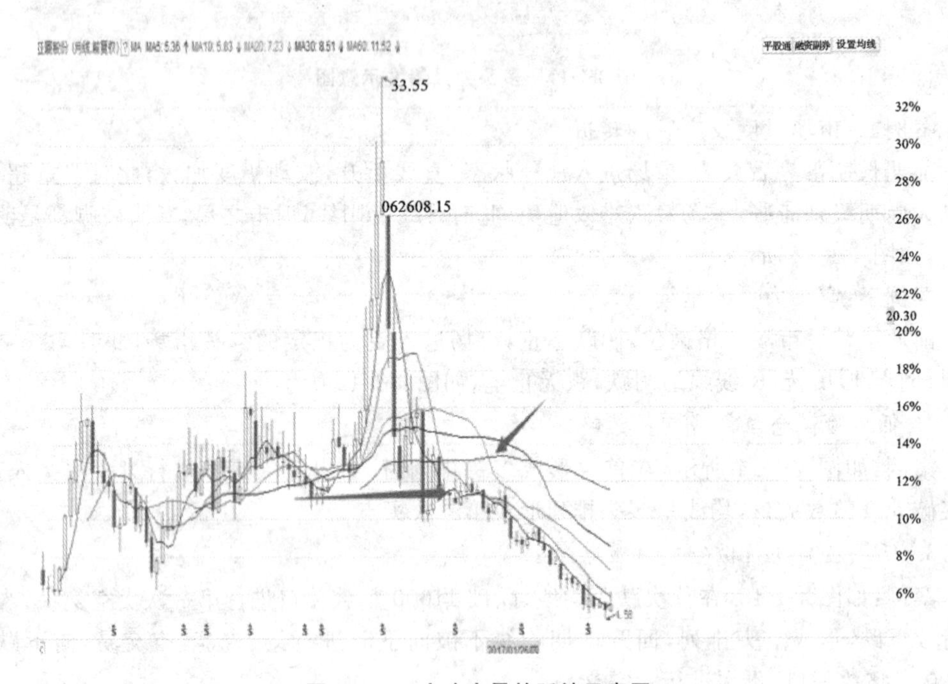

图 4-1-13 空头力量的延续示意图

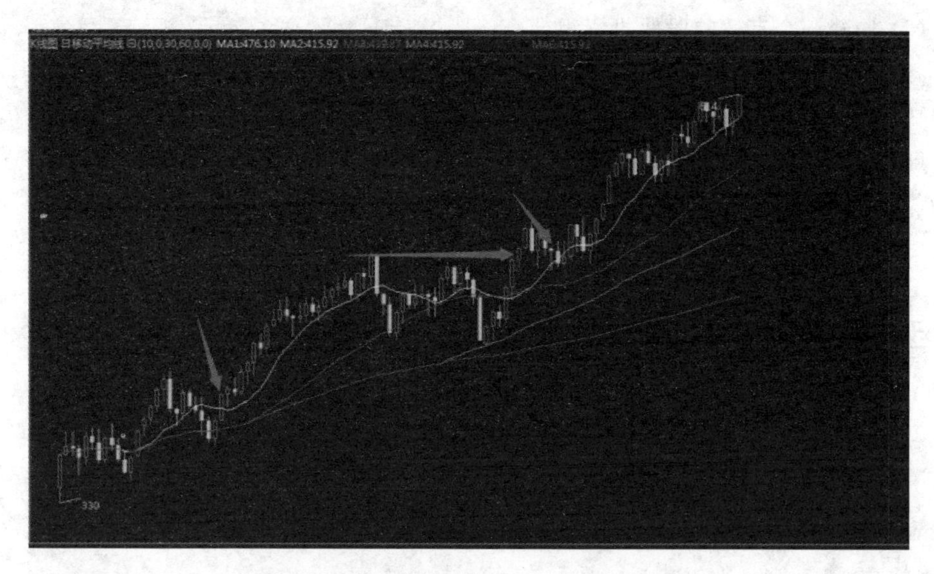

图 4-1-14 低风险高仓位交易策略展示

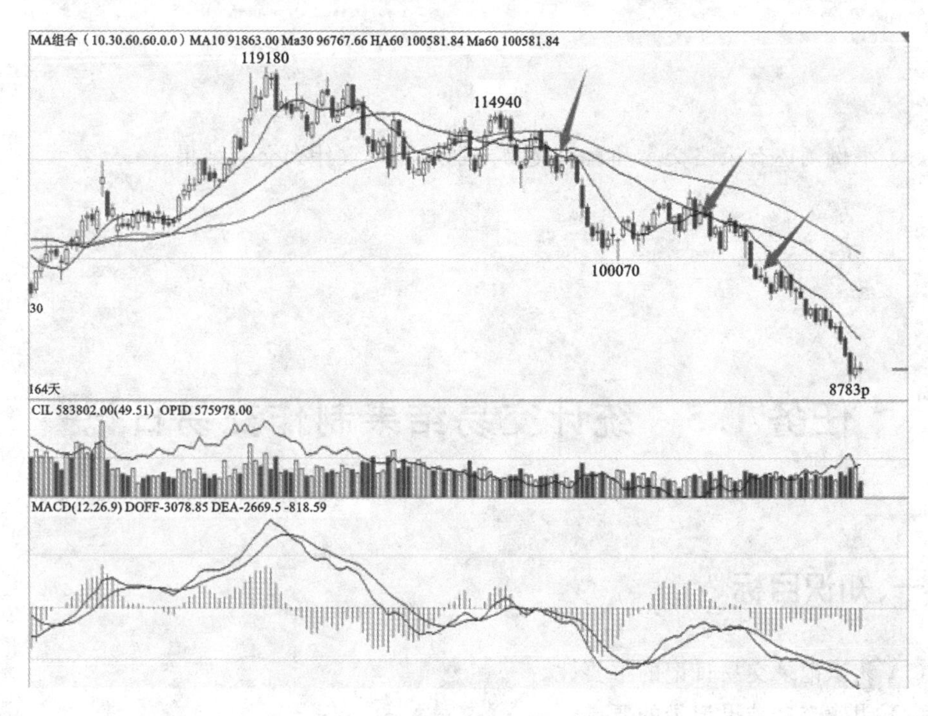

图 4-1-15 低风险高仓位做空策略示例

四、实训内容及操作

(1) 制定一份股票交易资金管理计划。

（2）构建一个有效的股票投资组合。

（3）分别在股票交易和期货投机交易中制定相应的投资策略。

五、实训报告

（1）提交股票资金管理计划。

（2）提交股票投资组合方案。

（3）举例阐述有策略交易和盲目交易分别可能导致什么交易结果。

任务 1.5　统计交易结果制作交易日记

一、知识目标

（1）认识记录交易日记的重要性。
（2）明确交易结果记录的要点。
（3）掌握分析交易结果的技巧。

二、能力目标

（1）学会用交易日记记录交易。
（2）能够通过对交易日记的反思初步形成交易理念。

三、相关知识

(一) 交易记录要素

1. 交易记录的概念

交易记录的工作主要是指对于已完成交易的详细记录,其中往往包含买入或卖出的时间、动机以及交易过程中所出现的意外变化,交易者的心理波动等。最终还要重点记录交易者此次交易最终的结果,交易后的反思等。

2. 交易记录的重要性

根据交易记录进行复盘可以发现,交易者失败的交易或成功的交易,大多具有相似的特点。也就是之前在交易中所犯的错误,在以后的交易过程经常会重复犯错,甚至其动机都是一致的。而之前成功的交易也具有很大的相似性。如果能够做好每笔交易的记录并且经常复盘,就能很大程度上了解自身在开展交易活动中所显露出来的优劣,更容易让交易者了解自己的性格特点,从而能修正自己的交易策略,达到快速成长和改善交易结果的目的。

3. 交易记录的构成

(1) 交易动机　交易动机就是交易者为什么要进行这笔交易,是因为利好消息,还是技术形态看涨。同理,交易者为什么要卖出,是因为对利润回吐的恐惧,还是巨大泡沫的产生。交易动机能反映一个投资者当时复杂的心理状态,通过反复的交易、记录、反思、提炼,交易者如果能更多地过滤掉那些本能的、感性的、恐惧性的因素,而保持更多理性交易动机,就更容易取得较好的交易结果。

(2) 交易反思　俗话说"好了伤疤忘了痛",交易者的痛苦记忆时间也是较短的。如果能详尽地记录下来,不断警醒自己,就能更快地走出交易困境。

(二) 交易日记追踪方法

1. 树立样板

在交易活动中总会有一些特殊的交易经历,好的交易经历让投资者印象深刻,后期的交易过程总会不自觉地期待复制上次成功交易的模式,同时重要的交易失误容易让投资者产生深刻的心理畏惧,交易者会慢慢强化其风险意识,逐步远离原来错误的交易。

2. 找出共同点

成功的交易都有其相似点,失败的交易也有其相同点。发现交易活动中成功交易的相同点,保持这些共性。找出交易活动中失败交易的相同点,逐步从交易中剔除这些因素,再由这些因素延伸至性格弱点部分,就能发扬优点,避免缺点。

3. 勤反思

反思不只是总结,而是更深层次的思考。有效的反思,就是锻炼透过现象看本质的能力,推动大脑深层次的思考。交易过程中的反思便是对个人思想、交易技巧、交易市场本质、风险与收益本质的深层次的思考，交易日记只是载体，反思才是实现提升的唯一法宝。

四、实训内容及操作

(1) 通过网上搜索，找到一个交易日记范本。

(2) 制定一个比较完善的交易日记表格。

(3) 进行一段时间的股票或期货模拟交易，并将交易过程、结果、感想、反思等，写入交易日记相应的表格中。

五、实训报告

(1) 提交交易日记范本。

(2) 提交完整的交易日记。

(3) 追踪交易日记，找出交易中的特殊案例和共同特性并认真反思。

(4) 如何理解“交易成长的过程就是坚持该坚持的，修正该修正的”这句话的含义？

项目二

衍生品交易

衍生品是一类金融工具，一般表现为两个主体之间的一个协议，其价格由其他基础产品的价格决定，并且有相应的现货资产作为标的物，成交时不需立即交割，而是在未来时点交割。典型的衍生品包括期货、期权等。

衍生品交易是指其价值依赖于基础资产价值变动的合约。这种合约可以是标准化的，也可以是非标准化的。目前衍生品交易是证券交易的重要内容。

任务 2.1　商品期货模拟交易

一、知识目标

(1) 了解国内主要商品期货品种和交易规则。
(2) 熟悉期货开户流程。
(3) 掌握期货模拟操作具体步骤。

二、能力目标

(1) 能说出商品期货的主要品种。
(2) 学会商品期货交易的基本操作流程。
(3) 能够独立完成建仓操作及分析持仓情况。

三、相关知识

(一) 商品期货合约的概念

期货合约是指由期货交易所统一制定的、规定在将来某一特定的时间和地点交割一定数量和质量商品的标准化合约。

1. 主要商品期货品种

(1) 农副产品期货:玉米、大豆、小麦、稻谷、燕麦、大麦、黑麦、猪肚、活猪、活牛、小牛、大豆粉、大豆油、可可、咖啡、棉花、羊毛、糖、橙汁、菜籽油等,其中大豆、玉米、小麦期货被称为三大农产品期货。

(2) 有色金属期货:金、银、铜、铝、铅、锌、镍、钯、铂。

(3) 能源期货:原油、取暖用油、无铅普通汽油、丙烷、天然橡胶;林业产品,如木材、夹板。

2. 国际主要商品期货合约

芝加哥期货交易所小麦期货合约。

芝加哥期货交易所大豆期货合约。

芝加哥期货交易所豆粕期货合约。

纽约商业交易所原油期货合约。

伦敦金属交易所阴极铜期货合约。

伦敦期货交易所铝期货合约。

日本东京工业品交易所橡胶期货合约。

3. 国内主要商品期货合约

小麦期货合约。

大豆期货合约。

豆粕期货合约。

铜期货合约。

铝期货合约。

(二) 商品期货交易规则

期货交易不同于现货交易,也不同于股票交易或远期交易,其基本规则主要有六个方面。

1. 合约标准化

期货交易是合约的买卖,期货合约(futures contract)是由交易所统一制定的标准化远期合约。在合约中,标的物的数量、规格、交割时间和地点等都是既定的。这种标准化合约给期货交易带来了极大的便利,交易双方不需要事先对交易的具体条款进行协商,从而节约了交易成本,提高了交易效率和市场流动性。

例如,上海期货交易所阴极铜交易合约如表 4-2-1 所示。

表 4-2-1 上海期货交易所阴极铜期货合约

交易品种	阴极铜
交易单位	5 吨/手
报价单位	元/吨
小变动价位	10 元/吨

续表

交易品种	阴极铜
每日价格最大波动限制	不超过上一交易日结算价±3%
合约交割月份	1—12月
交易时间	上午9:00—11:30;下午1:30—3:00 (10:15—10:30,14:10—14:20暂停交易,为中间休息时间)
最后交易日	合约交割月份的15日(遇法定假日顺延)
交割日期	合约交割月份的16日至20日(遇法定假日顺延)
交割品级(标准品)	标准阴极铜,符合国标GB/T467—1997规定
交割地点	交易所指定交割仓库
最低交易保证金	合约价值的5%
交易手续费	不高于成交金额的万分之二(含风险准备金)
交割方式	实物交割
交易代码	CU

2. 场内集中竞价交易

期货交易实行场内交易,所有买卖指令必须在交易所内进行集中竞价成交。只有交易所的会员方能进场交易,其他交易者只能委托交易所会员,由其代理进行期货交易。

3. 保证金交易

期货交易实行保证金制度。交易者在买卖期货合约时按合约价值的一定比率缴纳保证金(一般为5%～15%)作为履约保证,即可进行数倍于保证金的期货交易。这种以小博大的保证金交易也被称为“杠杆交易”。期货交易的这一特征使期货交易具有高收益和高风险的特点。保证金比率越低,杠杆效应就越大,高收益和高风险的特点就越明显。

4. 双向交易

期货交易采用双向交易方式,交易者既可以买入建仓(或称开仓),即通过买入期货合约开始交易,也可以卖出建仓,即通过卖出期货合约开始交易。前者称为“买空”,后者称为“卖空”。双向交易给予投资者双向的投资机会,也就是在期货价格上升时,可通过低买高卖来获利,在期货价格下降时,可通过高卖低买来获利。

5. 对冲了结

交易者在期货市场建仓后,大多并不是通过交割(即交收现货)来结束交易,而是通过对冲了结。买入建仓后,可以通过卖出同一期货合约来解除履约责任;卖出建仓后,可以通过买入同一期货合约来解除履约责任。对冲了结使投资者不必通过交割来结束期货交易,从而提高了期货市场的流动性。

6. 当日无负债结算

期货交易实行当日无负债结算,也称为逐日盯市(marking-to-market)。结算部门在每日交易结束后,按当日结算价对交易者结算所有合约的盈亏、交易保证金及手续费、税金等费用,对应收应付的款项实行净额一次划转,并相应增加或减少保证金。如果交易者

的保证金余额低于规定的标准，则须追加保证金，从而做到“当日无负债”。当日无负债可以有效防范风险，保障期货市场的正常运转。

（三）商品期货交易开户条件和程序

（1）客户提供有关文件、证明材料，例如，身份证、营业执照等。

（2）向客户出具《期货交易风险说明书》和《客户须知》，向客户说明期货交易的风险和期货交易的基本规则。在准确理解《期货交易风险说明书》和《客户须知》的基础上，由客户在《期货交易风险说明书》和《客户须知》上签字（盖章）认可。

（3）公司与客户双方共同签署《经纪合同》，明确双方权利义务关系，正式形成委托关系。

（4）公司为客户提供专门账户，供客户从事期货交易的资金往来。客户必须在其账户上存有足额保证金后方可下单。

商品期货交易开户的具体程序如图 4-2-1 所示。

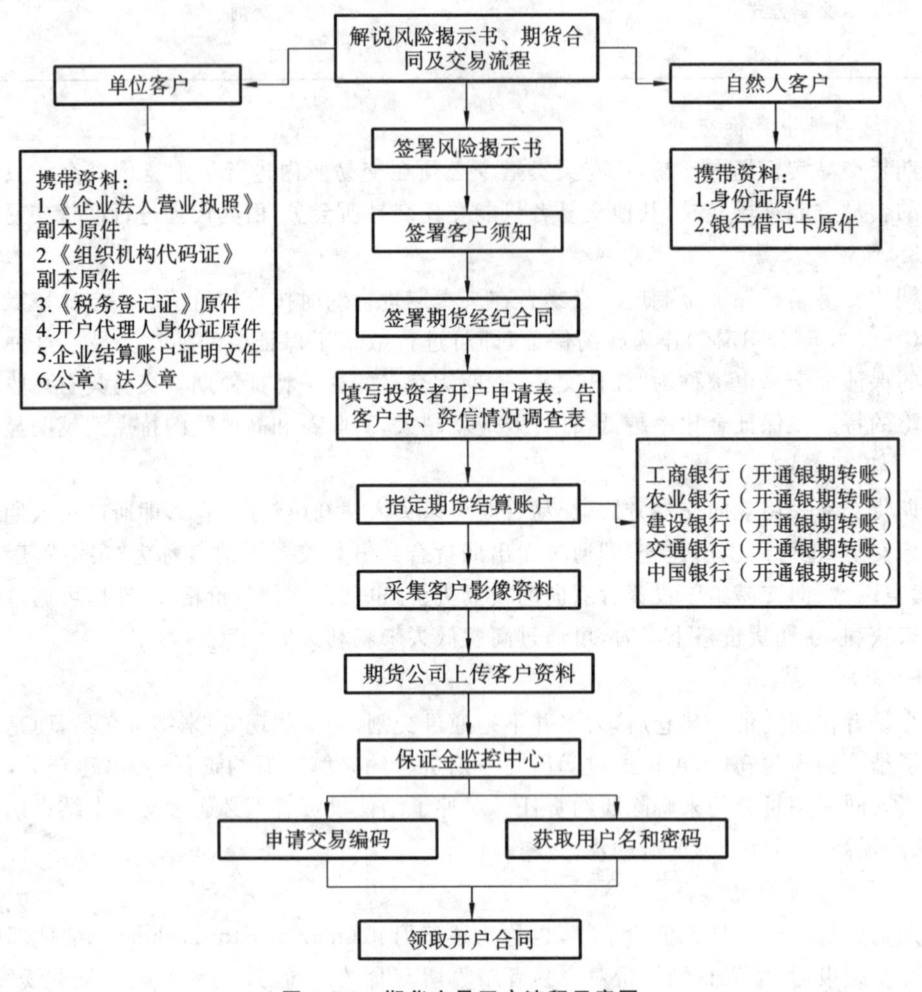

图 4-2-1　期货交易开户流程示意图

（四）下单与竞价

1. 下单

所谓下单，是指客户在每笔交易前向期货公司业务人员（或电脑系统）下达交易指令，说明拟买卖合约的种类、数量、价格等行为。

（1）期货基本指令　市价指令，限价指令，止损指令，取消指令。

交易指令的内容包括：期货交易品种、交易方向、数量、月份、价格、日期及时间、期货交易所名称、客户名称、客户编码和账户、期货经纪公司和客户签名。

（2）下达指令的方式　又称委托或下单，包括书面下单、电话下单、自助下单和网上下单四种，目前多采用后两种。

2. 竞价

目前期货交易均采用计算机自动撮合方式，分集合竞价和连续竞价两个阶段。

集合竞价原则——最大成交量原则。

连续竞价原则——价格优先、时间优先。

（五）期货模拟交易操作

1. 注册模拟交易账号

打开文华财经下单窗口，如图 4-2-2 所示，选择期货盘入口，输入交易账号。

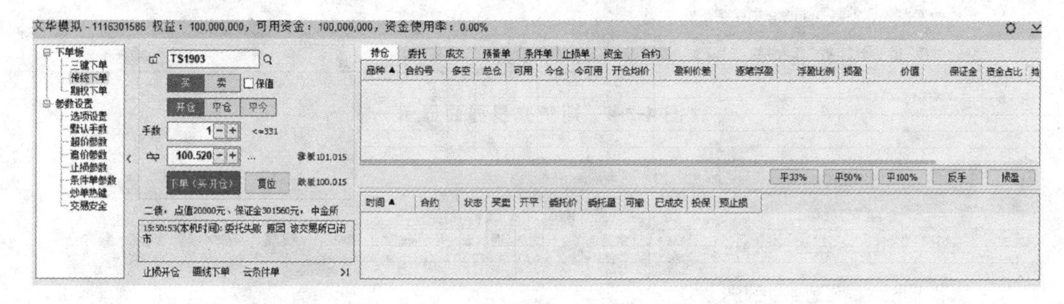

图 4-2-2　文华财经模拟交易下单窗口示意图

2. 选择交易品种

国内商品期货在上海期货交易所、大连商品交易所、郑州商品交易所均可下单，所以进行期货交易先选择期货交易所，再选择期货品种，选择界面如图 4-2-3 所示。

输入期货品种（合约代码）、买卖方向、建仓、平仓、买卖数量、有效价格等，审查无误后，单击“确定”按钮。例如，上海期货交易所的锡，五月份的主力合约，下单后的结果如图 4-2-4 所示。

3. 持仓情况查询

打开交易界面，输入交易账号，单击“持仓”，界面将显示出持仓数量、涨跌及浮动盈亏、可用资金等信息，以及根据行情需要加仓、锁仓和平仓的操作，如图 4-2-5 所示。

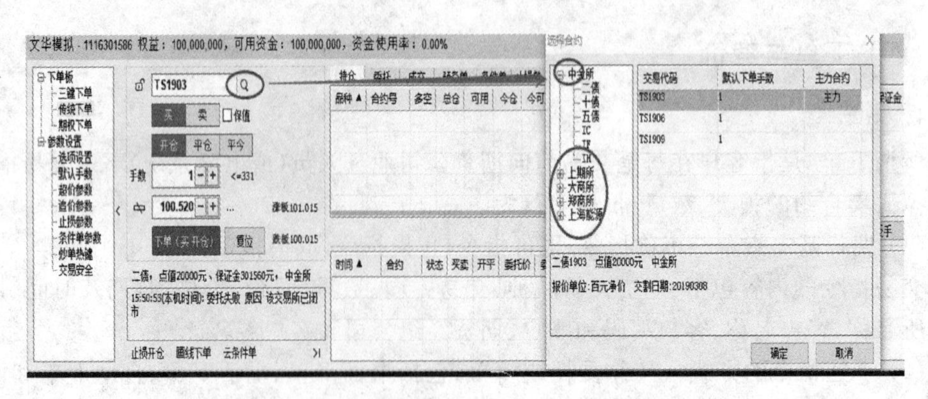

图 4-2-3 交易所选择界面示意图

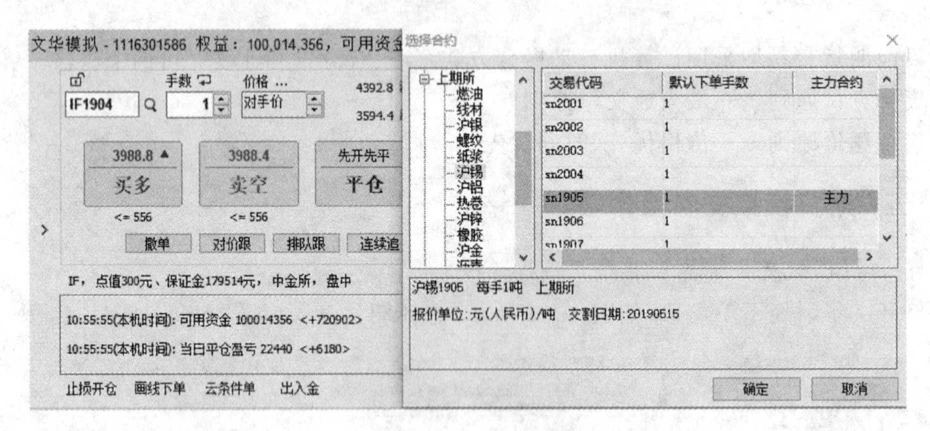

图 4-2-4 期货交易界面显示

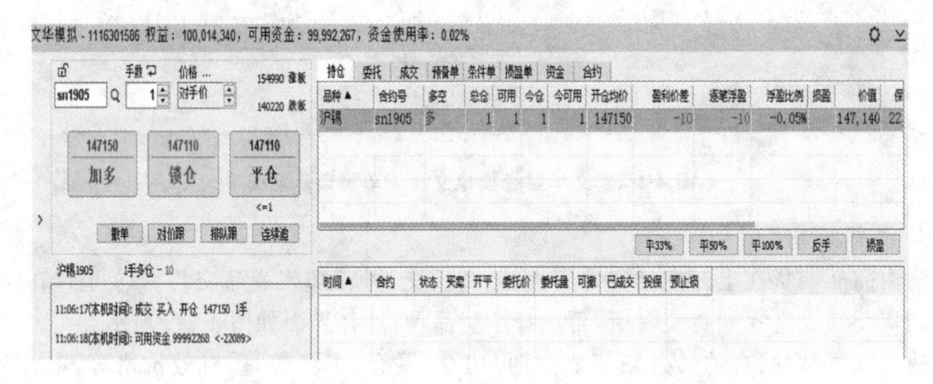

图 4-2-5 交易持仓情况示意图

四、实训内容及操作

(1) 使用模拟账号，通过郑州商品交易所进行 10 手多头棉花期货的模拟交易。

(2) 使用模拟账号,通过大连商品交易所进行5手空头大豆期货模拟交易。

(3) 使用模拟账号,通过上海期货交易所,在30分钟内完成阴极铜期货的建仓、平仓操作过程。

五、实训报告

(1) 简述商品期货交易的特点。

(2) 简述建仓、平仓的操作过程。

(3) 提交模拟操作过程界面截图。

任务2.2 股指期货模拟交易

一、知识目标

(1) 了解国内外主要股指期货品种。
(2) 熟悉股指期货交易规则。
(3) 掌握股指期货模拟操作具体步骤。

二、能力目标

(1) 能够说出国内目前金融期货的主要品种。
(2) 学会股指期货的交易操作。
(3) 能够独立完成股指期货操作结果的核算。

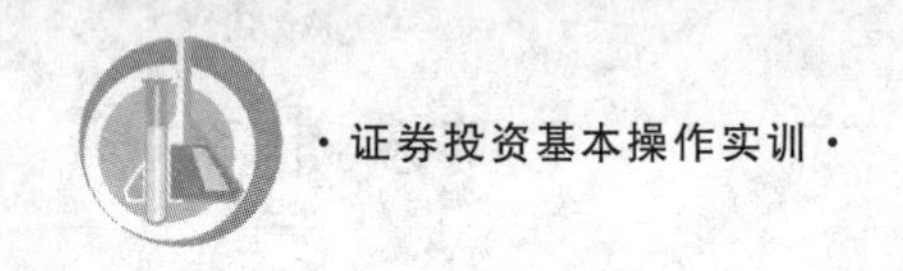

三、相关知识

(一) 股指的概念

股票价格指数(简称股指),是运用统计学中的指数方法编制而成的,反映股市总体股票价格或某类股票价格变动趋势和幅度的一种指标。它一般是由一些有影响的金融机构或金融研究组织编制,并且定期及时公布。

国内的股票指数:上证综合指数、深圳成分股指数、沪深300指数、上证50指数、中证500指数、上证180指数、中证800指数等。

(二) 国内主要股指

1. 沪深300指数

沪深300指数是从上海和深圳交易所上市的公司中选取300只A股作为样本编制而成的成分股指数。采用流通股的分级靠档方式,以每只股票的市值权重加权平均。它是沪深证券交易所第一次联合发布的反映A股市场整体走势的指数。

2. 上证50指数

上证50指数是根据科学客观的方法,挑选上海证券市场规模大、流动性好的最有代表性的50只股票组成样本股,以便综合反映上海证券市场最具市场影响力的一批龙头企业的整体状况。上证50指数于2004年1月2日正式发布。其目标是建立一个成交活跃、规模较大、主要作为衍生金融工具基础的投资指数。

(三) 股指期货合约的概念

股指期货的全称是股票价格指数期货,是指以股票市场的价格指数作为标的物的标准期货合约,交易双方通过对股票指数变动趋势的预测,约定在将来某一特定日期按双方事先约定的价格买卖"一定点数的股票价格指数"的可转让合约,是金融期货中交易最活跃的品种。

(四) 股指期货合约的特点

一般期货和股指期货之间的区别如下。

1. 标的物不同

股指期货是以标的物为特定股价指数,不是真实的标的资产;而商品期货交易的对象是具有实物形态的商品。

2. 交割方式不同

股指期货采用现金交割,在交割日通过结算差价用现金来结清头寸;而商品期货则运用实物交割,在交割日通过实物所有权的转让加以清算。

3. 合约到期日的标准化程度不同

股指期货合约到期日都是标准化的,一般到期日在3月、6月、9月等;而商品期货合约的到期日根据商品特性的不同而不同。

4. 持有成本不同

股指期货的持有成本主要是融资成本，不存在实物贮存费用，有时所持有的股票还有股利，如果股利超过融资成本，还会产生持有收益；而商品期货的持有成本包括贮存成本、运输成本、融资成本。股指期货的持有成本低于商品期货。

5. 投机性能不同

股指期货对外部因素的反应比商品期货更为敏感，价格的波动更加频繁和剧烈，因此股指期货比商品期货具有更强的投机性。

（五）股指期货的标准化合约

股指期货的标准化合约如表 4-2-2 所示。

表 4-2-2　股指期货的标准化合约

合约标的	沪深 300 指数	上证 50 指数	中证 500 指数
合约乘数	每点 300 元	每点 300 元	每点 200 元
报价单位	指数点		
最小变动价位	0.2 点		
合约月份	当月、下月及随后两个季月		
交易时间	9:15—11:30,13:00—15:15		
最后交易日交易时间	9:15—11:30,13:00—15:00		
每日价格最大波动限制	上一个交易日结算价的±10% 季月合约上市首日涨停板或跌停板为挂盘基准价的±20%		
最低交易保证金	期货公司会在交易所收取 8%(拟)的保证金		
交易业务	交易指令每次最小下单数量 1 手，市价指令每次最大下单数量 50 手，限价指令每次最大下单数量 100 手		
持仓限额	投机交易某一合约单边持仓限额 1200 手；某一合约结算后单边总持仓超过 10 万手的，结算会员下一交易日该合约单边持仓不得超过该合约单边总持仓的 25%		
最后交易日	合约到期月份的第三个周五(遇法定假日顺延)		
到期结算方式	以最后结算价格进行结算		
每日结算价格	当日最后 1 小时的成交量加权平均价		
最后结算价格	最后交易日现货指数最后 2 小时所有指数点的算术平均价		
交割日期	同最后交易日		
交割方式	现金交割，交割手续费标准为交割金额的万分之一		
交易代码	IF	IH	IC
上市交易所	中国金融期货交易所		

(六) 股指期货模拟交易流程

1. 登陆交易平台

打开文华财经下单窗口,如图 4-2-6 所示,登录模拟交易账号。

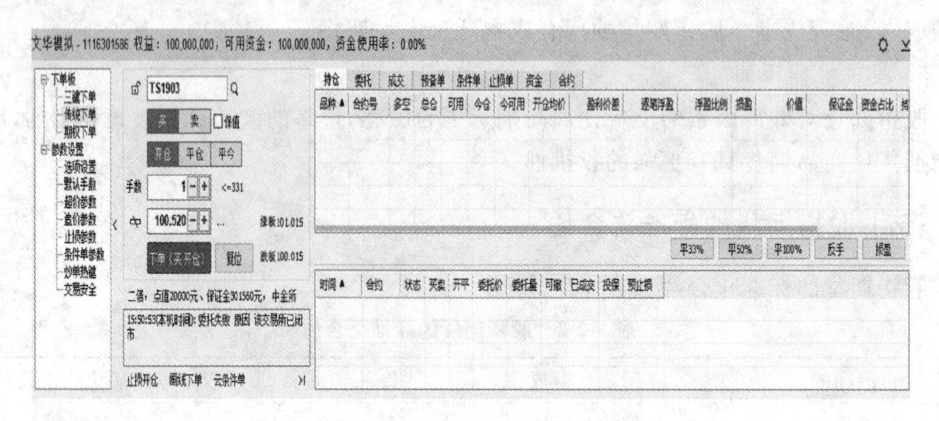

图 4-2-6 模拟交易下单窗口示意图

2. 选择交易品种

国内股指期货交易在中金所下单,下单步骤包括:输入合约代码、买卖方向、建仓、平仓等。图 4-2-7 为沪深 300 指数五月份的主力合约的界面示意图。

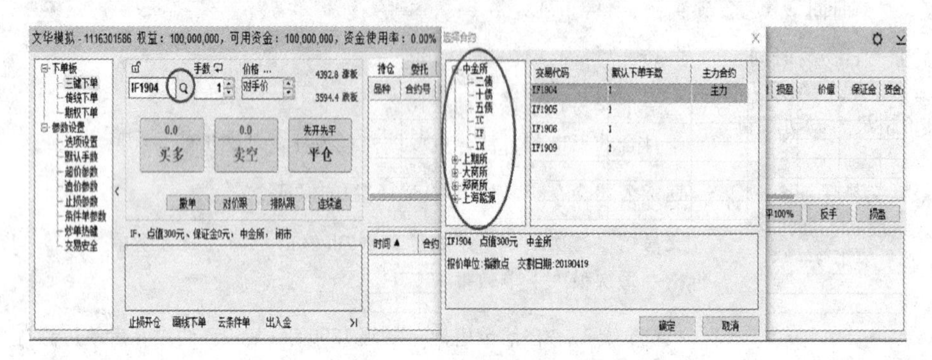

图 4-2-7 股指期货交易界面示意图

3. 持仓情况查询

打开交易界面,输入交易账号,单击“持仓”,界面将显示出持仓数量、涨跌及浮动盈亏、可用资金等信息,以及根据行情需要加仓、锁仓和平仓的操作,如图 4-2-8 所示。

四、实训内容及操作

(1) 在中国金融期货交易所进行 2 手多头沪深 300 指数的模拟交易。

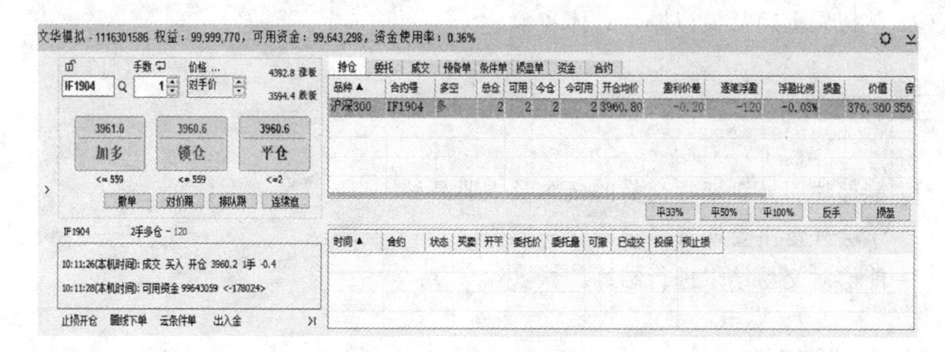

图 4-2-8　持仓情况显示界面

（2）在中国金融期货交易所进行 3 手空头沪深 300 指数的模拟交易。

（3）30 分钟内分别对以上的持仓进行平仓。

五、实训报告

（1）简述股指期货交易的特点。

（2）计算实训过程中的盈亏。

（3）提交模拟操作过程界面截图。

任务 2.3　外盘期货模拟交易

一、知识目标

（1）了解外盘主要期货交易所以及主要品种。
（2）熟悉交易规则。

(3) 掌握外盘期货模拟操作具体步骤。

二、能力目标

(1) 能够说明外盘期货交易的概念及主要品种。

(2) 学会外盘主要期货品种的交易操作。

(3) 能够对交易结果进行结算。

三、相关知识

外盘期货是指交易所建立在中国大陆以外的期货交易。以美国、英国、伦敦等交易所内的产品为常见交易期货合约。

(一) 国际衍生品主要交易所

目前,全球最大的两个金融中心分别在美国和英国,美国最大的是芝加哥商业交易所CME(Chicago Mercantile Exchange)。

1. CME 芝加哥商业交易所

CME 是全球最大期货、期权交易市场,涵盖面最广、产品最为丰富,旗下拥有 CME、CBOT、NYMEX、COMEX 四个交易中心。

2007 年 CME 与 CBOT 合并成立 CME 集团,2008 年 NYMEX 与 COMEX 并入 CME 集团。

CME 前身为 1898 年成立的芝加哥黄油与鸡蛋交易所,在与 CBOT 合并前就已发展成美国最大、全球第二的期货交易所。

主要品种:

(1) 股指期货　为全球主要股指期货与期权提供交易市场,提供多个主要指数的期货交易,其中包括标普 500 指数、纳斯达克 100 指数、道琼工业平均指数、日经 225 指数、MSCI 指数以及英国 FTSE 指数等。

(2) 利率产品　基于短期利率的产品,包括欧洲美元和 LIBOR(伦敦银行同业拆借率)。

(3) 外汇(FX)　为全球第二大外汇电子交易中心。客户可利用超过 20 个不同国家的货币(含人民币在内)进行 54 种期货与 31 种期权交易。

(4) 农产品　包括牛、乳制品、木材、猪肉和天气合约等。

2. 纽约商品交易所(包括 NYMEX 和 COMEX 两大分部)

NYMEX(New York Mercantile Exchange)和 COMEX(Commodity Exchange)分别侧重于能源与金属,是全球原油、黄金、铜等品种的重要定价中心之一。

NYMEX 的主要品种有原油、汽油、取暖油、天然气、电力等。

COMEX 的主要品种有金、银、铜、铝等。

3. 伦敦金属交易所(London Metal Exchange,LME)

伦敦金属交易所是世界上最大的有色金属交易所,有色金属的定价中心。世界上全部铜生产量的70%是按照伦敦金属交易所公布的正式牌价为基准进行交易的。

LME 的主要品种有铜、铝、铅、锌、镍、锡、铝合金等。

(二) 国际衍生品主要交易品种及合约主要条款

1. 有色金属

伦敦金属交易所是世界上最大的有色金属交易所,交易品种有铜、铝、铅、锌、镍和铝合金,交易所的价格和库存对世界范围的有色金属生产和销售有着重要的影响。其中阴极铜的合约如表 4-2-3 所示。

表 4-2-3 伦敦金属交易所铜期货合约

交易品种	阴极铜
交易单位	1 手 25 吨
报价单位	美元/吨
最小变动价位	电话交易:0.5 美元/吨。电子盘:0.25 美元/吨。场内:0.01 美元/吨
涨跌停板幅度	无涨跌停板限制
合约交割月份	3 个月期货合约是连续的合约,所以每日都有交割
交易时间	见相关资料
交割品级	所有交割的铜必须有伦敦交易所核准认可的 A 级铜的牌号,符合英国 BESN 1978:1998 标准分类规格
交割方式	实物交割
交易代码	CAD
上市交易所	伦敦金属交易所
收盘价的意义	最后一笔成交价

2. 原油期货

原油期货在国际期货交易中吸引很多投资者介入,目前世界上交易量最大、影响最广泛的两大原油期货合约就是纽约商业交易所(NYMEX)的轻质低硫原油即 WTI(西德克萨斯轻质原油)期货合约和伦敦国际石油交易所(IPE)的 BRENT(北海布伦特原油)期货合约。布伦特原油是出产于北海的布伦特和尼尼安油田的轻质低硫原油,在期货、场外掉期、远期和即期现货市场上被广泛交易。

布伦特原油期货合约的主要条款如表 4-2-4 所示。

表 4-2-4 布伦特原油期货合约的主要条款

交易品种	布伦特原油
交易单位	1000 桶(42000 加仑)
报价单位	美元及美分/桶

续表

最小变动价位	0.1美分/桶
涨跌停板幅度	无涨跌停板限制
合约交割月份	12个连续月份
最后交易日	合约月份的前一个月第15日的前三个交易日(遇法定假日提前)
交割品级	LME规定的交割品级
交割方式	实物交割
交易代码	BRN
上市交易所	洲际交易所
收盘价的意义	交易所收盘后公布的收盘时段均价

3. 恒生指数期货

恒生指数是香港蓝筹股变化的指标,亦是亚洲区广受关注的指数。同时,它也广泛被使用作为衡量基金表现的标准。恒生指数是以加权资本市值法计算,该指数共有50只成分股。该50只成分股分别属于工商、金融、地产及公用事业四个分类指数,其总市值占香港联合交易所所有上市股份总市值的65%左右。其期货合约如表4-2-5所示。

表4-2-5 恒生指数期货合约

交易品种	香港恒生指数
交易单位	港币
报价单位	50港币每指数点
最小变动价位	1指数点(目前22000点)
涨跌停板幅度	T+0无涨跌停,T+1时段的可委托价格区间为期货合约在T时段最后成交价的5%
合约月份	现月、下月及之后的两个季月
交易时间	9:15—12:00和13:00—16:15(T+0);17:00—23:45(T+1)(开盘前30分钟可开始挂单,到期合约最后交易日16:00收盘)
最后交易日	现月的倒数第二个交易日
交割方式	现金交割
交易代码	HIS
保证金	12万港币左右
终端手续费	300港币
最低交易资金	10000元人民币
资金安全程度	高
上市交易所	香港期货交易所
监管机构	香港证监会

(三) 外盘期货模拟交易基本步骤

(1) 打开文华财经的软件,选择外盘户入口进入,选择期货公司,输入资金账号及密码,完成登录。界面如图 4-2-9 所示。

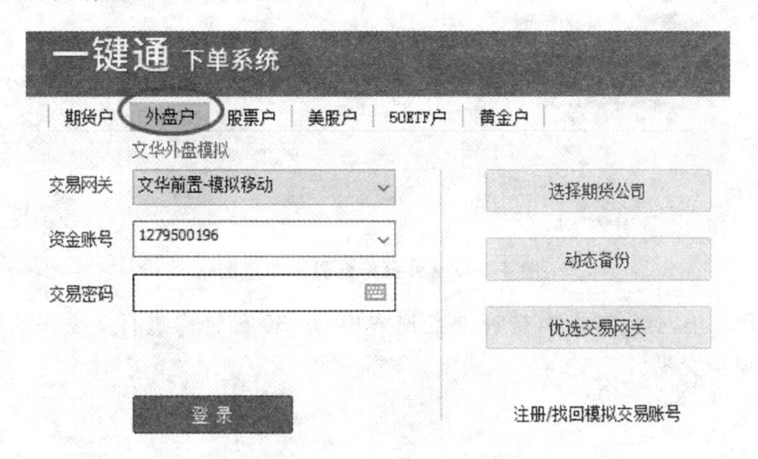

图 4-2-9 外盘登录界面示意图

(2) 进入下单界面,选择外盘期货品种,并输入买卖方向、数量、价格、建仓、平仓等信息。例如,买入黄金期货合约的输入信息及结果显示如图 4-2-10 所示。

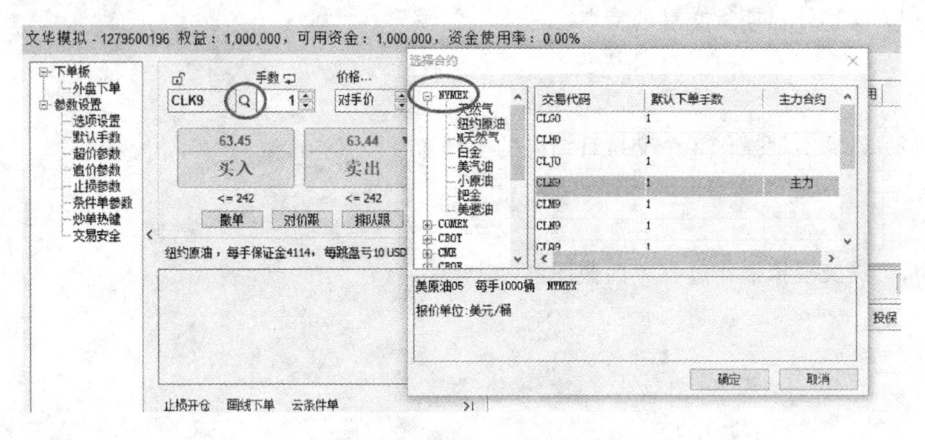

图 4-2-10 外盘期货交易界面示意图

(3) 持仓结果查询。打开交易界面,输入交易账号,单击"持仓",界面将显示持仓数量、涨跌及浮动盈亏、可用资金等信息,如图 4-2-11 所示。

四、实训内容及操作

(1) 打开文华财经的软件,选择外盘户入口,进行 1 手空头原油期货的模拟交易。

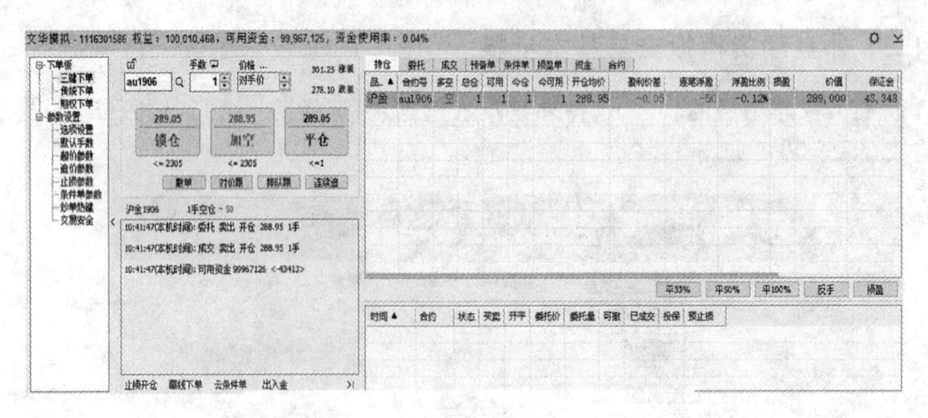

图 4-2-11　外盘持仓界面示意图

（2）打开文华财经的软件，选择外盘户入口，在 30 分钟内进行 2 手多头黄金期货建仓及平仓的模拟交易。

五、实训报告

（1）简述外盘期货交易的特点。

（2）计算实训操作 2 个交易日结果的平仓盈亏。

（3）提交模拟操作过程界面截图。

任务 2.4　黄金模拟交易

一、知识目标

（1）了解国内外主要黄金市场。
（2）了解黄金投资的特点。
（3）掌握黄金交易的具体步骤。

二、能力目标

(1) 能够说出国际主要交易所的黄金交易规则。

(2) 能够独立完成不同市场的黄金交易。

(3) 学会交易结果的盈亏计算。

三、相关知识

(一) 黄金市场概念

黄金市场是黄金生产者和供应者同需求者进行交易的场所,是世界各国集中进行黄金买卖和金币兑换的交易中心。

黄金具有货币属性和商品属性,然而国际黄金非货币化的结果,使黄金成了可以自由拥有和自由买卖的商品,黄金从国家金库走向寻常百姓家,其流动性大大增强,黄金交易规模增加,世界黄金市场发展迅速。

黄金市场主要参与者:国际金商(做市商)、银行、对冲基金、各种法人机构和私人投资者、经纪公司等。

(二) 国内外主要的黄金投资场所

1. 伦敦黄金市场

伦敦黄金市场没有实际的交易场所,其交易是通过无形方式由各大金商的销售联络网完成。交易会员主要为最具权威的五大金商及一些公认为有资格向五大金商购买黄金的公司或商店,然后再由各个加工制造商、中小商店和公司等连锁组成。交易时由金商根据各自的买盘和卖盘,报出买价和卖价。伦敦市场的客户资料绝对保密,因此缺乏有效的黄金交易头寸的统计。

2. 苏黎世黄金市场

苏黎世黄金市场,是"二战"后发展起来的国际黄金市场。由于瑞士特殊的银行体系和辅助性的黄金交易服务体系,为黄金买卖提供了一个既自由又保密的环境,加上瑞士与南非也有优惠协议,获得了80%的南非金,以及俄罗斯的黄金,因此瑞士不仅是世界上新增黄金的最大中转站,也是世界上最大的私人黄金的存储中心。苏黎世黄金市场在国际黄金市场上的地位仅次于伦敦。

苏黎世黄金市场没有正式组织结构,由瑞士三大银行(瑞士银行、瑞士信贷银行和瑞士联合银行)负责清算结账,三大银行不仅可为客户代行交易,而且黄金交易也是这三家银行本身的主要业务。苏黎世黄金总库(Zurich Gold Pool)建立在瑞士三大银行非正式协商的基础上,不受政府管辖,作为交易商的联合体与清算系统混合体在市场上起中介作用。苏黎世黄金市场无金价定盘制度,在每个交易日任一特定时间,根据供需状况议定当日交易金价,这一价格为苏黎世黄金官价。全日金价在此基础上的波动不受涨跌停板

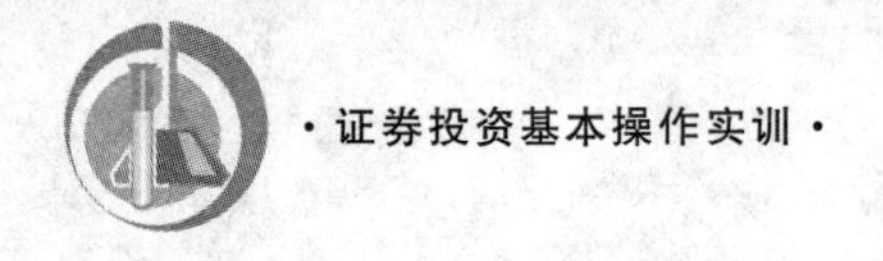

限制。

3. 纽约、芝加哥黄金市场

纽约和芝加哥黄金市场是20世纪70年代中期发展起来的,主要原因是1977年后,美元贬值,美国人为了套期保值和投资增值获利,使得黄金期货迅速发展起来。目前纽约商品交易所(COMEX)和芝加哥商品交易所(IMM)是世界最大的黄金期货交易中心。以纽约商品交易所为例,该交易所本身不参加买卖,仅提供场所和设施,制定规则,保证交易双方在公平和合理的前提下进行交易。

4. 香港黄金市场

香港黄金市场已有90多年的历史。其形成是以香港金银贸易场的成立为标志。其优越的地理条件吸引伦敦五大金商、瑞士三大银行等纷纷来港设立分公司。它们将在伦敦交收的黄金买卖活动带到香港,逐渐形成了一个无形的当地“伦敦金市场”,促使香港成为世界主要的黄金市场之一。

香港黄金市场由三个市场组成。

(1) 香港金银贸易市场,以华人资金商占优势,有固定买卖场所,主要交易的黄金规格为99标准金条,交易方式是公开喊价,现货交易。

(2) 伦敦金市场,以国外资金商为主体,没有固定交易场所。

(3) 黄金期货市场,是一个正规的市场,其性质与美国的纽约和芝加哥的商品期货交易所的黄金期货性质是一样的。

5. 上海黄金交易所

上海黄金交易所是经国务院批准,由中国人民银行组建的,从事贵金属交易的市场,遵循公开、公平、公正和诚实信用的原则进行黄金交易。

上海黄金交易所的建立,为中国黄金市场的参与者提供了现货交易平台,使黄金生产与消费企业实现了供求衔接,完成了黄金统购统配向市场交易的平稳过渡。

(三) 投资黄金的优势

(1) 避险保值:黄金是应对政治、经济动荡的最理想武器。

(2) 抵抗通胀:黄金是世界公认的抵御通货膨胀的工具,也是世界各国主要的国际储备。

(3) 税收优势:无税收负担,国内外均对黄金税收有减免政策,没有房产股票交易时发生的印花税等,也不征收遗产税。

(4) 产权转移:产权转移便利,不需过户认证等手续,是公认的抵押品种,在全世界自由流通、抵押方便,可随时兑现资产。

(5) 久远价值:价值久远,可以传承世袭,这也是老百姓把黄金白银作为压箱底的资产留给子孙的一个根本原因。

(6) 难有庄家:全球每日黄金交易量超过1.1万亿美元,任何人或任何财团都没有能力控制它。

(7) 随时交易:全天候24小时交易,不会出现股票期货房地产等行情可能出现的无法成交的情况。

(8) 风险可控:可预设止损点,把损失控制在一定范围内。

(9) 双向交易:牛市赚钱,熊市也赚钱,只要有价格波动就存在赚钱的机会。

(10) T+0 交易模式:增加资金利用率及获利的机会。

(11) 品种唯一:单独一个投资品种,利于投资者深入研究,集中精力关注。

(12) 无交割期限制:长、短线均可,远远小于期货交易的投资风险。

(13) 逆向性:当纸币由于信用危机而出现波动贬值时,黄金需求量就会上升。

(14) 稀有性:目前地球黄金白银存量有限,但需求量却呈直线上升。

(15) 以小博大:国内最高保证金比例 12.5 倍,有一些外汇平台杠杆甚至达到 500 倍,能够提高资金利用率,增加获取利润的机会。

(四) 黄金交易的主要模式

1. 场内交易

主要包括黄金股票、黄金期货、黄金 ETF 和黄金期权。

2. 场外交易

主要包括实买实卖、黄金租借、黄金凭证、纸黄金、投资基金和现货延期。

(五) 各主要黄金市场的交易规则

黄金市场的交易规则又称黄金交易的主要条款,主要包括报价单位、交易时间、最小变动价格、最后交易日、交易时间等。

1. 伦敦金

伦敦金是指由伦敦国际金融期货交易所提供的一种交易产品,是存放在伦敦城地下金库里的 99.5%纯度的 400 盎司金砖。

伦敦金不是一种黄金,而是一种贵金属保证金交易方式。因起源于伦敦而得名,在国际市场上已有超过 300 年的历史,是市场上最热门的黄金投资方式,广为投资者和炒家所追捧。

伦敦金期货合约的主要条款如表 4-2-6 所示。

表 4-2-6 伦敦金合约的主要条款

报价单位	美元/盎司
交易时间	24 小时
最小价格变动	0.10 美元/盎司
定盘价	每天产生 2 次,伦敦时间上午 10:30 及下午 3:00
交割期限	无交割期规定
交易方式	卖空机制,可以双向交易
品级要求	纯度不得低于 99.50%,约 400 盎司(350~430 盎司,或 10.9~13.4 kg 之间)的金块

续表

报价单位	美元/盎司
标记	·序列号 ·厂商检验标记 ·纯度(以4位数表示) ·生产日期(以4位数表示)
交易制度	T+0制度,无涨停板限制
保证金要求	各公司规定不同
交易代码	XAU

2. 纽约期货金

纽约的黄金期货交易市场是由大的国际金融机构、贵金属商、若干经纪商组成的,其中如下四家金商起着重要作用:美国阿龙金商;莫克塔金属商;夏普·皮克斯利公司;菲力普兄弟公司。纽约共和国国民银行也是一家金商。

纽约期货金与伦敦金不同,具有典型的期货交易特征,其期货合约主要条款如表4-2-7所示。

表4-2-7 纽约期货金合约的主要条款

交易单位	100盎司(金衡)
报价单位	(美元和美分)/盎司
交易时间(美东时间)	公开喊价交易时间:8:20至当日13:30 电子盘交易时间:周日18:00至周五17:15,其中每天17:15—18:00间暂停45分钟
交易月份	23个月内的所有2月、4月、8月、10月,60个月内的所有6月和12月
最小价格变动	0.10美元/盎司,即10美元/手
最后交易日	每月最后一个工作日之前的第三个交易日
交割期限	交割月的第一个工作日至最后一个工作日
期货与现货转换(EFP)	买方或卖方可以用期货合约换等量现货头寸。EFP可以用于建仓或平仓
品级要求	纯度不得低于99.5%的100盎司或1000 g为交易所认可的金条
仓位要求	无论是一个月份还是多个月份期货合约,总数不能超过6000手且当前月份合约不能超过3000手
保证金要求	未平仓期货合约需要交纳保证金
交易代码	GC

3. 香港金

1974年,香港政府撤销了对黄金进出口的管制,此后香港金市发展极快。香港黄金市场在时差上刚好填补了纽约、芝加哥市场收市和伦敦开市前的空档，可以连贯亚、欧、美，形成完整的世界黄金市场。其优越的地理条件引起了欧洲金商的注意，伦敦五大金商、瑞士三大银行等纷纷来港设立分公司。它们将在伦敦交收的黄金买卖活动带到香港，逐渐形成了一个无形的当地“伦敦金市场”，促使香港成为世界主要的黄金市场之一。香港的黄金期货合约主要条款如表 4-2-8 所示。

表 4-2-8　香港交易所黄金期货主要条款

交易单位	100 金衡盎司
合约月份	现货以及两个日历月
小波动单位	0.1 美元/盎司
最后交易日	合约月份倒数第三个的香港营业日
交易时间	上午 8:30 至下午 5:00，中午不休市

（六）黄金模拟交易基本步骤

（1）打开文华财经的软件，选择黄金户入口进入，选择期货公司，输入资金账号及密码，完成登录。界面如图 4-2-12 所示。

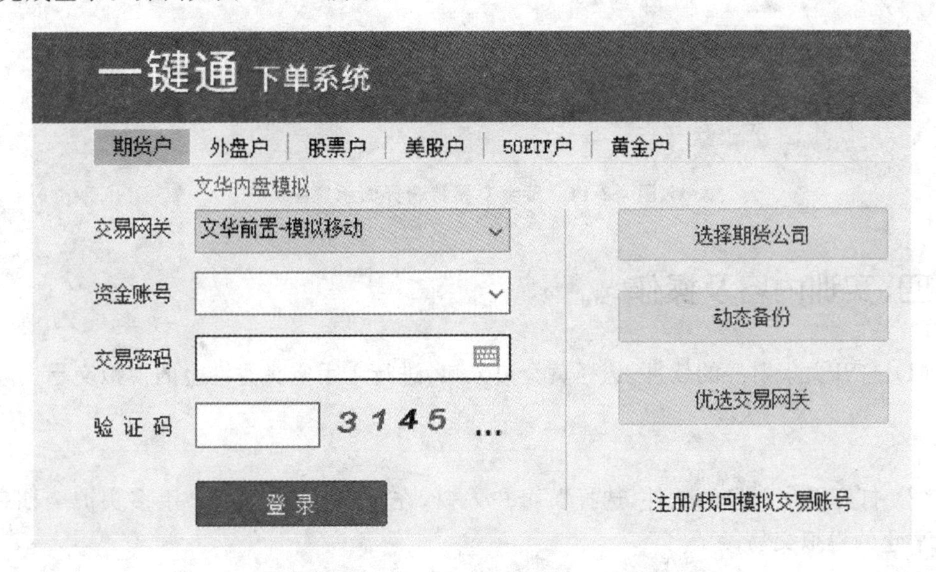

图 4-2-12　黄金模拟盘登录界面示意图

（2）进入下单界面，选择黄金市场及交易品种，并输入买卖方向、数量、价格、建仓、平仓等信息。例如，买入上海期货交易所沪金期货合约的输入信息及结果如图 4-2-13 所示。

（3）查询持仓结果。打开交易界面，输入交易账号，单击“持仓”，界面将显示持仓数量、涨跌及浮动盈亏、可用资金等信息，如图 4-2-14 所示。

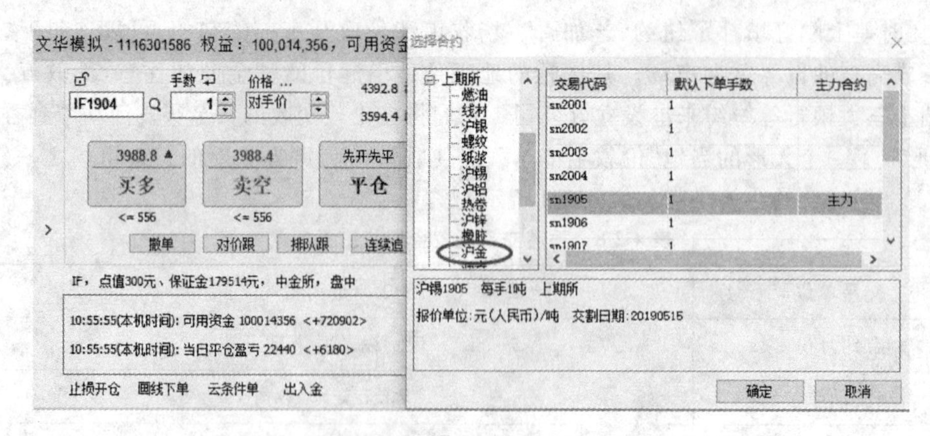

图 4-2-13 模拟沪金交易界面示意图

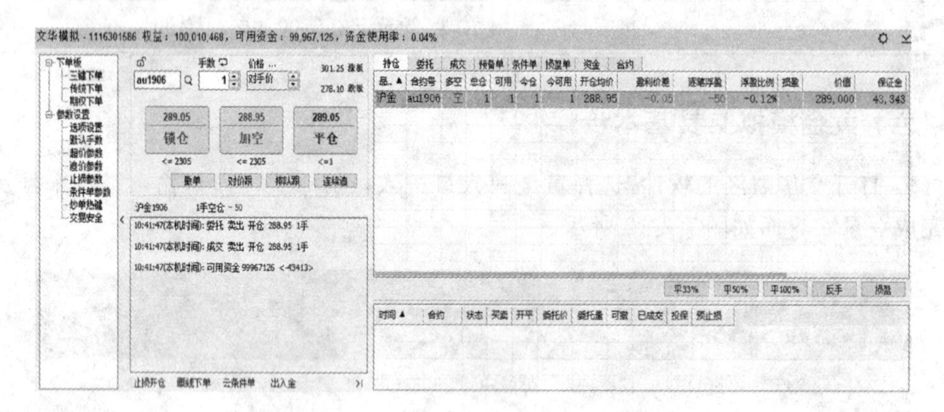

图 4-2-14 黄金交易持仓界面示意图

四、实训内容及操作

（1）打开文华财经的软件，选择黄金户入口，进行 1 手空头香港金的模拟交易。

（2）打开文华财经的软件，选择黄金户入口，在 30 分钟内进行 2 手多头沪金期货建仓及平仓的模拟交易。

五、实训报告

（1）简述黄金交易的特点。

（2）计算实训操作2交易结果的平仓盈亏。

（3）提交模拟操作过程界面截图。

任务2.5　期货套期保值模拟交易

一、知识目标

（1）了解期货套期保值的概念及意义。
（2）了解套期保值方法及原理。
（3）掌握套期保值的基本操作。

二、能力目标

（1）学会期货套期保值基本方法。
（2）能够对套期保值结果进行计算。
（3）学会一种套期保值操作。

三、相关知识

（一）套期保值的概念

套期保值是指在预计将来在现货市场卖出或买进某种商品，现在在期货市场上买进或卖出与现货商品或资产相同或相关、数量相等或相当、方向相反、月份相同或相近的期货合约，从而在期货和现货两个市场之间建立盈亏冲抵机制，以规避价格波动风险的一种交易方式。简单地说，就是对现货有什么担心，就通过期货做什么（简称"担心什么做什么"）。担心现货价格下跌，就通过期货市场卖出期货合约；担心现货价格上涨，就通过期货市场买进期货合约，这样就可以使现货的风险得以回避。

套期保值者是指那些通过期货合约买卖将现货市场面临的价格风险转移的机构和个人。套期保值者大多是生产商、加工商、库存商以及贸易商和金融机构。

(二)套期保值的方法

1. 买入套期保值

买入套期保值(买期保值):买进期货合约,以防止将来购买现货商品时可能出现的价格上涨。

具体做法:在最终买进现货商品的同时,通过卖出与先前所买进期货同等数量和相同交割月份的期货合约,将期货部位平仓,结束保值。也就是当对现货价格上涨有担心时,就在期货市场买进。

这种方式通常为加工商、制造业者和经营者所采用。

例如,广东某铝型材厂的主要原料是铝锭,某年6月铝锭的现货价格为13000元/吨,该厂根据市场的供求关系变化,认为两个月后铝锭的现货价格将要上涨,为了回避两个月后购进600吨铝锭时价格上涨的风险,该厂决定进行买入套期保值。3月初以13200元/吨的价格买入600吨8月份到期的铝锭期货合约,到8月初该厂在现货市场上买铝锭时价格已上涨到15000元/吨,而此时期货价格亦已涨至15200元/吨,如表4-2-9所示。

表4-2-9 买入套期保值

时间	现货市场	期货市场
6月初	市场价格13000元/吨,假如是仓库原因,或者资金周转原因,没有买入铝锭	以13200元/吨的价格买进600吨5月份到期的铝锭期货合约
8月初	现货市场上以15000元/吨的价格买入600吨铝锭	以15200元/吨将原来买进600吨5月份到期的合约卖掉(平仓)
结果	8月初买入现货比6月初多支付2000元/吨的成本	期货对冲盈利2000元/吨

由此可见,该铝型材厂在过了2个月以后以15000元/吨的价格购进铝锭,比先前5月初买进铝锭多支付了2000元/吨的成本。但由于做了买期保值,在期货交易中获得了2000元/吨的利润。

2. 卖出套期保值

卖出套期保值(卖期保值):卖出期货合约,以防止将来卖出现货时因价格下跌而招致的损失。

具体做法:当卖出现货商品时,再将先前卖出的期货合约通过买进另一数量、类别和交割月份相等的期货合约对冲,以结束保值。也就是当担心现货价格下跌时,可在期货市场卖出。这种方式通常被农场主、矿业主等生产者和经营者所采用,如表4-2-10所示。

表4-2-10 在期货市场卖出

时间	现货市场	期货市场
2016年9月初	大豆的价格为3400元/吨,但此时新豆还未收获	卖出2017年1月份到期的大豆合约50000吨,价格为3300元/吨

续表

时间	现货市场	期货市场
2017 年 1 月初	卖出收获不久的大豆,平均价格为 2700 元	以买进 50000 吨 2017 年 1 月份到期的大豆期货合约,对冲原先卖出
结果	2017 年 1 月初比 2016 年 9 月初平均少卖出 600 元/吨	期货对冲盈利 600 元/吨

由此可见,该农垦公司利用期货市场进行卖期保值,用期货市场上盈利的 600 元/吨弥补了现货市场价格下跌而损失的 600 元/吨。

四、实训内容及操作

1. 卖出套期保值

(1) 5 月现货玉米价格 380 美分/蒲式耳,经过基本因素及技术因素的分析,预计在 7 月份收割时玉米价格会下跌至 315 美分/蒲式耳。因此,在 CBOT(芝加哥期货交易所)市场上以 327 美分/蒲式耳的价格卖出一份“七月玉米(合约代码 CRCN)”合约以进行套期保值。

要求:通过文华财经的软件,完成此次期货建仓操作。

(2) 2 月后,玉米现货价格下跌到 300 美分/蒲式耳,将现货玉米以此价卖出。同时,期货价格也同样下跌,跌至 300 美分/蒲式耳,然后以此价买回一份“七月玉米(合约代码 CRCN)”期货合约,来对冲初始的空头。

要求:通过文华财经的软件,完成此次期货平仓操作;计算此次套期保值的盈亏结果(不考虑手续费)。

2. 买入套期保值

资料:

目前,大豆的现货价格为每吨 3900 元,卖出 100 吨现货大豆。为了避免将来现货价格可能上升,从而提高原材料的成本,决定在大连商品交易所进行大豆套期保值交易。而此时大豆 9 月份期货合约“1809 黄豆”的价格为每吨 3850 元,基差 50 元/吨。

(1) 在大连期货交易所开仓买入 10 手 9 月份黄豆合约“1809 黄豆”。

要求:通过文华财经的软件,完成此次期货建仓操作。.

(2) 2 周后,黄豆现货价每吨 3980 元,以每吨 3980 元的价格买入 100 吨黄豆,同时在期货市场上以每吨 3930 元卖出 10 手 9 月份“1809 黄豆”合约,来对冲开仓建立的空头头寸。

要求:通过文华财经的软件,完成此次期货平仓操作。

(3) 从基差的角度看,基差从 50 元/吨扩大到 1 个月后的 80 元/吨,计算此次套期保值的盈亏结果(不考虑手续费)。

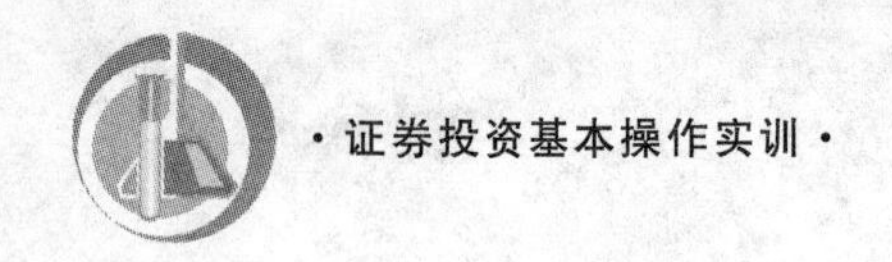

五、实训报告

（1）简述期货套期保值的特点。

（2）提交二次平仓的盈亏计算结果。

（3）提交模拟操作过程界面截图。

任务 2.6　外汇模拟交易

一、知识目标

（1）了解外汇及国际外汇市场。
（2）了解外汇交易的原理和步骤。

二、能力目标

（1）能够说出国际主要交易场所的外汇交易规则。
（2）能够独立使用 MT4 软件，完成主要外汇品种的模拟操作。

三、相关知识

（一）外汇的概念

外汇有动态和静态两种含义：动态意义上的外汇，是指人们将一种货币兑换成另一种货币，清偿国际间债权债务关系的行为。这个意义上的外汇概念等同于国际结算。

静态意义上的外汇又有广义和狭义之分。

广义的静态外汇是指一切用外币表示的资产。主要包括以下五大类。

（1）外国货币，包括钞票、铸币等。

（2）外币支付凭证，包括票据、银行存款凭证、邮政储蓄凭证等。

(3) 外币有价证券,包括政府债券、公司债券、股票等。

(4) 特别提款权、欧洲货币单位。

(5) 其他外汇资产。从这个意义上说,外汇就是外币资产。

狭义的外汇是指以外币表示的可用于国际之间结算的支付手段。从这个意义上讲,只有存放在国外银行的外币资金,以及将对银行存款的索取权具体化了的外币票据才构成外汇,主要包括银行汇票、支票、银行存款等。这就是通常意义上的外汇概念。

(二) 汇率

汇率又称汇价,是指一国货币以另一国货币表示的价格,或者说是两国货币间的比价,通常用两种货币之间的兑换比例来表示。

比如:USD/JPY=116.80,表示1美元等于116.80日元。

在外汇市场上,汇率是以五位数字来显示的。

如欧元/美元(EUR/USD)=1.4530/1.4533。

其中145称为大数(Big Figure),30和33称为小数(Small Figure)。

(三) 外汇交易以及品种

外汇交易通常要依次经过报价(询价)、成交(签订或达成买卖合同)和交割(互相交付现款或转账结算)几个环节,其中报价是核心环节。

1. 即期外汇交易

即期外汇交易指的是交割日为交易日后第二个营业日的交易。但也有例外情形,即交割日为交易日后的次一营业日,如加拿大元(CAD)交易。

作用:满足客户临时性的支付需要,可以帮助客户调整手中外币的币种结构,作为外汇投机的重要工具。

2. 远期外汇交易

远期外汇交易是指交易双方成交后,在未来的某个时间,以成交时约定的日期、数量和汇率进行交割的外汇买卖形式。

远期外汇交易与即期外汇交易不同,远期买卖成交后,双方必须按约定的日期和约定的汇率进行交割。

作用:远期外汇交易是国际上最常用的避免外汇风险,固定外汇成本的方法。客户的贸易结算、国外投资、外汇借贷或还贷的过程中总会涉及外汇保值的问题,通过远期外汇买卖业务,可事先将某一项目的外汇成本固定,从而达到保值和防范风险的目的。但同时也就失去了获利的机会。

3. 掉期交易

一笔掉期交易包含两笔交易,即交易双方以一种货币兑换另外一种货币,并在未来某日交换回来。双方在达成交易时即确定了交易的汇率、金额和两次交易各自的交割日。

功能:轧平各货币因到期日不同所造成的资金缺口。

4. 外汇期货

外汇期货是一种规定在将来某一指定月份和日期买进或卖出规定金额的外币的外汇

交易形式。外汇期货合约的内容一般包括交易币种、交易单位、交割月份、交割日期、报价、初始保证金的数额等。

外汇期货的特点：

(1) 采用标准合约，规定交易单位、合约到期月、交割日、交割地点、报价、价格波幅等。

(2) 可以用一个相反的交易合约对冲最初的合约，很少有合约(不超过2%)被实际交割。

(3) 在期货交易所内，公开竞价交易。

(4) 期货合约和清算交割是通过清算所(Clear House)进行的，没有交易风险。

5. 外汇期权

(1) 外汇期权的含义

外汇期权又称选择权，是一种以一定的费用(期权费)获得在一定的时刻或时期内买入或卖出某种货币(或股票)的权利的合约，又称外汇选择权。它既是客户外汇保值的工具，又是客户从汇率变动中获利的工具。

(2) 期权相关概念

买方(Buyer 或 Holder)：期权购买者。

卖方(Seller 或 Writer)：期权出售者。

期权费(Premium)：期权买方根据期权面值向期权卖方缴纳的费用。

到期日(Expiry Date)：指期权合约所规定的，期权购买者可以实际执行该期权的最后日期。

执行价格(Strike Price)：外汇期权中，未来结算所履行的价格称为履约价格或执行价格。履约价格取决于合约签订的当初，可能完全与即期和远期汇率不同。

(3) 期权的种类

按交易方式划分：可以分为有组织的交易所交易期权和场外交易期权。

按交易方向划分：可以分为看涨期权和看跌期权。

看涨(Call)期权：购买者预期标的货币未来上涨，可买入此货币的看涨期权。

看跌(Put)期权：购买者预期标的货币未来下跌，可买入此货币的看跌期权。

买权(或称买方期权)是指期权(权力)的买方有权在未来的一定时间内按约定的汇率向银行买进约定数额的某种外汇。

卖权(或称卖方期权)是指期权(权力)的买方有权在未来一定时间内按约定的汇率向银行卖出约定数额的某种外汇。

(四) 主要外汇市场

1. 伦敦

伦敦是历史上最悠久的国际金融中心、世界最大的外汇交易市场。伦敦外汇市场交易货币种类众多，经常有30多种，其中交易规模最大的为英镑兑美元的交易，其次是英镑兑欧元、瑞士法郎和日元等。其交易时间约为北京时间17:00至次日1:00。伦敦外汇市场上，几乎所有的国际性大银行都在此设有分支机构，由于其与纽约外汇市场的交易时间衔接在一起，因此在每日的 21:00 至次日 1:00 是各主要币种波动最为活跃的阶段。

2. 纽约

纽约也是世界上最重要的外汇市场之一，交易量仅次于伦敦。纽约汇集了世界上主要的大型金融机构。美元是世界上最主要的储备和清算货币，纽约成为美元的清算中心，虽然在交易量上它比不上伦敦市场，但在汇率的波动和影响方面比伦敦市场有过之而无不及。美国的经济数据对全球金融市场有着举足轻重的影响，美国的股票、债券市场规模庞大，影响着全球资金的流向，美国金融制度宽松等因素都大大地活跃了纽约外汇市场。

3. 东京

东京是亚洲最重要的外汇市场。东京外汇市场的交易品种较为单一，主要集中在日元兑美元和日元兑欧元。日本作为出口大国，其进出口贸易的收付较为集中，因此具有易受干扰的特点。

4. 其他外汇市场

新加坡、法兰克福、香港、巴黎、苏黎世等也是重要的外汇市场。

(五) 外汇市场主要参与者

1. 中央银行

中央银行是外汇市场的统治者或调控者。

2. 外汇银行

外汇银行是外汇市场的首要参与者，具体包括专业外汇银行和一些由中央银行指定的设有外汇交易部的大型商业银行两部分。

3. 外汇经纪商

外汇经纪商是存在于中央银行、外汇银行和顾客之间的中间人，他们与银行和顾客都有着十分密切的联系。

4. 私人投资者

在外汇市场中，凡是通过外汇银行进行外汇交易的公司或个人，都是外汇银行的顾客。

(六) 外汇市场主要货币

外汇市场主要货币见表 4-2-11。

表 4-2-11 外汇市场主要货币

名称	国家	货币代码
美元	美国	USD
欧元	欧盟	EUR
英镑	英国	GBP
日元	日本	JPY
瑞士法郎	瑞士	CHF

续表

名称	国家	货币代码
澳大利亚元	澳大利亚	AUD
加拿大元	加拿大	CAD

(七) 外汇与股票、期货的区别

外汇与股票、期货的区别见表 4-2-12。

表 4-2-12　外汇与股票、期货的区别

项目	股票	期货	外汇
交易时间	4 小时	4 小时	24 小时
交易品种	各国的上市企业	区域农产品及金属品	各个国家的流通货币
交易方向	单向	双向	双向
手续费	0.15%～0.25%	0.05%～0.1%	0.05%
公平性	视国家体制而定	可能被操纵	无法操纵
信息对称	不对称,内幕及小道消息众多	不对称,内幕及小道消息众多	对称、及时
透明性	不透明	不透明	全透明

(八) 全球外汇交易时间表

由于世界上不同地区存在时差,所以外汇交易可实现 24 小时的不间断交易,世界主要外汇市场的交易时间如图 4-2-15 所示。

四、实训内容及操作

目前的外汇模拟操作主要通过 MT4 系统完成,其基本步骤如下。

1. MT4 下载与安装

网上下载 MT4,其界面如图 4-2-16 所示。

2. 模拟账号

申请模拟账号,并用该账号进行登录,然后对界面进行调整,包括如下几点。

(1) 柱状图、K 线图、线图切换。

(2) 各个时间周期的切换。

(3) 打开图表窗口,K 线图风格调整,网格、周期分割线。

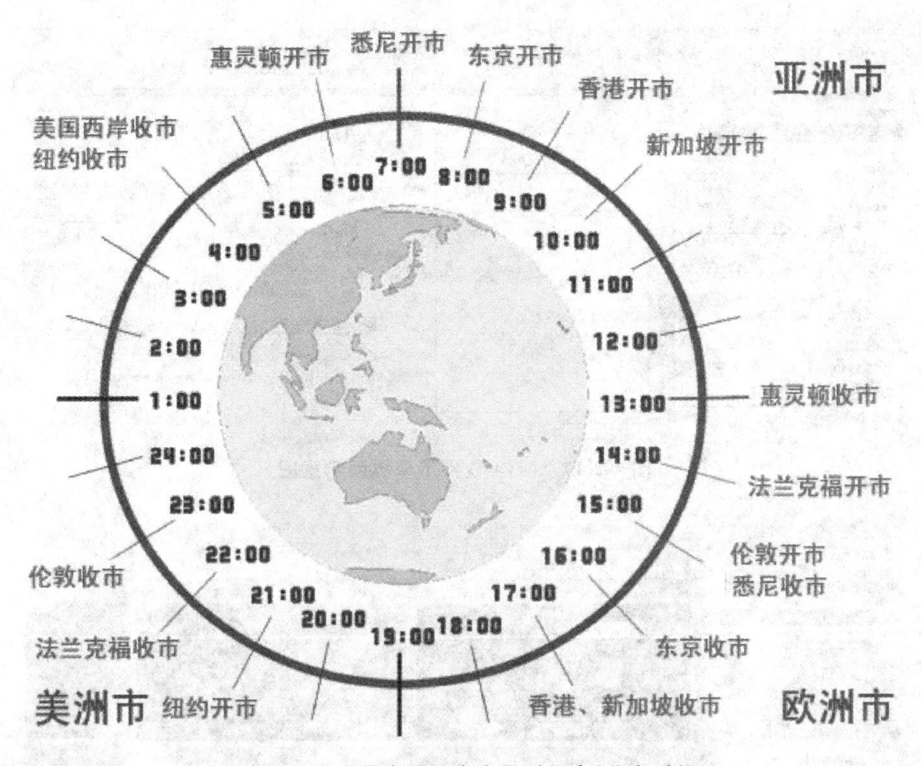

图 4-2-15　世界主要汇市交易时间表(北京时间)

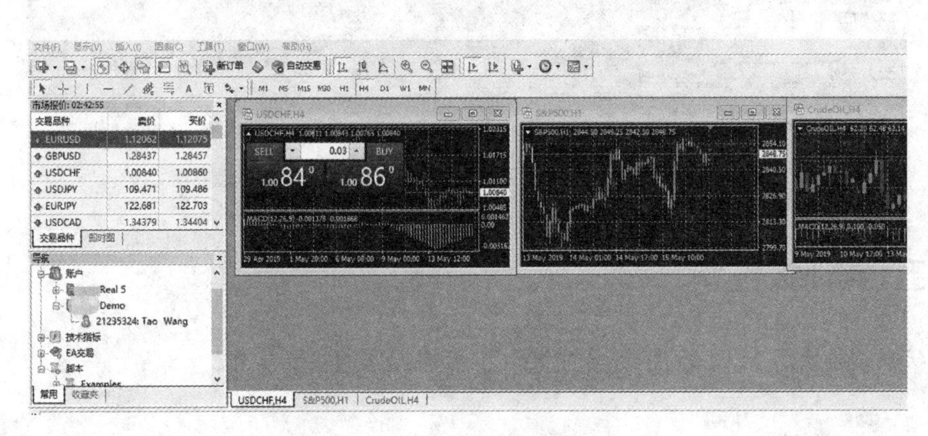

图 4-2-16　MT4 登录界面

3. 下单操作

(1) 输入开仓、平仓、修改止损或止盈、追踪止损等信息。

(2) 挂单有 4 种(Limit Buy、Limit Sell、Buy Stop、Sell Stop)方式。下单界面如图 4-2-17所示。

4. 查看行情

查看当前交易情况、各时段历史交易记录及持仓状况,如图 4-2-18 所示。

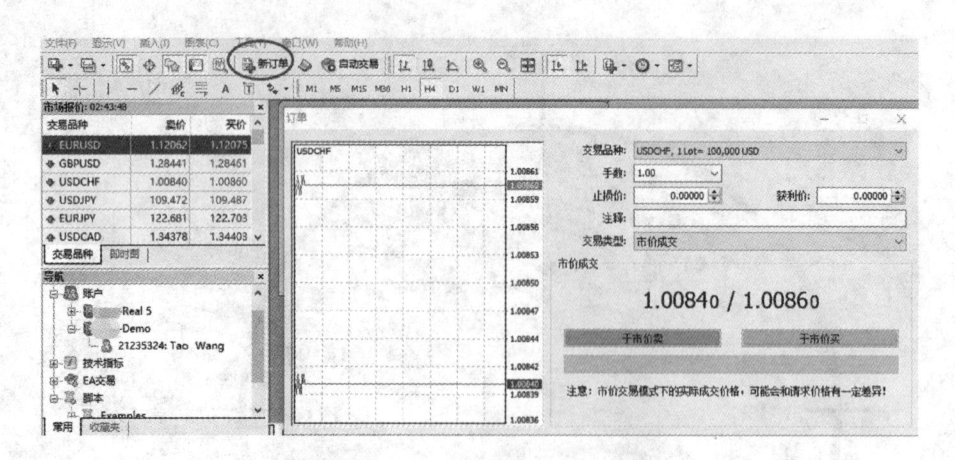

图 4-2-17　MT4 软件下单界面示意图

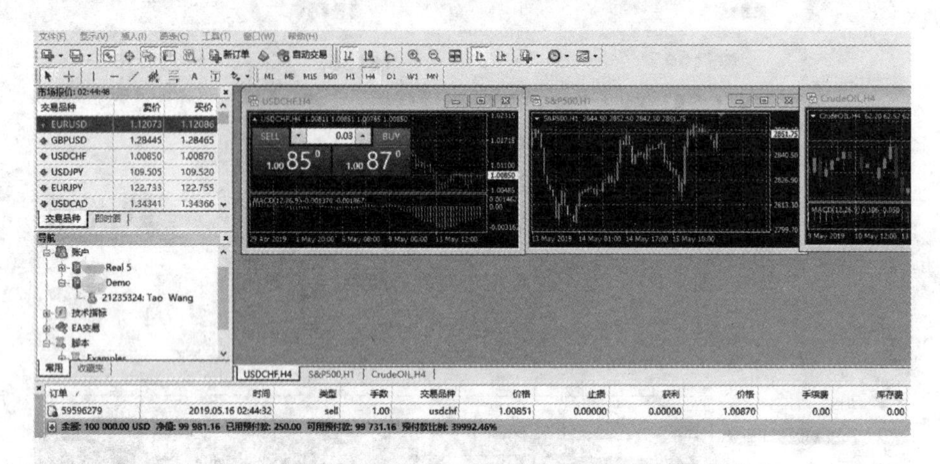

图 4-2-18　交易结果及持仓状况 MT4 软件界面

五、实训报告

(1) 描述使用 MT4 软件,完成主要外汇模拟操作的主要步骤。

(2) 提交模拟过程阶段性成果的界面截图。

(3) 写出外汇交易操作心得。

项目三

证券投资基金

证券投资基金，简称基金，是指通过发售基金份额募集资金形成独立的基金财产，由基金管理人管理、基金托管人托管，以资产组合方式进行证券投资，基金份额持有人按其所持份额享受收益和承担风险的投资工具。

进行基金投资是证券投资的一项重要内容，本项目共设两个实训任务：基金投资的选择和基金的申购（认购）与转让（赎回）。

任务3.1　基金投资的选择

一、知识目标

（1）熟悉基金的基本知识。

（2）理解基金投资的特点。

（3）掌握各种类型的基金要素的分析。

二、能力目标

（1）能够准确表述基金的概念与特点。

（2）学会分析不同基金的优势。

（3）学会查找基金的方法。

（4）能够根据不同需求，正确选择基金。

三、相关知识

(一) 基金及其分类

1. 证券投资基金的含义

证券投资基金是指通过公开发售基金份额募集资金，由基金托管人托管，基金管理人管理和运用资金，为基金份额持有人的利益，以资产组合的方式进行证券投资的一种利益共享、风险共担的集合投资方式。

2. 证券投资基金的类型

按照投资基金的组织形式分类，基金可以分为公司型基金和契约型基金；按照投资基金能否赎回分类，基金可以分为封闭式基金和开放式基金；按照投资基金投资标的分类，基金可以分为股票基金、债券基金、货币市场基金、指数基金、不动产基金、创业基金、贵金属基金、期货基金、期权基金、认股权证基金、对冲基金；按照投资基金收益风险目标分类，基金可以分为成长型基金、收入型基金、平衡型基金等。

(二) 常见基金种类简介

1. 股票型基金

(1) 主题型或者风格型　主动投资相关板块、行业或者产业的基金，例如，蓝筹(红利)、医药、新能源、互联网、国企改革、健康等。

(2) 定增基金　一级市场上认购上市公司定向增发；一般是有一年或者三年的封闭期；投资形式有定增加打新、债券加定增等；募集金额一般在 3 亿元以内。

(3) 量化基金　用量化投资策略来进行投资组合管理的主动型基金，一般有事件驱动策略、CTA 策略、日内交易策略(高频交易)等。

(4) 指数型基金　以特定指数(如沪深 300 指数、标普 500 指数、纳斯达克 100 指数、日经 225 指数等)为标的指数，并以该指数的成分股为投资对象，通过购买该指数的全部或部分成分股构建投资组合，以追踪标的指数表现的基金产品。

2. 混合型基金

一般以债券等固定收益打底，在有安全垫收益的前提下投资二级市场，并根据市场灵活配置。

常见的有灵活配置 ***** 、**** 混合。有偏向某一主题投资的混合基金，如军工 ** 混合、消费精选混合等。

混合型基金除了主题型外，还有定增加打新、债券加打新等投资模式。

3. 债券基金

(1) 一级债券基金　全部投资债券的基金。

(2) 二级债券基金　80%债券加股票(一般用于打新增强收益)。

(3) 可转债债券基金　投资可转换债券的基金。

4. 特殊类型基金

(1) 保本基金　在一定期间内,对所投资的本金提供一定比例的保证保本基金。

(2) ETF 指数基金　被动地投资指数成分股的基金。

(3) QDⅡ基金　合格的境内机构投资者投资于国外资本市场等。

(4) 分级基金　母基金分 A、B 两个基金份额。A 份额和 B 份额的资产作为一个整体投资,其中持有 B 份额的人每年向 A 份额的持有人支付约定利息。支付利息后的总体投资盈亏都由 B 份额承担。

(5) LOF　上市型开放式基金是一种既可以在证券交易所交易,也可以向基金公司申购、赎回的证券投资基金。

(6) FOF　基金中的基金(FOF)是一种专门投资于其他证券投资基金的基金。

(三) 基金的选择

市场上基金有很多种,其规模、收益、风险、期限等各不相同。基金的基本信息可以通过各专业网站查询,例如天天基金网站。

基金的选择,通常可以参考以下几个方面。

1. 基金公司管理规模

在天天基金网上可以查询到基金公司的排名情况,如图 4-3-1 所示。

1	天弘基金管理有限公司	详情 公司吧	2004-11-08	★★★☆☆	15,967.49	12-14
2	易方达基金管理有限公司	详情 公司吧	2001-04-17	★★★★★	7,258.55	12-14
3	建信基金管理有限责任公司	详情 公司吧	2005-09-19	★★★☆☆	6,693.37	12-14
4	工银瑞信基金管理有限公司	详情 公司吧	2005-06-21	★★★★☆	6,629.99	12-14
5	博时基金管理有限公司	详情 公司吧	1998-07-13	★★★★☆	5,485.78	12-19
6	南方基金管理股份有限公司	详情 公司吧	1998-03-06	★★★★★	5,460.23	12-19
7	汇添富基金管理股份有限公司	详情 公司吧	2005-02-03	★★★★★	4,661.01	12-14
8	广发基金管理有限公司	详情 公司吧	2003-08-05	★★★☆☆	4,617.11	12-14

图 4-3-1　部分基金规模

规模大的基金公司往往集聚了更专业的基金经理和基金投资经理,这为之后的基金运作打下坚实的投资研究、投资人才基础。

2. 基金经理信息

在天天基金网站上可以查到每一种基金的基金经理情况。基本信息包括该基金经理所管理的基金规模、其他基金收益情况、历史收益回撤情况以及在同类基金产品的收益排名情况等。通过此介绍,我们可以判断该基金经理的投资水平,从收益回撤可以看出该基金经理对大盘环境整体把握情况(是顺势而为还是逆势盈利)。一般是选择在同类排名靠前,任职回报较高且收益回撤较小的基金经理。

例如,图 4-3-2 及图 4-3-3 所示的是某一基金的查询结果。

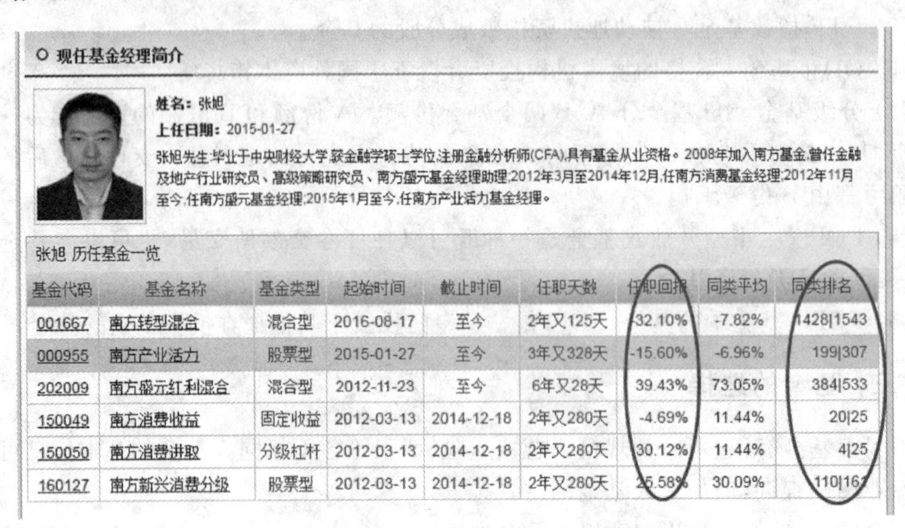

○ 现任基金经理简介

姓名：张旭

上任日期：2015-01-27

张旭先生,毕业于中央财经大学,获金融学硕士学位,注册金融分析师(CFA),具有基金从业资格。2008年加入南方基金,曾任金融及地产行业研究员、高级策略研究员、南方盛元基金经理助理;2012年3月至2014年12月,任南方消费基金经理;2012年11月至今,任南方盛元基金经理;2015年1月至今,任南方产业活力基金经理。

张旭 历任基金一览

基金代码	基金名称	基金类型	起始时间	截止时间	任职天数	任职回报	同类平均	同类排名
001667	南方转型混合	混合型	2016-08-17	至今	2年又125天	-32.10%	-7.82%	1428|1543
000955	南方产业活力	股票型	2015-01-27	至今	3年又328天	-15.60%	-6.96%	199|307
202009	南方盛元红利混合	混合型	2012-11-23	至今	6年又28天	39.43%	73.05%	384|533
150049	南方消费收益	固定收益	2012-03-13	2014-12-18	2年又280天	-4.69%	11.44%	20|25
150050	南方消费进取	分级杠杆	2012-03-13	2014-12-18	2年又280天	30.12%	11.44%	4|25
160127	南方新兴消费分级	股票型	2012-03-13	2014-12-18	2年又280天	25.58%	30.09%	110|16

图 4-3-2 基金经理基本信息

图 4-3-3 基金的净值走势和回撤情况

3. 基金持仓情况

基金持仓情况是基金投资关注的重要内容,通过网站可以查阅该基金经理的持仓基本情况,如图 4-3-4 所示。

通过该基金的前十大重仓股情况，大致可以判断该基金经理投资风格是偏重价值投资（前十大持仓股以权重蓝筹股为主）还是偏成长性投资（前十大持仓股以小市值科技股为主）。对比我们对基金投向的偏好，若是我们选择偏向价值投资的个股，在选择基金的时候，也会选择前十大持仓股权重蓝筹股居多的基金，反之，亦然。

股票持仓　债券持仓　更多>

股票名称	持仓占比	涨跌幅	相关资讯
贵州茅台	8.46%	-0.98%	股吧
格力电器	7.78%	-0.69%	股吧
美的集团	6.46%	0.89%	股吧
五粮液	6.45%	-2.26%	股吧
上汽集团	5.55%	-1.49%	股吧
洋河股份	4.44%	-3.39%	股吧
伊利股份	3.53%	-0.63%	股吧
双汇发展	2.92%	-0.17%	股吧
中国国旅	2.69%	-0.76%	股吧
华域汽车	2.63%	-0.93%	股吧
前十持仓占比合计：	50.91%		

图 4-3-4　基金的前十大重仓股情况

4. 投资时点的选择

指数时点选择包括大盘指数时点选择、经济周期时点选择（很难判断）、个股估值时点选择等。

基金投资跟股票一样，买在 A 股估值低点最优，不追高；如果 A 股整体估值处于高点，大盘指数处在高点，如 2007 年的上证指数处于 6124 点和 2015 年上证指数处于 5178 点，这样的高点不适合进行基金投资，因为投资基金本来就是投资一篮子股票的涨跌，A 股的整体股票估值高、股价高的时候，风险就大，亏损的概率大。

5. 投资者的风险偏好和投资收益的要求

投资者的偏好是固定收益还是可以承担一定的亏损：如果是偏向固定收益，可选择货币型基金和债券基金；如果投资者可以承担一定风险，可选择混合型基金；如果投资者可以承担高风险，以博取高收益，可选择股票型基金。另外，投资者的资金投资期限也很重要，对资金使用要求比较灵活的可选择开放式基金；投资者长期投资的话，可选择封闭式基金，封闭式基金一般在 2 年以上。

四、实训内容及操作

（1）上网查询目前我国证券市场上基金的基本状况（种类、规模、收益、风险等）。

（2）请为甲、乙两投资者选择适合的基金。

资料：现有甲、乙两位基金投资者，其中，甲目标是短期资金存放，乙目标是将来养老或买房。

请通过网站为他们选择适宜的证券投资基金（每人 10 只），并记录下基金基本要素（相关信息），主要特点。

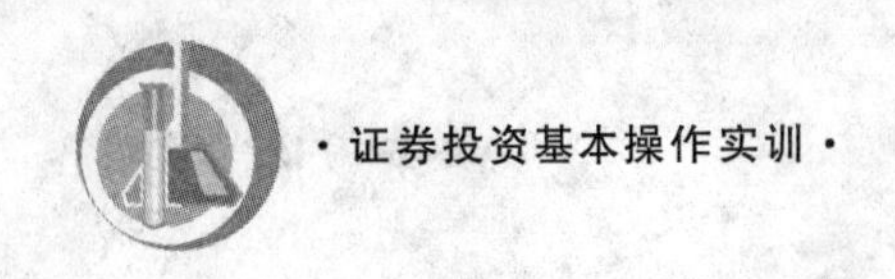

五、实训报告

(1) 分别为甲、乙两位投资者拟定目标，分析选择基金的要素。

(2) 提交实训报告：选择的10只基金的基本要素（名称、规模、收益、基金经理）。

任务3.2　基金的申购（认购）与卖出（赎回）

一、知识目标

(1) 明确开放式基金及封闭式基金的概念与特点。
(2) 熟悉基金的认购主要程序。
(3) 掌握网上基金申购方法。

二、能力目标

(1) 能够准确表述开放式基金与封闭式基金的概念。
(2) 学会《基金认购/申购申请表》的填写与审核。
(3) 能够完成网上基金买卖操作。

三、相关知识

（一）基金发行（发售）流程

1. 申请

发行或出售基金份额，必须向中国证监会提交以下文件：发行基金的申请报告、基金合同草案、基金托管协议草案、招募说明书草案等。

2. 核准

中国证监会对申报材料进行审查，作出同意发行的决定。

3. 发售

批准后的6个月内必须开始基金募集，必须在3个月内完成基金募集。

4. 合同生效

若满足基金合同生效条件,在发行期限届满10日内进行验资,并在收到验资报告10日内到证监会备案,书面确认后基金合同生效。

(二) 开放式基金的认购、申购与赎回

开放式基金(open-end funds)又称共同基金,是指基金发起人在设立基金时,基金单位或者股份总规模不固定,可视投资者的需求,随时向投资者出售基金单位或者份额,并可以应投资者的要求赎回发行在外的基金单位或者份额的一种基金运作方式。

1. 开放式基金的认购

基金认购是指投资者在基金发行期内购买基金份额或单位的行为。

开放式基金的认购步骤如下。

(1) 投资者开户　包括开立开放基金账户和开立资金账户。

(2) 认购与受理　填写认购申请表,确定拟认购基金金额,交款;销售机构审查后受理。

(3) 注册登记确认　认购是否有效,以注册登记机构确认为准,T+2日可到认购网点查结果。

2. 开放式基金的申购与赎回

基金申购不同于基金认购,它是指投资者在基金合同生效后购买基金份额或单位的行为。

赎回是指基金投资者将已购买的基金回售给基金原发行者的行为。

申购与赎回原则:

(1) 未知价交易原则。

(2) 金额申购、份额赎回原则。

(三) 封闭式基金的发售、认购与转让

1. 封闭式基金的发售方式

一是通过交易所交易系统进行网上发售;二是在指定的营业、销售网点进行网下发售。

2. 封闭式基金的认购程序

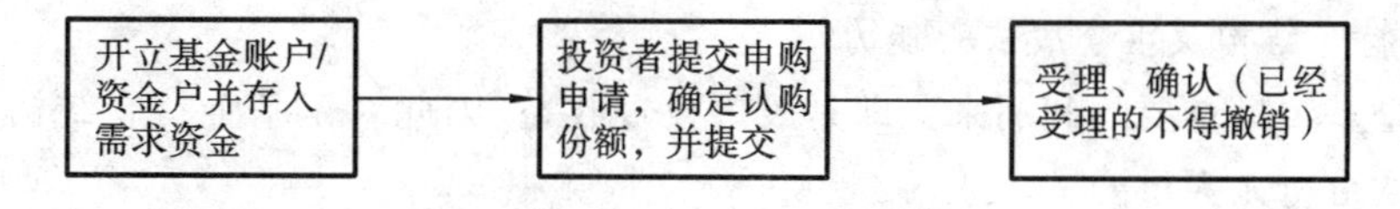

3. 封闭式基金的买进与卖出操作

封闭式基金的买进与卖出是在其封闭期满后,在证券交易所网上进行的买卖,其基本流程如图4-3-5所示。

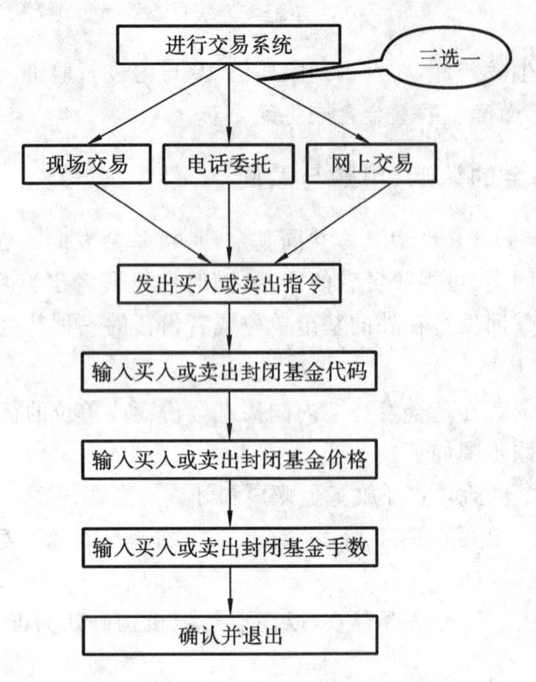

图 4-3-5　网上基金买卖流程示意图

(四) 基金投资价值判断分析

1. 看内部收益率

一般用内部年收益率指标，以到期进行清算获取收益对封闭式基金进行绝对估值，估值方法采用现金流动贴现法，计算基金价格向净值回归过程中的投资价值。

注意：交易时间为上午 9:30—11:30，下午 13:00—15:00。

2. 看基金未来分红派现能力

基金分红必须满足两个条件，即“基金单位净值在 1.00 元以上”和“基金每基金份额可分配收益为正”，该指标主要考察基金净值持续增长情况。

3. 看基金历史净值增长水平及稳定性

历史净值增长情况和稳定性虽然不能完全说明未来的情况，但是基金投资思路的延续性和连贯性，必然影响未来收益水平。

4. 看持仓结构及重仓股成长能力

股票型基金最重要的利润来源即是股票投资收益，因此对于基金持仓结构和重仓股成长能力的分析尤为重要。

5. 看市场表现及换手率

通过分析封闭式基金二级市场表现和换手率变化，了解基金投资者的持有成本的变化，可以更好地判断基金未来市场走势。

6. 看持有人结构

封闭式基金的投资以机构为主，分析持有人结构的变化，可以大致判断基金品种的特点和未来的可能变化。

7. 看基金管理公司综合水平

投资基金，归根结底就是投资基金管理人，就是投资基金投研团队的历史业绩和运作能力。

8. 看基金评级参考

选择目标品种时可以参考晨星、“Value”等一些机构评级中的相关指标。

四、实训内容及操作

（1）上网查询并下载基金认购所需表格，并模拟填写。

（2）分组活动。

三人一组，进行角色扮演（互换），模拟基金认购过程。

要求完成：①基金开户；②基金认购（申请表的填写与审查、认购份额确定）；③认购的审查与确定等过程。

五、实训报告

（1）提交填写的《基金认购/申购申请表》。

（2）提交实训报告：分析开放式基金与封闭式基金的特点。

（3）比较基金投资、债券投资及股票投资的收益与风险。

项目四

典型交易案例展示

本项目共设计了5个任务，分别是2018年证券操纵案例研究、林广茂棉花期货操作的启示、巴菲特重仓可口可乐、腾讯大股东MIH和收集涨停板敢死队操作细节等。

在金融衍生品市场存在多种多样的生存方式，有坚定的基本面分析者，有信奉价值投资的“股神”，也有孤注一掷的投机者。每个成功的投资最终都获得了巨大的财富，但取得方式不尽相同。在本项目中通过对几个有代表性的投资案例分析，希望能取其精华去其糟粕，丰富我们的投资理念，同时也要警醒，不要触碰行业与法律的底线。

任务4.1　2018年证券操纵案例研究

一、知识目标

(1) 了解证券市场主要的违规违法手段。
(2) 熟悉证券市场的主要法律法规。

二、能力目标

(1) 能够识别主要违法行为的特点。
(2) 树立法律法规观念与安全意识。
(3) 初步具备保护自身资金安全的能力。

三、相关知识

(一) 操纵市场的概念

操纵市场，又称操纵行情，是指操纵人利用掌握的资金、信息等优势，采用不正当手段，人为地制造证券行情，操纵或影响证券市场价格，以诱导证券投资者盲目进行证券买卖，从而为自己谋取利益或者转嫁风险的行为。操纵市场行为必然会扭曲证券的供求关系，导致市场机制失灵，并会形成垄断，妨碍竞争，同时还会诱发过度投机，损害投资者的利益。因此，《证券法》明确禁止这种行为，同时规定，操纵证券市场行为给投资者造成损失的，行为人应当依法承担赔偿责任。

（二）操纵市场的基本形式

1. 虚买虚卖

虚买虚卖又称洗售、虚售，是指以影响证券市场行情为目的，人为制造市场虚假繁荣，从事所有权非真实转移的交易行为。洗售的手法有多种：一种是交易双方同时委托同一经纪商，于证券交易所相互申报买进卖出，并作相互应买应卖，其间并无证券或款项交割行为。另一种是投机者分别下达预先配好的委托给两位经纪商，经由一位经纪商买进，另一位经纪商卖出，所有权未发生实质性转移。第三种手法是洗售者卖出一定数额的股票，由预先安排的同伙配合买进，继而退还证券，取回价款。

这种方式就是投资者常说的庄家的对倒行为，其目的是虚增交易量。庄家以高于或低于证券市场的价格进行某种证券的自买自卖，带动证券交易价格及交易数量的超常变化，造成该证券交易活跃的假象，使其他投资者做出错误判断参与该证券的买卖，庄家趁机高价抛售，低价吸筹，以获取不当利益。

2. 相对委托

相对委托又称通谋买卖，表现为交易者与他人串通，以事先约定的时间、价格、方式相互进行证券交易或者相互买卖并不持有的某种证券。当约定一方在约定的时间以约定的价格买入或者卖出某种证券时，另一约定人同时卖出或者买入同一证券，从而抬高或者压低该证券的价格。市场操纵者通过通谋买卖行为影响证券交易价格或者证券交易量，诱使其他投资者参与该证券的买卖，达到高位出货、低价吸筹的目的。与洗售相比，相对委托双方当事人的价款和证券的所有权确实换手，因而此种手法比洗售更具隐蔽性。

3. 连续交易

这种行为表现为交易者通过单独或者合谋，集中资金优势、持股优势或者利用信息优势，联合或者连续买进或者卖出某种证券，操纵证券交易价格或者证券交易量，使他人对该证券的走势做出错误判断而积极参与交易，市场操纵者则高抛低进，牟取暴利。

4. 联合操纵

联合操纵又称集团操纵，它是指两个或两个以上的人，组成临时性组织，联合运用手段操纵证券市场。该手段要求行为人与证券发行公司的高级管理人员甚至董事会中的重要成员联手才能完成。

联合操纵有三种主要形式。

(1) 交易联合操纵，即操纵集团秘密购进并积累证券，然后突然大量出手，使价格猛跌，操纵集团再补进，至市场流通数量有限时，又突然公开大量购进，使价格猛涨，最后逐步抛出，谋取暴利。

(2) 扎空，即操纵集团将某种证券集中吸纳，诱使其他投资者融券卖空，最后致使做空者无法补回，操纵集团借机控制价格，迫使卖空者扎空结账。通常，当股票价格上涨至某个价位时，股票投机者认为该股价上涨超过其价值时会引起股价下跌。于是投机者融券卖空，融券者就是证券市场的操纵集团。证券价格上涨后，卖空者继续卖空，操纵者则试图将证券市场上所有卖出的股票全部吸收，并将所吸购的股票再融券卖给卖空者继续卖空，最后形成融券股数超过流通在外股数的情形。当此种情形继续到卖空者开始警觉或者感到绝望并试图补回卖空股票时，操纵者也同时要求收回借出股票。此时卖空者已经没有其他证券来源，只好与操纵者扎空了结，价格随操纵者随意决定。

(3) 期权联合操纵，即操纵集团设法获得某一信誉好而数量有限的股票期权，然后利用下单购买等多种手段，造成该股票价格上扬，操纵集团行使期权高价抛售，到股价下跌时再补进。

5. 散布谣言、提供不实资料

它是指行为人借助于散布谣言或不实资料，故意使公众投资者对证券价格走势产生错误判断，自己趁机获取利益或避免损失。

四、案例展示——中科创业股票操纵案

中科创业的前身为深圳康达尔(集团)股份有限公司，1994 年在深交所挂牌上市。深圳英特泰负责人朱焕良介入康达尔股票的时间在 1998 年初，介入价位在 9 元/股左右。不久股价猛跌使朱焕良深套其中。朱焕良找到在业内运作股票颇有名气的分析师吕梁，时间在 1998 年 11 月至 12 月。

吕梁在同意帮助朱焕良解套后，用先利诱后挟逼的办法，控制了公司的董事长。吕梁控股公司后，就把公司改名为中科创业，改造为“高科技＋金融”的新型企业，并借此进行利润包装，为其在二级市场上炒高深圳中科的股价服务。同时岁宝热电、莱钢股份(600102)、中西药业(600842)、鲁银投资(600784)和胜利股份(000407)等上市公司均被吕梁纳入“中科系”。1998 年秋冬，康达尔的股价在 17 元左右，吕梁进驻后，康达尔股价便一路上涨，1999 年 7 月，康达尔的股价从 36 元跃至 45 元，此后仍然继续稳站在 40 元的价位之上。到 2000 年 2 月份，股价一度上涨到 80 元以上，如图 4-4-1 所示。

“中科创业”事件爆发的导火线点燃于 2000 年 12 月 25 日中科创业股票的“大跳水”。当天 13 时，股市刚一开盘，中科创业的股价便被突如其来的 6000 多万股卖盘牢牢地封死在跌停板上。此后的 10 个交易日中，“中科创业”股票一连 10 个跌停板，每次开盘就被千万股以上的抛盘封死在跌停价上。直至 2001 年 1 月 11 日，中科创业股票价格下跌的趋势才止住，中科创业市值的三分之二化为泡影。

2001 年 1 月 1 日，中科创业公司的 6 名董事、2 名监事突然以传真方式向董事会提出了辞职请求，中科创业董事会一下子分崩离析。“中科创业”股票的庄家吕梁借助媒体公开亮相，细说中科创业崩盘“内幕”，再三表明自己是一个“善庄”，同时把股价暴跌的责任推给一起坐庄操纵股价的合作者朱焕良，说朱焕良自行斩仓获利，导致资金链条断裂。吕梁还指责深圳中科创业(集团)股份有限公司原有巨大财务黑洞，为填补财务空缺，他不得不打造这样一个“中科系”的融资平台。此后，深圳中科董事长陈枫、总经理欧锡钊出面对

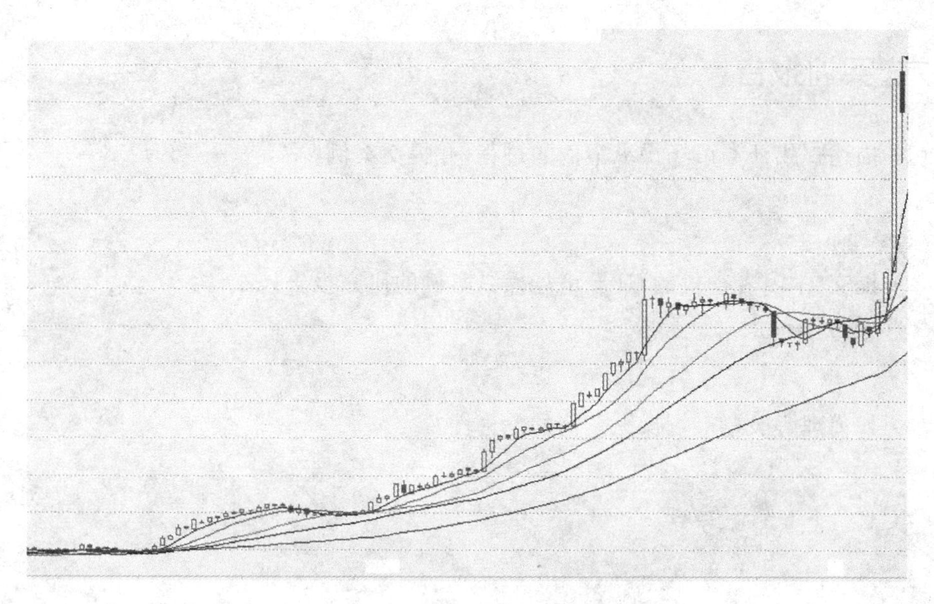

图 4-4-1 中科创业股价图

吕梁的说法进行驳斥和反击，他们指责吕梁推卸自己责任。由此一来，中科创业事件更加扑朔迷离。

2001 年 1 月 5 日晚，深圳中科召开紧急会议，决定免去龚增力特别顾问职务，免去刘红磊行政人事部经理职务，并严控公章，彻底与吕梁决裂。直至 1 月 11 日，中科创业股票才止跌。而此时股价已经由 33.59 元跌落至 13 余元。鉴于中科创业事件严重影响了股市运行的正常秩序，1 月 10 日，中科创业被中国证监会立案稽查。中国证监会主席周小川也在全国证券期货监管工作会议上表示，要严肃查处中科创业事件。

2002 年 6 月 11 日，有中国证券市场头号大案之称的“中科创业”股票操纵案件在北京开庭审理。

五、实训内容及操作

(1) 上网查找两个 2018 年证券市场操纵案例。

(2) 阐述其操作特点和股价走势特点。

六、实训报告

(1) 描述查找证券市场操纵案例的过程,并提交案例。

(2) 提交(学习者查找的)证券市场操纵案例的研究报告。

(3) 如何理解股票市场操纵案例的危害性?

任务 4.2　林广茂棉花期货操作的启示

一、知识目标

(1) 了解期货交易的特点及盈利方式。
(2) 了解林广茂交易思路与理念。
(3) 掌握基本面巨大变化与商品价格波动的关系。

二、能力目标

(1) 能够说明“林广茂棉花期货”其人其事。
(2) 能够说明期货交易的特征。
(3) 体会写交易日记的意义。
(4) 从当事人交易风格与思路中提炼有益于自身的交易思路。

三、相关知识

(一) 林广茂及其经历简介

林广茂——网名:浓汤野人,人称“棉花期货大鳄”。在 2010 年一波堪称波澜壮阔的棉花行情中,创造了 2.8 万元到 20 亿元的传奇。

林广茂的交易其实并不复杂，2.8万元本金用了一个月时间成长到15万元，又用了半年时间达到600万元，之后进入飞跃阶段，从600万用了一年做到13亿元，然后反手做空，用1亿元赚了7亿元完成了2.8万元到20亿元的传奇交易。

（二）林广茂的个人理念

2002年前后林广茂从北京物资学院证券期货专业毕业，此后担任中纺操盘手职业投资人，为当时中纺棉花期货唯一操盘手。个人从2002年开始做期货投资，不到半年赔光，此后反复经历过四次，真正做到稳定盈利是2008年以后。林广茂坦言，最初喜欢做短线，往往满仓操作，刺激如冲浪一般，当资金量积累到一定层级时便开始转做趋势。

“有些行情是不能失去的。”重提当年的棉花行情，林广茂谈道：“当失去这个机会后，可能5～10年棉花都没有这样的大行情。输不起的不是钱，而是机会。”林广茂是坚定的基本面分析者，坚持大行情都是从基本面出发。但他也强调一点，大行情一定会符合趋势的各个因素，但符合趋势条件的不一定是大行情，问题的核心是基本面发生了巨大的变化。当年一万六千点棉花看多，现货行业里90%都认同，虽然棉花集中上市存在短期利空，但供求基本面已经发生了巨大变化。

长期对棉花的研究和基本面分析，让林广茂掌握了第一手的信息以及对信息的精准解读，坚定的信念、“好赌”的性格，加上成熟的技术手段，让林广茂抓住了棉花这波几年难遇的大行情。在棉花形势走好后，林广茂果断浮盈加仓，在几十、几百倍的利益翻转下，资金积累获得了极大增长。林广茂强调，浮盈加仓必须要从基本面出发。任何一次浮盈加仓都得符合原先的开仓条件。同时任何回调都有可能，只要大方向不错。当年林广茂最后一笔加仓是25500行情时，当时现货新疆棉是28000，符合套利原则，所以加仓义无反顾。

而对于风险的把控，“最忌讳的就是硬抗”，当年棉花行情回调时林广茂也经历过保证金一天蒸发50%并被迫平仓，但他强调，只要严格按照期货公司给的保证金比例平掉，是没有风险的。“回到起点还是起点的资金，永远不会赔。”

市场的机会就是人性的弱点。“市场参与者投入的钱是个总量，而交易所和经纪商是不断地从这个市场拿钱走的，所以钱的总数是不断减少的。要赚钱就一定要比平均参与者优秀。要不断地找到与这个市场的区别。”对于市场，他有自己的纠错理论：“任何一个正确的方法一定是针对市场的一个错误，市场趋势与震荡交替进行，当错误消失以后，方法本身就成了一个错误。”林广茂的危机感让他在前行的过程中永远不忘提升自己，正如他所说：“只有在市场前行的动态中还持续地比平均参与者优秀，并且保持自身不犯错，才能从这个市场赚到钱。”

在整个论坛过程中，林广茂始终都在解析各类行情和技巧的同时剖析自身，在期货市场成功的人都有一些共同的特质，即不浮夸，当一个人还在吹牛的时候他一定会失败，期货市场是人性的市场，市场的机会就是人性的弱点。成功的人都是把人性缺点磨掉，棱角被磨圆。

图4-4-2是棉花期货2010年前后K线走势图。

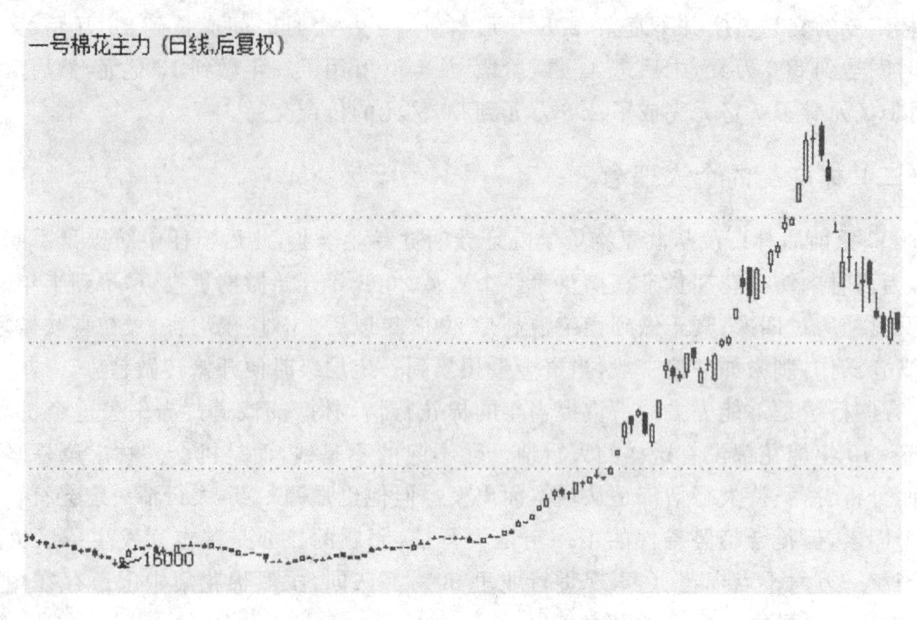

图 4-4-2　棉花期货多头行情示意图

(三) 交易日记摘要

1. 棉花处于五浪三(2011 年 1 月 31 日 12:35:49)

今天重新把棉花的半小时线看了一遍,不出意外的话,三浪在 33600 时走完了,目前走到五浪中的第三浪,这一浪有可能在 34300 左右结束。如果按照理想波浪,回调会到 31000,最终走到 37000 左右,但是这种理想情况需要多因素配合。如果春节后市场真的如我所料跌回 31000,那么棉花在之后的 1 个月见到大顶的概率高达 90%以上。现在做好一切做空准备,耐心等待,可以不做,但是一定不在我不舒服的地方做。

2. 棉花预料中的下跌出现了(2011 年 2 月 5 日 20:04:59)

棉花的这两个交易日出现较大幅度下跌,基本和预料一样,希望市场还有最后的上涨,从国内的基本面看,应该是有的。在我做空之前,越高越好。外盘 185,国内 35000 以上,37000 最理想。

3. 棉花见顶概率 90%以上(2011 年 2 月 19 日 11:02:40)

昨晚外盘棉花经历了由涨停到跌停的过程,振幅达到 14 美分,长阴灌顶在棉花中见顶的概率是很高的,而且从基本面分析外盘的强势也肯定走到尽头了。现在的问题是下跌将如何展开,目前来看我认为外盘最有可能的走势是短期暴跌 40～50 美分。

国内的走势在近期没有跟随外盘大幅上涨,相对于外盘价位没有那么不合理,所以走势的展开关键看手握大量多单和浮盈的主力多头的做法。最理智的做法是先大幅杀跌出货,再反弹,阴跌出货。但是这不是我这个空头能决定的。我唯一有把握的是,多头必须出货,多头出得越慢,我的机会就越大。

4. 我还是这么执着(2011 年 2 月 20 日 20:17:44)

检讨一下,已经赚了很多钱了,为什么还是对行情对盈利率这么执着呢?总是想要赚更多而且是在一次行情中，以目前的财富基数，我想快速翻倍甚至翻10倍的想法是很危险的，期货市场肯定容纳不下。不能放过自己吗？放松心态，降低盈利预期可能效果更好，不要等到失败了再后悔，我在贪什么？守雌待雄，守谷待峰，成就是时间的函数，我有的是时间。

任何时候，利润都不可能实现最大化，当你在追求最高利润的时候，其实也就是把自己的路给堵死了。我看，获得合理利润，就可以了嘛！——《蜗居》宋思明

虽然不是很贴切，但是可以用来提醒自己——淡定，观察。

5. 目前棉花的下跌我没有主动权(2011年2月22日08:56:18)

昨天棉花在预期中大幅下跌，我的两万吨空单浮盈巨大，这两天的走势，我无法预计，因为主动权掌握在多头手里，反弹随时会发生，但是威胁不到我的成本价。现在我最有可能犯的错误是，继续加仓追空，因为一旦反弹，我的仓位就有风险，这时应该做的是淡定，观察，等待反弹，确认没有风险以后再加仓，死死咬住，越往后，我越安全。我最担心的价格下跌太快，目前看来不会发生，我有的是机会加仓。

6. 不能丢掉我的头寸(2011年2月25日10:57:21)

到今天棉花的空头已经有8800万浮盈了，昨晚斗争了一晚上，到底要不要将浮盈先兑现，直到今天早上还在犹豫，开盘前做了决定，一手也不动。虽然我认为随时都会反弹，但是我绝对不能将所有仓位都平掉，这样我冒的风险太大，如果行情没有反弹我的整个计划就都乱了。如果只是平掉一部分，那么几百万的差价对我没有任何意义。

我一直记得利文斯顿的一句话，我不能丢掉我的头寸，即使眼看着反弹洗掉我几百万美金的账面利润，我还是要坚持拿住我的头寸。

现在我拥有足够的知识和经验，拥有足够的看盘和操作技巧，拥有绝对的信心和纠正错误的勇气，拥有先知先觉的预判和猎人的耐心，但是我还是要克服我的极端和贪婪。

7. 我为什么不坚定了？(2011年2月27日03:20:03)

今晚和达芙的陈总吃饭，聊到了对后市棉花的看法，陈总的观点和我很不一样，他认为棉花在本年度还将继续上涨，纽约期货5—7月份的逼仓会比3月份还疯狂，但是它回避了明年新花如何接轨的问题。新老花价差十分明显，回归是必然的，所以只有两条路，老花下跌或者新花上涨，如果老花在3—4月份继续上涨，那么新花价格也必须跟随，否则价差会继续拉大，留给价格回归的时间越来越少了。

价差一定会回归，关键是时间，从现货的角度出发，价差不存在迅速回归的可能，因此老花继续上涨的概率很小，时间不够。

8. 我继续看空，做好打持久战的准备(2011年2月27日14:26:56)

想了一夜，今天早上打一圈电话，我继续看空，因为我的出发点没有变化，现在开始盯紧12月美棉，我的想法可能比市场早了太多，但是时间上谁又说得准呢？把握好自己的惯性吧，我的观点和任何人发生冲突都是正常的，市场是变化的，人也是。

9. 今晚的外盘很关键(2011年2月28日21:15:11)

纽约12月开始强势上涨了，内外盘价差在缩小，12月如果创新高，我的观点就必须调整，至少在时间上。我的观点是外盘不应该如此强势了，看今晚能否转折。

这次的反弹并没有给我造成金钱上的困扰，但是对行情却产生了一些犹豫，现在就进入是不是太早了？

10. 现在我对棉花的看法(2011年3月14日17:46:56)

与其说是我对棉花的看法，不如说是我对后市希望的走法。今天的走势在技术上是破位了，而我在上午就把所有空单都平掉了，并不是因为我对棉花看空的方向变了，而是我认为现在时间还没到，期货短期跌得太多了。在目前的时点价格继续保持低位是可以的，但是马上就大幅下跌可能性比较小，对于这次操作从现在看我肯定是做错了，少了5000万利润，但是没有太遗憾的是，这次下跌我肯定不敢加仓，所以损失不算太大。希望市场会给我再次进场的机会。从盘后的持仓变化来看我还有机会，因为永安和新湖的多单大幅减仓了，而且增加了空单，这说明多头的恐慌盘出来了，如果后期马上进入多杀多，那期货将会大幅领先现货下跌，我会把空单放到全国棉花交易市场，期货的机会不是最好的，至少卖空远期现货更安全。后期的走势需要观察，市场会不会出错？耐心，还是耐心最重要。国内棉花期货的博弈，越来越像纽约了，我要转换思路。

11. 我的碗满了(2011年3月15日21:11:57)

我的碗满了，老婆说得对，是我忽略了，功夫在诗外。我又看了一遍2月25日写的博客"我不能丢掉我的头寸"。现在我拥有足够的知识和经验，拥有足够的看盘和操作技巧，拥有绝对的信心和纠正错误的勇气，拥有先知先觉的预判和猎人的耐心，但是我还是要克服我的极端和贪婪，还得加上恐惧。错误的发生就像事先注定要发生一样，不论我多么努力躲避，它就在那里，不偏不倚。想起小时候学自行车，刚拐过弯看见前面有一个老人，一下子忘记了该用刹车，嘴里大喊，别动，别动，不断调整车头，最后直接撞在老人身上。幸亏那位老大爷很幽默，只说了一句："你在瞄准啊？"羚羊挂角，无迹可循，少赚6000万，我离我的彼岸又近了一步。

12. 3月19日(2011年3月19日11:15:18)

市场在验证之前我对棉花走势的看法和希望，从目前的减仓反弹来看，它在给我机会。60日均线被突破后上行的目标在31000～31500，超过32000则技术上出现空头止损信号。决定是否全力出击的唯一顾虑是基本面会不会支持继续上涨，回到基本面，现在的主要矛盾应该是，原料价值过高而信贷紧缩，纺织厂成品积压严重占用资金，无力大举采购，看多的人认为……但是实际上在资金不够的情况下，任何商品和资产都很难出现牛市，因为一旦价格上涨就会遇到变现还贷的压力，这种压力将体现在4—5月。根据我的数据，本年度棉商的销售率大大落后于上年度(估计落后20%)。没有外围资金进场，有货的人又要变现，如何上涨？炒作棉花这样的大宗农产品，必须考虑下一年度新作物上市对旧作物的影响，在新作物定价大幅低于旧作物的情况下……随着时间的推移变现的压力会越来越大，因为新花上市那天必然亏损(投机市场中的必然性无比重要)。如果真正的缺口迟迟没有出现(缺口在7月之前不会出现)，市场又没有出现非理性的话，多头的情况不会太好，7月之前不平仓吗？这个时候如果再加上货币紧缩的话，我看不出多头有任何胜算。也许有人会寄希望于逼仓，但是希望渺茫，一是政策不会允许，二是从3月交割来看，仓单在价格低于29000的时候都没有出现外流，而5月的多头在进入现货月后主动大幅减仓，哪有一点逼仓的底气？5月都不逼，等到9月再逼，拿一堆交不出去必然亏损的仓单？因此在31000～31500建立长期空头头寸，是一个好的选择，500左右的风险，10000左右的利润，值得全力出击。

13. 本年度棉花走势的猜想(2011年3月22日18:13:38)

从现在开始到新花真正上市，这个棉花年度还剩下正好半年时间。猜一猜这半年棉花价格会怎么走，并且不断修正它，应该对头寸的把握有帮助。本年度高等级棉花的缺口肯定存在，这也是价格涨到34000的主要原因，但是不能排除通货膨胀，货币泛滥的因素。这个缺口在何时显现？我认为会是7月中旬，而从现在到7月份绝大部分投机者手中的棉花是熬不住的，大家都不卖，就不会有缺口，一定是大家都卖得差不多了，缺口才会出现，少数人赚钱是绝对的，从11月到现在多头就没赚到钱，而在11月以前，基本面的情况是一样的，但是谁看到30000以上了？目前整个大宗商品市场都蕴含巨大的势能，价格基本在历史高价区，半年来涨幅巨大，要保持大宗商品价格在高位光靠缺口是绝对不够的，货币的因素也很重要，而目前货币因素正朝着不利于商品价格的方向转变，各个行业普遍反映贷款收缩，现金流艰难，至少在这种情况下，期望大的牛市是不可能的。同时，商品的高价也开始抑制需求了，前期低价采购的原料基本用完了，产成品价格开始了大幅上涨，占用了本就不充裕的现金流。所以投机多头手里的货越多，从现在开始就会越难受……

激水之疾，至于漂石者，势也。故善战人之势，如转圆石于千仞之山者，势也。

14. 4月很关键(2011年3月29日20:30:23)

我一直认为今年棉花最关键的月份是4月，没有想到9月合约能在四月前就跌破30000。这说明棉花比我想象的要弱，也说明想赚钱比我想象的要难。

现在猜一下4月会发生什么？

第一，加息，这是很有可能的，对资金链是一次打击。

第二，降低出口退税，现在有人说是谣言，我却相信，只是点数不一定是5，如果是5太可怕了。

第三，存棉信心逆转，出货还贷成为现货商首选。

第四，进口棉大量到港，新疆棉运输改善。

第五，纽约头肩顶破位。

第六，印度棉纱重新进入国际市场。

如果我猜得没错会造成什么结果？赌一赌，或许会有大收获。

15. 过节，持仓还是平仓？(2011年4月2日15:59:17)

昨天又有朋友因为要过节平掉了手中的空头头寸，现在后悔不已。有必要说说我对节日持仓的看法。我认为一个不敢在节日持仓的投资者离真正的稳定盈利还有很长的路要走。

其实对于把握了大方向的中长线投资者来说，节日持仓是最安全而且利润最大的，节日时间越长越安全，因为时间是投资者的朋友，没有交易意味着市场中不确定的情绪因素减少，现货市场会向着它应该朝的方向前进。

有人会说，这次多头因为节日减仓不就逃过一劫了吗？实际情况是，没有方向判断能力而逃过一劫的人，最终难逃一爆，怎么死的并不重要，他离稳定盈利更远，早爆早反省。

假期不能交易会给那些必须每天盯盘，每天赚钱的人带来不安全感，其实用做股票的

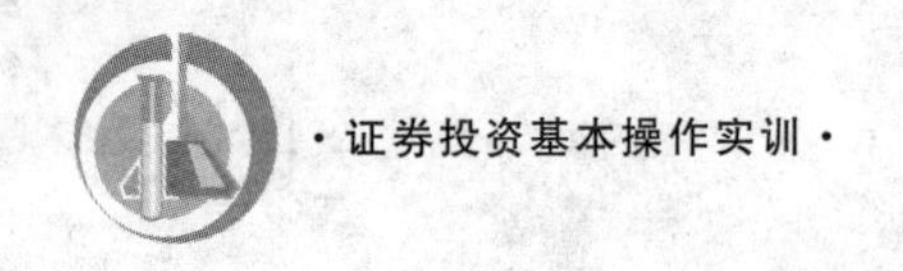

心态做期货,卖出,不动,直到价格合理,何须每日盯盘?假期给我带来的最大困扰反而是不能加仓,所以减仓不会是我的选择。

想起我 2 月 22 日的博客“淡定,观察,目前棉花的下跌我没有主动权”。

……

现在已经到了最重要的一节,我已经完成了布局,正在等待迎刃而解的畅快。

16. 众生无尽愿无尽,水月光中又一场(2011 年 4 月 3 日 10:14:29)

一直以为自己是用哲学的态度看待佛学,是用唯物主义的观点看待唯心,今天有所改变,瞬间的想法却又抓不住。趁女儿睡着了,好好整理一下,希望对我有帮助。

我所从事的是,这个世界上除了战争以外最残酷的行业“杀人不见血”:这个假期不知道有多少现货商食不知味,夜不能寐。贪婪、恐惧、自大、虚荣是人的天性,我要用理性战胜天性,最大限度地消灭自我,这种自己收拾自己的斗争,要比和他人的斗争难得多。

同时这个行业让你迅速经历人生成败,高峰低谷,十年一梦,其他行业需要一生,超常的速度带来的是超常的压力,幸或不幸依靠的是强大的心灵,能让心灵强大起来的,目前我找到的只有佛学……

17. 纽约 12 月的上涨是机会吗?(2011 年 4 月 5 日 11:34:10)

近期纽约期货 5—7 月份略微回调,但是 12 月份在农业部报告显示下一年度面积只增加 12%后突破 130 美分,现在已经涨到 136 美分,在这种氛围下国内价差迅速回归到 3000 以内,这是好事,价格在趋向合理,估计还要继续下去,因为 3000 也太高。

现在我要考虑的是纽约期货 136 美分是否合理?从目前来看下一年度的全球播种面积没有完全确定,美国的货币紧缩也只是我的猜测,贸然认为纽约新花价格上涨是不合理的。而从国内 1 月和纽约 12 月的价差来看,历史数据显示现在仍然在合理的范围,国内的价位还是偏高,当然考虑了外商极其不合理的基差。所以纽约 12 月多头的推进在战略上是安全的,不是冒进,我没有机会狙击。同时 12 月价格的推进也有可能是为了掩护 5—7 月多头的撤退,毕竟价差缩小会给 5—7 月多头减轻一些压力。

……

18. 市场如预期,继续持仓(2011 年 4 月 14 日 11:06:54)

很想加仓,但毕竟是公开操作,不想误导大家,80 万左右的浮盈,拿着很舒服,市场如 4 月 5 日博文的预期:结论是纽约 12 月的启动给整个战局增加了不确定性,现在仍然在合理范围,应该密切关注,但不可参与,如果带动国内 1 月大幅上涨,那会是美丽的意外。

交易就是等待意外的发生。错误的交易都是市场最好的安排,因为市场在想尽一切办法让 70%的人产生错误。我们每个人都应该去认同和面对这点,充分做好各种准备去拒绝市场的这种安排。正如大多数人是在用十二万分的精力去阻止意外的发生那样,接下来我们所要做的,是去等待市场给予我们的那些美不胜收的意外。

19. 鸟儿早已飞过,天空没有留下痕迹(2011 年 4 月 14 日 11:17:48)

当市场的心理预期全面转空时,市场只会给快速行动的人机会,但是这些人同时承担大幅反弹的巨大风险。风险与收益成正比,因为做空的人也只看到大家都看到的。其实就目前我们大家所得到的有限信息,棉花的基本面早已定局。我的观点是,8—9 月份不但不是高点,反而可能是低点,而明年的 4—5 月份,则可能再走高。之所以现在还是吵吵闹闹，分歧严重，我想把它解释为“思维惯性”。我们先看去年影响上涨的基本因素的原因和变化：需求大增的主要原因是国外的补库，把危机时应该采购的给补回来，造成短时间内巨大需求，且价格不敏感。现在，这个需求已经回归正常，价格也开始敏感起来。短时不会暴增，不过高价下，对需求的抑制却更为明显。这个因素从大利多向小利空转变。

流动性，这是双刃剑。水涨船高，所有大宗商品都涨了，棉花是里面的明星。现在，各国开始收紧，新型经济体纷纷收紧，最近欧盟也有动作，关键看美国的下半年，胡祖六说50％的概率会收紧。这个因素也从大利多向利空转变。

中国减产，这是一个直接因素。产量略减，库存极低。这是多方看多的基石。这个因素不会再起太大作用。

劳动力和生产资料，这是个相对利多的因素。劳动力的价格将会持续上涨，经济增长不应该以农民低收入作为前提。所以农产品都应该上涨，不过国家希望时间要拉长一点，以便城市低收入者有个接受的过程，政府要有想办法的时间。但同样需要农民工的纺织企业的成本就会上升，3 年后纺织工人工资应该在 5000 元左右，比现在再涨一倍，有多少纺织企业能承受呢？纺织企业还会像现在这么多吗？

再看看纯利空的因素：人民币升值，这个在 5·25 之前是不可逆的，只是幅度和时间的问题。

产业结构调整：这个一再提及，特别是相关的政策，如退税下调，钢材已经下调了，纺织还会远吗？去年的大幅上涨，是多因素共振的结果，所以尺度超出想象。但这种上涨也是多年前留下的伏笔，比如棉花的减产，由于前几年价格偏低，实际的产量在逐年下降，只是不好察觉。就像次贷危机一样，非一时之功。同样，自今年开始种植面积增加，到产量增加也是一个过程。大胆想象一下今年走势：4—5 月份纠结，6—7 月份下跌，8—9 月份低点，缓慢接轨新棉，价格平稳，后因外单持续增加(该在 3 月份的，因价格高没下的)，在春节后开始上涨……

20. 继续取消合同，看来我们快赢了(2011 年 4 月 14 日 23:01:21)

美棉 7 月和美棉指数正式破位，但是我最高兴看到的还是 12 月大幅下跌。美棉 5 月减仓下跌，逼仓已不可能，道理很简单：看看出口周报，中国继续取消合同。基金想逼 ON CALL 点价，但是内外盘 1 万的价差，而纺织企业并没有开信用证，也没交定金，最大的成本就是上黑名单，是你，你会去点价吗？上黑名单而已，华芳早在 2004 年就上了黑名单了，难道美国人设个套，我们就一定得钻吗？他们太一厢情愿了。之前 3 月合约为什么很多纺织企业最后点价了？因为国内期货、现货价格依然很高，而且还有很多人在忽悠能上 4 万(这就是为什么现在全球第一大棉商仍然在国内强烈看涨，他们不希望合同被取消，我指的是 ON CALL，而不是已定价合同)。回头看看点价的那些人，你让他们继续点价，除非是傻子，继续保持这么大的内外价差，纺织企业一定不执行。这就是我们的期货市场发挥了作用，还是那句话，这是一场战争，结果是我们快要赢了。

大家都取消合同以后美国人会怎么办？把棉花留在国内等着 7 月份以后大幅贬值？肯定不会的，他们一定会降价卖的，至于什么价格我们再买，那还得看郑州期货市场，这就是全球商品定价权，希望棉花成为中国获得的真正意义上的第一个拥有大宗商品定价权的品种，这是我们为之自豪的值得纪念的有意义的事。

21. 现货爆仓是什么样的?(2011 年 4 月 29 日 11:13:04)

市场传言纺织厂准备去期货上拿仓单了,因为期货比现货便宜很多,多头继续在找稻草。事实上这不可能,拿 5 月的?没人卖,非要拿,价格就会高于现货。拿 9 月的?无所谓了,一样是投机。澳棉跌到 27000 了,依然没人买。今天是想怎么保命的时候,别过"五一",那是噩梦。

棉花现货市场其实也是保证金交易,多头由两部分人组成,一是出资人,如银行,包括农发行和商业银行,他们只收利息,但是必须保证本金不受损失。二是管理者,这部分人出保证金,享受大部分利润,也承担损失。之前价格的下跌是缓慢的,因为空头在跟管理者打交道,他们不会轻易认赔,当价格跌破成本时,也就是将跌穿管理者的保证金时,下跌就会很顺畅,因为空头开始跟出资人打交道,他们不在乎价格,只要求把资金收回来,这个时候管理者也开始跟出资人打交道,而不再是空头,他们会发现空头比出资人要温柔得多,过完"五一",现货市场的强平就要开始了,有多少人会现货爆仓?

实盘基金继续无操作,权益 1307 万。

22. 成交量和持仓量(2011 年 5 月 10 日 21:59:21)

今天棉花的巨量成交和持仓天量,让这次行情变得更加精彩,借这个机会给刚刚开始期货征途的朋友介绍一下成交量和持仓量。

把期货看成一场战争,一般来说,期货价格的涨跌,直接说明了多空双方势力强弱;成交量增加或缩减,则显示多空双方短线争夺趋于激烈或趋于缓和;持仓量也称持仓兴趣,持仓量的增加或缩减,则是反映多空双方外围增量资金进驻场内与场内原有资金平仓撤离流出的指针。

持仓量增加,说明多空双方对当前集中成交价位的看法发生重大分歧,多方看涨且预期涨幅很大,同时空方看空且预期下跌空间很大,多空双方外围增量资金进驻场内。持仓量的缩减,反映的是多空双方对当前集中成交价位的看法基本一致,或仅存有较小分歧,多空双方场内原有资金平仓撤离流出。一般来说,持仓量虽然不能明确指出市场价格的运行方向,但对于预测市场价格的波动性幅度具有重要的参考意义。即多空双方持仓量迅速增大之后,一旦价格向一个方向波动形成趋势,这个趋势的幅度将与持仓量呈正相关关系。

持仓量,就像在泳池中的泳者。在投机行当里,当大家都在池中的时候,市场可能更接近转折点,同样,当池中没人的时候,就是一个绝好的入市机会。今天这个下跌途中的增仓,不确定性很大,但是从长期看,这绝不是一个投资(可以是投机)的买点,接下来我们要看持仓量能否继续增加了,我的感觉是多头希望做出 4 月 11 日的走势,但是现在的现货环境不一样了,同时空头的浮盈也太大了。

23. 长江血战(2011 年 5 月 12 日 18:25:55)

5 月 10 日郑州棉花期货市场多空大战,成交 350 万手,一度增仓 11 万手,战况惨烈。多方背靠 24200 长江天险,全力反攻,空方毫不示弱,增兵大战,从当日盘面来看,多方取得胜利,空方后撤三十里。夜间多空举火纽约再战,多方占尽上风,纽约七月涨停收盘。次日,空方再撤三十里,但多方也无意进取,双方投入兵力减少,两阵营中不坚定者撤离,盘中空方夺回部分阵地。夜间风云突变,全球市场暴跌,多方后继无力。今日早间,多方节节败退，午后崩盘，溃不成军。盘后消息传来，多方准备撤回长江南岸的渡船被央行一把火全部烧毁。军心已溃，明日之战，毫无悬念，部分多头将就地投降加入空军，部分多头将不计代价撤回南岸，以图再战，而撤回南岸的桥，必然是用多头的尸体堆成的。

期货市场就是战场，放眼望去，白骨累累，看盘时，戴上耳机，并不比任何大片逊色，你会听到鼓角争鸣，杀声震天。明日辰时，空方将吹响号角，长江将被鲜血染红。站在高原上，这场战斗其实离我很远，提醒所有空军，杀得兴起时不要忘了，你的背后，高原上的骑兵已经马上鞍，箭上弦，面具盖上的一刻，倒在血泊中的又将是谁？

24. 棉花六月(2011 年 6 月 10 日 09:08:27)

直到今天棉花多空依然分歧巨大，我在微博中回复韩总说一个月内会见分晓，因为棉花 6 月会很精彩。先分析一下利多的因素。在我看来还是两条，9 月合同是高等级缺口而逼仓，1 月合约是天气。先看看 9 月，高等级缺口确实存在，但是四级棉是可以替代交割的，劣币驱逐良币的现象已经发生，没有人会选择交割三级，而交易所的等级差价明显不合理，现在的 9 月肯定是在为四级定价，而不会是三级。而逼仓更是不可能出现的，这个就不解释了，多头大佬心里都清楚。再说说 1 月的天气，之前多头寄予厚望的是干旱，最近下了几场暴雨，多头又寄希望于旱涝急转，这个真没什么好说的，去主产区自己看看，再回顾一下历史，就知道对于棉花来说 7 月之前的天气都是神马。

归纳一下，利空是什么呢？

(1) 央行很可能近期加息。

(2) 提高准备金率的窗口在 20 日。

(3) 进口棉开始大量到港，以往是在 3 月，今年由于出口国耍赖，被推迟到了 6 月。

(4) 印度放开出口，虽然量不大，但是已经是历史第三高，基本上关了美棉销售的门，同时为下一年的美棉销售造成了压力。

(5) 农发行月底双结零，进口棉信用证到了集中付款期。

(6) 后道销售在期货大涨 2700 的情况下并没有明显起色，期货价格和四级现货的价差已经是我看到的最大的时刻。

以上利空配合的是 9 月马上要进入现货月份，整个棉花的成交量大减，我无法理解多头期待的大涨从何而来，难道是希望 1 月上 30000 吗？

25. 轻舟已过万重山(2011 年 6 月 30 日 21:06:54)

从 2 月 14 日海南开始做空 9 月 34000，到今天已经四个半月了，再争论多空在我看来已经没有什么意义了。如我微博所说，现在剩下的只是输赢数量的讨价还价，不愿认输的外商和投机多头还在挣扎，不幸的是时间的网已经收紧，腾挪的空间已经消失，等到结束时回头看，这些挣扎只不过让自己陷得更深，感谢多方的每一次反弹，让我从 5713 手空单一路都有好的浮盈加仓点，直到今天加仓 5500 手，空单数倍于起始。四个半月来我一直公开自己的操作，因为我的目标不在国内，我希望有更多的人和我一起做空，让价格早日回归，所以做到了知无不言，言无不尽。很可惜结果不甚理想，真的相信我观点的大佬应该说一个也没有，跟我走到现在的散户也屈指可数。同时很多朋友也劝我不要公布实盘基金，他们认为不是助人而是害人。所以从今天起不再谈论自己的仓位，最近接触了一些期货公司，潜入水下的我应该会威力倍增，近期的计划已经做好，相信会让这个市场更加精彩。

四、实训内容及操作

(1) 分析期货市场的特点。

(2) 详细对照交易日记日期及同步行情变化整理出对自己有用的内容。

(3) 上网查询目前棉花期货的行情及期货合约价格。

五、实训报告

(1) 什么是期货的空头市场?

(2) 什么是基本面分析?

(3) 林广茂是如何处理基本面与技术面关系的?

任务 4.3　巴菲特重仓可口可乐

一、知识目标

(1) 了解巴菲特投资可口可乐的背景。
(2) 理解价值投资及其意义。
(3) 掌握可口可乐投资案例中价值投资的核心要素。

二、能力目标

(1) 能够说明巴菲特投资可口可乐的动机。

(2) 学会股票价值投资的要素及方法。

(3) 学会从品牌、盈利模式和护城河的角度分析股票的方法。

(4) 体会投资与投机的区别。

三、相关知识

(一) 可口可乐案例

可口可乐诞生于1886年,是一种含咖啡因的碳酸饮料,可口可乐公司成立于1892年。1987年可口可乐公司陷入了困境,1987年底的股价为38.1美元,当年每股净利润为2.43美元。

巴菲特喜欢喝可乐,也一直在研究可口可乐,可口可乐价值正在被大家低估。但巴菲特认为可口可乐的品牌在人们心中占有不可替代的地位并且会不断得到强化,构成持久竞争优势,1981年Roberto Goizueta成为新的CEO,管理层很优秀,这种资本开支小的生意模式会有非常充沛的现金流。

于是,巴菲特开始以每股平均41.8美元大量买入可口可乐公司的股票,到1988年底共持有1417万股,成本为5.92亿。1989年巴菲特以46.8美元平均价格继续增持可口可乐2335万股的股票,总成本为10.24亿,总持股数翻了一倍。1994年继续增持总投资达到13亿美元,此后持股不变。

截至2012年巴菲特投入的13亿美元已经成为市值145亿美元,收到的分红总额约为30亿美元。巴菲特足足赚了162亿美元,收益是投资的13倍,这是一次非常成功的股票价值投资,并且一直持有至今。可口可乐股票1985—2011年间K线图如图4-4-3所示。

(二) 买入理由分析

对巴菲特稍有研究的投资者知道,巴菲特的投资理念是一个持续进化的过程,从初期的烟蒂型格式方法,到后来受费雪和芒格影响进化到以合适的价格买进伟大公司。这个转变过程中,1972年初次以高市盈率买入喜诗糖果是第一步入门,但是真正的大手笔当属1987年大量买入可口可乐股票。

巴菲特买入的逻辑,看看莫尼斯是如何分析的。

(1) 巴菲特本人爱甜食,十分爱喝可乐。在樱桃可乐还没有出现前,他常常往可口可乐里倒一些糖浆。在他还是小孩的时候,对饮料瓶盖很感兴趣,他发现零售机四周扔弃的瓶盖中,可口可乐的瓶盖比例惊人,高达80%以上。

(2) 听说巴菲特订阅过《广告年代》杂志。他问自己,如果要在几年内完全复制出可

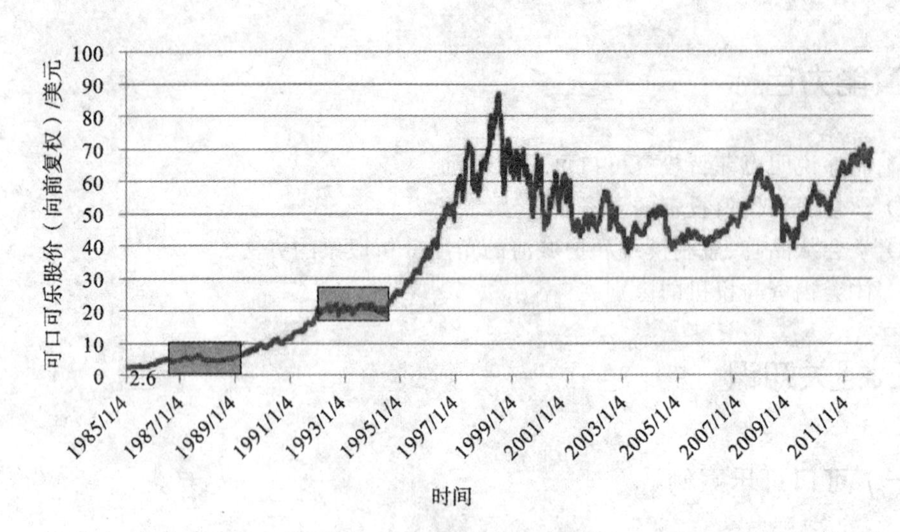

图 4-4-3 可口可乐股价图

口可乐这个品牌，需要多大的资金投入？最后他和芒格得出的结论是：就算这个地球上最好的营销团队，想要复制可口可乐的品牌，1000 亿美元都办不到！而当时可口可乐公司的市值不超过 200 亿美元。一个仅仅品牌就价值远高于 1000 亿公司，用不到 200 亿就可以买到，这的确是桩好买卖！

(3) 巴菲特仔细研究了可口可乐公司过去 80 年的年报。他发现这个卖糖水给制瓶公司的可口可乐，其毛利率高达 80%以上，就好像软件公司一样。这家公司未来的成功取决于它能向全世界卖出多少份可乐，数量越多，赚的钱就越多。他发现在过去 80 年里面，没有一年其销量不是增加的！这过去 80 年的重大灾难性事件包括：第一次世界大战，大萧条，第二次世界大战，韩战，越战，冷战，无数次的经济衰退，以及在印度被逐出市场等。在这个过程中，可口可乐公司年年都在成长。巴菲特和芒格问自己的问题很简单：到 2000 年、2025 年、2050 年可口可乐的销售量会是多少？这个结论很可能让人垂涎欲滴。

(4) 1886 年，可口可乐首次被调制出来，8 盎司装卖 5 美分，今天的价格是 17 美分。如果考虑到通货膨胀率，当年的 5 美分相当于今天买一瓶 8 盎司装的可乐要花几美元才行。在一个世纪时间里，它的单价大幅度下降，这是一个很独特的现象。极少有其他消费品达到了如此程度的减价。

(5) 全世界还有亿万人群未曾尝到他们第一口的可乐滋味。同时，对比美国和欧洲，全世界人均每天的可乐消费量极其微小。但是，在未来几十年里，全世界人均收入水平将急剧增长。可口可乐的人均消费量将有大幅上涨的空间。

(三) 可口可乐近年重要财务数据

财务数据是价值投资必须高度关注的重要内容，可口可乐公司多年的重要财务数据如图 4-4-4、图 4-4-5 所示。

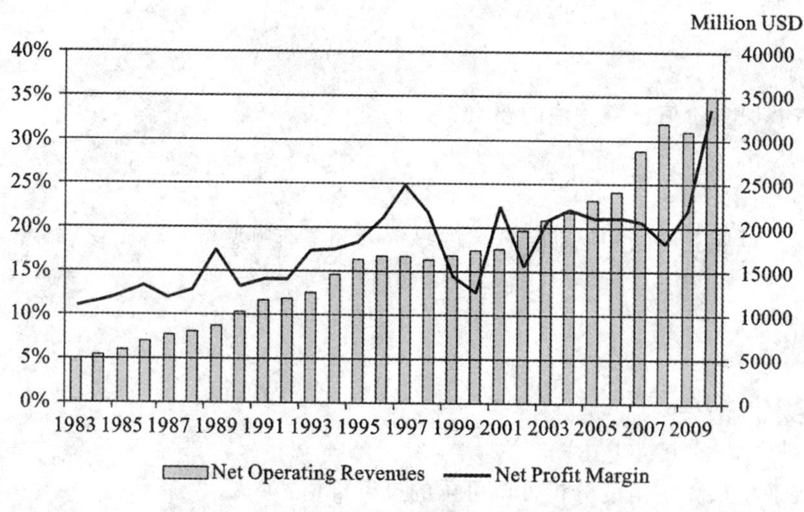

图 4-4-4 可口可乐销售额和净利率(1983—2010)

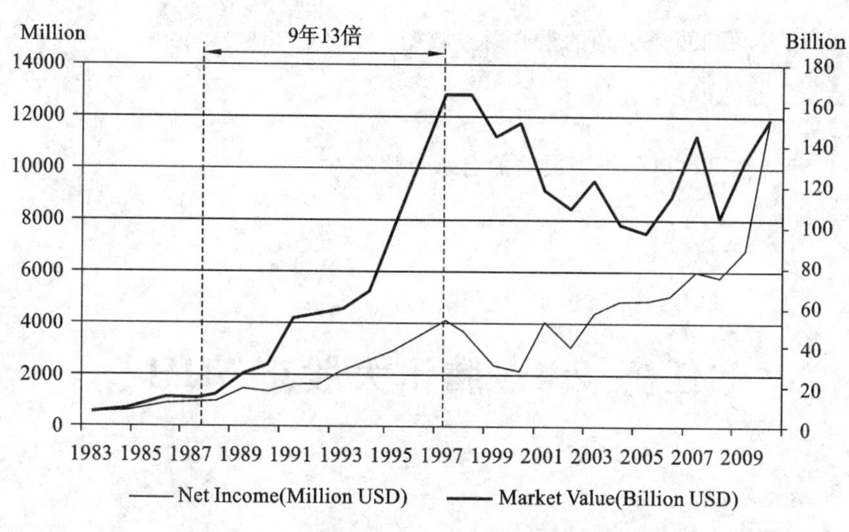

图 4-4-5 可口可乐市值和净利润(1983—2010)

四、实训内容及操作

查阅资料：

(1) 找出巴菲特投资喜食糖果案例的前因后果。

(2) 查找可口可乐股票目前的市值,计算出巴菲特持有股票的现值。

(3) 查找股票价值投资关注的要点。

(4) 目前世界上可以和巴菲特齐名的投资人和事有哪些?

五、实训报告

(1) 巴菲特从哪些角度分析可口可乐的投资价值?

(2) 2018年可口可乐公司的重要财务数据。

(3) 巴菲特在可口可乐投资成功的启示有哪些?

任务4.4 腾讯大股东MIH

一、知识目标

(1) 了解腾讯的基本资料。
(2) MIH投资腾讯的背景。
(3) 掌握MIH投资腾讯案例中价值投资的核心要素。

二、能力目标

(1) 能讲清楚腾讯基本情况。
(2) 能够大致把握MIH投资腾讯的动机。
(3) 学会从科技变革、垄断地位、内部管理等方面分析上市公司。

三、相关知识

(一) MIH 简介

MIH 公司是在美国 NASDAQ 和荷兰阿姆斯特丹股票交易市场的上市公司，主要从事以下三方面的业务。

(1) 电视平台　该集团提供地区性的有线电视网络、卫星电视和其他付费电视服务，公司已经拥有超过 200 万户的使用者分布在非洲、地中海地区和亚洲（拥有泰国的 UBC 集团）。

(2) 技术平台　通过 Mindport 强大的技术力量，该集团提供技术管理，有线网的接入和互动电视（控制性地拥有美国的 OpenTV）和其他相关服务，使该公司成为全球性的电子媒体公司。

(3) 互联网平台　该集团在非洲、泰国和中国的主要互联网企业中投资：拥有非洲 M-Web 公司 16.8%的股份，M-Web 在开普敦的股票市场上市，是南非在线服务和内容提供的领导网站。同时，M-Web 还拓展了在其他非洲国家的网络业务，包括纳米比亚、赞比亚和博茨瓦纳等。拥有泰国 M-Web 95%的股份，同时拥有 Sanook!. com。M-Web 是泰国的著名内容网站。

从 2001 年到 2002 年，在互联网产业最低迷的时候，MIH 先后从电讯盈科、IDG 和腾讯主要创始人手中购得腾讯 45.5%的股权，成为腾讯最大的单一股东，也成为 MIH 集团在海外迄今最成功的一笔投资。目前，MIH 持有的腾讯股权为 33.78%（数据摘自腾讯公司公布的截至 2014 年 4 月 30 日的股份信息），价值数百亿美元。

(二) 世界上最伟大的投资

2001 年，网大为带领 MIH 以 3400 万美元投资腾讯，17 年以来只有过一次减持，从 3400 万美元变成现在的 1600 多亿美元，再加上减持的 98.1 亿美元，年复合增长 64.94%，史上最高。说起 MIH 投资腾讯，当年马化腾及其团队动了把腾讯卖掉的念头，他们只想卖 300 万，并且四处找买主，但是对于这个看上去增长很快的项目，全世界没有人知道它是怎么挣钱的，所以没人愿意接盘。最后在 2000 年 4 月，IDG 及李泽楷的电信盈科敲定了救命的 220 万美元天使投资，这才让濒临倒闭的腾讯终于起死回生。但是好景不长，当时由于 QQ 增长太快，又没办法赚钱，融的钱不断地用来增长服务器，到年底又没钱了。最后在 2000 年，这时候 IDG 及电信盈科都不愿意再投钱了，看不懂未来怎么赚钱，于是马化腾及其团队几乎登过当时所有互联网大佬们的门，新浪、搜狐、雅虎中国、金蝶、联想、TOM 等，但没有一个愿意接手。

这时候 MIH 出现了，在 2001 年 1 月，网大为（南非 MIH 中国业务部的副总裁），出现在了腾讯的办公室，他说他是慕名而来的，他说他在中国的城市，看到所有的网吧电脑上都有 QICQ 的程序，甚至很多人的名片上都印有 QICQ 号码，所以他觉得腾讯很牛，想来看看。

腾讯正好缺钱，而对方又认为腾讯伟大，自然一拍即合，并且 MIH 很大度，认可了腾讯 6000 万美元的估值，这可是个超高的值，比 1 年前增长了 11 倍。但他希望成为大股东，最后做出了一些让步，IDG 出让了 20%中的 12.8%，保留了 7.2%。盈科出让了全部 20%股份给 MIH，套现 1260 万美元。而 MIH 拥有 32.8%，成为第二大股东。

此后 17 年以来，不管腾讯经历什么样的困境，不管管理团队有没有套现，MIH 从来没有卖过腾讯，只在 2018 年 3 月份才减持过一次，一直以来他们就一直在买，而不是卖，最高时持有 45%。说起当初投资腾讯，网大为表示，在当时 QQ 已过亿的用户数，已经远远超过了整个非洲的互联网接入人口。即使 QQ 还没有找到盈利点，但是他坚信，在中国广袤的市场中，QQ 的前途是星辰大海。事实证明他没有看错，这 17 年以来，这笔投资被称为人类史上最伟大的投资。多年来腾讯股价不断升高，如图 4-4-6 所示。

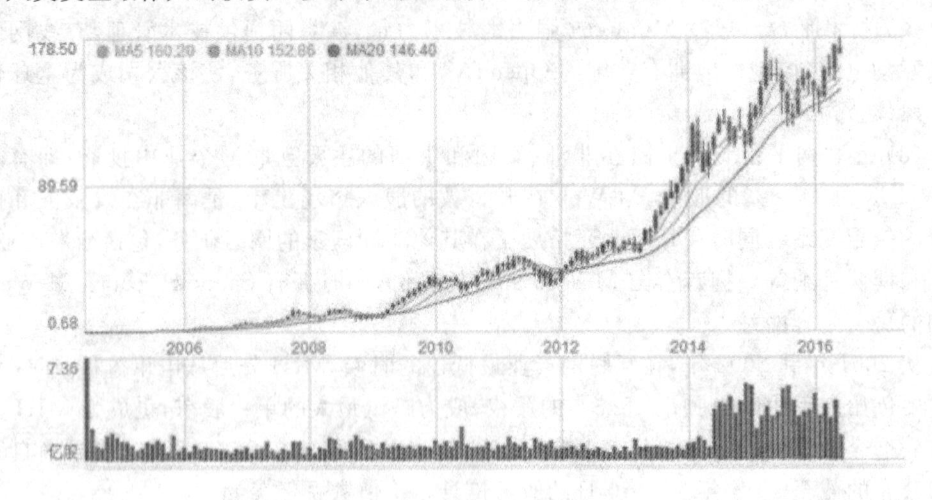

图 4-4-6　腾讯股价走势图

(三) 买入理由

不少西方传统媒体认为，南非报业这伙人的投资成功只是像赌徒抓到了一手好牌。如果深入地了解一下南非报业，深入地了解一下其互联网业务发生、发展的过程，以及库斯·贝克、安东尼·罗克斯这些执掌互联网业务的领军人物，就不会做出这样草率的结论了。

为什么南非报业会投资 QQ(腾讯当时的产品)？为什么南非报业在互联网上会走得那么坚决、坚定？

如果说，贝克把南非报业带出报业的困局，走进了付费电视的新天地，那么，在这个起点上，继续把南非报业往互联网上带的人，就是罗克斯。

罗克斯在 M-Web 干了点什么？M-Web 推出了即时信息系统（那时人们都在用 ICQ)，博客平台(BLOG)、视频邮件、游戏平台等。不用说，这些东西在南非前无古人，在世界范围内，也不落伍。从某种意义上讲，这些项目都成功了，也全失败了。南非互联网人口实在是太少太少了！

重要的是，罗克斯团队在这个过程中深刻理解了互联网，理解了互联网应用。这伙从

1997 年开始折腾种种互联网应用的人，在 2001 年 5 月决定投资，前后骑跨五年的时间。五年的热身，只是赌运气吗？不，这是充分理解互联网的人所进行的一次理所当然的理性选择，毕竟有句老话：机会总是留给有准备的人。

有一个小故事，可以让人充分理解罗克斯是如何理解互联网的。

M-Web 初创时，身为 CEO 的罗克斯让人做了两个首页。第一个，首页，常规套路，把南非报业旗下的内容资源全链上去，内容丰富多彩。第二个，几乎就是一个空白页，上面只有一个按钮：按钮上写着，电子邮件。罗克斯让人对这两个选项的使用结果进行后台实时监控，一段时间内，流量大的确定为正式首页。而腾讯庞大的用户基数在当时绝对领先国内其他互联网企业，并且中国庞大的人口数量（图 4-4-7）让 MIH 觉得是笔极佳的投资。

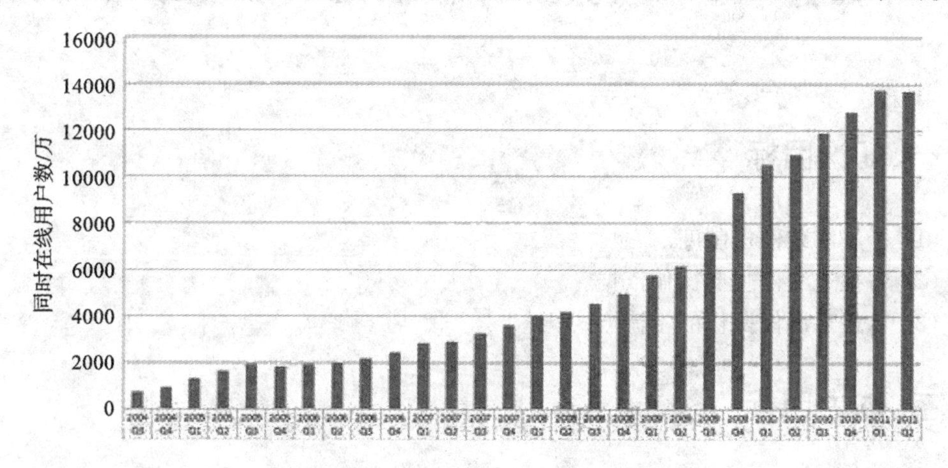

图 4-4-7　腾讯 QQ 同时在线用户数

四、实训内容及操作

查阅资料：

(1) 查阅腾讯现状及其股市行情。

(2) 找出网大为投资腾讯的前因后果。

五、实训报告

(1) 总结 MIH 投资腾讯案例，得出自己的结论。

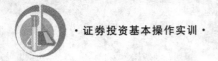

(2) 对网大为投资腾讯的过程进行分析。

(3) 本案例的启示。

任务4.5　收集涨停板敢死队操作细节

一、知识目标

(1) 了解涨跌停板制度。
(2) 掌握追涨停主要操作依据。
(3) 掌握追涨停操作的主流方式。

二、能力目标

(1) 能够说出涨停板和跌停板制度的内容。
(2) 学会发觉当下市场热点的基本方法。
(3) 能够建立股票价格变化与投资群体心理变化之间的基本联系。
(4) 学会追涨停操作的简单技巧。

三、相关知识

(一) 涨停板敢死队简介

涨停板和跌停板是中国股票、期货交易的一项基本制度,提到涨停板不得不提到宁波涨停板敢死队。涨停的股票具有较大的上涨动能,次日持续走高的概率特别大,所以如果在涨停当口买进股票,次日走高后快速离场,可以获得持续、稳定的收益。市场上专注于操作涨停板的投资者不计其数,有资金量庞大的机构投资者,也有在这个市场上越挫越勇的散户,然而将涨停板套利模式运用到极致的一定是被投资者熟悉的"宁波涨停板敢死队"。

2003年2月15日,《中国证券报》在头版刊发《涨停板敢死队》一文,首次披露了银河证券宁波解放南路营业部"涨停板敢死队"的情况,宁波涨停板敢死队自此进入公众视野。据了解,2003年银河证券解放南路营业部4楼贵宾室,有专门做超短线的"三大高手",手中有三四千万资金，当时正是熊市，营业部绝大部分成交量都来自他们。

经过2003年媒体的广泛报道，宁波涨停板敢死队被大部分股民所熟悉。其操作手法亦被越来越多的机构效仿，而且成功者与日俱增。虽然时局变幻莫测，但是曾经的英雄人物给这个市场带来的投资模式像雨后春笋一样，在广大投资者中不断地发芽、成长。

追涨停板的模式是不是宁波涨停板敢死队的成员独创的已无从考证，但是近年来利用"涨停次日就离场"的套利模式获利的投资者却是很常见。如果说宁波涨停板敢死队拉开了涨停板套利模式的序幕，那么无数后起之秀则是把涨停板套利技术发扬光大，甚至是将其运用得炉火纯青。

（二）"涨停板敢死队"12大要素

(1) 遵循了强势原则，专挑那些短期爆发力十足的个股做短线。"涨停板敢死队"专玩短线，"平均三天打一只""要是持股一周，对他们就算超长线了"，这也是市场环境"逼"出来的。

他们往往从盘口看到某只股票短线势头较猛，有望形成向上突破后，即果断介入。而一旦介入，则十分迅猛狠辣，采用逼空手法将大小抛单通吃，一气封上涨停。因其所选股票此前形态和技术指标均已走好，往往所耗资金并不巨大就能轻易封住涨停板。

(2) 小组成员有铁的纪律，即不论盈亏，第二天坚决离场。由于涨停个股第二天势头往往不减，仍能震荡上扬，因此他们出货并不困难。一年下来，如此操作总的成功率高达80%，偶尔的几次失误是因为庄家控盘程度较高，怕如此短线操作打乱自己的计划，因此在封涨停后的第二天，故意大幅低开所致。

因其严格按纪律行事，当天止损出局，因此损失并不大。有一次在他们离场后，该股庄家马上自拉一个涨停板。频繁这样操作成功率很高，但也还是有失误的时候，因此称之为"涨停板敢死队"。

(3) 运作非核心资产股，他们的手法是"来如电、去如风"，决不在某只股票身上持久逗留，这使得"涨停板敢死队"在运作非核心资产股上取得了成功。

这不得不使市场认为："涨停板敢死队"已成为引领超跌股反弹的领袖。一旦在某些超跌股上还有其身影，那么超跌股的反弹就没有完。

(4) 对大盘走势准确把握。"涨停板敢死队"艺高胆也大，其成功的基础在于他们技艺高超，包括对大盘走势准确的把握。在一定意义上说，他们是善于借大盘东风的诸葛亮。

(5) "涨停板敢死队"实际上是相反理论的实际应用者。多数人认为，应该买安全的股票，不应追高。但实际上，看似安全的股票越是不安全，看似危险的地方越安全，由于涨停的个股还常常会顺势上冲，第二天冲高即卖出，快抢手可赚取隔夜的钱，在大盘走弱的情况，短线持股的方式反而降低了风险。

(6) 对超跌股的选择有很高的准确度。大盘刚刚见底面临反弹之际，选择了合适的股票。

"敢死队"的作用类似于封建社会农民起义的领袖，时势造英雄，但英雄又进一步扩大了声势，从而获得了庞大的拥护者，这使他们屡屡得手。

(7) 选股有两大思路:一是在技术上寻找处于“两极”的股票,处于上升趋势加速段的极强势股和远离套牢区、处于超跌中的极弱势股;二是寻找基本面变化对股价构成重大影响的股票。

他们很精通基本面变化与短期股价的关系,总是提前研究当天出现的各种重大题材,对题材可操作性排序后确定攻击对象。问题股及 ST 股绝不介入,所选择的个股往往业绩尚可,或有一定题材支持,具备成为短期热点的一些必要条件。

(8) 三种方式拉涨停:一是当大盘较强时,一口气拉上涨停;二是早市攻击,借助“短平快”的手法制造强势的感觉;三是下午两点之后拉抬强势股,一些早市走强的热门股,以很大的买盘扫单,股价几乎成 90°角上涨,在跟风盘的帮助之下封上涨停。一旦冲上涨停,他们会挂出巨量的买盘稳定人气,降低持有者的卖出欲望。

(9) 所选个股走势形体较好:这些个股底部构筑较为扎实,且都在温和放量、小阳线上行过程中。如果没有他们参与,就算不能放量封涨停,向上突破亦是迟早的事。他们在此阶段介入有如推波助澜,时机把握得恰到火候,成功率自然大大增加。

(10) 控制持股成本。虽然是在进行短线操作,但成本控制仍是控制风险中非常重要的环节。他们买入成本往往远低于市场平均成本,因此在拉出涨停板后,也不至于马上引来解套盘,一般第二天可以安全脱身。

(11) 不碰高度控盘庄股,尤其是前期经过大幅炒作的庄股。因为这类庄股难以吸引广大散户跟风炒作,自己进出也不十分方便,该小组仅有的几次失误,都是折在庄股上。

(12) 重价更重势。在下降通道中的个股基本上不参与,因为这些股票上行能量太弱,难以成为市场短期热点。

四、实训内容及操作

(1) 根据涨停板敢死队操作模式,进行追击涨停模拟交易并详细记录实际结果。

(2) 查阅资料,认识“涨停板敢死队”操作的其他方式。

五、实训报告

(1) 提交追击涨停模拟交易操作过程及结果报告。

(2) 分析追击涨停交易模式的利与弊。

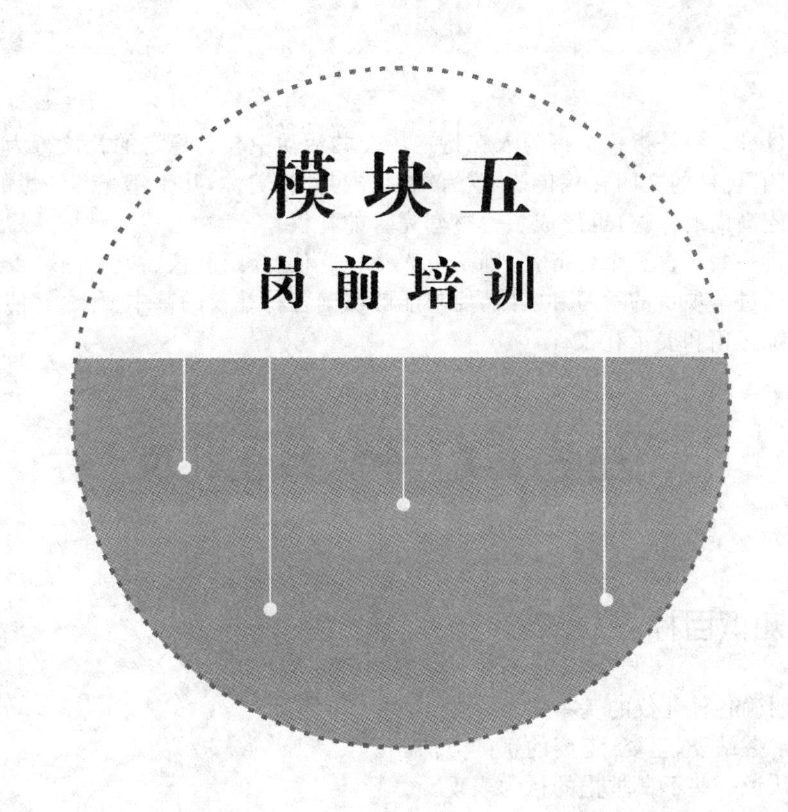

模块五

岗前培训

项目一

基 本 礼 仪

举止(behave)是指一个行为人在特定场合的活动中较为稳定的礼仪行为。我国是文明古国,富有优良的文明礼貌传统,素有“礼仪之邦”的美称,几千年光辉灿烂的文化,培养了中华民族高尚的道德,也形成了一整套完善的礼仪。

本项目一共包含五个任务,分别是个人举止礼仪、介绍礼仪、社交礼仪、商务礼仪和常用礼节。通过本项目的学习和实践,要求能够明确各种礼仪的基本要求,并能在工作以及生活中熟练运用和展示礼仪。

任务 1.1　个人举止礼仪

一、知识目标

(1) 明确各种礼仪的基本要求。
(2) 掌握站姿、坐姿、走姿的正确方法。
(3) 认识一些不良举止的行为表现。

二、能力目标

(1) 能够在学习、生活中保持良好的个人举止礼仪。
(2) 能够避免不良举止行为的发生。

三、相关知识

(一) 站姿

站姿是人的静态造型动作,是人体动态造型的基础和起点。优美的站姿能显示个人的自信，并给他人留下美好的印象。

古人云“立如松”，站的姿态应自然、轻松、优美。不论站立时摆何种姿式，只有脚的姿式及角度在变，而身体一定要保持绝对的挺直。

正确健康的站姿，从身体的侧面观察，人的脊椎骨是呈自然垂直的状态，身体重心应置于双足的后部；双膝并拢，收腹收臀，直腰挺胸，双肩稍向后放平；梗颈、收颏、抬头；双臂自然下垂置于身体两侧，或双手体前相搭放置小腹位。

女子站立最优美的姿态为身体微侧，呈自然的 45°，斜对前方，面部朝向正前方。脚呈丁字步，即右(左)脚位于左(右)脚的中后部，人体重心落于双脚间，其余要求与上述相同。这样的站姿可使女性看上去体态修长、苗条，同时也能显出女子的阴柔之美。女士站姿如图 5-1-1 至图 5-1-3 所示。

图 5-1-1　迎宾式站姿

图 5-1-2　腰际式站姿

图 5-1-3　交流式站姿

男士站立时，双脚可分开与肩同宽，双手亦可在后腰处交叉搭放，以体现男性的阳刚之气，其他部位要求如上所述。男士站姿如图 5-1-4 所示。

图 5-1-4　男士优雅站姿

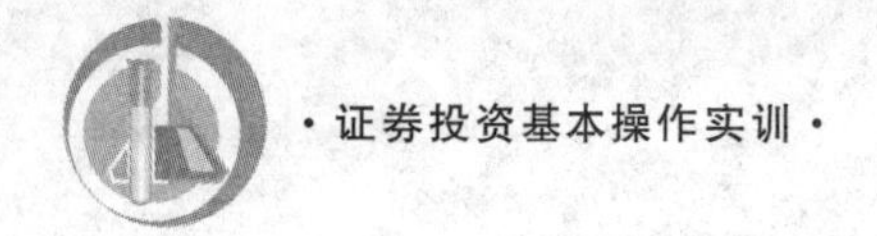

无论男女，站立时要防止身体东倒西歪，重心不稳，更不得倚墙靠壁，一副无精打采的样子。另外，双手不可叉在腰间或环抱在胸前，貌似盛气凌人，令人难以接受。

（二）坐姿

与站立一样，端稳、优雅的坐姿可以表现出一个人的静态美感。

坐姿总的要求是舒适自然、大方端庄。在日常国际交往中，对入座和落座都有一定要求。入座时，动作要轻盈和缓，自然从容。落座要轻，不能猛地坐下，发出响声，起座也要端庄稳重。

正确坐姿的基本要领应为，上体直挺，勿弯腰驼背，也不可前贴桌边后靠椅背，上体要与桌、椅保持一拳左右的距离。不可两腿分开，应双膝并拢、双脚自然垂地，不可交叉地伸在前，或腿一前一后伸出，甚至呈内八字状。双手应掌心向下相叠或两手相握，放于身体的一边或膝盖之上，头、额、颈保持站立时的样子不变。坐着与人谈话时上体与两腿应同时转向对方，双目正视说话者。女士坐姿如图 5-1-5 至图 5-1-7 所示。男士坐姿如图5-1-8所示。

图 5-1-5　双腿并拢斜放式

图 5-1-6　交叉叠放式

总的来说，男女的坐姿大体相同，只是在细节上存在一些差别。如女子就座时，双腿并拢，以斜放一侧为宜，双脚可稍有前后之差：若两腿斜向左方，则右脚放在左脚之后；若两腿斜向右方，则左脚放在右脚之后。这样从正面看双脚交成一点，可延长腿的长度，也显得颇为优雅。男子就座时，双脚可平踏于地，双膝亦可略微分开，双手可分置左右膝盖之上。另外，男女还可双腿交叉相叠而坐，但搭在上面的腿和脚不可向上翘“二郎腿”。最后强调，无论男女，就座时下意识地随意抖腿在任何时间都是登不了大雅之堂的。

（三）走姿

如果站姿和坐姿被称作是人体的静态造型的话，那么，步态则是人体的动态造型。步态，即行走的姿势，它产生的是运动之美。走路，我们每个人都会，但如何走出风度、走出优雅、走出美来，则不是人人都能做到的，要靠平时的练习与习惯的养成。

图 5-1-7 重叠式

图 5-1-8 标准坐姿式

行走的姿式极为重要,因为人行走总比站立的时候多,而且一般又都在公共场所进行的,人与人相互之间自然地构成了审美对象。

古人说“行如风”,要求人们走起路来像风一样轻盈,就是应做到:两眼平视前方;抬头含颏梗脖;上体正直,收腹、挺胸、直腰;身体重心落于足的中央,不可偏斜。迈步前进时,重心应从足的中间移到足的前部;双臂靠近身体随步伐前后自然摆动;手指自然弯曲朝向身体。行走路线尽可能保持平直,步幅适中,两步的间距以自己一只脚的长度为宜,如图 5-1-9 所示。

图 5-1-9 标准走姿

(四)不良举止行为

不良的举止行为不仅影响一个人的个人形象,而且影响与他人交往的效果,我们应该尽可能地避免。不良举止行为主要表现在以下几个方面。

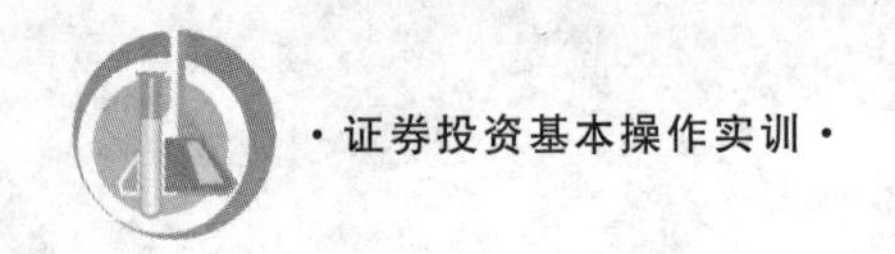

1. 不当使用手机

手机是现代人们生活中不可缺少的通信工具,如何使用手机,是生活中不可忽视的问题。如果事务繁忙,不得不将手机带到社交场合,要避免不当的动作,例如低头玩手机,随意接打电话、发信息或微信。

2. 随便吐痰

吐痰是最容易直接传播细菌的途径,随地吐痰是非常没有礼貌而且影响环境卫生。如果要吐痰,应把痰抹在纸巾上,并丢进垃圾箱,或去洗手间吐痰,但不要忘了清理痰迹和洗手。

3. 随手扔垃圾

随手扔垃圾是应当受到谴责的最不文明的举止之一。

4. 当众嚼口香糖

有些人通过嚼口香糖以保持个人口腔卫生,但应当注意在别人面前的形象。咀嚼的时候闭上嘴,不能发出声音,也不要一边咀嚼口香糖,一边说话。注意嚼过的口香糖不能随地吐,要用纸包起来,扔到垃圾箱里。

5. 当众挖鼻孔或掏耳朵

有的人习惯用小指、钥匙、牙签、发夹等当众挖鼻孔或者掏耳朵,这是一个很不好的习惯。在餐厅或茶坊当众挖鼻孔或掏耳朵往往令旁观者感到恶心。

6. 当众挠头皮

有些头皮屑多的人,往往在公众场合忍不住头皮发痒而挠起头皮来,顿时皮屑飞扬四散,令旁人大感不快。

7. 在公共场合抖腿

有些人坐着时会有意无意地双腿颤动不停,或者让跷起的腿像钟摆似的来回晃动,而且自我感觉良好以为无伤大雅。其实这会令人觉得很不舒服。这不是潇洒的表现,也不是优雅的展示,而是不文明的行为。

四、实训内容及操作

1. 到阅览室看书

一位同学 A 去图书馆看书,看到只有一个位置空着,空位旁边的一位同学 B 把自己的包放在了空位的桌子上,包口向着 B 敞开着,A 要去坐这个位置。当 A 坐下来时,把书拿出来看,不久 A 的手机响了。A 接完电话,看一会书,就离开了图书馆。

模拟要点:

(1) 进入图书馆,要衣着整齐,轻轻走路。

(2) 有礼貌地询问"请问这里有人吗?"或者"我可以坐这里吗?"等别人回应后,才可以入座。

(3) 把书拿出来看的时候,要轻拿轻放。手机响了,要到走廊去接,不可大声说话,应尽快结束通话。

(4) 看完书后，离开时，要把椅子轻轻抬起，移到桌子底下。

2. 第一天上班

同学A刚到公司报到上班，在同事的座位上一边喝水，一边看书，但不小心把杯子弄倒了，把同事的书弄湿了，水撒得满桌、满地。这时，同事刚好回到办公室，看到这一情形，很生气地说："你是干什么的？弄坏了我的书，把我的桌子都弄湿了，太过分了。"A应该怎样解决这个问题？

模拟要点：

(1) 首先要承认错误。

(2) 诚心道歉，用毛巾小心把书擦干。如果更为恰当的话，可以把自己的新书跟他人换，态度要诚恳。

(3) 用毛巾把桌子擦干，并把地拖干净。

3. 上课迟到

上课一会了，同学A出现在教室门口，此时老师正在讲课。A得到老师允许后，进入教室入座，拿出课本，认真听讲。下课了，A走上讲台。

模拟要点：

(1) 等老师讲到停顿处时，先轻轻敲门，老师转头看到A后，A说声"报告老师，我迟到了！"

(2) 在得到老师允许后，点头说"谢谢！"然后轻手轻脚入座。

(3) 坐下来之后，拿出课本，放在桌子上，坐姿端正，抬头挺胸，认真听讲。

(4) 下课后，到讲台处有礼貌地向老师打招呼，简单地说明一下迟到的原因，最后跟老师道谢。

五、实训报告

(1) 谈谈保持良好个人礼仪的看法。

(2) 场景模拟、个人展示：上课老师请同学A起来回答问题，但是A没有听清楚问题的内容，A应该怎么办？

(3) 场景模拟、个人展示：公司举办了一场学术讲座，而A因事迟到了，讲座已经开始。A要进入会场听讲座。期间，A的领导打来电话，A看到手机在振动。A该怎么办？

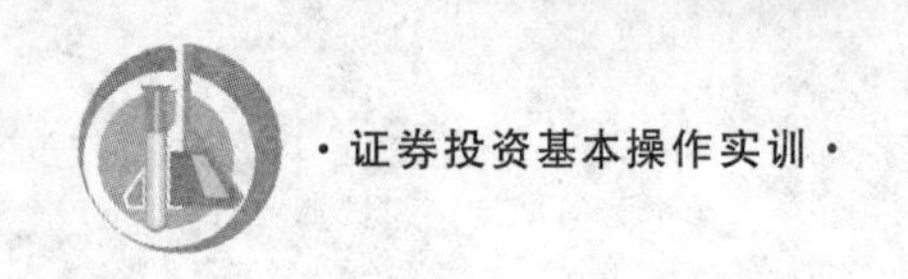

任务1.2　介绍礼仪

一、知识目标

(1) 明确介绍的基本要求。
(2) 掌握自我介绍和介绍他人的正确方法。
(3) 认识错误的介绍礼仪的行为表现。

二、能力目标

(1) 能够说出介绍礼仪的基本要点。
(2) 可以在商务以及交际中熟练运用介绍礼仪。
(3) 具备避免不良介绍行为的发生的基本能力。

三、相关知识

(一) 自我介绍

自我介绍是最重要的一种介绍方式，把自己介绍给其他人，使对方认识自己，并留下良好深刻的印象。自我介绍的基本程序是：先向对方点头致意，得到回应后再向对方介绍自己的姓名、身份和单位，同时还可递上事先准备好的名片。自我介绍总的原则是简明扼要，一般以半分钟为宜，情况特殊也不宜超过3分钟。

通常需要做自我介绍的情况有以下几种。

第一，社交场合中遇到希望结识的人，又找不到适当的人介绍。这时自我介绍应谦逊、简明，把对对方的敬慕之情真诚地表达出来。

第二，电话约某人，而又从未与这个人见过面。这时要向对方介绍自己的基本情况，还要简略谈一下要约见对方的事由。

第三，演讲、发言前。这时面对听众做自我介绍，最好既简明扼要，又要有特色，利用“首因效应”，给听众一个良好的第一印象。

第四，求职应聘或参加竞选。这时更需要自我介绍，而且自我介绍的形式可能不止一种。既要有书面介绍材料(个人简历)，还要有口头的，或详或简，或严肃庄重，或风趣幽默诙谐等。这会成为直接影响求职或竞选者能否成功的重要因素。

掌握好自我介绍的语言艺术，应注意以下几方面的问题。

第一，镇定而充满自信、清晰地报出自己的姓名(这是必需的)，并善于使用体态语言，表达自己的友善、关怀、诚意和愿望，这是自信的表现。如果自我介绍模糊不清，含糊其词，流露出羞怯自卑的心理，会产生不好的效果，从而会影响彼此间的进一步沟通。

第二，根据不同交往的目的，注意介绍的繁简。自我介绍一般包括姓名、籍贯、职业、职务、工作单位或住址、毕业学校、经历、特长或兴趣等。自我介绍时应根据实际需要来决定介绍的繁简，不一定把上述内容逐一说出。在长者或尊者面前，语气应谦恭；在平辈和同事面前，语气应明快，直截了当。

第三，自我评价要掌握分寸。自我评价一般不宜用“很”“第一”等表示极端赞颂的词，也不必有意贬低，关键在于掌握分寸。自我介绍时，表情要自然、亲切，注视对方，举止要庄重、大方，态度镇定而充满信心，表现出渴望认识对方的热情。

（二）介绍他人

在社交场合，我们往往有为不相识者彼此引见一下的义务，这便是为他人做介绍。为他人做介绍，应做得合乎礼仪。介绍他人，是经第三者为彼此不相识的双方引见介绍的一种介绍方式。在一般情况下，为他人介绍都是双向的，即第三者对被介绍的双方都做一番介绍。有些情况下，也可只将被介绍者中的一方向另一方介绍，但前提是前者已知道、了解后者的身份，而后者不了解前者。

为他人做介绍时应遵循以下基本礼仪原则。

第一，在向他人介绍时，首先了解对方是否有结识的愿望，最好不要向一位有身份的人介绍他不愿认识的人。介绍他人时最好加上尊称或者职务，如先生、夫人、博士、经理、律师等。

第二，注意介绍次序。应该先把年轻者、身份地位低者介绍给年长者、身份高者；先把年轻的职务相当的男士介绍给女士；先把年龄低、未婚者介绍给已婚者；先把客人介绍给主人，把晚到者介绍给早到者；如果是业务介绍，必须先提到组织名称、个人职衔等。集体介绍可以按照座位次序或职务次序进行。为他人介绍遵守“先向尊者介绍”的原则。

第三，介绍人做介绍时，应该多使用敬辞。在较正式场合，介绍词也较郑重，一般以“×××，请允许我向您介绍……”的方式。在不十分正式的场合可随便些，可用“让我介绍一下”或“我来介绍一下”，“这位是……”的句式。介绍时语气清晰地说出得体的称谓，有时还可用些定语或形容词、赞美词介绍对方。

第四，为他人做介绍时应该注意手势的运用，应该是手掌伸开向着被介绍的一方，切记不可用手指点来点去，或者用手拍被介绍者的肩膀胳膊什么的，这些都是不文明、不正式的行为。作为被介绍者一定不要太过于拘束，应当表现出热情来，要正面地看着对方，显得重视和礼貌。除年长或位尊者外，被介绍双方最好站起来点头致意或握手致意，同时应说声：“您好，认识您很高兴”或“真荣幸能认识您”等得体的礼貌语言。

（三）不良介绍行为表现

1. 过度赞扬某人

避免过度赞扬某人，不合时宜的吹捧会使被介绍者尴尬，介绍者也会给人留下不良的印象。一般也不要开过分的玩笑，更不要捉弄人。

2. 语言不清楚，含糊其词

语言要清楚、明确、完整，不能含糊其词。语速恰当，以免造成双方听不清或介绍完后记不住对方姓名的状况。记住对方的名字，对每一个社交场合中的人来说，都是非常重要的。

3. 介绍时不向双方打招呼

为别人介绍之前不仅要征求一下被介绍双方的意见，在开始介绍时再打一下招呼，不要上去开口即讲，让被介绍者措手不及。当介绍者询问是不是要有意认识某人时，不要拒绝或扭扭捏捏，而应欣然表示接受。实在不愿意时，要委婉说明原因。

四、实训内容及操作

1. 朋友遇老师

同学A与一位朋友逛街，偶遇老师，A介绍两人相识。

模拟要点：

(1) 看到老师，给老师打声招呼。

(2) 先介绍年长的、地位高的老师给朋友认识，简要介绍老师的姓名、职务，以及简要情况。

(3) 然后把朋友介绍给老师认识，简要介绍朋友的姓名、学院、专业、特长等。

(4) 最后跟老师告别。

2. 拜访上级

同学A要登门拜访一位公司领导，准备向公司领导请教一些问题。A现在打电话给公司领导。

模拟要点：

(1) 打电话要有礼貌地问好，简单介绍自己。

(2) 询问领导是否有时间或者何时有时间。

(3) 提出访问内容，让领导有所准备。

(4) 最后要对领导表示感谢。

五、实训报告

(1) 谈谈对介绍礼仪的看法。

(2) 问题讨论：

①小王作为接待组成员，在陪同领导与贵宾团见面时，由于与该团团长熟识，因此在见面的时候，先为团长热情地介绍了身边的领导，小王自认为自己的接待很顺利，殊不知，

他的行为却引起了领导的不满。

小王的行为有何不妥？正确的介绍方式应该是怎么样的？

②有段介绍：这位是×××公司的人力资源部经理，他可是实力派，路子宽，朋友多，需要帮忙的可以找他。

这段介绍存在什么问题？应该如何介绍？

任务1.3 社交礼仪

一、知识目标

(1) 明确初次见面和拜访客户的基本要求。
(2) 掌握初次见面和拜访客户的正确方法。
(3) 了解错误的社交行为。

二、能力目标

(1) 能够在商务以及日常交际中正确运用社交礼仪。
(2) 沟通能正常进行，避免不良社交行为的发生。

三、相关知识

(一) 初次见面

人们往往对一个人的第一印象记忆深刻，且很难改变对第一印象的认识。所以第一印象很重要，不论是谈判，还是谈恋爱，第一印象都起着至关重要的作用。

认识一个人时，往往先从言谈举止入手，因为好的言谈举止会带给人美的享受。下面是几点提示：

1. 自然是关键

很多人都问：要怎样才能做到大方得体。其实很简单，自然就好。但有些人认为自然就是随便，其实不然，随便和自然是两种不同的概念。在家里你可以随意做你想做的事情，但在社交场合上，就不能这么随便了。所谓自然，是指言谈举止的自然流畅，不拘谨。

在初次见面时，你更要把这种自然带给想要认识的人。

2. 微笑要自然

微笑的招呼比语言上的招呼更加容易感染人。初次见面，如果你展现的是一个亲切自然的微笑，别人会觉得，你很高兴与他认识。这就是见面礼仪的第一步。相反地，如果你的微笑是生硬、勉强的。别人会认为，你并不是很乐意让他接近你。

所以，初次见面时，注意保持自己的微笑，以微露牙齿为宜。

3. 谈吐要自然

微笑过后，用语言打招呼聊一些彼此感兴趣的事情是必不可少的。这时，一些女性往往显得有些拘谨。特别是对方如果是一个绅士，没什么经验的女士就不知道要如何表现了。

优雅的第一要诀就是自然。以不变应万变。

(二) 拜访客户

有计划且自然地接近客户，使客户觉得有益处，从而顺利地进行商洽，这是销售人员必须事前努力准备的工作与策略。首次拜访客户一定不可千篇一律公式化，事先要有充分准备，要注重细节和技巧，从而使销售工作水到渠成。

1. 拜访客户的三个要点

(1) 重要的拜访应约定时间　在拜访客户过程中，为了达到成交的目的，往往需要与客户进行三番五次的沟通。在这一过程中，如果有重要的事情需要与客户沟通，一定要事先约好时间。只有这样，才能保证拜访计划的顺利进行。

(2) 节省客户的时间　每个人的时间都是一笔宝贵的资源，对于你的客户来讲，他们很多是企业或机关的领导人，他们的时间更为宝贵，在拜访过程中一定要节约他们的时间。一般情况下，问候他们的电话不超过1分钟，约访电话不能超过3分钟，产品介绍或服务介绍电话不要超过5分钟。如果与重要的客户谈判，建立客户关系的电话通常不要超过15分钟，否则就不再适合电话拜访了。

(3) 把时间花在决策人身上　拜访客户的目的是与客户达成有效的协议，而达成协议的决定权一般掌握在决策人手中。这些决策人对企业单位而言主要是指公司的负责人(董事长、总经理)、厂长等，对于机关事业单位而言主要是党委书记、厅长、局长、处长、主任等。在这方面，至少你要找到相关的项目负责人，谁有决定权就在谁身上多花些时间。当然，也不排除其他人员的辅助作用，但主要精力还是要放在决策人身上，这样拜访的效率才会大大提高。

2. 容易忽略的五个细节

除产品外，销售人员在拜访客户中的一些细节处理，对销售的成功率也有重要影响。

(1) 只比客户着装好一点　专家说：最好的着装方案是“客户＋1”，只比客户穿得好“一点”。既能体现对客户的尊重，又不会拉开双方的距离。着装与被访对象反差太大反而会使对方不自在，无形中拉开了双方的距离。如建材销售人员经常要拜访设计师和总包施工管理人员，前者当然要衬衫领带以表现你的专业形象；后者若同样着装则有些不妥，因为施工工地环境所限，工作人员不可能讲究着装。如果你穿太好的衣服跑工地，不要说与客户交谈，可能连坐的地方都难找。

着装礼仪需注意
男生
头部：不烫发、不卷发。如果戴有眼镜，应擦干净眼镜片，剃去胡须。
领带：深色套装，浅色衬衫，通常的搭配是颜色较深的领带，最好是与套装同色系。
衬衫：白色系和蓝色系。白色是不变的时尚，蓝色与众不同。夏季多建议男性穿白色短袖衬衫搭蓝、黑西裤。衬衫的下摆不可过长，而且下摆要塞到裤子里。
袖口：衣袖一定不能太长，平端起来露出1.5厘米腕骨最合适，平端时露出外套1～2厘米
女生
头发：短发梳好，长头发最好扎起来，最常见的就是扎马尾，也可以简单地绑起一部分来。会盘发的话把长发盘起来。额头的头发尽量不要遮住眼睛。
套装：深蓝色，藏青色，米色，驼色，都可以选择，颜色上不特别刺目即可。款式的选择也很自由。不一定要清一色的职业套装。身上的主色是前面所说的四类中的一种，总体颜色不超过三种。
夏季推荐套裙配普通黑色皮鞋或者白色短袖衬衫搭西裤和普通黑皮鞋，而冬季则套裙配上普通黑皮鞋

(2) 与客户交谈时不接电话　电话多是销售人员的特点，与客户交谈时没有电话不太现实。不过，大部分销售人员都很懂礼貌，在接电话前会征得对方允许，一般来说对方也会很大度地说没问题。但我告诉你，对方会在心底里泛起："好像电话里的人比我更重要，为什么他会讲那么久。"所以，销售人员在初次拜访或重要的拜访时，决不接电话。如打电话的是重要人物，也要接通简单寒暄几句后迅速挂断，等会谈结束后再打过去。

(3) 把"我"换成"咱们"或"我们"　销售人员在说"我们"时会给对方一种心理的暗示：销售人员和客户是在一起的，是站在客户的角度上想问题的。虽然只比"我"多了一个字，却多了几分亲近。北方的销售人员在南方工作就有些优势，北方人喜欢说"咱们"，南方人习惯说"我"。

(4) 随身携带记事本　拜访中随手记下时间地点和客户的姓名头衔，记下客户需求、答应客户要办的事情、下次拜访的时间，也包括自己的工作总结和体会，对销售人员来说这绝对是一个好的工作习惯。还有一个好处就是当你虔诚地一边做笔记一边听客户说话时，除了能鼓励客户更多地说出他的需求外，一种受到尊重的感觉也在客户心中油然而生，接下来的销售工作就不可能不顺利。

(5) 保持相同的谈话方式　这一点年轻的销售新手要特别注意，思路敏捷、口若悬河，说话不分对象像开机关枪般快节奏，碰到客户是上年纪的思路就会跟不上，根本不知道你在说什么，容易引起客户反感。王天雷公司有一位擅长项目销售的销售人员，此人既不是能说会道，销售技术方面也未见有多少高招，但他与工程中的监理很有缘。监理一般都是60岁左右将要退休的老工程师，而他对老年人心理很有研究，每次与监理慢条斯理谈完后必有所得。最后，老工程师们都成为该产品在这个工程中被采用的坚定支持者。

(三) 不良社交行为

1. 不知道让座

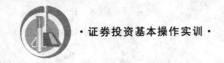

很多礼仪习惯都是为了让你显得不那么以自我为中心,这条也是。不论性别,给更需要座位的人让座是人性的基本表达方式。也许这是你好不容易等到的座位;也许你刚度过了糟糕的一天,你很伤心;但无论如何,让个座吧。

2. 在公众场合大声接电话

在所有的社交场合中,和你在一起的人比和你在电话里交流的人更重要。尤其是在餐桌上或在私人场合,盯着机会更能使你让人讨厌。即便是这个电话非接不可,也要记得把打电话的声音尽量放小点。

3. 吹嘘和自夸

过分自恋是不会受人欢迎的。当然,确实有些傲慢的家伙事业成功,小有成就,但这并不意味着你应该捧着他们。在谈话过程中,时不时地把一个话题带到自己身上,不管是不是有意的,都不会产生积极的影响。无论何时你想说:“是啊! 我也是!”的时候,坚持10秒,听听别人在说什么。然后你再说一些有深度的话语,相信我,人们会尊重你的。

四、实训内容及操作

1. 介绍、握手、交换名片

角色分配:

王刚:男,45岁,新达公司总经理

夏雨:女,27岁,新达公司总经理秘书

王芳:女,29岁,风尚传媒文化公司企划部业务员

地点:新达公司

道具:2张名片

情景表演:

上午9:50风尚传媒文化公司企划部业务员王芳来到新达公司,之前约定10点跟新达公司总经理王刚面谈新达公司参展上海书展宣传策划一事。秘书夏雨将王芳领到总经理办公室,并为两人做介绍,两人握手,并交换名片。

表演要求:三人根据角色要求分别扮演总经理、秘书、业务员,分别表演:上门洽谈、被介绍、握手、交换名片(王芳);接待、介绍(夏雨);被介绍、握手、交换名片(王刚)。

2. 拜访和接待

角色分配:

赵伟:男,32岁,在上海工作,王芳的丈夫,孙鹏的大学同学

王芳:女,29岁,赵伟的妻子,没见过孙鹏

孙鹏:男,33岁,在北京工作,赵伟的大学同学,没见过王芳

地点:赵伟家

道具：一盘瓜子、一次性杯子几只、茶几和沙发（可用桌椅代替）

情景表演：

某天赵伟的大学同学，现在在北京工作的孙鹏出差上海顺便到赵伟家拜访。

门铃响，赵伟（王芳站在赵伟身后迎接）开门，将孙鹏迎进，两人握手。赵伟为两人做介绍。赵伟、孙鹏坐下，王芳为孙鹏上茶和瓜子，并热情招呼孙鹏。聊天一段时间后，孙鹏收到短信，看过后孙鹏说公司有事得回宾馆，赵伟出门送客并握手送别。

表演要求：

三人根据角色要求分别扮演丈夫、妻子、丈夫同学，分别表演：上门拜访（孙鹏）；介绍、招待、送客（赵伟）；被介绍、招待（王芳）。

五、实训报告

描述以下角色的基本要求：

(1) 小张毕业后在B公司总经理办公室工作，A公司是B公司的主要客户。这天，A公司的刘副总经理到B公司来洽谈新的合作项目，小张陪同B公司李经理到机场迎接。简述小张该怎么做？

(2) 小明和小红来到西餐厅用餐。模拟就坐、放餐巾、喝汤、吃面包、吃主菜、暂时离位、用餐完毕、吃水果、喝咖啡一系列的过程。

任务1.4 商务礼仪

一、知识目标

(1) 认识商务礼仪的意义。

(2) 明确商务礼仪的基本要求与规范。

(3) 掌握正确的商务礼仪。

二、能力目标

(1) 能够做到着装得体。

（2）能够在工作中熟练运用商务礼仪。

（3）能有效避免不良商务礼仪行为的发生。

三、相关知识

（一）商务交谈技巧

不论同他人所进行的交谈是正式的还是非正式的，若想取得较好的交谈效果，有助于交谈对象彼此之间的理解与沟通，通常都必须考虑以下六个方面的问题。

（1）明确交谈对象——同谁交谈　与同事交谈和与客户交谈，与职位比自己高的人和与职位比自己较低的人交谈，显然都应当有所不同。

（2）明确交谈目的——为什么要交谈　对这个问题，需要深思熟虑，不然就有可能劳而无功，枉费口舌。

（3）明确交谈方式——采取哪一种方式进行交谈　它与交谈效果存在着不可否认的因果关系。

（4）明确交谈主题——谈什么内容　交谈必须围绕主题展开，否则，东拉西扯，不得要领，其结果可想而知。

（5）明确交谈场合——在哪里进行交谈　谈判桌上的交谈与休闲场合下的交谈是不同的。不同的地点，谈话的氛围、态度与主题等也有所不同。

（6）明确交谈技巧——怎样交谈效果更好　交谈中如能正确使用一些技巧，往往能起到事半功倍的功效；如不讲技巧，其结果可能是事倍功半，甚至是事与愿违。

以上六点是每位商界人士都应当熟悉并做到的谈话礼仪要求。

（二）名片礼仪

交换名片是人们社交交际中常用的一种介绍方式。一般来说，名片是一个人身份、地位的象征，也是使用者要求社会认同、获得社会尊重的一种方法方式，对商务人员来说，名片还是所在组织形象的一个缩影。在社交场所要注意递送名片、接受名片以及索取名片的一些要求与细节。

1. 递送名片

在社交场合，名片是自我介绍的简便方式。交换名片的顺序一般是先客后主，先低后高。当与多人交换名片时，应依照职位高低的顺序，或是由近及远，依次进行，切勿跳跃式地进行，以免对方误认为有厚此薄彼之感。如果自己这一方人较多，则让地位较高者先向对方递送名片。递送时应将名片正面面向对方，双手奉上。眼睛应注视对方，面带微笑，并大方地说："这是我的名片，请多多关照。"如同外宾交换名片，可先留意对方是用单手还是双手递名片，随后再跟着模仿。因为，欧美人、阿拉伯人和印度人惯于用一只手与人交换名片；日本人则喜欢用右手送自己的名片，左手接对方的名片。

名片的递送应在介绍之后，在尚未弄清对方身份时不应急于递送名片，更不要把名片视同传单随便散发。递送名片的先后没有太严格的讲究，一般是地位低的人先向地位高的人递名片，男性先向女性递名片。出于公务和商务活动的需要，女性也可主动向男性递名片。

2. 接受名片

接受他人名片时，应起身或欠身，面带微笑，恭敬地用双手的拇指和食指捏住名片的下方两角，并轻声说："谢谢！能得到您的名片十分荣幸！"如对方地位较高或有一定知名度，则可道一句"久仰大名"之类的赞美之词。接过名片后，应十分珍惜，并当着对方的面，用30秒钟以上的时间，仔细把对方的名片看一遍。随后当着对方的面郑重其事地将他的名片放入自己携带的名片盒或名片夹之中，千万不要随意乱放，以防污损。如果接过他人名片后一眼不看，或漫不经心地随手向口袋或手袋里一塞，是对人失敬的表现。倘若一次同许多人交换名片又都是初交，那么最好依照座次来交换，并记好对方的姓名，以防搞错。

3. 索取名片

在公共场合如欲索取他人名片，需要讲究策略和方法，既要确保要到名片，又要争取给对方留下良好的印象。索取名片有以下四种常规方法。

(1) 交易法　君欲取之，必先予之。即一方主动给对方递上自己的名片，一般而言，对方也会礼貌地给主动的一方递上自己的名片，以示相互间的友好与尊重。

(2) 激将法　给对方递送名片的同时，礼貌地说："这是我的名片，请多关照。能否有幸与您交换一张名片？"

(3) 谦恭法　向对方说："不知以后如何向您请教？"谦恭要讲究对象，一般与比自己地位高、年长者交往时采用此法。

(4) 平等法　跟与自己年龄、职位等相当者交往并想获取对方名片时，可向对方说："不知以后如何与你联系？"

为了查找和使用方便，宜分类收藏他人的名片。对个人名片则可按姓氏笔画分类，也可依据不同的交际关系分类。要留心他人职务、职业、住址、电话等情况的变动，并及时记下有关的变化，以便通过名片掌握每位客户、每个朋友的真实情况。

（三）握手礼仪

握手是商务活动中见面、接待、迎送时常见的礼节。握手含有感谢、慰问、祝贺或相互鼓励的表示。

1. 握手的标准方式

行至距握手对象1米处，双腿立正，上身略向前倾，伸出右手，四指并拢，拇指张开与对方相握，握手时用力适度，上下稍晃动3～4次，随即松开手，恢复原状。与人握手，神态要专注、热情、友好、自然，面含笑容，目视对方双眼，同时向对方问候。

2. 握手的先后顺序

男女之间握手，男方要等女方先伸手后才能握手，如女方不伸手，无握手之意，可用点头或鞠躬致意；宾主之间，主人应向客人先伸手，以示欢迎；长幼之间，年幼的要等年长的先伸手；上下级之间，下级要等上级先伸手，以示尊重。多人同时握手切忌交叉，要等别人握完后再伸手。握手时精神要集中，双目注视对方，微笑致意，握手时不要看着第三者，更不能东张西望，这都是不尊重对方的表现。军人戴军帽与对方握手时，应先行举手礼，然

握手礼仪

后再握手。

(1) 职位、身份高者与职位、身份低者握手，职位、身份高者先伸手。

(2) 上级与下级握手，上级先伸手。

(3) 长辈与晚辈握手，长辈先伸手。

(4) 女士与男士握手，女士先伸手。

(5) 年长者与年幼者握手，年长者先伸手。

(6) 已婚者与未婚者握手，已婚者先伸手。

(7) 社交场合的先至者与后来者握手，先至者先伸手。

(8) 老师与学生握手，老师先伸手。

基本规律：尊者决定(尊者先伸手)。

3. 握手的力度

握手时为了表示热情友好，应当稍许用力，但以不握痛对方的手为限度。在一般情况下，握手不必用力，握一下即可。男子与女子握手不能握得太紧，西方人往往只握一下妇女的手指部分，但老朋友可以例外。

4. 握手时间的长短

握手时间的长短可根据握手双方亲密程度灵活掌握。初次见面者，一般应控制在3秒钟以内，切忌握住异性的手久久不松开。即使握同性的手，时间也不宜过长，以免对方欲罢不能。但时间过短，会被人认为傲慢冷淡，敷衍了事。

5. 握手的时机

(1) 遇见认识的人(相见)。

(2) 与人道别(离别)。

(3) 被相互介绍。

(4) 安慰某人。

(5) 恭贺。

(6) 致谢。

注意：

(1) 若是一个人需要与多人握手，则握手时亦应讲究先后次序，由尊而卑，即先年长者后年幼者，先长辈后晚辈，先老师后学生，先女士后男士，先已婚者后未婚者，先上级后下级，先职位、身份高者后职位、身份低者。

(2) 不可越过其他人正在相握的手去同另外一个人握手。

(3) 在接待来访者时，当客人抵达时，应由主人首先伸出手来与客人相握。而在客人告辞时，则应由客人首先伸出手来与主人相握。

6. 握手的禁忌

不要在握手时戴着手套或戴着墨镜，另一只手也不能放在口袋里。只有女士在社交场合可以戴着薄纱手套与人握手。握手时不宜发长篇大论，点头哈腰，过分客套，这只会让对方不自在，不舒服。与阿拉伯人、印度人打交道，切忌用左手与他人握手，因为他们认为左手是不洁的。除长者或女士，坐着与人握手是不礼貌的，只要有可能，都要起身站立。以下几种握手方式要避免。

(1) 握手时，另一只手拿其他东西。

(2) 戴着墨镜握手。

(3) 戴着手套握手。

(4) 用左手握手。

(5) 用双手与异性握手。

(6) 仅仅握住对方的指尖。

(7) 拒绝与人握手。

(四) 称呼礼仪

称呼指的是人们在日常交往应酬之中，所采用的彼此之间的称谓。在人际交往中，选择正确、适当的称呼，反映自身的教养、对对方尊敬的程度，甚至还体现双方关系发展所达到的程度和社会风尚。

要做到不失礼，第一，要从思想上认识到张冠李戴的消极作用和不良影响。

第二，事先要有充分的准备。交际刚开始时，一般双方都要互相介绍，但比较简略，速度也快，印象难以深刻。因此事先要对会见对象的单位、姓名、职务、人物特征有个初步的了解，做到心中有数。这样，经过介绍后，印象就比较深刻。必要时，在人室落座或会谈、就餐前，再做一次详细介绍。有条件的，交换名片则更理想。

第三，要注意观察对方的特征，掌握记忆方法。介绍，要留意观察被介绍者的服饰、体态、语调、动作等，特别注意突出特征或个性特征。对统一着装的人，要格外注意观察高矮、胖瘦、脸形、戴不戴眼镜等。

第四，注意掌握主要人物。商务交际场合，人较多，有时一下子难以全部记住，那么这时你要首先注意了解和熟悉主要对象(带队的负责人)和与自己对等的对象(指单位、所从事的业务、职务、级别与自己相同者)。现在，一般都不太讲究主客、主从关系的礼节，单从行止、座位的位置上判断是不准确的。如有的人把来客中的司机当成了经理，弄得经理很难堪。

在工作岗位上，人们彼此之间的称呼是有其特殊性的。总的要求是要庄重、正式、规范。

(1) 职务性称呼：以交往对象的职务相称，以示身份有别、敬意有加，这是一种最常见

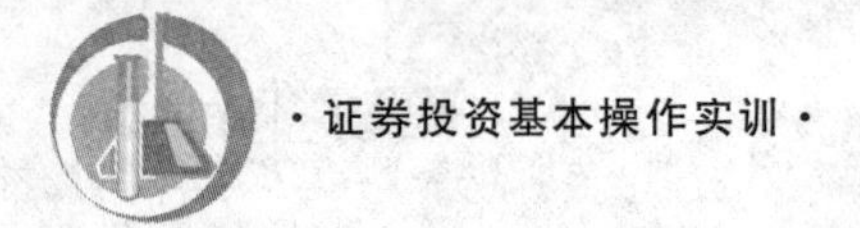

的称呼。

(2) 职称性称呼:可只称职称、在职称前加上姓氏、在职称前加上姓名(适用于十分正式的场合)。

(3) 行业性称呼:如老师、医生、会计、律师等,也可以在职业前加上姓氏、姓名。

(4) 性别性称呼:对于从事商界、服务性行业的人,一般约定俗成地按性别的不同分别称呼小姐、女士或先生。

(5) 姓名性称呼:在工作岗位上称呼姓名,一般限于同事、熟人之间。

(五) 不良商务礼仪行为

1. 问候次序错误

在正式会面时,宾主之间的问候,在具体的次序上有一定的讲究,不宜颠倒。

一个人与另外一个人之间的问候,通常应为"位低者先行"。即双方之间身份较低者首先问候身份较高者,才是适当的。

一个人有必要问候多个人时,既可以笼统地加以问候,也可以逐个加以问候。当一个人逐一问候许多人时,既可以由"尊"而"卑"、由长而幼地依次而行,也可以由近而远地依次而行。

2. 称呼禁忌

以下四种错误称呼,都是商务人士平日不宜采用的。

(1) 庸俗的称呼　商务人士在正式场合假如采用低级庸俗的称呼,是既失礼,又失自己身份的。

(2) 他人的绰号　在任何情况下,当面以绰号称呼他人,都是不尊重对方的表现。

(3) 地域性称呼　有些称呼,诸如,"师傅""小鬼"等,具有地域性特征,不宜不分对象地滥用。

(4) 简化性称呼　在正式场合,有不少称呼不宜随意简化。例如,把"张局长""王处长"分别称为"张局""王处",就显得不伦不类,又不礼貌。

四、实训内容及操作

1. 商务礼仪情景模拟一(车站迎接)

模拟要点:

(1) 接站人提前到达,接到客人后握手问候("一路辛苦了"或者"欢迎您来到我们美丽的城市"等)。

(2) 握手礼仪正确得当(握手的顺序:主人、长辈、上司、女士主动伸出手,客人、晚辈、下属、男士再相迎握手,一定要用右手握手,要紧握对方的手,时间一般以 1～3 秒为宜。被介绍之后,最好不要立即主动伸手。握手时,年轻者对年长者、职务低者对职务高者都应稍稍欠身相握,握手时双目应注视对方,微笑致意或问好)。

(3) 交换名片礼仪得当(当你与长者、尊者交换名片时,双手递上,身体可微微前倾,说一句"请多关照",作为接名片的人,双手接过名片后,应仔细地看一遍,千万不要看也不看就放入口袋)。

(4) 迎接者提前准备好交通工具并准备好住宿等。

(5) 将客人送达目的地后的礼仪得当(将客人送到住地后,主人不要立即离去,应陪客人稍做停留,热情交谈,考虑到客人一路旅途劳累,主人不宜久留,让客人早些休息;分手时将下次联系的时间、地点、方式等告诉客人)。

2. 商务礼仪情景模拟二(午餐(西餐))

模拟要点:

(1) 入座礼仪得当(最得体的入座方式是从左侧入座。在椅子被拉开后,身体在几乎要碰到桌子的距离站直,领位者会把椅子推进来,腿弯碰到后面的椅子时,就可以坐下来了。用餐时,上臂和背部要靠到椅背,腹部和桌子保持约一个拳头的距离。避免用两脚交叉的坐姿)。

(2) 正确使用餐巾纸(点完菜后,在前菜送来前的这段时间把餐巾打开,往内折三分之一,让三分之二平铺在腿上盖住膝盖以上的双腿部分。最好不要把餐巾塞入领口)。

(3) 正确使用刀叉(左手拿刀,右手拿插,插尖朝下)。

(4) 不抽烟,不打喷嚏,不喧哗,用餐过程中气氛融洽。

(5) 用餐结束后,双方人员握手告别。

3. 商务礼仪情景模拟三(商务谈判)

模拟要点:

(1) 谈判双方着装仪表恰当(谈判前应整理好自己的仪容仪表,穿着要整洁正式、庄重。男士应刮净胡须,穿西服时必须打领带。女士穿着不宜太性感,不宜穿细高跟鞋,应化淡妆)。

(2) 座次安排得当(布置好谈判会场,采用长方形或椭圆形的谈判桌,门右手座位或对面座位为尊,应让给客方)。

(3) 良好的谈判气氛,合适的礼节(谈判之初的姿态动作也对把握谈判气氛起着重大作用,交谈时目光应停留于对方双眼至前额的三角区域正方,这样使对方感到被关注,觉得你诚恳严肃。手心朝上比朝下好,手势自然,不宜乱打手势,以免造成轻浮之感。切忌双臂在胸前交叉,那样显得十分傲慢无礼。做自我介绍时要自然大方,不可露傲慢之意。被介绍到的人应起立一下微笑示意,可以礼貌地说:"幸会"、"请多关照"之类的用语)。

(4) 谈判过程正确得当(谈判的实质性阶段,主要是报价、查询、磋商、解决矛盾、处理冷场)。

(5) 签约的礼仪正确得当(签约时双方人员都应出席,双方都应设置自己的助签人员,助签人员要站立在自己一方,协助签字人员打开文本用手指明签字位置,签约完毕后,由助签人员交换文本,签字完毕后双方应起立交换文本,握手祝贺,随行人员应鼓掌)。

4. 商务礼仪情景模拟四(客人来访接待)

模拟要点:

(1) 大厅引导员接待礼仪正确得当(大厅引导员应鞠躬问好并询问来访者是否有预约,打电话给经理询问,然后引领来访者)。

(2) 电梯礼仪正确得当(电梯无人值守时,主人先进后出,客人后进先出;有人值守时，主人后进后出，客人先进先出）。

（3）办公室接待礼仪正确得当（握手礼仪与交换名片，并且接待者要给来访者送水，水杯递送顺序要正确，一般的递送顺序为，本方长者，他方长者，他方人员，本方人员）。

（4）送别礼仪正确得当（来访者离开时，接待者应将其送到门口，依次握手告别）。

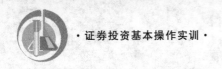

五、实训报告

简单描述以下两个角色，应该如何做，才能礼仪到位？

（1）角色扮演（商务接待人员）。

时间：晚上。

地点：酒店门口、电梯、酒店走道。

礼仪任务：负责接待刚下车的一对香港夫妇投资商，安排住宿，并送至高层房间。

（2）角色扮演（某公司人事部经理）。

时间：上午。

地点：机场、车上、单位。

礼仪任务：到机场接待5名年轻的女同事，坐车到公司参加一个重要的会议。

任务1.5 常用礼节

一、知识目标

（1）明确常用礼节的基本要求。

（2）掌握正确的行礼方式。

二、能力目标

（1）能够在工作中熟练运用常用礼节。

（2）可以说出不良礼仪行为的表现。

（3）能够展示恰当的行为举止。

三、相关知识

(一) 行为举止

行为举止要恰到好处，应该把握好举止三要素：情境、角色、距离。

(1) 行为举止随情境而异　在办公室与在运动场，在教室与在足球看台上，出席婚礼与出席葬礼，朋友聚会与商务谈判……所表现出来的举止神态截然不同，才是正常现象。

(2) 有角色意识　如果主次不分，没大没小，反客为主，不是别有用心，就是贻笑大方。人是社会的一分子，行为举止就不可能为所欲为。特别是官员、军人、教师等类型人物的行动就显然不大自由。特殊人物的举止格外令人关注，其效果也与众不同。

(3) 有距离概念　男女同学之间如果经常靠得太近，未免有“相处过密”之嫌；情侣之间，如果离得太远，就有闹别扭之感。尤其是在社交活动中，人与人之间保持距离的远近具有特定的含义。比如，距离 75 厘米左右是“个人界域”，意为“亲切、友好、融洽”，适合于朋友、同志、同事谈心；距离在 45 厘米以内是“亲密界域”，意为“亲密无间、爱抚”，适合于恋人、夫妻、母女等最亲近者的交流。

(二) 正确的行礼方式

1. 鞠躬

鞠躬是我国古代传统礼节之一，至今仍是人们见面表示恭敬、友好的一种人体语言。和握手相比，鞠躬表达的敬意更深一些，常用于婚丧节庆、演员谢幕、讲演、领奖等场面以及下级对上级、服务员对客人、初次与朋友见面。特别是在大众场合个体与群体交往时，个人不可能和许多人逐一握手，则以鞠躬代之，既恭敬，又节约时间，值得提倡。

2. 拱手(抱拳)

拱手礼是一种极具民族特色的礼节，而且它既可以避免人数众多时握手的不便，又可以不受距离的限制，特别适用于春节拜年、单位团拜、亲朋好友聚会或向别人祝贺时。

3. 起立

这是向尊长、来宾表示敬意的礼貌举止。常用于上课前学生对老师，开会时对重要领导、来宾、报告人到场时的致敬。平时，坐着的位低者看到刚进屋的位尊者，坐着的男子看到站立着的女子，或者在送他们离去时，也都要用起立以表示自己的敬意。

(三) 不良礼仪行为

1. 吃饭的时候嘴巴发出声音

吃饭时张开嘴巴咀嚼并发出声音是“饭桌礼仪”的大忌。这可能只是你自身的一个小瑕疵，但它会对周围的人产生巨大影响，尤其是女性。

吃饭时也不要大声说话，滔滔不绝，旁若无人。

2. 公众场合“收拾”自己

在公众场合收拾自己的仪容，完全违背了社交礼仪。如果想整理自己的仪容，完全可以去洗手间。无论是挖耳朵、剪指甲还是其他任何关于个人卫生的事,都不要在公众场合做,无论有没有人在看。记住:任何你觉得在美女面前不能做的事情,都不能在公共场合做。

四、实训内容及操作

1. 场景

同学A要去办公室找王老师,王老师刚好有事要出去,请A看一下门,这时候有电话打进来找王老师。

模拟要点:

(1) 电话铃一响,拿起话筒首先说明这里是王老师的办公室,然后再询问对方来电的意图等。

(2) 向对方说明老师不在,问对方有什么事情,如果有必要的话可以代为转告老师,如果需要亲自跟老师沟通的话,等老师回来再给对方回电话。

(3) 电话交流要认真理解对方意图,并对对方的谈话作必要的重复和附和,以示对对方的积极反馈。

(4) 电话内容讲完,应等对方结束谈话再以“再见”为结束语。对方放下话筒之后,自己再轻轻放下,以示对对方的尊敬。

2. 场景

同学A请三个朋友一起吃饭;四个人走进餐厅,入座后,服务员过来倒茶并把菜单拿给A;用餐期间A打了个喷嚏;吃完饭后,四个人一起走出餐厅。

模拟要点:

(1) A要在朋友的左前方引路,并最后一个入座。

(2) 服务员过来倒茶的时候,A要说声“谢谢”,这是尊敬服务员的表现。让朋友先点菜,最后根据朋友点菜的情况适当增加。

(3) 打喷嚏的时候要用手或者纸巾遮掩,并转身到后侧,既不面对人也不面对餐桌。

3. 场景

A作为公司代表,陪同客人吃饭。在用餐期间,A的手机忽然震动,A需要接听。

模拟要点:

(1) 入座要从椅子左边进,离席也在左边出。要等所有人都落座以后才落座。

(2) 作为东道主,点菜要征询客人的意见。

(3) 有重要电话,离席前必须先跟周围的人打招呼,表示歉意方可离席,动静要小,尽量不要打扰别人。

(4) 注意嘴里吃东西时不要同时说话,另外,嚼东西时不要发出声音,闭着嘴咀嚼食物是一种礼貌。

(5) 可以劝人多用一些,或是品尝一下菜肴,但切勿越俎代庖,不由分说,擅自做主,主动为他人夹菜、添饭。

(6) 尊重餐厅服务人员。

五、实训报告

描述以下角色的基本要求：

(1) 角色扮演(某公司前台客服部)。

时间:上午。

地点:万宁市内。

礼仪任务:负责接待外地来的团队客人,逛逛万宁市,介绍本地风土人情、名优特产,并请来客吃万宁小吃。

(2) 角色扮演(某公司人事部经理)。

时间:上午。

地点:公司。

礼仪任务:很多人前来面试,大家都在排队,但一起来面试的男士面试完后赖着不走,影响后面的人面试,礼仪人员负责解释并化解危机。

项目二

证券公司岗位需求

证券公司是中国资本市场的重要组成部分，是专门从事有价证券买卖的法人企业，是经主管机关批准并在有关工商行政管理局领取营业执照后专门经营证券业务的机构，属于证券行业的中介机构，普通投资人的证券投资都要通过证券公司来进行，证券公司及其营业部、证券投资咨询公司等也是大学生未来就业的主要场所，其主要岗位有客户经理、投资顾问、销售、客服等。

本项目共设计 8 个实训任务：证券公司基本架构，证券公司主要业务模式及流程，投顾服务的签约流程，证券营销基本技能，电话沟通技巧，促成技巧，客户经理银行开发客户技巧以及如何处理客户投诉等。

任务 2.1　证券公司基本架构

一、知识目标

(1) 了解证券公司的性质及主要业务。

(2) 熟悉证券公司主要架构。

二、能力目标

(1) 学会搜集证券公司信息资料的方法。

(2) 能够说明证券公司主要部门名称。

(3) 知道证券公司主要部门的功能。

三、相关知识

（一）证券公司简介

证券公司(securities company)，简称券商，是专门从事有价证券买卖的法人企业。分为证券经营公司和证券登记公司。狭义的证券公司是指证券经营公司，是经主管机关批准并在有关工商行政管理局领取营业执照后专门经营证券业务的机构。它具有证券交易所的会员资格，可以承销发行、自营买卖或自营兼代理买卖证券。普通投资人的证券投资都要通过证券商来进行。

在不同的国家，证券公司有着不同的称谓。在美国，证券公司被称作投资银行(investment bank)或者证券经纪商(broker-dealer)；在英国，证券公司被称作商人银行(merchant bank)；在欧洲大陆(以德国为代表)，由于一直沿用混业经营制度，投资银行仅是全能银行(universal bank)的一个部门；在东亚(以日本为代表)，则被称为证券公司(securities company)。

（二）证券公司组织架构

证券公司的基本组织架构如图 5-2-1 所示。

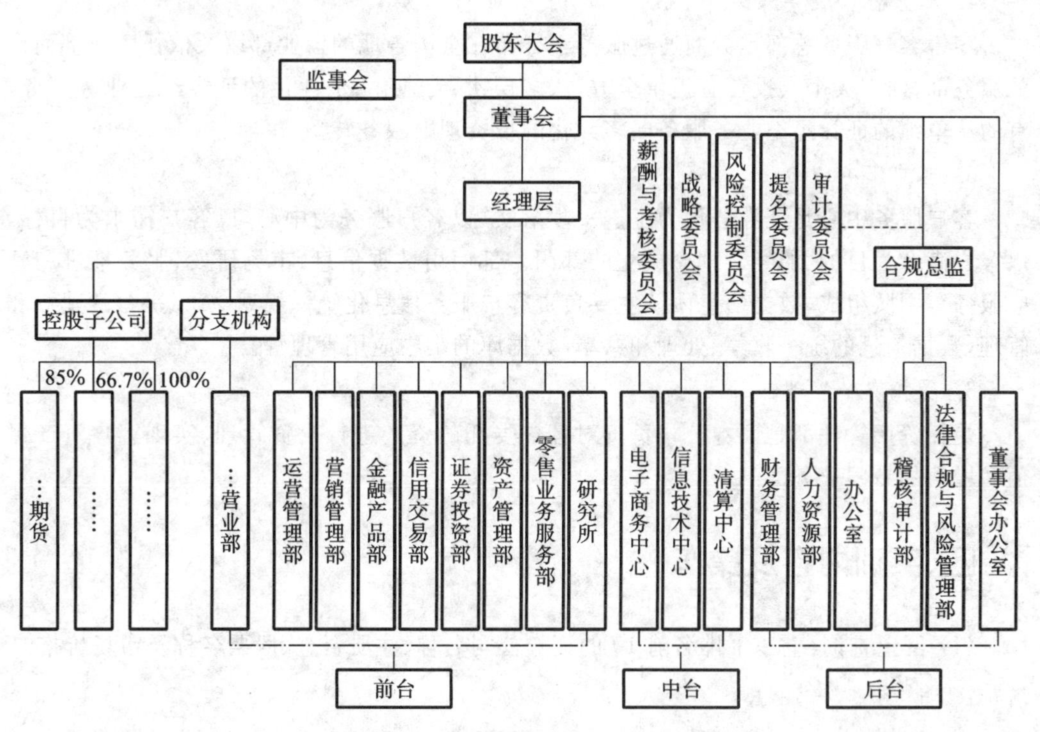

图 5-2-1 证券公司基本架构示意图

不同的证券公司下设机构名称可能不同，但构架基本相同，最主要部门如下。

1. 金融创新部

金融创新部是专门从事金融衍生产品业务运作和管理的部门,主要业务职能是发行拟在交易所上市的备兑权证等金融衍生产品,并负责做市和动态对冲避险交易;研究金融衍生产品和结构化产品,为特定投资者定制风险管理策略和产品。金融创新部的战略目标是把握国内金融衍生品市场发展的机遇,建立权证、期货、期权和结构性产品等金融衍生品的完整产品线,市场份额和盈利水平达到行业内先进水平。

2. 人力资源部

人力资源部主要负责统筹公司人力资源管理工作,建立并完善适应公司发展战略的人才引进、使用、开发、激励机制,在公司内创造良好的工作氛围,为业务发展提供人力资源支持,建立起一支适应公司发展需要的经营管理团队和高效精干的员工队伍,确保公司控股集团和一流证券金融服务提供商战略目标的顺利达成。

3. 机构客户服务总部

机构客户服务总部是证券公司以提供专业化、综合性、一站式服务为目标,致力于组织协调各种资源,建立机构客户和其他核心客户管理服务系统,开发和服务包括公募基金、合格境内外机构投资者、保险、社保、财务公司、信托公司、年金、私募基金、上市公司及其股东、企业法人等机构客户和其他核心客户。承担外部金融产品引入的论证、谈判、合同签订等相关工作,组织和协调其销售工作。

4. 零售客户服务总部

零售客户服务总部是券商通过服务于分布在全国各地的营业部以及依托营业部而设的服务部,向广大个人投资者提供全方位、多层次、专业化、个性化的证券经纪业务服务,有的从单纯的证券经纪业务服务向多元化的投资理财服务转型。

5. 客户服务中心

客户服务中心是证券公司为了进一步落实"以客户服务为中心,以客户需求为目标,以客户满意为目的"的经营理念成立的部门。部门由数据信息、市场研发、服务推进和呼叫服务等团队组成,数据信息团队主要负责客户服务信息化统一规划,资讯平台的建立和管理,数据信息的统一收集、处理和共享,数据库的集中应用管理等。

6. 受托资产管理部

受托资产管理部是证券公司负责对客户委托的资产进行投资管理、实现客户资产保值和增值的专门业务部门。

四、实训内容及操作

(1) 网上查询:上一年排名前10的证券公司名称、注册资金、股票名称及市场价格。

(2) 搜集一家证券公司的组织架构与部门组成。

要求:

①通过互联网检索，找出上市公司官网，登录网站首页。
②单击投资者关系一栏，页面会显示公司概况。
③单击选项公司组织架构，进入公司架构页面，会显示公司组织架构图。

五、实训报告

(1) 谈谈对证券公司组织架构的认识。

(2) 谈谈对如何获取证券公司组织架构的认识。

(3) 提交上一年排名前10的证券公司的基本信息资料。

任务2.2 证券公司主要业务模式及流程

一、知识目标

(1) 了解证券公司主要业务模式。
(2) 熟悉证券公司主要业务的流程。

二、能力目标

(1) 学会搜集证券公司业务流程信息的方法。
(2) 能准确地进行网上搜索操作。
(3) 能讲清楚证券公司主要业务流程。
(4) 建立证券公司业务与专业课程之间的联系。

三、相关知识

(一) 证券公司主要业务

1. 证券经纪业务

证券经纪业务又称“代理买卖证券业务”,是指接受客户委托代客户买卖有价证券的业务。在证券经纪业务中,证券公司只收取一定比例的佣金作为业务收入。证券经纪业务分为柜台代理买卖证券业务和通过证券交易所代理买卖证券业务。

2. 证券投资咨询

证券投资咨询业务是指为证券投资人或者客户提供证券投资分析、预测或者建议等直接或者间接有偿咨询服务的活动。

3. 财务顾问

财务顾问,又称投资顾问,是指与证券交易、证券投资活动有关的咨询、建议、策划业务。

4. 证券承销

证券承销是指证券公司代理证券发行人发行证券的行为。证券承销业务可以采取代销或者包销方式。

5. 证券自营

证券自营是指证券公司以自己的名义,以自有资金或者依法筹集的资金,为本公司买卖依法公开发行的股票、债券、权证、证券投资基金及中国证监会认可的其他证券,以获取营利的行为。

6. 证券资产管理

证券资产管理是指证券公司作为资产管理人,根据有关法律、法规和与投资者签订的资产管理合同,按照资产管理合同约定的方式、条件、要求和限制,为投资者提供证券及其他金融产品的投资管理服务,以实现资产收益最大化的行为。

7. 融资融券业务

证券公司经营融资融券业务,应当以自己的名义,在证券登记结算机构分别开立融券专用证券账户、客户信用交易担保证券账户、信用交易证券交收账户和信用交易资金交收账户。应当以自己的名义,在商业银行分别开立融资专用资金账户和客户信用交易担保资金账户。

证券公司在向客户融资、融券前,应当办理客户征信,了解客户的身份、财产与收入状况、证券投资经验和风险偏好、诚信合规记录等情况,做好客户适当性管理工作,并以书面或者电子方式予以记载、保存。

8. 中间介绍业务

中间介绍业务是指证券公司接受期货经纪商的委托,为期货经纪商介绍客户参与期货交易并提供其他相关服务的业务活动。根据我国现行相关制度,证券公司不能直接代理客户进行期货买卖，但可以从事期货交易的中间介绍业务。

9. 其他证券业务（直投业务）

证券公司开展直接投资业务，应当设立子公司，由子公司开展，证券公司不得以其他形式开展直接投资业务，直投公司不得开展依法应当由证券公司经营的证券业务。

（二）证券公司证券经纪业务的具体工作流程

1. 代理开立证券账户

根据投资人持有的有效证件如身份证、护照等证件，为投资人在证券公司开立进行证券交易所需要的证券账户，分为深圳证券账户或上海证券账户。

2. 为客户开立资金账户，建立委托-代理关系

主要程序为预约开户，到营业网点开立资金账户，办理委托-代理关系，办理第三方存管，并开通网上交易。客户开户时需阅读风险提示，其次验证手机号码，填写个人资料，最后提交注册成功；完成开户手续以后，客户设定交易初始密码、资金存取密码，同时需签订一系列协议。

3. 受理委托并申报

客户根据柜台委托、远程自助委托等方式发布委托指令，工作人员或计算机系统根据客户的申请，受理并申报委托，代理客户进行证券的买进和卖出。

4. 清算交割

清算交割是指证券公司工作人员在一个结算期内对成交的价款和数量进行清算，对证券和资金的应付和应收数额进行清理结算的处理过程。证券交割是指买卖双方根据证券交易的结果，在事先约定的时间内履行合约，买方需交付款项获得所购证券，卖方需交付证券获得相应价款，在此钱货两清的过程中，资金的收付称为交收，证券的收付称为交割，一般是先清算后交割。对于记名债券还要办理变更所有者的过户手续。目前大多数证券交易所均采用计算机系统无纸化交易，过户就在交割时一并完成了。

例如，证券交易股份交割流程如图 5-2-2 所示。

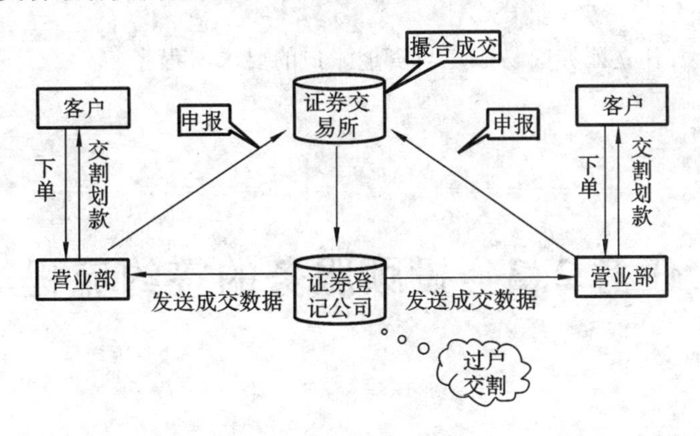

图 5-2-2 证券经纪业务流程示意图

四、实训内容及操作

(1) 以东方财富通软件为工具,来搜集证券公司主要业务模式。

模拟要点:

①打开行情分析界面。

②切换到证券行业板块,寻找所要了解的上市公司券商。

③在左侧第三栏可找到上市公司 F10 相关内容。

④在操盘必读模块中注意浏览上市公司主要业务模式及其流程。

(2) 以邻桌为客户对象,模拟为其开立 A 股账户和资金账户。

五、实训报告

(1) 谈谈对证券公司业务模式的看法。

(2) 思考:我将来的工作岗位可能在哪里? 业务是什么?

(3) 将查询的证券公司的名称及公司的主要业务以 Word 文档的形式表示出来。

(4) 简述个人开立证券交易账户与资金账户的要求与程序。

任务 2.3　投顾服务的签约流程

一、知识目标

(1) 了解证券投顾的含义、职责及要求。

(2) 熟悉投资顾问业务具体实施流程。
(3) 掌握“一券一单两书”的填写。

二、能力目标

(1) 能够说出证券投资顾问的岗位要求。
(2) 知道投资顾问签约新客户的主要工作流程。
(3) 能够解决好工作过程中可能出现的问题,有沟通协调能力。
(4) 学会“一券一单两书”的填写与审查。

三、相关知识

(一) 投资顾问概述

1. 投资顾问的含义

投资顾问是投资服务中非常重要的角色。广义的投资顾问,可以是指为金融投资、房地产投资、商品投资等各类投资领域提供专业建议的专业人士。狭义的投资顾问,特指在证券行业(如证券公司或专业证券投资咨询机构)为证券投资者(通常为股民)提供专业证券投资咨询服务的人员。客户在接受金融投资服务的过程中,第一个遇到的服务者就是投资顾问,并且投资顾问与客户的沟通与交流将贯穿服务的始终。投资顾问的任务是帮助客户达成投资目标,为此他需要始终与客户保持全面深入的交流。

2. 投资顾问的职责

(1) 投资者教育 投资顾问帮助客户理解财务知识和投资常识,了解证券投资业务;帮助客户理解投资机会和一般的投资误区;引导客户理解和评价风险。

(2) 全面的需求分析 全面了解客户的财务状况和需求,为客户制定投资方案。投资顾问将向客户详细阐述制定投资方案的根据,与客户充分沟通,达成一致。

(3) 解读投资管理报告 每个客户特定的投资组合都将在规定的期限出一份投资组合报告,这份报告不仅包括投资组合在过去的时间段内的业绩表现,也包括投资组合经理对投资业绩的评价与解释,对未来投资环境的判断。投资顾问将帮助客户解读这份报告,帮助评价投资组合运作是否符合客户的目标。

(4) 调整投资方案 投资顾问将帮助客户对上一年的投资决策做一个回顾,确定是否要维持目前的资产配置或根据客户的财务目标或投资期限的改变做出调整。

投资顾问引领理财服务的始终,推动各项服务的进展,是客户与整个专户理财服务团队之间沟通的桥梁。

3. 投资顾问的要求

(1) 身兼多能的金融通才 一个优秀的理财顾问,不仅应该熟悉金融产品,还要熟悉各种投资工具和产品,如保险、证券、不动产甚至邮票、黄金等,以及对相关法规的掌握、运用,只有具备相当的专业知识和敏锐的洞察力,且将自己所学所知不断更新,才能为客户提供有价值的资讯。

(2) 强势的专业背景　优秀的理财顾问身后,应该有强大的数据、政策平台作为支持,以确保为客户所制订的方案规避可能出现的风险。

(3) 良好的职业素质　具有良好的信誉,一切以客户为先,严守客户资料的隐私性和保密性。

(二) 投资顾问业务具体实施流程

1. 投顾服务签约流程

(1) 营业部在与客户签订证券投资顾问服务协议前,应当进行风险测评,了解客户的身份、财产与收入状况、证券投资经验、投资需求与风险偏好,协助客户填写"客户风险承受能力评估问卷"。

(2) 向客户进行风险揭示,并提供"证券投资顾问业务风险揭示书",由客户签收确认。

(3) 向客户介绍投资顾问业务相关内容,根据公平、合理、自愿的原则,与客户协商证券投资顾问服务收费方式及标准。

(4) 与客户签订"证券投资顾问服务协议书"和"专属证券投资顾问确认单",对协议实行编号管理。

(5) 投资顾问填写"投资顾问与客户签约关系审批单",由营业部审核人批准签字后,确定服务关系建立。

(6) 复印客户股东证、身份证,与"证券投资顾问服务文本""投资顾问与客户签约关系审批单"统一归档,由营业部档案室统一保存。

(7) 投资顾问填写"投资顾问签约客户汇总表"。

(8) 投资顾问与客户建立服务关系后,客户回访人员应在3个工作日内对客户进行首次回访。

2. 投资顾问签约关系变更流程

(1) 客户如变更投资顾问,应填写"专属证券投资顾问变更单"。

(2) 投资顾问关系变更后,新的投资顾问应在2个工作日内与客户建立联系。

(3) 投资顾问签约关系变更后,客户回访人员应在3个工作日内对客户进行回访。

3. 投资顾问协议解除流程

(1) 如客户提出解除协议,客户应到营业部签署"证券投资顾问服务撤销单",以书面方式提出解除协议。

(2) "证券投资顾问服务撤销单"签署之后,协议关系即终止。营业部应按照"证券投资顾问服务协议书"中协议的解除和终止条款,处理相关费用问题。

四、实训内容及操作

(1) 上网搜索、下载完成投顾服务签约流程所需要的"客户风险承受能力评估问卷""证券投资顾问业务风险揭示书""证券投资顾问服务协议书""专属证券投资顾问确认单"

等,并以邻桌为客户对象,对 4 张表格进行模拟填写。

(2) 分组活动。

要求:

①全班共分为 4 个小组(A 销售人员、B 投资者、C 客服部、D 风控部)。

②销售人员提交投资者信息(4 张表格)到风控部。

③风控部对资料进行审查、评估,并签署意见。

④风控部将合格客户 4 张表格提交客服部,若审核有误可返回重填。

⑤客服部对客户进行电话回访,提示风险并录音,最后开通产品服务。

五、实训报告

(1) 对在客户签约过程中遇到的问题进行汇总,并提出解决这些问题的有效方案。

(2) 提供“一券一单两书”填写、审查后的样本。

(3) 对分组活动的过程与效果进行评价。

任务 2.4 证券营销基本技能

一、知识目标

(1) 明确营销的意义与要求。

(2) 熟悉营销的内容与方式。

(3) 掌握营销的基本技巧。

(4) 掌握推销的四个环节。

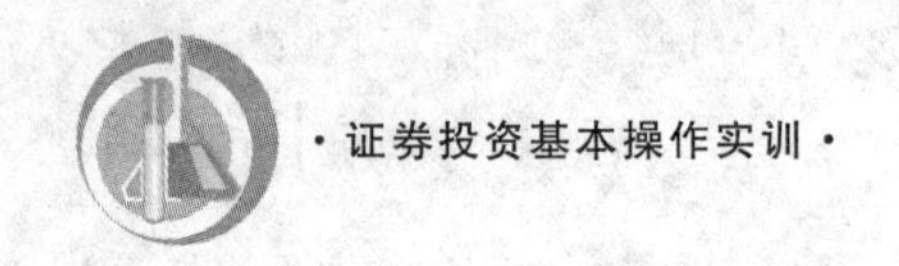

二、能力目标

(1) 能够有效地营销自己、营销公司、营销产品。

(2) 学会应用推销四个环节。

(3) 学会分析客户心理七种变化,并能有效利用这种变化。

三、相关知识

1. 营销自己

营销自己是证券营销的第一步,如何将自己推荐给客户,而且还能在客户心里占据一个较有优势的位置,就看营销者怎样营销自己。"酒香不怕巷子深"的观念已经过时,现在是一个产品同质化程度较高的时代,如何才能在竞争者中显露自己,让自己鹤立鸡群、与众不同,显得尤为重要。要学会营销,既要会做还要会说,否则就是再有才华恐怕也会被埋没。一个产品,即使广告做得再好,老百姓看不见实物,感受不到它的品质,那一切都等于白说。所以,知道如何展示自己的才华,才是实施营销活动的根本点与落脚点。

首先,营销者要知道自己的价值以及如何评定自己的价值。也就是说,营销者的内在质量如何,营销者是否有才华学识或一技之长,营销者是否具备诸如谦虚、仁厚、幽默等人格魅力,在初次见面时就能让人对他产生好感。营销者对自己的"包装"一定要好,这里的"包装"不一定是长相,还包括气质、着装、言谈举止等所有客户能看见的因素。

其次,了解自己的价值之后就要对市场或营销的途径、环境进行选择,找对地方才能展现自己的能力和才华,才能得到满意的结果。

2. 营销公司

作为一名证券营销人员,首先要学会营销自己所在的证券公司,将公司最优秀的一面展示出来,给客户留下美好的第一印象。

实用技巧

证券营销人员可以对正在考虑如何选择证券公司的潜在投资人这样推荐:

该证券公司在行业内的品牌与美誉;

注册资本××亿,全国设有××家营业部;

大股东是×××;

总部设在××市(通常是经济发达、金融发展水平高的城市);

提供操盘指引服务,如点股成金,专家在线,每日晨报等;

该证券公司提供的是一对一服务,是个性化的咨询服务;

每天及时输送研究所最新研究成果,个股短信提示。

3. 营销产品

通过比较所在证券公司与其他同类证券公司的优势来体现自身产品的价值,比如在办理客户交易结算资金第三方存管业务的过程中，与相关银行联合发行联名卡的证券公司更能体现自身产品的优越性，在营销过程中就可以将这种产品作为宣传重点。

4. 推销四环节

1）接近

先生/小姐，请了解一下××证券联名卡。

2）介绍

联名卡是银证转账的升级版；

银行管资金，证券公司管证券操作；

资金更安全，提取更方便；

交易更快捷，服务更周到；

操盘有指引，定时发送“点股成金”短信。

3）促成

推荐品牌券商；

强调安全方便；

介绍一对一服务的特点；

解释个性化的咨询服务。

实用技巧

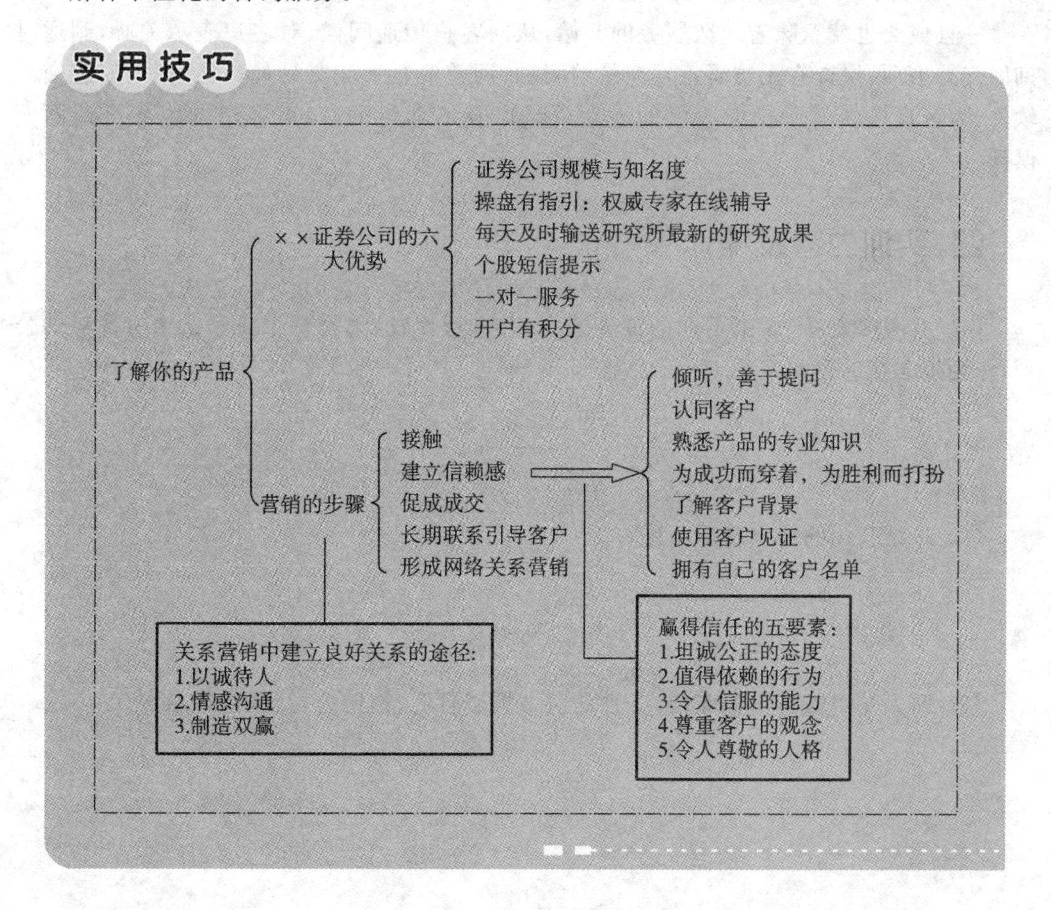

4）成交

我们现在填写一份开户表，先帮您开一张股东卡；

请您提供身份证、股东卡，我们在××银行办理业务；

我们现在到××银行开户，我公司是××银行的VIP客户，可以不用排队直接办理。

5. 客户心理七变化

在上述推销四环节进行的过程中，客户的心理也在随着营销的推进而发生七个阶段的不同变化。营销者需要密切关注此时客户透露出的信息，包括客户的语言、表情、语气、手势等，随时观察并细心把握客户的心理变化，以便适时地对其中某个或某些环节进行必要的、有针对性的调整，以最终达成成交的意愿。其中一些关键的信息点如下。

(1) 引起注意：联名卡是怎么一回事？

(2) 引发兴趣：原来是银证转账升级，不错嘛！

(3) 适当联想：用联名卡炒股一定很方便！

(4) 欲望：无论如何我要试试。

(5) 比较：各方面性能呢？是否更好？

(6) 确信：非××证券公司莫属，还是这家证券公司最好。

(7) 决定：好了，就开××证券公司联名卡。

一旦成交也就意味着永久服务的开始，从向客户传递问候、对客户表示关心，到适时询问交易事项、检查有无妨碍正常交易的问题、调整资金量和交易量，再到帮助安装交易软件、为客户提供其所投资股票的最新资讯以及培训等事宜，对客户的服务可谓面面俱到。

四、实训内容及操作

(1) 上网搜索2～3家不同的证券公司，并进行比较，选择一个自己认为有优势的公司，作为拟工作的公司。

(2) 总结公司的特点及产品优势。

(3) 两人一组进行角色互换，分别向对方推销自己、推销公司、推销产品。

五、实训报告

(1) 针对自身的特点,谈谈怎样才能展示优秀的一面。

(2) 指出在"一对一"环节中,对方的优点和存在的问题。

(3) 做好营销工作基本构成要素有哪些?

(4) 在推销过程中,客户的心理不断发生变化,在此期间营销者需要做什么?

任务 2.5　电话沟通技巧

一、知识目标

(1) 了解电话沟通的基本要求。
(2) 明确电话沟通的基本思路及程序。
(3) 掌握与客户电话沟通技巧。

二、能力目标

(1) 做到语言表达流畅、清晰。
(2) 初步具备与客户沟通技巧。
(3) 学会获取客户有效信息的方法技巧。
(4) 顺利完成模拟,取得良好效果。

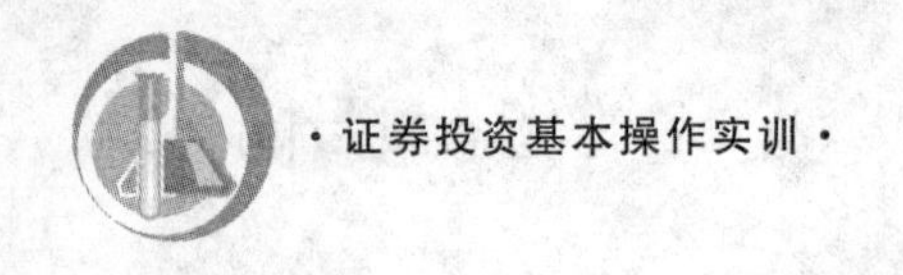

三、相关知识

(一)打电话前做好充分的准备

1. 积极的态度

要有一种对成功的激情和渴望,相信自己具备成功的能力,自我形象越好越能显示出预约所需要的信心,把客户想象成好朋友,有助于消除陌生感,从而保持积极的心态。

2. 明确的目的

第一次电话的目的是成功预约而不是为客户进行咨询服务或开始推销,注意引导客户而不要被客户引导。

3. 一份潜在客户的名单

应该有一份标有潜在客户姓名、地址、电话号码的名单,知道客户的姓名非常重要,不知道客户的姓名最好先通过打办公室电话等其他途径问清客户姓名再打。

4. 想好要说的内容

通过充满吸引力的陈述介绍自己和公司,导入主题,请求约见以便详细介绍,应付客户的拒绝,友善地结束电话交谈。

5. 想好如何应付拒绝

销售人员、投资顾问及客户经理打的预约电话不计其数,碰到的拒绝也有无数种原因,只有不断总结经验才能学会让客户无法拒绝。

(二)电话营销及与客户沟通技巧

对潜在客户的第一次电话营销是整个营销过程的开始,因此第一次电话的重点不是达成交易,而是争取获得与潜在客户见面的机会,然后再力争成交。

一开始说"早上好"或"下午好",对其家人或朋友问好,自我介绍简明扼要,询问"现在谈话是否方便",让你的声音变得柔和,说话速度不快不慢。

要求做到如下两点。

1. 激发客户兴趣的技巧

提供足够的信息,激发潜在客户的欲望,可主要介绍近期市场行情、未来的市场机会、客户的投资策略、客户关心的相关资料、公司为营销而推出的广告或优惠活动,甚至可以谈谈公司是怎样关心并帮助已离开的客户的。

2. 提出预约的技巧

充分激发客户兴趣后,应把握时机促成约见,说明见面的好处。商量预约时间时要表现出对客户的尊重,争取预约时要避免使用含糊用语,对方有事可另外指定时间,尽量提前。

实用技巧

- 开始电话交谈
  - 电话营销注意事项
    - 介绍你自己
    - 认定你的客户
    - 介绍你的产品或服务，强调它符合客户需要
    - 准备应付拒绝
    - 懂得何时结束谈话
    - 保持言简意赅
    - 注意选择用语
    - 注意你的语调
  - 让语言带着笑容
    - 语音带笑，会显示出一种友好形象
    - 保持微笑并及时调整自己的坏情绪
    - 打电话前深呼吸，放松微笑
    - 受挫沮丧时不要强迫打电话
  - 提问的技巧
    - 事先设计好要提问的问题
    - 确保自己比客户讲得少
    - 要以一种婉转的语调提出问题
    - 细心倾听客户的回答
    - 提出更多的问题
  - 倾听的技巧
    - 站在对方立场上仔细地倾听
    - 确认自己所理解的就是对方所讲的
    - 态度诚恳，不要随便打断客户的谈话
    - 认真地听客户讲完，并记下重点
    - 对客户的话不要表现出防卫的态度
    - 掌握客户的真正想法
  - 巧妙地应付拒绝
    - 细心聆听，研究拒绝的原因及对策
    - 用语言缓和客户的担忧
    - 注意说话技巧
    - 避免争论
  - 时刻保持成功信念
    - 要期望积极的电话营销结果
    - 永远保持高昂的斗志和成功的心态
    - 电话交谈结束也是一种开始，是继续联系的开端

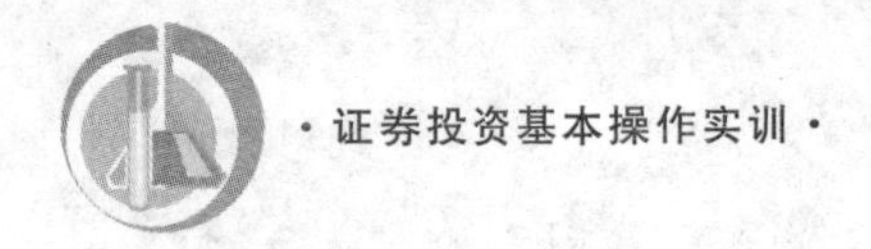

3. 第二次电话营销的技巧

实用技巧

- 第二次电话营销的技巧
  - 打电话前做好充分准备
    - 电话要解决什么问题
    - 要准备哪些材料
    - 怎样提问 → 状况询问；问题询问；暗示询问
    - 如何应对拒绝
    - 每次打电话前问问自己是否准备好了
  - 掌握足够的专业知识
    - 尽可能多地了解证券知识
    - 总结产品和服务的特点
    - 学会用通俗的语言向客户推销
  - 让打电话成为一种习惯
    - 要有成功的态度，态度决定一切
    - 不要犹豫不决，想到就去做
    - 以职业化的方式在电话里完成所有的推销步骤
    - 在电话最后进行总结，愉快地结束谈话
  - 选择适当的打电话的环境
  - 明确你此次电话的目的
    - 打电话的目的是什么
    - 对一段时间内电话营销的效果进行总结和跟踪
    - 通过测量进展的方法不断向目标迈进
  - 准备好客户的档案
    - 按客户名字存档
    - 做好承诺回电的准备
    - 记录客户需求、时间限制、意见等
    - 建立客户记录检索
    - 写下拜访目的及备注

实用技巧

一、针对曾经是本营业部客户，后来由于某种原因销户的客户，其话术思路如下。

①开场白：

您好！请问您是××先生/女士吗？我是××证券公司××营业部打来的。我姓×。是这样的，您以前曾是我们公司的客户，我们现在针对一些老客户做一个回访（＊停顿1秒）。

②我想了解一下，您当初为何会离开我们营业部？（停顿，等待客户回答）如

果客户确实对营业部提出问题或不满，可要求做通话记录。而且在通话中要肯定和感谢客户所提的宝贵意见，同时根据情况检讨以前本营业部某方面工作的不足，最后要重点强调说明：本公司的领导也已意识到这些问题，所以现在我们已经改变了以前的某某做法，不断提升完善公司对客户的服务和咨询。尤其是……参考话术Ⅱ）

如果客户是由于家中搬迁而转户的，首先要问清客户搬到哪个区域，然后重点用介绍远程交易的话术。

如果客户是因别人介绍或经纪人开发等原因被人挖走的，或无从回答，则接着引用提问型话术③④。

③那么，请问您现在在哪家证券公司做股票？（停顿，等待客户回答）那您觉得在那里做股票感觉怎么样？（停顿，等待客户回答）。客户一般会回答感觉一般或还可以吧。此时仍需继续发问，但其中还应有“哦”“是嘛？”等转接词或根据情况迎合回音客户的话语。

④那里有人专门为您提供一对一的服务吗？有人教你投资技巧和方法吗？譬如有人教你“永不套牢法”和“安定操作法”吗？对方基本上都会回答没有。所以，接下来应着重介绍营业部为投资者提供的咨询服务等。（参考话术Ⅰ）

⑤真的！我们这儿现在变化很大，尤其是在咨询和服务上，您来我们这儿看看吧，说不定还能见到以前一起做股票的朋友……（停顿）那这样吧，您今天有空吗？您到我们这里来看一下，我让我们特聘的专职分析师为您分析一下您手中的股票和近期大盘的走势，同时我还送您一张深受投资者欢迎的股市实战班的听课证。

如果对方当天没空也没关系，可以另约时间，但需要引导客户确定确切的时间，而且告诉客户你在那天会在公司等他。

如果客户还是不愿确定来的时间，那你必须把你的联系方式留给对方。

二、陌生电话拜访（盲打）的话术

①开场白：您好！我是证券公司打来的，我姓×，请问您这里做股票的人在吗？（由于是“盲打”，对方是否做股票还未知，而且最好不要先报出你所在证券公司名字）

对于空号和无价值号码，做放弃处理。对于号码忙音或无人接听的情况，应记下当时拔打的时间，其后在不同时段（包括休息日）再行拔打，当一个号码三次不同时段拔打均无人接听时即做放弃处理。

“盲打”电话接通后遇见的情况比较复杂，可能会遇见各种性格和类型的客户，所以在通话之前应明确你针对不同客户要套用何种话术。

对方回答：“我们这里没有人做股票……”——此类客户开发可能性较低，试探客户语气进行交流：那么您对投资股票有兴趣吗？（停顿，等待客户回答）

前段时间（2月1日）国务院发布了针对资本市场（证券市场）的×××，不知您听说过没有？（停顿，等待回答）

可以预见，今年证券市场将有很大的投资机会和获利机会，您觉得呢？（停顿，等待回答）您今天有空吗？您到我们这来看看，我在营业部等您。我们有特聘的专业分析师可以为您提供投资建议，并且还有专门为您这样从未入市的投资者安排"永不套牢法"和"安定操作法"等一系列投资课程。（停顿，试探客户反应）

如对方仍有顾虑，还可以接着引导：当然，如果您担心投资股票有风险，我们这里还有其他的投资品种供您选择，譬如债券、开放式基金、集合理财……您可以从中获得高于银行存款利息且风险极低的投资收益。这样吧，您今天有空吗？您来我们这看看，我在营业部等您，我会让我们的理财顾问给您详细地介绍投资品种。

如果对方当天没空也没关系，可以另约时间，但需要引导客户确定确切的时间，而且告诉客户你在那天会在公司等他。如果客户还是不愿确定来的时间，那你必须把你的联系方式留给对方。

②对方本人或家人有做股票的投资者的话术

a. 着重介绍推荐的证券产品或促销活动。

b. 着重介绍公司的个性化服务和咨询服务。

c. 对于那些很实在的投资者，还要强调营业部的优势，如佣金的优惠等。

参考话术Ⅰ：

是这样的，我们营业部针对广大投资者新股中签率普遍很低的情况，为了提高投资者的收益，推出了一种叫"新股合作配售"的证券产品，不知您听说过吗？（停顿，等待回答）

一般情况下，对方没有听说过，这时可以接着介绍：那您最近有没有中过新股呢？（停顿，等待客户回答）如客户回答没中过或是一年中一两次，则选择性套用"新股合作配售话术"①②③④。

①如今新股市值配售中签率很低，许多投资者即使有几十万元的股票市值也始终中不到新股。针对这种情况，我们公司特地为您这样类型的投资者设计了提高新股中签收益的新的新股摇号方式——"新股合作配售"。（停顿一会，判断客户听了此段话后是何反应。只要客户有兴趣再听，就继续详细介绍下去）

②"新股合作配售"简单地讲就是：将参加合作配售的投资者的市值捆绑在一起，然后由营业部统一参加新股摇号。这样就在概率上大大地提高了新股中签的概率。从我们营业部运行至今的情况来看，保证每次新股发行申购，每个参加新股合作配售的投资者都有新股可以中到（此时语气语调加强）。这样一来，每个新股的发行，您都能中到原始股，每次都有一定的收益，而且几乎没有任何投资风险！（此时语气语调再次加强）（停顿，让客户谈对于此段介绍的看法或疑问），如果对方没有表现出不耐烦的语气，而且有兴趣听下去，则可以继续详细介绍。

③我们公司的这个项目就是为了让投资者在如今低迷的市道中，能通过新股申购收益的提高摊薄原先的投资损失，带来无风险的稳定收益。现在已经参加该新股合作配售的投资者每年的投资收益都在5%左右。(停顿，等待客户反应)此时，无论客户的反应是信或不信，接着用以下话术。

④此种新股中签的收益，电脑中都有据可查，您可以过来看一下我们这里现在的情况和环境，同时我把新股合作配售的详细书面资料以及中签收益的电脑记录给您看一下。这种新的新股中签方式真的蛮好的！(语气语调加强！)还有，我们现在把原本收费的高级会员内部证券咨询信息，向本公司客户免费提供，分析得很准的！(语气语调加强！)您也可以顺便过来看一下。请问您本周×或本周六是否有空？(停顿，等待客户反应)

参考话术Ⅱ：

我们公司最近完成重组，更名为"××证券"，发展为综合类券商，大大增强了实力，就此还开通了免费电话咨询热线，盘中为您解答个股疑问，提供每日市场信息及时发送，为每位股民配备一位经纪人……。(停顿1秒，然后继续)需要向您特别介绍的是：我们现在把原本收费的在市场上价值××××元的高级会员内部证券咨询信息，向本公司客户免费提供，分析得很准的！(语气语调加强！)您可以顺便过来看一下。请问您本周×或本周六有没有空？(停顿，等待客户反应)

这样吧！您过来看一下。您可以过来看一下我们这里现在的情况和环境，同时我把新股合作配售的详细书面资料以及中签收益的电脑记录给您看一下。这种新的新股中签方式真的很好！(语气语调加强！)还有，我们现在把原本收费的高级会员内部证券咨询信息，向本公司客户免费提供。(语气语调加强！)您也可以顺便过来看一下。请问您明天或本周×有空吗？(停顿，等待客户反应)如果客户还在犹豫，可进一步加强说明：对了，还有……。

如果客户表达了愿意过来的意识，则补充说明：随便告诉您一下……。

下周×我们营业部邀请了著名的理财投资大师×××老师，做大型股评会，他教授的"永不套牢法"非常实用和有效，您如果有空一定要来听听！他教授的投资方法和思路，能帮助您在今后的行情提高操作技巧，更好地把握行情！同时，我们公司的分析师还可以面对面和您做个股分析和大势研判等。(停顿)那么就本周日×点，我在我们营业部接待您(语气诚恳略带恳求！停顿，等待回应)无论用何种话术约见客户，在约见成功后，都告诉客户你的姓名或姓，联系方式，到哪可以找到你，怎么找到××证券××营业部等。

针对客户的反应和具体情况，穿插的参考话术如下。

A："新股合作配售"打个比方就是像买福利彩票一样，一个人买，中奖要凭很大的运气，可以说中奖概率极低；但如果你集合资金优势，中奖概率就变成了百分之百，这样中新股就无须凭运气了，次次都会有收益，最多只是中多中少而

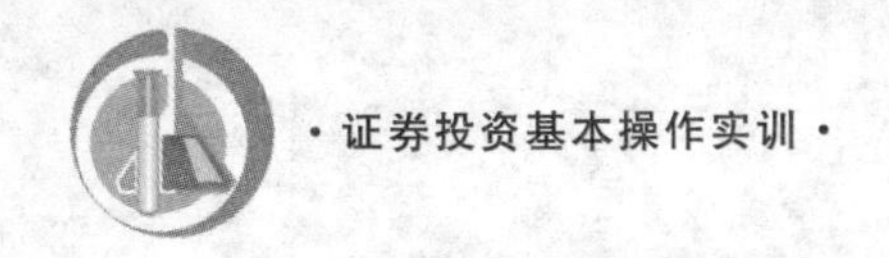

已！（语气加强）。

B:如果您现在股票已经套牢了，那么您参加了合作配售，就等于每年股票多解套5%，更何况行情也不会一直这样下去的，在我们这做股票，通过我们的咨询信息和服务，只要行情一好，不但可能解套，而且获利都有可能！（语气加强！）

停顿是为了让客户有时间考虑回答，但有些问题客户可能无法回答或不愿回答。所以，如果在停顿几秒钟后客户仍没有回答时，应继续问或说。

在与各种性格和类型的人打电话（打交道）的过程中，随时都可能遇见意想不到的情况和局面。此时就体现了电话营销人员的个人营销能力：灵活应变！水无常形，兵无常势，应根据现时情况运用电话营销的技巧和策略机智应对，切忌出现与客户争吵被客户投诉的局面！

对于某些大资金的投资者，可能比较讲究"实惠"，针对这种类型的投资者，还要佣金优惠的"诱饵"，让他来营业部详谈。

最后绝招：在许多情况下，无论你如何说，用何种话术，对方就是"雷打不动"，以各种理由推脱或拒绝，此时推荐对方一个股票……，如果你推荐的股票涨了，那你就可以再次给他打电话，进一步引导，那时他对你或所在公司的咨询水平就会刮目相看，再次要求你推荐股票，在这种情况下，约这个客户来营业部，成功的可能性就大大提高了！当然，没有人能确保股票推荐成功，但你在每天电话营销前先准备好要推荐的股票，在最后需要时运用，至少还有一半的成功挽回的可能，绝对比被对方直接回绝而无话题再沟通要好。

四、实训内容及操作

1. 情景模拟

你是证券公司理财顾问，通过电话拜访潜在客户（同学扮演）。

模拟要点：

(1) 首先做自我介绍，让客户知道你的来意、你的职业。

(2) 注意沟通语气，要寻找共同话题。

(3) 充分熟悉近期资本市场的大事件，激起客户的兴趣。

(4) 在与各种性格和类型客户打电话的过程中，随时都可能遇见意想不到的情况和局面，这时就应做到随机应变。

2. 分组讨论

客户经理小张兴致勃勃地打电话与潜在客户沟通，但是常被对方拒绝，同学们可讨论如何帮助小张应对客户的各种拒绝。

五、实训报告

（1）分析电话销售的利与弊，总结电话沟通中可能遇到的困惑与问题，并提出应对之道。

（2）评价一下你和同学在模拟中的表现。

任务 2.6 促成技巧

一、知识目标

（1）了解促成的意义与目标。
（2）明确展示个人良好形象的重要性。
（3）掌握促成的 15 种技巧。

二、能力目标

（1）能够正确认识自己、准确定位自己。
（2）可以说出引起客户注意力的方法。
（3）能够通过语言及举止较好地展示自己的形象。
（4）初步学会应用促成的 15 种技巧。

三、相关知识

（一）主客体定位

1. 自我市场定位
（1）研究自我性格特征、兴趣爱好以及曾涉及的行业或从事的工作。

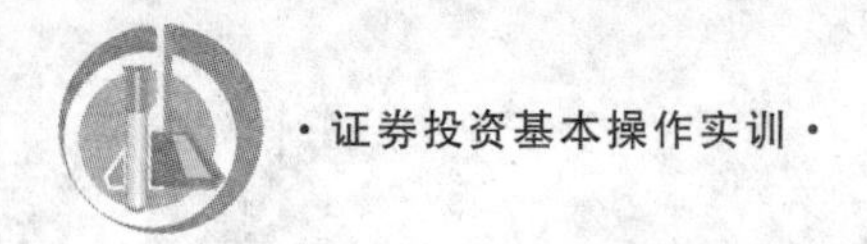

(2) 发现自己一直感兴趣或向往的工作。

(3) 关注自我周围有哪些有价值的社会关系或资源。

(4) 了解自己平时喜欢跟何种年龄、职业、性格的人接触。

2. 客户市场定位

(1) 研究客户的性格特征、兴趣爱好以及他所从事的行业或从事的工作。

(2) 发现客户比较感兴趣的投资产品。

(3) 关注客户周围有哪些有价值的社会关系或资源。

(4) 了解客户平时喜欢跟何种年龄、职业、性格的人接触。

3. 适应不同类型的客户

(1) 认识客户和自己的风格。了解自己的个性风格,不断学习每种风格的各个方面,适应不同的情景,根据各种类型投资者的特点,灵活调整自己与客户的沟通策略。

(2) 学会与不同类型的客户沟通。一般分析型投资者比较注重过程,主观型投资者比较注重结果,情感型投资者比较注重对象,随和型投资者则比较注重原因。

(二) 与客户沟通的技巧

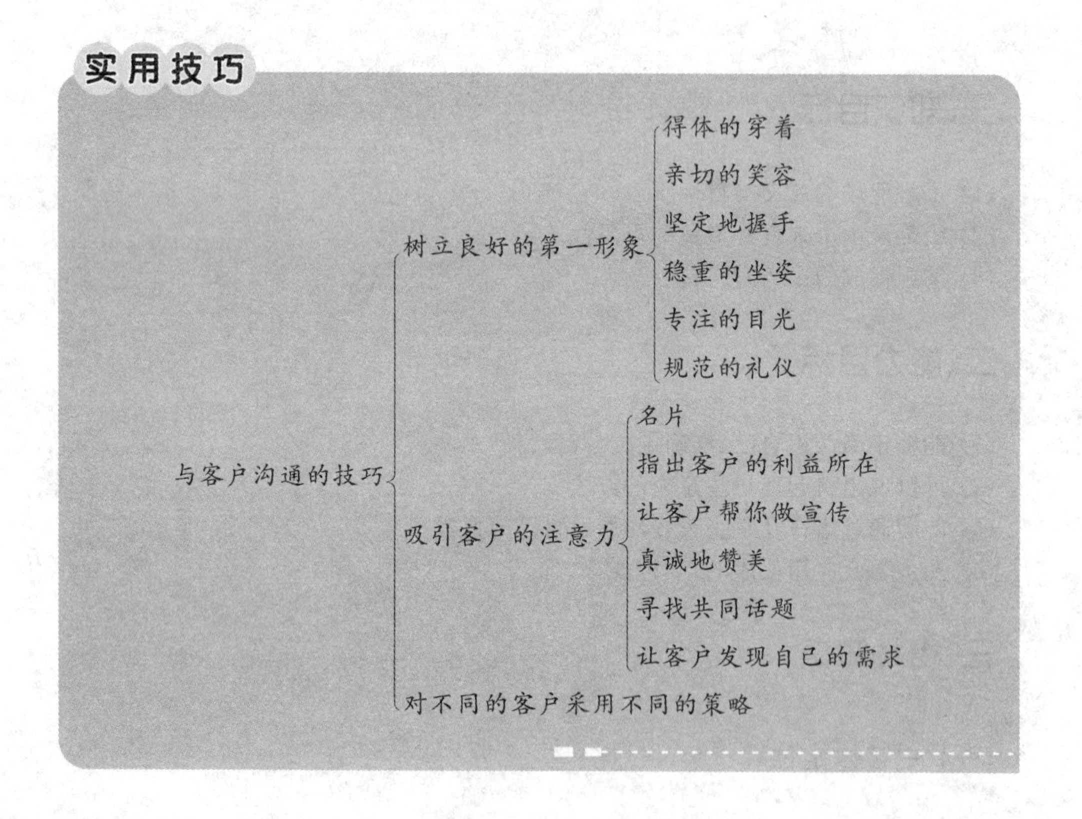

（三）沟通技巧练习

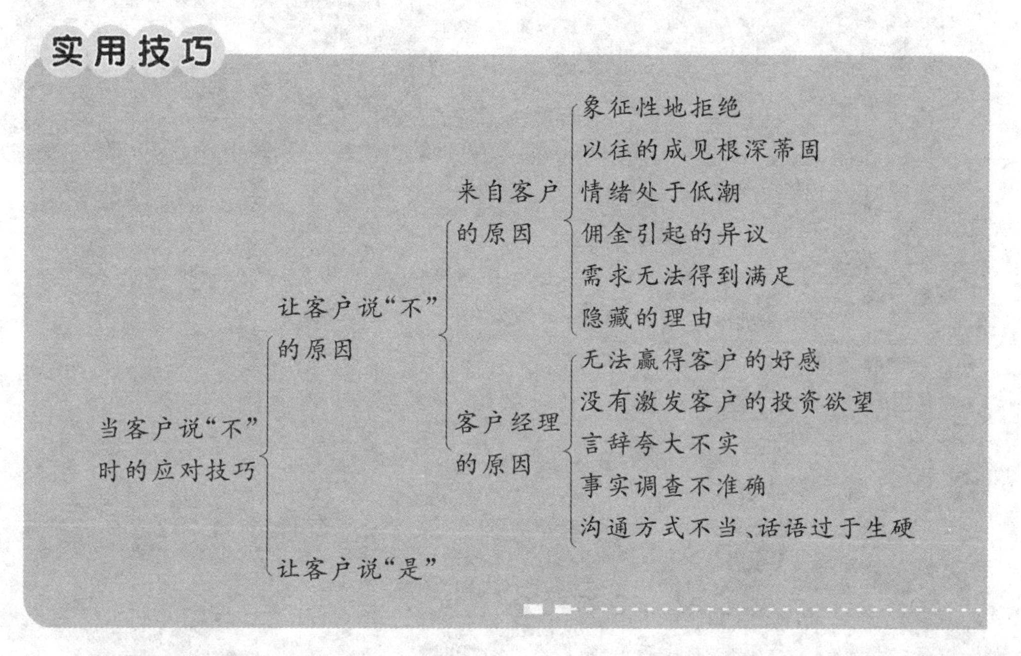

实用技巧
当客户说“不”时的应对技巧
让客户说“不”的原因
来自客户的原因
象征性地拒绝
以往的成见根深蒂固
情绪处于低潮
佣金引起的异议
需求无法得到满足
隐藏的理由
客户经理的原因
无法赢得客户的好感
没有激发客户的投资欲望
言辞夸大不实
事实调查不准确
沟通方式不当、话语过于生硬
让客户说“是”

（四）把握促成交易的时机

实用技巧

有效地促成交易的技巧：

- 优劣对比法
- 细节切入法
- 积极暗示法
- 少量尝试法
- 循序渐进法
- 展示机会法
- 引导肯定回答法
- 有意退让法
- 事实证明法
- 真情挽留法
- 缘故法
- 温和建议法
- 太极推手法
- 跟踪法
- 示之以利法

实用技巧

1. 某天早上，客户经理小张与潜在客户王先生联系，发现王先生很想开户，但还在考虑哪家证券公司好一些，于是，小张向王先生全面地介绍了自己所在证券公司营业部的情况，但是王先生还是没有决定开户。

下午，小张在联系客户刘先生时发现对方有意转到其他证券公司，小张劝说了很久刘先生还是决定要转。

解决方案：优劣对比法。

2. 小张与潜在客户李阿姨联系，李阿姨在小张的介绍下表示出很大兴趣，但她说家里没有电脑，不会炒股，钱很少，等等。

解决方案：细节切入法。

3. 小张与潜在客户李先生谈得很投机，李先生对其所在的证券公司也很认可，于是双方约定当天下午办理开户。但小张一直等到快下班也不见李先生来开户，打电话给李先生也没有回应。

下午小张接触了另一位潜在客户吴小姐，谈得也很投机，但是无论怎么说吴小姐就是不表态，最终还是不了了之。

解决方案：积极暗示法。

4. 小张遇到从未炒过股的罗先生，他很想试试但又犹豫不决。

解决方案：少量尝试法。

5. 小张打电话给前几天刚刚开户、仅用2000元炒股的李先生，得知李先生赚了200元钱，据了解李先生有20万元资金可用来投资。

解决方案：循序渐进法。

6. 小张遇到了老股民赵阿姨，赵阿姨在股市亏了不少钱，所以逐渐有了退出股市的想法。

解决方案：展示机会法。

7. 小张的潜在客户郑先生对证券公司及股票有一定的了解，但对投资犹豫不决。

解决方案：引导肯定回答法。

8. 小张的潜在客户朱小姐最近听朋友说，中国股票市场很容易亏钱，他自己就亏得比较厉害，还有周围的很多人都劝朱小姐千万不要炒股。

解决方案：有意退让法。

9. 小张与潜在客户于小姐联系，发现于小姐为人很谨慎，她没有炒过股票，认为股票市场赚不到钱，因此对开户犹豫不决。

解决方案：事实证明法。

10. 小张向郭阿姨介绍自己所在的证券公司，郭阿姨说："之前其他证券公司的客户经理也说让我过去看看他们公司，我想先去他们那里看看。"

解决方案：真情挽留法。

11. 小张负责带一位新来的同事，该同事社会关系广泛，但很长时间不能开户。

解决方案：缘故法。

12. 小张联系潜在客户吴先生，毫无经验的吴先生面对众多的股票基金无所适从。

解决方案：温和建议法。

13. 小张向林先生介绍完自己的证券公司后，林先生说："你们公司我去过，装修不够豪华。"

解决方案：太极推手法。

14. 小张3天前派发了100多张宣传单，结果却一无所获。

解决方案：跟踪法。

15. 小张的一位潜在客户有很大资金，但对炒股犹豫不决。下午小张又遇到一位其他证券公司的客户，介绍过后客户还是不想转到其所在券商。

解决方案：示之以利法。

四、实训内容及操作

1. 情景模拟

你是证券公司的客户经理，通过面对面与潜在客户（同学扮演）沟通，促成某一事项。

模拟要点：

(1) 首先展示好自己，让客户知道你的来意。

(2) 通过语言、举止等引起客户注意，并得到认可。

(3) 活动要围绕证券投资相关主题展开。

(4) 扮演客户的同学要设置不同情景、话题，训练"对手"随机应变能力。

2. 分组讨论

让潜在客户说"不"的原因是我们客户经理无法赢得客户的好感、没有激发客户的投资欲望、言词夸大不实、事实调查不准确、沟通方式不当、话语过于生硬等，请每一位同学认真思考如何针对上述问题制订预案，思考职场难题，在校园学习期间将问题解决。

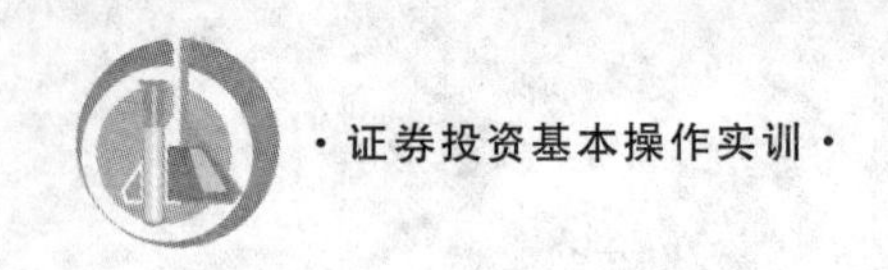

五、实训报告

(1) 分析促成的关键所在,提出你认为有效的解决办法。

(2) 评价一下你和同学在模拟“促成”中的表现。

任务 2.7　客户经理银行开发客户技巧

一、知识目标

(1) 了解客户经理的工作性质与要求。
(2) 理解实现询问的基本方式。
(3) 掌握倾听的三原则。

二、能力目标

(1) 学会运用倾听的三原则。
(2) 学会询问的方法。
(3) 能够创新地运用实践推销的“一听二讲三问”技巧。

三、相关知识

银行是目前客户经理开发客户的一个非常重要的场所,我们可以针对这一特定环境,设计营销计划和开发客户话术的预选方案。

(一) 学会提问

是否会提问是优秀客户经理与普通客户经理的区别,提问的目的主要是了解客户的需要。

1. 进行有效的提问

事先设计好要提的问题,想好适当的问题;要确保自己讲的话比客户少;要以一种婉转的语调提出问题,不要听起来像是在盘问;细心倾听客户的回答,客户会引导营销人员提出其他更多的问题。

2. 询问的方式

(1) 状况询问　状况询问是客户经理在对客户目前的投资状态进行了解的一般性询问。

例如：

您以前有没有炒过股票?

您现在还在炒股吗?

您在哪个证券公司炒股?

您平时能看到股市行情吗?

您是现场委托还是网上交易?

您现在持有什么股票?

您听说过××证券联名卡吗?

(2) 问题询问　问题询问是你得到客户的状况回答后,为了探求客户是否存在不满、焦虑或抱怨而提出的问题,也是为了发现客户的需求而进行的询问。

例如:当问到客户持有什么股票并得到客户的回答时,如何继续对话?

你可以接着问:"您为什么会买这只股票? 是自己的观察还是看了股评的推荐?"根据客户的回答,可以了解他买股票的历史、他的风险承受能力等情况。

你还可以问:"你平常如何了解上市公司的基本面情况?"如果他表现出无奈的语气,可以挖掘客户在信息方面的潜在需求,满足他的需求。

又如:当客户在决定选择哪家证券公司时犹豫不定,你可以问客户:"是否熟悉我们公司? 有没有看过我们公司点股成金或专家在线? 您希望得到怎样的服务? 您认为××证券公司的服务如何? 您选择证券公司侧重于选择装修豪华的、服务好的还是能为您赚钱的?"

(3) 暗示询问　发现客户的潜在需求后,可用暗示的询问方式,提出解决客户不满意的地方。

例如:"您平时没有时间关注上市公司的信息,我们公司研究所会对一些重点公司进行调研,我可以为您关注你持有股票的信息并及时通知您,您认为怎么样?"

"您希望得到一些个性化跟踪服务,我们公司现在就可以向您提供这样的服务,由我来负责,您看这样行吗?"

以下是一些不恰当的提问。

"您现在还没决定吗?"

"您是否今天就能来开户?"

"您是否接受我的建议?"

(二) 学会倾听

任何一次成功的谈话,有75%依赖于推销员的倾听,而只有25%是依靠提问技巧来完成的。

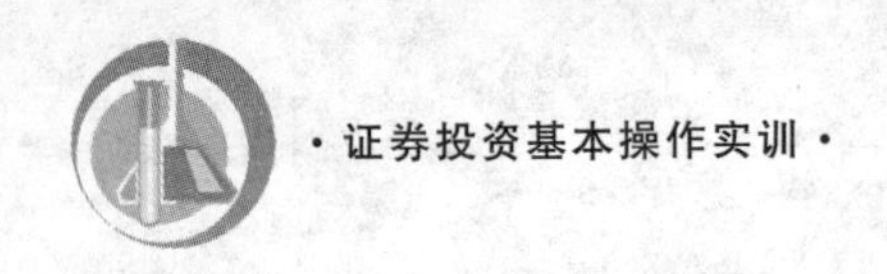

1. 倾听的三原则

(1) 站在对方立场,仔细倾听。

(2) 要能确认自己所理解的就是对方所讲的。

(3) 态度诚恳,不要随便打断客户的谈话。

2. 推销诀窍

“一听二讲三问”,即:首先听客户讲什么,明确其需求;其次把客户关心的问题讲明白;第三问客户还有什么问题要解决。

(三) 学会应对拒绝

不管你怎样精心准备,你还是会在营销的时候遇到拒绝。能否意识到这些拒绝,会影响作为一名客户经理的成功程度。

1. 仔细聆听,研究拒绝

你试图促成客户开户,而客户却说“我要考虑一下”,此时应如何应对?

解决方案:

搞清楚客户拒绝的原因,探询客户没说出来的拒绝原因。

“让您担心的还有什么事?”

“是什么原因让您犹豫呢?”

“您做出的决定有您的道理,您的道理是……。”

“您能否告诉我是交易不方便还是获取信息不方便?”

2. 用语言缓和客户的担忧

当客户对网上交易的安全性或证券市场的风险等问题表示担忧时,应如何应对?

解决方案:

不要立即反对,直指客户杞人忧天,而是先用语言缓和客户的担忧,表示你理解客户的忧虑。

“我理解你的感受……。”

“当我第一次听说时也非常担心,直到……。”

“开始其他人也有这种感觉……但是……。”

3. 注意说话技巧

在回答客户的拒绝时,应如何应对?

解决方案:

避免开始就说“是的,但是……”这是具有争论性的话语,不要争论,即使他是不对的。

如客户觉得离家远,可以试试这样说:“我明白离家近的营业部对您是比较方便的,我开始也有这样的感觉,后来我问了很多客户,发现客户对服务最关心,因此我这里还是有很多住得离营业部很远的客户。”

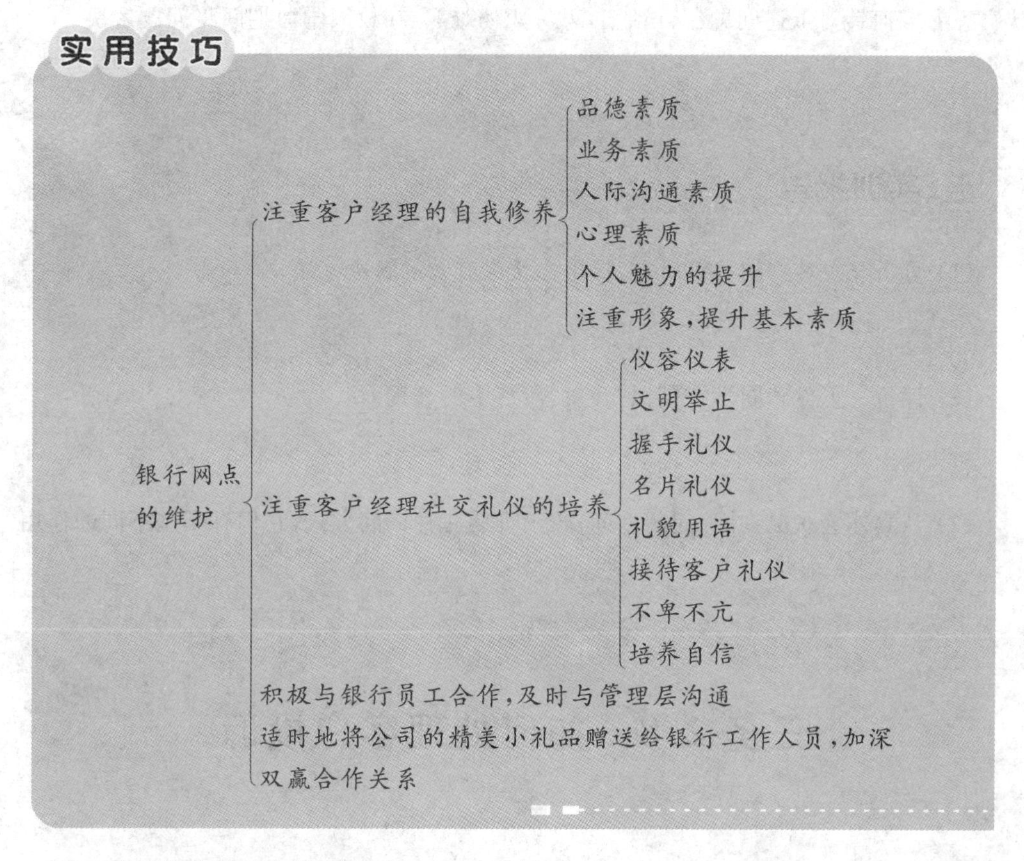

四、实训内容及操作

1. 情景模拟

作为证券公司的客户经理，你通过面对面与潜在客户（同学扮演）沟通，促成某一事项（例如，开户，购买股票、基金等）。

模拟要点：

(1) 首先展示好自己，让客户知道你的来意。

(2) 通过语言、举止等引起客户注意，进而认可。

(3) 活动要围绕证券投资相关主题。

(4) 扮演客户的同学要设置不同情景、话题，训练“对手”随机应变能力。

2. 分组讨论

让潜在客户说“不”的原因是我们客户经理无法赢得客户的好感、没有激发客户的投资欲望、言词夸大不实、事实调查不准确、沟通方式不当、话语过于生硬等，请每一位同学认真思考如何针对上述问题制订预案，思考职场难题，在校园学习期间将问题解决。

五、实训报告

(1) 分析开发客户的关键所在，提出你认为有效的解决办法。

(2) 评价一下你和同学在模拟“开发客户”中的表现。

(3) 认真体会状况询问、问题询问、暗示询问三种询问方式，它们有哪些不同的作用？

任务 2.8　如何处理客户投诉

一、知识目标

(1) 明确处理开户投诉的意义。
(2) 熟悉证券营业部客户投诉受理规范。
(3) 掌握处理开户投诉的原则与策略。

二、能力目标

(1) 初步具备投诉处理的基本技能。
(2) 知道处理客户投诉的流程。
(3) 学会处理客户投诉的技巧。
(4) 具备应对开户投诉的初步能力。

三、相关知识

证券客户投诉主要包括抱怨和投诉两种。抱怨多为埋怨和数落；投诉则是消费者购买、使用或者接受服务，与经营者之间发生权益争议后，要求保护其合法权益的行为。证券客户投诉行为有周期性、情绪化、补偿性等特点。

(一) 及时正确处理投诉的意义

对于证券期货经营机构来说，投诉处理是客户服务工作中极其重要的一项业务，是提高客户黏性、增强客户满意度的关键环节。

1. 有利于提高经营机构市场竞争力

证券期货经营机构本质上是服务机构，以客户为中心，致力于为客户提供满意的证券产品和服务，客服满意度是其核心竞争力的重要体现。及时有效地化解投资者诉求和矛盾有助于提升客户满意度和口碑，是提升证券期货经营机构市场竞争力的有效手段。

2. 有利于提升合规风控水平，促进公司发展

做好投诉处理工作，切实防范风险：一是有利于了解投诉者真实诉求，便于深入沟通。即使客户对投诉处理结果不满，在此基础上开展和解或调解也更易于使双方达成合意、解决纠纷，防范矛盾冲突升级演化；二是有利于证券经营机构在投诉纠纷中发现公司内部存在的各方面问题，从而不断完善和改进公司的风控合规流程，促进公司发展。

3. 有利于改进服务盲点，提升品牌形象

投资者之所以投诉：一是产品或交易软件没有达到尽善尽美；二是服务没有做到位。所有的投诉，可能都是证券经营机构的盲点。重视投资者投诉继而用心处理，并改进不足之处，可以进一步提升公司品牌形象，让公司立于市场先进地位。

(二) 证券期货经营机构常见投诉问题及主要风险点

随着网上开户及网上交易的普及，证券期货投资者数量不断扩大，目前证券期货经营机构客户投诉数量总体呈上升趋势。但主要集中在以下几个方面：客户服务不到位、从业人员专业能力不足、投资咨询业务能力不足、营销人员执业不规范、信息系统故障、投资者适当性管理落实不到位、融资类业务风控不到位等。对于证券公司的客户经理、投资顾问、客服等主要有以下几点。

1. 客户服务问题

证券经营机构的客户服务投诉长期处于投诉事项的首位，包括回答客户问题不及时、回复客户内容不具体、业务问题解释不清、业务办理不及时、拖延转销户等。有时，从业人员的专业能力不足，在新产品和新交易规则层出不穷的背景下，对新产品、新规则不了解，产生的客户纠纷等，都会导致客户服务投诉。

2. 投资者适当性管理问题

对于证券经营机构来说，投资者适当性投诉一般分为两类，一类是公司为客户办理业务过程中确实存在诸多瑕疵，风险测评及问卷调查等服务不到位，缺少“双录”等。另一类是客户在业务办理过程中进行了风险揭示，但是在后期交易过程中工作人员引导不当，被客户抓住漏洞，引发投诉。此类投诉合规风险较大，此类诉求发现的违法违规行为，一旦证据确凿，监管部门一般都会采取相应措施。因此需要经营机构不断提升管理水平。

3. 营销人员、投资顾问执业问题

大部分证券经营机构均开展了证券投资顾问业务，签署投资顾问协议，并有相应的规

章制度约束，但实际业务开展过程中，部分投资顾问由于利益驱动催生道德风险，对于投资者承诺收益。一旦市场环境或投资顾问判断失误，极易引发投诉，造成证券经营机构合规扣分。另外，部分营销人员执业行为不规范，在日常工作中迫于业绩压力或为了个人私利，存在诱导、误导客户的情况，导致客户亏损，产生投诉。上述投诉均容易引发社会及媒体关注，造成声誉风险。

（三）证券客户投诉处理技巧

1. 处理投诉的原则和策略

（1）对待投诉要定位准确　投诉的客户是关心我们的客户，可以使我们正确认识自己，让我们比竞争对手领先一步；投诉的完满解决会帮助长期挽留客户，所以投诉是个机会。

（2）投诉处理的正确心态　我能帮助客户；对客户具有同理心；即使客户的要求我无法办到，但我要让他感受到我尽了最大的努力。躲避客户是在逼客户离开公司，你不是雇员而是代表整个公司，客户满意是目标。

（3）了解证券行业客户投诉的特点：

周期性——投诉的频率和数量随市场行情起伏；

情绪化——多涉及资金损失，部分客户情绪比较激化，期望值较高；

补偿性——大多数客户投诉的潜意识是经济补偿，客户投诉的目的一是经济上满足，二是精神上满足。

（4）具备投诉处理必备技能：

掌握专业知识；

熟知公司规章制度；

熟悉边缘知识（相关法律常识）；

具备察言观色的能力；

礼仪和沟通技巧；

热情耐心。

优质的服务＝态度＋知识＋技巧

（5）处理客户投诉的流程。

预测客户需求—开放式提问发泄情感—复述情感表示理解—提供信息帮助客户—设定期望，提供选择方案—达成协议—检查满意度并留住客户。

（6）投诉处理的技巧：

告诉客户“该告诉的”；

注意细节，避免差错；

放慢说话的语速，降低说话的音量；

对任何误会表示遗憾，使用安慰的话语“寻找达成一致的共同点”；

不要贬低竞争对手。

注意：有技巧地“承担失误”，回避大问题，选择小问题，由我们来“承担失误”是让客户最快平静下来的方法；不再为“那是谁的责任”而浪费时间，抓住最佳时间最迅速地解决客户的投诉，使客户对“你”增加一些信任与好感。

宗旨：客户的满意最大，公司的损失最小。

2. 几种难于应付的投诉客户的处理策略

难于应付的投诉客户主要包括：全面否定型、喋喋不休型、立竿见影型、推卸责任型、扩大宣传型等。

1）全面否定型

目标——用你的服务，改变客户的印象。

处理要点：

表示理解（力求在情感上与客户“达成一致”）；

尽快引导客户诉明投诉的要点；

倾听并记录；

告知客户解决方案；

征询意见。

案例：无法连接交易软件，原因不明，客户认为我公司系统有问题。

2）喋喋不休型

目标——迅速解决，避免客户消极的情绪蔓延。

处理要点：

对自身的待遇极为不满，寻找机会发泄；

寻找适当的机会终止客户的叙述；

不放心我们的服务，不断地重复，生怕我们误解他的意思；

尽快发现客户的投诉要点及原因；

有目的地“喋喋不休”，想要得到更多的“回报”；

不要过多地征求客户的意见。

案例：佣金太高！

3）立竿见影型

目标——按照规定的程序工作，避免“漏洞”出现。

处理要点：

对客户急迫想解决问题的心情表示理解；

让客户了解我们必要的工作程序；

用简练的语言强调，我们必须有明确的要求；

告知客户解决方案（给予具体的时限）；

不要过多地征求客户的意见。

案例：银证转账“失败”的投诉。

4）推卸责任型

目标——回答客户问题时要准确，并且注意细节。

处理要点：

倾听、鼓励客户多讲话；

尽快找到事实的“真相”，用婉转的语言说明事实的真相，就事而不对人；

告知客户解决方案。

案例:招行认沽权证事件。

5）扩大宣传型

特征:通常是某重要行业领导,电视台、报社记者,律师,不满足要求会实施曝光。

目标——讲话严谨,不留破绽!

处理要点:

谨言慎行,尽量避免使用文字;

要求无法满足时,及时上报有关部门研究;

要迅速、高效地解决此类问题。

案例:柜台差错,索赔10万事件。

四、实训内容及操作

1. 情景模拟

三人一组(主管、客服、客户)。

模拟要求:

(1) 每人作为客户提出2个投诉的问题(其中一个客服可以解决,一个客服不能解决,需要主管解决),同时写明你想要的或可以接受的结果。

(2) 问题要与证券投资相关,结果合法、合理、合情。

(3) 模拟真实、可信、效果好。

2. 查阅资料

查找以下投诉处理的方法的具体解决方案:

“一站式服务法”“服务承诺法”“补偿关照法”。

五、实训报告

(1) 提交投诉问题与结果材料(电子版或纸质)。

(2) 谈谈处理投诉的意义、方法、目标与技巧。

附录

附录 A　股市常用术语

［成长股］　发行股票的上市公司的销售额和利润额持续增长，而且其速度快于整个国家和本行业的增长。这些公司通常留有大利润作为再投资以促进其扩张。

［蓝筹股］　西方赌场中有三种颜色的筹码，即蓝色、红色、白色。其中蓝色筹码最值钱。所以套用在股市上，蓝筹股就是指公司业绩优良，在行业和股市中占有重要地位的股票。

［垃圾股］　一般指公司经营业绩很差的股票。

［次新股］　一般指上市不到两年的股票。

［绩优股］　过去几年业绩和盈余较佳，展望未来几年仍可看好的股票。该行业远景尚佳，投资报酬率也能维持一定的高水平。

［潜力股］　未被投资者重视，将来会有很大上涨潜力的股票。

［龙头股］　对股市具有领导和示范作用的股票。

［跳水］　股价突然迅速下滑，且幅度很大的一种盘面现象。

［五无概念股］　俗称“三无概念股”，实际上为“五无”概念股。指在股本结构中无国家股、法人股、外资股、内部股、转配股。

［转增股］　上市公司将本公司的公积金转为新股，并按原持股比例无偿赠送给股东的一种利润分配方式。

［配股］　类似于送股，只不过不是无偿赠送而是有偿购买。即当公司发行新股时按股东所持股份数以特价（低于市价）分配认股。

［牛市］　指较长一段时间里处于上涨趋势的股票市场。牛市中，求过于供，股价上涨，对多头有利。

［熊市］　指较长一段时间里处于下跌趋势的股票市场。熊市中，供过于求，股价下跌，对空头有利。

［鹿市］　指股市投机气氛浓厚，投机者频频炒短线，获利就跑。

［牛皮市］　走势波动小，陷入盘整，成交量极低。

［大户］　手中持有大量股票或资本，做大额交易的客户，一般是资金雄厚的人，他们吞吐量大，能影响股价。大户又分为个人大户和机构大户。

［散户］　进行零星小额买卖的投资者，通常认为买卖股票时资金小于 10 万元的投资者。

［庄家］　能影响某只股票行情的机构大户投资者。

［主力］　能影响许多股票，甚至大盘走势的机构大户投资者。

[建仓] 买入股票并有了成交结果的行为。

[补仓] 分批买入股票并有了成交结果的行为。

[清仓] 一般指股票上涨有盈利后卖出股票并有了成交结果的行为，又称平仓。

[斩仓] 指在买入股票后，股价下跌，投资者为避免损失扩大而低价卖出股票。这种投资行为叫斩仓，又称割肉、砍仓、止损。

[全仓] 买卖股票不分批分次，而是一次性建仓或一次性平仓、斩仓并有了成交结果的行为。

[半仓] 买股票仅用50%的资金建仓。

[满仓] 已经用尽全部的资金买进股票，再没有新资金继续买进股票了。这时仓位已经填满了。

[持仓量] 投资者现在手中所持有的股票金额占投资总金额的比例。

[关卡] 指股价上升至某一价位时，由于供求关系转变，导致股价停滞不前，该敏感价位区即关卡。

[大盘] 描述股市行情整体态势的俗称。

[盘整] 股价经过一段急速的上涨或下跌后，遇到阻力或支撑，因而开始小幅度上下变动，其幅度在15%左右。

[开平盘] 今日的开盘价与前一营业日的收盘价相同。

[护盘] 主力在市场低迷时买进股票，带动中小投资者跟进，以刺激股价上涨的一种操作手法。

[洗盘] 操盘手为达到炒作的目的，必须于途中让低价买进，使意志不坚的轿客下轿，以减轻上档压力，同时让持股者的平均价位升高，以利于施行养、套、杀的手段。

[跳空] 股市受到强烈利多或利空消息的刺激，股价开始大幅跳动。上涨时，当天的开盘价或最低价，高于前一天的收盘价两个申报单位以上，称“跳空而上”；下跌时，当天的开盘价或最高价低于前一天的收盘价两个申报单位，称“跳空而下”。

[反弹] 在空头市场上，股价处于下跌趋势中，会因股价下跌过快而出现回升，以调整价位，这种现象称为反弹。

[回档] 上升趋势中，因股价上涨过速而回跌，以调整价位的现象。与之相反的称之为反弹。

[探底] 股价持续跌挫至某价位时便止跌回升，如此一次或数次。

[T+0] T是英文Trade(交易的意思)的第一个字母。在股票成交的当天就能办理好股票和价款清算交割手续的交易制度。

[T+1] 目前沪深两所规定，当天买进的股票只能在第二天卖出，而当天卖出的股票确认成交后，返回的资金当天就可以买进股票。此交易规则简称“T+1”。

[多头] 对股市前景看好，认为股价将上涨，先买后卖的人称为多头。

[空头] 投资者对股市前景看跌，认为股价现在太高，先卖掉股票，以便股价跌到预期程度时再买进，以赚差价。这种先卖后买的人称为空头。

[多翻空] 原本为多头，但见势不对卖出持股获利了结转为做空。

[空翻多] 原本为空头，但见大势变好，买入持股转为做多。

［补空］ 指空头买回以前借来卖出的股票。

［填空］ 指将跳空出现时没有交易的空价位补回来，也就是股价跌空后，过一段时间将回到跳空前价位，以填补跳空价位。

［套牢］ 预测股价将上涨，买进后却一路下跌，或是预测股价将下跌，于是借股放空后，却一路上涨，前者称为多头套牢，后者称为空头套牢。

［解套］ 股价回升到买进价的附近，将股票卖出，资金回笼，称之为解套。

［抢帽子］ 当天先低价买进股票，然后高价再卖出相同种类、相同数量的股票，或当天先卖出股票，然后以低价买进相同种类、相同数量的股票，以赚取差价利益。

［多杀多］ 普遍认为当天股价将上涨，于是抢多头帽子的人非常多，然而股价却没有大幅上涨，无法高价卖出，等到交易快要结束时，竞相卖出，因而造成收盘时股价大幅下挫的情形。

［空杀空］ 普遍认为当天股价将下跌，于是都抢空头帽子，然而股价却没有大幅下跌，无法低价买进，交割前，只好纷纷补进，因而反使股价在收盘时大幅度升高的情形。

［坐轿子］ 预测股价将涨，抢在众人前以低价先行买进，待众多散户跟进、股价节节升高后，卖出获利。

［抬轿子］ 在别人早已买进后才醒悟，也跟着买进，结果是把股价抬高让他人获利，而自己买进的股价已非低价，无利可图。

［追涨］ 当股价开始上涨时买进股票，称为追涨。

［杀跌］ 当股价开始下跌时卖出股票，称为杀跌。

［骗线］ 大户利用股民迷信技术分析、图表的心理，故意抬拉、打压股价，致使股价形成一定形态，引诱股民买进或卖出，从而达到发财目的的行为。

［对敲］ 典型的投机手段。投机者利用各种手段开设多个账户，然后以自己为交易对象进行不转移实际股票所有权的虚假交易行为。

［黑马］ 股价在一定时间内，上涨一倍或数倍的股票。

［白马］ 股价已形成慢慢涨的上升通道，还有一定的上涨空间。

［多头排列］ 短期均线上穿中期均线，中期均线上穿长期均线，整个均线形成向上发散态势。

［空头排列］ 短期均线下穿中期均线，中期均线下穿长期均线，整个均线形成向下发散态势。

附录 B　证券公司名录（截至 2019 年 3 月）

序号	公司名称	注册地
1	爱建证券有限责任公司	上海
2	安信证券股份有限公司	深圳
3	北京高华证券有限责任公司	北京
4	渤海证券股份有限公司	天津

续表

序号	公司名称	注册地
5	财达证券股份有限公司	河北
6	财富证券有限责任公司	湖南
7	财通证券股份有限公司	浙江
8	财通证券资产管理有限公司	浙江
9	长城国瑞证券有限公司	厦门
10	长城证券股份有限公司	深圳
11	长江证券(上海)资产管理有限公司	上海
12	长江证券承销保荐有限公司	上海
13	长江证券股份有限公司	湖北
14	网信证券有限责任公司	辽宁
15	川财证券经纪有限公司	四川
16	大通证券股份有限公司	大连
17	大同证券有限责任公司	山西
18	德邦证券股份有限公司	上海
19	第一创业证券承销保荐有限责任公司	北京
20	第一创业证券股份有限公司	深圳
21	东北证券股份有限公司	吉林
22	东方花旗证券有限公司	上海
23	东方证券股份有限公司	上海
24	东海证券股份有限公司	江苏
25	东莞证券股份有限公司	广东
26	东吴证券股份有限公司	江苏
27	东兴证券股份有限公司	北京
28	方正证券股份有限公司	湖南
29	高盛高华证券有限责任公司	北京
30	光大证券股份有限公司	上海
31	广发证券股份有限公司	广东
32	广发证券资产管理(广东)有限公司	广东
33	广州证券股份有限公司	广东
34	国都证券股份有限公司	北京

续表

序号	公司名称	注册地
35	国海证券股份有限公司	广西
36	国金证券股份有限公司	四川
37	国开证券股份有限公司	北京
38	国联证券股份有限公司	江苏
39	国盛证券有限责任公司	江西
40	国泰君安证券股份有限公司	上海
41	国信证券股份有限公司	深圳
42	国元证券股份有限公司	安徽
43	中天国富证券有限公司	贵州
44	海通证券股份有限公司	上海
45	恒泰长财证券有限责任公司	吉林
46	恒泰证券股份有限公司	内蒙古
47	红塔证券股份有限公司	云南
48	宏信证券有限责任公司	四川
49	华安证券股份有限公司	安徽
50	华宝证券有限责任公司	上海
51	华创证券有限责任公司	贵州
52	华福证券有限责任公司	福建
53	华金证券股份有限公司	上海
54	华林证券有限责任公司	西藏
55	华龙证券股份有限公司	甘肃
56	华融证券股份有限公司	北京
57	华泰联合证券有限责任公司	深圳
58	华泰证券(上海)资产管理有限公司	上海
59	华泰证券股份有限公司	江苏
60	华西证券股份有限公司	四川
61	华鑫证券有限责任公司	深圳
62	华英证券有限责任公司	江苏
63	江海证券有限公司	黑龙江
64	金通证券有限责任公司	浙江

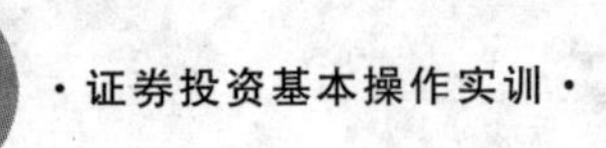

续表

序号	公司名称	注册地
65	金元证券股份有限公司	海南
66	联讯证券股份有限公司	广东
67	民生证券股份有限公司	北京
68	摩根士丹利华鑫证券有限责任公司	上海
69	南京证券股份有限公司	江苏
70	平安证券股份有限公司	深圳
71	中泰证券(上海)资产管理有限公司	上海
72	中泰证券股份有限公司	山东
73	国融证券股份有限公司	内蒙古
74	瑞信方正证券有限责任公司	北京
75	瑞银证券有限责任公司	北京
76	山西证券股份有限公司	山西
77	上海东方证券资产管理有限公司	上海
78	上海光大证券资产管理有限公司	上海
79	上海国泰君安证券资产管理有限公司	上海
80	上海海通证券资产管理有限公司	上海
81	上海华信证券有限责任公司	上海
82	上海证券有限责任公司	上海
83	申万宏源西部证券有限公司	新疆
84	申万宏源证券承销保荐有限责任公司	新疆
85	申万宏源证券有限公司	上海
86	世纪证券有限责任公司	深圳
87	首创证券有限责任公司	北京
88	太平洋证券股份有限公司	云南
89	天风证券股份有限公司	湖北
90	万和证券股份有限公司	海南
91	万联证券股份有限公司	广东
92	五矿证券有限公司	深圳
93	西部证券股份有限公司	陕西
94	西藏东方财富证券股份有限公司	西藏

续表

序号	公司名称	注册地
95	西南证券股份有限公司	重庆
96	湘财证券有限责任公司	湖南
97	新时代证券股份有限公司	北京
98	信达证券股份有限公司	北京
99	兴业证券股份有限公司	福建
100	兴证证券资产管理有限公司	福建
101	银河金汇证券资产管理有限公司	深圳
102	银泰证券有限责任公司	深圳
103	英大证券有限责任公司	深圳
104	招商证券股份有限公司	深圳
105	招商证券资产管理有限公司	深圳
106	浙江浙商证券资产管理有限公司	浙江
107	浙商证券股份有限公司	浙江
108	中德证券有限责任公司	北京
109	中国国际金融股份有限公司	北京
110	中国民族证券有限责任公司	北京
111	中国银河证券股份有限公司	北京
112	中国中投证券有限责任公司	深圳
113	中航证券有限公司	江西
114	中山证券有限责任公司	深圳
115	中天证券股份有限公司	辽宁
116	中信建投证券股份有限公司	北京
117	中信证券(山东)有限责任公司	青岛
118	中信证券股份有限公司	深圳
119	中银国际证券股份有限公司	上海
120	中邮证券有限责任公司	陕西
121	中原证券股份有限公司	河南
122	联储证券有限责任公司	深圳
123	国盛证券资产管理有限公司	深圳
124	东证融汇证券资产管理有限公司	上海

续表

序号	公司名称	注册地
125	渤海汇金证券资产管理有限公司	深圳
126	申港证券股份有限公司	上海
127	华菁证券有限公司	上海
128	汇丰前海证券有限责任公司	深圳
129	东亚前海证券有限责任公司	深圳
131	九州证券股份有限公司	青海
132	开源证券股份有限公司	陕西

附录C　常用画面操作快捷键

快捷键	快捷键功能
Ctrl—P、Ctrl—N	切至前一天、后一天。在以“天”为单位的画面中(例如:涨跌幅排名等),按这两个组合键,可以把画面往前或往后切换一天
—	如果在某一个画面中按了自动翻页开关“—”,那么这个画面就会开始每隔若干秒翻一页,再按一下开关“—”,它就会停止翻页。相当于系统每隔若干秒按一下 Page Down
↑、↓	技术分析画面中放大、缩小图形
←、→	左右移动游标
Home、End	游标移至最前、最后
Page Up、Page Down	上一个股票、下一个股票或者上一页、下一页
*、/	技术分析画面中上一个指标、下一个指标
Esc	关闭当前窗口,一般情况下都是指关闭整个画面窗口。不过也有例外的:在技术分析画面中,如果曾经单击鼠标,显示明细小窗口,在这种情况下按 Esc 键,就是把这个明细小窗口隐藏起来
+	通过“+”可以切换子功能窗口的显示内容
Tab	在个股分析画面和智能报表画面,通过 Tab 依次切换画面下方标签
Alt—F10	权息校正
Alt—P	打印当前画面
Alt—Z	将当前商品加入“自选股板块”
Ctrl—Z	将当前商品加入板块
Ctrl—F1	于技术分析画面显示当前指标说明
Shift—F1	显示当前画面的系统操作说明

续表

快捷键	快捷键功能
F10	当前商品的F10资料
11＋Enter	当前商品的基本资料(财务数据简表)
01＋Enter(或者 F1)	即时分析画面切换至分笔成交明细技术分析画面,切换至每日成交明细
02＋Enter(或者 F2)	即时分析画面切换至价量分布图
05＋Enter(或者 F5)	即时走势画面、技术分析画面、多周期同列画面间循环切换
08＋Enter(或者 F8)	在技术分析画面切换周期类型

附录D　网上证券委托协议

委托人：

证券公司：

委托人利用证券公司在互联网上的证券交易站点(网站地址为________)以网上交易的形式委托证券公司代理有价证券买卖和银行保证金转账业务时,就甲乙双方应注意的问题达成以下协议,以资共同信守。

第一条　委托人申请使用证券公司网上委托方式进行交易,必须亲自到证券公司或证券公司授权的代理处办理互联网证券买卖委托和银行保证金转账开户手续。

第二条　委托人承诺其用于网上证券委托的电脑系统是安全可靠的,若因委托人电脑系统性能或故障、病毒感染,以及被非法入侵等原因而给委托人造成损失,证券公司不承担任何责任。

第三条　委托人开户以及互联网交易功能确认后,证券公司提供密钥盘一只。如密钥盘损坏,委托人必须本人到开户营业部更换新盘,对于委托人因密钥盘丢失引起的一切后果,由委托人自己负责。

第四条　证券公司郑重提醒委托人务必注意交易密码和资金密码的保密以及密钥盘的保管,并建议委托人定期变更密码,不要使用与个人数据有关的密码。凡是使用委托人密码和密钥盘在委托人资金账户进行的一切网上证券交易和银行转账服务,均视为委托人亲自办理之有效委托,证券公司对由此产生的后果不负任何责任。

第五条　证券公司郑重提醒委托人在网上交易结束后应同时关闭交易程序。对于因委托人原因而导致他人冒用委托人名义进行的一切操作,均视为委托人亲自进行的操作,证券公司对此不负任何责任。

第六条　委托人通过互联网下达的证券交易委托和银行转账服务,以证券公司的电脑记录为准。委托人对其委托的各项交易活动的结果承担全部责任。

第七条　证券公司网站提供的资讯仅供参考,委托人据此做出的投资决策而招致的任何实际或潜在的损失,证券公司不负任何责任。

第八条　本协议项下证券买卖和银行保证金转账均采用电脑无纸化交易。委托人可以利用××证券股份有限公司网上委托查询经委托人确认的委托和清算交割结果以及银行转账对账单,也可亲自到证券公司营业处索取书面的交割对账清单。

第九条 委托人通过互联网证券交易委托方式所下达的买卖委托均以电脑记录资料为准，因此产生的法律后果由委托人承担。

第十条 对于委托人有下列故意行为之一的，证券公司有权中止其网上交易的资格，并无须做出任何补偿。

1. 可能造成证券公司网站、营业部全部或局部的服务受影响，或危害证券公司网站的运行。

2. 在证券公司网站内从事非法的商业行为，发布涉及政治、宗教、色情或其他违反国家有关法律和政府法规的文字、图片等内容。

3. 对证券公司网站内的任一数据库中数据进行恶意下载。

第十一条 委托人应清楚任何交易方式均有一定风险。例如电话委托有可能给人偷听和证券盗买盗卖，互联网证券交易委托同样有类似的风险。当发生以上情况或类似情况时，证券公司将不负任何法律责任和经济责任。

第十二条 本协议一经签署，委托人即被视作对证券主管机关制定的有关法规及对本协议内容有充分的理解和认可。

第十三条 证券公司有权随业务发展而修改或增补本协议内容，并以书面形式公布或直接通知委托人，委托人如不同意证券公司修改或增补的内容，必须在证券公司公布或通知之日起一周内到证券公司办理中止本协议手续，否则视委托人同意新协议内容。

第十四条 一切涉及本协议所指互联网证券交易委托的争议，双方应友好协商解决，未能达成一致的，任何一方均可提交相关仲裁委员会采用仲裁程序解决争议。

第十五条 对委托人采用互联网证券交易委托方式的权利和义务、责任，均以甲、乙双方签署的《代理证券买卖协议书》为准，本协议为《代理证券买卖协议书》的附件。

第十六条 本协议一式两份，甲乙双方各执一份，具有同等法律效力。本协议自双方签字之日起生效，至本协议所指证券账户销户时为止。

委托人(签名)：____________(或授权代理人)：____________

身份证号码：________________________

邮编及通信地址：________________________

联系电话：________________________

证券账户卡：

证券公司：(盖章)

经办人：____________

年 月 日

参考文献

[1] 金虎斌.金融投资实训教程[M].北京:清华大学出版社,2013.

[2] 约翰墨菲.期货市场技术分析[M].丁圣元,译.北京:地震出版社,2014.

[3] 史蒂夫尼森.日本蜡烛图技术[M].丁圣元,译.北京:地震出版社,2014.

[4] 裘永苹,李义龙.证券投资实务[M].大连:大连理工大学出版社,2014.

[5] 赵文君.证券投资理论与实务[M].北京:北京邮电大学出版社,2012.

[6] 何嵬,于长福.证券投资实训教程[M].哈尔滨:哈尔滨工业大学出版社,2014.

[7] 陈海泉.证券投资技术分析实训教程[M].北京:北京交通大学出版社,2016.

[8] 李向科.证券投资技术分析[M].4版.北京:中国人民大学出版社,2012.

[9] 罗孝玲,罗巧玲.期货投资案例[M].北京:经济科学出版社,2010.